Gonglu Yanghu Guanli Fagui Wenjian Huibian

公路养护管理法规文件汇编

交通部公路司

人民交通出版社

2006·北京

内 容 提 要

本书汇编了1978年~2006年间有关公路养护管理的各种法规、文件共计251篇,内容包括三个方面:(1)国家法律法规、国务院及国务院办公厅文件;(2)交通部规章、文件;(3)相关部委规章、文件。其中交通部规章、文件又分为六类,即:综合类、养护工程类、养路费征收类、路政管理类、通行费管理类及其他类。为便于查阅,各类文件均依发布时间的先后顺序加以排列,并按序列统一编号。

本书可供各级公路管理部门的领导干部和养护管理人员使用参考。

图书在版编目(CIP)数据

公路养护与管理法规文件汇编/交通部公路司编.
北京:人民交通出版社,2007.1
ISBN 978-7-114-06250-6

Ⅰ.公… Ⅱ.交… Ⅲ.①公路养护-管理-法规-汇编-中国②公路养护-管理-文件-汇编-中国
Ⅳ.D922.149

中国版本图书馆CIP数据核字(2006)第133038号

书　　名:公路养护管理法规文件汇编
著 作 者:交通部公路司
责任编辑:郭思涛
出版发行:人民交通出版社
地　　址:(100011)北京市朝阳区安定门外外馆斜街3号
网　　址:http://www.ccpress.com.cn
销售电话:(010)85285838,85285995
总 经 销:北京中交盛世书刊有限公司
经　　销:各地新华书店
印　　刷:北京交通印务实业公司
开　　本:787×1092　1/16
印　　张:55.75
字　　数:1422千
版　　次:2007年1月第1版
印　　次:2007年1月第1次印刷
书　　号:ISBN 978-7-114-06250-6
印　　数:0001—4000册
定　　价:98.00元
(如有印刷、装订质量问题的图书由本社负责调换)

目　录

一、国家法律法规、国务院及国务院办公厅文件

二、交通部规章、文件

(一)综　　合

(二)养护工程

(三)养路费征收

(四)路 政 管 理

(五)通行费管理

（六）其　他

三、相关部委规章、文件

四、2006年11~12月份文件

一、国家法律法规、国务院及国务院办公厅文件

1. 国务院关于公安与交通部门交通管理工作分工问题的通知

（1983年2月20日　国务院　国发〔1983〕47号）

各省、市、自治区人民政府，国务院各部委、各直属机构：

为了加强城市与公路的交通管理工作，经召集公安、交通两部研究，现对公安与交通部门关于交通管理工作的分工问题，作如下通知：

一、关于公安部门与交通部门的分工。

(1)各省、市、自治区人民政府驻地城市、开放的旅游城市和公安部门现在管理的城市，共计一百零五个（城市名单附后），其交通管理工作，包括交通指挥、维护交通秩序、行车安全管理、处理交通事故以及对机动车辆的检验、驾驶人员的考试考核与发牌发证，由公安部门负责。

上述城市所属县的交通管理工作，仍维持一九八〇年底以前的现状，即原由公安部门管理的，仍由公安部门管理；原由交通部门管理的，仍由交通部门管理；原由公安、交通两个部门共同管理的，仍由两个部门共同管理。

(2)除第(1)项规定的范围以外，凡设有交通民警的城市、县镇，交通指挥、维护交通秩序、行车安全管理、处理交通事故的工作，由公安部门负责；机动车辆的检验、驾驶人员的考试考核和发[illegible]证，仍归交通部门的监理机关负责。

[illegible]述(1)、(2)两项以外，所有城市、县镇、公路的交通管理工作，均由交通部门负责。

[illegible]通部门负责的城市、县镇、公路的交通管理工作，监理机关在处理交通违章和交通事故时，[illegible]关要积极配合，对触犯法律需要执行行政拘留和追究刑事责任的，由公安机关按有关法律[illegible]办理。

(5)今后，在行政区划变更、城市人口增长、开放新的旅游点等情况发生变化，需要调整分工时，须由交通、公安两部协商同意并经国务院批准。各地不得自行变动分工范围。

二、全国实行统一的交通法规，统一的机动车牌照，统一的行车证、驾驶证和代理证。

(1)交通规则、交通事故处理办法和交通违章处罚条例的制订和修订，以公安部为主，会商交通部同意后，两部联合上报国务院批准公布。

(2)机动车及驾驶人员监理规章，包括机动车牌照、行车证、驾驶证和待理证的制订和修订，以交通部为主，会商公安部同意后，两部联合上报国务院批准公布。

(3)交通事故、机动车和驾驶员统计表式的拟订和修订，以交通部为主，会商公安部同意，由两部联合送国家统计局审核后实行，各自按管辖范围统计。各地公安部门要按规定时间将统计数字填送同级交通部门，统一由交通部门汇总。交通部门汇总的统计报表在报送上级主管部门时要送同级公安部门。

(4)城乡公路交通标志、号志、标线，全国要统一，以交通部为主制订和修订，会商公安部同意后，两部联合公布。

(5)上述法规的解释权，以交通部为主制订和修订的，属于交通部；以公安部为主制订和修订的，属于公安部。在做出解释前，两部要互相协商。

三、上述分工从一九八三年六月一日起实行。在此之前，公安、交通部门要办好交接手续。交通部门移交给公安部门的，只限于机动车和驾驶人员的档案，不移交人员、房产、设备、考场等。

四、交通部门的交通监理机构和公安部门的交通管理机构都属于国家行政机关，在当地人民政府的领导下，代表国家执行交通法规和进行技术监督。交通管理工作的分工范围在做了上述调整之后，交通监理力量不仅不能削弱，还必须加强，努力把全国城市和公路交通安全工作搞好。

交通管理（监理）业务用车、用油，应纳入国家计划供应渠道。

五、各级人民政府要加强对城市与公路交通管理工作的领导，搞好公安与交通部门的协调工作。公安、交通部门要密切配合，互相支持，共同搞好城市与公路的交通安全工作。

附

一百零五个城市名单

北京、天津、上海、石家庄、承德、秦皇岛、太原、大同、呼和浩特、包头、沈阳、大连、鞍山、抚顺、本溪、锦州、丹东、阜新、营口、辽阳、长春、吉林、哈尔滨、齐齐哈尔、大庆、伊春、佳木斯、牡丹江、南京、徐州、连云港、南通、苏州、无锡、常州、扬州、镇江、杭州、宁波、温州、绍兴、合肥、芜湖、蚌埠、马鞍山、屯溪、福州、厦门、淄博、烟台、泰安、郑州、开封、洛阳、新乡、安阳、三门峡、信阳、武汉、十堰、沙市、宜昌、襄樊、长沙、湘潭、衡阳、岳阳、广州、海口、湛江、佛山、江门、深圳、珠海、肇庆、南宁、柳州、桂林、梧州、北海、成都、重庆、渡口、乐山、万县、贵阳、昆明、拉萨、西安、延安、咸阳、兰州、嘉峪关、西宁、银川、乌鲁木齐、石河子、喀什。

2.国务院关于加强路政管理保障公路安全畅通的通知

(1983年7月9日 国务院 国发〔1983〕105号)

公路是为国民经济服务的一个重要基础设施,必须保证公路运输安全畅通。但近几年来,任意侵占、损坏公路设施,乱砍滥伐行道树木的现象常有发生,造成公路不通,事故频繁,使国家和人民生命财产受到严重损失。为坚决刹住这股歪风,切实加强公路路政管理,维护公路设施,保证安全畅通,适应国民经济发展的需要,特作如下通知:

一、公路(社队自修、自养的乡村道路除外)及其附属设施,包括两旁已划定的用地,都是国家财产,任何人不得任意侵占或破坏。

二、严禁在公路上和两侧留地范围内建房搭棚、挖沟引水、埋设管线和电杆、烧窑、开山采石等。公路两侧留地是为修建排水系统、取土修路、造林绿化、巩固路基用的,并非征而不用,已被侵占的要限期退还。当前,在现有公路两侧留地范围内已埋设的管线、电杆,有协议的按协议执行;没有协议的,由公路部门与有关部门根据有关规定和具体情况协商解决。农田灌溉,临时确需引水跨过公路,事前要报请公路部门批准,并切实采取措施,保护公路,保证公路安全畅通,事后由使用者立即修复。

三、严禁在公路上和排水沟内打场晒粮、摆摊贸易、堆放物料、积肥制坯、放牧牲畜、种植农作物、设置路栏等,已有的应限期清除。公路沿线的区、乡、镇人民政府和社、队,要认真帮助农民解决打场晒粮的场地问题。工商行政管理部门要安排好集市贸易的地点,对在公路范围内进行集市贸易的要动员迁移。

四、在大中型桥梁和渡口上、下游各二百米范围内不得采挖砂石、筑坝拦水、压缩河床,在桥涵附近不得烧荒、倾倒垃圾等。

五、严禁动用、迁移、损坏和涂改公路标号标志、测桩、界碑、护栏及其他附属设施和养护材料、机具等。

六、严禁乱砍滥伐和毁坏公路树木、花草。公路两侧树木是为巩固路基、保护路面、防风固沙、美化环境、舒适行旅种植的。生产的木材是国家资源,未经国家主管部门批准,不得任意砍伐。

七、严禁履带车和铁轮车在公路路面上行驶。农用拖拉机需要跨越公路时,应采取防护措施后方可跨越。如有损坏应由使用者负责修复。

重型车辆超过现有桥梁载重标准时,须经公路部门同意,并采取安全加固措施后,方准通行。

八、因特殊情况,必须占用、利用公路时,应事先报公路主管部门批准,并签订有关的协议。

九、各级公路部门是各级政府负责公路管理工作的职能单位,必须认真行使职权。各级政府要加强领导,给予支持。公路沿线的区、乡、镇人民政府和社、队要经常向群众宣传有关保护公路的规定,与公路部门共同管好公路,对侵占和破坏公路的行为要进行劝阻和制止,并清除现有的各种障碍。

十、对违反公路路政管理规章的单位和个人，要视情节轻重，分别给予批评教育、经济处罚，或由司法部门依法处理。对抗拒和阻挠公路管理人员执行任务，殴打公路管理人员者，司法部门应依法惩处。近几年发生的这类案件尚未处理的应迅速查清，认真处理。

加强路政管理，清除各种路障，任务重，情况复杂，各级公安、司法等有关部门要大力支持，认真做好这项工作，协助公路部门解决好存在的问题，确保公路安全畅通。

3.国务院关于立即制止在公路上乱设卡、滥罚款、滥收费的通知

（1985年7月5日　国务院　国发〔1985〕89号）

近年来，随着城乡经济的活跃和运输结构的调整，公路运输有了较快的发展，出现了国营、集体、个体一起办运输的好局面。据统计，现在全国机动车（包括拖拉机）保有量已达六百多万辆，其中大部分参加公路运输。这对搞活运输市场，促进城乡商品流通起了重要作用。

交通、公安、工商行政管理、农机等部门对各种车辆、拖拉机一起上公路搞运输，一要热情支持，二要加强管理。过去在这些方面做了不少工作。但是，也出现了一些值得注意的问题。如有的地区和单位，以"加强管理"为名，在公路上随意设卡拦车检查，并巧立名目，对机动车辆进行滥罚款、滥收费。有的乡、镇一级单位不经批准，也在公路上设立检查站，甚至有人冒充管理人员进行查车、罚款。罚款的名目多达二十余种。这种乱设卡、滥罚款、滥收费的情况，如不立即制止，不仅严重损害国营、集体运输企业和个体运输专业户的经济效益，而且还会严重阻碍运输车辆的畅通和行车效率的提高。为此，特作如下通知：

一、合理布局，设立统一的公路系统检查站。各省、自治区、直辖市要对公路上现有的检查站进行整顿和调整，并由省级交通或公安部门会同有关部门提出设立联合检查站的方案，报经省、自治区、直辖市人民政府批准后实施。未经批准，各地和各部门不得任意设立检查站（公安部门执行治安等任务除外）。联合检查站的主要任务是：纠正违章行车，维护交通安全；检查有关证件及缴纳养路费、税金情况；检查禁运物资等。

联合检查站分工，过去已明确由公安部门管理的城市、地区的检查站，以公安部门为主；除此以外所有公路的检查站，以交通部门为主，吸收有关部门参加，或由有关部门委托联合检查站代检。

联合检查站设立后，各有关部门一律实行定点检查，除指挥、疏导交通，维护治安秩序，处理事故等特殊情况外，不得再上路拦车检查，影响交通运输的畅通。

二、联合检查站检查车辆时，要由身穿警服或交通监理服装的人员执行，并出示省厅一级单位发的证件。检查时，要有礼貌，要按政策规章办事，并允许对方申辩。对无证件或不出示证件的检查人员，车辆驾驶员和押运人员有权拒绝检查。

三、严格执行罚款规定。联合检查站对查出的违反国家政策和交通管理法规者，应严格按国家或各省、自治区、直辖市有关规定办事，不得随意增加罚款额。对必须给以罚款的，罚款时要开具省级主管部门统一制定的收据，除漏缴养路费和车辆购置附加费收入纳入指定账户外，其余罚款一律作为地方预算收入上缴国库，任何单位都不得坐支、留用或提成分奖。对过去一些不合理的罚款规定，要予以修订。

四、要加强对检查人员的思想和政策教育，不断提高他们的素质。对严重违反国家政策，趁机敲诈勒索、受贿贪污者，要严肃处理。

五、不准超越范围征收过路费、过桥费。过路费和过桥费的征收范围只限于集资、贷款修建的高级公路（高速公路、一级公路和高标准的二级公路）和桥梁、隧道，其收费标准按省、自治区、直辖市人民政府规定办理。其他一般公路和桥梁不得征收。不符合这个规定而收费的，要立即停止。

4.国务院关于改革道路交通管理体制的通知

(1986年10月7日　国务院　国发〔1986〕94号)

目前,我国的城乡道路标准低、质量差,人车混杂,交通管理又分别由公安、交通、农业(农机)部门负责,机构重叠,政出多门,互相扯皮。这种多头管理的体制,在城乡机动车辆大幅度增长的情况下,已愈来愈不适应我国对外实行开放、对内搞活经济的需要,亟待加以改革。为此,国务院决定,全国城乡道路交通由公安机关负责统一管理。现将有关问题通知如下:

一、全国统一的道路交通安全管理法规,由公安部起草,征求交通部、城乡建设环境保护部、农牧渔业部等有关部门的意见,经批准后由公安机关负责实施。

二、公安机关对全国城乡道路交通依法管理,包括交通安全宣传教育、交通指挥、维护交通秩序、处理交通事故和车辆检验、驾驶员考核与发牌发证、路障管理以及交通标志、标线等安全设施的设置与管理等。

农用拖拉机的道路交通管理工作,除专门从事农田作业的拖拉机及其驾驶员由农业(农机)部门负责管理外,凡上道路行驶的专门从事运输和既从事农田作业又从事运输的拖拉机及其驾驶员,由公安机关按机动车辆进行管理。有关道路行驶安全技术检验、驾驶员考核、核发全国统一的道路行驶牌证等项工作,公安机关可以委托农业(农机)部门负责,并有权进行监督、检查。

三、任何单位和个人未经公安机关批准,不准占用道路摆摊设点、停放车辆、堆物作业、违章建筑和搞集市贸易等。公路养护和市政管理部门为维修道路需占用、挖掘道路时(日常维修、养护作业除外),须与公安机关协商后再行施工,并共同采取维持交通的措施。公安机关要大力支持,积极协助,维护施工作业的顺利进行。其他单位和个人,临时占用道路需经公安机关批准;挖掘道路和超限运输,需经公路养护或市政管理部门审核同意后,由公安机关办理手续。

四、除公安机关外,其他部门不准在道路上设置检查站拦截、检查车辆。有关部门确需上路进行检查时,可派人参加公安机关的检查站进行工作。没有公安检查站的地区,有关部门如要设立检查站,须经当地公安机关批准。经省、自治区、直辖市人民政府批准,可在必要的路口、桥头、渡口设立收取通行费的站卡。

公安机关要向交通部门提供车辆、驾驶员等有关统计资料,并在路查、年检中把积极协助交通部门做好养路费和车辆购置附加费的征收工作作为一项任务规定下来。具体办法,由各省、自治区、直辖市人民政府制定。

养路费征收和路政管理人员,目前仍暂着原交通监理服装。

五、公安机关对于车辆检验、驾驶员考核,可委托给有设备和技术条件的单位,按照标准和公安机关的要求代行办理。公安机关有权对受托单位进行监督、检查和决定变更委托事项。交通部门的院校应积极协助公安机关培训交通管理人员,并按培训交通系统人员的收费标准收取费用。

六、改革城乡道路交通管理体制，应以不增加编制、经费为原则，由公安机关负责组建全国统一的交通管理机构。

（一）交通部现有的交通监理机构，要成建制地划归公安部。地方各级交通监理机构，包括人员、编制、房产、场地、设施、装备等（不含养路费征收人员及其设施），要成建制地划归地方各级公安部门。原共用的房屋、设施，明确产权后仍继续共用。具体办法，由地方各级人民政府研究确定并组织实施。

（二）交通管理所需经费，维持原有开支渠道，即城市交通管理经费，列入国家预算收支科目，由原来的行政费和城市维护费开支。用于公路交通管理的经费，包括基建费、装备费、交通安全设施费、宣传费、事故处理费和人员经费，由监理规费开支，不足部分仍从养路费中开支。其标准，凡原由养路费开支的地区，按 1983 年至 1985 年平均每年从养路费中开支（扣除养路费征收人员的开支）的比例提取，具体办法由各地人民政府根据当地的实际情况确定。

实行由公安机关统一负责全国道路交通的管理体制，是一项重大改革，牵动面较大，政策性较强，各省、自治区、直辖市人民政府要切实加强对这项工作的领导，尽快组织实施。各级公安、交通、农业（农机）等有关部门要积极协助各地人民政府做好这项工作。

5. 中华人民共和国公路管理条例

(1987 年 10 月 13 日　国务院　国发〔1987〕92 号)

第一章　总　　则

第一条　为加强公路的建设和管理，发挥公路在国民经济、国防和人民生活中的作用，适应社会主义现代化建设的需要，特制定本条例。

第二条　本条例适用于中华人民共和国境内的国家干线公路(以下简称国道)，省、自治区、直辖市干线公路(以下简称省道)，县公路(以下简称县道)，乡公路(以下简称乡道)。

本条例对专用公路有规定的，适用于专用公路。

第三条　中华人民共和国交通部主管全国公路事业。

第四条　公路管理工作实行统一领导、分级管理的原则。

国道、省道由省、自治区、直辖市公路主管部门负责修建、养护和管理。

国道中跨省、自治区、直辖市的高速公路，由交通部批准的专门机构负责修建、养护和管理。

县道由县(市)公路主管部门负责修建、养护和管理。

乡道由乡(镇)人民政府负责修建、养护和管理。

专用公路由专用单位负责修建、养护和管理。

第五条　公路、公路用地和公路设施受国家法律保护，任何单位和个人均不得侵占和破坏。

第二章　公 路 建 设

第六条　公路发展规划应当以国民经济、国防建设和人民生活的需要为依据，并与铁路、水路、航空、管道运输的发展规划相协调，与城市建设发展规划相配合。

第七条　国道发展规划由交通部编制，报国务院审批。

省道发展规划由省、自治区、直辖市公路主管部门编制，报省、自治区、直辖市人民政府审批，并报交通部备案。

县道发展规划由地级市(或相当于地级市的机构)的公路主管部门编制，报省、自治区、直辖市人民政府或其派出机构审批。

乡道发展规划由县公路主管部门编制，报县人民政府审批。

专用公路的建设计划，由专用单位编制，报上级主管部门审批，并报当地公路主管部门备案。

第八条　国家鼓励专用公路用于社会运输。专用公路主要用于社会运输时，经省、自治区、直辖市公路主管部门批准,可以改划为省道或者县道。

第九条 公路建设资金可以采取以下方式筹集:国家和地方投资、专用单位投资、中外合资、社会集资、贷款、车辆购置附加费和部分养路费。

公路建设还可以采取民工建勤、民办公助和以工代赈的办法。

第十条 公路主管部门对利用集资、贷款修建的高速公路、一级公路、二级公路和大型的公路桥梁、隧道、轮渡码头,可以向过往车辆收取通行费,用于偿还集资和贷款。

通行费的征收办法由交通部会同财政部和国家物价局制定。

第十一条 公路建设用地,按照《中华人民共和国土地管理法》的规定办理。

第十二条 根据公路发展规划,确定新建公路或者扩宽原有公路路基、增建其他公路设施需要的土地,由当地人民政府纳入其土地利用总体规划。

第十三条 修建公路影响铁路、管道、水利、电力、邮电等设施正常使用时,建设单位应当事先征得有关部门的同意。

第十四条 公路主管部门负责对公路建设工程的质量进行监督和检验。未按国家有关规定验收合格的公路,不得交付使用。

第十五条 修建公路,应当同时修建公路的防护、养护、环境保护等配套设施。

公路建成后,应当按规定设置各种交通标志。

第三章 公路养护

第十六条 公路主管部门应当加强公路养护工作,保持公路完好、平整、畅通,提高公路的耐久性和抗灾能力。

进行公路维修应当规定修复期限。施工期间,应当采取措施,保证车辆通行。临时不能通行的,应当通过公安交通管理机关事先发布通告。

第十七条 公路养护实行专业养护与民工建勤养护相结合的制度。

民工建勤的用工、用车数额不得超过国家规定的标准。

第十八条 拥有车辆的单位和个人,必须按照国家规定,向公路养护部门缴纳养路费。

第十九条 养路费应当在国家规定的范围内专款专用。任何单位和个人不得平调、挪用、滥用、截留、拖欠养路费。

第二十条 公路交通遇严重灾害受阻时,当地县级以上人民政府应当立即动员和组织附近驻军、机关、团体、学校、企业事业单位、城乡居民协助公路主管部门限期修复。

第二十一条 因公路修建、养护需要,在空地、荒地、河流、滩涂取土采石,应当征得县(市)人民政府同意。

在上述地点取土采石不得影响附近建筑物和水利、电力、通信设施以及农田水土保持。

在县(市)人民政府核准的公路料场取土采石,任何单位和个人不得借故阻挠或者索取价款。

第二十二条 公路绿化工作,由公路主管部门统筹规划并组织实施。

公路绿化必须按照公路技术标准进行。

公路两侧林木不得任意砍伐,需要更新砍伐的,必须经公路主管部门批准。

第四章　路政管理

第二十三条　公路主管部门负责管理和保护公路、公路用地及公路设施，有权依法检查、制止、处理各种侵占、破坏公路、公路用地及公路设施的行为。

第二十四条　禁止在公路及公路用地上构筑设施、种植作物。

禁止任意利用公路边沟进行灌溉或者排放污水。

第二十五条　在公路两侧开山、伐木、施工作业，不得危及公路及公路设施的安全。

第二十六条　不得在大型公路桥梁和公路渡口的上、下游各二百米范围内采挖砂石、修筑堤坝、倾倒垃圾、压缩或者扩宽河床、进行爆破作业。不得在公路隧道上方和洞口外一百米范围内任意取土、采石、伐木。

第二十七条　通过公路渡口的车辆人员，必须遵守渡口管理规章。

第二十八条　未经公路主管部门批准，履带车和铁轮车不得在铺有路面的公路上行驶，超过桥梁限载标准的车辆、物件不得过桥。在特殊情况下，必须通过公路、桥梁时，应当采取有效的技术保护措施。

第二十九条　兴建铁路、机场、电站、水库、水渠、铺设管线或者进行其他建设工程，需要挖掘公路，挖掘、占用、利用公路用地及公路设施时，建设单位必须事先取得公路主管部门同意，影响车辆通行的，还须征得公安交通管理机关同意。工程完成后，建设单位应当按照原有技术标准，或者经协商按照规划标准修复或者改建公路。

第三十条　修建跨越公路的桥梁、渡槽、架设管线等，应当考虑公路的远景发展，符合公路的技术标准，并事先征得当地公路主管部门和公安交通管理机关同意。

第三十一条　在公路两侧修建永久性工程设施，其建筑物边缘与公路边沟外缘的间距为：国道不少于二十米，省道不少于十五米，县道不少于十米，乡道不少于五米。

第三十二条　在公路上设置交叉道口，必须经公路主管部门和公安交通管理机关批准。

设计、修建交叉道口，必须符合国家规定的技术标准。

第三十三条　经省、自治区、直辖市人民政府批准，公路主管部门可以在必要的公路路口、桥头、渡口、隧道口设立收取车辆通行费的站卡及公路征费稽查站卡。

第五章　法律责任

第三十四条　对违反本条例规定的单位和个人，公路主管部门可以分别情况，责令其返还原物、恢复原状、赔偿损失、没收非法所得并处以罚款。

第三十五条　不按照国家规定缴纳养路费、通行费或者违反本条例养路费使用规定的，公路主管部门可以分别情况，责令其补交或者返还费款并处以罚款。

第三十六条　当事人对公路主管部门给予的处罚不服的，可以向上级公路主管部门提出申诉；对上级公路主管部门的处理决定不服的，可以在接到处理决定书之日起十五日内向人民法院起诉；期满不起诉又不履行的，公路主管部门可以申请人民法院强制执行。

第三十七条　公路管理人员违反本条例的，由公路主管部门给予行政处分或经济处罚。

第三十八条　违反本条例应当受治安管理处罚的，由公安机关处理；构成犯罪的，由司法机关依法追究刑事责任。

第六章　附　　则

第三十九条　本条例下列用语的含义是:

“公路”是指经公路主管部门验收认定的城间、城乡间、乡间能行驶汽车的公共道路。公路包括公路的路基、路面、桥梁、涵洞、隧道。

“公路用地”是指公路两侧边沟(或者截水沟)及边沟(或者截水沟)以外不少于一米范围的土地。公路用地的具体范围由县级以上人民政府确定。

“公路设施”是指公路的排水设备、防护构造物、交叉道口、界碑、测桩、安全设施、通讯设施、检测及监控设施、养护设施、服务设施、渡口码头、花草林木、专用房屋等。

第四十条　本条例由交通部负责解释,交通部可以根据本条例制定实施细则。

第四十一条　本条例自 1988 年 1 月 1 日起施行。

6.国务院关于加强交通运输安全工作的决定

(1988年7月24日　国务院　国发〔1988〕48号)

交通运输业是国民经济发展的重要前提和支柱。改革开放以来,交通运输面临新的形势,任务更加繁重和艰巨。搞好交通运输安全,对于保障人民生命财产,维护社会安定,促进改革开放顺利进行,保证国民经济持续稳定发展,具有十分重要的意义。在最近召开的全国交通安全工作会议上,国务院总理李鹏同志作了重要指示,国务院委员邹家华同志作了重要讲话,各地区、各部门要认真贯彻执行。

近几年来,交通运输部门深化改革,实行各种形式的承包经营责任制,取得了显著成绩。安全运输工作也取得了一定成效,积累了不少好的经验,涌现出一批先进集体和个人,保证了运输任务的完成。但是,必须清醒地看到,当前交通安全状况还很不好。今年以来,全国重大交通事故接连发生,国家和人民生命财产受到巨大损失,造成了极其不良的影响。更为令人担忧的是还存在着相当严重的隐患。搞好交通安全,已经到了刻不容缓的地步。要扭转当前安全不好的被动状况,开创交通运输安全的新局面,需要坚持不懈地做艰苦、扎实、细致的工作,光治标不行,必须治本。

为了统一思想和行动,确保交通运输安全,必须要有一个共同的目标。全国交通运输安全工作的奋斗目标是:紧急动员起来,加强领导,深化改革,抓好基础,严格管理,建立科学的管理体系,完善必要的技术设备和监控手段,建设一支思想好、作风硬、基本功扎实、纪律严明的职工队伍,坚决防止重大恶性事故,最大限度地减少一般事故,安全优质、高效地为社会主义现代化建设服务。为实现这一奋斗目标,特作如下决定。

一、提高认识,加强领导,狠抓内部管理

当前交通运输安全状况不好,原因是多方面的,有主观原因,也有客观原因,但主要原因是内部管理问题。突出表现是领导不力,管理不严,安全责任制不落实;劳动纪律松弛,违章违纪严重;设备管理维修跟不上;培训抓得不够,职工技术业务水平下降;维护社会交通治安秩序抓得不够。对此,各级领导要有统一的、明确的认识。

认识不提高,领导不加强,安全则无保障。各级领导一定要提高对交通运输安全重要性和紧迫性的认识,认真贯彻安全第一、预防为主的方针,实行领导负责制。各部门、各单位主要负责同志对安全负第一位的责任,要按级负责,建立安全管理网。要转变领导作风,反对官僚主义和好人主义,坚持“严肃、认真、周到、细致”的工作作风,深入调查研究,狠抓落实工作。要正确处理安全与生产、安全与效率、安全与效益的关系,在保证安全的前提下挖潜扩能,发展生产。

狠抓内部管理,关键和核心问题是要突出一个“严”字,整顿和克服劳动纪律松弛和违章违纪现象。严格管理,首先要从领导干部做起,严以律己,敢抓敢管,不护短、不迁就,不准隐瞒和迟报事故;广大职工应当发扬“一点不差,差一点也不行”的精神,自觉地、严格地、一丝不苟地执行各项规章制度。对于在交通安全工作中作出贡献的先进单位和个人要大力表彰,对于有章不循、违章操作而造成事故的,要坚决处理,触犯刑律的要追究法律责任。切实做到严密组织，严格要求，严明纪律和赏罚分明。

二、深化改革，进一步完善承包经营责任制，建立健全安全责任制

铁路大包干和其他交通运输部门实行的承包经营责任制，方向是正确的，成效也是显著的，但要根据交通运输行业的特点，进一步深化和完善。铁路是高度集中的企业，是国民经济的大动脉，具有半军事化的特点。在实行大包干中，铁路局和分局可实行全面承包，基层站段的承包则应采取综合指标管理和考核的办法。在劳动工资方面，主要工种的关键岗位可以实行固定工制，并对其中的主要人员适当提高报酬，但必须严格考核，真正做到符合要求，胜任工作；辅助工种应提倡实行合同工制。其他运输部门也可按照这一精神进行改革。

要克服重效益轻安全的短期行为，把安全指标作为重要内容列入承包经营责任制和任期目标责任制中。凡是没有列入的，要立即列入；不完善的，要加以完善。要加强班组安全管理，把安全措施层层落实到每个岗位和职工，把安全指标与企业和职工个人经济利益挂起钩来。要妥善处理完成生产经营任务与保证安全运输之间的关系，在企业升级，干部考核任免，职工晋级，评选先进单位、个人和发放奖金时，安全指标具有否决权。

要把严格培训，提高职工技术业务素质，作为确保安全、健全安全责任制的一项重要内容。特别要重视对生产第一线的班组长和操作人员的培训。招收新工人时，要严格考核。关键岗位的职工，必须培训合格后才能上岗。平时要组织大练基本功，开展技术表演活动，实行定期轮训考核，做到培训工作经常化、制度化。对领导干部特别是新担任领导职务的同志，要加强安全管理方面的专门培训。要注意改善培训条件，办好技工学校和职工学校。有关的大专院校要开设安全教育课程，使学生在校时就受到系统的安全知识教育，增强安全意识。

三、加强对设备的维护、保养和修理，确保设备完好

保持设备处于良好状态，是交通安全的重要保证。各单位要把设备和线路的维护、保养和修理放在重要位置，严格执行使用、维护和检修制度。不准扣减计划内的维修费，不准挤占维修材料，不准抽调定编的维修力量，确保按质、按量、按时完成修理任务，使运输设备和线路始终处于良好状态。要树立全局观点，坚决反对只顾本单位的利益，该修不修，能拖就拖，能推就推，以邻为壑的错误做法。有关部门要为交通运输部门生产合格的产品，并要保证供应设备修理所需要的原材料及配件。

今后，在新建和更新改造项目中，要有相应的安全设施专项投资，必须实行安全设施与主体工程同时设计、同时施工、同时验收的原则，对不符合安全要求的，不准投资、不准施工、不准投入使用，以切实保证安全，不留后患。

四、依靠技术进步，优化运输结构

要加强交通运输安全方面的科学技术研究和新技术的运用。对于已经研制成功的装置和设备，要加速安装，完善配套。对于尚未解决的课题，要加快攻关进度，有的要列入国家重点攻关项目。要认真落实这方面的经费。积极引进、消化国际先进的管理方法、手段，提高安全管理水平。要树立大交通观念，优化运输结构，逐步建立合理的综合运输体系，充分发挥各种运输工具的作用。用经济和行政手段，促使运输的合理分流，缓解铁路严重超负荷状况。由国家计委牵头，组织有关部门，通过设想研究，提出方案。

五、加强安全法制建设和监督监察工作

交通安全法制建设，当前要着重抓好三方面的工作：一是抓紧制定和完善有关保证交通安全的法规，做到事事有法可依；二是严格执法，做到有法必依，执法必严，违法必究；三是要在全社会大造舆论，大张旗鼓地开展交通运输安全的宣传工作，提高广大人民群众的法制观念，使

人人知法、懂法、守法。各地区、各部门都要重视和支持安全监督监察工作，选派熟悉业务、善于联系群众、敢于坚持原则的人员，充实安全监督监察机构。安全监督监察部门要公正、权威地履行职责，把主要精力放在预防事故的工作上。

交通运输系统各单位要立即开展一次安全检查整顿。抓好四查：查思想、查管理、查纪律、查隐患。对查出的问题，凡是能够解决的要立即解决；不能马上解决的，也要采取临时措施加以补救，并提出解决办法，限期解决；对过去隐瞒和久拖不决的事故要抓紧处理。检查整顿要层层进行，落实到每个岗位、每个职工。要充分相信和依靠各单位的领导和职工。不走过场，不搞形式主义，要重在落实，注重实效。检查整顿之后，要使这项工作形成制度，把安全检查列入日常生产管理工作的议程。交通运输部门和各省、自治区、直辖市人民政府，要在第三季度末向国务院正式报告检查整顿结果；同时，要制定本地区、本部门交通运输安全规划，于今年底上报国务院。

六、加强思想政治工作，关心职工生活

各单位要根据新时期思想政治工作的新特点，联系实际，采用生动活泼、群众喜闻乐见的形式，把思想工作做到生产和职工生活中去，教育广大职工懂得本职工作同运输安全的密切关系，增强职工搞好安全运输的自觉性。教育广大职工加强主人翁责任感，树立良好的职业道德，发扬艰苦奋斗的精神，顾全国家大局，克服和防止“一切向钱看”的思想，以对人民高度负责的精神，自觉遵章守纪，做好本职工作，保证运输安全。为了加强对思想政治工作的领导，交通运输部门可进行党委书记兼任行政副职的试点。

在加强思想政治工作的同时，各级领导要关心职工生活，依靠自己的力量，努力解决他们的实际困难。要抓紧解决边远地区职工的吃水、供电、医疗卫生、文化生活和子女上学、就业等问题，做好运输第一线职工家属的工作。要为保证运输第一线职工尤其是驾驶人员的休息创造必要的条件，解决他们超劳的问题。

七、落实好几项具体政策

为了提高交通运输部门自我积累、自我发展、自我改造的能力，国家根据目前条件，决定采取以下措施：根据全国物价改革的总体方案，考虑适当调整部分运价；对保障交通安全所需贷款，银行应优先予以安排；适当提高铁路大修折旧率；民航部分技术骨干跨省调动不受户口限制；公路交通管理经费不足的地区，经省（区、市）财政部门审核并报省（区、市）人民政府批准，可适当增加养路费划拨给公安部门的比例；在主要公路干线的乡镇，设置道路交通管理机构；研究制定运输工具、货物、旅客人身意外伤害和第三者责任的法定保险制度等。有关部门和地方要抓紧提出具体方案，上报批准后实施。

八、地方政府要把交通运输安全工作列入重要议事日程

各级地方政府要加强对本地区交通安全工作的领导，层层建立安全责任制。除抓好以上各项工作外，要进一步贯彻落实国务院一系列有关搞好交通安全的各项规定；抓好本地区的交通治安工作，对哄抢运输物资、盗窃交通安全器材、破坏交通安全等刑事犯罪活动，要坚决依法予以打击；重要铁路区段、港口、桥梁、隧道、航道和航标，要配合武警部队和交通部门建立保护制度；加强对铁路道口的管理；严禁把易燃、易爆和其他危险品带上车、船、飞机；对农村个体、集体车船要严格管理，尽快扭转失管失控的状况；维护机场秩序，严格执行保护机场净空条件的有关规定；按照《国务院关于改革道路交通管理体制的通知》（国发〔1986〕94号）的规定，要进一步加强对拖拉机交通运输安全的管理；根据国务院已有的规定，对现在各种检查站进行清理整顿，统筹规划检查站的布局，把乱设卡、滥收费的混乱现象限期加以纠正。

九、有计划、有步骤地增加运输能力

加强交通运输安全，当前主要应从强化管理入手。同时也应看到，交通运输仍然是国民经济的突出薄弱环节，要从根本上改变交通运输安全不好的状况，增加投入，扩大能力，更新设备，增添安全设施和现代管理手段，同样是不可忽视和十分必要的。这不仅是保证安全的需要，也是发展生产的需要。随着国民经济的发展，交通运输的能力和需求之间的矛盾将会更加突出。各地区、各部门都要从长远考虑，采取切实措施，有计划地增加投入，不断提高运输能力，使交通运输进一步适应改革开放的要求，保证国民经济持续稳定地发展。

交通运输安全是关系国计民生的大事，各地区、各部门一定要十分重视，互相支持，密切配合。国务院相信，经过全国人民特别是交通运输战线广大职工的努力，交通运输安全不好的局面一定能够扭转，交通运输事业和交通运输安全一定能够提高到一个新的更高的水平。

7. 中共中央、国务院关于坚决制止乱收费、乱罚款和各种摊派的决定

(1990年9月16日　中发〔1990〕16号)

近几年来,党中央、国务院针对一些地区和部门出现的乱收费、乱罚款和各种摊派(以下简称"三乱")的情况,曾多次发布文件严加制止。各地区、各部门虽进行了一些清理整顿,但总的来说,效果不明显,问题仍相当严重。不少地区和单位继续违反国家规定,任意增加收费项目,提高收费标准,名目繁多,标准过高;有的随意对企事业单位和群众罚款,甚至乱设关卡,敲诈勒索;有的搞建设、办事业不量力而行,强制集资摊派;有的财务管理混乱,监督检查不严,违法违纪现象经常发生。"三乱"屡禁不止,日趋严重,已成为一个尖锐的社会问题,群众对此反映十分强烈。在当前纠正行业不正之风的同时,必须下大决心对"三乱"进行综合治理,坚决加以制止。为此,特作如下决定:

一、统一思想,提高认识,增强制止"三乱"的紧迫感。"三乱"的出现,有体制改革不配套、经济过热、法制不健全的原因,也有部分执法人员素质不高的原因,但更主要的还在于有些地区和部门的领导缺乏全局观念、群众观念和法制观念,对"三乱"的危害性认识不足,管理不严,清理整顿态度不坚决,措施不得力,致使问题长期得不到解决。坚决制止"三乱",关键在于各级党政领导要统一思想,充分认识"三乱"的严重性和危害性。必须看到,"三乱"不仅加重了企事业单位和群众的负担,造成国家财政收入的大量流失和浪费,而且背离了为人民服务的宗旨,助长了不正之风,严重损害了党和政府同人民群众的关系,挫伤了企事业单位和群众的积极性,影响了经济发展和社会稳定。各级党政机关和有关部门,一定要把制止"三乱"提到端正党风、加强廉政建设、密切党群干群关系的高度来认识,把制止"三乱"与纠正行业不正之风、清除腐败现象结合起来,作为治理经济环境、整顿经济秩序的一项重要内容,认真加以解决。一定要牢固树立全局观念,坚持量力而行和勤俭节约的原则,不能超越社会承受能力乱铺摊子,不能只顾本地区、本部门的局部利益随意开收费的口子和乱罚款,自觉防止和抵制"三乱"的滋生和发展。

二、对现有的收费、罚款、集资项目和各种摊派进行全面的清理整顿。各地区、各有关部门要在全面检查现有收费、罚款和集资项目的依据、标准、范围、资金用途和执收执罚单位管理的基础上,认真整顿收费、罚款、集资项目和执收执罚机构、现行规章、票据、执法纪律。在清理整顿时,要条块结合,以块为主,密切配合,协调进行。国务院有关部门和各省、自治区、直辖市人民政府要倾听群众的呼声和意见,带头清理整顿。在地方的中央有关部门的直属单位的清理整顿工作,由地方政府统一布置。各部门、各单位要先进行自查,并按规定报上级主管部门和当地政府处理。国务院和地方政府要组织力量,对群众和企事业单位反映强烈的部门和单位进行重点检查。通过清理整顿,解决"滥、散、乱"的问题,取缔非法行为,维护合法的收费、罚款和集资。

三、严格审核收费、罚款、集资项目和标准。对现有的收费、罚款、集资项目,要重新进行审核,区别不同情况加以处理。凡符合国家审批规定又合理的予以保留,继续执行,但对其中

标准过高的要降下来。不合理的要取消,重复收取的要合并。不符合审批规定的收费项目,应立即停止执行。对其中确有正当理由需要保留的,必须按规定权限重新审报批准后才能执行,未经批准的一律取消。国家行政机关应在其职责范围内办理公务,除国家法律、法规有专门规定者外,不准收费。罚款幅度过大的,要划清档次,明确标准。用集资建设的计划外项目和不符合产业政策的项目要停建。在清理整顿期间,除国家法律、法规、规定和国务院特批的外,不审批新的收费、罚款项目。

四、坚决禁止各种形式的摊派。国务院一九八八年四月发布的《禁止向企业摊派暂行条例》和一九九〇年二月发出的《关于切实减轻农民负担的通知》,各地区、各部门都要认真执行。党中央、国务院重申:在国家法律、法规和有关规定之外,要求有关单位或个人无偿地、非自愿地提供财力、物力和人力的行为都是摊派,一律予以禁止。任何地方、部门和单位都不准收取上述文件所禁止的费用,不得以赞助、捐赠等为名变相向行政事业单位、企业和个人摊派。企业自愿赞助、捐赠的,只准从企业留利中开支,不得计入成本。刊登广告和订阅报刊杂志,必须坚持自愿的原则,不得用行政手段强行摊派。

五、明确部门职责和管理权限,加强项目审批管理。行政事业性收费项目,审批权限集中在中央和省(不含计划单列市)两级。根据收费项目情况,分别由国家物价局、财政部和省物价、财政部门审批,重要项目须报国务院或省政府批准。设立各种基金的审批权集中到财政部,由财政部会同有关部门审批,重要的报国务院批准。各种证照的发放的收费要严格控制。罚款项目,要严格按国家法律、法规和规章的有关规定执行。新确定罚款项目,必须严格按法定程序报批。集资必须在法律、法规和国务院有关政策允许的范围内进行,坚持自愿、受益、适度、资金定向使用的原则。集资项目,应由同级计委、财政部门会审,经当地人民政府报上一级人民政府审批。集资规模必须纳入国家计委下达给当地的投资计划,进不了计划的不准批准集资(乡镇企业的资金筹集管理,仍按财政部〔86〕财农字第306号文件执行)。

六、建立健全收费、罚款和集资的财务、票证管理制度。对行政事业性收费,要按照资金性质分别纳入财政预算或预算外管理。罚款收入上交财政,取消各种形式的罚没收入提留分成办法;执法部门所需办案和业务经费,列入财政支出预算。对集资的资金,实行收支两条线管理。用于基本建设的,要统一存入当地财政在建设银行开设的预算外资金专户,由财政部门和建设银行监督使用。上述各项收支都要入账,纳入单位财务管理,并按规定及时解缴国库或存入财政专户,严禁坐收坐支,挪用私分或私设"小金库"。有关单位在收费时必须持"收费许可证"。各种收费和罚款,都必须使用财政部门统一制定的票据,否则单位和个人有权拒付。

七、精简机构,压缩人员,努力减少各种收费。对以收费为主要经费来源的单位,经过清理要撤并一批。确实需要保留的单位,经批准可继续准予适当收费或增加财政拨款。对各类检查站(点),要减少数量,尽可能实行部门联合检查。目前,各种学会、协会、研究会、基金会等社会团体和群众组织过多过滥,民政部和有关部门要结合这次清理整顿重新审核。对不符合社会需要、不具备基本活动条件的,应予撤销。对行业、学科分工过细或重复成立的,要进行合并。社会团体和群众组织不得向社会收取费用。会费的收取标准,由民政部会同财政部制定,各地区、各部门要严格执行。今后除特殊情况外,新增加的工作必须由原职能部门承担,不准另设机构,也不准以自行收费不要财政负担为由,搞编外机构和人员。

八、切实加强监督检查。今后,各级政府要把对收费、罚款、集资、摊派的检查列为税收、财务、物价大检查的一项重要内容,使之制度化、经常化。财政、物价、审计、监察部门都要加强对收费、罚款、集资、摊派的监督检查。各级人大常委会可结合执法检查,组织人大代表开展这方面的检查。可邀请政协委员参与检查，进行监督。对人大代表和政协委员反映的问题，各级政府要及时处理。要通过各种新闻舆论工具，广泛宣传有关法规、政策，公布收费、罚款项目和标准，对严重违反规定的要公开处理。有关单位要亮证执收执罚。各级财政、物价、计委(经委)、农业和有关主管部门要对“三乱”建立举报制度，负责查处违法乱纪行为。要抓紧制定和完善有关法规、依法制止“三乱”。要发动企事业单位和群众，运用法律、法规、制度维护自身的合法权益，积极参与对执收执罚人员的监督，形成一种抵制“三乱”的社会监督机制。对目无法纪，继续乱收费、乱罚款和摊派的单位，其非法收入除按规定退还被收、被罚、被摊派的单位和个人外，其余全部没收上交财政，并由纪检、监察机关或主管部门给予这些单位和审批部门领导人相应的党纪、政纪处分。对私分财物、贪赃枉法或打击报复举报人者，要依法从重处理，决不姑息。

九、大力加强执法队伍的建设，努力提高执法人员素质。应该肯定，我们的执法队伍总体上是好的，多数执法人员在工作中做出了一定成绩，但确有少数执法人员严重违法违纪，在群众中造成了恶劣影响。要大力加强对执法人员的思想政治工作，广泛深入地开展法制教育、廉政教育和职业道德教育，不断提高他们的思想觉悟和政策水平。要使每个执法人员懂得，他们是代表国家执法的，一举一动直接关系着党和国家的声誉，应更加自觉地秉公执法。对执法严明的，要加以表彰；对不适合做执法工作的，要坚决调离；对少数贪赃枉法的，要坚决清除；对触犯法律的要依法惩处。对新上岗的执收执罚人员，要分期分批地进行培训，提高政治、业务素质。对执法机关中已招收的合同工，必须重新全面审核，进行岗前培训，经考试合格、报同级政府批准后才可从事执法工作。今后，有关部门不得招收合同工、临时工行使执法权。

十、切实加强对治理“三乱”工作的领导。制止“三乱”是一项十分艰巨的工作，涉及面广，政策性强，情况复杂、难度很大，各级党委、政府及有关部门必须加强领导。党中央、国务院决定成立治理“三乱”领导小组，有关部门参加，统一领导、部署和协调清理整顿工作。领导小组下设办公室，负责治理“三乱”的日常工作。各省、自治区、直辖市党委、人民政府和国务院有关部门也要建立相应的领导机构，确定一位主要领导同志负责这项工作。在治理“三乱”工作中，要充分发挥有关职能部门的监督管理作用。清理整顿乱收费的工作，由物价、财政部门负责；清理整顿各种摊派的工作由计委(经委)负责；清理整顿乱罚款的工作，由财政部门负责。以上各项涉及农民负担的，要与农业主管部门共同研究。各地区、各部门要按本决定提出的要求，抓紧研究制定实施方案，进行部署，用一年左右的时间基本搞完。已经开展清理整顿的地区和部门，要在总结经验的基础上，把这项工作抓深抓细，不能走过场。清理整顿结束后，要认真进行总结，并将情况报告党中央、国务院。

8.国务院关于进一步搞活农产品流通的通知

（1991 年 10 月 28 日 国务院 国发〔1991〕60 号）

各省、自治区、直辖市人民政府，国务院各部委、各直属机构：

随着我国农村商品经济的发展，农产品流通对于保持农业生产稳定增长，增加农民收入，促进城乡市场繁荣和社会安定，具有越来越重要的作用。近年来，为搞活农产品流通，中央和地方在调整购销政策，建立储备制度，开办批发市场等方面，做了大量工作，并取得明显成效。但是，当前农产品流通滞后的问题仍然十分突出，很不适应农村商品生产发展的需要，亟待进一步采取措施加以解决。现就深化流通体制改革，进一步搞活农产品流通的有关问题，通知如下：

一、进一步完善农产品放管结合的购销政策

遵循计划经济与市场调节相结合的原则，国家对农产品流通问题，总的要求是：随着农村商品经济的发展，适当缩小指令性计划管理，完善指导性计划管理，更多地发挥市场机制的作用。

粮食，在保证完成国家定购任务的前提下，长年放开经营。取消“大米由粮食部门统一收购，其他部门、单位和个人不得经营”的规定。中央和地方实行专项储备粮制度，当市场价格下跌时，政府按保护价定额收购储备，保护生产者的利益；当市场价格过高时，政府按合理价格抛售一部分储备粮，以稳定市场，保护消费者的利益。国家专项储备粮的指标分配要适当集中，重点照顾商品率比较高的主产区和出售国家定购粮较多的农户。随着市场发育，专储粮要逐步过渡到通过市场吞吐，以保持粮食市场和价格的稳定。粮食压销继续由省、自治区、直辖市分散决策。

棉花，继续由供销合作社统一收购，统一经营。其中棉花良种繁殖区的棉花委托良棉厂收购。提倡销区到产区投资，联合开发宜棉荒地，生产的棉花五年内不纳入分配计划。

烟草，蚕茧，以及麝香、甘草、杜仲、厚朴四种中药材，继续由国家指定的部门统一经营。南方集体林区的木材（竹材、松脂）和天然橡胶、边销茶，仍按国务院现行规定办理。

食油（油料）、食糖（糖料）、生猪、绵羊毛、黄红麻等产品的购销实行指导性计划，通过规定指导性价格，建立和完善购销合同制，引导生产和流通。为了保证国计民生的需要，国营商业和供销合作社对油、糖、猪肉、绵羊毛、黄红麻，必须保持一定的合同收购量和国家储备量，以稳定市场。

有条件的地方，生猪可以完全放开经营，其决策权归省、自治区、直辖市政府。

其他农产品，各地根据不同情况，逐步实行市场调节，放开价格，多渠道、少环节自由购销，同时加强宏观指导和管理。

凡属放开经营的产品，未经国务院批准，不准纳入部门或地方的计划管理。

二、打破地区封锁，撤掉滥设的关卡，保证货畅其流

为了建立全国统一的农产品市场，保证农产品流通的正常秩序，国务院重申：严禁地区封锁，任何部门和地方不得干预流通部门执行国家计划和合法的经营活动；对放开经营的农产品外运，任何地区和部门都不得加以限制；各地在交通线上设置的检查站，必须持省、自治区、直辖市政府重新审查后颁发的许可证，无证的检查站一律撤除；坚决制止一切乱收费、乱罚款的非法行为。各省、自治区、直辖市政府要依上述精神发布通告，并监督执行，违者严肃处理。

三、继续发挥供销合作社和国营商业在农产品流通中的主渠道作用

供销合作社和国营商业是国家农产品流通计划的主要执行者，是稳定和繁荣城乡市场的主导力量。要继续深化改革，完善企业经营机制，增强企业自我发展能力。要逐步实现政府调控职能与经营职能的分离，除政策性经营亏损由国家补贴外，均应实行自主经营、自负盈亏。

供销合作社是农民集体所有制的合作商业组织。凡是放开经营的产品和农民生产生活需要的商品，供销合作社都可以经营；其他部门专营的农产品，应委托基层供销社代购，不必另设收购网点。各级政府和有关部门要积极指导和扶持供销合作社的发展，切实解决供销合作社特别是基层社的困难。必须坚决制止一些地方政府平调供销合作社资金、物资，任意改变隶属关系和限制经营范围的错误做法，维护供销合作社的合法权益。

供销合作社和国营商业要适应农村商品经济发展的需要，积极与农民以及其他购销组织实行多种形式的联合与合作，更好地为农业生产和农民生活服务。

四、鼓励集体和个人进入流通领域，发展多渠道经营

近年来，农村集体经济组织和农民个人以多种方式组织起来进入流通领域，对于搞活农产品流通，促进农业生产发展，方便农民群众生活，发展农村第三产业等方面发挥了积极作用，各有关部门应给予热情支持，指导其合法经营。凡是放开经营的农产品，集体商业和个体工商户都可以经营，可以长途贩运，也可从事批发业务，其中粮、油等关系国计民生产品批发经营必须经过批准。对申请从事农产品流通活动的集体和个人，要准予注册和领取营业执照。要允许它们在银行或信用合作社开户、结算，并建立风险保证金制度。对进城从事农产品流通活动的农民，有关部门要在经营场地等方面提供方便。要通过引导、服务、管理和健全有关法规，逐步提高多渠道流通的规范化和组织化程度。

五、积极发展产销一体化经营组织

目前我国农村已经出现一批贸工农一体化、产供销一条龙的经营组织，对于联结千家万户建立专业化商品生产基地，提高农产品生产组织化程度，减轻市场风险，发挥了重要作用。国营商业、外贸企业、供销合作社、农产品加工企业、农业(畜牧、水产)科技推广部门、乡镇企业等，凡有条件的都可以不受行政区划的限制，牵头或参与产销一体化经营活动。国家统一经营和国家定购部分以外的农产品，可以通过产销一体化经营组织，使产区直接与销区挂钩，以销定产，签订合同，建立长期稳定的供求关系，逐步形成合理的区域分工。各部门对其参与产销一体化经营组织的下属单位，应当鼓励支持，原有的资金、物资供给不变。

六、逐步建立和完善以批发市场为中心的农产品市场体系

建立农产品市场体系是我国流通体制改革的一个重要方面。要继续发展多种形式的农产品初级市场，同时有计划地建立若干主要农产品的批发市场，逐步形成以批发市场为中心的农产品市场体系。要采取措施积极引导农产品批发交易活动在市场内进行，逐步减少场外交易。粮食等重要农产品，要在现货交易的基础上，逐步向远期合同和期货贸易发展。农产品批发市场实行统一的交易规则，市场的管理者不得参与市场交易。工商行政管理机关要加强市场管理和合同管理。农产品批发市场的建设，在政府统一组织协调下，有关部门参加，制定批发市场发展规划，并纳入各地经济发展和城乡建设总体规划，作为公共事业来办。在统一规划下，鼓励多方兴建，多渠道筹资，调动各方面办批发市场的积极性。对按统一规划建设的农产品批发市场的固定资产投资,税收上要给予优惠。

七、加强农产品流通基础设施建设

目前,我国农产品收购、储藏、运输等基础设施,远远不能适应农村商品经济发展的需要,必须尽快解决。今后国家基本建设计划中,农产品流通设施建设的投资比例要有较大幅度的提高,各级计委都要作出相应安排。重要的农产品和农业生产资料的国家储备库、中转库的建设和公路建设,由国家和地方安排专项资金。大型农业开发项目和农业商品粮基地建设,要相应增加农产品流通设施建设的投资。为了支持供销合作社和经营农产品的国营商业尽快改变流通设施陈旧和不足的状况,对其投资新建和改建的流通设施,在贷款利率和税收方面给予优惠。鼓励集体和个人建设储藏设施,经营储藏业务。各部门的仓储设施要逐步向社会开放,实行栈租制,作为企业来经营,自负盈亏。合理调节粮食调出地区和调入地区之间的利益。粮、油销区要严格按计划调入,分担产区储藏的困难,逾期不按计划数量调入的,要承担贷款利息和保管费;如产区待价而沽,不按时调出,应承担给对方造成的经济损失。铁路、公路运输企业,在农产品购销旺季,对农产品主产区和大型批发市场所需运力,要给予重点照顾,大力支持。

八、大力发展和合理调整农产品加工业

根据国家当前产业政策的要求,大力发展和合理调整农产品加工业,不仅有利于解决农产品买难、卖难问题,而且可以为国内外市场提供多种多样的适销产品,为农产品商品生产的发展开辟更加广阔的前景。

要在统筹安排、全面规划的基础上,调整农产品加工业布局。积极扶持农产品主产区发展农产品初加工工业,逐步改变财政困难,以及农民收入不高,生产后劲不足的状况。银行要相应增加乡镇工业贷款规模。城市一般不再发展新的农产品初加工能力,对现有农产品加工企业,要加快技改步伐,提高产品质量和档次,增加花色品种,实现精加工、深加工,带动农村农产品初加工工业的发展,逐步形成农产品加工业的合理分工。要防止一哄而起,避免重复建设。国家对需要重点支持的农产品加工业继续实行优惠政策。同时严格控制棉花及其他原料供应不足、加工能力已经过剩的加工业。

九、切实安排好农产品收购资金

近几年,一些地方不断出现收购农产品"打白条"的现象,挫伤了农民的生产积极性。各地农产品收购所需要的资金,要由政府牵头,银行、财政、商业企业分头筹措,包干负责,按时到位。人民银行和有关专业银行要在贷款规模资金供应上保证粮、棉、油等主要农产品的收购,并把资金管好用活。对已转为国家储备的农产品所占用的临时贷款,要及时转为年度性贷款。要尽快解决在工商银行和农业银行两行开户、汇路不畅的问题。各级财政对粮食企业的各项拨补款必须保证按时足额到位。要对粮食企业不合理的资金占用认真进行一次清理,对挤占挪用的收购资金要限期追回,并追究领导责任。

十、各级政府要像抓生产那样抓流通,加强宏观调控

农产品流通涉及部门多,政策性强,工作量大。各级政府都要切实加强领导,把搞活农产品流通当作一件大事来抓,要像重视农业生产那样重视农产品流通。今后各级政府都要建立协调制度,由政府主管负责人定期召集各有关部门协商,及时解决农产品流通方面的问题。

要坚持和完善重要农产品储备调节制度。中央和地方要根据需要,研究确定关系国计民生的重要农产品的储备量,建立储备基金。除国家储备外,还要积极引导企业和农民采取多种办法,进行必要的储备,建立多级储备体制。对重要农产品,各地要逐步建立和完善风险基金制度，以保护生产者、消费者和经营者利益。

要搞好内外贸的协调与平衡。对主要供出口的农产品，外贸企业要提前同产区和农民签订合同，引导生产，对不执行合同所造成的损失，违约者必须承担经济责任。对主要面向国内市场的农产品，外贸企业要在稳定国内市场价格的情况下，随行就市收购出口。内外贸都不得抬价抢购，以保持市场和生产的稳定。

各地要在国家总体改革规划的指导下，根据实际情况，积极进行农产品流通体制改革的试验，不断深化改革。

9.国务院办公厅关于交通部门在道路上设置检查站及高速公路管理问题的通知

（1992年3月31日　国务院办公厅　国办发〔1992〕16号）

《中华人民共和国公路管理条例》和《中华人民共和国道路交通管理条例》发布以来，各地认真贯彻执行，取得了成效，但在执行中也产生了一些分歧和矛盾。为了进一步加强道路交通管理，经国务院批准，现就交通部门在道路上设置检查站和高速公路管理问题通知如下：

一、今后交通部门在道路上设置检查站，统一由省级人民政府审批，各有关部门都要支持地方政府行使这一权力。

二、根据国务院有关规定，在高速公路管理中，公路及公路设施的修建、养护和路政、运政管理及稽征等，由交通部门负责；交通管理（维护交通秩序、保障交通安全和畅通等）由公安部门负责。目前，我国高速公路正在起步阶段，如何管好高速公路，需要有一个积累经验的过程。因此，各地对高速公路管理的组织机构形式，由省、自治区、直辖市人民政府根据当地实际情况确定，暂不作全国统一规定。公安、交通两部门要相互支持，大力协同，把高速公路管好。

10. 国务院办公厅关于加强公路交通治安工作的通知

（1992 年 12 月 19 日　国务院办公厅　国办发〔1992〕61 号）

各省、自治区、直辖市人民政府，国务院各部委、各直属机构：

近几年来，各地人民政府和公安、交通等部门对治理公路交通治安做了大量工作，采取各种措施整顿公路治安秩序，这对于打击危害交通运输安全的犯罪活动，制止乱设卡、乱收费的现象、维护公路交通和治安秩序的基本稳定等方面起到了积极作用。但是，在某些地区，特别是一些干线公路上的治安秩序仍存在问题，一些地段“车匪路霸”横行，运输车辆屡遭不法分子的敲诈和抢劫，担惊受怕，精神压力大，不愿跑长途，严重阻碍了客货运输；有的地区车辆堵塞，客运班车正点率下降，影响了当地经济的发展。这说明，一些地方对公路交通治安管理不严，防范措施不强，社会治安综合治理的各项措施没有真正落到实处。

为贯彻党的十四大关于加快改革开放和现代化建设步伐的精神，为社会主义市场经济体制的建立创造一个良好的社会环境，严厉打击公路沿线的违法犯罪活动，维护好公路治安和交通秩序，保障公路交通运输的安全畅通，经国务院批准，现就有关问题通知如下：

一、各级人民政府要深入贯彻中央关于社会治安综合治理的各项政策，把维护公路交通治安作为促进商品流通，保障国家经济建设的大事来抓。要切实做到加强领导，统筹规划，突出重点，综合治理，力争在短期内改变重点路段治安不良的状况。

二、整顿公路治安工作，坚持实行谁主管谁负责的原则。县、乡级人民政府要对解决本地公路治安问题切实负起责任，会同上级业务主管部门认真做好整顿工作。公安司法机关要严厉打击抢劫、伤害、盗窃等危害交通运输安全的犯罪活动，特别对占路为霸、敲诈勒索、流氓滋扰等犯罪团伙要除恶务尽、坚决打击。要加强道路交通指挥疏导工作，以确保道路畅通。交通部门要依法维护好交通运输秩序。国家和集体运输单位要对运送的货物和旅客落实必要的保安措施。

三、要重点治理整顿“车匪路霸”活动猖獗的一些国道干线和省、地、县结合部地段。对持械抢劫车辆、洗劫财物、杀伤乘客和司售人员的大案要案，公安机关要迅速侦破。检察院、法院要依法从重从快处理，发挥法律震慑罪犯和教育人民、保护人民的作用。各客运部门要加强对易燃、易爆危险品的查堵工作，必要时可以对旅客（包括军人）实行开包检查，严禁旅客携带违禁物品乘坐交通工具。

四、各地公安机关和其他执法机关对危害公路交通安全的违法犯罪的举报或投诉，要认真受理、查办或按案件管辖、职责分工转有关地区和部门查处。要切实保护群众同危害公路交通安全的犯罪活动作斗争的积极性，不能以不是本单位或本地区主管为由拒绝受理。

五、广泛发动群众，依靠群众，实行综合治理。要运用电视、广播、报纸等宣传工具，大力做好宣传报道工作，教育、鼓励交通运输职工和广大群众同违法犯罪活动作斗争。公路沿线的农村基层政权组织要教育村民遵纪守法，爱路护路。

11.国务院关于禁止在公路上乱设站卡乱罚款乱收费的通知

（1994年7月20日 国务院 国发〔1994〕41号）

各省、自治区、直辖市人民政府，国务院各部委、各直属机构：

公路是城乡经济交流和人民生活交往的重要通道，在我国国民经济与社会发展中占有重要地位。保障公路畅通与安全，维护正常的交通秩序，直接关系到社会主义市场经济的发展和社会的安定。因此，对在公路上乱设站卡、乱罚款、乱收费的行为必须坚决禁止，严肃查处。特作如下通知：

一、在公路上设置站卡，必须严格按照国家有关法律、法规的规定执行。按照有关规定，公安部门可以在公路上设置检查站，交通部门可以在必要的公路路口、桥头、渡口、隧道口设置车辆通行费收费站或公路征费稽查站，林业部门可以在通过林区的公路上设置木材检查站。除上述部门以外，其他任何部门、单位、组织和个人，不得在公路上设置任何形式的检查站、收费站、也不得在公路上拦截车辆进行检查、罚款、收费。

二、公安部门设置检查站，交通部门设置收费站、征费稽查站，林业部门设置木材检查站，应当从保障公路畅通、安全和有利于交通运输生产出发，提出设站方案和申请，由省、自治区、直辖市人民政府统一规划，合理布局，严格审批。各省、自治区、直辖市人民政府不得将审批权下放到下级人民政府。在国道上设置的检查站、收费站、征费稽查站和在通过林区的国道上设置的木材检查站，应当由省、自治区、直辖市人民政府的公安部门、交通部门、林业部门分别报公安部、交通部、林业部备案，三部应及时沟通情况。

三、公安部门设置的检查站，交通部门设置的收费站、征费稽查站，林业部门设置的木材检查站，必须严格依法履行职责，执行任务。不得在职责、任务范围以外，从事不符合国家规定的活动。

四、人民警察在公路上依法进行巡逻执勤、疏导交通、纠正违章，除发现有违章行为和犯罪嫌疑的情况外，不得随意拦截车辆。

五、交通部门设置的收费站，必须严格执行有关收费标准和收费期限的规定。严禁在公路、桥梁、隧道正式竣工通行前，先收取通行费。

凡利用贷款（包括需归还的集资）新建、改建（不包括局部改造）的高等级公路、桥梁、大型隧道，经省、自治区、直辖市人民政府批准后，可以对过往的车辆收取通行费，但是贷款（集资）还清后要立即停止收费。凡由国家投资、养路费投资、民工建勤、民办公助、以工代赈办法以及个人和社会捐资修建的公路、桥梁、隧道，一律不得收取通行费。

六、交通部门设置的征费稽查站，必须严格按照有关规定征收养路费和进行稽查。在征费稽查站执行运政管理任务的工作人员，不得违反规定随意拦截车辆和乱收费、乱罚款。

七、经批准设置的检查站、收费站、征费稽查站、木材检查站，应公布设站的批准证件、工作范围，收费站还应公布收费单位、收费标准、收费期限和监督电话，接受群众的监督。

八、检查站、征费稽查站、木材检查站和收费站的工作人员，应分别持有省、自治区、直辖市人民政府核发或省、自治区、直辖市人民政府授权部门核发的检查证和收费证。证件上应有持证人姓名、照片、工作单位、证件号码、工作地点。一人一证,不得转让,工作时应予佩带。持证人员只限于在本站区内工作,不得超越工作地点拦车检查、罚款、收费。无证人员不得执行检查、罚款、收费任务。

九、收取通行费和实施罚款处罚的工作人员,必须严格执行有关的法律、法规。严禁地方各级人民政府及其有关部门下达收费、罚款指标。收费、罚款票据应由省、自治区、直辖区人民政府财政部门统一制发或监制,罚款要按照有关规定全额上缴。

十、禁止任何部门、单位、组织和个人在公路上拦截车辆,巧立名目进行强买强卖、敲诈勒索及其他妨碍道路交通的行为。任何部门不得利用职权向过往车辆及驾驶人员强制推销各种车辆设备、配件和宣传品等,不得在公路或者城市入口设置强制性车辆冲洗站,拦截过往车辆强制冲洗。

十一、公安部门的检查站,交通部门的收费站、征费稽查站,林业部门的木材检查站,违反有关法律、法规和本通知规定进行检查、罚款、收费的,车辆驾驶人员和其他人员都有权进行检举揭发和控告。对违反规定的罚款和收费,应予以退还;无法退还的,一律上缴国库。对侵犯驾驶人员人身权利和危害公私财物安全,情节轻微尚不构成犯罪的,设站的行政主管部门或者监察机关应给予行政处分;情节严重构成犯罪的,要依法追究刑事责任;对造成人身伤害或财产损失的,应依法承担民事责任。

十二、地方各级人民政府和国务院各部门都要从维护国家利益、促进改革开放和经济建设、维护社会稳定的大局出发,认真贯彻执行本通知的规定,严格查处本地区、本部门在公路上乱设站卡、乱罚款、乱收费的行为。违反本通知的规定,擅自设置站卡或者设置强制性车辆冲洗站的,对主要负责人和直接责任人员,由其主管部门或者监察机关给予行政处分。对违反规定设置的各种站卡,一律撤销。

十三、本通知自下发之日起执行,由各省、自治区、直辖市人民政府组织实施,公安部、交通部、林业部会同监察部、财政部、国家计委监督执行。过去有关文件规定与本通知规定不一致的,一律依照本通知执行。

12.国务院办公厅、中央军委办公厅关于免收军车通行费和军队生产经营车辆改挂地方车辆号牌问题的通知

(1997年3月5日　国务院办公厅、中央军委办公厅　国办发〔1997〕7号)

各省、自治区、直辖市人民政府,国务院各部委、各直属机构,各大军区、省军区、各军,军委各总部、各军兵种、军事科学院、国防大学、武警部队:

为了进一步加强军政军民团结,确保军队顺利履行职责、执行任务,经国务院、中央军委批准,对军车(含武警部队车辆)免收过路过桥等费用,将军队(含武警部队)生产经营车辆改挂地方车辆号牌。现就有关问题通知如下:

一、对军车免收过路过桥等费用,确保军队顺利履行职责

从1997年8月1日起,各地无论以何种投资方式修建和何种经营方式管理的各种公路、桥梁、渡口、隧道和各类停车场,对军车免收通行费和停车费。任何收费站、停车场不得以任何理由对军车收取费用。有条件的收费站要设立有明显标志的军车通道,没有条件设立军车通道的收费站,要优先保证军车的顺畅通行。军队有关部门要加强对军车的管理,积极协助地方交通部门维护好收费站的秩序。

二、军车生产经营车辆改挂地方车辆号牌,纳入地方管理渠道

改挂号牌的工作,由军队和国务院有关部门共同组织,从1997年4月1日开始至6月30日结束。军队对生产经营单位改挂地方号牌的车辆要严格审批,不得借机“搭车”,违反者将严肃查处。地方在办理车辆改挂手续时要减少环节、简化手续。鉴于军队车辆管理方式与地方规定不同,这次改挂手续以军队军以上单位出具的审批件和原有有关车辆档案作为车辆来历凭证,由公安机关核发民用机动车号牌。改挂的车辆免征“落户”时各地自行规定的收费。同时,为了支持军队建设,对改挂地方号牌的车辆每年定额包交8个月养路费。改挂工作的具体实施办法由总后勤部商公安部、交通部另行制订。

三、全军更换新式军车号牌,进一步加强对军车的管理

为了进一步加强对军车的管理,军队要在1997年7月底前完成统一更换新式军车号牌的工作。要加强领导,严格核发手续,严格控制军车号牌的使用,从严查处违章违纪人员,严禁使用军车从事营业性运输活动;各级人民政府和有关部门要支持军队有关部门的工作,加大对假冒军车、伪造军车号牌等案件的查处力度,对于严重违反交通、运输、市政管理法规的军车,要协同军队有关部门严肃查处。

各地区、各部门接到本通知后,要认真传达,切实抓好贯彻落实。以往各地区、各部门制订的有关规定内容与此通知相违背的,一律以本通知为准。

13.中华人民共和国公路法

(1997年7月3日　中华人民共和国主席令〔1997〕第86号

1999年10月31日全国人民代表大会常务委员会第12次会议通过修改)

第一章　总　则

第一条　为了加强公路的建设和管理,促进公路事业的发展,适应社会主义现代化建设和人民生活的需要,制定本法。

第二条　在中华人民共和国境内从事公路的规划、建设、养护、经营、使用和管理,适用本法。

本法所称公路,包括公路桥梁、公路隧道和公路渡口。

第三条　公路的发展应当遵循全面规划、合理布局、确保质量、保障畅通、保护环境、建设改造与养护并重的原则。

第四条　各级人民政府应当采取有力措施,扶持、促进公路建设。公路建设应当纳入国民经济和社会发展计划。

国家鼓励、引导国内外经济组织依法投资建设、经营公路。

第五条　国家帮助和扶持少数民族地区、边远地区和贫困地区发展公路建设。

第六条　公路按其在公路路网中的地位分为国道、省道、县道和乡道,并按技术等级分为高速公路、一级公路、二级公路、三级公路和四级公路。具体划分标准由国务院交通主管部门规定。

新建公路应当符合技术等级的要求。原有不符合最低技术等级要求的等外公路,应当采取措施,逐步改造为符合技术等级要求的公路。

第七条　公路受国家保护,任何单位和个人不得破坏、损坏或者非法占用公路、公路用地及公路附属设施。

任何单位和个人都有爱护公路、公路用地及公路附属设施的义务,有权检举和控告破坏、损坏公路、公路用地、公路附属设施和影响公路安全的行为。

第八条　国务院交通主管部门主管全国公路工作。

县级以上地方人民政府交通主管部门主管本行政区域内的公路工作;但是,县级以上地方人民政府交通主管部门对国道、省道的管理、监督职责,由省、自治区、直辖市人民政府确定。

乡、民族乡、镇人民政府负责本行政区域内的乡道的建设和养护工作。

县级以上地方人民政府交通主管部门可以决定由公路管理机构依照本法规定行使公路行政管理职责。

第九条　禁止任何单位和个人在公路上非法设卡、收费、罚款和拦截车辆。

第十条　国家鼓励公路工作方面的科学技术研究,对在公路科学技术研究和应用方面做出显著成绩的单位和个人给予奖励。

第十一条 本法对专用公路有规定的,适用于专用公路。

专用公路是指由企业或者其他单位建设、养护、管理,专为或者主要为本企业或者本单位提供运输服务的道路。

第二章 公路规划

第十二条 公路规划应当根据国民经济和社会发展以及国防建设的需要编制,与城市建设发展规划和其他方式的交通运输发展规划相协调。

第十三条 公路建设用地规划应当符合土地利用总体规划,当年建设用地应当纳入年度建设用地计划。

第十四条 国道规划由国务院交通主管部门会同国务院有关部门并商国道沿线省、自治区、直辖市人民政府编制,报国务院批准。

省道规划由省、自治区、直辖市人民政府交通主管部门会同同级有关部门并商省道沿线下一级人民政府编制,报省、自治区、直辖市人民政府批准,并报国务院交通主管部门备案。

县道规划由县级人民政府交通主管部门会同同级有关部门编制,经本级人民政府审定后,报上一级人民政府批准。

乡道规划由县级人民政府交通主管部门协助乡、民族乡、镇人民政府编制,报县级人民政府批准。

依照第三款、第四款规定批准的县道、乡道规划,应当报批准机关的上一级人民政府交通主管部门备案。

省道规划应当与国道规划相协调。县道规划应当与省道规划相协调。乡道规划应当与县道规划相协调。

第十五条 专用公路规划由专用公路的主管单位编制,经其上级主管部门审定后,报县级以上人民政府交通主管部门审核。

专用公路规划应当与公路规划相协调。县级以上人民政府交通主管部门发现专用公路规划与国道、省道、县道、乡道规划有不协调的地方,应当提出修改意见,专用公路主管部门和单位应当作出相应的修改。

第十六条 国道规划的局部调整由原编制机关决定。

国道规划需要作重大修改的,由原编制机关提出修改方案,报国务院批准。

经批准的省道、县道、乡道公路规划需要修改的,由原编制机关提出修改方案,报原批准机关批准。

第十七条 国道的命名和编号,由国务院交通主管部门确定;省道、县道、乡道的命名和编号,由省、自治区、直辖市人民政府交通主管部门按照国务院交通主管部门的有关规定确定。

第十八条 规划和新建村镇、开发区,应当与公路保持规定的距离并避免在公路两侧对应进行,防止造成公路街道化,影响公路的运行安全与畅通。

第十九条 国家鼓励专用公路用于社会公共运输。专用公路主要用于社会公共运输时,由专用公路的主管单位申请,或者由有关方面申请,专用公路的主管单位同意,并经省、自治区、直辖市人民政府交通主管部门批准,可以改划为省道、县道或者乡道。

第三章 公路建设

第二十条 县级以上人民政府交通主管部门应当依据职责维护公路建设秩序,加强对公路建设的监督管理。

第二十一条 筹集公路建设资金,除各级人民政府的财政拨款,包括依法征税筹集的公路建设专项资金转为的财政拨款外,可以依法向国内外金融机构或者外国政府贷款。

国家鼓励国内外经济组织对公路建设进行投资。开发、经营公路的公司可以依照法律、行政法规的规定发行股票、公司债券筹集资金。

依照本法规定出让公路收费权的收入必须用于公路建设。

向企业和个人集资建设公路,必须根据需要与可能,坚持自愿原则,不得强行摊派,并符合国务院的有关规定。

公路建设资金还可以采取符合法律或者国务院规定的其他方式筹集。

第二十二条 公路建设应当按照国家规定的基本建设程序和有关规定进行。

第二十三条 公路建设项目应当按照国家有关规定实行法人负责制度、招标投标制度和工程监理制度。

第二十四条 公路建设单位应当根据公路建设工程的特点和技术要求,选择具有相应资格的勘查设计单位、施工单位和工程监理单位,并依照有关法律、法规、规章的规定和公路工程技术标准的要求,分别签订合同,明确双方的权利义务。

承担公路建设项目的可行性研究单位、勘查设计单位、施工单位和工程监理单位,必须持有国家规定的资质证书。

第二十五条 公路建设项目的施工,须按国务院交通主管部门的规定报请县级以上地方人民政府交通主管部门批准。

第二十六条 公路建设必须符合公路工程技术标准。

承担公路建设项目的设计单位、施工单位和工程监理单位,应当按照国家有关规定建立健全质量保证体系,落实岗位责任制,并依照有关法律、法规、规章以及公路工程技术标准的要求和合同约定进行设计、施工和监理,保证公路工程质量。

第二十七条 公路建设使用土地依照有关法律、行政法规的规定办理。

公路建设应当贯彻切实保护耕地、节约用地的原则。

第二十八条 公路建设需要使用国有荒山、荒地或者需要在国有荒山、荒地、河滩、滩涂上挖砂、采石、取土的,依照有关法律、行政法规的规定办理后,任何单位和个人不得阻挠或者非法收取费用。

第二十九条 地方各级人民政府对公路建设依法使用土地和搬迁居民,应当给予支持和协助。

第三十条 公路建设项目的设计和施工,应当符合依法保护环境、保护文物古迹和防止水土流失的要求。

公路规划中贯彻国防要求的公路建设项目,应当严格按照规划进行建设,以保证国防交通的需要。

第三十一条 因建设公路影响铁路、水利、电力、邮电设施和其他设施正常使用时,公路建设单位应当事先征得有关部门的同意;因公路建设对有关设施造成损坏的,公路建设单位应当按照不低于该设施原有的技术标准予以修复，或者给予相应的经济补偿。

第三十二条 改建公路时，施工单位应当在施工路段两端设置明显的施工标志、安全标志。需要车辆绕行的，应当在绕行路口设置标志；不能绕行的，必须修建临时道路，保证车辆和行人通行。

第三十三条 公路建设项目和公路修复项目竣工后，应当按照国家有关规定进行验收；未经验收或者验收不合格的，不得交付使用。

建成的公路，应当按照国务院交通主管部门的规定设置明显的标志、标线。

第三十四条 县级以上地方人民政府应当确定公路两侧边沟（截水沟、坡脚护坡道，下同）外缘起不少于一米的公路用地。

第四章 公路养护

第三十五条 公路管理机构应当按照国务院交通主管部门规定的技术规范和操作规程对公路进行养护，保证公路经常处于良好的技术状态。

第三十六条 国家采用依法征税的办法筹集公路养护资金，具体实施办法和步骤由国务院规定。

依法征税筹集的公路养护资金，必须专项用于公路的养护和改建。

第三十七条 县、乡级人民政府对公路养护需要的挖砂、采石、取土以及取水，应当给予支持和协助。

第三十八条 县、乡级人民政府应当在农村义务工的范围内，按照国家有关规定组织公路两侧的农村居民履行为公路建设和养护提供劳务的义务。

第三十九条 为保障公路养护人员的人身安全，公路养护人员进行养护作业时，应当穿着统一的安全标志服；利用车辆进行养护作业时，应当在公路作业车辆上设置明显的作业标志。

公路养护车辆进行作业时，在不影响过往车辆通行的前提下，其行驶路线和方向不受公路标志、标线限制；过往车辆对公路养护车辆和人员应当注意避让。

公路养护工程施工影响车辆、行人通行时，施工单位应当依照本法第三十二条的规定办理。

第四十条 因严重自然灾害致使国道、省道交通中断，公路管理机构应当及时修复；公路管理机构难以及时修复时，县级以上地方人民政府应当及时组织当地机关、团体、企业事业单位、城乡居民进行抢修，并可以请求当地驻军支援，尽快恢复交通。

第四十一条 公路用地范围内的山坡、荒地，由公路管理机构负责水土保持。

第四十二条 公路绿化工作，由公路管理机构按照公路工程技术标准组织实施。

公路用地上的树木，不得任意砍伐；需要更新砍伐的，应当经县级以上地方人民政府交通主管部门同意后，依照《中华人民共和国森林法》的规定办理审批手续，并完成更新补种任务。

第五章 路政管理

第四十三条 各级地方人民政府应当采取措施，加强对公路的保护。

县级以上地方人民政府交通主管部门应当认真履行职责，依法做好公路保护工作，并努力采用科学的管理方法和先进的技术手段，提高公路管理水平，逐步完善公路服务设施，保障公路的完好、安全和畅通。

第四十四条 任何单位和个人不得擅自占用、挖掘公路。

因修建铁路、机电站、通信设施、水利工程和进行其他建设工程需要占用、挖掘公路或者使公路改线的，建设单位应当事先征得有关交通主管部门的同意；影响交通安全的，还须征得有关公安机关的同意。占用、挖掘公路或者使公路改线的，建设单位应当按照不低于该段公路原有的技术标准予以修复、改建或者给予相应的经济补偿。

第四十五条 跨越、穿越公路修建桥梁、渡槽或者架设、埋设管线等设施的，以及在公路用地范围内架设、埋设管线、电缆等设施的，应当事先经有关交通主管部门同意，影响交通安全的，还须征得有关公安机关的同意；所修建、架设或者埋设的设施应当符合公路工程技术标准的要求。对公路造成损坏的，应当按照损坏程度给予补偿。

第四十六条 任何单位和个人不得在公路上及公路用地范围内摆摊设点、堆放物品、倾倒垃圾、设置障碍、挖沟引水、利用公路边沟排放污物或者进行其他损坏、污染公路和影响公路畅通的活动。

第四十七条 在大中型公路桥梁和渡口周围二百米、公路隧道上方和洞口外一百米范围内，以及在公路两侧一定距离内，不得挖砂、采石、取土、倾倒废弃物，不得进行爆破作业及其他危及公路、公路桥梁、公路隧道、公路渡口安全的活动。

在前款范围内因抢险、防汛需要修筑堤坝、压缩或者拓宽河床的，应当事先报经省、自治区、直辖市人民政府交通主管部门会同水利行政主管部门批准，并采取有效的保护有关的公路、公路桥梁、公路隧道、公路渡口安全的措施。

第四十八条 除农业机械因当地田间作业需要在公路上短距离行驶外，铁轮车、履带车和其他可能损害公路路面的机具，不得在公路上行驶。确需行驶的，必须经县级以上地方人民政府交通主管部门同意，采取有效的防护措施，并按照公安机关指定的时间、路线行驶。对公路造成损坏的，应当按照损坏程度给予补偿。

第四十九条 在公路上行驶的车辆的轴载质量应当符合公路工程技术标准要求。

第五十条 超过公路、公路桥梁、公路隧道或者汽车渡船的限载、限高、限宽、限长标准的车辆，不得在有限定标准的公路、公路桥梁上或者公路隧道内行驶，不得使用汽车渡船。超过公路或者公路桥梁限载标准确需行驶的，必须经县级以上地方人民政府交通主管部门批准，并按要求采取有效的防护措施；影响交通安全的，还应当经同级公安机关批准；运载不可解体的超限物品的，应当按照指定的时间、路线、时速行驶，并悬挂明显标志。

运输单位不能按照前款规定采取防护措施的，由交通主管部门帮助其采取防护措施，所需费用由运输单位承担。

第五十一条 机动车制造厂和其他单位不得将公路作为检验机动车制动性能的试车场地。

第五十二条 任何单位和个人不得损坏、擅自移动、涂改公路附属设施。

前款公路附属设施，是指为保护、养护公路和保障公路安全畅通所设置的公路防护、排水、养护、管理、服务、交通安全、渡运、监控、通信、收费等设施、设备以及专用建筑物、构筑物等。

第五十三条 造成公路损坏的，责任者应当及时报告公路管理机构，并接受公路管理机构的现场调查。

第五十四条 任何单位和个人未经县级以上地方人民政府交通主管部门批准，不得在公路用地范围内设置公路标志以外的其他标志。

第五十五条　在公路上增设平面交叉道口,必须按照国家有关规定经过批准,并按照国家规定的技术标准建设。

第五十六条　除公路防护、养护需要的以外,禁止在公路两侧的建筑控制区内修建建筑物和地面构筑物;需要在建筑控制区内埋设管线、电缆等设施的,应当事先经县级以上地方人民政府交通主管部门批准。

前款规定的建筑控制区的范围,由县级以上地方人民政府按照保障公路运行安全和节约用地的原则,依照国务院的规定划定。

建筑控制区范围经县级以上地方人民政府依照前款规定划定后,由县级以上地方人民政府交通主管部门设置标桩、界桩。任何单位和个人不得损坏、擅自挪动该标桩、界桩。

第五十七条　除本法第四十七条第二款的规定外,本章规定由交通主管部门行使的路政管理职责,可以依照本法第八条第四款的规定,由公路管理机构行使。

第六章　收费公路

第五十八条　国家允许依法设立收费公路,同时对收费公路的数量进行控制。

除本法第五十九条规定可以收取车辆通行费的公路外,禁止任何公路收取车辆通行费。

第五十九条　符合国务院交通主管部门规定的技术等级和规模的下列公路,可以依法收取车辆通行费:

(一)由县级以上地方人民政府交通主管部门利用贷款或者向企业、个人集资建成的公路;

(二)由国内外经济组织依法受让前项收费公路收费权的公路;

(三)由国内外经济组织依法投资建成的公路。

第六十条　县级以上地方人民政府交通主管部门利用贷款或者集资建成的收费公路的收费期限,按照收费偿还贷款、集资款的原则,由省、自治区、直辖市人民政府依照国务院交通主管部门的规定确定。

有偿转让公路收费权的公路,收费权转让后,由受让方收费经营。收费权的转让期限由出让、受让双方约定并报转让收费权的审批机关审查批准,但最长不得超过国务院规定的年限。

国内外经济组织投资建设公路,必须按照国家有关规定办理审批手续;公路建成后,由投资者收费经营。收费经营期限按照收回投资并有合理回报的原则,由有关交通主管部门与投资者约定并按照国家有关规定办理审批手续,但最长不得超过国务院规定的年限。

第六十一条　本法第五十九条第一款第一项规定的公路中的国道收费权的转让,必须经国务院交通主管部门批准;国道以外的其他公路收费权的转让,必须经省、自治区、直辖市人民政府批准,并报国务院交通主管部门备案。

前款规定的公路收费权出让的最低成交价,以国有资产评估机构评估的价值为依据确定。

第六十二条　受让公路收费权和投资建设公路的国内外经济组织应当依法成立开发、经营公路的企业(以下简称公路经营企业)。

第六十三条　收费公路车辆通行费的收费标准,由公路收费单位提出方案,报省、自治区、直辖市人民政府交通主管部门会同同级物价行政主管部门审查批准。

第六十四条 收费公路设置车辆通行费的收费站,应当报经省、自治区、直辖市人民政府审查批准。跨省、自治区、直辖市的收费公路设置车辆通行费的收费站,由有关省、自治区、直辖市人民政府协商确定;协商不成的,由国务院交通主管部门决定。同一收费公路由不同的交通主管部门组织建设或者由不同的公路经营企业经营的,应当按照"统一收费、按比例分成"的原则,统筹规划,合理设置收费站。

两个收费站之间的距离,不得小于国务院交通主管部门规定的标准。

第六十五条 有偿转让公路收费权的公路,转让收费权合同约定的期限届满,收费权由出让方收回。

由国内外经济组织依照本法规定投资建成并经营的收费公路,约定的经营期限届满,该公路由国家无偿收回,由有关交通主管部门管理。

第六十六条 依照本法第五十九条规定受让收费权或者由国内外经济组织投资建成经营的公路的养护工作,由各该公路经营企业负责。各该公路经营企业在经营期间应当按照国务院交通主管部门规定的技术规范和操作规程做好对公路的养护工作。在受让收费权的期限届满,或者经营期限届满时,公路应当处于良好的技术状态。

前款规定的公路的绿化和公路用地范围内的水土保持工作,由各该公路经营企业负责。

第一款规定的公路的路政管理,适用本法第五章的规定。该公路路政管理的职责由县级以上地方人民政府交通主管部门或者公路管理机构的派出机构、人员行使。

第六十七条 在收费公路上从事本法第四十四条第二款、第四十五条、第四十八条、第五十条所列活动的,除依照各该条的规定办理外,给公路经营企业造成损失的,应当给予相应的补偿。

第六十八条 收费公路的具体管理办法,由国务院依照本法制定。

第七章 监督检查

第六十九条 交通主管部门、公路管理机构依法对有关公路的法律、法规执行情况进行监督检查。

第七十条 交通主管部门、公路管理机构负有管理和保护公路的责任,有权检查、制止各种侵占、损坏公路、公路用地、公路附属设施及其他违反本法规定的行为。

第七十一条 公路监督检查人员依法在公路、建筑控制区、车辆停放场所、车辆所属单位等进行监督检查时,任何单位和个人不得阻挠。

公路经营者、使用者和其他有关单位、个人,应当接受公路监督检查人员依法实施的监督检查,并为其提供方便。

公路监督检查人员执行公务,应当佩戴标志,持证上岗。

第七十二条 交通主管部门、公路管理机构应当加强对所属公路监督检查人员的管理和教育,要求公路监督检查人员熟悉国家有关法律和规定,公正廉洁,热情服务,秉公执法,对公路监督检查人员的执法行为应当加强监督检查,对其违法行为应当及时纠正,依法处理。

第七十三条 用于公路监督检查的专用车辆,应当设置统一的标志和示警灯。

第八章 法律责任

第七十四条 违反法律或者国务院有关规定，擅自在公路上设卡、收费的，由交通主管部门责令停止违法行为，没收违法所得，可以处违法所得三倍以下的罚款，没有违法所得的，可以处二万元以下的罚款；对负有直接责任的主管人员和其他直接责任人员，依法给予行政处分。

第七十五条 违反本法第二十五条规定，未经有关交通主管部门批准擅自施工的，交通主管部门可以责令停止施工，并可以处五万元以下的罚款。

第七十六条 有下列违法行为之一的，由交通主管部门责令停止违法行为，可以处三万元以下的罚款：(一)违反本法第四十四条第一款规定，擅自占用、挖掘公路的；(二)违反本法第四十五条规定，未经同意或者未按照公路工程技术标准的要求修建桥梁、渡槽或者架设、埋设管线、电缆等设施的；(三)违反本法第四十七条规定，从事危及公路安全的作业的；(四)违反本法第四十八条规定，铁轮车、履带车和其他可能损害路面的机具擅自在公路上行驶的；(五)违反本法第五十条规定，车辆超限使用汽车渡船或者在公路上擅自超限行驶的；(六)违反本法第五十二条、第五十六条规定，损坏、移动、涂改公路附属设施或者损坏、挪动建筑控制区的标桩、界桩，可能危及公路安全的。

第七十七条 违反本法第四十六条的规定，造成公路路面损坏、污染或者影响公路畅通的，或者违反本法第五十一条规定，将公路作为试车场地的，由交通主管部门责令停止违法行为，可以处五千元以下的罚款。

第七十八条 违反本法第五十三条规定，造成公路损坏，未报告的，由交通主管部门处一千元以下的罚款。

第七十九条 违反本法第五十四条规定，在公路用地范围内设置公路标志以外的其他标志的，由交通主管部门责令限期拆除，可以处二万元以下的罚款；逾期不拆除的，由交通主管部门拆除，有关费用由设置者负担。

第八十条 违反本法第五十五条规定，未经批准在公路上增设平面交叉道口的，由交通主管部门责令恢复原状，处五万元以下的罚款。

第八十一条 违反本法第五十六条规定，在公路建筑控制区内修建建筑物、地面构筑物或者擅自埋设管线、电缆等设施的，由交通主管部门责令限期拆除，并可以处五万元以下的罚款。逾期不拆除的，由交通主管部门拆除，有关费用由建筑者、构筑者承担。

第八十二条 除本法第七十四条、第七十五条的规定外，本章规定由交通主管部门行使的行政处罚权和行政措施，可以依照本法第八条第四款的规定由公路管理机构行使。

第八十三条 阻碍公路建设或者公路抢修，致使公路建设或者抢修不能正常进行，尚未造成严重损失的，依照治安管理处罚条例第十九条的规定处罚。

损毁公路或者擅自移动公路标志，可能影响交通安全，尚不够刑事处罚的，依照治安管理处罚条例第二十条的规定处罚。

拒绝、阻碍公路监督检查人员依法执行职务未使用暴力、威胁方法的，依照治安管理处罚条例第十九条的规定处罚。

第八十四条 违反本法有关规定，构成犯罪的，依法追究刑事责任。

第八十五条 违反本法有关规定，对公路造成损害的，应当依法承担民事责任。

对公路造成较大损害的车辆，必须立即停车，保护现场，报告公路管理机构，接受公路管理机构的调查、处理后方得驶离。

第八十六条 交通主管部门、公路管理机构的工作人员玩忽职守、徇私舞弊、滥用职权，构成犯罪的，依法追究刑事责任；尚不构成犯罪的，依法给予行政处分。

第九章 附 则

第八十七条 本法自1998年1月1日起施行。

附

治安管理处罚条例有关条款

第十九条 有下列扰乱公共秩序行为之一，尚不够刑事处罚的，处十五日以下拘留、二百元以下罚款或者警告：

（一）扰乱机关、团体、企业、事业单位的秩序，致使工作、生产、营业、医疗、教学、科研不能正常进行，尚未造成严重损失的；

……

（七）拒绝、阻碍国家工作人员依法执行职务，未使用暴力、威胁方法的。

第二十条 有下列妨害公共安全行为之一的，处十五日以下拘留、二百元以下罚款或者警告：

……

（八）在铁路、公路、水域航道、堤坝上，挖掘坑穴，放置障碍物，损毁、移动指示标志，可能影响交通运输安全，尚不够刑事处罚的。

14.罚款决定与罚款收缴分离实施办法

（1998年1月1日起施行　国务院令〔1998〕第235号）

第一条　为了实施罚款决定与罚款收缴分离，加强对罚款收缴活动的监督，保证罚款及时上缴国库，根据《中华人民共和国行政处罚法》（以下简称行政处罚法）的规定，制定本办法。

第二条　罚款的收取、缴纳及相关活动，适用本办法。

第三条　作出罚款决定的行政机关应当与收缴罚款的机构分离；但是，依照行政处罚法的规定可以当场收缴罚款的除外。

第四条　罚款必须全部上缴国库，任何行政机关、组织或者个人不得以任何形式截留、私分或者变相私分。

行政机关执法所需经费的拨付，按照国家有关规定执行。

第五条　经中国人民银行批准有代理收付款项业务的商业银行、信用合作社（以下简称代收机构），可以开办代收罚款的业务。

具体代收机构由县级以上地方人民政府组织本级财政部门、中国人民银行当地分支机构和依法具有行政处罚权的行政机关共同研究，统一确定。海关、外汇管理等实行垂直领导的依法具有行政处罚权的行政机关作出罚款决定的，具体代收机构由财政部、中国人民银行会同国务院有关部门确定。依法具有行政处罚权的国务院有关部门作出罚款决定的，具体代收机构由财政部、中国人民银行确定。

代收机构应当具备足够的代收网点，以方便当事人缴纳罚款。

第六条　行政机关应当依照本办法和国家有关规定，同代收机构签订代收罚款协议。

代收罚款协议应当包括下列事项：

（一）行政机关、代收机构名称；

（二）具体代收网点；

（三）代收机构上缴罚款的预算科目、预算级次；

（四）代收机构告知行政机关代收罚款情况的方式、期限；

（五）需要明确的其他事项。

自代收罚款协议签订之日起15日内，行政机关应当将代收罚款协议报上一级行政机关和同级财政部门备案；代收机构应当将代收罚款协议报中国人民银行或者其当地分支机构备案。

第七条　行政机关作出罚款决定的行政处罚决定书应当载明代收机构的名称、地址和当事人应当缴纳罚款的数额、期限等，并明确对当事人逾期缴纳罚款是否加处罚款。

当事人应当按照行政处罚决定书确定的罚款数额、期限，到指定的代收机构缴纳罚款。

第八条　代收机构代收罚款，应当向当事人出具罚款收据。

罚款收据的格式和印制，由财政部规定。

第九条　当事人逾期缴纳罚款，行政处罚决定书明确需要加处罚款的，代收机构应当按照行政处罚决定书加收罚款。

当事人对加收罚款有异议的,应当先缴纳罚款和加收的罚款,再依法向作出行政处罚决定的行政机关申请复议。

第十条 代收机构应当按照代收罚款协议规定的方式、期限,将当事人的姓名或者名称、缴纳罚款的数额、时间等情况书面告知作出行政处罚决定的行政机关。

第十一条 代收机构应当按照行政处罚法和国家有关规定,将代收的罚款直接上缴国库。

第十二条 国库应当按照《中华人民共和国国家金库条例》的规定,定期同财政部门和行政机关对账,以保证收受的罚款和上缴国库的罚款数额一致。

第十三条 代收机构应当在代收网点、营业时间、服务设施、缴款手续等方面为当事人缴纳罚款提供方便。

第十四条 财政部门应当向代收机构支付手续费,具体标准由财政部制定。

第十五条 法律、法规授权的具有管理公共事务职能的组织和依法受委托的组织依法作出的罚款决定与罚款收缴,适用本办法。

第十六条 本办法由财政部会同中国人民银行组织实施。

第十七条 本办法自1998年1月1日起施行。

15.国务院办公厅转发交通部等部门关于继续做好公路养路费等交通规费征收工作意见的通知

（2000年1月14日　国务院办公厅　国办发〔2000〕2号）

各省、自治区、直辖市人民政府，国务院各部委、各直属机构：

交通部、财政部、公安部、国家计委《关于继续做好公路养路费等交通规费征收工作的意见》已经国务院同意，现转发给你们，请认真贯彻执行。

关于继续做好公路养路费等交通规费征收工作的意见

（1999年12月28日　交通部　财政部　公安部　国家计委）

近几个月来，一些单位和个人错误地认为，《中华人民共和国公路法》修改后即可不缴纳公路养路费等交通规费，因而出现了拖欠、拒缴、抗缴公路养路费等交通规费事件，造成国家交通规费大量流失。为保障公路养路费、车辆购置附加费等交通规费征收工作的正常进行，现提出如下意见：

一、在交通和车辆税费改革方案正式公布实施之前，各地仍应严格执行现有交通规费征收的有关规定，继续做好公路养路费、车辆购置附加费、公路运输管理费、公路客货运附加费、长江干线航道养护费、内河航道养护费、水路运输管理费、水运客货运附加费、海南省燃油附加费等交通规费的征收工作。

二、地方各级人民政府要加强领导，为交通规费征稽创造必要的环境，切实做好公路养路费等交通规费的征收工作；交通、财政、公安、计划等部门要在当地人民政府领导下，通力协作，采取有力措施，加强公路养路费等交通规费征收工作的领导、宣传和协调工作，及时解决征收工作中出现的问题，维护征费秩序。

三、各缴费义务人要严格按现行征缴办法和标准，自觉缴纳规费。对漏缴和拖欠的交通规费，交通规费征稽机构要继续追缴其规费并依法收取滞纳金和罚款；对故意妨碍国家征费人员执行公务的，要依法严惩，情节严重的，移送司法机关追究刑事责任。

四、各地交通规费征稽机构和人员要按照《关于加强养路费等交通规费征收工作的紧急通知》（交公路发〔1999〕4号）和《关于切实做好公路养路费等交通规费征收工作的通知》（交公路发〔1999〕236号）的要求，充分认识税费改革的重大意义，以国家利益为重，坚守岗位，恪尽职守，保持队伍稳定，照章收费。

五、公安交通管理部门在办理车辆登记等工作中，要继续严格执行国家有关车辆管理的规定，对没有缴纳车辆购置附加费和公路养路费的车辆，不予办理登记；对妨碍国家交通征费人员依法执行公务的违法犯罪行为，要依法予以处理。

16.国务院关于进一步推进全国绿色通道建设的通知

(2000 年 10 月 11 日　国务院　国发〔2000〕31 号)

各省、自治区、直辖市人民政府,国务院各部委、各直属机构:

绿色通道建设是我国国土绿化的重要组成部分,主要任务是对公路、铁路、河渠、堤坝沿线进行绿化美化。近年来,绿色通道建设取得了一定成绩。但是,发展很不平衡,绿化的空间和潜力还很大。为进一步推进全国绿色通道建设,现通知如下:

一、绿色通道建设是一项具有战略意义的国土绿化工程

建设绿色通道,是贯彻落实江泽民总书记关于建设秀美山川的重大举措,是我国从总体上构建以重点林业生态工程为骨架,以城镇、村庄绿化为依托,以公路、铁路、河渠、堤坝等沿线绿化为网络的国土绿化战略的需要。实施绿色通道工程,不仅能够保护公路、铁路、河渠、堤坝,改善沿线生态环境,全面推进全国城乡绿化美化向纵深发展,而且能够促进沿线地区的农业结构调整,改善和优化沿线地区社会经济环境,加强社会主义物质文明和精神文明建设。各级政府和部门要深刻认识绿色通道建设对于促进国民经济和社会可持续发展,实现祖国山川秀美的重要意义,广泛宣传和发动,组织好各方面的力量,投入到绿色通道建设工程中去,力求取得新的成效。

二、绿色通道建设的基本思路和目标

绿色通道建设是一项社会公益性事业,应动员全社会和全民参与这项工作,鼓励国家、部门、集体、个人一起上,实行谁绿化谁所有、谁投资谁受益、谁经营谁得利,充分调动各方面建设绿色通道的积极性。

绿色通道建设要在保障公路、铁路视野开阔,无安全隐患的前提下进行,要和公路、铁路、水利设施建设统筹规划并与工程建设同步设计、同步施工、同步验收。要实行分级负责,部门密切配合,将建设和管护任务落实到单位和个人。要坚持从实际出发,遵循客观规律,科学规划,合理布局,宜林则林,宜草则草,适地适树(草),乔灌草综合考虑,优化配置,不断提高绿色通道建设的质量。绿色通道建设要和道路、堤坝等防护工程设施以及沿线城镇、乡村的绿化工作结合起来,既要绿化美化环境,又要能够保障安全,护路护堤(坝),提高工程的防护性能。要注意节约耕地。

绿色通道建设任务艰巨,必须突出重点,分步实施。要优先抓好高速公路、铁路、国道、省道、重要堤坝沿线以及重点水库周边地区的绿化。新建、改建、扩建的道路、堤坝等沿线的绿化要和工程项目统筹规划,统一纳入工程概算,同步建设。

绿色通道建设要纳入全国生态环境建设规划、全国造林绿化规划和城市总体规划。绿色通道建设用地规划应当与各级土地利用总体规划相衔接,并纳入年度土地利用计划。

全国绿色通道建设的目标是:到 2005 年,全国的高速公路,60%的现有铁路、国道、省道、河渠、堤坝实现绿化。到 2010 年,力争全国所有可绿化的公路、铁路、河渠、堤坝全面绿化,形成带、网、片、点相结合,层次多样、结构合理、功能完备的绿色长廊,使绿色通道与生态环境、城乡绿化美化融为一体。

三、科学规划和设计，提高绿色通道建设质量

绿色通道建设要考虑到各方面的实际情况和要求，因地制宜，科学规划，确定合理的建设标准，注重实效，提高质量。

高速公路、铁路、国道、省道绿色通道建设，应以防风固土，美化环境为主要功能。原则上，新建、改建、扩建的道路沿线绿化带宽度每侧严格按5～10米进行规划设计，有条件的地区可加宽到10米以上。现有上述道路沿线尚未绿化的，要尽快绿化，可参照上述标准拓宽绿化带。在条件适宜的地区，应合理配置主副林带，主林带树种应以高大乔木为主，副林带树种应选择乔木、亚乔木或灌木。实行针阔混交，形成立体复层的绿化带。在干旱、半干旱地区，应宜灌则灌、宜草则草，有条件的可选择一些耐旱乔木，形成乔、灌、草结合的绿化带。城市规划区内的公路、铁道旁的防护林带宽度每侧按30～50米进行规划设计，有条件的地区可加宽到50米以上。

县、乡道路沿线绿化，应以防风固土，改善环境为主要功能。原则上，新建、改建、扩建道路沿线绿化带宽度每侧严格按3～5米进行规划设计，有条件的地区可加宽到5米以上。现有县、乡道路沿线尚未绿化的，也要尽快绿化，可参照上述标准拓宽绿化带。在水热和土壤条件较好的地区，以优质速生乔木为主，针阔混交；在干旱、半干旱地区，应宜灌则灌、宜草则草，有条件的要实行乔、灌、草相结合。

河渠、堤坝、水库沿线绿化应以保持水土、护坡护岸、涵养水源为主要功能。尚未绿化的河渠、堤坝等要尽快绿化，有条件的地区也要提高绿化标准。树种、草种的选择根据护堤(坝)和绿化美化要求确定，有条件的要增加乔木、灌木的比重。

绿色通道建设应选择生态、经济、观赏价值较高的树种，选择根系发达、适应性强、无病虫害、主干通直、抗病性强的良种壮苗。

采取多种方式，解决好绿色通道建设的用地问题。新建、改建、扩建道路和河渠、堤坝、水库沿线的绿化用地和工程用地要统一规划。现有道路在现行设计标准以内的用地，由建设单位负责解决；超出现行技术标准的，由所在地区提供用地。严格控制占用基本农田，确需占用的，按照《中华人民共和国基本农田保护条例》的规定，履行报批程序后，方可占用。地方政府负责的县、乡道路绿化用地可推行农民自愿出地、国家出苗、个体承包造林管护、收益按比例分成的做法，实行谁造林谁收益的政策，调动各方面参与绿色通道建设的积极性。各地可以从实际出发，采取拍卖、承包和合理补偿等方式，安排好绿色通道建设用地。具体由国土资源部商有关部门另行规定。

四、加强领导，抓好落实

绿色通道建设是一项跨部门、跨行业、跨区域的系统工程，必须纳入各级政府的重要议事日程，加强领导，精心组织，确保工程顺利实施。要实行领导目标责任制，层层签订责任状，建立严格的检查奖惩制度。各有关部门要按照职责分工，密切配合，积极主动做好工作。全国绿化委员会办公室要积极配合有关部门制定全国绿色通道工程建设质量标准和检查验收办法，搞好组织协调、督促检查，建立检查通报制度。各级林业、园林、水土保持部门要搞好行业指导，在规划设计、种苗供应、技术咨询等方面搞好服务。各地区、各部门要突出抓好一批示范路段，通过典型示范，全面推进全国绿色通道建设。

17.国务院批转财政部、国家计委等部门《交通和车辆税费改革实施方案》的通知

（2000 年 10 月 22 日　国务院　国发〔2000〕34 号）

各省、自治区、直辖市人民政府，国务院各部委、各直属机构：

国务院同意财政部、国家计委、国家经贸委、公安部、建设部、交通部、税务总局、工商局、国务院法制办、国务院体改办、中国石油天然气集团公司、中国石油化工集团公司制定的《交通和车辆税费改革实施方案》(以下简称《方案》)。现转发给你们，请认真贯彻执行。

第九届全国人大常委会第 12 次会议已审议通过了《中华人民共和国公路法》修正案，涉及交通和车辆税费改革的法律程序业已完成。为加快交通和车辆税费改革步伐，国务院决定于 2001 年 1 月 1 日先行出台车辆购置税。考虑到当前国际市场原油价格较高，为稳定国内油品市场，燃油税的出台时间，将根据国际市场原油价格变动情况，由国务院另行通知。在车辆购置税、燃油税出台前，各地区和有关部门要继续加强车辆购置附加费、养路费等国家规定的有关政府性基金和行政事业性收费的征管工作，确保各项收入的足额征缴。同时，要继续清理涉及交通和车辆的乱收费，落实已取消的收费项目，切实减轻社会各方面负担。

实施交通和车辆税费改革，是进一步深化和完善财税体制改革的重要内容，也是社会主义市场经济体制下政府依法行政、依法理财、依法治税的必然要求。通过这项改革，有利于进一步规范政府行为，遏制各种乱收费，从根本上减轻企事业单位和人民群众的负担，合理筹集公路、城市道路、水路维护和建设资金，促进国民经济持续、快速、健康发展。这项改革涉及面广、政策性强，各地区、各部门要高度重视，顾全大局，加强领导，切实做好各项准备工作，抓好《方案》的组织实施，保证改革的顺利进行。

交通和车辆税费改革实施方案

（2000年9月4日　财政部、国家计委、国家经贸委、公安部、建设部、交通部、税务总局、工商局、国务院法制办、国务院体改办、中国石油天然气集团公司、中国石油化工集团公司）

为治理公路、城市道路和水路“三乱”，从根本上减轻企事业单位和人民群众的经济负担，理顺税费关系，合理筹集交通基础设施维护和建设资金，特制订交通和车辆税费改革实施方案。

一、改革的指导思想和基本原则

我国现行交通基础设施维护、建设与车辆管理方面的行政事业性收费、政府性基金和政府性集资（以下统称“收费”），对于促进交通基础设施建设和相关事业发展，起到了一定作用。但是，由于利益机制和管理制度等方面的原因，当前收费征管中仍存在着许多亟待解决的问题，主要表现在：一是一些地方和部门越权和重复设立收费项目，随意设站立卡，收费过多过乱，加重了企事业单位和人民群众的经济负担；二是收费稽征机构重叠设置，收费养人、养人收费的现象普遍存在，征收成本不断加大；三是收费负担不公平，不能体现多用路者多付费，少用路者少付费的原则；四是资金管理不规范，使用缺乏监督，坐支挪用等问题时有发生。因此，必须进行交通和车辆税费改革。

改革的指导思想是：根据发展社会主义市场经济的要求，进一步规范政府行为，继续深化和完善财税体制改革，正确处理税费关系，遏制各种乱收费。参照国际惯例，以税收为主体筹集交通基础设施维护和建设资金，促进汽车工业和道路、水路等相关事业的健康发展。

改革的基本原则是：第一，规范收费管理，取消不合法、不合理的收费项目，降低不合理的收费标准，从根本上减轻企事业单位和人民群众负担。第二，规范收入分配秩序，合理调节分配关系，建立科学的交通基础设施维护和建设投入的资金渠道。第三，多用路者多负担，少用路者少负担，鼓励节约能源和保护环境。第四，合理开征新税，进一步完善现行财税体制，增强国家财政宏观调控能力。

二、改革的主要内容

（一）取消不合法和不合理的收费项目。这类项目包括：地方和部门违反国家有关审批管理权限，越权设立的项目；以及虽按审批管理权限规定批准，但现已属于不合理的收费项目。具体项目由财政部会同国家计委向社会公布。各地区、各部门要层层建立和落实取消乱收费责任制，不得以任何理由直接或变相拖延甚至拒绝执行。凡是继续乱收费的，一经查出，要予以公开曝光，并追究有关地区和部门主要负责人和直接责任人的责任；对其非法所得一律没收上缴中央国库，并由中央财政按照查处乱收费金额一倍的数额，扣减对该地区的燃油税转移支付基数。公民、法人和其他社会组织有权拒交已取消的收费，有权举报乱收费行为，有权要求对乱收费造成的损失获得赔偿。

（二）将具有税收特征的收费实行“费改税”。具体是：开征车辆购置税取代车辆购置附加费；开征燃油税取代公路养路费、公路客货运附加费、公路运输管理费（包括海南省征收的燃油附加费用于公路养护、公路运输管理的收入部分,下同)、航道养护费(包括长江干线、黑龙江和内河,下同)、水路运输管理费、水运客货运附加费,以及地方用于公路、水路、城市道路维护和建设方面的部分收费。开征车辆购置税和燃油税后,相关收费同时废止。

(三)将不体现政府行为的收费转为经营性收费,严格按照经营性收费的规定进行管理。具体项目由财政部、国家计委向社会公布,并由国家计委会同有关部门制定管理办法。

(四)保留少量必要的规费,降低不合理的收费标准,实行规范化管理。保留的规费包括各级交通部门利用贷款或按照国家规定有偿集资修建公路、桥梁、隧道、渡口,以及各级建设部门利用贷款或按照国家规定有偿集资修建大型桥梁、隧道等,在还款期间收取的车辆通行费(过路费、过桥费、过隧道费、过渡费,下同);各级交通部门贷款修建船闸收取的船舶过闸费;政府有关部门在交通和车辆管理过程中依法发放证照收取的机动车辆牌证(含行驶证)工本费、机动车驾驶证工本费、船舶证明签证费、船员证书工本费、机动车辆安全检验费、船舶登记费、强制性(法定)的船舶检验收费、船舶港务费、港口建设费等。除此以外,任何地方和部门均不得设立与道路、水路维护和建设以及机动车辆、船舶管理有关的收费项目。

对保留的收费项目,由财政部会同国家计委重新向社会公布,并规范管理;收费标准由国家计委会同财政部重新核定,其中车辆通行费收费标准由省、自治区、直辖市人民政府重新核定,港口建设费收费标准由财政部会同国家计委、交通部重新核定。收费标准过高的要降低,证书性工本费每证收费标准一般不得超过10元。实施收费时,要按照有关规定到指定的价格主管部门申领收费许可证,并按照隶属关系分别使用财政部或省、自治区、直辖市财政部门统一印(监)制的收费票据;收取的资金分别纳入同级财政预算或预算外资金财政专户,实行“收支两条线”管理。改革收费收取方式,根据不同情况,分别实行银行代收和主管部门收取等办法。

三、开征车辆购置税和燃油税

制定《中华人民共和国车辆购置税暂行条例》、《中华人民共和国燃油税暂行条例》及其征收管理办法,相应修订有关法规。

(一)车辆购置税

车辆购置税纳税人为购置和自产自用机动车辆的单位和个人。计税依据为应税机动车辆的组成计税价格或实际价格。计征方式为从价定率。征税环节为购车之后、办理车辆登记注册手续之前。免税范围包括外国驻华使领馆和国际组织驻华机构及其外交人员自用车辆,中国人民解放军和中国人民武装警察部队列入军队武器装备订货计划的车辆,设有固定装置的非运输车辆以及国务院规定的其他车辆。纳税人在办理车辆登记注册手续时,必须出示完税证明。车辆购置税税率在《中华人民共和国车辆购置税暂行条例》中另行规定。

车辆购置税为中央税,由国家税务局负责征收,税款缴入中央国库。

(二)燃油税

燃油税纳税人为中国境内汽油、柴油(以下简称汽柴油)的生产、批发经营单位;无汽柴油生产、批发经营权进口汽柴油的单位;机动车辆用液化气、燃气(以下简称车用燃气)的零售单位。纳税环节为:有汽柴油生产、批发经营权的单位销售汽柴油给无汽柴油生产、批发经营权的单位的,在销售时纳税;无汽柴油生产、批发经营权的单位委托加工汽柴油的,在汽柴油交货环节纳税;无汽柴油生产、批发经营权进口汽柴油的单位进口汽柴油的,在报关进口环节纳税;有汽柴油生产、批发经营权的单位自用汽柴油的,在移送环节纳税;零售车用燃气的,在零售时纳税;自用车用燃气的,在移送环节纳税。计税依据为汽柴油或车用燃气的销售数量、委托加工数量、自用数量、报关进口数量。计征方式实行从量定额、价外征收。燃油税不作为增值税税基。免(退)税范围包括外国驻华使领馆和国际组织驻华机构及其外交人员自用的车用汽柴油、车用燃气;出口的未税汽柴油免税，已税汽柴油退税;国务院规定的其他减税、免税。燃油税税率在《中华人民共和国燃油税暂行条例》中另行规定。为保护环境,鼓励车辆使用清洁燃料,暂对车用燃气按应纳税额减半征收燃油税。

燃油(含车用燃气,下同)税为中央与地方共享税,由国家税务局组织征收。其中无燃油生产、批发经营权单位进口燃油的燃油税,在其报关进口时由海关负责征收。税款分别缴入中央国库和地方国库。

燃油税收入中央与地方分享办法是:对军队、武警部队、铁路、国家储备、农垦(包括兵团)等直供燃油征收的燃油税以及由海关征收的燃油税全部作为中央收入;其余燃油税收入,中央分享40%,地方分享60%。

开征燃油税后,对无燃油生产、批发经营权的经销企业和单位开征燃油税前购入库存的未税燃油,要核实数量,补征燃油税。

四、税收分配与安排使用

燃油税和车辆购置税收入具有专项用途,不作为经常性财政收入,不计入现有与支出挂钩项目的测算基数。

中央所得的燃油税收入,除返还中国石油天然气集团公司和中国石油化工集团公司(以下简称两大集团)所属原油及成品油生产企业生产工艺过程自用汽油、柴油缴纳的燃油税外,一部分用于弥补军队、武警部队、国家储备、铁路机车、中央农垦(包括兵团)农业田间作业用油,中央直属的煤炭、冶金等露天矿山企业生产用油和中央直属林业企事业单位营林、采伐生产用油等因征收燃油税增加的支出,用于长江干线航道养护、内河基础设施建设、沿海和内河船舶的更新改造、航道支持保障系统的船舶建造、航道基础设施维护和建设支出;另一部分按照适当考虑地方既得利益和兼顾公平与效率的原则,通过采用“基数加因素分配法”的转移支付方式分配给地方。具体办法由财政部另行制定,报国务院批准后实施。

地方所得的燃油税收入,除返还符合条件的地方所属原油及成品油生产企业生产工艺过程自用汽油、柴油缴纳的燃油税外,主要由地方用于公路、水路维护和建设及必要的运输管理支出,适当安排用于城市道路维护和建设,铁路与公路交叉无人看管道口的监护支出,补偿城市公共汽车用油(气)支出;补偿城市轮渡、地方铁路机车用油,地方所属的煤炭、冶金等露天矿山企业生产用油,林业企事业单位营林、采伐生产用油,农业田间作业用油,近海、内河、大型湖泊渔业捕捞用油等因征收燃油税增加的支出;承担中央在地方单位因征收燃油税需要补偿的部分支出,以及地方政府确定的其他补偿支出。对开征燃油税后农业田间作业等用油增加的负担,各省、自治区、直辖市人民政府要结合本地实际,采取相应补偿措施,认真落实补偿责任制,并将补偿办法报国务院备案,同时抄送国务院交通和车辆税费改革部际协调小组。按照国家有关规定,原养路费中有一定比例用于弥补交警经费,改征燃油税后,地方要从所得的燃油税收入中予以安排。具体分配使用办法由地方政府确定。

车辆购置税收入,由中央财政根据交通部提出、国家计委审批下达的公路建设投资计划,统筹安排,主要用于国道、省道干线公路建设。

根据国务院有关规定,水利建设基金从原有车辆购置附加费、养路费中各提取3%;中央财政每年从车辆购置附加费中安排3亿元用于老旧汽车更新改造。征收燃油税和车辆购置税后,中央和地方财政部门要按照税费改革前从车辆购置附加费和养路费中实际提取的水利建设基金数额,分别从车辆购置税和地方所得的燃油税收入中定额提取相应资金,用于水利基础设施建设;中央财政继续从车辆购置税收入中安排相应资金用于老旧汽车更新改造。取消一些收费项目后,公安交通管理等部门的有关经费,由各级财政部门予以合理安排。

五、改革的配套措施

(一)认真做好宣传解释工作。交通和车辆税费改革是整个税费改革的重要内容,对于从根本上治理"三乱",切实减轻企事业单位和人民群众的负担,防止腐败,促进财税体制的进一步完善,具有十分积极的意义。各地区、各部门和各单位要讲政治,顾大局,统一认识,齐心协力,确保改革的顺利实施。要通过新闻媒体,采取多种形式,进行广泛宣传解释,使之得到社会各方面的理解和支持。

(二)做好加强税收征管的相关工作。

1.按照《国务院办公厅转发国家经贸委等部门关于清理整顿小炼油厂和规范原油成品油流通秩序意见的通知》(国办发正〔1999〕38号)的要求,各省、自治区、直辖市人民政府和国务院有关部门要依法对成品油生产和经营企业进行清理整顿,取消不合格的生产经销企业的经营资格,并加大监督检查力度,巩固已经取得的成果。对清理整顿合格的加油站(点)必须安装税控装置或具有税控功能的加油机;同时,要在成品油零售过程中逐步推行集中配送、连锁经营。军队、武警部队等直供用户的加油站(点)清理整顿工作,由中国人民解放军总后勤部、中国人民武装警察部队分别与国家经贸委、税务总局共同负责。直供用户的自用加油站(点)统一发给"自用证",不得对社会经营。

2.调整成品油直供用户。除军队、武警部队、铁路、国家储备、农垦(包括兵团)等中央单位用油继续保留定点供应外,其他用户用油一律通过市场供应渠道供给。对保留定点供应的用户,其供应方式和价格暂按现行规定执行。成品油直供用户的具体管理办法,由国家计委会同有关部门另行制定。

3.军队、武警部队、铁路、国家储备、农垦(包括兵团)等直供用油额度计划,由国家计委会同财政部、税务总局核定下达;军队、武警部队、铁路机车、国家储备、中央农垦(包括兵团)农业田间作业用油因征收燃油税增加开支的补偿数额,由财政部实行总量控制。

4.严厉打击油品走私活动。海关、工商、公安、税务、财政、外经贸等有关部门要密切配合,与地方政府共同采取有力措施,加大对各种油品走私的打击力度,依法从重从快处理油品走私案件。同时,要加强油品市场监管,严厉打击各种假冒伪劣油品与合同欺诈等违法行为。

(三)清理整顿各类公路、城市道路、水路收费站(卡),坚决撤消非法设置、已还完贷款(或有偿集资款)和经营期满的公路、城市道路、水路收费站(卡)。具体整顿工作由国务院有关部门和各省、自治区、直辖市人民政府负责。加强对公路、城市道路、水路收费站(卡)收取的车辆通行费、船舶过闸费的管理。凡国内外经济组织设立公路或城市道路经营企业收取车辆通行费,统一由省、自治区、直辖市物价部门会同交通或建设部门审核后,报同级人民政府审批,收费时要按照有关规定使用税务发票,依法纳税;凡交通、建设部门贷款或按照国家规定有偿集资修建路桥、隧道、渡口、船闸收取车辆通行费、船舶过闸费,收费项目由省、自治区、直辖市财政部门会同物价、交通或建设部门审核,收费标准由省、自治区、直辖市物价部门会同财政、交通或建设部门审核后,报同级人民政府审批,收费时要按照有关规定到指定的价格主管部门申领收费许可证,使用省、自治区、直辖市财政部门统一印(监)制的收费票据,所收资金全额纳入财政专户,实行"收支两条线"管理,不缴纳营业税等税收。

(四)清理整顿出租汽车等城市公共客货运输市场。按照《国务院办公厅转发建设部、交通部等部门关于清理整顿城市出租汽车等公共客运交通意见的通知》(国办发〔1999〕94号)的要求，针对当前出租汽车等城市公共客货运输市场存在的问题，认真进行清理整顿，为交通和车辆税费改革创造良好的外部环境。

(五)加快航运业结构调整步伐，整顿航运秩序。按照有关要求，调整航运业运力结构，切实解决运力结构性过剩的问题，促进航运业的健康发展。

(六)调整有关价格。征收燃油税后，一些专业运输企业和港口企业，包括出租汽车公司、长途客运公司、货运公司、港口装卸公司、水运公司等增加的负担，除通过取消有关收费项目减轻部分负担和自行消化一部分外，在市场条件允许的情况下，可以按照国家规定通过适当提高价格的办法解决。

(七)妥善安置现有交通和车辆收费稽征人员。要结合机构改革，对现有车辆购置附加费、公路养路费、公路运输管理费、水路运输管理费、航道养护费等稽征管理机构进行划转、撤并、精简，有关部门要合理安排下岗分流人员的安置费用。对下岗分流人员要进行专业技能定向培训，予以妥善安置；鼓励自谋职业，广开就业门路，实施再就业；暂时安置不了的，通过社会保障体系解决基本生活费用，维护社会稳定。

(八)规范交通基础设施维护、建设和行政管理资金的使用和管理。从我国实际情况出发，参照国际通行做法，在合理划分中央政府与地方政府在交通基础设施维护、建设和行政管理事权的基础上，按照资金分配和使用相分离，管理和监督相结合的原则，财政部门根据交通基础设施维护计划和计划部门下达的交通基础设施建设投资计划，负责编制预算和拨付资金，并实行国库集中支付，交通、建设部门负责资金的使用，审计部门负责对资金使用情况进行审计监督。具体办法由财政部会同交通部另行制定。有关交通基础设施建设投资计划和项目管理办法，由国家计委会同交通部、建设部另行制定。

六、改革的实施步骤

《中华人民共和国车辆购置税暂行条例》自 2001 年 1 月 1 日起实施。《中华人民共和国燃油税暂行条例》的出台时间，由国务院另行决定。

18.国务院办公厅转发审计署关于公路建设资金审计情况报告的通知

（2001年2月15日　国务院办公厅　国办发〔2001〕12号）

各省、自治区、直辖市人民政府，国务院各部委、各直属机构：

根据国务院领导同志指示，现将审计署《关于公路建设资金审计情况的报告》转发给你们。报告中反映的一些地区及其有关部门违反国家规定越权审批设立公路建设基金和各类行政性收费项目、违规集资以及挪用公路建设资金的问题，不仅影响了公路建设事业的健康发展，而且加重了企业和社会负担，扰乱了正常的经济秩序，其做法是十分错误的。国务院决定对违反规定的地区、部门和单位予以通报批评。

各有关地区及其有关部门要对公路建设资金筹集、管理和使用情况进行一次全面的检查清理，针对存在的问题，认真分析原因，采取行之有效的措施，坚决查处和纠正。对擅自设立的基金和收费项目要立即取消，违规设立的基金、收费项目及扩大征收范围、提高征收标准的所得，一律上缴财政；对集资款要按有关规定妥善处理，切实维护社会稳定；对被挪用的公路建设资金要限期追回，并严格按规定用途使用；对各种违纪违法案件特别是领导干部以各种名义私分公路建设资金的案件要依照法律法规严肃处理。

各地区、各有关部门要严格按照国家法律法规和政策筹集公路建设资金，切实加强对公路建设资金的管理，确保专款专用，杜绝挤占挪用现象。今后，设立基金和收费项目、确定和调整收费标准都要按规定程序报批，任何地区和部门都不得擅自搞有偿集资活动。各地区、各有关部门要认真履行自己的监管职责，切实加强对基金、收费、集资项目的审批管理和对公路建设资金使用情况的监督管理，把经常性的监督检查和阶段性的全面清理检查结合起来，彻底纠正在公路建设资金筹集、管理和使用方面的违法违纪问题。

关于公路建设资金审计情况的报告

（2001年1月9日　审计署）

2000年上半年，我署对广东、江苏、山东、浙江、四川、河北、云南、黑龙江、湖南、湖北、辽宁、安徽、福建、河南、广西、重庆等省、自治区、直辖市1999年度公路建设资金的筹集、管理和使用情况进行了审计。审计结果表明，近年来，地方各级人民政府和交通部门按照中央的部署，充分发挥各方面的积极性，加大资金投入，公路建设步伐明显加快，有力地拉动了经济增长。但同时也发现，公路建设资金在筹集、管理和使用中还存在着一些不容忽视的问题，有的问题还相当严重。现将审计查出的主要问题报告如下：

一、越权审批设立公路建设基金、违规收取各类行政性收费

一些地方政府及其有关部门越权审批设立公路建设基金、各种行政性收费项目和在公路上乱收费问题较为普遍。虽然财政部、国家计委等部门几次组织清理，但广东、山东、江苏、浙江、湖北、重庆、四川、云南、广西等9个省、自治区、直辖市，还有23项越权审批设立的公路建设基金和收费项目仍在执行，截止2000年3月底，已累计征收60.9亿元，其中1999年度征收30.6亿元。主要表现：

（一）违反《国务院关于加强预算外资金管理的决定》（国发〔1996〕29号）规定，越权审批设立公路建设基金。广东、山东、江苏、湖北、重庆、四川、云南、广西等8个省、自治区、直辖市越权审批设立公路建设基金15项，共征收43.9亿元，其中1999年度征收20.1亿元。1996年，云南省人民政府批准开征地方新购车辆附加费，征收标准为车辆购置价的5%，征收范围与国家规定的车辆购置附加费相同，1999年度共征收2.6亿元。

（二）违反国务院关于禁止在公路上乱设站卡、乱罚款、乱收费的规定，收取车辆通行费。浙江、河北、云南等省在不符合规定条件的公路（桥梁）上设立站卡，收取车辆通行费7.98亿元。河北省1991年以前改扩建110国道怀来至宣化段，总投资1.03亿元，其中银行贷款仅为100万元，其余全部为财政性资金，但省交通厅在1992年未经省人民政府批准（1996年省人民政府才发文核准），违规设站收费，截止1998年底，已累计收取车辆通行费1.72亿元，相当于银行贷款的172倍。经浙江省人民政府同意，衢州市交通局从1993年9月起，在用养路费投资建设的320国道常山、205国道江山、205国道开化三个省界点设收费站，征收车辆通行费，自1996年9月至2000年4月止，累计征收1.06亿元。

（三）违反规定扩大收费范围。国家计委、财政部、交通部《关于规范公路客货运附加费增加公路建设资金的通知》（计价管〔1998〕1104号）规定，行政机关、军队、各国驻华使领馆和企事业单位及个人不从事取酬运输的车辆，不属于征收公路客货运附加费的范围。但云南省人民政府却批准省交通厅对非营运性车辆也征收客货运附加费，1999年度共征收4.7亿元，其中对政府机关征收2.55亿元、私人车辆1.95亿元、摩托车2230万元。

二、违规集资

河北、安徽、四川省和重庆市的交通部门及有关单位违反《中共中央国务院关于治理向企业乱收费、乱罚款和各种摊派等问题的决定》（中发〔1997〕14号），未经国务院及有关部门批准擅自集资，共募集资金10.7亿元，有些集资还带有为本系统及权力部门人员谋取利益的性质。

安徽省阜阳市公路管理局于1993年至1999年间，未经批准，先后5次向交通系统职工集资8548万元，集资利率为12%～20%。河北省保定市交通局为建设107国道保定管辖段和市二环路，未经批准，于1997年10月至1998年7月间，向市交通局及所属单位职工和省计委、省物价局、省交通厅等单位干部两次集资1.84亿元，利率分别为18%和15%。上述集资利率均高于同期银行贷款利率和个人存款利率。

三、挪用建设资金

一些地方交通部门及有关单位挪用公路建设资金的情况比较严重，审计查出挪用金额达31.3亿元。挪用资金主要去向：

(一)投资证券市场、购买国债等5.97亿元。广东省交通厅所属的广东交通实业投资公司，在1996至1999年期间，共挪用车购费分成等公路建设资金2.5亿元用于炒国债，截止2000年3月底，仍有1.04亿元没有收回。

(二)投资楼堂馆所7.6亿元。四川高速公路公司挪用公路建设资金1.55亿元，用于建宾馆和购买写字楼。

(三)违规出借资金7.1亿元。四川高速公路公司挪用2.18亿元借给成都蜀海投资管理公司、四川省高速环保公司和西南交通培训中心等20个单位，用于流动资金周转，建楼堂馆所，开发房地产以及兴办各类经济实体等。河北省道路开发中心挪用建设项目结余资金2000万元，借给省委政研室所属的决策咨询中心，用于开办汽车出租公司。

(四)用于机关行政经费开支、发放奖金、设立“小金库”等2.56亿元。1999年，湖北省交通厅在养路费中列支1520万元，用于弥补机关行政经费、宣传费及机关维修费用的不足。1999年5月，四川省成都至乐山高速公路建设指挥部与施工单位和监理单位签订“目标责任书”，延长了合同工期。2000年2月至4月，该指挥部在向施工单位、监理单位发放的“提前竣工奖”372万元中收取现金回扣120万元，用于支付有关地(市)领导和指挥部人员奖金98.45万元，其中按2万元至5万元不等的标准，付给乐山市、眉山地区和省交通厅的9名党政领导共27万元。

(五)投资兴办各类从事非公路建设的公司7.4亿元。福建省财政厅经省人民政府批准，挪用客货运附加费、车辆通行费、养路费等共计1.2亿元，作为省投资担保公司的注册资金。原四川蜀海公司(现四川高速公路公司)1994年投资1800万元，与香港新中港汽车有限公司等合资组建四川新中港华通有限公司，截止1999年底，合资公司已累计亏损6579万元，蜀海公司投入的资金面临损失。

另外，审计还发现了一些地方财政、交通部门及建设单位滞留、闲置中央公路建设资金，公路项目概算审批不严，公路服务区建设标准过高，以及公路经营权转让管理不规范等问题。

对上述挤占、挪用和滞留、闲置公路建设资金以及公路建设项目管理方面的问题，我们已依照国家有关法律、法规进行了审计处理。为了使存在的问题得到全面查处、及时纠正，提出如下建议：

(一)对地方政府越权审批公路建设基金、违规设立行政性收费项目和在公路上违规设站收费问题，请财政部、国家计委会同省级人民政府加大清理力度，并逐一作出处理，坚决制止和纠正乱设基金、乱收费问题。

(二)由于对公路建设资金监管不力,不少地方公路建设资金未能严格纳入预算管理,专项资金不能专用,造成资金使用混乱,甚至损失浪费。鉴此,请财政、交通等部门抓紧研究完善公路建设资金管理办法,切实管好和用好各类公路建设专项资金,特别是对地方建设资金的管理和使用应作出明确规定,同时对交通部门用于自身的非生产性设施建设应严格审批程序,纠正将公路建设资金用于弥补机关行政经费不足的做法。

19.国务院批转关于行政审批制度改革工作实施意见的通知

(2001 年 10 月 18 日　国务院　国发〔2001〕33 号)

各省、自治区、直辖市人民政府,国务院各部委、各直属机构:

监察部、国务院法制办、国务院体改办、中央编办《关于行政审批制度改革工作的实施意见》已经国务院批准,现转发给你们,请认真贯彻执行。

关于行政审批制度改革工作的实施意见

(2001 年 10 月 9 日　监察部、国务院法制办、国务院体改办、中央编办)

按照党的十五届五中全会、六中全会和中央纪委第五次全会、国务院第三次廉政工作会议的部署和要求,积极推行行政审批制度改革,对于深化行政管理体制改革,促进政府职能转变,完善社会主义市场经济体制,加强和改进作风建设,从源头上预防和治理腐败,都具有重要意义。近年来,绝大多数省、自治区、直辖市和国务院各部门程度不同地开展了行政审批制度改革工作,取得了初步成效。但是,这个问题并未完全解决。最近国务院党组决定把进一步推进这项改革作为贯彻十五届六中全会精神的一项重要工作,要求各级政府进一步转变政府职能,减少行政审批。少管微观,多管宏观,少抓事前的行政审批,多抓事后的监督检查,切实加强监督和落实。改革行政审批制度,需要审批的项目应规定清楚,公开透明,不需要审批的坚决不去审批。逐步建立、完善价格和市场机制,而不是单靠行政手段去解决。根据国务院上述精神,现就进一步推进行政审批制度改革提出如下意见。

一、行政审批制度改革的指导思想和总体要求

行政审批制度改革的指导思想是:以党的十五大和十五届五中全会、六中全会精神为指导,按照江泽民同志“七一”重要讲话和“三个代表”重要思想的要求,解放思想,实事求是,以充分发挥市场在资源配置中的基础性作用为基点,把制度创新摆在突出位置,努力突破影响生产力发展的体制性障碍,加强和改善宏观调控,规范行政行为,提高行政效率,促进经济发展,推进政府机关的廉政勤政建设。

行政审批制度改革的总体要求是:不符合政企分开和政事分开原则、妨碍市场开放和公平竞争以及实际上难以发挥有效作用的行政审批,坚决予以取消;可以用市场机制代替的行政审批,通过市场机制运作。对于确需保留的行政审批,要建立健全监督制约机制,做到审批程序严密、审批环节减少、审批效率明显提高,行政审批责任追究制得到严格执行。

2001 年,以经济事务的行政审批为重点,兼顾其他方面,突出抓好国务院各部门及各省、自治区、直辖市人民政府的工作落实。省级以下各级人民政府及其部门也要积极推行行政审批制度改革。

二、行政审批制度改革应遵循的原则

(一)合法原则。行政审批作为一项重要的行政权力,直接涉及公民、法人和其他组织的合法权益,关系政府职能的转变和社会主义市场经济的发展。设定行政审批应当遵循我国的立法体制和依法行政的要求,符合法定权限和法定程序。法律、行政法规、地方性法规和依照法定职权、程序制定的规章可以设定行政审批。鉴于目前有关立法还不够完善,国务院各部门可根据国务院的决定、命令和要求设定行政审批,并以部门文件形式予以公布;其他机关、文件设定的行政审批应当取消。

(二)合理原则。设定行政审批,要符合社会主义市场经济发展的要求,有利于政府实施有效管理。凡是通过市场机制能够解决的,应当由市场机制去解决;通过市场机制难以解决,但通过公正、规范的中介组织、行业自律能够解决的,应当通过中介组织和行业自律去解决。有关经营性土地使用权出让、建设工程招标投标、政府采购和产权交易等事项，必须通过市场机制来运作。对虽符合合法原则，但不符合上述要求的行政审批，也应当取消。

（三）效能原则。要合理划分和调整部门之间的行政审批职能，简化程序，减少环节，加强并改善管理，提高效率，强化服务。一个部门应当实行一个“窗口”对外；涉及几个部门的行政审批，应当由国务院规定的主要负责部门牵头，会同其他有关部门共同研究决定后办理；实施行政审批要规定合理时限，提高工作效率，在限定期限内办结。

（四）责任原则。按照“谁审批、谁负责”的原则，在赋予行政机关行政审批权时，要规定其相应的责任。行政机关实施行政审批，应当依法对审批对象实施有效监督，并承担相应责任。行政机关不按规定的审批条件、程序实施行政审批甚至越权审批、滥用职权、徇私舞弊，以及对被许可人不依法履行监督责任或者监督不力、对违法行为不予查处的，审批机关主管有关工作的领导和直接责任人员必须承担相应的法律责任。

（五）监督原则。赋予行政机关行政审批权，要按照公开、公平、公正的原则，明确行政审批的条件、程序，并建立便于公民、法人和其他组织监督的制度。行政审批的内容、对象、条件、程序必须公开；未经公开的，不得作为行政审批的依据。行使行政审批权的行政机关应当建立健全有关制度，依法加强对被许可人是否按照取得行政许可时确定的条件、程序从事有关活动的监督检查。

三、实施步骤

国务院各部门的行政审批制度改革工作按照以下步骤和要求进行。

（一）全面清理行政审批项目并提出处理意见。由各部门按照统一要求，对本部门的行政审批项目进行彻底清理，填报行政审批项目登记表，并依据上述原则逐项研究提出取消、保留、下放或转入市场机制运作的处理意见。其中，各部门根据国务院以往的决定、命令和要求设定的行政审批，该取消的也要取消；需要保留的，必须报国务院备案。各部门内设机构设定的行政审批，原则上一律取消；个别确需保留的，要以部门文件形式予以公布并报国务院备案。

（二）研究确定行政审批项目处理意见。由国务院行政审批制度改革工作领导小组（以下简称领导小组）办公室对各部门提出的行政审批项目的处理意见进行审核，并负责与各部门协商。对协商不一致的行政审批项目，由领导小组办公室提出意见报领导小组确定。

（三）公布行政审批项目处理决定。由领导小组办公室编制各部门取消和保留的行政审批项目目录并拟定有关规定，报领导小组讨论并提交国务院总理办公会议审议，经批准后以国务院决定的形式予以公布。

（四）制定监督制约措施。各部门结合实际，针对保留的审批项目制定、公布监督制约的具体措施，并报领导小组办公室。

各省、自治区、直辖市的行政审批制度改革，要在前一阶段工作的基础上，根据本实施意见的要求，进一步加大工作力度。已对行政审批项目进行了初步清理和处理的，要认真回顾和分析前一阶段的工作情况，查找存在问题和不足，针对薄弱环节，采取改进措施。要根据本实施意见确定的原则，结合本地区实际，切实做好有关行政审批项目的处理工作。如存在该清理的未作清理、应取消的没有取消等问题，要坚决予以纠正。正在进行清理和处理的，要按照有关要求加强监督检查，严格审核把关。尚未开展这项工作的，要尽快作出部署，抓紧组织实施。对工作扎实、效果较好的，要注意总结和推广经验；对工作不认真、走过场的，要责成其认真整改。

四、需要注意的问题

行政审批制度改革政策性强，涉及面广，工作难度大。各地区、各部门务必采取有效措施，确保这项改革健康有序地进行。

(一)要加强组织领导。各地区、各部门要增强政治责任感，充分认识行政审批制度改革的重大意义，把这项工作摆到重要位置，切实加强领导。要明确一位领导同志负责这项工作，并成立专门工作班子或抽调专人承担日常工作。监察、法制、体改、机构编制等部门和单位要在党委、政府的统一领导下，充分发挥职能作用，做好组织协调工作，要实行严格的责任制，形成工作合力。

(二)要注意搞好工作衔接。各地区在审批项目处理工作中，要注意与国务院各部门的有关工作相协调。对于国务院已经明确取消和保留的行政审批项目，要作出相应处理。应该取消的，必须取消；需要保留的以及由国务院有关部门下放给地方审批的，要继续实行，并健全监督制约机制。国务院及国务院各部门依据法律、行政法规、部门规章设定的审批项目，地方政府可以提出取消或者其他处理的建议，但不能自行宣布处理意见。

(三)要积极稳妥地推进。改革行政审批制度，既要大胆实践，勇于创新，又要按照中央的统一部署和要求，有组织、有秩序地进行；既要坚决精减和调整不适应社会主义市场经济发展要求的行政审批事项，又要切实加强对需要保留的行政审批行为的监督。对取消行政审批的事项要制定后续监管措施，避免管理脱节。要加强调查研究，注意发现并及时解决倾向性、苗头性问题。要将行政审批制度改革工作与政府机构改革、政务公开和实行"收支两条线"管理等工作结合起来，互相促进。

(四)要加强监督检查。各地区、各部门要切实加强对行政审批制度改革工作的监督检查，绝不允许搞上有政策、下有对策，有令不行、有禁不止，坚决反对和防止搞形式主义。任何部门和单位都不得瞒报、虚报行政审批项目，不得对决定取消的项目搞变相审批，不得违反规定擅自新设行政审批项目。对已经明确取消的行政审批项目仍然进行审批的，要按照有关规定予以处理。

领导小组办公室拟在2001年底对各地区、各部门开展行政审批制度改革的情况(包括行政审批项目是否得到彻底清理，已经作出处理的审批项目是否落实到位，对保留的审批项目是否建立了监督制约机制等)有重点地进行一次检查。

20.国务院办公厅关于治理向机动车辆乱收费和整顿道路站点有关问题的通知

(2002年4月15日　国务院办公厅　国办发〔2002〕31号)

各省、自治区、直辖市人民政府,国务院各部委、各直属机构:

近年来,针对一些地方和部门向机动车辆乱收费、乱集资、乱罚款,以及在道路上乱设收费站点等问题,各地区和有关部门采取措施,多次进行专项治理,取得了一定成效。但目前问题仍十分突出,主要表现在:一些地方和部门违规设立道路收费站、出让道路收费权、延长道路收费期限;越权审批涉及机动车辆的行政事业性收费、政府性基金和政府性集资项目,擅自扩大征收范围、提高收费标准;向机动车辆乱摊派,以及以罚代纠、以罚代管、重复罚款等。这些问题的存在,不仅严重影响交通秩序,加重了企业和群众负担,而且扰乱了政府收入分配秩序,助长了不正之风和腐败现象,必须下决心予以解决。各地区、各部门要充分认识抓好这项工作对于整顿和规范市场经济秩序、加强廉政建设的重要性和紧迫性,下大力气进行专项治理整顿。根据有关法律法规和《中共中央国务院关于治理向企业乱收费、乱罚款和各种摊派等问题的决定》(中发〔1997〕14号)等文件精神,经国务院同意,现就进一步做好治理整顿工作有关问题通知如下:

一、坚决取消向机动车辆收取不符合规定的行政事业性收费、政府性基金、政府性集资、罚款和各种摊派项目

各地区、各有关部门要集中力量、集中时间对涉及机动车辆行政事业性收费、政府性基金、政府性集资、各种摊派项目和罚款进行清理整顿。凡不符合国家法律法规、国务院及财政部、国家计委和省、自治区、直辖市人民政府及其所属财政、物价部门明文规定的涉及机动车辆行政事业性收费项目,不符合国家法律法规、国务院及财政部明文规定的涉及机动车辆的政府性基金项目,不符合国家法律法规、国务院明文规定的涉及机动车辆的政府性集资项目,不符合国家法律法规、规章规定的罚款项目,以及各种摊派项目,均一律取消。

各地区、各有关部门对机动车辆的各种收费和罚款必须严格按规定的范围、标准和期限执行,坚决制止超范围、超标准、超期限收费和乱罚款行为。在清理整顿中,对符合规定但重复交叉的项目要予以合并,征收标准过高的要降低标准。各省(区、市)人民政府和财政部、国家计委对涉及机动车辆的行政事业性收费项目、政府性基金项目、政府性集资项目和罚款项目,均要实行目录管理并向社会公布。对已经取消的收费项目继续收费的,一律按乱收费查处。为强化社会监督机制,各地要在公布收费项目目录基础上,实行收费项目、收费依据、收费范围、收费标准及收费监督电话等公告制度。

二、全面清理整顿公路和城市道路收费站(点)

各地区要对目前在公路和城市道路、桥梁、隧道上设置的所有收费站(包括收费点,下同)进行全面清理整顿。凡属以下情况之一的收费站,一律取消,并限期拆除收费设施:

(一)未经省(区、市)人民政府批准的收费站,或虽经批准但擅自变更位置的收费站;

(二)不属于利用国内外贷款或集资建设的公路、城市道路、桥梁、隧道上的收费站;

(三)已偿还完贷款和集资款,或经营期已满的收费公路、城市道路、桥梁、隧道上的收费站;

(四)将未利用国内外贷款或集资建设的公路、城市道路、桥梁、隧道与收费公路、收费桥梁等捆绑,违规增设的收费站;

(五)虽属于贷款或集资建设的公路、城市道路、桥梁、隧道,但尚未建成即先收费的收费站;

(六)不符合国家关于收费公路或收费公路收费站设置规定的收费站;

(七)其他违反国家规定应当撤消的收费站。

各省(区、市)人民政府依据上述规定对现有收费站进行清理整顿后,对符合条件需保留的道路收费站,要在2002年12月底前重新办理审批手续,重新核定收费期限和收费标准;对收费还贷公路实行统一管理,对收费公路和城市道路实行总量控制。

各省(区、市)人民政府要对本行政区域内收费公路、城市道路及收费站加强监督管理,对经批准在道路上设置的所有固定收费站实行集中公告。各收费站均应公布设站的政府行政审批文件、工作范围、收费单位、收费标准、收费起止年限和监督电话,接受社会监督。

三、严格对涉及机动车辆收费的审批和管理

今后,除法律法规和国务院明文规定外,任何地方、部门和单位均不得再出台新的涉及机动车辆的行政事业性收费、政府性集资和政府性基金项目。收费公路、城市道路收费期限,由省(区、市)人民政府依据《中华人民共和国公路法》等有关规定确定。向机动车辆实施罚款,必须按照法律法规和有关规章的规定执行。

要加强对涉及机动车辆收费的管理,严禁将车辆通行费平摊到所有车辆并强制收取;严禁擅自提高收费标准,扩大收费范围;严禁对机动车安全重复检验、重复收费和机动车定期检验时搭车收费;严禁机动车检测站强制机动车所有人到指定修理厂和尾气治理点修理(调试);严禁对机动车综合性能检测收费;严禁各种摊派行为;严禁收费公路先收费后建设或者边收费边建设;严禁将已取消的道路收费站的收费项目转移到未被取消的道路收费站,继续变相收费。

四、进一步加强对道路收费站、检查站的审批和管理

在公路、城市道路、桥梁、隧道上设置收费站,必须按规定报省(区、市)人民政府审批。跨省(区、市)收费公路设置收费站,由有关省(区、市)人民政府协商确定,联合设置,收费按比例分成。不能达成协议的,由国务院交通主管部门负责协调。高速公路以及其他具备封闭条件的连续通行的收费公路,除两端出入口外,一律不得在主线上设置收费站。

根据《中华人民共和国公路法》有关规定,县级以上地方人民政府交通主管部门利用贷款或者按国家规定向企业、个人有偿集资建成的收费公路,其收费权的转让,属于国道的,必须报国务院交通主管部门批准;属于非国道的,必须经省(区、市)人民政府批准,并报国务院交通主管部门备案。收费权转让后,应严格执行原批准的收费年限和收费标准,收费年限应连续计算,不得以经营权转让或上市融资为由,延长收费年限或提高收费标准。

要加强对公路和城市道路收费站和检查站的监督和管理,除公安、林业行政主管部门依法设置检查站,交通、市政工程行政主管部门或国内外经济组织经省(区、市)人民政府批准设置收费站,以及经省人民政府批准设立的动物防疫监督检查站外,未经国务院批准,严禁其他任何部门、单位和个人在公路和城市道路上设置任何形式的检查站、收费站,也不得在道路上拦截过往车辆进行检查、收费和罚款。

收费站工作人员上岗时，必须持有省（区、市）人民政府核发或省（区、市）人民政府授权部门核发的检查证和收费证。持证人员只限于在规定的地域范围内工作。无证人员不得执行检查、收费和罚款任务。

五、严格执行各项财务制度

要加强对机动车辆行政事业性收费、政府性基金、政府性集资、罚款和车辆通行费的管理。行政事业性收费、政府性基金、政府性集资要按照财政部门规定分别上交财政专户或国库，不得截留、挤占和挪做他用。罚款要全部上缴同级国库，实行收支两条线管理。收取各项费用时必须按规定使用合法、规范的凭证。按照财政部、国家税务总局规定，不需纳税的，按照财务隶属关系分别使用财政部和省（区、市）财政部门统一印制的票据；需依法纳税的，使用由省（区、市）税务部门统一印制的税务发票。除国务院规定外，严禁从收费还贷公路和城市道路收费资金中提取任何资金。

收费还贷公路不得与其他产业类公司捆绑上市。收费期限已超过 2/3 的一级及一级以上收费还贷公路和城市道路，或长度 1000 米以下的独立桥梁和隧道，以及技术等级为二级的收费还贷公路，均不得转让收费权。政府及其有关部门转让收费还贷公路和城市道路收费权取得的收入，必须全部上缴国库，实行收支两条线管理，并严格按规定使用，保证收费还贷公路建设贷款本息的偿还。

六、加强领导，狠抓落实

各省（区、市）和有关部门要切实加强对治理向机动车辆乱收费和整顿道路站点工作的领导。要严格按照本通知规定，制定具体实施方案，精心组织，周密部署，明确责任，狠抓落实，并在 2002 年 12 月底前完成。要加强对重点地区、部门和单位的检查和审计。对在道路上乱设站点，向机动车辆乱收费、乱集资、乱罚款的，要严格按照《违反行政事业性收费和罚没收入收支两条线管理规定行政处分暂行规定》（国务院令第 281 号）和其他有关规定，对有关人员和责任人给予纪律处分；构成犯罪的，移交司法机关依法处理。要充分发挥新闻舆论监督作用。新闻单位要紧密配合此项工作，宣传国家方针政策，报道各地好的经验和作法。对于违反本通知的，要予以公开曝光。

为更好地开展道路收费治理工作，由国务院减轻企业负担部际联席会议及其办公室负责道路收费治理工作的指导监督和组织协调，并增补公安部、交通部、建设部为国务院减轻企业负担部际联席会议及其办公室成员单位。有关部门要按照各自职责分工做好工作，互相支持、互相配合，共同做好治理向机动车辆收费和整顿道路站点的各项工作。国务院减轻企业负担部际联席会议要切实负起责任，加强对各地的指导和监督。对行动迟缓、落实不力、有令不行，情节严重的地区、部门和单位，要严肃追究有关领导责任。

21.中华人民共和国道路交通安全法

(2003年10月28日　全国人民代表大会常务委员会　中华人民共和国主席令〔2003〕第8号)

第一章　总　则

第一条　为了维护道路交通秩序,预防和减少交通事故,保护人身安全,保护公民、法人和其他组织的财产安全及其他合法权益,提高通行效率,制定本法。

第二条　中华人民共和国境内的车辆驾驶人、行人、乘车人以及与道路交通活动有关的单位和个人,都应当遵守本法。

第三条　道路交通安全工作,应当遵循依法管理、方便群众的原则,保障道路交通有序、安全、畅通。

第四条　各级人民政府应当保障道路交通安全管理工作与经济建设和社会发展相适应。

县级以上地方各级人民政府应当适应道路交通发展的需要,依据道路交通安全法律、法规和国家有关政策,制定道路交通安全管理规划,并组织实施。

第五条　国务院公安部门负责全国道路交通安全管理工作。县级以上地方各级人民政府公安机关交通管理部门负责本行政区域内的道路交通安全管理工作。

县级以上各级人民政府交通、建设管理部门依据各自职责,负责有关的道路交通工作。

第六条　各级人民政府应当经常进行道路交通安全教育,提高公民的道路交通安全意识。

公安机关交通管理部门及其交通警察执行职务时,应当加强道路交通安全法律、法规的宣传,并模范遵守道路交通安全法律、法规。

机关、部队、企业事业单位、社会团体以及其他组织,应当对本单位的人员进行道路交通安全教育。

教育行政部门、学校应当将道路交通安全教育纳入法制教育的内容。

新闻、出版、广播、电视等有关单位,有进行道路交通安全教育的义务。

第七条　对道路交通安全管理工作,应当加强科学研究,推广、使用先进的管理方法、技术、设备。

第二章　车辆和驾驶人

第一节　机动车、非机动车

第八条　国家对机动车实行登记制度。机动车经公安机关交通管理部门登记后,方可上道路行驶。尚未登记的机动车,需要临时上道路行驶的,应当取得临时通行牌证。

第九条　申请机动车登记,应当提交以下证明、凭证:

(一)机动车所有人的身份证明;

(二)机动车来历证明;

(三)机动车整车出厂合格证明或者进口机动车进口凭证;

(四)车辆购置税的完税证明或者免税凭证;

(五)法律、行政法规规定应当在机动车登记时提交的其他证明、凭证。

公安机关交通管理部门应当自受理申请之日起五个工作日内完成机动车登记审查工作，对符合前款规定条件的，应当发放机动车登记证书、号牌和行驶证;对不符合前款规定条件的，应当向申请人说明不予登记的理由。

公安机关交通管理部门以外的任何单位或者个人不得发放机动车号牌或者要求机动车悬挂其他号牌，本法另有规定的除外。

机动车登记证书、号牌、行驶证的式样由国务院公安部门规定并监制。

第十条 准予登记的机动车应当符合机动车国家安全技术标准。申请机动车登记时，应当接受对该机动车的安全技术检验。但是，经国家机动车产品主管部门依据机动车国家安全技术标准认定的企业生产的机动车型，该车型的新车在出厂时经检验符合机动车国家安全技术标准，获得检验合格证的，免予安全技术检验。

第十一条 驾驶机动车上道路行驶，应当悬挂机动车号牌，放置检验合格标志、保险标志，并随车携带机动车行驶证。

机动车号牌应当按照规定悬挂并保持清晰、完整，不得故意遮挡、污损。

任何单位和个人不得收缴、扣留机动车号牌。

第十二条 有下列情形之一的，应当办理相应的登记:

(一)机动车所有权发生转移的;

(二)机动车登记内容变更的;

(三)机动车用作抵押的;

(四)机动车报废的。

第十三条 对登记后上道路行驶的机动车，应当依照法律、行政法规的规定，根据车辆用途、载客载货数量、使用年限等不同情况，定期进行安全技术检验。对提供机动车行驶证和机动车第三者责任强制保险单的，机动车安全技术检验机构应当予以检验，任何单位不得附加其他条件。对符合机动车国家安全技术标准的，公安机关交通管理部门应当发给检验合格标志。

对机动车的安全技术检验实行社会化。具体办法由国务院规定。

机动车安全技术检验实行社会化的地方，任何单位不得要求机动车到指定的场所进行检验。

公安机关交通管理部门、机动车安全技术检验机构不得要求机动车到指定的场所进行维修、保养。

机动车安全技术检验机构对机动车检验收取费用，应当严格执行国务院价格主管部门核定的收费标准。

第十四条 国家实行机动车强制报废制度，根据机动车的安全技术状况和不同用途，规定不同的报废标准。

应当报废的机动车必须及时办理注销登记。

达到报废标准的机动车不得上道路行驶。报废的大型客、货车及其他营运车辆应当在公安机关交通管理部门的监督下解体。

第十五条 警车、消防车、救护车、工程救险车应当按照规定喷涂标志图案，安装警报器、标志灯具。其他机动车不得喷涂、安装、使用上述车辆专用的或者与其相类似的标志图案、警报器或者标志灯具。

警车、消防车、救护车、工程救险车应当严格按照规定的用途和条件使用。

公路监督检查的专用车辆,应当依照公路法的规定,设置统一的标志和示警灯。

第十六条 任何单位或者个人不得有下列行为:

(一)拼装机动车或者擅自改变机动车已登记的结构、构造或者特征;

(二)改变机动车型号、发动机号、车架号或者车辆识别代号;

(三)伪造、变造或者使用伪造、变造的机动车登记证书、号牌、行驶证、检验合格标志、保险标志;

(四)使用其他机动车的登记证书、号牌、行驶证、检验合格标志、保险标志。

第十七条 国家实行机动车第三者责任强制保险制度,设立道路交通事故社会救助基金。具体办法由国务院规定。

第十八条 依法应当登记的非机动车,经公安机关交通管理部门登记后,方可上道路行驶。

依法应当登记的非机动车的种类,由省、自治区、直辖市人民政府根据当地实际情况规定。

非机动车的外形尺寸、质量、制动器、车铃和夜间反光装置,应当符合非机动车安全技术标准。

第二节 机动车驾驶人

第十九条 驾驶机动车,应当依法取得机动车驾驶证。

申请机动车驾驶证,应当符合国务院公安部门规定的驾驶许可条件;经考试合格后,由公安机关交通管理部门发给相应类别的机动车驾驶证。

持有境外机动车驾驶证的人,符合国务院公安部门规定的驾驶许可条件,经公安机关交通管理部门考核合格的,可以发给中国的机动车驾驶证。

驾驶人应当按照驾驶证载明的准驾车型驾驶机动车;驾驶机动车时,应当随身携带机动车驾驶证。

公安机关交通管理部门以外的任何单位或者个人,不得收缴、扣留机动车驾驶证。

第二十条 机动车的驾驶培训实行社会化,由交通主管部门对驾驶培训学校、驾驶培训班实行资格管理,其中专门的拖拉机驾驶培训学校、驾驶培训班由农业(农业机械)主管部门实行资格管理。

驾驶培训学校、驾驶培训班应当严格按照国家有关规定,对学员进行道路交通安全法律、法规、驾驶技能的培训,确保培训质量。

任何国家机关以及驾驶培训和考试主管部门不得举办或者参与举办驾驶培训学校、驾驶培训班。

第二十一条 驾驶人驾驶机动车上道路行驶前,应当对机动车的安全技术性能进行认真检查;不得驾驶安全设施不全或者机件不符合技术标准等具有安全隐患的机动车。

第二十二条 机动车驾驶人应当遵守道路交通安全法律、法规的规定,按照操作规范安全驾驶、文明驾驶。

饮酒、服用国家管制的精神药品或者麻醉药品,或者患有妨碍安全驾驶机动车的疾病,或者过度疲劳影响安全驾驶的,不得驾驶机动车。

任何人不得强迫、指使、纵容驾驶人违反道路交通安全法律、法规和机动车安全驾驶要求驾驶机动车。

第二十三条 公安机关交通管理部门依照法律、行政法规的规定，定期对机动车驾驶证实施审验。

第二十四条 公安机关交通管理部门对机动车驾驶人违反道路交通安全法律、法规的行为，除依法给予行政处罚外，实行累积记分制度。公安机关交通管理部门对累积记分达到规定分值的机动车驾驶人，扣留机动车驾驶证，对其进行道路交通安全法律、法规教育，重新考试；考试合格的，发还其机动车驾驶证。

对遵守道路交通安全法律、法规，在一年内无累积记分的机动车驾驶人，可以延长机动车驾驶证的审验期。具体办法由国务院公安部门规定。

第三章 道路通行条件

第二十五条 全国实行统一的道路交通信号。

交通信号包括交通信号灯、交通标志、交通标线和交通警察的指挥。

交通信号灯、交通标志、交通标线的设置应当符合道路交通安全、畅通的要求和国家标准，并保持清晰、醒目、准确、完好。

根据通行需要，应当及时增设、调换、更新道路交通信号。增设、调换、更新限制性的道路交通信号，应当提前向社会公告，广泛进行宣传。

第二十六条 交通信号灯由红灯、绿灯、黄灯组成。红灯表示禁止通行，绿灯表示准许通行，黄灯表示警示。

第二十七条 铁路与道路平面交叉的道口，应当设置警示灯、警示标志或者安全防护设施。无人看守的铁路道口，应当在距道口一定距离处设置警示标志。

第二十八条 任何单位和个人不得擅自设置、移动、占用、损毁交通信号灯、交通标志、交通标线。

道路两侧及隔离带上种植的树木或者其他植物，设置的广告牌、管线等，应当与交通设施保持必要的距离，不得遮挡路灯、交通信号灯、交通标志，不得妨碍安全视距，不得影响通行。

第二十九条 道路、停车场和道路配套设施的规划、设计、建设，应当符合道路交通安全、畅通的要求，并根据交通需求及时调整。

公安机关交通管理部门发现已经投入使用的道路存在交通事故频发路段，或者停车场、道路配套设施存在交通安全严重隐患的，应当及时向当地人民政府报告，并提出防范交通事故、消除隐患的建议，当地人民政府应当及时作出处理决定。

第三十条 道路出现坍塌、坑槽、水毁、隆起等损毁或者交通信号灯、交通标志、交通标线等交通设施损毁、灭失的，道路、交通设施的养护部门或者管理部门应当设置警示标志并及时修复。

公安机关交通管理部门发现前款情形，危及交通安全，尚未设置警示标志的，应当及时采取安全措施，疏导交通，并通知道路、交通设施的养护部门或者管理部门。

第三十一条 未经许可，任何单位和个人不得占用道路从事非交通活动。

第三十二条 因工程建设需要占用、挖掘道路，或者跨越、穿越道路架设、增设管线设施，应当事先征得道路主管部门的同意；影响交通安全的，还应当征得公安机关交通管理部门的同意。

施工作业单位应当在经批准的路段和时间内施工作业，并在距离施工作业地点来车方向安全距离处设置明显的安全警示标志，采取防护措施；施工作业完毕，应当迅速清除道路上的障碍物，消除安全隐患，经道路主管部门和公安机关交通管理部门验收合格，符合通行要求后，方可恢复通行。

对未中断交通的施工作业道路，公安机关交通管理部门应当加强交通安全监督检查，维护道路交通秩序。

第三十三条 新建、改建、扩建的公共建筑、商业街区、居住区、大（中）型建筑等，应当配建、增建停车场；停车泊位不足的，应当及时改建或者扩建；投入使用的停车场不得擅自停止使用或者改作他用。

在城市道路范围内，在不影响行人、车辆通行的情况下，政府有关部门可以施划停车泊位。

第三十四条 学校、幼儿园、医院、养老院门前的道路没有行人过街设施的，应当施划人行横道线，设置提示标志。

城市主要道路的人行道，应当按照规划设置盲道。盲道的设置应当符合国家标准。

第四章 道路通行规定

第一节 一般规定

第三十五条 机动车、非机动车实行右侧通行。

第三十六条 根据道路条件和通行需要，道路划分为机动车道、非机动车道和人行道的，机动车、非机动车、行人实行分道通行。没有划分机动车道、非机动车道和人行道的，机动车在道路中间通行，非机动车和行人在道路两侧通行。

第三十七条 道路划设专用车道的，在专用车道内，只准许规定的车辆通行，其他车辆不得进入专用车道内行驶。

第三十八条 车辆、行人应当按照交通信号通行；遇有交通警察现场指挥时，应当按照交通警察的指挥通行；在没有交通信号的道路上，应当在确保安全、畅通的原则下通行。

第三十九条 公安机关交通管理部门根据道路和交通流量的具体情况，可以对机动车、非机动车、行人采取疏导、限制通行、禁止通行等措施。遇有大型群众性活动、大范围施工等情况，需要采取限制交通的措施，或者作出与公众的道路交通活动直接有关的决定，应当提前向社会公告。

第四十条 遇有自然灾害、恶劣气象条件或者重大交通事故等严重影响交通安全的情形，采取其他措施难以保证交通安全时，公安机关交通管理部门可以实行交通管制。

第四十一条 有关道路通行的其他具体规定，由国务院规定。

第二节 机动车通行规定

第四十二条 机动车上道路行驶，不得超过限速标志标明的最高时速。在没有限速标志的路段，应当保持安全车速。

夜间行驶或者在容易发生危险的路段行驶，以及遇有沙尘、冰雹、雨、雪、雾、结冰等气象条件时，应当降低行驶速度。

第四十三条 同车道行驶的机动车,后车应当与前车保持足以采取紧急制动措施的安全距离。有下列情形之一的,不得超车:

(一)前车正在左转弯、掉头、超车的;

(二)与对面来车有会车可能的;

(三)前车为执行紧急任务的警车、消防车、救护车、工程救险车的;

(四)行经铁路道口、交叉路口、窄桥、弯道、陡坡、隧道、人行横道、市区交通流量大的路段等没有超车条件的。

第四十四条 机动车通过交叉路口,应当按照交通信号灯、交通标志、交通标线或者交通警察的指挥通过;通过没有交通信号灯、交通标志、交通标线或者交通警察指挥的交叉路口时,应当减速慢行,并让行人和优先通行的车辆先行。

第四十五条 机动车遇有前方车辆停车排队等候或者缓慢行驶时,不得借道超车或者占用对面车道,不得穿插等候的车辆。

在车道减少的路段、路口,或者在没有交通信号灯、交通标志、交通标线或者交通警察指挥的交叉路口遇到停车排队等候或者缓慢行驶时,机动车应当依次交替通行。

第四十六条 机动车通过铁路道口时,应当按照交通信号或者管理人员的指挥通行;没有交通信号或者管理人员的,应当减速或者停车,在确认安全后通过。

第四十七条 机动车行经人行横道时,应当减速行驶;遇行人正在通过人行横道,应当停车让行。

机动车行经没有交通信号的道路时,遇行人横过道路,应当避让。

第四十八条 机动车载物应当符合核定的载质量,严禁超载;载物的长、宽、高不得违反装载要求,不得遗洒、飘散载运物。

机动车运载超限的不可解体的物品,影响交通安全的,应当按照公安机关交通管理部门指定的时间、路线、速度行驶,悬挂明显标志。在公路上运载超限的不可解体的物品,并应当依照公路法的规定执行。

机动车载运爆炸物品、易燃易爆化学物品以及剧毒、放射性等危险物品,应当经公安机关批准后,按指定的时间、路线、速度行驶,悬挂警示标志并采取必要的安全措施。

第四十九条 机动车载人不得超过核定的人数,客运机动车不得违反规定载货。

第五十条 禁止货运机动车载客。

货运机动车需要附载作业人员的,应当设置保护作业人员的安全措施。

第五十一条 机动车行驶时,驾驶人、乘坐人员应当按规定使用安全带,摩托车驾驶人及乘坐人员应当按规定戴安全头盔。

第五十二条 机动车在道路上发生故障,需要停车排除故障时,驾驶人应当立即开启危险报警闪光灯,将机动车移至不妨碍交通的地方停放;难以移动的,应当持续开启危险报警闪光灯,并在来车方向设置警告标志等措施扩大示警距离,必要时迅速报警。

第五十三条 警车、消防车、救护车、工程救险车执行紧急任务时,可以使用警报器、标志灯具;在确保安全的前提下,不受行驶路线、行驶方向、行驶速度和信号灯的限制,其他车辆和行人应当让行。

警车、消防车、救护车、工程救险车非执行紧急任务时,不得使用警报器、标志灯具,不享有前款规定的道路优先通行权。

第五十四条 道路养护车辆、工程作业车进行作业时,在不影响过往车辆通行的前提下,其行驶路线和方向不受交通标志、标线限制，过往车辆和人员应当注意避让。

洒水车、清扫车等机动车应当按照安全作业标准作业；在不影响其他车辆通行的情况下，可以不受车辆分道行驶的限制，但是不得逆向行驶。

第五十五条 高速公路、大中城市中心城区内的道路，禁止拖拉机通行。其他禁止拖拉机通行的道路，由省、自治区、直辖市人民政府根据当地实际情况规定。

在允许拖拉机通行的道路上，拖拉机可以从事货运，但是不得用于载人。

第五十六条 机动车应当在规定地点停放。禁止在人行道上停放机动车；但是，依照本法第三十三条规定施划的停车泊位除外。

在道路上临时停车的，不得妨碍其他车辆和行人通行。

第三节 非机动车通行规定

第五十七条 驾驶非机动车在道路上行驶应当遵守有关交通安全的规定。非机动车应当在非机动车道内行驶；在没有非机动车道的道路上，应当靠车行道的右侧行驶。

第五十八条 残疾人机动轮椅车、电动自行车在非机动车道内行驶时，最高时速不得超过十五公里。

第五十九条 非机动车应当在规定地点停放。未设停放地点的，非机动车停放不得妨碍其他车辆和行人通行。

第六十条 驾驭畜力车，应当使用驯服的牲畜；驾驭畜力车横过道路时，驾驭人应当下车牵引牲畜；驾驭人离开车辆时，应当拴系牲畜。

第四节 行人和乘车人通行规定

第六十一条 行人应当在人行道内行走，没有人行道的靠路边行走。

第六十二条 行人通过路口或者横过道路，应当走人行横道或者过街设施；通过有交通信号灯的人行横道，应当按照交通信号灯指示通行；通过没有交通信号灯、人行横道的路口，或者在没有过街设施的路段横过道路，应当在确认安全后通过。

第六十三条 行人不得跨越、倚坐道路隔离设施，不得扒车、强行拦车或者实施妨碍道路交通安全的其他行为。

第六十四条 学龄前儿童以及不能辨认或者不能控制自己行为的精神疾病患者、智力障碍者在道路上通行，应当由其监护人、监护人委托的人或者对其负有管理、保护职责的人带领。

盲人在道路上通行，应当使用盲杖或者采取其他导盲手段，车辆应当避让盲人。

第六十五条 行人通过铁路道口时，应当按照交通信号或者管理人员的指挥通行；没有交通信号和管理人员的，应当在确认无火车驶临后，迅速通过。

第六十六条 乘车人不得携带易燃易爆等危险物品，不得向车外抛洒物品，不得有影响驾驶人安全驾驶的行为。

第五节 高速公路的特别规定

第六十七条 行人、非机动车、拖拉机、轮式专用机械车、铰接式客车、全挂拖斗车以及其他设计最高时速低于七十公里的机动车，不得进入高速公路。高速公路限速标志标明的最高时速不得超过一百二十公里。

第六十八条 机动车在高速公路上发生故障时，应当依照本法第五十二条的有关规定办理;但是,警告标志应当设置在故障车来车方向一百五十米以外,车上人员应当迅速转移到右侧路肩上或者应急车道内,并且迅速报警。

机动车在高速公路上发生故障或者交通事故,无法正常行驶的,应当由救援车、清障车拖曳、牵引。

第六十九条 任何单位、个人不得在高速公路上拦截检查行驶的车辆,公安机关的人民警察依法执行紧急公务除外。

第五章 交通事故处理

第七十条 在道路上发生交通事故,车辆驾驶人应当立即停车,保护现场;造成人身伤亡的,车辆驾驶人应当立即抢救受伤人员,并迅速报告执勤的交通警察或者公安机关交通管理部门。因抢救受伤人员变动现场的,应当标明位置。乘车人、过往车辆驾驶人、过往行人应当予以协助。

在道路上发生交通事故,未造成人身伤亡,当事人对事实及成因无争议的,可以即行撤离现场,恢复交通,自行协商处理损害赔偿事宜;不即行撤离现场的,应当迅速报告执勤的交通警察或者公安机关交通管理部门。

在道路上发生交通事故,仅造成轻微财产损失,并且基本事实清楚的,当事人应当先撤离现场再进行协商处理。

第七十一条 车辆发生交通事故后逃逸的,事故现场目击人员和其他知情人员应当向公安机关交通管理部门或者交通警察举报。举报属实的,公安机关交通管理部门应当给予奖励。

第七十二条 公安机关交通管理部门接到交通事故报警后,应当立即派交通警察赶赴现场,先组织抢救受伤人员,并采取措施,尽快恢复交通。

交通警察应当对交通事故现场进行勘验、检查,收集证据;因收集证据的需要,可以扣留事故车辆,但是应当妥善保管,以备核查。

对当事人的生理、精神状况等专业性较强的检验,公安机关交通管理部门应当委托专门机构进行鉴定。鉴定结论应当由鉴定人签名。

第七十三条 公安机关交通管理部门应当根据交通事故现场勘验、检查、调查情况和有关的检验、鉴定结论,及时制作交通事故认定书,作为处理交通事故的证据。交通事故认定书应当载明交通事故的基本事实、成因和当事人的责任,并送达当事人。

第七十四条 对交通事故损害赔偿的争议,当事人可以请求公安机关交通管理部门调解,也可以直接向人民法院提起民事诉讼。

经公安机关交通管理部门调解,当事人未达成协议或者调解书生效后不履行的,当事人可以向人民法院提起民事诉讼。

第七十五条 医疗机构对交通事故中的受伤人员应当及时抢救,不得因抢救费用未及时支付而拖延救治。肇事车辆参加机动车第三者责任强制保险的,由保险公司在责任限额范围内支付抢救费用;抢救费用超过责任限额的,未参加机动车第三者责任强制保险或者肇事后逃逸的,由道路交通事故社会救助基金先行垫付部分或者全部抢救费用,道路交通事故社会救助基金管理机构有权向交通事故责任人追偿。

第七十六条 机动车发生交通事故造成人身伤亡、财产损失的,由保险公司在机动车第三者责任强制保险责任限额范围内予以赔偿。超过责任限额的部分,按照下列方式承担赔偿责任：

(一)机动车之间发生交通事故的，由有过错的一方承担责任；双方都有过错的，按照各自过错的比例分担责任。

(二)机动车与非机动车驾驶人、行人之间发生交通事故的，由机动车一方承担责任；但是，有证据证明非机动车驾驶人、行人违反道路交通安全法律、法规，机动车驾驶人已经采取必要处置措施的，减轻机动车一方的责任。

交通事故的损失是由非机动车驾驶人、行人故意造成的，机动车一方不承担责任。

第七十七条 车辆在道路以外通行时发生的事故，公安机关交通管理部门接到报案的，参照本法有关规定办理。

第六章 执法监督

第七十八条 公安机关交通管理部门应当加强对交通警察的管理，提高交通警察的素质和管理道路交通的水平。

公安机关交通管理部门应当对交通警察进行法制和交通安全管理业务培训、考核。交通警察经考核不合格的，不得上岗执行职务。

第七十九条 公安机关交通管理部门及其交通警察实施道路交通安全管理，应当依据法定的职权和程序，简化办事手续，做到公正、严格、文明、高效。

第八十条 交通警察执行职务时，应当按照规定着装，佩带人民警察标志，持有人民警察证件，保持警容严整，举止端庄，指挥规范。

第八十一条 依照本法发放牌证等收取工本费，应当严格执行国务院价格主管部门核定的收费标准，并全部上缴国库。

第八十二条 公安机关交通管理部门依法实施罚款的行政处罚，应当依照有关法律、行政法规的规定，实施罚款决定与罚款收缴分离；收缴的罚款以及依法没收的违法所得，应当全部上缴国库。

第八十三条 交通警察调查处理道路交通安全违法行为和交通事故，有下列情形之一的，应当回避：

(一)是本案的当事人或者当事人的近亲属；

(二)本人或者其近亲属与本案有利害关系；

(三)与本案当事人有其他关系，可能影响案件的公正处理。

第八十四条 公安机关交通管理部门及其交通警察的行政执法活动，应当接受行政监察机关依法实施的监督。

公安机关督察部门应当对公安机关交通管理部门及其交通警察执行法律、法规和遵守纪律的情况依法进行监督。

上级公安机关交通管理部门应当对下级公安机关交通管理部门的执法活动进行监督。

第八十五条 公安机关交通管理部门及其交通警察执行职务，应当自觉接受社会和公民的监督。

任何单位和个人都有权对公安机关交通管理部门及其交通警察不严格执法以及违法违纪行为进行检举、控告。收到检举、控告的机关，应当依据职责及时查处。

第八十六条 任何单位不得给公安机关交通管理部门下达或者变相下达罚款指标；公安

机关交通管理部门不得以罚款数额作为考核交通警察的标准。

公安机关交通管理部门及其交通警察对超越法律、法规规定的指令,有权拒绝执行,并同时向上级机关报告。

第七章　法律责任

第八十七条　公安机关交通管理部门及其交通警察对道路交通安全违法行为,应当及时纠正。

公安机关交通管理部门及其交通警察应当依据事实和本法的有关规定对道路交通安全违法行为予以处罚。对于情节轻微,未影响道路通行的,指出违法行为,给予口头警告后放行。

第八十八条　对道路交通安全违法行为的处罚种类包括:警告、罚款、暂扣或者吊销机动车驾驶证、拘留。

第八十九条　行人、乘车人、非机动车驾驶人违反道路交通安全法律、法规关于道路通行规定的,处警告或者五元以上五十元以下罚款;非机动车驾驶人拒绝接受罚款处罚的,可以扣留其非机动车。

第九十条　机动车驾驶人违反道路交通安全法律、法规关于道路通行规定的,处警告或者二十元以上二百元以下罚款。本法另有规定的,依照规定处罚。

第九十一条　饮酒后驾驶机动车的,处暂扣一个月以上三个月以下机动车驾驶证,并处二百元以上五百元以下罚款;醉酒后驾驶机动车的,由公安机关交通管理部门约束至酒醒,处十五日以下拘留和暂扣三个月以上六个月以下机动车驾驶证,并处五百元以上二千元以下罚款。

饮酒后驾驶营运机动车的,处暂扣三个月机动车驾驶证,并处五百元罚款;醉酒后驾驶营运机动车的,由公安机关交通管理部门约束至酒醒,处十五日以下拘留和暂扣六个月机动车驾驶证,并处二千元罚款。

一年内有前两款规定醉酒后驾驶机动车的行为,被处罚两次以上的,吊销机动车驾驶证,五年内不得驾驶营运机动车。

第九十二条　公路客运车辆载客超过额定乘员的,处二百元以上五百元以下罚款;超过额定乘员百分之二十或者违反规定载货的,处五百元以上二千元以下罚款。

货运机动车超过核定载质量的,处二百元以上五百元以下罚款;超过核定载质量百分之三十或者违反规定载客的,处五百元以上二千元以下罚款。

有前两款行为的,由公安机关交通管理部门扣留机动车至违法状态消除。

运输单位的车辆有本条第一款、第二款规定的情形,经处罚不改的,对直接负责的主管人员处二千元以上五千元以下罚款。

第九十三条　对违反道路交通安全法律、法规关于机动车停放、临时停车规定的,可以指出违法行为,并予以口头警告,令其立即驶离。

机动车驾驶人不在现场或者虽在现场但拒绝立即驶离,妨碍其他车辆、行人通行的,处二十元以上二百元以下罚款,并可以将该机动车拖移至不妨碍交通的地点或者公安机关交通管理部门指定的地点停放。公安机关交通管理部门拖车不得向当事人收取费用,并应当及时告知当事人停放地点。

因采取不正确的方法拖车造成机动车损坏的,应当依法承担补偿责任。

第九十四条　机动车安全技术检验机构实施机动车安全技术检验超过国务院价格主管部

门核定的收费标准收取费用的，退还多收取的费用，并由价格主管部门依照《中华人民共和国价格法》的有关规定给予处罚。

机动车安全技术检验机构不按照机动车国家安全技术标准进行检验，出具虚假检验结果的，由公安机关交通管理部门处所收检验费用五倍以上十倍以下罚款，并依法撤销其检验资格；构成犯罪的，依法追究刑事责任。

第九十五条 上道路行驶的机动车未悬挂机动车号牌，未放置检验合格标志、保险标志，或者未随车携带行驶证、驾驶证的，公安机关交通管理部门应当扣留机动车，通知当事人提供相应的牌证、标志或者补办相应手续，并可以依照本法第九十条的规定予以处罚。当事人提供相应的牌证、标志或者补办相应手续的，应当及时退还机动车。

故意遮挡、污损或者不按规定安装机动车号牌的，依照本法第九十条的规定予以处罚。

第九十六条 伪造、变造或者使用伪造、变造的机动车登记证书、号牌、行驶证、检验合格标志、保险标志、驾驶证或者使用其他车辆的机动车登记证书、号牌、行驶证、检验合格标志、保险标志的，由公安机关交通管理部门予以收缴，扣留该机动车，并处二百元以上二千元以下罚款；构成犯罪的，依法追究刑事责任。

当事人提供相应的合法证明或者补办相应手续的，应当及时退还机动车。

第九十七条 非法安装警报器、标志灯具的，由公安机关交通管理部门强制拆除，予以收缴，并处二百元以上二千元以下罚款。

第九十八条 机动车所有人、管理人未按照国家规定投保机动车第三者责任强制保险的，由公安机关交通管理部门扣留车辆至依照规定投保后，并处依照规定投保最低责任限额应缴纳的保险费的二倍罚款。

依照前款缴纳的罚款全部纳入道路交通事故社会救助基金。具体办法由国务院规定。

第九十九条 有下列行为之一的，由公安机关交通管理部门处二百元以上二千元以下罚款：

(一)未取得机动车驾驶证、机动车驾驶证被吊销或者机动车驾驶证被暂扣期间驾驶机动车的；

(二)将机动车交由未取得机动车驾驶证或者机动车驾驶证被吊销、暂扣的人驾驶的；

(三)造成交通事故后逃逸，尚不构成犯罪的；

(四)机动车行驶超过规定时速百分之五十的；

(五)强迫机动车驾驶人违反道路交通安全法律、法规和机动车安全驾驶要求驾驶机动车，造成交通事故，尚不构成犯罪的；

(六)违反交通管制的规定强行通行，不听劝阻的；

(七)故意损毁、移动、涂改交通设施，造成危害后果，尚不构成犯罪的；

(八)非法拦截、扣留机动车辆，不听劝阻，造成交通严重阻塞或者较大财产损失的。

行为人有前款第二项、第四项情形之一的，可以并处吊销机动车驾驶证；有第一项、第三项、第五项至第八项情形之一的，可以并处十五日以下拘留。

第一百条 驾驶拼装的机动车或者已达到报废标准的机动车上道路行驶的，公安机关交通管理部门应当予以收缴，强制报废。

对驾驶前款所列机动车上道路行驶的驾驶人，处二百元以上二千元以下罚款，并吊销机动车驾驶证。

出售已达到报废标准的机动车的，没收违法所得，处销售金额等额的罚款，对该机动车依照本条第一款的规定处理。

第一百零一条 违反道路交通安全法律、法规的规定，发生重大交通事故，构成犯罪的，依法追究刑事责任，并由公安机关交通管理部门吊销机动车驾驶证。

造成交通事故后逃逸的，由公安机关交通管理部门吊销机动车驾驶证，且终生不得重新取得机动车驾驶证。

第一百零二条 对六个月内发生二次以上特大交通事故负有主要责任或者全部责任的专业运输单位，由公安机关交通管理部门责令消除安全隐患，未消除安全隐患的机动车，禁止上道路行驶。

第一百零三条 国家机动车产品主管部门未按照机动车国家安全技术标准严格审查，许可不合格机动车型投入生产的，对负有责任的主管人员和其他直接责任人员给予降级或者撤职的行政处分。

机动车生产企业经国家机动车产品主管部门许可生产的机动车型，不执行机动车国家安全技术标准或者不严格进行机动车成品质量检验，致使质量不合格的机动车出厂销售的，由质量技术监督部门依照《中华人民共和国产品质量法》的有关规定给予处罚。

擅自生产、销售未经国家机动车产品主管部门许可生产的机动车型的，没收非法生产、销售的机动车成品及配件，可以并处非法产品价值三倍以上五倍以下罚款；有营业执照的，由工商行政管理部门吊销营业执照，没有营业执照的，予以查封。

生产、销售拼装的机动车或者生产、销售擅自改装的机动车的，依照本条第三款的规定处罚。

有本条第二款、第三款、第四款所列违法行为，生产或者销售不符合机动车国家安全技术标准的机动车，构成犯罪的，依法追究刑事责任。

第一百零四条 未经批准，擅自挖掘道路、占用道路施工或者从事其他影响道路交通安全活动的，由道路主管部门责令停止违法行为，并恢复原状，可以依法给予罚款；致使通行的人员、车辆及其他财产遭受损失的，依法承担赔偿责任。

有前款行为，影响道路交通安全活动的，公安机关交通管理部门可以责令停止违法行为，迅速恢复交通。

第一百零五条 道路施工作业或者道路出现损毁，未及时设置警示标志、未采取防护措施，或者应当设置交通信号灯、交通标志、交通标线而没有设置或者应当及时变更交通信号灯、交通标志、交通标线而没有及时变更，致使通行的人员、车辆及其他财产遭受损失的，负有相关职责的单位应当依法承担赔偿责任。

第一百零六条 在道路两侧及隔离带上种植树木、其他植物或者设置广告牌、管线等，遮挡路灯、交通信号灯、交通标志，妨碍安全视距的，由公安机关交通管理部门责令行为人排除妨碍；拒不执行的，处二百元以上二千元以下罚款，并强制排除妨碍，所需费用由行为人负担。

第一百零七条 对道路交通违法行为人予以警告、二百元以下罚款，交通警察可以当场作出行政处罚决定，并出具行政处罚决定书。

行政处罚决定书应当载明当事人的违法事实、行政处罚的依据、处罚内容、时间、地点以及处罚机关名称，并由执法人员签名或者盖章。

第一百零八条 当事人应当自收到罚款的行政处罚决定书之日起十五日内，到指定的银行缴纳罚款。

对行人、乘车人和非机动车驾驶人的罚款，当事人无异议的，可以当场予以收缴罚款。

罚款应当开具省、自治区、直辖市财政部门统一制发的罚款收据;不出具财政部门统一制发的罚款收据的,当事人有权拒绝缴纳罚款。

第一百零九条 当事人逾期不履行行政处罚决定的,作出行政处罚决定的行政机关可以采取下列措施:

(一)到期不缴纳罚款的,每日按罚款数额的百分之三加处罚款;

(二)申请人民法院强制执行。

第一百一十条 执行职务的交通警察认为应当对道路交通违法行为人给予暂扣或者吊销机动车驾驶证处罚的,可以先予扣留机动车驾驶证,并在二十四小时内将案件移交公安机关交通管理部门处理。

道路交通违法行为人应当在十五日内到公安机关交通管理部门接受处理。无正当理由逾期未接受处理的,吊销机动车驾驶证。

公安机关交通管理部门暂扣或者吊销机动车驾驶证的,应当出具行政处罚决定书。

第一百一十一条 对违反本法规定予以拘留的行政处罚,由县、市公安局、公安分局或者相当于县一级的公安机关裁决。

第一百一十二条 公安机关交通管理部门扣留机动车、非机动车,应当当场出具凭证,并告知当事人在规定期限内到公安机关交通管理部门接受处理。

公安机关交通管理部门对被扣留的车辆应当妥善保管,不得使用。

逾期不来接受处理,并且经公告三个月仍不来接受处理的,对扣留的车辆依法处理。

第一百一十三条 暂扣机动车驾驶证的期限从处罚决定生效之日起计算;处罚决定生效前先予扣留机动车驾驶证的,扣留一日折抵暂扣期限一日。

吊销机动车驾驶证后重新申请领取机动车驾驶证的期限,按照机动车驾驶证管理规定办理。

第一百一十四条 公安机关交通管理部门根据交通技术监控记录资料,可以对违法的机动车所有人或者管理人依法予以处罚。对能够确定驾驶人的,可以依照本法的规定依法予以处罚。

第一百一十五条 交通警察有下列行为之一的,依法给予行政处分:

(一)为不符合法定条件的机动车发放机动车登记证书、号牌、行驶证、检验合格标志的;

(二)批准不符合法定条件的机动车安装、使用警车、消防车、救护车、工程救险车的警报器、标志灯具,喷涂标志图案的;

(三)为不符合驾驶许可条件、未经考试或者考试不合格人员发放机动车驾驶证的;

(四)不执行罚款决定与罚款收缴分离制度或者不按规定将依法收取的费用、收缴的罚款及没收的违法所得全部上缴国库的;

(五)举办或者参与举办驾驶学校或者驾驶培训班、机动车修理厂或者收费停车场等经营活动的;

(六)利用职务上的便利收受他人财物或者谋取其他利益的;

(七)违法扣留车辆、机动车行驶证、驾驶证、车辆号牌的;

(八)使用依法扣留的车辆的;

(九)当场收取罚款不开具罚款收据或者不如实填写罚款额的;

(十)徇私舞弊,不公正处理交通事故的;

(十一)故意刁难,拖延办理机动车牌证的;

(十二)非执行紧急任务时使用警报器、标志灯具的；

(十三)违反规定拦截、检查正常行驶的车辆的；

(十四)非执行紧急公务时拦截搭乘机动车的；

(十五)不履行法定职责的。

公安机关交通管理部门有前款所列行为之一的，对直接负责的主管人员和其他直接责任人员给予相应的行政处分。

第一百一十六条 依照本法第一百一十五条的规定，给予交通警察行政处分的，在作出行政处分决定前，可以停止其执行职务；必要时，可以予以禁闭。

依照本法第一百一十五条的规定，交通警察受到降级或者撤职行政处分的，可以予以辞退。

交通警察受到开除处分或者被辞退的，应当取消警衔；受到撤职以下行政处分的交通警察，应当降低警衔。

第一百一十七条 交通警察利用职权非法占有公共财物，索取、收受贿赂，或者滥用职权、玩忽职守，构成犯罪的，依法追究刑事责任。

第一百一十八条 公安机关交通管理部门及其交通警察有本法第一百一十五条所列行为之一，给当事人造成损失的，应当依法承担赔偿责任。

第八章　附　　则

第一百一十九条 本法中下列用语的含义：

(一)"道路"，是指公路、城市道路和虽在单位管辖范围但允许社会机动车通行的地方，包括广场、公共停车场等用于公众通行的场所。

(二)"车辆"，是指机动车和非机动车。

(三)"机动车"，是指以动力装置驱动或者牵引，上道路行驶的供人员乘用或者用于运送物品以及进行工程专项作业的轮式车辆。

(四)"非机动车"，是指以人力或者畜力驱动，上道路行驶的交通工具，以及虽有动力装置驱动但设计最高时速、空车质量、外形尺寸符合有关国家标准的残疾人机动轮椅车、电动自行车等交通工具。

(五)"交通事故"，是指车辆在道路上因过错或者意外造成的人身伤亡或者财产损失的事件。

第一百二十条 中国人民解放军和中国人民武装警察部队在编机动车牌证、在编机动车检验以及机动车驾驶人考核工作，由中国人民解放军、中国人民武装警察部队有关部门负责。

第一百二十一条 对上道路行驶的拖拉机，由农业(农业机械)主管部门行使本法第八条、第九条、第十三条、第十九条、第二十三条规定的公安机关交通管理部门的管理职权。

农业(农业机械)主管部门依照前款规定行使职权，应当遵守本法有关规定，并接受公安机关交通管理部门的监督；对违反规定的，依照本法有关规定追究法律责任。

本法施行前由农业(农业机械)主管部门发放的机动车牌证，在本法施行后继续有效。

第一百二十二条 国家对入境的境外机动车的道路交通安全实施统一管理。

第一百二十三条 省、自治区、直辖市人民代表大会常务委员会可以根据本地区的实际情况，在本法规定的罚款幅度内，规定具体的执行标准。

第一百二十四条 本法自2004年5月1日起施行。

22.国务院关于坚决制止占用基本农田进行植树等行为的紧急通知

(2004年3月20日　国务院　国发明电〔2004〕1号)

各省、自治区、直辖市人民政府,国务院各部委、各直属机构:

近年来,一些地方违反《土地管理法》和《基本农田保护条例》的规定,占用基本农田进行植树造林、挖塘养鱼等,使基本农田面积不断减少,严重削弱了粮食生产能力。为实行最严格的耕地保护制度,切实保护基本农田,现紧急通知如下:

一、坚决制止占用基本农田进行植树等行为

要认真执行《土地管理法》和《基本农田保护条例》,坚决制止任意改变基本农田用途的行为,切实做好保护基本农田"五个不准",即:不准占用基本农田进行植树造林、发展林果业和搞林粮间作以及超标准建设农田林网;不准以农业结构调整为名,在基本农田内挖塘养鱼、建设用于畜禽养殖的建筑物等严重破坏耕作层的生产经营活动;不准违法占用基本农田进行绿色通道和城市绿化隔离带建设;不准以退耕还林为名违反土地利用总体规划,将基本农田纳入退耕范围;除法律规定的国家重点建设项目以外,不准非农建设项目占用基本农田。凡在基本农田上进行植树造林(包括种植速生丰产林)、挖塘养鱼、绿色通道和城市绿化隔离带建设的必须立即停止和纠正。今后,新增绿化造林、新建和扩建用材林基地均不得占用基本农田。

二、正确引导和规范农业结构调整和绿色通道建设

地方各级人民政府和国务院有关部门要正确引导农民进行农业结构调整,充分利用荒山、荒地和一般耕地发展水产业、畜禽养殖和林果业。编制和实施退耕还林、生态建设与保护、农业结构调整等规划,要与土地利用总体规划相衔接。

进行绿色通道建设要因地制宜,严格限定道路沿线绿化带宽度。道路沿线是耕地的,道路用地范围以外每侧绿化带宽度不得超过5米,其中县乡道路不得超过3米;占用基本农田的,应履行基本农田占用报批手续。交通、水利工程建设用地范围内的绿化用地,要严格按照有关规定办理建设用地审批手续,其中涉及占用耕地的必须做到占补平衡。

三、严格控制各类建设占用基本农田

严禁违反法定程序通过修改或调整土地利用总体规划改变基本农田的数量与布局。严禁规避基本农田占用审批。严格执行国家重点建设项目占用基本农田审批制度,确需占用基本农田的,要严格审查农用地转用和土地征用方案,并按照法定程序报国务院审批。

四、对已经违法违规占用和破坏的基本农田要尽快采取恢复耕种措施

各地区、各有关部门要按以下原则对已经违规占用和破坏的基本农田进行处理:(一)对占用基本农田种植速生丰产林的,限期恢复耕种;(二)对在基本农田内建设畜禽养殖等建筑物的,限期拆除并予整理;(三)对建设基础设施造成基本农田耕作力破坏的,限期修复;(四)对超标准建设绿色通道而占用基本农田的,逐步恢复耕种条件;(五)对各类非农建设占用基本农田的,在依法妥善处理前,不得受理该地区建设用地申请。在具体处理中,要确保农民经济上不受损失。

五、抓紧开展基本农田保护检查工作

各省、自治区、直辖市人民政府要立即组织有关部门对本地区基本农田保护情况进行一次检查，严肃查处违法占用和破坏基本农田的行为，清查工作结束后向国务院作出报告。国土资源部、农业部要按照全国基本农田保护检查工作方案组织检查，并将本通知贯彻落实情况作为检查重点内容。对有令不行、有禁不止的要严肃查处；对情节严重，特别是顶风作案，造成基本农田面积大量减少的地区，要依法严肃处理并追究责任人和有关领导人的责任。

国务院有关部门应依照本通知制定具体实施办法。本通知自发布之日起实行。前发文件规定，凡与本通知不一致的，一律以本通知为准。

23.中华人民共和国道路交通安全法实施条例

（2004年4月30日　国务院令〔2004〕第405号）

第一章　总　　则

第一条　根据《中华人民共和国道路交通安全法》(以下简称道路交通安全法)的规定,制定本条例。

第二条　中华人民共和国境内的车辆驾驶人、行人、乘车人以及与道路交通活动有关的单位和个人,应当遵守道路交通安全法和本条例。

第三条　县级以上地方各级人民政府应当建立、健全道路交通安全工作协调机制,组织有关部门对城市建设项目进行交通影响评价,制定道路交通安全管理规划,确定管理目标,制定实施方案。

第二章　车辆和驾驶人

第一节　机　动　车

第四条　机动车的登记,分为注册登记、变更登记、转移登记、抵押登记和注销登记。

第五条　初次申领机动车号牌、行驶证的,应当向机动车所有人住所地的公安机关交通管理部门申请注册登记。申请机动车注册登记,应当交验机动车,并提交以下证明、凭证:

(一)机动车所有人的身份证明;

(二)购车发票等机动车来历证明;

(三)机动车整车出厂合格证明或者进口机动车进口凭证;

(四)车辆购置税完税证明或者免税凭证;

(五)机动车第三者责任强制保险凭证;

(六)法律、行政法规规定应当在机动车注册登记时提交的其他证明、凭证。

不属于国务院机动车产品主管部门规定免予安全技术检验的车型的,还应当提供机动车安全技术检验合格证明。

第六条　已注册登记的机动车有下列情形之一的,机动车所有人应当向登记该机动车的公安机关交通管理部门申请变更登记:

(一)改变机动车车身颜色的;

(二)更换发动机的;

(三)更换车身或者车架的;

(四)因质量有问题,制造厂更换整车的;

(五)营运机动车改为非营运机动车或者非营运机动车改为营运机动车的;

(六)机动车所有人的住所迁出或者迁入公安机关交通管理部门管辖区域的。

申请机动车变更登记,应当提交下列证明、凭证,属于前款第(一)项、第(二)项、第(三)项、第(四)项、第(五)项情形之一的,还应当交验机动车;属于前款第(二)项、第(三)项情形之一的,还应当同时提交机动车安全技术检验合格证明:

(一)机动车所有人的身份证明;

(二)机动车登记证书;

(三)机动车行驶证。

机动车所有人的住所在公安机关交通管理部门管辖区域内迁移、机动车所有人的姓名(单位名称)或者联系方式变更的,应当向登记该机动车的公安机关交通管理部门备案。

第七条 已注册登记的机动车所有权发生转移的,应当及时办理转移登记。

申请机动车转移登记,当事人应当向登记该机动车的公安机关交通管理部门交验机动车,并提交以下证明、凭证:

(一)当事人的身份证明;

(二)机动车所有权转移的证明、凭证;

(三)机动车登记证书;

(四)机动车行驶证。

第八条 机动车所有人将机动车作为抵押物抵押的,机动车所有人应当向登记该机动车的公安机关交通管理部门申请抵押登记。

第九条 已注册登记的机动车达到国家规定的强制报废标准的,公安机关交通管理部门应当在报废期满的2个月前通知机动车所有人办理注销登记。机动车所有人应当在报废期满前将机动车交售给机动车回收企业,由机动车回收企业将报废的机动车登记证书、号牌、行驶证交公安机关交通管理部门注销。机动车所有人逾期不办理注销登记的,公安机关交通管理部门应当公告该机动车登记证书、号牌、行驶证作废。

因机动车灭失申请注销登记的,机动车所有人应当向公安机关交通管理部门提交本人身份证明,交回机动车登记证书。

第十条 办理机动车登记的申请人提交的证明、凭证齐全、有效的,公安机关交通管理部门应当当场办理登记手续。

人民法院、人民检察院以及行政执法部门依法查封、扣押的机动车,公安机关交通管理部门不予办理机动车登记。

第十一条 机动车登记证书、号牌、行驶证丢失或者损毁,机动车所有人申请补发的,应当向公安机关交通管理部门提交本人身份证明和申请材料。公安机关交通管理部门经与机动车登记档案核实后,在收到申请之日起15日内补发。

第十二条 税务部门、保险机构可以在公安机关交通管理部门的办公场所集中办理与机动车有关的税费缴纳、保险合同订立等事项。

第十三条 机动车号牌应当悬挂在车前、车后指定位置,保持清晰、完整。重型、中型载货汽车及其挂车、拖拉机及其挂车的车身或者车厢后部应当喷涂放大的牌号,字样应当端正并保持清晰。

机动车检验合格标志、保险标志应当粘贴在机动车前窗右上角。

机动车喷涂、粘贴标识或者车身广告的,不得影响安全驾驶。

第十四条 用于公路营运的载客汽车、重型载货汽车、半挂牵引车应当安装、使用符合国家标准的行驶记录仪。交通警察可以对机动车行驶速度、连续驾驶时间以及其他行驶状态信息进行检查。安装行驶记录仪可以分步实施，实施步骤由国务院机动车产品主管部门会同有关部门规定。

第十五条 机动车安全技术检验由机动车安全技术检验机构实施。机动车安全技术检验机构应当按照国家机动车安全技术检验标准对机动车进行检验，对检验结果承担法律责任。

质量技术监督部门负责对机动车安全技术检验机构实行资格管理和计量认证管理，对机动车安全技术检验设备进行检定，对执行国家机动车安全技术检验标准的情况进行监督。

机动车安全技术检验项目由国务院公安部门会同国务院质量技术监督部门规定。

第十六条 机动车应当从注册登记之日起，按照下列期限进行安全技术检验：

(一)营运载客汽车5年以内每年检验1次；超过5年的，每6个月检验1次；

(二)载货汽车和大型、中型非营运载客汽车10年以内每年检验1次；超过10年的，每6个月检验1次；

(三)小型、微型非营运载客汽车6年以内每2年检验1次；超过6年的，每年检验1次；超过15年的，每6个月检验1次；

(四)摩托车4年以内每2年检验1次；超过4年的，每年检验1次；

(五)拖拉机和其他机动车每年检验1次。

营运机动车在规定检验期限内经安全技术检验合格的，不再重复进行安全技术检验。

第十七条 已注册登记的机动车进行安全技术检验时，机动车行驶证记载的登记内容与该机动车的有关情况不符，或者未按照规定提供机动车第三者责任强制保险凭证的，不予通过检验。

第十八条 警车、消防车、救护车、工程救险车标志图案的喷涂以及警报器、标志灯具的安装、使用规定，由国务院公安部门制定。

第二节 机动车驾驶人

第十九条 符合国务院公安部门规定的驾驶许可条件的人，可以向公安机关交通管理部门申请机动车驾驶证。

机动车驾驶证由国务院公安部门规定式样并监制。

第二十条 学习机动车驾驶，应当先学习道路交通安全法律、法规和相关知识，考试合格后，再学习机动车驾驶技能。

在道路上学习驾驶，应当按照公安机关交通管理部门指定的路线、时间进行。在道路上学习机动车驾驶技能应当使用教练车，在教练员随车指导下进行，与教学无关的人员不得乘坐教练车。学员在学习驾驶中有道路交通安全违法行为或者造成交通事故的，由教练员承担责任。

第二十一条 公安机关交通管理部门应当对申请机动车驾驶证的人进行考试，对考试合格的，在5日内核发机动车驾驶证；对考试不合格的，书面说明理由。

第二十二条 机动车驾驶证的有效期为6年，本条例另有规定的除外。

机动车驾驶人初次申领机动车驾驶证后的12个月为实习期。在实习期内驾驶机动车的，应当在车身后部粘贴或者悬挂统一式样的实习标志。

机动车驾驶人在实习期内不得驾驶公共汽车、营运客车或者执行任务的警车、消防车、救护车、工程救险车以及载有爆炸物品、易燃易爆化学物品、剧毒或者放射性等危险物品的机动车；驾驶的机动车不得牵引挂车。

第二十三条 公安机关交通管理部门对机动车驾驶人的道路交通安全违法行为除给予行政处罚外，实行道路交通安全违法行为累积记分（以下简称记分）制度，记分周期为12个月。对在一个记分周期内记分达到12分的，由公安机关交通管理部门扣留其机动车驾驶证，该机动车驾驶人应当按照规定参加道路交通安全法律、法规的学习并接受考试。考试合格的，记分予以清除，发还机动车驾驶证；考试不合格的，继续参加学习和考试。

应当给予记分的道路交通安全违法行为及其分值，由国务院公安部门根据道路交通安全违法行为的危害程度规定。

公安机关交通管理部门应当提供记分查询方式供机动车驾驶人查询。

第二十四条 机动车驾驶人在一个记分周期内记分未达到12分，所处罚款已经缴纳的，记分予以清除；记分虽未达到12分，但尚有罚款未缴纳的，记分转入下一记分周期。

机动车驾驶人在一个记分周期内记分2次以上达到12分的，除按照第二十三条的规定扣留机动车驾驶证、参加学习、接受考试外，还应当接受驾驶技能考试。考试合格的，记分予以清除，发还机动车驾驶证；考试不合格的，继续参加学习和考试。

接受驾驶技能考试的，按照本人机动车驾驶证载明的最高准驾车型考试。

第二十五条 机动车驾驶人记分达到12分，拒不参加公安机关交通管理部门通知的学习，也不接受考试的，由公安机关交通管理部门公告其机动车驾驶证停止使用。

第二十六条 机动车驾驶人在机动车驾驶证的6年有效期内，每个记分周期均未达到12分的，换发10年有效期的机动车驾驶证；在机动车驾驶证的10年有效期内，每个记分周期均未达到12分的，换发长期有效的机动车驾驶证。

换发机动车驾驶证时，公安机关交通管理部门应当对机动车驾驶证进行审验。

第二十七条 机动车驾驶证丢失、损毁，机动车驾驶人申请补发的，应当向公安机关交通管理部门提交本人身份证明和申请材料。公安机关交通管理部门经与机动车驾驶证档案核实后，在收到申请之日起3日内补发。

第二十八条 机动车驾驶人在机动车驾驶证丢失、损毁、超过有效期或者被依法扣留、暂扣期间以及记分达到12分的，不得驾驶机动车。

第三章 道路通行条件

第二十九条 交通信号灯分为：机动车信号灯、非机动车信号灯、人行横道信号灯、车道信号灯、方向指示信号灯、闪光警告信号灯、道路与铁路平面交叉道口信号灯。

第三十条 交通标志分为：指示标志、警告标志、禁令标志、指路标志、旅游区标志、道路施工安全标志和辅助标志。

道路交通标线分为：指示标线、警告标线、禁止标线。

第三十一条 交通警察的指挥分为：手势信号和使用器具的交通指挥信号。

第三十二条 道路交叉路口和行人横过道路较为集中的路段应当设置人行横道、过街天桥或者过街地下通道。

在盲人通行较为集中的路段，人行横道信号灯应当设置声响提示装置。

第三十三条 城市人民政府有关部门可以在不影响行人、车辆通行的情况下，在城市道路上施划停车泊位,并规定停车泊位的使用时间。

第三十四条 开辟或者调整公共汽车、长途汽车的行驶路线或者车站,应当符合交通规划和安全、畅通的要求。

第三十五条 道路养护施工单位在道路上进行养护、维修时,应当按照规定设置规范的安全警示标志和安全防护设施。道路养护施工作业车辆、机械应当安装示警灯,喷涂明显的标志图案,作业时应当开启示警灯和危险报警闪光灯。对未中断交通的施工作业道路,公安机关交通管理部门应当加强交通安全监督检查。发生交通阻塞时,及时做好分流、疏导,维护交通秩序。

道路施工需要车辆绕行的,施工单位应当在绕行处设置标志;不能绕行的,应当修建临时通道,保证车辆和行人通行。需要封闭道路中断交通的,除紧急情况外,应当提前5日向社会公告。

第三十六条 道路或者交通设施养护部门、管理部门应当在急弯、陡坡、临崖、临水等危险路段,按照国家标准设置警告标志和安全防护设施。

第三十七条 道路交通标志、标线不规范,机动车驾驶人容易发生辨认错误的,交通标志、标线的主管部门应当及时予以改善。

道路照明设施应当符合道路建设技术规范,保持照明功能完好。

第四章 道路通行规定

第一节 一般规定

第三十八条 机动车信号灯和非机动车信号灯表示:

(一)绿灯亮时,准许车辆通行,但转弯的车辆不得妨碍被放行的直行车辆、行人通行;

(二)黄灯亮时,已越过停止线的车辆可以继续通行;

(三)红灯亮时,禁止车辆通行。

在未设置非机动车信号灯和人行横道信号灯的路口,非机动车和行人应当按照机动车信号灯的表示通行。

红灯亮时,右转弯的车辆在不妨碍被放行的车辆、行人通行的情况下,可以通行。

第三十九条 人行横道信号灯表示:

(一)绿灯亮时,准许行人通过人行横道;

(二)红灯亮时,禁止行人进入人行横道,但是已经进入人行横道的,可以继续通过或者在道路中心线处停留等候。

第四十条 车道信号灯表示:

(一)绿色箭头灯亮时,准许本车道车辆按指示方向通行;

(二)红色叉形灯或者箭头灯亮时,禁止本车道车辆通行。

第四十一条 方向指示信号灯的箭头方向向左、向上、向右分别表示左转、直行、右转。

第四十二条 闪光警告信号灯为持续闪烁的黄灯,提示车辆、行人通行时注意瞭望,确认安全后通过。

第四十三条 道路与铁路平面交叉道口有两个红灯交替闪烁或者一个红灯亮时,表示禁止车辆、行人通行;红灯熄灭时,表示允许车辆、行人通行。

第二节　机动车通行规定

第四十四条　在道路同方向划有2条以上机动车道的，左侧为快速车道，右侧为慢速车道。在快速车道行驶的机动车应当按照快速车道规定的速度行驶，未达到快速车道规定的行驶速度的，应当在慢速车道行驶。摩托车应当在最右侧车道行驶。有交通标志标明行驶速度的，按照标明的行驶速度行驶。慢速车道内的机动车超越前车时，可以借用快速车道行驶。

在道路同方向划有2条以上机动车道的，变更车道的机动车不得影响相关车道内行驶的机动车的正常行驶。

第四十五条　机动车在道路上行驶不得超过限速标志、标线标明的速度。在没有限速标志、标线的道路上，机动车不得超过下列最高行驶速度：

（一）没有道路中心线的道路，城市道路为每小时30公里，公路为每小时40公里；

（二）同方向只有1条机动车道的道路，城市道路为每小时50公里，公路为每小时70公里。

第四十六条　机动车行驶中遇有下列情形之一的，最高行驶速度不得超过每小时30公里，其中拖拉机、电瓶车、轮式专用机械车不得超过每小时15公里：

（一）进出非机动车道，通过铁路道口、急弯路、窄路、窄桥时；

（二）掉头、转弯、下陡坡时；

（三）遇雾、雨、雪、沙尘、冰雹，能见度在50米以内时；

（四）在冰雪、泥泞的道路上行驶时；

（五）牵引发生故障的机动车时。

第四十七条　机动车超车时，应当提前开启左转向灯、变换使用远、近光灯或者鸣喇叭。在没有道路中心线或者同方向只有1条机动车道的道路上，前车遇后车发出超车信号时，在条件许可的情况下，应当降低速度、靠右让路。后车应当在确认有充足的安全距离后，从前车的左侧超越，在与被超车辆拉开必要的安全距离后，开启右转向灯，驶回原车道。

第四十八条　在没有中心隔离设施或者没有中心线的道路上，机动车遇相对方向来车时应当遵守下列规定：

（一）减速靠右行驶，并与其他车辆、行人保持必要的安全距离；

（二）在有障碍的路段，无障碍的一方先行；但有障碍的一方已驶入障碍路段而无障碍的一方未驶入时，有障碍的一方先行；

（三）在狭窄的坡路，上坡的一方先行；但下坡的一方已行至中途而上坡的一方未上坡时，下坡的一方先行；

（四）在狭窄的山路，不靠山体的一方先行；

（五）夜间会车应当在距相对方向来车150米以外改用近光灯，在窄路、窄桥与非机动车会车时应当使用近光灯。

第四十九条　机动车在有禁止掉头或者禁止左转弯标志、标线的地点以及在铁路道口、人行横道、桥梁、急弯、陡坡、隧道或者容易发生危险的路段，不得掉头。

机动车在没有禁止掉头或者没有禁止左转弯标志、标线的地点可以掉头，但不得妨碍正常行驶的其他车辆和行人的通行。

第五十条　机动车倒车时，应当察明车后情况，确认安全后倒车。不得在铁路道口、交叉路口、单行路、桥梁、急弯、陡坡或者隧道中倒车。

第五十一条 机动车通过有交通信号灯控制的交叉路口,应当按照下列规定通行:

(一)在划有导向车道的路口,按所需行进方向驶入导向车道;

(二)准备进入环形路口的让已在路口内的机动车先行;

(三)向左转弯时,靠路口中心点左侧转弯。转弯时开启转向灯,夜间行驶开启近光灯;

(四)遇放行信号时,依次通过;

(五)遇停止信号时,依次停在停止线以外。没有停止线的,停在路口以外;

(六)向右转弯遇有同车道前车正在等候放行信号时,依次停车等候;

(七)在没有方向指示信号灯的交叉路口,转弯的机动车让直行的车辆、行人先行。相对方向行驶的右转弯机动车让左转弯车辆先行。

第五十二条 机动车通过没有交通信号灯控制也没有交通警察指挥的交叉路口,除应当遵守第五十一条第(二)项、第(三)项的规定外,还应当遵守下列规定:

(一)有交通标志、标线控制的,让优先通行的一方先行;

(二)没有交通标志、标线控制的,在进入路口前停车瞭望,让右方道路的来车先行;

(三)转弯的机动车让直行的车辆先行;

(四)相对方向行驶的右转弯的机动车让左转弯的车辆先行。

第五十三条 机动车遇有前方交叉路口交通阻塞时,应当依次停在路口以外等候,不得进入路口。

机动车在遇有前方机动车停车排队等候或者缓慢行驶时,应当依次排队,不得从前方车辆两侧穿插或者超越行驶,不得在人行横道、网状线区域内停车等候。

机动车在车道减少的路口、路段,遇有前方机动车停车排队等候或者缓慢行驶的,应当每车道一辆依次交替驶入车道减少后的路口、路段。

第五十四条 机动车载物不得超过机动车行驶证上核定的载质量,装载长度、宽度不得超出车厢,并应当遵守下列规定:

(一)重型、中型载货汽车,半挂车载物,高度从地面起不得超过4米,载运集装箱的车辆不得超过4.2米;

(二)其他载货的机动车载物,高度从地面起不得超过2.5米;

(三)摩托车载物,高度从地面起不得超过1.5米,长度不得超出车身0.2米。两轮摩托车载物宽度左右各不得超出车把0.15米;三轮摩托车载物宽度不得超过车身。

载客汽车除车身外部的行李架和内置的行李箱外,不得载货。载客汽车行李架载货,从车顶起高度不得超过0.5米,从地面起高度不得超过4米。

第五十五条 机动车载人应当遵守下列规定:

(一)公路载客汽车不得超过核定的载客人数,但按照规定免票的儿童除外,在载客人数已满的情况下,按照规定免票的儿童不得超过核定载客人数的10%;

(二)载货汽车车厢不得载客。在城市道路上,货运机动车在留有安全位置的情况下,车厢内可以附载临时作业人员1人至5人;载物高度超过车厢栏板时,货物上不得载人;

(三)摩托车后座不得乘坐未满12周岁的未成年人,轻便摩托车不得载人。

第五十六条 机动车牵引挂车应当符合下列规定:

(一)载货汽车、半挂牵引车、拖拉机只允许牵引1辆挂车。挂车的灯光信号、制动、连接、安全防护等装置应当符合国家标准;

(二)小型载客汽车只允许牵引旅居挂车或者总质量700千克以下的挂车。挂车不得载人；

(三)载货汽车所牵引挂车的载质量不得超过载货汽车本身的载质量。

大型、中型载客汽车，低速载货汽车，三轮汽车以及其他机动车不得牵引挂车。

第五十七条 机动车应当按照下列规定使用转向灯：

(一)向左转弯、向左变更车道、准备超车、驶离停车地点或者掉头时，应当提前开启左转向灯；

(二)向右转弯、向右变更车道、超车完毕驶回原车道、靠路边停车时，应当提前开启右转向灯。

第五十八条 机动车在夜间没有路灯、照明不良或者遇有雾、雨、雪、沙尘、冰雹等低能见度情况下行驶时，应当开启前照灯、示廓灯和后位灯，但同方向行驶的后车与前车近距离行驶时，不得使用远光灯。机动车雾天行驶应当开启雾灯和危险报警闪光灯。

第五十九条 机动车在夜间通过急弯、坡路、拱桥、人行横道或者没有交通信号灯控制的路口时，应当交替使用远近光灯示意。

机动车驶近急弯、坡道顶端等影响安全视距的路段以及超车或者遇有紧急情况时，应当减速慢行，并鸣喇叭示意。

第六十条 机动车在道路上发生故障或者发生交通事故，妨碍交通又难以移动的，应当按照规定开启危险报警闪光灯并在车后50米至100米处设置警告标志，夜间还应当同时开启示廓灯和后位灯。

第六十一条 牵引故障机动车应当遵守下列规定：

(一)被牵引的机动车除驾驶人外不得载人，不得拖带挂车；

(二)被牵引的机动车宽度不得大于牵引机动车的宽度；

(三)使用软连接牵引装置时，牵引车与被牵引车之间的距离，应当大于4米，小于10米；

(四)对制动失效的被牵引车，应当使用硬连接牵引装置牵引；

(五)牵引车和被牵引车均应当开启危险报警闪光灯。

汽车吊车和轮式专用机械车不得牵引车辆。摩托车不得牵引车辆或者被其他车辆牵引。

转向或者照明、信号装置失效的故障机动车，应当使用专用清障车拖曳。

第六十二条 驾驶机动车不得有下列行为：

(一)在车门、车厢没有关好时行车；

(二)在机动车驾驶室的前后窗范围内悬挂、放置妨碍驾驶人视线的物品；

(三)拨打接听手持电话、观看电视等妨碍安全驾驶的行为；

(四)下陡坡时熄火或者空挡滑行；

(五)向道路上抛撒物品；

(六)驾驶摩托车手离车把或者在车把上悬挂物品；

(七)连续驾驶机动车超过4小时未停车休息或者停车休息时间少于20分钟；

(八)在禁止鸣喇叭的区域或者路段鸣喇叭。

第六十三条 机动车在道路上临时停车，应当遵守下列规定：

(一)在设有禁停标志、标线的路段，在机动车道与非机动车道、人行道之间设有隔离设施的路段以及人行横道、施工地段，不得停车；

(二)交叉路口、铁路道口、急弯路、宽度不足4米的窄路、桥梁、陡坡、隧道以及距离上述地点50米以内的路段，不得停车；

（三）公共汽车站、急救站、加油站、消防栓或者消防队（站）门前以及距离上述地点 30 米以内的路段，除使用上述设施的以外，不得停车；

（四）车辆停稳前不得开车门和上下人员，开关车门不得妨碍其他车辆和行人通行；

（五）路边停车应当紧靠道路右侧，机动车驾驶人不得离车，上下人员或者装卸物品后，立即驶离；

（六）城市公共汽车不得在站点以外的路段停车上下乘客。

第六十四条 机动车行经漫水路或者漫水桥时，应当停车察明水情，确认安全后，低速通过。

第六十五条 机动车载运超限物品行经铁路道口的，应当按照当地铁路部门指定的铁路道口、时间通过。

机动车行经渡口，应当服从渡口管理人员指挥，按照指定地点依次待渡。机动车上下渡船时，应当低速慢行。

第六十六条 警车、消防车、救护车、工程救险车在执行紧急任务遇交通受阻时，可以断续使用警报器，并遵守下列规定：

（一）不得在禁止使用警报器的区域或者路段使用警报器；

（二）夜间在市区不得使用警报器；

（三）列队行驶时，前车已经使用警报器的，后车不再使用警报器。

第六十七条 在单位院内、居民居住区内，机动车应当低速行驶，避让行人；有限速标志的，按照限速标志行驶。

第三节 非机动车通行规定

第六十八条 非机动车通过有交通信号灯控制的交叉路口，应当按照下列规定通行：

（一）转弯的非机动车让直行的车辆、行人优先通行；

（二）遇有前方路口交通阻塞时，不得进入路口；

（三）向左转弯时，靠路口中心点的右侧转弯；

（四）遇有停止信号时，应当依次停在路口停止线以外。没有停止线的，停在路口以外；

（五）向右转弯遇有同方向前车正在等候放行信号时，在本车道内能够转弯的，可以通行；不能转弯的，依次等候。

第六十九条 非机动车通过没有交通信号灯控制也没有交通警察指挥的交叉路口，除应当遵守第六十八条第（一）项、第（二）项和第（三）项的规定外，还应当遵守下列规定：

（一）有交通标志、标线控制的，让优先通行的一方先行；

（二）没有交通标志、标线控制的，在路口外慢行或者停车瞭望，让右方道路的来车先行；

（三）相对方向行驶的右转弯的非机动车让左转弯的车辆先行。

第七十条 驾驶自行车、电动自行车、三轮车在路段上横过机动车道，应当下车推行，有人行横道或者行人过街设施的，应当从人行横道或者行人过街设施通过；没有人行横道、没有行人过街设施或者不便使用行人过街设施的，在确认安全后直行通过。

因非机动车道被占用无法在本车道内行驶的非机动车，可以在受阻的路段借用相邻的机动车道行驶，并在驶过被占用路段后迅速驶回非机动车道。机动车遇此情况应当减速让行。

第七十一条 非机动车载物，应当遵守下列规定：

（一）自行车、电动自行车、残疾人机动轮椅车载物，高度从地面起不得超过 1.5 米，宽度左右各不得超出车把0.15米，长度前端不得超出车轮，后端不得超出车身0.3米；

（二）三轮车、人力车载物，高度从地面起不得超过2米，宽度左右各不得超出车身0.2米，长度不得超出车身1米；

（三）畜力车载物，高度从地面起不得超过2.5米，宽度左右各不得超出车身0.2米，长度前端不得超出车辕，后端不得超出车身1米。

自行车载人的规定，由省、自治区、直辖市人民政府根据当地实际情况制定。

第七十二条 在道路上驾驶自行车、三轮车、电动自行车、残疾人机动轮椅车应当遵守下列规定：

（一）驾驶自行车、三轮车必须年满12周岁；

（二）驾驶电动自行车和残疾人机动轮椅车必须年满16周岁；

（三）不得醉酒驾驶；

（四）转弯前应当减速慢行，伸手示意，不得突然猛拐，超越前车时不得妨碍被超越的车辆行驶；

（五）不得牵引、攀扶车辆或者被其他车辆牵引，不得双手离把或者手中持物；

（六）不得扶身并行、互相追逐或者曲折竞驶；

（七）不得在道路上骑独轮自行车或者2人以上骑行的自行车；

（八）非下肢残疾的人不得驾驶残疾人机动轮椅车；

（九）自行车、三轮车不得加装动力装置；

（十）不得在道路上学习驾驶非机动车。

第七十三条 在道路上驾驭畜力车应当年满16周岁，并遵守下列规定：

（一）不得醉酒驾驭；

（二）不得并行，驾驭人不得离开车辆；

（三）行经繁华路段、交叉路口、铁路道口、人行横道、急弯路、宽度不足4米的窄路或者窄桥、陡坡、隧道或者容易发生危险的路段，不得超车。驾驭两轮畜力车应当下车牵引牲畜；

（四）不得使用未经驯服的牲畜驾车，随车幼畜须拴系；

（五）停放车辆应当拉紧车闸，拴系牲畜。

第四节　行人和乘车人通行规定

第七十四条 行人不得有下列行为：

（一）在道路上使用滑板、旱冰鞋等滑行工具；

（二）在车行道内坐卧、停留、嬉闹；

（三）追车、抛物击车等妨碍道路交通安全的行为。

第七十五条 行人横过机动车道，应当从行人过街设施通过；没有行人过街设施的，应当从人行横道通过；没有人行横道的，应当观察来往车辆的情况，确认安全后直行通过，不得在车辆临近时突然加速横穿或者中途倒退、折返。

第七十六条 行人列队在道路上通行，每横列不得超过2人，但在已经实行交通管制的路段不受限制。

第七十七条 乘坐机动车应当遵守下列规定：

（一）不得在机动车道上拦乘机动车；

（二）在机动车道上不得从机动车左侧上下车；

(三)开关车门不得妨碍其他车辆和行人通行；

(四)机动车行驶中，不得干扰驾驶，不得将身体任何部分伸出车外，不得跳车；

(五)乘坐两轮摩托车应当正向骑坐。

第五节　高速公路的特别规定

第七十八条　高速公路应当标明车道的行驶速度，最高车速不得超过每小时120公里，最低车速不得低于每小时60公里。

在高速公路上行驶的小型载客汽车最高车速不得超过每小时120公里，其他机动车不得超过每小时100公里，摩托车不得超过每小时80公里。

同方向有2条车道的，左侧车道的最低车速为每小时100公里；同方向有3条以上车道的，最左侧车道的最低车速为每小时110公里，中间车道的最低车速为每小时90公里。道路限速标志标明的车速与上述车道行驶车速的规定不一致的，按照道路限速标志标明的车速行驶。

第七十九条　机动车从匝道驶入高速公路，应当开启左转向灯，在不妨碍已在高速公路内的机动车正常行驶的情况下驶入车道。

机动车驶离高速公路时，应当开启右转向灯，驶入减速车道，降低车速后驶离。

第八十条　机动车在高速公路上行驶，车速超过每小时100公里时，应当与同车道前车保持100米以上的距离，车速低于每小时100公里时，与同车道前车距离可以适当缩短，但最小距离不得少于50米。

第八十一条　机动车在高速公路上行驶，遇有雾、雨、雪、沙尘、冰雹等低能见度气象条件时，应当遵守下列规定：

(一)能见度小于200米时，开启雾灯、近光灯、示廓灯和前后位灯，车速不得超过每小时60公里，与同车道前车保持100米以上的距离；

(二)能见度小于100米时，开启雾灯、近光灯、示廓灯、前后位灯和危险报警闪光灯，车速不得超过每小时40公里，与同车道前车保持50米以上的距离；

(三)能见度小于50米时，开启雾灯、近光灯、示廓灯、前后位灯和危险报警闪光灯，车速不得超过每小时20公里，并从最近的出口尽快驶离高速公路。

遇有前款规定情形时，高速公路管理部门应当通过显示屏等方式发布速度限制、保持车距等提示信息。

第八十二条　机动车在高速公路上行驶，不得有下列行为：

(一)倒车、逆行、穿越中央分隔带掉头或者在车道内停车；

(二)在匝道、加速车道或者减速车道上超车；

(三)骑、轧车行道分界线或者在路肩上行驶；

(四)非紧急情况时在应急车道行驶或者停车；

(五)试车或者学习驾驶机动车。

第八十三条　在高速公路上行驶的载货汽车车厢不得载人。两轮摩托车在高速公路行驶时不得载人。

第八十四条　机动车通过施工作业路段时，应当注意警示标志，减速行驶。

第八十五条　城市快速路的道路交通安全管理，参照本节的规定执行。

高速公路、城市快速路的道路交通安全管理工作，省、自治区、直辖市人民政府公安机关交通管理部门可以指定设区的市人民政府公安机关交通管理部门或者相当于同级的公安机关交通管理部门承担。

第五章　交通事故处理

第八十六条　机动车与机动车、机动车与非机动车在道路上发生未造成人身伤亡的交通事故，当事人对事实及成因无争议的，在记录交通事故的时间、地点、对方当事人的姓名和联系方式、机动车牌号、驾驶证号、保险凭证号、碰撞部位，并共同签名后，撤离现场，自行协商损害赔偿事宜。当事人对交通事故事实及成因有争议的，应当迅速报警。

第八十七条　非机动车与非机动车或者行人在道路上发生交通事故，未造成人身伤亡，且基本事实及成因清楚的，当事人应当先撤离现场，再自行协商处理损害赔偿事宜。当事人对交通事故事实及成因有争议的，应当迅速报警。

第八十八条　机动车发生交通事故，造成道路、供电、通讯等设施损毁的，驾驶人应当报警等候处理，不得驶离。机动车可以移动的，应当将机动车移至不妨碍交通的地点。公安机关交通管理部门应当将事故有关情况通知有关部门。

第八十九条　公安机关交通管理部门或者交通警察接到交通事故报警，应当及时赶赴现场，对未造成人身伤亡，事实清楚，并且机动车可以移动的，应当在记录事故情况后责令当事人撤离现场，恢复交通。对拒不撤离现场的，予以强制撤离。

对属于前款规定情况的道路交通事故，交通警察可以适用简易程序处理，并当场出具事故认定书。当事人共同请求调解的，交通警察可以当场对损害赔偿争议进行调解。

对道路交通事故造成人员伤亡和财产损失需要勘验、检查现场的，公安机关交通管理部门应当按照勘查现场工作规范进行。现场勘查完毕，应当组织清理现场，恢复交通。

第九十条　投保机动车第三者责任强制保险的机动车发生交通事故，因抢救受伤人员需要保险公司支付抢救费用的，由公安机关交通管理部门通知保险公司。

抢救受伤人员需要道路交通事故救助基金垫付费用的，由公安机关交通管理部门通知道路交通事故社会救助基金管理机构。

第九十一条　公安机关交通管理部门应当根据交通事故当事人的行为对发生交通事故所起的作用以及过错的严重程度，确定当事人的责任。

第九十二条　发生交通事故后当事人逃逸的，逃逸的当事人承担全部责任。但是，有证据证明对方当事人也有过错的，可以减轻责任。

当事人故意破坏、伪造现场、毁灭证据的，承担全部责任。

第九十三条　公安机关交通管理部门对经过勘验、检查现场的交通事故应当在勘查现场之日起10日内制作交通事故认定书。对需要进行检验、鉴定的，应当在检验、鉴定结果确定之日起5日内制作交通事故认定书。

第九十四条　当事人对交通事故损害赔偿有争议，各方当事人一致请求公安机关交通管理部门调解的，应当在收到交通事故认定书之日起10日内提出书面调解申请。

对交通事故致死的，调解从办理丧葬事宜结束之日起开始；对交通事故致伤的，调解从治疗终结或者定残之日起开始；对交通事故造成财产损失的，调解从确定损失之日起开始。

第九十五条　公安机关交通管理部门调解交通事故损害赔偿争议的期限为10日。调解达成协议的，公安机关交通管理部门应当制作调解书送交各方当事人，调解书经各方当事人共同签字后生效；调解未达成协议的，公安机关交通管理部门应当制作调解终结书送交各方当事人。

交通事故损害赔偿项目和标准依照有关法律的规定执行。

第九十六条 对交通事故损害赔偿的争议，当事人向人民法院提起民事诉讼的，公安机关交通管理部门不再受理调解申请。

公安机关交通管理部门调解期间，当事人向人民法院提起民事诉讼的，调解终止。

第九十七条 车辆在道路以外发生交通事故，公安机关交通管理部门接到报案的，参照道路交通安全法和本条例的规定处理。

车辆、行人与火车发生的交通事故以及在渡口发生的交通事故，依照国家有关规定处理。

第六章 执法监督

第九十八条 公安机关交通管理部门应当公开办事制度、办事程序，建立警风警纪监督员制度，自觉接受社会和群众的监督。

第九十九条 公安机关交通管理部门及其交通警察办理机动车登记，发放号牌，对驾驶人考试、发证，处理道路交通安全违法行为，处理道路交通事故，应当严格遵守有关规定，不得越权执法，不得延迟履行职责，不得擅自改变处罚的种类和幅度。

第一百条 公安机关交通管理部门应当公布举报电话，受理群众举报投诉，并及时调查核实，反馈查处结果。

第一百零一条 公安机关交通管理部门应当建立执法质量考核评议、执法责任制和执法过错追究制度，防止和纠正道路交通安全执法中的错误或者不当行为。

第七章 法律责任

第一百零二条 违反本条例规定的行为，依照道路交通安全法和本条例的规定处罚。

第一百零三条 以欺骗、贿赂等不正当手段取得机动车登记或者驾驶许可的，收缴机动车登记证书、号牌、行驶证或者机动车驾驶证，撤销机动车登记或者机动车驾驶许可；申请人在3年内不得申请机动车登记或者机动车驾驶许可。

第一百零四条 机动车驾驶人有下列行为之一，又无其他机动车驾驶人即时替代驾驶的，公安机关交通管理部门除依法给予处罚外，可以将其驾驶的机动车移至不妨碍交通的地点或者有关部门指定的地点停放：

(一)不能出示本人有效驾驶证的；

(二)驾驶的机动车与驾驶证载明的准驾车型不符的；

(三)饮酒、服用国家管制的精神药品或者麻醉药品、患有妨碍安全驾驶的疾病，或者过度疲劳仍继续驾驶的；

(四)学习驾驶人员没有教练人员随车指导单独驾驶的。

第一百零五条 机动车驾驶人有饮酒、醉酒、服用国家管制的精神药品或者麻醉药品嫌疑的，应当接受测试、检验。

第一百零六条 公路客运载客汽车超过核定乘员、载货汽车超过核定载质量的，公安机关交通管理部门依法扣留机动车后，驾驶人应当将超载的乘车人转运、将超载的货物卸载，费用由超载机动车的驾驶人或者所有人承担。

第一百零七条 依照道路交通安全法第九十二条、第九十五条、第九十六条、第九十八条的规定被扣留的机动车,驾驶人或者所有人、管理人30日内没有提供被扣留机动车的合法证明,没有补办相应手续,或者不前来接受处理,经公安机关交通管理部门通知并且经公告3个月仍不前来接受处理的,由公安机关交通管理部门将该机动车送交有资格的拍卖机构拍卖,所得价款上缴国库;非法拼装的机动车予以拆除;达到报废标准的机动车予以报废;机动车涉及其他违法犯罪行为的,移交有关部门处理。

第一百零八条 交通警察按照简易程序当场作出行政处罚的,应当告知当事人道路交通安全违法行为的事实、处罚的理由和依据,并将行政处罚决定书当场交付被处罚人。

第一百零九条 对道路交通安全违法行为人处以罚款或者暂扣驾驶证处罚的,由违法行为发生地的县级以上人民政府公安机关交通管理部门或者相当于同级的公安机关交通管理部门作出决定;对处以吊销机动车驾驶证处罚的,由设区的市人民政府公安机关交通管理部门或者相当于同级的公安机关交通管理部门作出决定。

公安机关交通管理部门对非本辖区机动车的道路交通安全违法行为没有当场处罚的,可以由机动车登记地的公安机关交通管理部门处罚。

第一百一十条 当事人对公安机关交通管理部门及其交通警察的处罚有权进行陈述和申辩,交通警察应当充分听取当事人的陈述和申辩,不得因当事人陈述、申辩而加重其处罚。

第八章 附 则

第一百一十一条 本条例所称上道路行驶的拖拉机,是指手扶拖拉机等最高设计行驶速度不超过每小时20公里的轮式拖拉机和最高设计行驶速度不超过每小时40公里、牵引挂车方可从事道路运输的轮式拖拉机。

第一百一十二条 农业(农业机械)主管部门应当定期向公安机关交通管理部门提供拖拉机登记、安全技术检验以及拖拉机驾驶证发放的资料、数据。公安机关交通管理部门对拖拉机驾驶人作出暂扣、吊销驾驶证处罚或者记分处理的,应当定期将处罚决定书和记分情况通报有关的农业(农业机械)主管部门。吊销驾驶证的,还应当将驾驶证送交有关的农业(农业机械)主管部门。

第一百一十三条 境外机动车入境行驶,应当向入境地的公安机关交通管理部门申请临时通行号牌、行驶证。临时通行号牌、行驶证应当根据行驶需要,载明有效日期和允许行驶的区域。

入境的境外机动车申请临时通行号牌、行驶证以及境外人员申请机动车驾驶许可的条件、考试办法由国务院公安部门规定。

第一百一十四条 机动车驾驶许可考试的收费标准,由国务院价格主管部门规定。

第一百一十五条 本条例自2004年5月1日起施行。1960年2月11日国务院批准、交通部发布的《机动车管理办法》,1988年3月9日国务院发布的《中华人民共和国道路交通管理条例》,1991年9月22日国务院发布的《道路交通事故处理办法》,同时废止。

24.中华人民共和国道路运输条例

（2004年4月30日　国务院令〔2004〕第406号）

第一章　总　　则

第一条　为了维护道路运输市场秩序，保障道路运输安全，保护道路运输有关各方当事人的合法权益，促进道路运输业的健康发展，制定本条例。

第二条　从事道路运输经营以及道路运输相关业务的，应当遵守本条例。

前款所称道路运输经营包括道路旅客运输经营（以下简称客运经营）和道路货物运输经营（以下简称货运经营）；道路运输相关业务包括站（场）经营、机动车维修经营、机动车驾驶员培训。

第三条　从事道路运输经营以及道路运输相关业务，应当依法经营，诚实信用，公平竞争。

第四条　道路运输管理，应当公平、公正、公开和便民。

第五条　国家鼓励发展乡村道路运输，并采取必要的措施提高乡镇和行政村的通班车率，满足广大农民的生活和生产需要。

第六条　国家鼓励道路运输企业实行规模化、集约化经营。任何单位和个人不得封锁或者垄断道路运输市场。

第七条　国务院交通主管部门主管全国道路运输管理工作。

县级以上地方人民政府交通主管部门负责组织领导本行政区域的道路运输管理工作。

县级以上道路运输管理机构负责具体实施道路运输管理工作。

第二章　道路运输经营

第一节　客　　运

第八条　申请从事客运经营的，应当具备下列条件：

（一）有与其经营业务相适应并经检测合格的车辆；

（二）有符合本条例第九条规定条件的驾驶人员；

（三）有健全的安全生产管理制度。

申请从事班线客运经营的，还应当有明确的线路和站点方案。

第九条　从事客运经营的驾驶人员，应当符合下列条件：

（一）取得相应的机动车驾驶证；

（二）年龄不超过60周岁；

（三）3年内无重大以上交通责任事故记录；

（四）经设区的市级道路运输管理机构对有关客运法律法规、机动车维修和旅客急救基本知识考试合格。

第十条 申请从事客运经营的,应当按照下列规定提出申请并提交符合本条例第八条规定条件的相关材料:

(一)从事县级行政区域内客运经营的,向县级道路运输管理机构提出申请;

(二)从事省、自治区、直辖市行政区域内跨2个县级以上行政区域客运经营的,向其共同的上一级道路运输管理机构提出申请;

(三)从事跨省、自治区、直辖市行政区域客运经营的,向所在地的省、自治区、直辖市道路运输管理机构提出申请。

依照前款规定收到申请的道路运输管理机构,应当自受理申请之日起20日内审查完毕,作出许可或者不予许可的决定。予以许可的,向申请人颁发道路运输经营许可证,并向申请人投入运输的车辆配发车辆营运证;不予许可的,应当书面通知申请人并说明理由。

对从事跨省、自治区、直辖市行政区域客运经营的申请,有关省、自治区、直辖市道路运输管理机构依照本条第二款规定颁发道路运输经营许可证前,应当与运输线路目的地的省、自治区、直辖市道路运输管理机构协商;协商不成的,应当报国务院交通主管部门决定。

客运经营者应当持道路运输经营许可证依法向工商行政管理机关办理有关登记手续。

第十一条 取得道路运输经营许可证的客运经营者,需要增加客运班线的,应当依照本条例第十条的规定办理有关手续。

第十二条 县级以上道路运输管理机构在审查客运申请时,应当考虑客运市场的供求状况、普遍服务和方便群众等因素。

同一线路有3个以上申请人时,可以通过招标的形式作出许可决定。

第十三条 县级以上道路运输管理机构应当定期公布客运市场供求状况。

第十四条 客运班线的经营期限为4年到8年。经营期限届满需要延续客运班线经营许可的,应当重新提出申请。

第十五条 客运经营者需要终止客运经营的,应当在终止前30日内告知原许可机关。

第十六条 客运经营者应当为旅客提供良好的乘车环境,保持车辆清洁、卫生,并采取必要的措施防止在运输过程中发生侵害旅客人身、财产安全的违法行为。

第十七条 旅客应当持有效客票乘车,遵守乘车秩序,讲究文明卫生,不得携带国家规定的危险物品及其他禁止携带的物品乘车。

第十八条 班线客运经营者取得道路运输经营许可证后,应当向公众连续提供运输服务,不得擅自暂停、终止或者转让班线运输。

第十九条 从事包车客运的,应当按照约定的起始地、目的地和线路运输。

从事旅游客运的,应当在旅游区域按照旅游线路运输。

第二十条 客运经营者不得强迫旅客乘车,不得甩客、敲诈旅客;不得擅自更换运输车辆。

第二十一条 客运经营者在运输过程中造成旅客人身伤亡,行李毁损、灭失,当事人对赔偿数额有约定的,依照其约定;没有约定的,参照国家有关港口间海上旅客运输和铁路旅客运输赔偿责任限额的规定办理。

第二节 货 运

第二十二条 申请从事货运经营的,应当具备下列条件:

(一)有与其经营业务相适应并经检测合格的车辆;

(二)有符合本条例第二十三条规定条件的驾驶人员;

(三)有健全的安全生产管理制度。

第二十三条 从事货运经营的驾驶人员,应当符合下列条件:

(一)取得相应的机动车驾驶证;

(二)年龄不超过60周岁;

(三)经设区的市级道路运输管理机构对有关货运法律法规、机动车维修和货物装载保管基本知识考试合格。

第二十四条 申请从事危险货物运输经营的,还应当具备下列条件:

(一)有5辆以上经检测合格的危险货物运输专用车辆、设备;

(二)有经所在地设区的市级人民政府交通主管部门考试合格,取得上岗资格证的驾驶人员、装卸管理人员、押运人员;

(三)危险货物运输专用车辆配有必要的通讯工具;

(四)有健全的安全生产管理制度。

第二十五条 申请从事货运经营的,应当按照下列规定提出申请并分别提交符合本条例第二十二条、第二十四条规定条件的相关材料:

(一)从事危险货物运输经营以外的货运经营的,向县级道路运输管理机构提出申请;

(二)从事危险货物运输经营的,向设区的市级道路运输管理机构提出申请。

依照前款规定收到申请的道路运输管理机构,应当自受理申请之日起20日内审查完毕,作出许可或者不予许可的决定。予以许可的,向申请人颁发道路运输经营许可证,并向申请人投入运输的车辆配发车辆营运证;不予许可的,应当书面通知申请人并说明理由。

货运经营者应当持道路运输经营许可证依法向工商行政管理机关办理有关登记手续。

第二十六条 货运经营者不得运输法律、行政法规禁止运输的货物。

法律、行政法规规定必须办理有关手续后方可运输的货物,货运经营者应当查验有关手续。

第二十七条 国家鼓励货运经营者实行封闭式运输,保证环境卫生和货物运输安全。

货运经营者应当采取必要措施,防止货物脱落、扬撒等。

运输危险货物应当采取必要措施,防止危险货物燃烧、爆炸、辐射、泄漏等。

第二十八条 运输危险货物应当配备必要的押运人员,保证危险货物处于押运人员的监管之下,并悬挂明显的危险货物运输标志。

托运危险货物的,应当向货运经营者说明危险货物的品名、性质、应急处置方法等情况,并严格按照国家有关规定包装,设置明显标志。

第三节 客运和货运的共同规定

第二十九条 客运经营者、货运经营者应当加强对从业人员的安全教育、职业道德教育,确保道路运输安全。

道路运输从业人员应当遵守道路运输操作规程,不得违章作业。驾驶人员连续驾驶时间不得超过4个小时。

第三十条 生产(改装)客运车辆、货运车辆的企业应当按照国家规定标定车辆的核定人数或者载重量,严禁多标或者少标车辆的核定人数或者载重量。

客运经营者、货运经营者应当使用符合国家规定标准的车辆从事道路运输经营。

第三十一条 客运经营者、货运经营者应当加强对车辆的维护和检测,确保车辆符合国家规定的技术标准;不得使用报废的、擅自改装的和其他不符合国家规定的车辆从事道路运输经营。

第三十二条 客运经营者、货运经营者应当制定有关交通事故、自然灾害以及其他突发事件的道路运输应急预案。应急预案应当包括报告程序、应急指挥、应急车辆和设备的储备以及处置措施等内容。

第三十三条 发生交通事故、自然灾害以及其他突发事件,客运经营者和货运经营者应当服从县级以上人民政府或者有关部门的统一调度、指挥。

第三十四条 道路运输车辆应当随车携带车辆营运证,不得转让、出租。

第三十五条 道路运输车辆运输旅客的,不得超过核定的人数,不得违反规定载货;运输货物的,不得运输旅客,运输的货物应当符合核定的载重量,严禁超载;载物的长、宽、高不得违反装载要求。

违反前款规定的,由公安机关交通管理部门依照《中华人民共和国道路交通安全法》的有关规定进行处罚。

第三十六条 客运经营者、危险货物运输经营者应当分别为旅客或者危险货物投保承运人责任险。

第三章 道路运输相关业务

第三十七条 申请从事道路运输站(场)经营的,应当具备下列条件:

(一)有经验收合格的运输站(场);

(二)有相应的专业人员和管理人员;

(三)有相应的设备、设施;

(四)有健全的业务操作规程和安全管理制度。

第三十八条 申请从事机动车维修经营的,应当具备下列条件:

(一)有相应的机动车维修场地;

(二)有必要的设备、设施和技术人员;

(三)有健全的机动车维修管理制度;

(四)有必要的环境保护措施。

第三十九条 申请从事机动车驾驶员培训的,应当具备下列条件:

(一)有健全的培训机构和管理制度;

(二)有与培训业务相适应的教学人员、管理人员;

(三)有必要的教学车辆和其他教学设施、设备、场地。

第四十条 申请从事道路运输站(场)经营、机动车维修经营和机动车驾驶员培训业务的,应当向所在地县级道路运输管理机构提出申请,并分别附送符合本条例第三十七条、第三十八条、第三十九条规定条件的相关材料。县级道路运输管理机构应当自受理申请之日起15日内审查完毕,作出许可或者不予许可的决定,并书面通知申请人。

道路运输站(场)经营者、机动车维修经营者和机动车驾驶员培训机构,应当持许可证明依法向工商行政管理机关办理有关登记手续。

第四十一条 道路运输站(场)经营者应当对出站的车辆进行安全检查,禁止无证经营的车辆进站从事经营活动,防止超载车辆或者未经安全检查的车辆出站。

道路运输站(场)经营者应当公平对待使用站(场)的客运经营者和货运经营者,无正当理由不得拒绝道路运输车辆进站从事经营活动。

道路运输站(场)经营者应当向旅客和货主提供安全、便捷、优质的服务;保持站(场)卫生、清洁;不得随意改变站(场)用途和服务功能。

第四十二条 道路旅客运输站(场)经营者应当为客运经营者合理安排班次,公布其运输线路、起止经停站点、运输班次、始发时间、票价,调度车辆进站、发车,疏导旅客,维持上下车秩序。

道路旅客运输站(场)经营者应当设置旅客购票、候车、行李寄存和托运等服务设施,按照车辆核定载客限额售票,并采取措施防止携带危险品的人员进站乘车。

第四十三条 道路货物运输站(场)经营者应当按照国务院交通主管部门规定的业务操作规程装卸、储存、保管货物。

第四十四条 机动车维修经营者应当按照国家有关技术规范对机动车进行维修,保证维修质量,不得使用假冒伪劣配件维修机动车。

机动车维修经营者应当公布机动车维修工时定额和收费标准,合理收取费用。

第四十五条 机动车维修经营者对机动车进行二级维护、总成修理或者整车修理的,应当进行维修质量检验。检验合格的,维修质量检验人员应当签发机动车维修合格证。

机动车维修实行质量保证期制度。质量保证期内因维修质量原因造成机动车无法正常使用的,机动车维修经营者应当无偿返修。

机动车维修质量保证期制度的具体办法,由国务院交通主管部门制定。

第四十六条 机动车维修经营者不得承修已报废的机动车,不得擅自改装机动车。

第四十七条 机动车驾驶员培训机构应当按照国务院交通主管部门规定的教学大纲进行培训,确保培训质量。培训结业的,应当向参加培训的人员颁发培训结业证书。

第四章 国际道路运输

第四十八条 国务院交通主管部门应当及时向社会公布中国政府与有关国家政府签署的双边或者多边道路运输协定确定的国际道路运输线路。

第四十九条 申请从事国际道路运输经营的,应当具备下列条件:

(一)依照本条例第十条、第二十五条规定取得道路运输经营许可证的企业法人;

(二)在国内从事道路运输经营满3年,且未发生重大以上道路交通责任事故。

第五十条 申请从事国际道路运输的,应当向省、自治区、直辖市道路运输管理机构提出申请并提交符合本条例第四十九条规定条件的相关材料。省、自治区、直辖市道路运输管理机构应当自受理申请之日起20日内审查完毕,作出批准或者不予批准的决定。予以批准的,应当向国务院交通主管部门备案;不予批准的,应当向当事人说明理由。

国际道路运输经营者应当持批准文件依法向有关部门办理相关手续。

第五十一条 中国国际道路运输经营者应当在其投入运输车辆的显著位置,标明中国国籍识别标志。

外国国际道路运输经营者的车辆在中国境内运输,应当标明本国国籍识别标志,并按照规定的运输线路行驶;不得擅自改变运输线路,不得从事起止地都在中国境内的道路运输经营。

第五十二条 在口岸设立的国际道路运输管理机构应当加强对出入口岸的国际道路运输的监督管理。

第五十三条 外国国际道路运输经营者经国务院交通主管部门批准,可以依法在中国境内设立常驻代表机构。常驻代表机构不得从事经营活动。

第五章 执法监督

第五十四条 县级以上人民政府交通主管部门应当加强对道路运输管理机构实施道路运输管理工作的指导监督。

第五十五条 道路运输管理机构应当加强执法队伍建设,提高其工作人员的法制、业务素质。

道路运输管理机构的工作人员应当接受法制和道路运输管理业务培训、考核,考核不合格的,不得上岗执行职务。

第五十六条 上级道路运输管理机构应当对下级道路运输管理机构的执法活动进行监督。

道路运输管理机构应当建立健全内部监督制度,对其工作人员执法情况进行监督检查。

第五十七条 道路运输管理机构及其工作人员执行职务时,应当自觉接受社会和公民的监督。

第五十八条 道路运输管理机构应当建立道路运输举报制度,公开举报电话号码、通信地址或者电子邮件信箱。

任何单位和个人都有权对道路运输管理机构的工作人员滥用职权、徇私舞弊的行为进行举报。交通主管部门、道路运输管理机构及其他有关部门收到举报后,应当依法及时查处。

第五十九条 道路运输管理机构的工作人员应当严格按照职责权限和程序进行监督检查,不得乱设卡、乱收费、乱罚款。

道路运输管理机构的工作人员应当重点在道路运输及相关业务经营场所、客货集散地进行监督检查。

道路运输管理机构的工作人员在公路路口进行监督检查时,不得随意拦截正常行驶的道路运输车辆。

第六十条 道路运输管理机构的工作人员实施监督检查时,应当有2名以上人员参加,并向当事人出示执法证件。

第六十一条 道路运输管理机构的工作人员实施监督检查时,可以向有关单位和个人了解情况,查阅、复制有关资料。但是,应当保守被调查单位和个人的商业秘密。

被监督检查的单位和个人应当接受依法实施的监督检查,如实提供有关资料或者情况。

第六十二条 道路运输管理机构的工作人员在实施道路运输监督检查过程中,发现车辆超载行为的,应当立即予以制止,并采取相应措施安排旅客改乘或者强制卸货。

第六十三条 道路运输管理机构的工作人员在实施道路运输监督检查过程中,对没有车辆营运证又无法当场提供其他有效证明的车辆予以暂扣的,应当妥善保管,不得使用,不得收取或者变相收取保管费用。

第六章 法律责任

第六十四条 违反本条例的规定，未取得道路运输经营许可，擅自从事道路运输经营的，由县级以上道路运输管理机构责令停止经营；有违法所得的，没收违法所得，处违法所得2倍以上10倍以下的罚款；没有违法所得或者违法所得不足2万元的，处3万元以上10万元以下的罚款；构成犯罪的，依法追究刑事责任。

第六十五条 不符合本条例第九条、第二十三条规定条件的人员驾驶道路运输经营车辆的，由县级以上道路运输管理机构责令改正，处200元以上2000元以下的罚款；构成犯罪的，依法追究刑事责任。

第六十六条 违反本条例的规定，未经许可擅自从事道路运输站(场)经营、机动车维修经营、机动车驾驶员培训的，由县级以上道路运输管理机构责令停止经营；有违法所得的，没收违法所得，处违法所得2倍以上10倍以下的罚款；没有违法所得或者违法所得不足1万元的，处2万元以上5万元以下的罚款；构成犯罪的，依法追究刑事责任。

第六十七条 违反本条例的规定，客运经营者、货运经营者、道路运输相关业务经营者非法转让、出租道路运输许可证件的，由县级以上道路运输管理机构责令停止违法行为，收缴有关证件，处2000元以上1万元以下的罚款；有违法所得的，没收违法所得。

第六十八条 违反本条例的规定，客运经营者、危险货物运输经营者未按规定投保承运人责任险的，由县级以上道路运输管理机构责令限期投保；拒不投保的，由原许可机关吊销道路运输经营许可证。

第六十九条 违反本条例的规定，客运经营者、货运经营者不按照规定携带车辆营运证的，由县级以上道路运输管理机构责令改正，处警告或者20元以上200元以下的罚款。

第七十条 违反本条例的规定，客运经营者、货运经营者有下列情形之一的，由县级以上道路运输管理机构责令改正，处1000元以上3000元以下的罚款；情节严重的，由原许可机关吊销道路运输经营许可证：

(一)不按批准的客运站点停靠或者不按规定的线路、公布的班次行驶的；

(二)强行招揽旅客、货物的；

(三)在旅客运输途中擅自变更运输车辆或者将旅客移交他人运输的；

(四)未报告原许可机关，擅自终止客运经营的；

(五)没有采取必要措施防止货物脱落、扬撒等的。

第七十一条 违反本条例的规定，客运经营者、货运经营者不按规定维护和检测运输车辆的，由县级以上道路运输管理机构责令改正，处1000元以上5000元以下的罚款。

违反本条例的规定，客运经营者、货运经营者擅自改装已取得车辆营运证的车辆的，由县级以上道路运输管理机构责令改正，处5000元以上2万元以下的罚款。

第七十二条 违反本条例的规定，道路运输站(场)经营者允许无证经营的车辆进站从事经营活动以及超载车辆、未经安全检查的车辆出站或者无正当理由拒绝道路运输车辆进站从事经营活动的，由县级以上道路运输管理机构责令改正，处1万元以上3万元以下的罚款。

违反本条例的规定，道路运输站(场)经营者擅自改变道路运输站(场)的用途和服务功能，或者不公布运输线路、起止经停站点、运输班次、始发时间、票价的，由县级以上道路运输管理机构责令改正；拒不改正的，处3000元的罚款；有违法所得的，没收违法所得。

第七十三条　违反本条例的规定，机动车维修经营者使用假冒伪劣配件维修机动车，承修已报废的机动车或者擅自改装机动车的，由县级以上道路运输管理机构责令改正；有违法所得的，没收违法所得，处违法所得 2 倍以上 10 倍以下的罚款；没有违法所得或者违法所得不足 1 万元的，处 2 万元以上 5 万元以下的罚款，没收假冒伪劣配件及报废车辆；情节严重的，由原许可机关吊销其经营许可；构成犯罪的，依法追究刑事责任。

第七十四条　违反本条例的规定，机动车维修经营者签发虚假的机动车维修合格证，由县级以上道路运输管理机构责令改正；有违法所得的，没收违法所得，处违法所得 2 倍以上 10 倍以下的罚款；没有违法所得或者违法所得不足 3000 元的，处 5000 元以上 2 万元以下的罚款；情节严重的，由原许可机关吊销其经营许可；构成犯罪的，依法追究刑事责任。

第七十五条　违反本条例的规定，机动车驾驶员培训机构不严格按照规定进行培训或者在培训结业证书发放时弄虚作假的，由县级以上道路运输管理机构责令改正；拒不改正的，由原许可机关吊销其经营许可。

第七十六条　违反本条例的规定，外国国际道路运输经营者未按照规定的线路运输，擅自从事中国境内道路运输或者未标明国籍识别标志的，由省、自治区、直辖市道路运输管理机构责令停止运输；有违法所得的，没收违法所得，处违法所得 2 倍以上 10 倍以下的罚款；没有违法所得或者违法所得不足 1 万元的，处 3 万元以上 6 万元以下的罚款。

第七十七条　违反本条例的规定，道路运输管理机构的工作人员有下列情形之一的，依法给予行政处分；构成犯罪的，依法追究刑事责任：

（一）不依照本条例规定的条件、程序和期限实施行政许可的；

（二）参与或者变相参与道路运输经营以及道路运输相关业务的；

（三）发现违法行为不及时查处的；

（四）违反规定拦截、检查正常行驶的道路运输车辆的；

（五）违法扣留运输车辆、车辆营运证的；

（六）索取、收受他人财物，或者谋取其他利益的；

（七）其他违法行为。

第七章　附　则

第七十八条　内地与香港特别行政区、澳门特别行政区之间的道路运输，参照本条例的有关规定执行。

第七十九条　外商可以依照有关法律、行政法规和国家有关规定，在中华人民共和国境内采用中外合资、中外合作、独资形式投资有关的道路运输经营以及道路运输相关业务。

第八十条　从事非经营性危险货物运输的，应当遵守本条例有关规定。

第八十一条　道路运输管理机构依照本条例发放经营许可证件和车辆营运证，可以收取工本费。工本费的具体收费标准由省、自治区、直辖市人民政府财政部门、价格主管部门会同同级交通主管部门核定。

第八十二条　出租车客运和城市公共汽车客运的管理办法由国务院另行规定。

第八十三条　本条例自 2004 年 7 月 1 日起施行。

25.中华人民共和国收费公路管理条例

（2004 年 9 月 13 日　国务院令〔2004〕第 417 号）

第一章　总　则

第一条　为了加强对收费公路的管理，规范公路收费行为，维护收费公路的经营管理者和使用者的合法权益，促进公路事业的发展，根据《中华人民共和国公路法》（以下简称公路法），制定本条例。

第二条　本条例所称收费公路，是指符合公路法和本条例规定，经批准依法收取车辆通行费的公路（含桥梁和隧道）。

第三条　各级人民政府应当采取积极措施，支持、促进公路事业的发展。公路发展应当坚持非收费公路为主，适当发展收费公路。

第四条　全部由政府投资或者社会组织、个人捐资建设的公路，不得收取车辆通行费。

第五条　任何单位或者个人不得违反公路法和本条例的规定，在公路上设站（卡）收取车辆通行费。

第六条　对在公路上非法设立收费站（卡）收取车辆通行费的，任何单位和个人都有权拒绝交纳。

任何单位或者个人对在公路上非法设立收费站（卡）、非法收取或者使用车辆通行费、非法转让收费公路权益或者非法延长收费期限等行为，都有权向交通、价格、财政等部门举报。收到举报的部门应当按照职责分工依法及时查处；无权查处的，应当及时移送有权查处的部门。受理的部门必须自收到举报或者移送材料之日起 10 日内进行查处。

第七条　收费公路的经营管理者，经依法批准有权向通行收费公路的车辆收取车辆通行费。

军队车辆、武警部队车辆，公安机关在辖区内收费公路上处理交通事故、执行正常巡逻任务和处置突发事件的统一标志的制式警车，以及经国务院交通主管部门或者省、自治区、直辖市人民政府批准执行抢险救灾任务的车辆，免交车辆通行费。

进行跨区作业的联合收割机、运输联合收割机（包括插秧机）的车辆，免交车辆通行费。联合收割机不得在高速公路上通行。

第八条　任何单位或者个人不得以任何形式非法干预收费公路的经营管理，挤占、挪用收费公路经营管理者依法收取的车辆通行费。

第二章　收费公路建设和收费站的设置

第九条　建设收费公路，应当符合国家和省、自治区、直辖市公路发展规划，符合本条例规定的收费公路的技术等级和规模。

第十条 县级以上地方人民政府交通主管部门利用贷款或者向企业、个人有偿集资建设的公路(以下简称政府还贷公路),国内外经济组织投资建设或者依照公路法的规定受让政府还贷公路收费权的公路(以下简称经营性公路),经依法批准后,方可收取车辆通行费。

第十一条 建设和管理政府还贷公路,应当按照政事分开的原则,依法设立专门的不以营利为目的的法人组织。

省、自治区、直辖市人民政府交通主管部门对本行政区域内的政府还贷公路,可以实行统一管理、统一贷款、统一还款。

经营性公路建设项目应当向社会公布,采用招标投标方式选择投资者。

经营性公路由依法成立的公路企业法人建设、经营和管理。

第十二条 收费公路收费站的设置,由省、自治区、直辖市人民政府按照下列规定审查批准:

(一)高速公路以及其他封闭式的收费公路,除两端出入口外,不得在主线上设置收费站。但是,省、自治区、直辖市之间确需设置收费站的除外。

(二)非封闭式的收费公路的同一主线上,相邻收费站的间距不得少于 50 公里。

第十三条 高速公路以及其他封闭式的收费公路,应当实行计算机联网收费,减少收费站点,提高通行效率。联网收费的具体办法由国务院交通主管部门会同国务院有关部门制定。

第十四条 收费公路的收费期限,由省、自治区、直辖市人民政府按照下列标准审查批准:

(一)政府还贷公路的收费期限,按照用收费偿还贷款、偿还有偿集资款的原则确定,最长不得超过 15 年。国家确定的中西部省、自治区、直辖市的政府还贷公路收费期限,最长不得超过 20 年。

(二)经营性公路的收费期限,按照收回投资并有合理回报的原则确定,最长不得超过 25 年。国家确定的中西部省、自治区、直辖市的经营性公路收费期限,最长不得超过 30 年。

第十五条 车辆通行费的收费标准,应当依照价格法律、行政法规的规定进行听证,并按照下列程序审查批准:

(一)政府还贷公路的收费标准,由省、自治区、直辖市人民政府交通主管部门会同同级价格主管部门、财政部门审核后,报本级人民政府审查批准。

(二)经营性公路的收费标准,由省、自治区、直辖市人民政府交通主管部门会同同级价格主管部门审核后,报本级人民政府审查批准。

第十六条 车辆通行费的收费标准,应当根据公路的技术等级、投资总额、当地物价指数、偿还贷款或者有偿集资款的期限和收回投资的期限以及交通量等因素计算确定。对在国家规定的绿色通道上运输鲜活农产品的车辆,可以适当降低车辆通行费的收费标准或者免交车辆通行费。

修建与收费公路经营管理无关的设施、超标准修建的收费公路经营管理设施和服务设施,其费用不得作为确定收费标准的因素。

车辆通行费的收费标准需要调整的,应当依照本条例第十五条规定的程序办理。

第十七条 依照本条例规定的程序审查批准的收费公路收费站、收费期限、车辆通行费收费标准或者收费标准的调整方案,审批机关应当自审查批准之日起 10 日内将有关文件向国务院交通主管部门和国务院价格主管部门备案;其中属于政府还贷公路的,还应当自审查批准之日起 10 日内向国务院财政部门备案。

第十八条 建设收费公路,应当符合下列技术等级和规模:

(一)高速公路连续里程30公里以上。但是,城市市区至本地机场的高速公路除外。

(二)一级公路连续里程50公里以上。

(三)二车道的独立桥梁、隧道,长度800米以上;四车道的独立桥梁、隧道,长度500米以上。

技术等级为二级以下(含二级)的公路不得收费。但是,在国家确定的中西部省、自治区、直辖市建设的二级公路,其连续里程60公里以上的,经依法批准,可以收取车辆通行费。

第三章　收费公路权益的转让

第十九条　依照本条例的规定转让收费公路权益的,应当向社会公布,采用招标投标的方式,公平、公正、公开地选择经营管理者,并依法订立转让协议。

第二十条　收费公路的权益,包括收费权、广告经营权、服务设施经营权。

转让收费公路权益的,应当依法保护投资者的合法利益。

第二十一条　转让政府还贷公路权益中的收费权,可以申请延长收费期限,但延长的期限不得超过5年。

转让经营性公路权益中的收费权,不得延长收费期限。

第二十二条　有下列情形之一的,收费公路权益中的收费权不得转让:

(一)长度小于1000米的二车道独立桥梁和隧道;

(二)二级公路;

(三)收费时间已超过批准收费期限2/3。

第二十三条　转让政府还贷公路权益的收入,必须缴入国库,除用于偿还贷款和有偿集资款外,必须用于公路建设。

第二十四条　收费公路权益转让的具体办法,由国务院交通主管部门会同国务院发展改革部门和财政部门制定。

第四章　收费公路的经营管理

第二十五条　收费公路建成后,应当按照国家有关规定进行验收;验收合格的,方可收取车辆通行费。

收费公路不得边建设边收费。

第二十六条　收费公路经营管理者应当按照国家规定的标准和规范,对收费公路及沿线设施进行日常检查、维护,保证收费公路处于良好的技术状态,为通行车辆及人员提供优质服务。

收费公路的养护应当严格按照工期施工、竣工,不得拖延工期,不得影响车辆安全通行。

第二十七条　收费公路经营管理者应当在收费站的显著位置,设置载有收费站名称、审批机关、收费单位、收费标准、收费起止年限和监督电话等内容的公告牌,接受社会监督。

第二十八条　收费公路经营管理者应当按照国家规定的标准,结合公路交通状况、沿线设施等情况,设置交通标志、标线。

交通标志、标线必须清晰、准确、易于识别。重要的通行信息应当重复提示。

第二十九条　收费道口的设置,应当符合车辆行驶安全的要求;收费道口的数量,应当符合车辆快速通过的需要，不得造成车辆堵塞。

第三十条 收费站工作人员的配备，应当与收费道口的数量、车流量相适应，不得随意增加人员。

收费公路经营管理者应当加强对收费站工作人员的业务培训和职业道德教育，收费人员应当做到文明礼貌，规范服务。

第三十一条 遇有公路损坏、施工或者发生交通事故等影响车辆正常安全行驶的情形时，收费公路经营管理者应当在现场设置安全防护设施，并在收费公路出入口进行限速、警示提示，或者利用收费公路沿线可变信息板等设施予以公告；造成交通堵塞时，应当及时报告有关部门并协助疏导交通。

遇有公路严重损毁、恶劣气象条件或者重大交通事故等严重影响车辆安全通行的情形时，公安机关应当根据情况，依法采取限速通行、关闭公路等交通管制措施。收费公路经营管理者应当积极配合公安机关，及时将有关交通管制的信息向通行车辆进行提示。

第三十二条 收费公路经营管理者收取车辆通行费，必须向收费公路使用者开具收费票据。政府还贷公路的收费票据，由省、自治区、直辖市人民政府财政部门统一印(监)制。经营性公路的收费票据，由省、自治区、直辖市人民政府税务部门统一印(监)制。

第三十三条 收费公路经营管理者对依法应当交纳而拒交、逃交、少交车辆通行费的车辆，有权拒绝其通行，并要求其补交应交纳的车辆通行费。

任何人不得为拒交、逃交、少交车辆通行费而故意堵塞收费道口、强行冲卡、殴打收费公路管理人员、破坏收费设施或者从事其他扰乱收费公路经营管理秩序的活动。

发生前款规定的扰乱收费公路经营管理秩序行为时，收费公路经营管理者应当及时报告公安机关，由公安机关依法予以处理。

第三十四条 在收费公路上行驶的车辆不得超载。

发现车辆超载时，收费公路经营管理者应当及时报告公安机关，由公安机关依法予以处理。

第三十五条 收费公路经营管理者不得有下列行为：

(一)擅自提高车辆通行费收费标准；

(二)在车辆通行费收费标准之外加收或者代收任何其他费用；

(三)强行收取或者以其他不正当手段按车辆收取某一期间的车辆通行费；

(四)不开具收费票据，开具未经省、自治区、直辖市人民政府财政、税务部门统一印(监)制的收费票据或者开具已经过期失效的收费票据。

有前款所列行为之一的，通行车辆有权拒绝交纳车辆通行费。

第三十六条 政府还贷公路的管理者收取的车辆通行费收入，应当全部存入财政专户，严格实行收支两条线管理。

政府还贷公路的车辆通行费，除必要的管理、养护费用从财政部门批准的车辆通行费预算中列支外，必须全部用于偿还贷款和有偿集资款，不得挪作他用。

第三十七条 收费公路的收费期限届满，必须终止收费。

政府还贷公路在批准的收费期限届满前已经还清贷款、还清有偿集资款的，必须终止收费。

依照本条前两款的规定，收费公路终止收费的，有关省、自治区、直辖市人民政府应当向社会公告，明确规定终止收费的日期，接受社会监督。

第三十八条　收费公路终止收费前6个月，省、自治区、直辖市人民政府交通主管部门应当对收费公路进行鉴定和验收。经鉴定和验收，公路符合取得收费公路权益时核定的技术等级和标准的，收费公路经营管理者方可按照国家有关规定向交通主管部门办理公路移交手续；不符合取得收费公路权益时核定的技术等级和标准的，收费公路经营管理者应当在交通主管部门确定的期限内进行养护，达到要求后，方可按照规定办理公路移交手续。

第三十九条　收费公路终止收费后，收费公路经营管理者应当自终止收费之日起15日内拆除收费设施。

第四十条　任何单位或者个人不得通过封堵非收费公路或者在非收费公路上设卡收费等方式，强迫车辆通行收费公路。

第四十一条　收费公路经营管理者应当按照国务院交通主管部门和省、自治区、直辖市人民政府交通主管部门的要求，及时提供统计资料和有关情况。

第四十二条　收费公路的养护、绿化和公路用地范围内的水土保持及路政管理，依照公路法的有关规定执行。

第四十三条　国务院交通主管部门和省、自治区、直辖市人民政府交通主管部门应当对收费公路实施监督检查，督促收费公路经营管理者依法履行公路养护、绿化和公路用地范围内的水土保持义务。

第四十四条　审计机关应当依法加强收费公路的审计监督，对违法行为依法进行查处。

第四十五条　行政执法机关依法对收费公路实施监督检查时，不得向收费公路经营管理者收取任何费用。

第四十六条　省、自治区、直辖市人民政府应当将本行政区域内收费公路及收费站名称、收费单位、收费标准、收费期限等信息向社会公布，接受社会监督。

第五章　法律责任

第四十七条　违反本条例的规定，擅自批准收费公路建设、收费站、收费期限、车辆通行费收费标准或者收费公路权益转让的，由省、自治区、直辖市人民政府责令改正；对负有责任的主管人员和其他直接责任人员依法给予记大过直至开除的行政处分；构成犯罪的，依法追究刑事责任。

第四十八条　违反本条例的规定，地方人民政府或者有关部门及其工作人员非法干预收费公路经营管理，或者挤占、挪用收费公路经营管理者收取的车辆通行费的，由上级人民政府或者有关部门责令停止非法干预，退回挤占、挪用的车辆通行费；对负有责任的主管人员和其他直接责任人员依法给予记大过直至开除的行政处分；构成犯罪的，依法追究刑事责任。

第四十九条　违反本条例的规定，擅自在公路上设立收费站（卡）收取车辆通行费或者应当终止收费而不终止的，由国务院交通主管部门或者省、自治区、直辖市人民政府交通主管部门依据职权，责令改正，强制拆除收费设施；有违法所得的，没收违法所得，并处违法所得2倍以上5倍以下的罚款；没有违法所得的，处1万元以上5万元以下的罚款；负有责任的主管人员和其他直接责任人员属于国家工作人员的，依法给予记大过直至开除的行政处分。

第五十条　违反本条例的规定，有下列情形之一的，由国务院交通主管部门或者省、自治区、直辖市人民政府交通主管部门依据职权，责令改正，并根据情节轻重，处5万元以上20万元以下的罚款：

(一)收费站的设置不符合标准或者擅自变更收费站位置的；

(二)未按照国家规定的标准和规范对收费公路及沿线设施进行日常检查、维护的；

(三)未按照国家有关规定合理设置交通标志、标线的；

(四)道口设置不符合车辆行驶安全要求或者道口数量不符合车辆快速通过需要的；

(五)遇有公路损坏、施工或者发生交通事故等影响车辆正常安全行驶的情形，未按照规定设置安全防护设施或者未进行提示、公告，或者遇有交通堵塞不及时疏导交通的；

(六)应当公布有关限速通行或者关闭收费公路的信息而未及时公布的。

第五十一条 违反本条例的规定，收费公路经营管理者收费时不开具票据，开具未经省、自治区、直辖市人民政府财政、税务部门统一印(监)制的票据，或者开具已经过期失效的票据的，由财政部门或者税务部门责令改正，并根据情节轻重，处10万元以上50万元以下的罚款；负有责任的主管人员和其他直接责任人员属于国家工作人员的，依法给予记大过直至开除的行政处分；构成犯罪的，依法追究刑事责任。

第五十二条 违反本条例的规定，政府还贷公路的管理者未将车辆通行费足额存入财政专户或者未将转让政府还贷公路权益的收入全额缴入国库的，由财政部门予以追缴、补齐；对负有责任的主管人员和其他直接责任人员，依法给予记过直至开除的行政处分。

违反本条例的规定，财政部门未将政府还贷公路的车辆通行费或者转让政府还贷公路权益的收入用于偿还贷款、偿还有偿集资款，或者将车辆通行费、转让政府还贷公路权益的收入挪作他用的，由本级人民政府责令偿还贷款、偿还有偿集资款，或者责令退还挪用的车辆通行费和转让政府还贷公路权益的收入；对负有责任的主管人员和其他直接责任人员，依法给予记过直至开除的行政处分；构成犯罪的，依法追究刑事责任。

第五十三条 违反本条例的规定，收费公路终止收费后，收费公路经营管理者不及时拆除收费设施的，由省、自治区、直辖市人民政府交通主管部门责令限期拆除；逾期不拆除的，强制拆除，拆除费用由原收费公路经营管理者承担。

第五十四条 违反本条例的规定，收费公路经营管理者未按照国务院交通主管部门规定的技术规范和操作规程进行收费公路养护的，由省、自治区、直辖市人民政府交通主管部门责令改正；拒不改正的，责令停止收费。责令停止收费后30日内仍未履行公路养护义务的，由省、自治区、直辖市人民政府交通主管部门指定其他单位进行养护，养护费用由原收费公路经营管理者承担。拒不承担的，由省、自治区、直辖市人民政府交通主管部门申请人民法院强制执行。

第五十五条 违反本条例的规定，收费公路经营管理者未履行公路绿化和水土保持义务的，由省、自治区、直辖市人民政府交通主管部门责令改正，并可以对原收费公路经营管理者处履行绿化、水土保持义务所需费用1倍至2倍的罚款。

第五十六条 国务院价格主管部门或者县级以上地方人民政府价格主管部门对违反本条例的价格违法行为，应当依据价格管理的法律、法规和规章的规定予以处罚。

第五十七条 违反本条例的规定，为拒交、逃交、少交车辆通行费而故意堵塞收费道口、强行冲卡、殴打收费公路管理人员、破坏收费设施或者从事其他扰乱收费公路经营管理秩序活动，构成违反治安管理行为的，由公安机关依法予以处罚；构成犯罪的，依法追究刑事责任；给收费公路经营管理者造成损失或者造成人身损害的，依法承担民事赔偿责任。

第五十八条 违反本条例的规定，假冒军队车辆、武警部队车辆、公安机关统一标志的制式警车和抢险救灾车辆逃交车辆通行费的，由有关机关依法予以处理。

第六章　附　则

第五十九条　本条例施行前在建的和已投入运行的收费公路，由国务院交通主管部门会同国务院发展改革部门和财政部门依照本条例规定的原则进行规范。具体办法由国务院交通主管部门制定。

第六十条　本条例自 2004 年 11 月 1 日起施行。

26.国务院办公厅关于保障铁路公路等交通运输设施安全的通知

（2005 年 5 月 30 日　国办发明电〔2005〕15 号）

各省、自治区、直辖市人民政府，国务院各部委、各直属机构：

近年来，我国铁路、公路等交通运输设施建设进一步加快，运输安全形势总体稳定，但各类事故仍然时有发生；特别是一些单位和个人在铁路、公路附近过量取土挖砂、违规采石开矿等，造成路基沉陷、塌方，线路中断，严重威胁人民群众生命财产安全。2005 年 5 月 9 日，萧甬铁路驿亭至余姚段临近线路的一砖瓦厂因超量取土，造成铁路路基大面积沉陷、塌方，中断上行方向行车 168 小时、下行方向行车 99 小时，停运客车 188 列、货车 258 列。2005 年 3 月 23 日，206 国道马城附近一铁矿挖掘矿石时严重违章作业，造成距公路 4 米处排水沟底部出现深达 4 米多的塌陷坑，严重影响国道安全畅通。此类危及铁路、公路安全的现象在一些地方还比较普遍。据近期调查发现，在铁路安全保护区内违章建筑物达 5519 处、取土 156 处、地下采空作业 70 处，在铁路桥梁跨越河道上下游禁采范围内采砂 895 处，在铁路设备两侧 200 米范围内生产、加工、储存危险品 1534 处，给运输安全带来了严重隐患。目前，全国相继进入汛期，确保运输安全畅通的任务更加繁重，为杜绝各类人为因素造成交通运输设施损坏事件的发生，经国务院同意，现就有关事项通知如下：

一、高度重视对铁路、公路等交通运输设施的保护。铁路、公路是国家重要的基础设施，确保铁路、公路安全对于国民经济发展和保障人民群众生命财产安全意义重大。地方各级人民政府及有关部门要充分认识保护铁路、公路等交通运输设施安全的重要性，落实护路联防责任制，按照各自职责，加强对铁路、公路等交通运输设施的保护工作，防范和制止危害运输设施安全的行为，并会同有关部门积极做好防洪及防范山体滑坡、泥石流等自然灾害和各类突发事件的应急预案。铁道、交通等有关部门要加强检查指导和督促协调，努力形成各地区、各有关部门齐抓共管的合力。

二、开展以保护铁路、公路等交通设施安全为重点的专项整治。地方各级人民政府要进一步加强对铁路、公路沿线采矿、挖砂、取土等行为的监督管理，严格相关许可审批，督促企业认真遵守法律法规和有关作业标准，防止对交通运输设施安全造成威胁。各地区、各有关部门近期要对铁路、公路沿线及运输设施安全情况进行一次全面检查和专项整治，对危及铁路、公路安全的取土挖砂、围垦造田、拦河筑坝、架设浮桥、采矿爆破、抽取地下水、生产储存危险品等问题，地方人民政府和有关部门要共同制订整改措施，限期解决。对拒不整改或故意拖延的，要依法采取强制措施并予以处罚。对违法违规作业危及运输安全、情节严重的企业，要依法吊销资质证书和营业执照。

三、进一步加强对交通运输设施的安全管理。铁路、公路管理机构要进一步加强运输安全管理和日常检查巡视，坚持早发现、早处理的原则，对可能发生各类灾害或事故的路段，及时进行整治，并安排足够的力量、配备必要的设备，加强监测监控，严防事故发生。特别要加强对汛期行车安全的管理，加强对重点路段的检查巡视，严格落实保证汛期行车安全的有关制度，对存在安全隐患的设备，抓紧进行整修。要进一步完善细化防洪安全措施，认真落实防洪岗位责任制，备足防洪物品，切实搞好对从业人员防洪知识的培训，提高处置汛期行车各种突发事件的能力。

四、加强宣传教育，加大执法力度。各地区、各有关部门要结合《铁路运输安全保护条例》的贯彻实施，组织力量，采取各种行之有效的方式，向铁路、公路沿线群众及社会公众广泛宣传保护交通运输设施安全的重要意义和国家有关法律法规，使群众充分认识在铁路、公路附近非法取土挖砂、违章违规操作等行为对运输安全的严重危害，进一步增强遵纪守法、爱路护路的自觉性。要充分发挥新闻媒体的作用，对严重危及运输安全的典型事例，公开曝光，形成全社会重视和保护交通运输设施安全的舆论氛围。要加强监察执法，严厉打击各类破坏铁路、公路设施的违法行为，确保铁路、公路运输安全畅通。

27.国务院办公厅关于加强车辆超限超载治理工作的通知

(2005 年 6 月 1 日　国务院办公厅　国办发〔2005〕30 号)

各省、自治区、直辖市人民政府,国务院各部委、各直属机构:

近年来,车辆超限超载违法运输现象十分严重,不仅损坏公路基础设施,引发大量的道路交通事故,而且直接导致道路运输市场的恶性竞争和车辆生产使用秩序的混乱。根据国务院的统一部署,从 2004 年 6 月开始,交通部、公安部、发展改革委、中宣部、工商总局、质检总局、安全监管总局和法制办等 8 部门联合在全国范围集中开展了车辆超限超载治理工作,取得了初步成效。但是目前超限超载车辆数量依然较大,暴力抗法、野蛮闯关事件时有发生,个别地方工作出现松懈,超限超载有所反弹,治理超限超载的长效机制亟待建立和完善。为巩固和扩大治理工作成果,从根本上解决车辆超限超载运输问题,经国务院同意,现就进一步做好车辆超限超载治理工作通知如下:

一、加强领导,落实治理工作责任

开展治理车辆超限超载工作,是加强安全生产、促进道路运输事业健康发展的重要措施,也是整顿和规范市场经济秩序的重要内容。各地区、各部门要从贯彻"三个代表"重要思想和落实科学发展观的高度,充分认识治理超限超载工作的重要性和紧迫性,坚持全国统一领导、地方政府负责、部门指导协调、各方联合行动的治理工作机制,明确职责,制订方案,完善措施,加强督促检查,切实做好治理工作。地方各级人民政府要把治理工作列入年度工作重点,实行目标责任制和责任追究制,加强领导,落实经费,积极研究解决治理工作中出现的问题和困难。交通、公安、发展改革、宣传、工商、质检、安全监管和法制等部门要按照职责分工,加强协调配合,认真落实措施,推进治理工作平稳有序进行。

二、明确重点,坚决遏制车辆超限超载运输

车辆超限超载治理工作要坚持经济、法律和行政手段与技术措施并重,集中整治与制度建设、严格执法与科学管理、严密防堵与积极疏导相结合,突出重点,进一步落实各项整治措施。

(一)进一步加大路面执法力度。各级交通、公安部门要加强协调和配合,按照全国统一的超限超载认定标准和处罚标准,在治理超限超载检测站共同对超限超载车辆进行集中整治。对重点监管车型和重点地区,逐步加大卸载和处罚力度,对超限超载车辆驾驶员严格实行扣分制度,遏制超限超载车辆上路行驶。对治理中暴力抗法、野蛮闯关的,各级公安机关要严厉打击,坚决依法查处。

(二)加大对现有"大吨小标"车辆的更正力度。对现有"大吨小标"车辆,要按照发展改革委公布的"大吨小标"车型更正表,进一步加快车辆吨位参数更正和行驶证换发工作,不符合国家安全技术标准的,不予通过车辆检验;对因特殊原因尚未公布更正表的,要加大工作力度,在 2005 年内发布更正公告。对现有"大吨小标"车辆更正过渡期以后新生产的"大吨小标"车辆及其他不符合国家标准的车辆,一律按照违法车辆处理,发展改革委撤销相应的车型,公安机关不发放车辆牌照,车辆生产厂家负责召回车辆,同时承担相应的法律责任和经济责任。严格执行《中华人民共和国道路交通安全法》等法律法规及相关的国家标准,严格车辆注册登记工作，确保车辆参数标定的严肃性和准确性，杜绝“大吨小标”及其他不符合国家标准的车辆上路行驶。

(三)整顿汽车改装企业。对非法车辆改装企业要依法严厉处罚，坚决予以取缔，并公开曝光；对不按国家规定或超范围改装车辆的企业，要立即停业并限期整改。对非法改装问题严重的地区，有关部门要联合行动，坚决清理。

(四)加强对运输市场和货物装载的监管。要进一步整顿规范道路运输市场秩序，建立货运经营企业和营运驾驶员信誉档案，对车辆超限超载运输经营者、营运驾驶员以及为超限超载提供便利的运输站(场)，依法予以处罚。对公路沿线的小煤场及各类货物分装场，当地政府要组织有关部门进行清理整顿，未取得工商营业执照的，予以关闭；取得工商营业执照的，强化其按照规范和标准装载的责任，确保车辆源头装载符合要求；对放行超限超载车辆问题严重的，责令停业整顿。

三、标本兼治，加强治理超限超载长效机制建设

要紧紧抓住车辆生产、车辆改装、运输市场准入、收费政策调整、路面监控网络建设等关键环节，研究制订切实可行的措施，从根本上遏制超限超载现象。

(一)严把车辆生产和改装关。研究建立强化车辆生产企业和改装企业监管的制度，规范车辆生产和改装行为，确保车辆生产企业、改装企业严格按照国家标准生产和改装车辆。发展改革委要会同有关部门研究制订具体的限制措施，严把源头关。

(二)严格运输市场准入管理。严格执行《中华人民共和国道路运输条例》，对不符合国家标准的车辆，一律不予发放车辆营运证，严禁进入运输市场。公布一批符合道路运输行业发展方向的性能优良车型，实行优先准入等措施，优化运输车辆结构。

(三)加强监控网络建设。结合公路基础设施建设，统一规划，合理布局，建设一批标准化、规范化且通过计量检定的超限超载检测站，逐步形成全国性超限超载车辆监控网络，对超限超载车辆实行长期、有效的监控检测。

(四)强化经济调节手段。抓紧对现行车辆通行费和公路养路费的征收标准和计量方式进行调整和完善，降低合法运输车辆的收费标准和运输成本。鼓励发展高效、安全的车型。

(五)完善法律法规体系。不断总结经验，完善法律法规，使治理工作走上法制化、规范化轨道。要加快公路保护条例的起草制定工作，争取尽快公布。对于造成桥梁和公路设施严重破坏的超限超载车辆，及时研究出台有关规定，依法追究肇事者的责任。

四、加强舆论引导，充分发挥新闻媒体的作用

要大力宣传治理车辆超限超载的目的、意义、要求以及各地的好经验、好做法，使群众了解治理的相关政策，营造依法治理的社会环境，增强群众合法运输、依法维权的意识。同时，对严重超限超载和损害群众利益的典型案件，要公开曝光。新闻媒体要从维护社会稳定和市场经济秩序的大局出发，坚持正确的舆论导向，严守宣传纪律，防止诱发和激化矛盾。

五、规范执法行为，确保道路运输畅通

要严格依法行政，规范执法行为，加强监督检查，使治理工作规范、有序开展。要把治理车辆超限超载与严格规范公路收费结合起来，防止出现各种形式的乱收费、乱罚款。加强执法队伍的法纪教育，规范执法人员行为，对徇私舞弊、借机谋取私利的，要严肃处理。各地区和有关部门要正确处理治理超限超载与促进运输的关系，密切监测、跟踪了解市场动态和公路交通流量变化，加强组织疏导，完善运输应急预案和快速反应机制，确保煤炭等重点物资运输畅通，确保农副产品绿色通道畅通。

28.国务院办公厅关于印发农村公路管理养护体制改革方案的通知

（2005年9月29日　国务院办公厅　国办发〔2005〕49号）

自治区、直辖市人民政府，国务院各部委、各直属机构：

《农村公路管理养护体制改革方案》已经国务院同意，现印发给你们，请认真贯彻执行。

农村公路管理养护体制改革方案

农村公路（包括县道、乡道和村道，下同）是全国公路网的有机组成部分，是农村重要的公益性基础设施。改革开放以来，我国农村公路快速发展，但管理、养护滞后的问题十分突出：管理养护主体不明确、责任不落实，养护资金缺少稳定渠道、投入严重不足，养护机制缺乏活力、养护质量不高等，直接影响农村公路正常使用、行车安全和长远发展。为加强农村公路的管理和养护，确保公路完好畅通，更好地为农村经济社会发展服务，现就改革农村公路管理养护体制提出以下方案：

一、改革的指导思想和目标

农村公路管理养护体制改革的指导思想是：以“三个代表”重要思想为指导，全面贯彻落实科学发展观，按照加强政府公共服务职能的要求，坚持农村公路建设、管理、养护并重的原则，明确各级政府对农村公路管理养护的责任，强化各级交通主管部门的管理养护职能，建立健全以政府投入为主的稳定的养护资金渠道，加快公路养护市场化进程，促进农村公路持续健康发展。

农村公路管理养护体制改革的目标是：力争用三年左右的时间，基本建立符合我国农村实际和社会主义市场经济要求的农村公路管理养护体制和运行机制，保障农村公路的日常养护和正常使用，实现农村公路管理养护的正常化和规范化。

二、明确职责，建立健全以县为主的农村公路管理养护体制

农村公路原则上以县级人民政府为主负责管理养护工作，省级人民政府主要负责组织筹集农村公路养护资金，监督农村公路管理养护工作。各省、自治区、直辖市人民政府可结合当地实际，对有关地方政府及其交通主管部门管理养护农村公路的具体职责作出规定。

（一）省级人民政府交通主管部门负责制订本地区农村公路建设规划，编制下达农村公路养护计划，监督检查养护计划执行情况和养护质量，统筹安排和监管农村公路养护资金，指导、监督农村公路管理工作。

（二）县级人民政府是本地区农村公路管理养护的责任主体，其交通主管部门具体负责管理养护工作。主要职责是：负责组织实施农村公路建设规划，编制农村公路养护建议性计划，筹集和管理农村公路养护资金，监督公路管理机构的管理养护工作，检查养护质量，组织协调乡镇人民政府做好农村公路及其设施的保护工作。

（三）县级人民政府交通主管部门所属的公路管理机构具体承担农村公路的日常管理和养

护工作，拟订公路养护建议计划并按照批准的计划组织实施，组织养护工程的招投标和发包工作，对养护质量进行检查验收，负责公路路政管理和路权路产保护。县级人民政府交通主管部门没有设立专门的公路管理机构的，可委托省级或市级公路管理机构的派出（直属）机构承担具体管理工作，不宜另设机构。

（四）乡镇人民政府有关农村公路管理、养护、保护以及养护资金筹措等方面的具体职责，由县级人民政府结合当地实际确定。经济条件比较好的乡镇要积极投入力量，共同做好农村公路管理养护工作。

三、建立稳定的农村公路养护资金渠道，加强资金使用管理

（一）公路养路费（包括汽车养路费、拖拉机养路费和摩托车养路费）应主要用于公路养护，首先保证公路达到规定的养护质量标准，并确保一定比例用于农村公路养护，如有节余，再安排公路建设。具体按以下原则掌握：

一是公路养路费总收入（扣除合理的征收成本及交警费用）用于公路养护（含大中修、小修保养及其他管理养护）的资金比例不得低于80%。要采取有效措施降低人员经费支出，缓解公路养护资金紧张状况。

二是省级人民政府交通主管部门每年在统筹安排汽车养路费时，用于农村公路养护工程的资金水平不得低于以下标准：县道每年每公里7000元，乡道每年每公里3500元，村道每年每公里1000元。目前实际高于上述标准的，要维持现标准，不得降低。市、县交通主管部门征收的拖拉机养路费、摩托车养路费实行收支两条线管理，原则上全部用于农村公路养护，由省级人民政府交通主管部门核定用于农村公路养护的基数。

（二）地方各级人民政府应根据农村公路养护的实际需要，统筹本级财政预算，安排必要的财政资金，保证农村公路正常养护。对一些特殊困难地区，中央财政要加大转移支付力度，增强这些地区的财政保障能力。随着农村公路里程的增加和地方财力的增长，用于农村公路养护的财政资金要逐步增加。

（三）加强农村公路养护资金的管理和监督。农村公路养护资金统一由省级人民政府交通主管部门根据农村公路养护计划，综合平衡，统筹安排，专款专用。除市、县两级财政资金和拖拉机养路费、摩托车养路费外，其余资金全部由省级人民政府交通主管部门根据农村公路养护计划拨付县级人民政府交通主管部门；市、县两级财政资金由相应的财政部门拨付县级人民政府交通主管部门；农村公路养护资金纳入国库集中支付改革范围的，按照国库集中支付的有关规定办理。县级农村公路养护专项资金由县级人民政府交通主管部门按养护计划用于辖区内农村公路的养护，接受财政部门的监管。审计部门要定期对农村公路养护资金使用情况进行审计。

四、实行管养分离，推进公路养护市场化

（一）在对公路管理机构科学定岗和核定管理人员的基础上，逐步剥离各级交通主管部门及其公路管理机构中的养护工程单位，将直接从事大中修等养护工程的人员和相关资产进行重组，成立公路养护公司，通过招投标方式获得公路养护权。公路养护公司实行自负盈亏，与职工依法签订劳动合同，按企业用工制度进行管理。

（二）所有等级公路的大中修等养护工程向社会开放，逐步采取向社会公开招投标的方式，择优选定养护作业单位，鼓励具备资质条件的公路养护公司跨地区参与公路养护工程竞争。逐步取消养护包干费，全面实行养护工程费制度，养护工程费由公路管理机构按照养护定额和养护工程量核定，依照养护合同拨付，充分发挥资金使用效益。对等级较低、自然条件特殊等难以通过市场化运作进行养护作业的农村公路，可实行干线支线搭配，建设、改造和养护一体化招标,也可以采取个人(农户)分段承包等方式进行养护。

五、完善配套措施,确保改革平稳进行

(一)抓紧制订和完善农村公路养护技术政策、技术规范和养护管理办法。交通部要针对农村公路管理养护的特点和规律,研究制订指导性意见。省级人民政府交通主管部门要对本地区农村公路养护成本进行测算,建立公路养护数据库,制订符合本地实际的农村公路管理养护制度、技术规范、养护定额、质量评定标准和验收标准。市、县交通主管部门也要建立相应的数据库,制订具体的管理制度和办法。

(二)加强组织领导和政策指导。各省、自治区、直辖市人民政府要加强对本地区农村公路管理养护体制改革工作的领导,按照改革的总体要求和基本原则,紧密结合当地实际,制订具体的实施方案,并报交通部、发展改革委备案。交通部、发展改革委要加强对各地改革工作的指导,地方各级交通主管部门和公路管理机构要认真组织落实改革方案,并做好职工的思想政治工作,确保改革的顺利进行。

二、交通部规章、文件

(一)综　　合

29.关于《中华人民共和国公路管理条例》中“公路”一词含义解释的通知

（1991年3月4日　交通部　交函政法字〔1991〕133号）

广西壮族自治区交通厅：

你厅桂交公路〔1991〕091号《关于要求明确在建公路是否属于法规所称“公路”问题的请示》收悉。现对《中华人民共和国公路管理条例》中“公路”一词的含义解释如下：

《中华人民共和国公路管理条例》第三十九条规定：“公路是指经公路主管部门验收认定的城间、城乡间、乡间能行驶汽车的公共道路。”它包括已经建成的由公路主管部门认定的公路，也包括按照国家公路工程技术标准进行设计，并经国家有关行政管理部门批准立项，由公路主管部门组织正在建设中的公路。

30.关于对《中华人民共和国公路管理条例》中“永久性工程设施”含义解释的函

（1991年7月9日　交通部　交函工字〔1991〕485号）

黑龙江省交通厅：

你厅《关于〈中华人民共和国公路管理条例〉中“永久性工程设施”概念解释的请示》收悉。现函复如下：

《中华人民共和国公路管理条例》所称“永久性工程设施”和《中华人民共和国公路管理条例实施细则》所称“永久性构造物或设施”，是指在公路两侧建筑红线控制范围内的地面或地下，采用耐久性建筑材料（如钢、钢筋混凝土、水泥、砖、木、石及其他材料等）构筑的，使用期限在半年以上的各种构造物或设施（不包括公路设施）。

31.关于统一全国交通管理业务专用车标志和设施配备的通知

（1992年2月10日　交通部　交运发〔1992〕88号）

各省、自治区、直辖市、计划单列市交通厅(局)：

为加强交通行业管理，便于人民群众识别、监督和支持交通行业管理工作，经研究决定，对全国公路运政、路政、公路规费征稽管理业务专用车实行统一标志和设施配备。现将有关事项通知如下：

一、车头标志

车头安装标志牌(位于水箱外罩中央)。标志牌为长方形，高6公分，宽32公分，蓝底白字，用金属或塑料制作。标志牌中间为公路路徽，中徽两边根据车属专业单位，分别为“运政管理”、“路政管理”、“公路征费”字样(见照片)。

二、车身标志

1.车身为银灰色，加枣红色和白色线条各一道，上行线条为枣红色，宽15公分；下行线条为白色，宽5公分；两道线条上下间距2公分，沿车窗下方20公分处平行绕车身一周(车前除外)。

2.管理标志为公路路徽，红底白字和黄边框，直径20公分，位于驾驶台两侧车门中央，可用漆喷于车上或制作不干胶图样粘贴。

3.“中国交通管理”为深蓝色黑体字，面包车每字10×10公分，小型车每字8×8公分，横排于车身靠后两侧红道线上方(车身标志、线条、字样尺寸和式样见设计图一和照片)。

4.部属定点厂生产的专用车车身后印有“交通部监制”的白色黑体字，每字长6公分，宽5公分，位于车后红道线左侧中央(见设计图二和照片)。

三、设施配备

面包车和吉普型小车可配备微型电台或无线电步话机一台，车内增设文件资料柜(金属制)、活动写字台、台灯、工作包、票据证照箱等必要的工作设备。工作需要时，按照有关规定安装标志灯等设施。

各级交通主管部门应按上述规定，统一运政、路政、公路规费征稽管理业务专用车的标志，逐步配备有关装备设施。

附件：一、标志设计图(略)

二、式样照片(略)

32.关于加强公路设施产权交易管理的紧急通知

(1994年6月7日　交通部　交财发〔1994〕539号)

各省、自治区、直辖市、计划单列市交通厅(局、委、办):

最近,有些省、市开始对公路设施从事产权交易活动,这是在社会主义市场经济体制下,对交通基础设施进行产权制度改革,实行"商品化"管理的一种探索。根据《国务院办公厅关于加强国有企业产权交易管理的通知》(国办发明电〔1994〕12号,以下简称《明电》)精神,现就公路设施产权交易的有关问题通知如下:

一、公路设施属国有资产。各地在以公路设施经营权与外商进行产权交易活动时,一般可采取合资、合作的形式进行;也可以采取股份制的形式进行经营,但其国有股股权应由投资单位管理。

二、按照国家现行政策规定,公路设施的所有权不得进行交易。各地在将经营权转让给外商经营时,要按国家有关规定的权限和程序办理审批。

三、按《明电》规定,批准进行公路设施产权交易时,应遵循"谁投资,谁所有"的原则,对有经我部安排国家投资、车辆购置附加费投资等中央投资的,要事先征得我部同意,所形成的产权收益,由我部统一管理并按国务院办公厅《明电》的规定安排使用。凡在本文下达前已经发生公路产权交易行为的,均应向部补报,对中央投资的产权收益,按规定由部处理。

四、凡发生各种形式的公路设施产权变动或交易时,都必须按照《国有资产评估管理办法》(国务院令第91号)的规定,向部办理申报资产评估立项的手续。

五、公路设施产权交易的各项活动和各方的权益、责任、义务等,均应符合国家有关法律、法规和规章的规定,保证公路设施的正常养护和使用,确保国有资产的保值增值,并依法接受监督。

各单位要认真执行本紧急通知的规定,切实加强对公路设施产权交易的管理。对违反国家规定和本紧急通知精神,擅自进行公路设施产权交易,并造成国有资产流失的,将严肃追究当事人及主要领导的责任。

33.交通行政执法监督规定

(1995 年 3 月 15 日　交通部令〔1995〕第 1 号
经第 3 次部长办公会议通过　1995 年 7 月 1 日起施行)

第一章　总　　则

第一条　为加强交通行政执法和行政执法监督,保障法律、法规、规章和规范性文件的正确实施,制定本规定。

第二条　各级交通行政管理部门和行政执法人员均应当遵守本规定。

第三条　交通行政执法是指交通行政管理部门依据法律、法规、规章和规范性文件作出具体行政行为的活动。交通行政执法监督是指交通行政管理部门对下级交通行政管理部门的行政行为进行监督和检查的活动。

第四条　交通行政执法和行政执法监督工作遵循有法必依、执法必严、违法必究的原则。

第五条　各级交通行政管理部门的法制工作机构或者法制工作归口部门负责组织、协调执法监督工作。

第二章　行政执法

第六条　法律、法规、规章和规范性文件发布后,负责实施的交通行政管理部门应当及时制订具体实施方案,做好宣传、培训工作。

第七条　交通行政管理部门作出具体行政行为应当符合下列规定。

(一)符合法定的职责权限;

(二)认定事实清楚,证据确凿;

(三)适用法律、法规、规章和规范性文件正确;

(四)符合法定程序;

(五)行政执法文书规范;

(六)处理适当。

第八条　交通行政执法人员应当做到:

(一)熟悉有关法律知识和行政执法业务;

(二)忠于职守,秉公执法;

(三)执法时应当佩戴统一的执法标志,仪容整洁,举止文明;

(四)自觉接受监督。

第九条　交通行政执法人员需经专业知识和法律知识的培训,经考核获得交通行政执法资格。交通行政执法资格证书由交通部统一制定样式,各省、自治区、直辖市交通厅(局、委、办)或者交通部直属行政管理部门核发并且负责年度审核工作。

第十条　交通行政执法工作应当做到执法制度公开，执法结果公开，接受执法监督。

第三章　行政执法监督

第十一条　交通行政执法监督的内容：

（一）法律、法规、规章和规范性文件的实施情况；

（二）规范性文件是否合法；

（三）行政执法主体是否合法；

（四）行政执法程序是否合法；

（五）行政执法文书是否规范；

（六）行政执法中认定事实是否准确；

（七）行政执法中适用法律、法规、规章和规范性文件是否正确；

（八）行政复议工作的开展情况；

（九）其他需要监督检查的事项。

第十二条　交通行政执法监督按下列方式进行：

（一）实行法律、法规、规章和规范性文件实施情况报告制度。法律、法规、规章和规范性文件施行一年后，交通行政管理部门应当向上一级交通行政管理部门报告该项法律、法规、规章和规范性文件的实施情况，包括配套规定的制定、实施效果、存在问题及建议。

（二）实行规范性文件备案审查制度。交通行政管理部门对下一级交通行政管理部门按规定备案的规范性文件进行审查。

（三）实行行政执法工作情况报告制度。交通行政管理部门应当将年度执法工作情况向上一级交通行政管理部门报告。

（四）实行行政执法检查制度。交通行政管理部门应当定期或者不定期地对下级交通行政管理部门执行法律、法规、规章和规范性文件的情况进行检查。

（五）实行行政复议制度。交通行政管理部门应当根据《行政复议条例》规定的职责，受理行政复议案件，纠正下级交通行政管理部门违法和不当的具体行政行为。

（六）实行重大行政处罚决定备案制度。交通行政管理部门作出吊销证照、责令停业整顿2000元以上罚款的重大行政处罚决定的，应当及时向上一级交通行政管理部门备案。

（七）实行行政赔偿案件备案制度。交通行政管理部门作出行政赔偿的案件和人民法院判决其作出行政赔偿的案件应当及时向上一级交通行政管理部门备案。

（八）实行错案追究制度。交通行政管理部门应当对下级交通行政管理部门作出的、造成管理相对人严重损害的不当或者违法的具体行政行为进行追究。

（九）交通行政管理部门在职权范围内需要采取的其他方式。

第十三条　交通行政管理部门对执法监督工作中发现的问题按下列规定处理：

（一）对与法律、法规、规章相抵触的规范性文件，责令发布单位撤销或者修改；

（二）对交通行政管理部门之间发生的行政执法争议，由争议双方共同的上级交通行政管理部门协调；

（三）对执法过程中的法律、法规、规章和规范性文件冲突，属于交通行政管理部门职权范围内的，应当负责审查和处理，无权处理的应当及时向上级交通行政管理部门或者有权处理的行政机关报告；

(四)对下级交通行政管理部门不履行或者不严格履行法定职责的,责令履行或者限期改正;

(五)对下级交通行政管理部门作出的违法和不当的具体行政行为,决定纠正或者责令改正;但公民、法人或者其他组织提起行政复议的,按《行政复议条例》处理;

(六)行政执法主体不合法的,责令予以纠正。

第十四条 各级交通行政管理部门和行政执法人员有义务接受监督检查。

第十五条 任何单位和个人都有权检举、控告交通行政管理部门和行政执法人员的违法行为。受理控告、检举的交通行政管理部门应当及时查处违法行为,并为检举、控告人保密。严禁对检举、控告人打击报复。

第十六条 交通行政管理部门违反本规定,有下列情形之一的,由其上级交通行政管理部门出具书面意见责令其限期改正。拒不改正的,对于有直接隶属关系的,由上级交通行政管理部门给予其主要负责人和直接责任者批评或者行政处分;对于属业务指导关系的,由上级交通行政管理部门建议地方政府给予其主要负责人和直接责任者批评或者行政处分。

(一)不履行或者不全面履行法律、法规、规章和规范性文件规定的行政管理职责的;

(二)不按规定将规范性文件备案的;

(三)不按期报告法律、法规、规章和规范性文件实施情况的;

(四)不按规定将重大行政处罚决定备案的;

(五)不按规定将行政赔偿案件备案的;

(六)不按规定进行错案追究的;

(七)违反规定乱设站卡、乱收费、乱罚款的;

(八)无故拖延执行行政执法监督决定的;

(九)妨碍行政执法监督检查工作的其他行为。

第十七条 交通行政执法人员违反本规定,有下列情形之一的,上级交通行政管理部门和行政执法监督人员应当纠正其违法行为,可以暂扣其交通行政执法资格证书;情节严重的,可建议其所属部门给予其行政处分或者调离行政执法岗位:

(一)执法过程中有违法或者不当行为的;

(二)不履行法定职责,玩忽职守的;

(三)违反职业道德规范,不文明执法的;

(四)拒不接受执法监督的。

第十八条 各级交通行政管理部门应当加强对现场执法监督工作的领导。各省、自治区、直辖市交通厅(局、委、办)和交通部直属行政管理部门应当在法制(纠风)工作机构的基础上,建立专(兼)职人员组织的执法监督队伍。交通行政执法监督人员从事现场检查时,应当出示交通行政执法监督证件。交通行政执法监督证件由交通部统一制定样式,省级交通主管部门或者交通部直属行政管理部门核发。

第十九条 交通行政管理部门或者行政执法人员作出的具体行政行为侵犯公民、法人或者其他组织的合法权益造成损害的,由该交通行政管理部门或者该行政执法人员所在的交通行政管理部门依据有关法律、法规规定进行赔偿。交通行政管理部门赔偿损失后,应当责令有故意或者重大过失的行政执法人员承担部分或者全部赔偿费用。

第四章 附　　则

第二十条　各省、自治区、直辖市交通厅(局、委、办)可依据本规定制定实施办法。

第二十一条　本规定由交通部负责解释。

第二十二条　本规定自一九九五年七月一日起施行。

34.对陕西省交通厅《关于高等级公路管理机构形式问题的请示》的复函

（1995年7月12日　交通部　公养字〔1995〕146号）

陕西省交通厅：

你厅《关于高等级公路管理机构形式问题的请示》(陕交政法〔1995〕190号)收悉。高速公路管理的组织机构应根据充分发挥高速公路具有的快速、高效特点而设置。根据《国务院办公厅关于交通部门在道路上设置检查站及高速公路管理问题的通知》(国办发〔1992〕16号)中关于"目前我国高速公路正在起步阶段,如何管好高速公路需要一个积累经验的过程。因此,各地对高速公路管理的组织形式,由各省、自治区、直辖市人民政府根据当地情况确定,暂不作全国统一规定"的指示和《关于研究道路交通管理分工和地方交通公安机构干警评授警衔问题的会议纪要》(国阅〔1993〕204号)精神,你省高速公路管理组织机构问题,应认真贯彻国务院国办发〔1992〕16号和国阅〔1993〕204号文件对高速公路管理所作出的指示精神,由省人民政府根据实际情况确定。高速公路和一般公路是不同的。目前管理一般公路的组织模式适应不了高速公路快速、高效的特点,不利于高速公路的管理。

35.关于广西壮族自治区高速公路管理问题的复函

（1996年3月27日　交通部　交函公路〔1996〕261号）

广西壮族自治区交通厅：

你厅《关于高速公路管理问题的请示》（桂交法规报〔1996〕98号）收悉。现将有关问题函复如下：

一、关于高速公路管理的组织机构，根据《国务院办公厅关于交通部门在道路上设置检查站及高速公路管理问题的通知》（国办发〔1992〕16号）中关于“目前我国高速公路需要一个积累经验的过程。因此，各地对高速公路管理的组织形式，由各省、自治区、直辖市人民政府根据当地情况确定，暂不作全国统一规定”的指示，以及《关于研究道路交通管理分工和地方交通公安机构干警评授警衔问题的会议纪要》（国阅〔1993〕204号）有关对高速公路管理的组织形式应按国办〔1992〕16号文件执行的精神，你自治区高速公路管理组织形式问题，应结合本地区的具体情况，由自治区人民政府确定。其他部门不应予以干涉。从实践来看，政出多门的管理组织形式矛盾较多，不适宜。

二、高速公路属于全部控制出入并专供汽车分道行驶的公路。交通设置相对齐全，路况质量好，交通事故相对一般公路比重低。因此在管理体制上要体现“精简机构、提高办事效率”的原则，真正建立起有利于提高高速公路通行能力、发挥高速公路投资效益、对广西乃至大西南经济发展有促进作用的组织管理机构，同时也为我国高速公路管理积累经验。你厅起草的《广西壮族自治区高速公路管理办法》应及早向自治区人民政府汇报，争取政府和有关部门的支持。

三、高速公路投资大，建设周期长，还贷任务重，组织机构一定要精简，以节约开支。收取的通行费，是用于偿还建设贷款、养护、管理的专项费用，不得挪作他用。高速公路交通安全管理所需的费用，应在已商定的养路费中划拨的公安交通管理经费中列支。

36.交通行政处罚程序规定

（1996年9月25日　交通部令〔1996〕第7号
经第16次部长办公会议通过　1996年10月1日起施行）

第一章　总　则

第一条　为规范交通行政处罚程序，根据《中华人民共和国行政处罚法》（以下简称行政处罚法）的规定，结合交通实际，制定本规定。

第二条　公民、法人或者其他组织违反交通行政管理秩序，应当给予行政处罚的，由交通管理部门依照行政处罚法和有关法律、法规及本规定的程序实施。

第三条　本规定中交通管理部门是指具有行政处罚权的下列部门或者机构：

（一）县级以上人民政府的交通主管部门；

（二）法律、法规授权的交通管理机构；

（三）县级人民政府的交通主管部门依法委托的交通管理机构。

第四条　县级以上人民政府的交通主管部门可以委托依法设置的符合行政处罚法第十九条规定的运输、航道、港口、公路、规费、通信等交通管理机构实施行政处罚。

第二章　行政处罚的管辖

第五条　各级交通管理部门依法可以作出警告、罚款、没收违法所得、没收非法财物、暂扣证照的行政处罚。

县级以上人民政府交通主管部门、交通部直接设置的管理机构、省级人民政府交通主管部门直接设置的管理机构依法可以作出吊销证照、责令停产停业的行政处罚。

省级人民政府交通主管部门直接设置的管理机构的下设机构，根据省级人民政府交通主管部门的决定，依法可以作出吊销证照、责令停产停业的行政处罚。

港务（航）监督机构行政处罚案件的管辖另行规定。

对涉外、涉台、涉港澳当事人作出行政处罚的权限，法律、法规、规章另有规定的，从其规定。

第六条　对违法行为需要给予的行政处罚超出本级交通管理部门的权限的，应将案件及时报送有处罚权的上级交通管理部门调查处理。

第七条　上级交通管理部门可以办理下一级交通管理部门管辖的行政处罚案件；下级交通管理部门对其管辖的交通行政处罚案件，认为需要由上级交通管理部门办理时，可以报请上一级交通管理部门决定。

第三章　行政处罚决定

第八条　交通行政执法人员在实施行政处罚时,应当主动向当事人和案件其他有关人员出示执法身份证件。

第九条　交通行政处罚程序分为简易程序和一般程序。

第一节　简易程序

第十条　违法事实确凿并有法定依据,对公民处以五十元以下、对法人或者其他组织处以一千元以下罚款或者警告的行政处罚的,可以当场作出行政处罚决定。

第十一条　执法人员当场做出行政处罚决定前,应当将认定的违法事实、处罚的理由和依据告知当事人。

当事人有权进行陈述和申辩。

执法人员必须充分听取当事人的意见,对当事人提出的事实、理由和证据应当进行复核;当事人提出的事实、理由和证据成立的,应当采纳。

第十二条　执法人员作出当场处罚决定,必须填写统一编号的《交通行政(当场)处罚决定书》(附件一),当场交付当事人,并应当告知当事人不服行政处罚决定可以依法申请行政复议或者提起行政诉讼。

第十三条　执法人员作出当场处罚决定之日起五日内,应当将《交通行政(当场)处罚决定书》副本向所属交通管理部门备案。

第二节　一般程序

第十四条　实施交通行政处罚,除适用简易程序的外,应当适用一般程序。

第十五条　交通管理部门必须对案件情况进行全面、客观、公正地调查,收集证据;必要时,依照法律、法规的规定,可以进行检查。

证据包括书证、物证、视听材料、证人证言、当事人陈述、鉴定结论、勘验笔录和现场笔录。

第十六条　案件调查人员调查、收集证据,应当遵守下列规定:

(一)不得少于两人;

(二)询问证人和当事人,应当个别进行并告知其作伪证的法律责任;制作《询问笔录》(附件二)须经被询问人阅核后,由询问人和被询问人签名或者盖章,被询问人拒绝签名或者盖章,由询问人在询问笔录上注明情况;

(三)对与案件有关的物品或者现场进行勘验检查的,应当通知当事人到场,制作《勘验检查笔录》(附件三),当事人拒不到场的,可以请在场的其他人员见证;

(四)对需要采取抽样调查的,应当制作《抽样取证凭证》(附件四),需要妥善保管的应当妥善保管,需要退回的应当退回;

(五)对涉及专门性问题的,应当指派或者聘请有专业知识和技术能力的部门和人员进行鉴定,并制作《鉴定意见书》(附件五);

(六)证据可能灭失或者以后难以取得的情况下,经交通管理部门负责人批准,可以先行登记保存,制作《证据登记保存清单》(附件六),并应当在七日内作出处理决定。

第十七条　案件调查人员有下列情况之一的,应当回避,当事人也有权向交通管理部门申请要求回避：

(一)是本案的当事人或者其近亲属；

(二)本人或者其近亲属与本案有利害关系；

(三)与本案当事人有其他关系，可能影响案件的公正处理的。

第十八条 案件调查人员的回避，由交通管理部门负责人决定。

回避决定作出之前，案件调查人员不得擅自停止对案件的调查处理。

第十九条 案件调查人员在初步调查结束后，认为案件事实基本清楚，主要证据齐全，应当制作《交通违法行为调查报告》(附件七)，提出处理意见，报送交通管理部门负责人审查。

第二十条 交通管理部门负责人对《交通违法行为调查报告》审核后，认为应当给予行政处罚的，交通管理部门应当制作《交通违法行为通知书》(附件八)，送达当事人，告知拟给予的行政处罚内容及其事实、理由和依据，并告知当事人可以收到该通知书之日起三日内进行陈述和申辩，符合听证条件的可以要求组织听证。

当事人逾期未提出陈述、申辩或者要求组织听证的，视为放弃上述权利。

第二十一条 当事人进行陈述和申辩的，交通管理部门应当审核当事人的意见并应当将当事人提出的事实、理由或者证据制成笔录。上述事实、理由或者证据成立的，交通管理部门应当采纳。

当事人要求组织听证的，交通管理部门应当按照本章第三节组织听证。

第二十二条 案件调查完毕后，交通管理部门负责人应当及时审查有关案件调查材料、当事人陈述和申辩材料、听证会笔录和听证会报告书，根据不同情况分别作出如下处理决定：

(一)违法事实清楚，证据确凿充分，依照本规定不需要经过听证程序的案件，根据情节轻重，作出处罚决定；

(二)应当经过听证程序处理的案件，适用本章第三节听证程序后作出处理决定；

(三)案件还需要作进一步调查处理的，责令案件调查人员补充调查；

(四)违法行为轻微，依法可以不予行政处罚的，不予行政处罚；

(五)违法事实不能成立的，不得给予行政处罚；

(六)违法行为已构成犯罪的，应当将案件有关材料移送有管辖权的司法机关处理。

案情复杂或者有重大违法行为需要给予较重行政处罚的，应当集体讨论。

第二十三条 交通管理部门作出行政处罚决定必须制作《交通行政处罚决定书》(附件九)

第二十四条 《交通行政处罚决定书》应当在宣告后当场交付当事人；当事人不在场的，交通管理部门应当在七日内送达当事人，由受送达人在《交通行政处罚文书送达回证》(附件十)上注明收到日期、签名或者盖章，受送达人在《交通行政处罚文书送达回证》上的签收日期为送达日期。

(一)当事人不在场的，交其同住的成年家属签收，并且在备注栏内写明与当事人的关系；

(二)受送达人已指定代收人，交代收人签收；

(三)受送达人拒绝接收的，送达人应当邀请有关基层组织的代表或者是其他人员到场，说明情况，在《交通行政处罚文书送达回证》上写明拒收事由和日期，由送达人、见证人签名或者盖章，把交通行政处罚文书留在受送达人的住处，即视为送达；

(四)直接送达交通行政处罚文书困难的，可以委托其他交通管理部门代为送达，或者以邮寄、公告的方式送达。

邮寄送达，挂号回执上注明的收件日期为送达日期；公告送达，自发出公告之日起经过六十天,即视为送达。

第三节　听证程序

第二十五条　交通管理部门在做出责令停产停业、吊销证照、较大数额罚款的行政处罚决定之前,当事人要求听证的,案件调查人员应当记录在案。交通管理部门应当组织听证。

本条前款所指的较大数额,地方交通管理部门按省级人大常委会或者人民政府规定或其授权部门规定的标准执行;交通部直属的交通管理机构按五千元以上执行,港务(航)监督机构按一万元以上执行。

第二十六条　交通管理部门应当在举行听证会的七日前向当事人送达《听证会通知书》(附件十一),告知当事人组织听证的时间、地点、听证会主持人名单及是否申请其回避和可以委托代理人的权利。

第二十七条　除涉及国家秘密、商业秘密或者个人隐私外,听证会公开举行。

第二十八条　听证会由主持人、案件调查人员、当事人或者其委托代理人、证人、书记员参加。

听证会主持人由交通管理部门负责人指定的法制机构工作人员或者其他相应人员担任。

委托代理人出席听证会的,应当提交当事人的委托书。

第二十九条　听证会按以下程序进行:

(一)听证会主持人宣布听证会开始,宣布案由和听证会纪律,宣布和核对听证参加人员名单;

(二)案件调查人员介绍案件的违法事实和调查过程,宣读或者出示案件的证据,说明拟作出的行政处罚的内容及依据;

(三)当事人或者其委托代理人对案件的事实、证据、适用的法律依据及拟作出的行政处罚内容进行质证和申辩;

(四)听证会主持人就案件的有关问题向当事人、案件调查人员、证人询问;

(五)当事人或者其委托代理人作最后陈述;

(六)当事人或者其委托代理人阅读、修改《交通行政处罚案件听证会笔录》(附件十二),并签字或者盖章。

第三十条　当事人或者其委托代理人无正当理由不按时出席听证会或者中途擅自退出听证会的,视为当事人放弃要求听证的权利。

第三十一条　听证主持人应当在听证会结束后将听证情况和处理意见制作成《交通行政处罚案件听证会报告书》(附件十三)。

第四章　行政处罚的执行

第三十二条　交通行政处罚决定依法作出后,当事人对行政处罚决定不服申请行政复议或者提起行政诉讼的,除法律另有规定外,行政处罚不停止执行。

第三十三条　作出罚款决定的交通管理部门应当与收缴罚款的机构分离。

除依照本规定第三十四条、第三十五条的规定当场收缴的罚款外,作出行政处罚的交通管理部门及其执法人员不得自行收缴罚款。

第三十四条　依照本规定第十条的规定当场作出行政处罚决定,有下列情形之一的,执法人员可以当场收缴罚款：

（一）依法给予二十元以下的罚款；

（二）不当场收缴事后难以执行的。

第三十五条 在边远、水上、交通不便地区，交通管理部门及其执法人员依照本规定第十条、第二十二条的规定作出罚款决定后，当事人向指定的银行缴纳罚款确有困难，经当事人书面提出，交通管理部门及其执法人员可以当场收缴罚款。

第三十六条 交通管理部门及其执法人员当场收缴罚款的，必须向当事人出具省级财政部门统一制发的罚款收据。

行政执法人员当场收缴的罚款，应当自收缴罚款之日起二日内，交至执法人员所属交通管理部门；在水上当场收缴的罚款，应当自抵岸之日起二日内交至所属交通管理部门，交通管理部门应当在二日内将罚款缴付指定的银行。

罚款决定与罚款收缴分离制度的执行，按照国务院制定的具体办法实施。

第三十七条 对需继续行驶的船舶、车辆实施暂扣证照或者吊销证照的行政处罚，交通管理部门在实施行政处罚的同时，应当发给当事人相应的证明，允许船舶、车辆驶往预定或者指定的地点。

第三十八条 对已经生效的处罚决定，当事人拒不履行的，由作出处罚决定的交通管理部门依法强制执行或者申请人民法院强制执行。

第三十九条 下列适用一般程序的交通行政处罚案件结案后，案件调查人员应当填写《交通行政处罚结案报告》（附件十四）：

（一）当事人在规定的期限内履行交通管理部门处理决定完毕的；

（二）申请人民法院或者由交通管理部门依法强制执行的案件，已经执行完毕的；

（三）对违法行为依法不予处罚的。

第五章　附　　则

第四十条 本规定颁布之前交通部制定的规章与本规定不一致的，按本规定执行。

第四十一条 交通管理部门和执法人员违反本规定的，按照行政处罚法和《交通行政执法监督规定》的有关规定依法追究法律责任。

第四十二条 交通行政处罚文书由省级交通主管部门和交通部设置的管理机构组织印制；港务（航）监督机构使用的文书，中华人民共和国港务监督局可以参照本规定所附文书样式另行制定。

第四十三条 本规定自 1996 年 10 月 1 日起施行。

附件一

交通行政(当场)处罚决定书

××罚字 000000000000(第＊联)

<table>
<tr><td rowspan="4">当事人
基本情况</td><td>姓名</td><td></td><td>国籍</td><td></td><td>证件号码</td><td></td></tr>
<tr><td>单位名称</td><td colspan="3"></td><td>法定代表人</td><td></td></tr>
<tr><td>地址</td><td colspan="3"></td><td>车(船)型号</td><td></td></tr>
<tr><td>车(船)籍所在地</td><td colspan="3"></td><td>车(船)牌证号码</td><td></td></tr>
<tr><td rowspan="2">违法
事实</td><td>时间</td><td>年 月 日 时 分</td><td>地点</td><td colspan="3"></td></tr>
<tr><td colspan="6">事实:</td></tr>
<tr><td>处罚
依据</td><td colspan="6"></td></tr>
<tr><td>处罚
内容</td><td colspan="6"></td></tr>
<tr><td colspan="7">执法人员所在单位:
执法人员签名: 交通行政处罚机关(印章)
证件号: 年 月 日</td></tr>
<tr><td>告知
事项</td><td colspan="6">1.当事人应对违法行为立即或在 日内予以纠正;
2.当事人必须在收到本处罚决定书之日起 15 日内持本决定书第二联到 交缴罚款:逾期每日按罚款数额的 3%加处罚款。
3.当事人逾期不按规定交缴罚款的,本机关将申请人民法院强制执行或依法强制执行。
4.对本处罚决定不服的,可以在收到本处罚决定书之日起 15 日内向 申请复议或者向人民法院起诉。</td></tr>
<tr><td colspan="7">备注:是否当场执行( )</td></tr>
</table>

××××××厅(局)监制

(印制说明:附件一为三联复写式,按小 32 开印制,右下角为印刷批号,由省级人民政府交通主管部门和交通部直属管理机构统一印制、编号和分配号段,编号左起第一二位为地市序号,第三四位为县序号,第五六位为执法门类序号,第七位以后为实施处罚的序号)

附件二

询问笔录

时间________________地点________________

询问人________________记录人________________

被询问人__________性别________年龄________与案件关系________

工作单位和职务________________电话________

地址________________邮编________

问：

答：

被询问人签字　　　　第　页共　页

附件三

勘验检查笔录

案由____

勘验时间_____年_____月_____日_____时_____分至_____月_____日_____时_____分

天气情况____________________勘验场所____________________

勘验人____________________单位及职务____________________

勘验人____________________单位及职务____________________

当事人____________________单位及职务____________________

组织代表____________________单位及职务____________________

被邀请人____________________单位及职务____________________

记录人____________________单位及职务____________________

勘验情况及结果____

____

____

____

____

____

勘验人(签名)____________________记录人(签名)____________________

被邀请人(签名)____________________当事人(单位代表)____________________

(本页填写不下的内容或需绘制勘验图的,可另附纸)

附件四

抽 样 取 证 凭 证

案号：　　　　字第　　　　号(第 * 联)

被取证人姓名：＿＿＿＿＿＿＿＿年龄：＿＿＿＿＿＿＿＿联系电话：＿＿＿＿＿＿＿＿

单位地址：＿＿＿＿＿＿＿＿＿＿＿＿＿＿＿＿邮编：＿＿＿＿＿＿＿＿

处罚机关地址：＿＿＿＿＿＿＿＿＿＿＿＿＿＿邮编：＿＿＿＿＿＿＿＿

联系电话：＿＿＿＿＿＿＿＿＿＿＿＿＿＿

因＿＿＿＿＿＿＿＿＿＿＿＿＿＿＿＿＿＿＿＿一案，需对你(单位)在＿＿＿＿＿＿＿＿的下列物品抽样取证。

序号	证据物品名称	规格	数量

调查人员签名＿＿＿＿＿＿＿＿＿＿＿＿证件号码＿＿＿＿＿＿＿＿＿＿＿＿

＿＿＿＿＿＿＿＿＿＿＿＿　　＿＿＿＿＿＿＿＿＿＿＿＿

交通行政处罚机关(印章)

年　　月　　日

被取证人签名：

(印制说明：附件四为双联复写式，按十六开印制)

附件五

鉴定意见书

<table>
<tr><td colspan="2">案由</td><td colspan="4"></td></tr>
<tr><td colspan="2">鉴定内容及目的</td><td colspan="4"></td></tr>
<tr><td colspan="2">委托机关</td><td colspan="4"></td></tr>
<tr><td colspan="2">受委托单位或受委托人员</td><td colspan="4"></td></tr>
<tr><td rowspan="3">鉴定人</td><td></td><td rowspan="3">职务
和
职称</td><td colspan="3"></td></tr>
<tr><td></td><td colspan="3"></td></tr>
<tr><td></td><td colspan="3"></td></tr>
<tr><td>地点</td><td colspan="3"></td><td>时间</td><td></td></tr>
<tr><td colspan="6">鉴定意见：</td></tr>
<tr><td colspan="6">鉴定人签名：

鉴定单位印章
年 月 日</td></tr>
<tr><td colspan="6">备注：</td></tr>
</table>

（本页填写不下的内容，可另附纸，并在备注中说明）

附件六

证据登记保存清单

案号：　　　字第　　　号

被取证人姓名：＿＿＿＿＿＿性别：＿＿＿＿＿＿年龄：＿＿＿＿＿＿

单位地址：＿＿＿＿＿＿＿＿＿＿＿＿＿＿＿＿＿＿＿＿＿＿＿＿

联系电话：＿＿＿＿＿＿＿＿＿＿

因＿＿＿＿＿＿＿＿＿＿＿＿＿＿＿＿＿＿一案，需对你（单位）下列物品登记保存。在七日内你（单位）不得销毁或转移。

序号	证据物品名称	规格	数量

调查人员签名＿＿＿＿＿＿＿＿证件号码＿＿＿＿＿＿＿＿

＿＿＿＿＿＿＿＿　　　　＿＿＿＿＿＿＿＿

交通行政处罚机关（印章）

年　月　日

被取证人签名：

（印制说明：附件六为双联复写式，按十六开印制）

附件七

交通违法行为调查报告

案号：　　　字第　　　号

案由					案件调查人员	
当事人基本情况	姓名		国籍		证件号码	
	单位名称				法定代表人	
	地址				车(船)型号	
	车(船)籍所在地				车(船)牌证号证	
案件调查经过						
所附证据材料清单	种类	证据名称			规格	数量
调查结论及处理意见	调查人员签名： 年　月　日					
负责人审批意见	签名：　　年　月　日					
备注	(当事人是否申辩及申辩的内容,当事人是否要求听证等事项)					

(本报告书一式两份,其中一份用于向上级备案)

附件八

交通违法行为通知书

案号：　　　字第　　　号

______________________：

你(单位)______________________一案，经调查和审理，认为______________________违法事实清楚，拟给予______________________行政处罚。理由和依据是______________________。

根据《行政处罚法》第三十一条、第三十二条的规定，你(单位)可在收到本通知书之日起3日内向__________进行陈述申辩。不陈述或者申辩的，视为放弃权利。

根据《行政处罚法》第四十二条的规定，你(单位)有权在3日内向______________________要求组织听证，不要求听证的，视为放弃。

交通行政处罚机关(印章)

年　　月　　日

处罚机关地址：

联系人：　　　　　　　　　　联系电话

附件九

交通行政处罚决定书

××罚字〔19　　〕　　号

当事人:(姓名或单位名称及有关基本情况)

当事人地址:

当事人×××××××××××××一案,经××市××县××局依法审理,现查明:

当事人×××于　　　年　　月　　日(详述案由、调查和听证经过、证据及认定的事实等内容)××××××××××××××××××××××××××××××××××××××。

上述事实清楚,证据充分,应予认定。

综上所述,本局认为,当事人×××(简述处罚理由和依据)×××××××××××××××××××××,当事人的行为已经违反交通行政管理秩序,依×××××××××××××××××××之规定。本局依法做出如下行政处罚决定:

给予当事人×××以××××××的处罚。

当事人必须在收到本处罚决定书之日起15日内持本决定书到×××××××交缴罚款,逾期不按规定交缴罚款的,本机关将申请人民法院强制执行或依法强制执行。

当事人对本处罚决定不服的,可以在收到本处罚决定书之日起15日内向××××××××市××局申请复议或者向人民法院起诉。

交通行政处罚机关(印章)

年　　月　　日

(附件九为参照格式,使用时因案而异。可根据需要打印若干份)

附件十

交通行政处罚文书送达回证

案号：　　　字第　　号

受送达人		案由	
送达单位			
送达地点			

送达文书	送达人	收到日期	收件人签名或盖章
		年　月 日　时	
		年　月 日　时	
		年　月 日　时	
		年　月 日　时	
		年　月 日　时	
备注			

注：(1)如受送达人不在场的，可交其同住的成年家属签收，并且在备注栏内写明与受送达人的关系。

(2)受送达人已指定代收人，交代收人签收。

(3)受送达人拒绝接收的，送达人应邀请有关基层组织的代表或者其他人员到场，说明情况，在备注中写明拒收事由。

附件十一

听证会通知书

案号：　　字第　　号

____

_______________：

你(单位)关于_______________________一案现定于　　年　　月　　日　　午　　时　　分在___________(公开、不公开)举行听证会议。

听证会主持人姓名___________职务___________。

记录人姓名___________职务___________。

你(单位法定代表人)或委托代理人应准时出席,逾期不出席的,视同放弃听证要求。委托代理人单独出席的,应提交当事人签署的授权委托书。

根据《行政处罚法》第四十二条规定,你(单位)申请听证主持人回避的,应在接到本通知书后_________日内向我单位提出并说明理由。

特此通知。

交通行政处罚机关(印章)

年　　月　　日

处罚机关地址

联系人　　　　　　　　　　联系电话

附件十二

交通行政处罚案件听证会笔录

____

时间________________________地点________________________

主持人______________________记录人______________________

当事人______________________性别__________年龄__________

工作单位或职业________________________________电话__________

委托人______________________性别__________年龄__________

工作单位或职业________________________________电话__________

委托人______________________性别__________年龄__________

工作单位或职业________________________________电话__________

问:____

答:____

____

____

____

____

____

____

____

____

当事人和委托人签字　　　　　　　　　　　　　　第　　页共　　页

附件十三

交通行政处罚案件听证会报告书

案号：　　字第　　号

<table>
<tr><td rowspan="2">案由</td><td rowspan="2"></td><td>听证主持人</td><td></td></tr>
<tr><td>记录人</td><td></td></tr>
<tr><td colspan="4">听证会基本情况摘要：(详见听证会笔录，笔录附后)</td></tr>
</table>

所附证据材料清单	种类	证据名称	规格	数量

听证结论及处理意见：

听证主持人签字：

年　　月　　日

负责人审批意见：

签字：　　　　年　　月　　日

备注：

(本报告一式两份，其中一份用于向上级备案)

附件十四

交通行政处罚结案报告

案号：　　　字第　　　号

<table>
<tr><td rowspan="3">案由</td><td rowspan="3"></td><td rowspan="3">案件调查人员</td><td></td></tr>
<tr><td></td></tr>
<tr><td></td></tr>
<tr><td colspan="4">处理决定：</td></tr>
<tr><td colspan="4">执行情况：

调查人员签字：
年　　月　　日</td></tr>
<tr><td colspan="4">备注：</td></tr>
</table>

（本报告一式两份，其中一份向上级备案。本页填写不下的内容，可另附纸，并在备注中说明）

37.交通行政执法检查制度

(1996年9月25日　交通部　交体法发〔1996〕829号)

第一条　为加强对交通行政执法工作的现场监督，防止和纠正违法或者不当的具体行政行为，维护公民、法人或者其他组织的合法权益，根据《交通行政执法监督规定》，规定本制度。

第二条　本制度所称行政执法检查指上级交通行政管理部门对下级交通行政管理部门及其执法人员的执法活动实施的监督检查。

第三条　执法检查分定期检查和不定期检查两种。定期检查每年一次，不定期检查作为日常工作，根据工作需要随时进行。

第四条　各级交通行政管理部门的法制工作机构或相应机构会同有关部门负责组织、协调执法检查工作。

第五条　交通行政管理部门及其执法人员有义务接受监督检查。

第六条　现场行政执法检查包括以下内容：

(一)执法主体是否合法；

(二)执法人员是否风纪严整，文明执法；

(三)执法程序是否合法；

(四)执法文书是否规范；

(五)执法中认定的事实是否准确；

(六)执法活动所适用的规范性文件是否正确；

(七)是否履行了法定职责。

第七条　上级交通行政管理部门对检查中发现的问题按下列规定处理：

(一)对现场执法活动中存在着明显违法行为的，监督部门和监督人员应立即予以制止；

(二)对下级交通行政管理部门及其执法人员作出的违法和不当的具体行政行为，责令其限期改正；

(三)对下级交通行政管理部门及其执法人员不履行或者不严格履行法定职责的，责令其履行。

第八条　交通行政管理部门及其执法人员拒不接受执法监督检查或执法监督决定的，上级交通行政管理部门可视情况建议或直接对负责的主管人员和其他直接责任人员依法给予行政处分；情节严重构成犯罪的，依法追究刑事责任。

第九条　本制度自1996年10月1日起施行。

38.交通行政执法重大行政处罚决定备案审查制度

(1996年9月25日　交通部　交体法发〔1996〕829号)

第一条　为加强对交通行政管理部门作出的重大行政处罚决定的监督,根据《交通行政执法监督规定》,制定本制度。

第二条　本制度所称重大行政处罚决定是指交通行政管理部门作出的吊销证照、责令停产停业、五千元以上罚款的行政处罚决定。

第三条　交通行政管理部门应当在作出重大行政处罚决定之日的次日起十五日内报上一级交通行政管理部门备案。

第四条　省级交通主管部门和交通部直属的行政管理部门应当将备案材料一式三份向交通部(主管业务司局和体改法规司)备案。省级交通主管部门和交通部直属的行政管理部门具体规定其所属地区和部门的报备管辖。

第五条　交通行政管理部门向上一级交通行政管理部门备案时应提交备案报告和行政处罚决定书副本。备案报告应包括主送机关、备案内容及说明、备案的年月日及备案机关等内容。

第六条　上一级交通行政管理部门应在收到备案材料之日起三十日内对材料进行审查,审查内容包括:

(一)重大行政处罚案件的处罚是否在处罚机关法定职权范围的;

(二)适用的处罚依据是否正确;

(三)执法主体是否合法;

(四)处罚程序是否合法;

(五)事实是否清楚,主要证据是否确实、充分、齐全。

第七条　上一级交通行政管理部门在审查过程中,根据情况可调阅报备部门的有关行政处罚的案卷和材料,报备部门不得拒绝。

第八条　上一级交通行政管理部门对审查中发现的问题应按下列规定处理:

(一)作出的重大行政处罚决定不合法或者显失公正的,责令其限期撤销原处罚决定,并重新作出行政处罚决定(当事人提起行政复议、行政诉讼的案件除外);

(二)重大行政处罚决定书不规定的,责令其限期改正。

第九条　下一级交通行政管理部门对上一级交通行政管理部门的处理意见有异议的,可以向上一级交通行政管理部门提出书面报告,但不得拒绝执行监督决定。

第十条　上一级交通行政管理部门对执行重大行政处罚决定备案制度情况的监督处理:

(一)对在规定期限内应备案而不备案,由上一级交通行政管理部门予以通报批评并责令其改正;

(二)对拒不执行上一级交通行政管理部门作出的监督决定的,由上一级交通行政管理部门建议其所属机关或者直接对负有责任的主管人员作出行政处分。

第十一条　本制度自1996年10月1日起施行。

39.交通行政赔偿案件备案审查制度

（1996年9月25日　交通部　交体法发〔1996〕829号）

第一条　为加强对交通行政管理部门作出的行政赔偿的监督，根据《交通行政执法监督规定》，制定本制度。

第二条　本制度所称交通行政赔偿案件是指交通行政管理部门及其执法人员在履行公务时违法行使职权，侵犯公民、法人或者其他组织的合法权益造成损害，由交通行政管理部门作出行政赔偿的案件和人民法院判决其作出行政赔偿的案件。

第三条　交通行政赔偿案件实行报备制度。交通行政管理部门作出的行政赔偿案件和人民法院判决其作出的行政赔偿案件，应在交通行政管理部门作出行政赔偿决定或者人民法院判决其作出行政赔偿的次日起十五日内向上一级交通行政管理部门报备。

第四条　省级交通主管部门和交通部直属的行政管理部门向交通部（主管业务司局和体改法规司）备案。省级交通主管部门和交通部直属的行政管理部门具体规定其所属地区和部门和报备管辖。

第五条　交通行政管理部门报备的材料包括案件的备案报告、交通行政管理部门作出的行政赔偿决定书副本或者人民法院判决书副本一式三份。

第六条　上一级交通行政管理部门应在收到报备材料之日起三十日内对材料进行审查，审查内容包括：

（一）是否属于国家赔偿法中确定的行政赔偿范围；

（二）赔偿程序是否符合法律规定；

（三）赔偿请求人和赔偿义务机关是否明确；

（四）赔偿方式和计算标准是否合理、适当；

（五）赔偿费用的支出是否符合《国家赔偿费用管理办法》；

（六）其他应审查的内容。

第七条　上一级交通行政管理部门对审查中发现的问题应按下列规定处理：

（一）对下级交通行政管理部门做出的行政赔偿决定中不属于国家赔偿法中确定的行政赔偿范围、赔偿方式和计算标准不合理、赔偿费用支出不符合规定等问题，责令下级限期更正；

（二）认为人民法院作出的行政赔偿判决不合法，上级交通行政管理部门应督促下级交通行政管理部门向人民法院提起申诉；

（三）下级交通行政管理部门作出行政赔偿后未及时追究有故意或重大过失的工作人员经济和行政责任的，上级交通行政管理部门应督促下级交通行政管理部门追究有关人员的行政和经济责任。

第八条　上一级交通行政管理部门对执行行政赔偿案件备案制度情况的监督处理；

（一）对在规定期限内应备案而不备案的，可由上一级交通行政管理部门建议其所属机关或者直接对该部门予以通报批评并责令其改正；

(二)对拒不执行上一级交通行政管理部门作出的监督决定的,由上一级交通行政管理部门建议其所属机关或者直接对负有责任的主管人员作出行政处分。

第九条 本制度自1996年10月1日起施行。

40.交通行政执法错案追究制度

(1996 年 9 月 25 日　交通部　交体法发〔1996〕829 号)

第一条　为加强对交通行政执法中的错案追究工作,保护公民、法人或者其他组织的合法权益,促进交通行政管理部门依法行政,根据《交通行政执法监督规定》,制定本制度。

第二条　本制度所称错案是指交通行政管理部门及其执法人员在执法过程中因故意或过失作出的违法或者不当的具体行政行为,并对行政管理相对人造成损害的案件。

第三条　错案追究制度是指上级交通行政管理部门对作出错案的单位或有关责任人员追究其行政和经济责任的制度。

第四条　错案追究制度遵循以下原则:

(一)实事求是,有错必究;

(二)重证据,重调查研究;

(三)错案追究与加强行政执法相结合;

(四)惩处与教育相结合。

第五条　错案的认定:

(一)经过行政诉讼,被人民法院判决认定其为错案的;

(二)经过行政复议,复议机关作出决定认为是错案的;

(三)上级交通行政管理部门通过调阅执法案卷、受理当事人申诉等途径,审查认定为错案的。

第六条　错案责任的承担:

(一)由于案件承办人索贿受贿、徇私舞弊、枉法裁决,造成公民、法人或其他组织财产损失的,或使违法者逃避行政处罚的,错案责任由承办人负责,单位主管领导负连带责任;

(二)由于案件承办人的领导索贿受贿、徇私舞弊、利用职权命令、指使案件承办人枉法裁决,造成公民、法人或其他组织财产损失的,或使违法者逃避行政处罚的,错案责任由主管领导负责,案件承办人负连带责任;

(三)案件承办人办案正确,而主管领导予以否决的案件,由主管领导承担错案责任;

(四)经集体会议研究、行政首长决定的案件,由单位或行政首长承担错案责任。

第七条　错案的究责方式:

(一)情节较轻、造成较轻危害后果的,可由上级交通行政管理部门建议其所属机关或直接对错案责任人依法给予行政处分;

(二)情节较重、造成较重危害后果的,上级交通行政管理部门可根据情况建议其所属机关或直接对负有责任的主管人员和其他责任人员给予取消行政执法资格、调离执法岗位等处分。构成犯罪的,依法追究刑事责任;

(三)给行政管理相对人造成经济损失的,赔偿义务机关赔偿损失后,应当责令有故意或者重大过失的执法人员承担全部或部分赔偿费用。

第八条　本制度自 1996 年 10 月 1 日起施行。

41.关于吉林省高速公路管理体制有关问题的函

(1996年10月10日　交通部　交函公路〔1996〕385号)

吉林省交通厅：

你厅《吉林省交通厅关于高速公路管理体制问题的请示》(吉交办字〔1996〕136号)收悉。现就有关问题函复如下：

一、关于高速公路的管理机构问题。根据《国务院办公厅关于交通部门在道路上设置检查站及高速公路管理问题的通知》(国办发〔1992〕16号),即:“目前我国高速公路正在起步阶段,如何管好高速公路需要一个积累经验的过程。因此,各地对高速公路管理的组织形式,由各省、自治区、直辖市人民政府根据当地情况确定,暂不作全国统一规定”,我部认为,你省高速公路管理机构问题,应认真贯彻执行国务院有关指示精神,由你省人民政府结合本省具体情况确定。

二、关于高速公路管理体制问题。根据我国建立社会主义市场经济、投资体制改革和实现两个根本性转变的总体要求,我部认为,你省应按照项目法人责任制的经营管理模式进行管理,即从项目筹划、筹资、建设、经营管理、养护和还贷等实行全过程管理。同时省级人民政府可以授予特许经营权并在经营期限内,对税收、贷款、发行债券、沿线开发等给予政策优惠以利公路事业的发展。

三、关于高速公路的交通安全管理工作。各级公安和交通部门都应认真贯彻执行国务院《关于研究道路交通管理分工和地方交通公安机构干警评授警衔问题的会议纪要》(国阅〔1993〕204号)精神,严格按照各自的分工,各行其责。鉴于高速公路的交通安全设施齐全,路况较好,交通事故与一般公路相比要少,因此,高速公路的交通安全管理,应精简机构,提高办事效率,按属地进行管理;你省公安部门提出的在收取的过路费中每公里增加一分钱,以解决公路管理经费的问题,我部认为,经营性公路收取的通行费,要按照国家“贷款修路、收费还贷”的政策,用于偿还建设贷款和养护、管理,专款专用,不得挪作他用,更不得从征收的过路过桥通行费中用于解决其他部门的经费问题,高速公路交通安全管理所需的费用,应在已商定的每年从养路费中划拨的公安交通管理经费中列支。

特此函复。

42.关于实施《交通行政执法职业道德基本规范》的通知

(1997年1月17日　交通部　交体法发〔1997〕42号)

各省、自治区、直辖市交通厅(局、委、办),部属及双重领导行政单位:

为贯彻《中共中央关于加强社会主义精神文明建设若干重要问题的决定》,加强交通行业精神文明建设和交通职业道德建设,创建交通行政执法文明"窗口",特制定《交通行政执法职业道德基本规范》,现印发给你们,并就有关问题通知如下,请遵照执行。

一、《交通行政执法职业道德基本规范》(以下简称《规范》)共160个字,分为"甘当公仆,热爱交通,忠于职守,依法行政,团结协作,风纪严整,接受监督,廉洁奉公"八节内容,包含了对交通行政执法人员的政治素质、法律素质、思想作风、外部形象和廉洁奉公的基本要求和行为规范,是今后一个时期交通行政执法人员应当遵循的职业道德准则。它的适用对象包括:(1)在各级交通行政机关从事行政许可、确认、处罚等行政执法工作的国家公务员;(2)在交通部和各级交通主管部门所属的公路路政管理、道路运输管理、交通规费征稽、交通卫生监督、水路运输管理、水上安全监督、航道管理、船舶检验、港航公安和通信管理等执法机构的所有交通行政执法人员。

二、各级交通主管部门及所属各执法机构,要组织全体执法人员认真学习《规范》,尽快形成一个学习热潮,使每个执法人员能熟记《规范》的各项内容,坚决贯彻执行。根据《规范》的具体内容,部已经编写并即将出版发行《交通行政执法职业道德教程》一书,作为今后一个时期对交通行政执法人员实施岗位培训,进行经常性职业道德教育的基本教材。各部门、各单位组织实施的过程中,既注意形式多样、又要注重实效。各执法单位的领导干部要身体力行,带头执行《规范》,按照《规范》约束自己的言行。要把能否认真贯彻《规范》作为考核交通行政执法人员的重要内容。

三、要把学习、实施《规范》同学习贯彻党的十四届六中全会精神和交通行业文明建设的各项措施紧密结合起来。通过学习和实施《规范》,巩固反腐败斗争和治理"三乱"的成果,努力创建文明执法的窗口,建设一支具有良好的法律素质和职业道德素质,文明、廉洁、高效的交通行政执法队伍。

各地贯彻实施《规范》的有关情况和问题,请及时报部体改法规司。

附件:一、交通行政执法职业道德基本规范

二、《交通行政执法职业道德基本规范》释义

附件一

交通行政执法职业道德基本规范

一、甘当公仆

忠于祖国　热爱人民　听党指挥　服务群众

二、热爱交通

爱岗敬业　乐于奉献　钻研业务　艰苦奋斗

三、忠于职守

严肃执法　不畏权势　违法必究　不枉不纵

四、依法行政

恪守职责　法为准绳　严守程序　裁量公正

五、团结协作

互助友爱　通力协作　顾全大局　联系群众

六、风纪严整

遵章守纪　作风严谨　平等待人　举止文明

七、接受监督

办事公开　欢迎批评　服从检查　有错必纠

八、廉洁奉公

清正廉明　反腐拒贿　不谋私利　一心为公

附件二

《交通行政执法职业道德基本规范》释义

一、甘当公仆

忠于祖国　指忠于社会主义祖国，树立爱国主义思想。

热爱人民　指必须关心人民群众，尊重人民群众，相信人民群众，维护人民群众的根本利益。

听党指挥　指要服从党的领导，贯彻执行党的路线、方针、政策，与党保持一致。

服务群众　指寓管理于服务之中，全心全意为人民服务，这是交通行政执法职业道德的核心。

二、热爱交通

爱岗敬业　指交通行政执法人员立足本职，服务交通，热爱行政执法岗位，有强烈的事业心和责任感。

乐于奉献　指以本业为荣，以本职为乐，为交通经济建设大局服务，在交通行政执法岗位上发扬忘我工作的精神。

钻研业务　指对事业尽职尽责，勤恳忠诚，注重务实，钻研业务，不断提高行政执法工作能力和水平。

艰苦奋斗　指保持艰苦奋斗的光荣传统和创业精神，反对追求豪华、奢侈浪费的不良风气，发扬开拓进取、勇于斗争的革命精神。

三、忠于职守

严肃执法　指认真维护交通行政管理秩序，严格执行交通法律、法规和规章，不失职、不失当，保持必要的执法力度，保证交通行业的有效管理。

不畏权势　指坚持依法管理，反对以权代法、以权压法，不趋炎附势，敢于顶住各种压力，依法行政，坚持法律面前人人平等。

违法必究　指自觉维护宪法和法律尊严，对违反交通行政管理秩序的违法行为敢于依法追究，严肃处理。

不枉不纵　指严格依法办事，力求执法正确、准确，不冤枉一个守法者，也不放过任何违法者。

四、依法行政

恪守职责　指坚持职权法定原则，严格履行法定义务，不超越职权，不滥用职权，维护国家行政机关的尊严。

法为准绳　指坚持执法依据法定原则，对违反交通行政管理秩序的违法行为，必须以事实为依据，以法律为准绳，依法认定和处理，法律没有明文规定不得随意处理和处罚。

严守程序　指坚持执法程序法定原则，严格按照法律规定的方式、方法和步骤从事行政执法活动，防止行政程序违法。

裁量公正　指坚持交通行政执法的合法性与合理性统一原则，正确适用法律和正确使用行政自由裁量权，力求执法行为公正、准确、合理、适当。

五、团结协作

互助友爱　指执法人员要团结互助，建立正常的上下级关系，大力提倡集体主义和团队精神。

通力协作　指地区之间、部门之间、单位之间在行政执法中互相配合、协作，提倡互谅互让，互通信息。

顾全大局　指树立大局观念，局部服从全局，下级服从上级，在行政执法中不搞地方保护主义和部门保护主义。

联系群众　指执法人员要密切联系群众，建立良好的政民关系，积极开展法制宣传教育，争取广大群众的理解和支持。

六、风纪严整

遵章守纪　指严格遵守国家工作人员的政治纪律、组织纪律和工作纪律，适应半军事化管理的要求。

作风严谨　指行政执法过程中认真负责，一丝不苟，注重调查研究，讲究工作效率，办事不推诿，不拖延，不懈怠。

平等待人　指执法过程中态度和蔼，尊重当事人的人格，反对特权思想，杜绝以势压人。

举止文明　指着装整洁规范，仪表举止庄重，语言表达准确文明。

七、接受监督

办事公开　指树立民主政治意识，使行政执法活动公开化，做到执法依据公开，执法程序公开，权利义务公开，处理结果公开。

欢迎批评　指认真接受社会监督，虚心听取和诚恳接受来自社会组织、人民群众和社会舆论的批评、意见和建议。

服从检查　指严格执行国家行政法制监督，自觉服从和接受国家权力机关、司法机关、上级行政机关和党组织的监督检查。

有错必纠　指勇于改正行政执法中的缺点错误，认真纠正不正当或违法行政行为，依法定程序纠正错案，及时采取补救性措施，保护当事人合法权益。

八、廉洁奉公

清正廉明　指严格执行党和国家有关廉政建设的有关规定，努力做到自重、自省、自警、自励，勤政廉洁，严格自律。

反腐拒贿　指发扬“拒腐蚀，永不沾”的精神，反对拜金主义、享乐主义、杜绝权钱交易，自觉拒腐防变。

不谋私利　指不利用职务上的权力和便利谋取个人私利，自觉做到不以权谋私、不假公济私、不损公肥私。

一心为公　指自觉树立社会主义道德风尚的同时，大力提倡公而忘私，大公无私的共产主义道德精神，这是交通行政执法职业道德的落脚点。

43.关于对《中华人民共和国公路管理条例》及其实施细则中“公路两侧”的含义解释的函

（1997年9月29日　交通部　交函体法〔1997〕370号）

陕西省交通厅：

你厅关于要求解释《中华人民共和国公路管理条例》及其实施细则中“公路两侧”的含义的请示收悉。经研究，现函复如下：

“公路两侧”是指在公路以外从事开山、采矿、伐木、施工等作业时能够影响公路、公路用地、公路附属设施安全的空间范围，包括地面、空间和地下。在公路两侧地下采煤造成公路、公路用地、公路附属设施损坏的，适用本条例。

44.交通行政执法证件管理规定

（1997年11月26日　交通部令〔1997〕第16号）

第一条　为加强交通行政执法证件管理，规范交通行政执法人员的执法资格，促进交通行政执法队伍建设，制定本规定。

第二条　交通行政执法证件实行全国统一制式、统一管理的制度。交通行政执法证件的制式由交通部制定。

第三条　交通行政执法证件是交通行政执法人员依法从事公路路政、道路运政、交通规费征稽、水路运政、航道行政、船舶检验、港口行政、水上安全监督、交通卫生监督、交通通信等行政执法工作的资质和身份证明。

交通行政执法证件包括《交通行政执法证》和《水上安全监督行政执法证》。

第四条　省级交通行政主管部门是本地区交通行政执法证件的发证机关。

交通部直属及双重领导行政管理机构是本部门交通行政执法证件的发证机关。

第五条　发证机关对符合下列条件的人员颁发交通行政执行证件：

（一）在县级以上交通行政主管部门或其依法委托的交通管理机构、法律法规授权的交通管理机构直接从事具体的交通行政执法工作；

（二）经交通行政执法岗位培训并取得合格证书；

（三）符合《交通行政执法岗位规范》的资质条件。

第六条　县级或地市级交通行政主管部门应当将本地区符合条件的人员登记造册，经逐级审核后，报省级交通行政主管部门审批、颁发《交通行政执法证》；省级交通行政主管部门设立业务管理机构的，由业务管理机构对上述有关人员提出初步审核意见。

省级交通行政主管部门设立的业务管理机构应当对其直属的符合条件的人员登记造册并审核后，报省级交通行政主管部门审批、颁发《交通行政执法证》。

第七条　省级交通行政主管部门应当将本地区符合条件从事水上安全监督行政执法工作的人员登记造册，经中华人民共和国港务监督局审核后，由省级交通行政主管部门颁发《水上安全监督行政执法证》。

第八条　交通部直属海（水）上安全监督局、直属港航监督局应当将本部门符合条件的人员登记造册，经中华人民共和国港务监督局审核后，由交通部直属海（水）上安全监督局、直属港航监督局颁发《水上安全监督行政执法证》。

第九条　长江航务管理局、珠江航务管理局、黑龙江航运管理局所属的管理机构应当将本单位符合条件的人员（水上安全监督人员除外）登记造册，分别报长江航务管理局、珠江航务管理局、黑龙江航运管理局审批、颁发《交通行政执法证》。

第十条　交通部直属及双重领导的港务局对符合条件的人员登记造册，负责审批、颁发本单位的《交通行政执法证》。

第十一条　发证机关的法制工作部门具体负责证件的颁发和管理工作。

对经批准取得交通行政执法资格的人员，发证机关应当将其有关信息输入“交通行政执法证件管理数据库”,及时打印、颁发交通行政执法证件和《交通行政执法证件管理卡片》。

《交通行政执法证件管理卡片》由执法人员所在单位保管,随时做好有关记录。

第十二条 交通行政执法人员在执行公务时,应当随身携(佩)戴交通行政执法证件。

第十三条 持证人应当按照其所持交通行政执法证中注明的执法门类在法定职责和辖区范围内从事行政执法工作。

第十四条 持证人应当妥善保管证件,不得损毁、涂改或者转借他人。

第十五条 持证人遗失证件的,应当立即向所在单位报告,由该单位按证件颁发渠道逐级报请发证机关注销。发证机关审核属实,予以注销,同时登报声明作废,并按程序办理补发证件手续。

第十六条 持证人调离交通行政执法岗位的,其所在单位应当收回证件并报发证机关注销。

第十七条 对不按规定使用证件的,由其所在单位给予批评教育;对利用证件牟取私利、从事违法活动的,由发证机关吊销其证件。

第十八条 交通行政执法证件实行年度审验制度。发证机关应当于每年第一季度对持证人上年度以下情况进行审验:

(一)持证人执法工作考核或人事考核结果;

(二)持证人参加岗位培训的情况;

(三)持证人执法违纪或重大执法过失的情况;

(四)持证人受奖励和处分的情况;

(五)发证机关规定的其他情况。

第十九条 发证机关根据年度审验情况分别作出以下处理决定:

(一)对符合年度审验要求的,由发证机关在证件的年度审验栏和《交通行政执法证件管理卡片》上贴示当年的年度审验专用标志,允许持证人继续从事交通行政执法工作;

(二)对没有达到年度审验要求的,不予通过年度审验。没有通过年度审验的,不得从事交通行政执法工作;

(三)对玩忽职守、滥用职权、徇私舞弊造成严重后果的,取消交通行政执法资格,并按有关法律、法规规定办理。

发证机关应当将年度审验的有关信息输入“交通行政执法证件管理数据库”备查。

第二十条 未经发证机关年度审验的交通行政执法证件自行失效。

第二十一条 发证机关负责本地区或本部门“交通行政执法证件管理数据库”的使用和维护,定期向交通部传输或报送交通行政执法证件管理的有关数据、信息。

第二十二条 中华人民共和国港务监督局可根据本规定统一制定全国《水上安全监督行政执法证》的样式、编号和具体管理办法。

第二十三条 本规定由交通部负责解释。

第二十四条 本办法自一九九八年一月一日起生效。

第二十五条 本办法发布之前各级交通行政主管部门及其所属的管理机构颁发的各种名称的交通行政执法证件一律停止使用。

45.关于全国干线公路养护与管理工作检查情况的通报

（1998 年 3 月 17 日　交通部　交公路发〔1998〕132 号）

各省、自治区、直辖市交通厅(局),上海市市政工程管理局,天津市市政工程局:

为推动和促进全国干线公路养护管理工作,进一步贯彻落实公路工作“二十四字方针”,部于 1997 年 9 月 8 日至 11 月 15 日,对全国干线公路的养护与管理工作进行了检查。现将有关情况通报如下。

一、基本情况

本次检查共分六个小组,对全国除西藏(进行自查)外的 30 个省(市、区)干线公路的养护计划安排、公路路况、养护质量、收费情况、GBM 工程实施、文明样板路建设、公路管理站(道班)管理、路政管理等工作进行了检查,其中检查国省干线公路 26000 余公里,抽检公路管理站(道班)197 个、收费站 92 个。

二、检查结果

1997 年 12 月底,部组织各检查组的负责人对检查结果进行了汇总,根据评分标准,按千分制严格考核后,各省(区、市)的排名为:1.上海、2.山东、3.河北、4.辽宁、5.天津、6.北京、7.江苏、8.吉林、9.山西、10.安徽、11.浙江、12.广东、13.湖南、14.福建、15.甘肃、16.河南、17.湖北、18.江西、19.四川、20.黑龙江、21.陕西、22.云南、23.广西、24.宁夏、25.新疆、26.内蒙、27.贵州、28.海南、29.重庆、30.青海。

由于西藏采取自查自检方式,未参加排序。

三、主要问题和措施

检查结果表明,1995 年安徽养护管理工作会议后,各地公路养护管理工作普遍得到了加强,路况有了比较明显的改善。但也存在一些共性的问题,主要表现在:一是各级交通主管部门对建、养、管并重的认识还有待进一步提高;二是养护资金的投入明显不足,特别是中西部经济欠发达的省份;三是养护管理机构重叠,内部运行机制不活,养人与养路的矛盾比较突出;四是养护管理手段落后,养护技术水平亟待提高。

针对这些问题,希望各级交通主管部门和公路管理机构,进一步提高认识,加大管理体制改革的力度,积极研究改进公路养护与管理工作的方法和措施,切实提高我国公路养护管理水平和养护资金的使用效率。为搞好养护管理工作,提高路网水平,今年部将继续对部分省市干线公路进行抽查,请各省切实加强公路养护与管理。

46.加强交通行政执法队伍建设的意见

(1999年10月20日　交通部　交体法发〔1999〕549号)

为了实现党的十五大提出的我国改革开放和现代化建设跨世纪发展的宏伟目标,坚持依法治国、依法治交通的战略方针,促进交通事业在社会主义法制化的轨道上持续快速健康发展,部决定大力加强交通行政执法队伍建设,特提出如下意见。

一、交通行政执法队伍建设面临的形势和任务

依法治国,建设社会主义法治国家,是我国社会主义现代化建设的一项根本任务,是党的十五大确定的基本治国方略。依法行政,是贯彻依法治国方略、建设社会主义法治国家的重要组成部分,是从严治政的根本要求,是改革和发展形势的迫切需要。各级交通管理部门要高度重视依法行政工作。要从巩固党的执政地位、维护社会主义国家政权、保证国家长治久安的高度;从建设廉洁、勤政、务实、高效政府,忠实履行全心全意为人民服务根本宗旨,密切政府同人民群众关系的高度;从建立和完善社会主义市场经济体制,保障改革开放和现代化建设顺利进行的高度,来充分认识贯彻依法治国基本方略、全面推进依法行政的重要性和紧迫性。

交通法制建设作为社会主义法制建设的重要组成部分,是交通行政管理工作的基础,是交通现代化的重要途径和标志,对促进交通事业的发展至关重要。坚持依法行政,依法治交通,就是根据建立社会主义市场经济体制的客观要求,实现交通行业管理工作的法制化和规范化。

新中国成立后,在依法行政、依法治交通方面做了大量的、卓有成效的工作。特别是改革开放以来,交通法制建设步伐明显加快,取得了突破性进展。交通行政管理人员特别是领导干部的法律意识和法制观念逐步增强;交通立法工作取得显著成就;建立健全了路政、运政、稽征、海事、船检、航道、港口、通信和卫生监督等交通行政执法系统;交通行政执法水平不断提高;交通行政执法监督制度逐步完善。交通法制建设的发展,为加强交通行业管理、维护公民、法人和其他组织的合法权益提供了法律保障。

但是从总体看,目前,我国交通法制建设的基础还很薄弱,存在着不少问题:交通立法工作跟不上改革和发展的要求,交通法规还不完善,有些行政法规和规章质量还不高;交通行政执法行为不规范,有法不依、执法不严、违法不究的现象仍然存在;少数交通行政执法人员滥用职权,执法犯法、徇私枉法,严重损害了法制尊严,败坏了党和政府在人民群众中的形象。上述这些问题的存在,主要原因在于交通行政执法队伍总体素质还不高。随着国家的法制化进程,人民群众的法制观念不断增强,敢于抵制违法的行政行为,用法律武器来维护自己的合法权益,而交通行政执法队伍的素质和依法行政的水平跟不上这种发展趋势,障碍了交通行业管理工作,不适应交通进一步改革开放和加速发展的需要。

社会主义道德建设和社会主义法制建设从来就是密切联系、互相促进、相辅相成的。交通行业管理要实现法制化、规范化,就必须要"以德辅法"、"以法彰德",加强交通行政执法队伍的思想道德建设,促进依法行政工作。当前,在全面贯彻落实党的十五大和十五届四中全会精神,建立和完善社会主义市场经济体制,转变政府职能,推进国有企业改革和发展的关键时期,我们要高度重视交通法制建设,从严治政,培养和造就廉洁、勤政、务实、高效的交通行政执法队伍,全面推进依法行政工作,改善交通经济发展软环境。这是交通系统两个文明建设的一项重要任务,务要引起高度重视,切实抓好落实。

二、加强交通行政执法队伍建设的指导思想和工作目标

加强交通行政执法队伍建设的指导思想是:以马列主义、毛泽东思想和邓小平理论为指导,按照建立社会主义市场经济体制的总体要求,围绕交通改革和发展的中心任务,结合转变政府职能、加强行业管理的实际,坚持以人为本、以德兴政、严格管理、重在建设的方针,依法行政,从严治政,全面提高交通行政执法队伍的整体素质,推动交通行政管理工作走上法制化、规范化、现代化轨道,为交通深化改革、扩大开放、加快发展创造良好的经济环境和外部条件。

加强交通行政执法队伍建设的工作目标是:根据交通行政执法队伍不同门类特点,针对当前队伍建设中存在的有法不依、执法不严、违法不究的突出问题,加强教育,深化改革,严格管理,完善监督,深入开展"学包起帆、学华铜海轮、学青岛港,创建文明行业"的"三学一创"活动,努力建设一支具有促进交通改革和发展的理想信念;具有服务人民、奉献社会的思想道德;具有依法行政、文明管理的业务技能;具有廉洁、勤政、务实、高效的纪律作风的"四有"交通行政执法队伍,实现交通行政执法队伍文明程度明显提高、行业风气明显改善,形成物质文明建设和精神文明建设协调发展的良好局面,把交通行政执法行业率先建成文明行业。

检验交通行政执法队伍建设的成效,主要看交通依法行政的水平是否提高,交通行政执法部门的社会形象是否良好,人民群众对交通行政执法管理是否满意,最终体现在交通行政执法工作是否适应建立社会主义市场经济体制的需要,是否促进了交通的改革和发展。

三、加强交通行政执法队伍建设的主要措施和活动内容

加强交通行政执法队伍建设,必须本着实事求是、标本兼治的原则,采取切实有效的措施,加大工作力度,务求取得明显成效。

(一)加强教育,提高队伍整体素质。交通行政执法工作是一项社会性、涉外性、政策性和导向性很强的工作。交通行政执法部门掌握一定的行政执法权力。这就要求交通行政执法人员应具备较高的综合素质。因此,坚持以人为本的原则,根据社会政治经济生活的变化和社会主义市场经济发展的需要,加强对交通行政执法人员的教育培训,不断提高这支队伍的思想道德、技术业务、作风纪律等方面素质,是加强交通行政执法队伍建设的首要任务。

要进一步在交通行政执法队伍中深入进行建设有中国特色社会主义理论和党的基本路线的教育,坚持用马列主义、毛泽东思想和邓小平理论武装干部职工。教育职工坚定共产主义理想信念,树立正确的世界观、人生观、价值观。引导职工弘扬爱国主义、集体主义、社会主义主旋律,讲学习,讲政治,讲正气,自觉抵制拜金主义、享乐主义和极端个人主义腐朽思想的影响。要教育职工认真学习贯彻党的十五大和十五届四中全会精神,加深对党的基本理论和基本路线的认识,明确建立和完善社会主义市场经济体制、保持国民经济持续快速健康发展的历史任务,增强实现跨世纪奋斗目标的责任心和紧迫感。

要进一步在交通行政执法队伍中进行社会主义民主与法制的教育,提高依法行政意识和执法水平。组织干部职工认真学习邓小平关于社会主义民主与法制的理论和基本法学知识,认真学习《中华人民共和国行政处罚法》、《交通行政处罚程序规定》、《中华人民共和国公路法》、《中华人民共和国海商法》、《海上交通安全法》等法律、行政法规和规章以及《交通行政执法基本法律知识教程》等岗位培训教材,结合学习社会主义市场经济知识、企业管理知识和国家有关交通发展的方针政策以及其他文化、业务知识,提高对依法治国、依法治交通战略意义的认识,树立与社会主义市场经济相适应的法律意识和民主法制观念,清除封建腐朽的以及计划经济体制下遗留的旧思想、旧观念，纠正以权代法、权大于法的旧习惯和旧作风，掌握运用经济手段和法律手段管理交通经济和社会事务的本领，增强依法行政的自觉性。

要进一步在交通行政执法队伍中进行职业责任、职业道德、职业纪律教育和廉政勤政教育，端正交通行政执法队伍行业风气。要坚持“服务人民、奉献社会”的根本宗旨，全面推行和贯彻落实《交通职业道德规范》和《交通行政执法职业道德基本规范》，教育干部职工正确对待党和人民赋予的行政执法权力，认真履行行政执法人员的责任和义务。《交通行政执法职业道德基本规范》包含了对交通行政执法人员的政治素质、法律素质、思想作风、外部形象和廉洁奉公的基本要求和行为规范，是交通行政执法人员应当遵循的职业道德准则。要加强岗位教育培训，使每个执法人员熟知规范内容，坚决贯彻执行，按照规范要求严格约束自己的言行，提高思想道德素质。

(二)深化改革，建立市场运行模式。党的十五大报告明确指出：“一切政府机关都要依法行政”。交通行政执法是交通行政执法部门依据法律、法规、规章和规范性文件实施交通行业管理的活动。转变观念，深化改革，完善法制，改变计划经济运行模式，建立社会主义市场机制是加强交通行政执法队伍建设的关键。

各级交通行政执法部门要切实转变职能，理顺交通行政执法运行体制，围绕行业管理宏观调控体系的形成和功能的完善，改革不适应社会主义市场经济要求的传统的行政管理方式和审批制度，严格依法履行市场监管和执法职能，搞好协调、指导和服务。凡是市场机制能够解决的问题，不再进行行政干预，从而建立依法运行的良好的交通市场环境，奠定依法行政的基础，从根本上解决交通行政管理环节多、效率差、推诿扯皮、官僚主义的问题，杜绝人治而不是法制以及随意审批、违规操作、以权谋私等行为，消除因行政管理漏洞而造成的滋生腐败的土壤。

交通行政执法部门行使管理职权，要与经济利益脱钩。要不折不扣地落实政府机关与所办经济实体彻底脱钩、把企业经营自主权和投资决策权交给企业、对行政事业性收费和罚没收入实行“收支两条线”管理、不得设置“小金库”等各项深化改革、加强廉政建设的措施，从管理源头上防止腐败，杜绝公路、水路“三乱”。

要结合机构改革和人事管理制度改革，按照“精简、高效”的原则，合理设置交通行政执法部门，调整和优化执法干部队伍结构，从人员管理和组织建设上加强行风建设。

(三)严格管理，强化行政执法监督。交通行政执法队伍建设既靠教育，又靠管理，要坚持从严治政的方针，从基层抓起，从基础抓起，建立依法行政的工作制度，完善内外监督机制，严格规范交通行政执法队伍和交通行政执法行为。

要建立健全和贯彻落实路政、运政、稽征、海事、船检、航道、港口、通信和卫生监督等交通行政管理的各项责任制度和工作规范制度，完善对规章制度、法律文书和台账档案等基础性工作的管理，加强基层交通行政执法单位的建设，这是促进交通行政执法工作按照统一、公开、公正、规范的标准运作，培养和发展统一、开放、竞争、有序的交通市场，实现交通行业管理法制化、规范化和现代化的重要保证。

要认真贯彻落实《交通行政执法岗位规范》，按照规范中对交通行政执法各个岗位人员规定的有关思想道德素质、法律素质、专业技术素质以及能力、资历和身体条件等方面的规范性资质要求，严格对交通行政执法人员的资格性岗位培训，加强对执法人员的资格、证件和执法标志的管理。凡未按部颁规定参加岗位培训的，不得发给交通行政执法证件；凡不持有全国统一的交通行政执法证件的，不得代表交通主管部门实施行政执法；要尽快统一交通行政执法人员的执法标志，进一步整顿交通行政执法队伍。录用交通行政执法人员要严格标准，公平竞争，择优录用，把住准入关，严肃处理队伍中的腐败分子，合同工、临时工不得从事交通行政执法工作，努力建设素质优良、行为规范、纪律严明、作风过硬的交通行政执法队伍。

要加强交通行政执法监督，严格执行交通部颁发的《交通行政执法检查制度》、《交通行政执法重大行政处罚决定备案审查制度》、《交通法规规章和规范性文件实施情况年度报告制度》、《交通行政执法错案追究制度》、《交通行政执法监督规定》等各项监督制度，积极推行行政执法责任制和评议考核制度，确保有法必依、执法必严，违法必究。

要加强对交通行政执法的社会监督，实施政务公开、执法公示和社会评议制度。从人民群众最关心的问题入手，在交通行政管理和行政执法过程中，将涉及交通管理对象及当事人的权力、义务以及有关交通行政执法的内容、法律依据、操作程序、工作规范、廉政纪律以及监督措施向社会公开，使执法工作置于人民群众的监督之下。在行风社会评议活动中，要通过设立行风举报电话、行风意见箱，聘请行风评议监督员，开展行风问卷调查，召开行风评议座谈会，走访业主、客户，组织明察暗访等形式，广泛征询社会各界和人民群众对交通行政执法工作的意见和建议，查找问题，采取措施，促使执法人员不断提高素质，强化服务意识，改善服务态度，规范执法行为，提高办事效率，纠正随意执法行为，杜绝以权谋私现象，维护公民、法人和其他组织的合法权益。行政执法监督措施要与领导责任制和干部职工的经济利益挂钩，落实激励制约机制。

（四）树立典型，发挥示范导向作用。要大力激发干部职工的积极性，尊重群众的首创精神，根据依法行政、依法治交通、建立和完善社会主义市场经济体制的需要，按照加强交通行政执法队伍建设的工作目标，针对交通行政执法队伍行风建设上存在的问题，不断发现和培养具有时代特点、行业特色和宏观指导意义的先进典型，认真总结具有规律性的典型经验，做好典型经验的宣传推广工作，运用以点代面的工作方法，发挥先进典型的示范导向作用，推动整体工作。

要在全国交通系统大力宣传推广安徽省淮北市运输管理处的经验。淮北市运输管理处是负责道路运输管理的基层交通行政执法单位。多年来，他们以邓小平理论和党的基本路线为指导，坚持“两手抓两手硬”的方针，取得了两个文明建设的显著成效。他们的主要经验：一是加强对精神文明建设的领导。自觉做到思想认识、组织领导、工作措施、物质投入“四到位”；二是坚持以人为本，立足正面教育，十年如一日，持之以恒地开展读书育人活动，实施“岗位读书，岗位成才”战略，做到组织、制度、内容、方法、经费“五落实”，潜移默化、锲而不舍地提高职工队伍的思想政治、道德修养、文化知识和业务水平；三是坚持严格规范，依法行政，自觉按照党和政府制定的方针政策、法律、行政法规和规章，依法解决交通运输市场出现的各种矛盾和问题，建立健全了各项规章制度和标准规范，建立了交通运政管理、驾驶员培训、汽车维修、规范征收和客运管理等计算机管理系统，加强基础工作，强化内部管理，做到职责清晰、纪律严明、监督有力、奖惩兑现，形成了系统完善、卓有成效的管理机制；四是坚持廉政勤政，文明服务，加强行政执法部门行风建设，建立行风建设责任制，实行政务公开和执法公示，落实服务承诺，完善内外监督机制，开展行风社会评议，严格检查考核，兑现奖惩激励措施，对重要岗位实行干部交流，预防以权谋私行为的发生和腐败现象的滋长。

交通系统各单位要认真学习淮北市运输管理处的经验，加强交通行政执法队伍建设，推进创建文明行业活动向纵深发展。

（五）依靠群众，开展文明创建活动。为了贯彻落实党的十四届六中全会精神，我部确定了用 10～15 年的时间，把交通系统的各个行业建设成为文明行业的奋斗目标，交通行政执法部门是交通系统创建文明行业的重点。各级领导要不断深化对创建文明行业活动的认识，深入开展"三学一创"活动，促进依法行政工作。

"三学一创"活动是具有交通行业特点和时代特色、促进两个文明建设协调发展、共同进步的群众性精神文明创建活动。要在创建活动中抓住工作重点：突出对干部职工进行正确的世界观、人生观、价值观的教育；突出把创建活动融会贯穿于国企改革和发展；突出在创建活动中抓好交通行政执法队伍建设；突出在创建活动中提高"窗口"单位文明程度并增强其辐射作用。要贯彻全心全意为人民服务的宗旨，依靠和发动干部群众，结合依法行政工作，从基础管理入手，采取各种行之有效的形式，开展"为人民服务、树行业新风"、青年文明号、青年岗位能手、"巾帼建功"等活动，向社会公布文明示范"窗口"，公布文明服务标准和监督保证措施，推行社会服务承诺制度，开展规范化服务达标，加大物质投入，改善环境和服务设施，整顿交通市场秩序，按照"巩固、提高、延伸、辐射"的要求，努力建设更多的"优美环境、优良秩序、优质服务"的交通行政执法单位。

创建文明行业活动要讲实效。当前，在创建活动中要着重解决在执法队伍中存在的"门难进，脸难看，事难办"的工作作风和"冷、横、硬"的服务态度；自觉抵制本位主义、地方保护主义等置国家法制于不顾、损害国家和人民整体利益的错误倾向；坚决纠正以权谋私、钱权交易、贪赃枉法等腐败现象和行业不正之风。为社会提供文明、优质、高效的行政执法服务，树立交通行政执法队伍的良好形象。

四、加强交通行政执法队伍建设的领导体制和工作机制

交通行政执法队伍建设是一项系统工程和长期任务，要坚持教育与管理相结合的原则，政工部门和行政部门要协同动作，共同负责。队伍建设能否搞好，关键在领导。要切实加强对这项工作的领导，逐步形成党委统一领导、党政一把手亲自负责，党政工团齐抓共管的领导体制。同时要建立并不断完善行之有效的工作机制：一是有责权明确的领导责任制度；二是有实事求是的活动规划和工作标准体系；三是有切实可行的活动措施、严谨周密的监督保证制度、有生机活力的激励制约机制；四是有必要的物质保证。从而真正使交通行政执法队伍建设落到实处。

领导干部和领导机关的表率作用，对于加强交通行政执法队伍建设尤为重要。领导干部既是加强队伍建设的组织者，又是文明建设的实践者。"其身正，不令而行"。各级领导干部要带头讲学习，讲政治，讲正气，树立公仆意识，提高政治素质和业务能力，廉洁自律，率先垂范，善于团结，联系群众，勇于进取，真抓实干，做端正行业风气的模范。各级领导机关要以思想、作风、效率、纪律为重点开展创建文明机关活动，认真落实加强机关建设的各项措施，带头树立良好的党风、政风和行风，更好地为交通经济服务，为基层服务，为人民群众服务。

47.交通行政复议规定

（2000 年 6 月 27 日　交通部令〔2000〕第 5 号）

第一条　为防止和纠正违法或者不当的具体行政行为，保护公民、法人和其他组织的合法权益，保障和监督交通行政机关依法行使职权，根据《中华人民共和国行政复议法》（以下简称《行政复议法》），制定本规定。

第二条　公民、法人或者其他组织认为具体行政行为侵犯其合法权益，向交通行政机关申请交通行政复议，交通行政机关受理交通行政复议申请、作出交通行政复议决定，适用《行政复议法》和本规定。

第三条　依照《行政复议法》和本规定履行交通行政复议职责的交通行政机关是交通行政复议机关，交通行政复议机关设置的法制工作机构，具体办理交通行政复议事项，履行《行政复议法》第三条规定的职责。

第四条　对县级以上地方人民政府交通主管部门的具体行政行为不服的，可以向本级人民政府申请行政复议，也可以向其上一级人民政府交通主管部门申请行政复议。

第五条　对县级以上地方人民政府交通主管部门依法设立的交通管理派出机构依照法律、法规或者规章规定，以自己的名义作出的具体行政行为不服的，向设立该派出机构的交通主管部门或者该交通主管部门的本级地方人民政府申请行政复议。

第六条　对县级以上地方人民政府交通主管部门依法设立的交通管理机构，依照法律、法规授权，以自己的名义作出的具体行政行为不服的，向设立该管理机构的交通主管部门申请行政复议。

第七条　对下列具体行政行为不服的，可以向交通部申请行政复议：

（一）省级人民政府交通主管部门的具体行政行为；

（二）交通部直属海事管理机构的具体行政行为；

（三）长江航务管理局、珠江航务管理局的具体行政行为；

（四）交通部的具体行政行为。

第八条　公民、法人或者其他组织向交通行政复议机关申请交通行政复议，应当自知道该具体行政行为之日起六十日内提出行政复议申请，但是法律规定的申请期限超过六十日的除外。

因不可抗力或者其他正当理由耽误法定申请期限的，申请人应当在交通行政复议申请书中注明，或者向交通行政复议机关说明，并由交通行政复议机关记录在《交通行政复议申请笔录》中，经交通行政复议机关依法确认的，申请期限自障碍消除之日起继续计算。

第九条　申请人申请交通行政复议，可以书面申请，也可以口头申请。

申请人口头申请的，交通行政复议机关应当当场记录申请人、被申请人的基本情况，行政复议请求，主要事实、理由和时间；申请人应当在行政复议申请笔录上签名或者署印。

第十条　公民、法人或者其他组织向人民法院提起行政诉讼或者向本级人民政府申请行政复议，人民法院或者人民政府已经受理的，不得再向交通行政复议机关申请行政复议。

第十一条 交通行政复议机关收到交通行政复议申请后，应当在五日内进行审查。对符合《行政复议法》规定的行政复议申请，应当决定予以受理，并制作《交通行政复议申请受理通知书》送达申请人、被申请人；对不符合《行政复议法》规定的行政复议申请，决定不予受理，并制作《交通行政复议申请不予受理决定书》送达申请人；对符合《行政复议法》规定，但是不属于本机关受理的行政复议申请，应当告知申请人向有关行政复议机关提出。

除前款规定外，交通行政复议申请自交通行政复议机关设置的法制工作机构收到之日起即为受理。

第十二条 公民、法人或者其他组织依法提出交通行政复议申请，交通行政复议机关无正当理由不予受理的，上级交通行政机关应当制作《责令受理通知书》责令其受理；必要时，上级交通行政机关可以直接受理。

第十三条 交通行政复议原则上采取书面审查的办法，但是申请人提出要求或者交通行政复议机关设置的法制工作机构认为有必要时，可以向有关组织和个人调查情况，听取申请人、被申请人和第三人的意见。

复议人员调查情况、听取意见，应当制作《交通行政复议调查笔录》。

第十四条 交通行政复议机关设置的法制工作机构应当自行政复议申请受理之日起七日内，将交通行政复议申请书副本或者《交通行政复议申请笔录》复印件及《交通行政复议申请受理通知书》送达被申请人。

被申请人应当自收到前款通知之日起十日内向交通行政复议机关提交《交通行政复议答复意见书》，并提交作出具体行政行为的证据、依据和其他有关材料。

第十五条 交通行政复议决定作出前，申请人要求撤回行政复议申请的，经说明理由并由复议机关记录在案，可以撤回。申请人撤回行政复议申请，应当提交撤回交通行政复议的书面申请书或者在《撤回交通行政复议申请笔录》上签名或者署印。

撤回行政复议申请的，交通行政复议终止，交通行政复议机关应当制作《交通行政复议终止通知书》送达申请人、被申请人、第三人。

第十六条 申请人在申请交通行政复议时，对《行政复议法》第七条所列有关规定提出审查申请的，交通行政复议机关对该规定有权处理的，应当在三十日内依法处理；无权处理的，应当在七日内制作《规范性文件转送处理函》，按照法定程序转送有权处理的行政机关依法处理。

交通行政复议机关对有关规定进行处理或者转送处理期间，中止对具体行政行为的审查。中止对具体行政行为审查的，应当制作《交通行政复议中止审查通知书》及时送达申请人、被申请人、第三人。

第十七条 交通行政复议机关在对被申请人作出的具体行政行为审查时，认为其依据不合法，本机关有权处理的，应当在三十日内依法处理；无权处理的，应当在七日内按照法定程序转送有权处理的国家机关依法处理。处理期间，中止对具体行政行为的审查。

交通行政复议机关中止对具体行政行为审查的，应当制作《交通行政复议中止审查通知书》送达申请人、被申请人、第三人。

第十八条 交通行政复议机关设置的法制工作机构应当对被申请人作出的具体行政行为进行审查，提出意见，经交通行政复议机关的负责人同意或者集体讨论通过后，按照下列规定作出交通行政复议决定：

(一)具体行政行为认定事实清楚，证据确凿，适用依据正确，程序合法，内容适当的，决定维持；

(二)被申请人不履行法定职责的,责令其在一定期限内履行;

(三)具体行政行为有下列情形之一的,决定撤销、变更或者确认该具体行政行为违法;决定撤销或者确认该具体行政行为违法的,可以责令被申请人在一定期限内重新作出具体行政行为:

1.主要事实不清、证据不足的;

2.适用依据错误的;

3.违反法定程序的;

4.超越或者滥用职权的;

5.具体行政行为明显不当的。

(四)被申请人不按照《行政复议法》第二十三条的规定提出书面答复、提交当初作出具体行政行为的证据、依据和其他有关材料的,视为该具体行政行为没有证据、依据,决定撤销该具体行政行为。

交通行政复议机关责令被申请人重新作出具体行政行为的,被申请人不得以同一的事实和理由作出与原具体行政行为相同或者基本相同的具体行政行为。

第十九条 交通行政复议机关作出交通行政复议决定,应当制作《交通行政复议决定书》,加盖交通行政复议机关印章,分别送达申请人、被申请人和第三人;交通行政复议决定书一经送达即发生法律效力。

交通行政复议机关向当事人送达《交通行政复议决定书》及其他交通行政复议文书(除邮寄、公告送达外)应当使用《送达回证》,受送达人应当在送达回证上注明收到日期,并签名或者署印。

第二十条 交通行政复议机关应当自受理交通行政复议申请之日起六十日内作出交通行政复议决定;但是法律规定的行政复议期限少于六十日的除外。情况复杂,不能在规定期限内作出交通行政复议决定的,经交通行政复议机关的负责人批准,可以适当延长,并告知申请人、被申请人、第三人,但是延长期限最多不超过三十日。

交通行政复议机关延长复议期限的,应当制作《延长交通行政复议期限通知书》送达申请人、被申请人、第三人。

第二十一条 被申请人不履行或者无正当理由拖延履行交通行政复议决定的,交通行政复议机关或者有关上级交通行政机关应当责令其限期履行。

第二十二条 交通行政复议机关设置的法制工作机构发现有《行政复议法》第三十八条规定的违法行为的,应当制作《交通行政复议违法行为处理建议书》向有关行政机关提出建议,有关行政机关应当依照《行政复议法》和有关法律、行政法规的规定作出处理。

第二十三条 交通行政复议机关受理交通行政复议申请,不得向申请人收取任何费用。

交通行政复议活动所需经费应当在本机关的行政经费中单独列支,不得挪作他用。

第二十四条 本规定由交通部负责解释。

第二十五条 本规定自发布之日起施行,1992 年交通部第 39 号令发布的《交通行政复议管理规定》同时废止。

48.关于印发加快农村公路发展若干意见的通知

(2000年8月5日　交通部、国家发展计划委员会　交规划发〔2000〕418号)

各省、自治区、直辖市、计划单列市、新疆生产建设兵团交通厅(局、委)、计委(计经委):

为贯彻落实党的十五届三中全会精神,进一步加快我国农村公路发展步伐,切实改善农村公路交通条件,适应农村经济发展和广大农民脱贫致富奔小康的需要,现将《关于加快农村公路发展的若干意见》印发给你们,请结合本地实际情况,采取积极措施,推动农村公路的建设和发展。

关于加快农村公路发展的若干意见

（2000 年 6 月）

为贯彻落实党的十五届三中全会精神，全面推进农村经济发展和社会进步，进一步加快农村公路发展步伐，特提出以下意见。

一、发展农村公路的重要性

1.农村公路包括县道、乡道（含通行政村的公路），是我国公路网的重要组成部分。新中国成立以来，特别是改革开放 20 年来，我国农村公路的发展取得了巨大成就。农村公路网初步形成，布局日趋完善，通达深度逐步提高。到 1999 年底，列入统计的农村公路总里程已近 99 万公里，占全国公路总里程的比重达 73%。全国已有 98.3% 的乡镇和 89.1% 的行政村通了公路。

与实现我国跨世纪发展宏伟目标和保持农业和农村经济持续稳定发展的要求相比，农村公路交通总体上仍十分落后，呈现出明显的不适应性，农村公路建设发展先天不足，总量少，质量差的问题十分突出，主要表现在：缺乏系统规划，布局不够合理，通达深度不足；缺乏技术政策指导，尚未制定适宜的技术标准和规范，建设质量控制力度较弱；缺乏资金支持，建、管、养比例失调，发展后劲不足；缺乏足够的重视，行业管理薄弱，不能适应农村公路发展的需要。

2.农村公路作为农业和农村经济赖以发展的重要基础设施，在农业和农村经济的发展中占有重要地位。"要想富，先修路"、"公路通，百业兴"是农村公路在农村经济发展和广大农民生活中重要地位和作用的集中反映和经验总结。加快发展农村公路，是我国公路交通现代化建设的一项长期的战略任务；是开拓农村市场，加强城乡交流，发展乡镇企业，促进农村资源优势向经济优势的转化，调整农业生产布局和结构，推动农村经济发展的客观需要，事关国家经济发展大局；是加快中西部地区开发建设，促进贫困地区脱贫致富，增加农民收入，促进农村社会文明进步的迫切需要，事关国家稳定大局；是改变农村公路落后状况，充分发挥国省干线公路骨架作用，保证公路网均衡、协调发展的必然要求，事关公路交通发展大局。因此，在我国公路交通现代化的建设进程中，必须加快开创农村公路发展的新局面。

二、农村公路发展的指导思想、基本原则

3.农村公路发展的指导思想是：以党的十五届三中全会精神为指针，以服务于发展农村经济，不断提高农民的物质文化生活水平为宗旨，按照建立社会主义市场经济体制的总体要求，坚持统筹规划，建养并重，强化行业管理，县、乡级人民政府具体负责，充分发挥人民群众和社会各界的积极性，全面开创农村公路发展新局面。

4.农村公路发展的基本原则是：

——坚持从农村社会经济发展需要出发，与西部大开发战略相结合；与当地扶贫开发，山、水、林、田综合治理，小城镇建设及资源利用等相结合；

——坚持以规划为指导，与综合运输、干线公路、城镇体系等发展规划相协调；

——坚持实事求是，因地制宜，分类指导原则；

——坚持可持续发展战略，注重科技进步，注重交通安全，注重生态环境保护。

三、农村公路建设发展规划和重点

5.认真开展农村公路发展规划工作,推动农村公路网的合理布局、有序发展。要根据《中共中央关于农业和农村工作若干重大问题的决定》中提出的农业和农村跨世纪发展的目标要求,并结合本地区农村经济发展的具体实际,按照国家的统一部署,制定相应的农村公路发展中长期规划。

规划的编制工作由省级计划、交通主管部门负责业务技术指导,地(市)交通主管部门组织,县级交通主管部门会同有关部门和乡镇人民政府负责编制。规划报地(市)级计划、交通主管部门审批,并报省级计划、交通主管部门备案。规划经批准后,应当有计划地坚持组织实施,不应随意更改,确保规划的严肃性和规划目标的实现。

6.农村公路发展的规划目标:

——到2005年,使公路建设制约农村经济发展的状况得到初步缓解,基本解决我国广大农村出行难、生产和生活资料调入难、生产产品运出难的问题,为农村经济发展和农民脱贫致富创造基本条件。基本实现全国所有可通公路的乡镇和96%以上可通公路的行政村通公路。

——到2010年,使农村公路的发展基本适应农村经济发展的需要,为现代农业发展和农村全面实现小康提供保障。基本实现全国所有可通公路(或机动车道)的行政村通公路(或机动车道)。东部地区90%以上的县道达到三级以上公路标准,乡道基本达到四级以上公路标准,乡村公路网络化取得较大进展,公路服务水平明显提高;中西部地区主要县道达到三级公路标准,部分乡道达到四级公路标准,并重点加强路面、桥涵及防护工程等构造物建设,公路抗灾能力明显提高。

——到2020年,使农村公路的发展水平能够适应农村经济发展的需要。县乡公路总里程有较大发展,初步实现网络化;东部地区的所有县道,中西部地区90%的县道达到三级以上公路标准,乡道达到四级以上标准,形成等级结构配置合理,桥涵和交通附属设施完善的农村公路网。

7.农村公路发展的建设重点是:实施农村公路"通达工程",以西部地区为重点,抓好"三路"建设:

——抓好农村"出口路"建设,即通往经济中心、交通中心,以及连接国省干线公路等对外出口公路的建设;

——抓好农村"经济路"建设,即资源开发公路、旅游公路和贫困地区联片开发公路等经济效益好、交通量相对较大的重要公路的建设;

——抓好"通乡、通村路"建设,即逐步打通具备建设条件的不通公路(或机动车道)的乡镇、行政村的公路。

当前,东部地区重点是技术等级的提高和路面的改造;西部地区重点是增加通达深度和抗灾能力的提高;中部地区重点是技术等级提高与抗灾能力提高的协调发展。

四、农村公路的建设和养护管理

8.强化农村公路建设管理,确保农村公路建设质量。各级交通主管部门可根据当地农村公路建设特点,制定与当地社会经济发展需要及农村公路发展实际相适应的农村公路建设管理办法。对于技术等级标准在三级及三级以上的公路建设项目,应当按照国家规定的基本建设程序和有关规定进行,加强项目前期工作管理;对于四级或机动车道,可适当简化程序,使前期工作管理适应农村公路建设的实际需要。

9.切实加强农村公路的养护管理工作。建养并重是农村公路得以巩固、改善和提高的基本保证,要充分认识养护管理工作在农村公路发展中所具有的重要作用,牢固树立“建设是发展,养护管理也是发展”的思想。

——积极改革和完善农村公路养护管理运行机制。根据各地的特点和不同情况,积极探索建立和健全专业养护与群众养护相结合,常年养护与季节性养护、流动性养护相结合制度。积极推行和完善多种形式的养护承包责任制,不断扩大列养里程,提高公路服务水平。

——根据本地区农村公路的技术等级、路面结构形式等特点,制定相应的养护技术标准,推广应用公路养护的新技术、新材料、新工艺、新方法,降低养护成本,发挥养护资金效益。

——加强农村公路的全面养护。实现从主要抓路面养护质量到公路全面养护的转变;实现从仅重视公路行车功能的养护要求,到重视公路排水、防护、抗灾等功能养护要求的转变。

——强化路政管理工作,认真贯彻实施《公路法》,建立乡规民约,依法保护路产、路权,保障公路的完好、安全和畅通。

五、农村公路发展有关政策措施

10.多渠道筹集资金,加快发展农村公路。要根据《公路法》的有关规定,建立国家扶持引导、地方主体投资、群众集资投劳相结合的多渠道、多形式的农村公路建设养护资金筹集体制,并进一步加大优惠政策支持力度。同时要认真贯彻落实中央关于农村税费改革的精神,坚持从实际出发,量力而行。

——国家将从公路建设基金中安排部分资金用于农村公路的建设;在利用国际金融组织贷款中,可根据农村公路发展规划,安排一部分贷款用于农村公路建设;各省(区、市)在地方公路建设资金中,应划出一定的比例用于农村公路建设;各地、市、县每年在本地区基本建设投资中亦应安排一定比例用于农村公路建设。

——继续采取“以工代赈”方式,加大贫困地区农村公路建设的力度。加强对“以工代赈”公路建设的管理,按中央关于农村税费改革的精神,妥善解决使用农村劳务工方面出现的新情况、新问题,切实减轻农民负担。

——根据《公路法》的有关规定,组织落实农村公路的建设和养护政策;积极争取地方政府除从地方财政附加收入中安排相应资金外,应从地区发展资金中提取一部分用于农村公路建设和养护。

——地方财政要尽可能安排农村公路建设资金,并根据本地区社会经济发展水平和特点,积极探索研究提出切实可行的筹资政策。对地方财政困难的地区,可尝试从土地增值和资源开发收入中提取一定比例,用于农村公路的建设。

——加强农村公路养护工作,保证农村公路养护资金有稳定的来源。

11.深入研究适合农村公路发展的技术政策,努力提高农村公路的通行能力、抗灾能力和服务水平。国务院交通主管部门要从农村公路建设养护的实际出发,指导各省(区、市)交通主管部门制定相应的技术标准和规范。在现阶段,农村公路特别是乡到村公路路线的技术指标要求不宜过高,而应把着眼点放在完善和提高公路防护工程、排水系统的可靠性和抗灾能力上。要贯彻因地制宜的原则,合理选用路面结构型式,注重路面的耐久性和易修复性。依靠科技进步和技术创新,大力研究、开发和推广新技术、新材料、新工艺,节省投资,提高效益。

12.开展通乡、通行政村公路专项调查,进一步摸清不通公路的乡镇及行政村的具体情况,制定解决其通达问题的可行方案,使通乡、通行政村公路建设更符合各地实际情况,同时要结合国边防公路建设统筹安排。原则上可按以下5个条件,作为确定解决有条件通公路乡镇、行政村基数的标准:

——地形、工程地质条件较好,易于修建公路,而且不会对生态环境造成较大影响;

——人口相对集中,行政村人口在100人以上;

——修建公路与乡村合并或迁建相比,费用—效益评价有优势,而且当地生存条件较好、具备经济开发前景;

——易于与其他公路连通,建设规模在20公里左右,但地形地质条件较好时,可适当放宽;

——沿江河、靠湖泊的乡镇、行政村,采取水运方式难以解决出入交通。

13.大力加强从事农村公路建设和养护工作的人才培养和职工队伍建设,开展全方位、多层次的技术培训,提高农村公路建设、养护和管理水平。争取到十五期末,能够基本形成县乡两级农村公路建设和养护的技术支持保障体系。

加快农村公路发展,促进农村经济结构调整和社会主义新农村的建设是我们肩负的重要历史使命,县、乡级人民政府和有关部门要认真做好农村公路发展工作,要以高度的政治责任感和使命感,努力探索投入少、见效快的农村公路发展新路子。各级计划、交通主管部门要切实加强对农村公路发展工作的管理,扎扎实实做好农村公路发展工作,确保农村公路发展目标的全面实现。

49.关于全国干线公路养护与管理工作检查情况的通报

(2001年5月24日　交通部　厅公路字〔2001〕249号)

各省、自治区、直辖市交通厅(局、委),上海市市政工程管理局、天津市市政工程局:

为总结"九五"期间公路养护管理工作经验,推动和促进全国干线公路养护管理工作,2000年9月至11月,部组织了全国干线公路养护与管理工作检查。现将有关情况通报如下。

一、基本情况

9个检查小组分别对全国29个省、自治区、直辖市干线公路的路况、养护计划安排、养护质量、收费站管理、GBM工程实施、文明样板路建设、基层公路养护站(道班、工区)管理、路政管理等工作进行了检查。共检查国省干线公路28100余公里,占全国国省干线公路总里程的9.1%。实地查看了198个公路管理站(道班)、119个收费站、95个交通量观测站。西藏自治区由自治区交通厅进行自检,海南省因特大洪水灾害临时取消检查。

二、检查结果

部组织9个检查组的18个组长(正、副各一)单位的有关人员对检查结果进行了汇总、评分和严格考核,获前10名的省、直辖市为:上海、山东、河北、北京、天津、辽宁、江苏、河南、广东、安徽。此外,中西部地区的吉林、山西、甘肃、陕西四省,"九五"期间克服路况基础差、养路费收入低等不利因素,通过深化改革、强化管理,五年中养护质量稳步提高,路网技术水平得到明显改善。

检查结果表明:合肥会议以来,全国各级公路交通部门认真贯彻"建养并重,协调发展;深化改革,强化管理;提高质量,保障畅通"的公路工作方针,积极深化公路管理体制和公路运行机制改革,坚持一手抓公路建设,一手抓养护管理,圆满完成了"九五"公路养护管理的各项任务和目标,使全国公路养护管理工作上了一个新台阶。主要表现:一是路网技术状况得到进一步改善;二是公路养护质量进一步提高,全国平均好路率达71.97%,超出"九五"预定目标4个百分点;三是公路养护运行机制改革进一步推进,计划经济条件下长期形成的"大锅饭、铁饭碗"体制被基本打破;四是公路养护管理技术水平逐步提高;五是依法治路得到加强,管理规范化水平进一步提高。

三、主要经验

"九五"期间,各地在贯彻公路工作"二十四字方针"、深化改革、提高养护质量、强化公路管理等方面,积累了不少好的经验。概括起来主要有:坚持建、养、管并重方针,是做好公路养护管理工作的根本前提;坚持以改革开放的方针不动摇,是搞好养护管理工作的内在动力;坚持"科技兴交"战略,是做好公路养护管理工作的基本途径;坚持依法治路,推进公路管理法制化进程,是做好公路养护管理工作的必要保障;坚持"两手抓,两手都要硬"的方针,加强行业精神文明建设,是做好公路养护管理工作的重要保证。

四、存在的问题

通过检查,也暴露出当前工作中普遍存在的共性问题,主要有:一是一些地方对公路养护管理工作的重要性认识不够,养护资金投入不足,养护管理工作中出现的问题得不到及时解决,导致路况水平逐年下降,有的地方甚至出现“高速公路通了、普通公路垮了”的现象。二是公路管养体制改革力度不大,进展不明显,体制上仍然存在管理主体不明、机构重复重叠、职责不清的矛盾,竞争机制不完善,养护生产活力不足。三是公路法制建设跟不上实际发展的需要,与《公路法》相配套的法规迟迟不能出台。四是管理手段落后,管理效率和决策水平亟待提高。五是收费公路管理不到位,资金监管不力,个别地方的收费站甚至成了一些部门和单位的“小金库”。六是养护职工队伍庞大,文化素质参差不齐,远远不能适应公路养护科学化、现代化的要求。

针对这些问题,“十五”期间部将加大工作力度,分别提出改进意见和整改措施。各地也要进一步积极研究改进公路养护与管理工作的有效办法和措施,把公路养护管理工作推向一个新的发展阶段。

50.关于印发《公路养护与管理发展纲要（2001—2010年）》的通知

（2001年6月22日　交通部　交公路发〔2001〕328号）

各省、自治区、直辖市、计划单列市交通厅（局、委），上海市市政工程管理局、天津市市政工程局，新疆生产建设兵团交通局：

现将《公路养护管理发展纲要（2001—2010年）》印发给你们，请认真贯彻执行。各地可结合本地的实际情况，研究制定相应的公路养护管理发展规划，并报部公路司备案。

公路养护与管理发展纲要(2001—2010年)

(2001年5月)

从新世纪开始,我国将进入全面建设小康社会,加快推进社会主义现代化的新的发展阶段。公路基础设施的完好程度、运行效率和服务水平将会对国民经济持续、快速、健康发展和人民生活水平的提高产生重要影响。为此,在新的历史时期,必须要重视和加强公路养护与管理工作,努力构筑科学、高效的现代化公路管理体系,发展公平竞争、规范有序的公路养护工程市场,努力实现公路管理的法制化、信息化,公路养护的科学化、现代化。为了切实提高公路养护与管理水平,保证公路网的完好畅通,更好地发挥公路基础设施在国民经济发展中的作用,特制定本纲要。

一、指导方针与工作原则

(一)指导方针

公路工作的指导方针是:建养并重,强化管理,深化改革,调整结构,依靠科技,提高质量,依法治路,保障畅通。

(二)工作原则

公路养护与管理工作应遵循的主要原则是:

1.坚持以保障公路完好畅通为基本出发点。牢固树立建设是发展,养护管理也是发展的思想,把公路养护管理工作推向一个新的发展阶段。

2.坚持"统一领导、分级管理",进一步深化公路管理体制改革。

3.坚持依法治路,推进公路管理工作规范化、法制化。

4.坚持树立"以人为本"的服务观念,切实加强行业管理,着力引导公路养护工作向专业化、机械化、市场化方向发展,提高养护资金使用效益和公路养护质量。

5.坚持科技兴路,借鉴世界各国养护管理先进技术和现代化管理经验,加强技术创新,提高公路行业的整体技术水平,大力推进公路管理信息化进程。

6.坚持统筹规划,突出重点。积极帮助和扶持西部地区及贫困、边远地区加强公路养护管理工作。在确保干线公路安全、畅通的基础上,加强县乡公路的养护管理,提高路网整体水平。

7.坚持实施可持续发展战略,合理使用、节约和保护资源。积极推进绿色通道工程建设,强化安全行车保障,加强环境保护。

8.坚持加强精神文明建设,大力弘扬"铺路石"精神,努力造就一支思想作风好,业务技术精,具有良好的职业道德和奉献精神的职工队伍。

二、主要工作目标

到2010年公路养护与管理发展的总体目标是:公路网总体技术水平显著提高,服务水平明显改善;公路养护技术进步主导作用显著增强,公路管理的信息化程度与发达国家的差距明显缩小;公路管理法规体系基本健全,公平竞争、规范有序的公路养护工程市场体系基本建立。公路养护与管理工作实现跨越式发展。

到2010年底,公路养护管理工作的具体目标是:

1.深化公路管理体制改革工作基本完成。全国基本建立起精简高效、职能明确、权责一致、运转协调、办事规范的新型公路管理体制。

2.按照社会主义市场经济的要求,公路养护运行机制改革取得突破性进展,初步建立全国统一、公平竞争、规范有序的公路养护工程市场。

3.建立形成较为完善的公路管理行政法规、养护技术规范体系,适应依法治路、规范管理的需要。

4.全国国省干线公路总里程中,二级以上(含二级)技术等级的比例不低于60%。国省干线公路总里程中二级以上(含二级)技术等级公路每年的提高比例,东部省份不得低于2%;中部省份不低于1.5%;西部省份不低于1%。

5.全国国省干线公路中高级、次高级路面铺装率达到90%以上,其中东、中部省份分别达到100%和95%;西部省份每年递增的比例不小于3%。

6.全国新增GBM工程实施里程10万公里,创建10条部级国道文明样板路,使全国75%的国省干线公路达到GBM工程标准。

7.全国国省干线公路平均好路率达到88%,全国公路平均好路率达到80%。

8.国省干线公路上的水毁路段年修复率达到95%以上,水毁路段的灾害重复发生率下降到5%以下。

9.加大桥梁养护管理工作力度,逐步改造国省干线公路上的老旧桥梁,到2005年基本消灭国省干线公路上的危桥。

10.国省干线、旅游公路和口岸公路及重要县乡公路交通标志、标线的设置符合国家标准,达到清晰、齐全、醒目,实现标准化、规范化;一般县乡公路应设置必要的警示、指示标志。

11.到2005年全国的高速公路、60%的国道和省道公路用地范围内实现绿化。到2010年,力争全国所有可绿化的公路全面绿化,形成带、网、片、点相结合,层次多样、结构合理、功能完备的绿色长廊,使绿色通道与生态环境、城乡绿化美化融为一体。

12.建立起统一、高效的部、省、地三级公路数据库,并建立起一整套公路信息传输、维护、更新制度,初步实现公路管理信息化、决策科学化。

13.加大路政管理工作力度,到2005年,基本完成全国县级以上(含县级)公路用地的土地确权或登记工作,路政案件结案率达到95%以上,公路穿越城镇、村屯路段脏、乱、差现象得到根本遏制,基本杜绝超限运输车辆非法使用公路。

14.在确保国道、省道、绿色通道无“三乱”和畅通的基础上,到2003年实现全国所有公路基本无“三乱”;全面清理整顿公路收费站点,所有公路收费站和检查站做到设置规范,管理有序。

15.改善公路管理职工队伍知识结构,提高干部、职工队伍的政治业务素质。到2010年,省、市级公路管理机构中大学以上学历人员的比例不低于50%,大专以上学历人员的比例不低于90%;县级公路管理机构中中专以上学历人员的比例不低于50%。

三、工作措施

(一)正确处理公路建设、养护和管理三者的关系,充分认识加强公路工作的重要性。

各级交通主管部门要牢固树立建设是发展,养护管理也是发展的指导思想。要充分认识加强公路养护管理工作既是保持路网技术状况,发挥公路服务功能的重要保证,又是改善和提高现有公路网技术状况,实现交通运输长远发展战略目标和公路可持续发展的需要。要像抓重点工程建设一样,把它抓紧抓好。要根据今后十年公路养护管理工作发展的总体目标,认真研究制订本辖区的公路养护管理工作中长期发展规划,在资金安排上要合理确定公路建设和养护管理的投资比例,优先保证公路养护管理资金。要及时研究、解决公路养护管理工作中出现的新矛盾、新问题,保证公路养护管理工作的持续健康发展。

(二)加快公路管理体制改革步伐。

科学、高效的公路管理体制是做好公路行业管理工作的重要保证和必要条件。目前,我国高速公路已具一定规模,公路运输网络已初步形成。为此各级交通主管部门要充分认识到现行管理体制的不足与弊端,从公路事业发展的大局出发,加快改革步伐,尽快建立精简高效、职能明确、权责一致、运转协调、办事规范的新型公路管理体制。当前的主要任务:一是要按照"精简、统一、效能"的原则,合理设置公路管理机构,实行"一厅一局"的机构框架。公路管理机构在政府交通主管部门的领导下,根据《公路法》的有关规定,负责本辖区内公路的有关行政管理职责;二是要根据公路行业的自身特点,结合贯彻实施《交通和车辆税费改革实施方案》,按照"分级管理"的原则,从有利于公路事业长远发展的角度出发,科学界定各级交通主管部门对路网管理的职责;三是要按照"统一、高效"的原则,强化公路管理机构对收费公路的行业管理工作。根据《公路法》的规定,严格区分收费经营和收费还贷两种不同性质的收费公路。对经营性收费公路要按照现代企业制度的要求,成立经营公司,实行规模化经营。同时要尽快完善相关法规,强化行业管理,规范投资者的经营行为,提高其服务水平;对还贷性收费公路要按照"合理布局、统一管理、规模运营"的发展思路,转变运营机制和管理模式,实现由省级公路管理机构统一规划、集中管理。

(三)深化公路养护运行机制改革。

公路养护运行机制改革的最终目的是实现投资与效益的统一,提高现有路网的服务水平。当前,由于各地社会经济发展存在差异,公路技术状况也不平衡,因此,各级交通主管部门要按照"态度要积极,措施要坚决,步子要稳妥"的原则,创造条件认真做好以下工作:

1.加快培育和发展公路养护工程市场。将公路管理部门所属的适宜于企业化运作的工程队、运输队、生产厂站和服务机构等与公路管理机构分离,使其成为自主经营、自负盈亏、自我发展的法人实体,参与市场竞争。对原有的道班、工区进行合并、重组,扩大规模,并配合一定数量的机械设备,将其培育成"规模适度、技术先进"具有一定竞争实力的养护生产企业,逐步推向市场。积极争取必要的税费政策,对公路养护企业进行扶持,为养护运行机制改革创造良好的外部环境。同时要积极鼓励发展股份合作等多种所有制形式的公路养护企业、养护机械租赁中心等进入养护市场。逐步建立养护生产企业的资质评价和认证制度。

2.改革公路养护投资方式,全面推行定额养护和计量支付。公路管理机构要采取公开招标或内部竞标的方式,选择养护生产企业。新建成的公路原则上要采用市场机制,充分利用现有的养护力量进行养护。公路管理机构对养护单位的管理要逐步实现合同管理。同时要大力推广路面管理系统和桥梁管理系统,实现养护投资决策的科学化,提高投资的使用效益。

3.改革人事用工制度。公路养护生产企业不再套用事业行政级别,企业可根据生产岗位的不同特点自主决定用工数量、形式和条件,并以合同方式进行管理,形成职工能进能出的择业机制和经营者择优录用的竞争上岗机制。各级公路管理机构要实行定岗定员,全面推行干部聘任制。要强化社会保障体系,积极做好对落聘下岗人员的安置工作,确保社会的稳定。

4.完善各项管理制度。要建立起一整套公路养护工程管理、评价办法和检查制度,如公路养护工程市场管理办法、公路养护工程招投标办法、养护定额编制办法、养护质量检查制度、评价标准等,使公路管理机构进行工程管理和行业管理时能够有章可循、有法可依、减少管理中的人为因素，提高管理和决策水平。

（四）完善公路管理法规体系，坚持依法治路，增强公路路政管理工作的权威性。

1.严格执行《公路法》和《公路路政管理规定》等法律法规，并据此依法行政，以法治路。要重视和加强《公路法》配套法规的制订工作，尽快建立起以《公路法》为龙头的公路法规体系。

2.贯彻执行《公路路政管理规定》，建立一支管理统一，行为规范的路政管理行政执法队伍，并根据国家法律、法规所规定应履行的职责、工作程序等开展工作。

3.加强对路政管理人员的培训和考核工作。要制定路政执法人员岗位培训规范，提高路政管理人员的业务水平、文化素质和职业道德。加快推行执法责任制、评议考核制，提高路政执法水平，并建立一整套对路政执法人员进行考核和监督检查制度，不称职的坚决予以清退。努力造就一支具有良好职业道德和奉献精神的公路路政管理执法队伍。

4.强化路政档案管理，建立健全路产、装备、路政处罚、路政复议、路政诉讼等档案，并制定严格的档案更新、保存等管理制度。公路用地、留地及其附属设施用地，由于历史原因尚未确认权属的，各级交通主管部门和公路管理机构要尽快会同土地管理部门做好清理、勘察、登记造册和确权工作，明确用地界线。

（五）合理安排公路养护工程，全面提高公路服务水平。

1.强化公路标准化、美化和管理规范化建设，继续组织实施 GBM 工程和文明样板路创建工作，以进一步带动公路养护管理工作上一新台阶。各地要根据部的统一规划，制定出本辖区的总体规划和年度实施计划，精心组织，逐年落实。

2.加强预防性养护、周期性养护，促进公路实现良性循环。要通过路况调查，分析公路技术状况的演变，因地制宜地确定合理的路面使用周期，据此安排周期性养护工程计划。各地每年安排的国省干线公路大修里程应不少于干线公路总里程的 5% ~ 8%，中修里程不低于 8% ~ 10%。

3.加强桥梁养护管理工作，全面贯彻执行《公路桥梁养护管理工作制度》。在调查分析的基础上，全面掌握桥梁的使用状况。并对危险桥梁及时进行改造和加固，消除安全隐患。

4.加强公路标志标线的设置和维护管理工作。要切实增强服务意识，在认真调查摸底的基础上，制订公路标志、标线设置规划，逐年加以实施。对安排大中修工程和改造工程的路段要同步完成标志标线的完善工作。为社会公众提供安全、便利、可靠的公路交通条件。

5.增加对公路灾毁防治工程的投入，把公路灾毁降低到最低限度。要力求避免同类灾害在同一路段一再重复发生，并努力做到当年灾毁当年恢复通车。

6.坚持和完善公路检查制度。逐步建立科学、合理的公路养护质量、服务水平检查评定标准体系，完善各级公路检查评定制度，加大各级交通主管部门和公路管理机构对公路路况的检查、监督力度，促进路况水平的全面提高。

（六）加强公路养护管理技术研究，大力推广应用新技术、新材料、新工艺。

1.在"九五"推广应用 CBMS 和 CPMS 的基础上，利用信息化管理技术，加强公路信息资源的开发和利用，研究、推广实用性的公路数据库，并实际应用于公路养护管理工作中，实现公路信息化管理的跨越式发展。

2.通过政府引导、院所参加、企业投入的方式，加大公路养护技术研究力度，积极研究、开发先进、实用的公路养护新技术、新材料、新设备、新工艺，应用现代科技技术，改造传统产业结构，全面提高公路养护技术水平和工作效率。

3.大力推广科学、实用、技术成熟的研究成果，加快科研成果转化步伐。

4.按照部确定的《公路养护标准规范体系》的要求,重视和加强公路养护技术标准规范的制订工作,组织各方面的力量,按先急后缓、先主后次的原则,进一步加快建立公路养护技术规范体系。

(七)加强县乡公路、国边防公路的养护管理工作,改善行车条件。

县乡公路和国边防公路占我国公路总里程的80%以上,对改善路网结构、巩固国防、发展区域经济有着举足轻重的作用。各级交通部门要重视和加强县乡公路、国边防公路的养护管理工作,改变目前"只建不养"的非正常现象。省级交通主管部门和公路管理机构要明确县乡公路的养护管理职责,强化行业管理的手段,从抓规划、标准规范、信息资料、技术指导、监督服务等方面做好对县乡公路的行业管理。要多渠道、多形式筹集县乡公路养护管理资金。同时,要建立一整套切实可行的县乡公路工作制度,明确管理职责,使县乡公路的 养护管理工作逐步实现经常化、规范化。国边防公路的养护管理工作要根据有关规定,切实加强军地双方的协调和配合,依据各自职责,养好、管好公路及其设施。

(八)重视和加强公路绿化工作,全面推进公路绿化工作向纵深发展。

各级交通主管部门要充分认识到公路绿化对于促进国民经济和社会可持续发展的重要意义,认真贯彻落实《国务院关于进一步推进全国绿色通道建设的通知》精神。在做好公路绿色通道建设的总体规划,明确标准的基础上,依靠各级政府,动员全社会的力量,投入到公路绿色通道建设工程中去。对今后新建、改建、扩建的公路,要把绿化工作纳入工程规划,列入工程概算;对已有公路,在公路管理机构增加绿化投入的同时,可采取国家出苗、沿线群众承包造林管护、收益按比例分成的做法,调动各方面的积极性参与公路绿化工作,全面推进公路绿化工作向纵深发展。

(九)因地制宜,大力发展第三产业,为公路养护管理行业的深化改革创造条件。

各级交通主管部门和公路管理机构要充分发挥公路养护部门点多、面广、线长等方面的优势,以公路养护工程项目市场为依托,努力向其它行业扩展,广开门路,大力提倡和发展第三产业。要合理调整人员结构,分流部分冗余人员,为公路养护管理行业的深化改革创造条件。

(十)切实加强公路渡口管理,严格执行《公路渡口管理规定》,实现所有水域上的公路渡口管理规范、秩序井然、安全渡运。

(十一)进一步重视和加强公路交通量观测工作。要将公路交通量的观测工作纳入各级公路管理机构的日常工作范围,从资金、人员、设站规划等方面保证交通量观测工作的正常开展。在年度工作计划中,要充分利用交调工作所取得的数据,做好数据的分析处理工作,提出所辖范围的国、省道交通情况分析报告,满足公路规划、设计、科研、养护和管理等工作的使用要求。

(十二)牢固树立环境保护意识,坚持可持续发展思想。实施可持续发展战略,是关系中华民族生存和发展的长远大计。各级公路管理机构及养护生产单位不仅要在养护施工过程中重视环境保护,加快推广清洁生产技术,减少养护施工对社会环境和自然环境的不利影响,还要采取积极措施,减少公路运营过程中对环境的破坏,如营造防尘、防噪、防眩的公路绿化林带,设置服务区污水排放处理装置,逐步完善公路沿线的大气、噪音、地面水监测系统等,并根据监测结果及时调整完善公路环保措施等。

(十三)巩固成果,防止反弹,将治理公路"三乱"工作向纵深推进。坚持开展以明查暗访为主要形式的监督检查,从严查处违纪案件,有条件的地方可从社会上聘请义务监督员,接受社会、舆论监督。对驾驶员、车主的投诉和社会反映的"三乱"问题,要及时调查核实,依法处理,对社会影响大的事件,要公开曝光,决不护短。确保国道、省道、绿色通道的畅通,巩固公路绿色通道和国省干线公路基本无“三乱”的建设成果。同时各级交通主管部门要按思想不松，组织不散，力度不减，标准不降的要求，将治理公路“三乱”工作向县乡公路推进，努力实现全国公路基本无“三乱”。

各级交通主管部门要按照《公路法》的有关规定，强化收费公路的行业管理。要严格执行收费站点设置的审批制度，健全收费站点管理制度，切实做到主管部门、收费单位、批准文件、收费标准、收费期限和监督电话六公开，接受社会监督。要加强征收队伍建设，实行规范化管理，做到依法征费、文明服务、按章处罚，使公路收费站点真正成为向社会展示交通部门精神文明的窗口。

(十四)加强行业精神文明建设，努力造就一支高素质的干部职工队伍。

1.要采取积极措施，营造良好环境，吸收有较高素质的专业人才充实干部职工队伍，改善职工队伍的知识结构，带动行业整体素质的提高。特别是要吸收和培养一批有较高素质的管理人才充实领导干部队伍，努力造就一支有较高政治理论素养和开拓精神，掌握现代管理知识和扎实业务功底的高素质领导干部队伍。

2.通过举办长期的培训班、脱产半脱产进修、业余培训等多种形式，对职工队伍进行科学文化、岗位技能、知识更新的教育，使职工队伍素质跟上现代化建设和科学技术的发展。

3.加强行业职业道德建设，在职工中大力弘扬无私奉献、顽强拼搏的行业“铺路石”精神，增强行业的凝聚力和战斗力。

今后十年，我国将全面实施现代化建设的第三步战略部署，是我国经济和社会发展的重要时期，也是我国公路养护管理事业走向现代化的起步时期。面对社会主义现代化建设的新形势、新任务，公路交通部门的全体干部职工要进一步解放思想、深化改革，真抓实干，以科学的态度，求实及无私奉献的精神，为实现公路管理法制化、信息化，公路养护现代化而努力奋斗。

51.关于2001年度全国高速公路养护管理工作检查情况的通报

（2002年2月5日　交通部　交公路发〔2002〕35号）

各省、自治区、直辖市交通厅（局、委），上海市市政工程管理局，天津市市政工程局，华北高速公路股份有限公司：

为了进一步提高我国高速公路的服务质量和养护管理水平，规范和促进高速公路的养护管理工作，根据南昌全国公路养护管理工作会议精神，2001年部首次组织了全国高速公路养护管理工作检查。检查工作已于2001年11月底全部结束。现将有关情况通报如下：

一、基本情况

4个检查小组分别对全国25个省、自治区、直辖市（除新疆、甘肃、青海、宁夏、内蒙和西藏6个省区）的118条（段）高速公路的养护、路政、收费和运营管理工作进行了检查。共检查高速公路11220公里，其中实测平整度6448公里、抽测PCI值118公里，向社会司乘人员发放调查问卷1881份，检查路段管理公司（处）118个、收费站120个、服务区85个、路政执法大队113个。

二、检查结果

1月23日，部组织4个检查组组长单位的有关人员对检查结果进行了汇总，经过严格考核，获总分前10名的省、直辖市为：河北、江苏、福建、上海、吉林、河南、辽宁、山东、北京和黑龙江。检查结果表明：多年来，各级公路交通部门坚持“建设是发展，养护管理也是发展”的工作思路，在抓好高速公路建设工作的同时，高度重视已建成的高速公路的养护和管理工作，全国高速公路的总体服务水平不断提高，为国民经济的快速发展提供了较好的基础条件。主要表现在：一是坚持改革和创新，积极探索高速公路管理的新模式，以及提高高速公路服务水平的新路子，为进一步做好高速公路管理工作积累了宝贵经验；二是坚持“以人为本，以车为本”，总体路况水平能够满足行车安全、快速、舒适的要求，路面行驶质量指数和路面状况指数合格率高，服务设施较为完善；三是坚持“科技兴交”战略，积极推广应用新技术、新材料、新工艺，依靠科技进步，不断提高高速公路养护质量和管理水平；四是坚持依法治路，出台了一批高速公路管理的地方法规，健全了管理制度，行业管理职能有所加强。

三、存在问题

通过检查，也暴露出当前高速公路管理工作中存在的共性问题，主要有：一是高速公路管理主体多元化，行业监管不力。据调查，目前全国共有高速公路路段管理公司（处）239个，其中经营性企业126个。交通主管部门与经营企业之间存在定位不清、关系不明等突出问题，政府的行业主管职能受到削弱，行业监管乏力。二是个别经营企业管理的路段，路况差，服务水平低。检查中发现，个别经营企业以自主经营、自负盈亏或决策程序为由，游离于交通主管部门的行业管理之外，养护不及时，路况水平差，严重损害社会公众利益。问题突出的有：贵州省金关云关公路有限公司经营的贵黄高速公路、重庆市机场高速公路实业有限公司经营的重庆市机场路、四川省成渝高速公路股份有限公司经营的成渝高速公路、陕西省金秀交通有限公司经营的西临高速公路、湖南省现代投资股份有限公司经营的长潭高速公路、东北高速公路股份有限公司经营的哈大高速公路等。三是分散经营，路网分割严重。一些地方同一路线上多个合资公司并存，各自独立行事，主线收费站设置过密，严重影响畅通，如广东省。四是路政执法主体和执法程序有待规范。部分企业经营路段的路政执法主体不符合《公路法》的规定；一些地方的路政执法程序及法律文书不规范，实施行政处罚时没有严格按法律规定的行政处罚程序进行，调查取证不认真、法律文书填写不准确等问题普遍存在。五是高速公路收费标准不尽合理。检查中社会问卷的结果显示，社会公众普遍反映高速公路收费标准过高，如北京市的首都机场高速公路。特别是一些跨省市的长距离高速公路全线建成后，地区间收费标准差异过大的矛盾愈显突出。如天津市的京沪高速代用线和京沈高速公路天津段的收费标准不仅大大高于相邻省市，也大大高于天津市内的其他收费路段，社会反响强烈。六是高速公路管理法规滞后。

我国高速公路从无到有，从少到多，现在已跃居世界第二，用了短短 10 多年的时间，完成了发达国家 40 年走过的历程，成绩喜人。但管理中存在的以上问题已经对我国高速公路的健康、持续发展带来了不利影响，不容忽视。针对这些问题，除部将加强理论研究，加大工作力度，尽快出台相应法规加以调整和规范外，各地对检查中发现的问题，必须给予高度重视，认真研究，采取切实措施加以整改。

附件：2001 年度全国高速公路养护管理工作检查得分表（分省）（略）

52.关于印发道路运输公路管理行业发生重大事件处理预案的通知

（2002年10月30日　交通部　厅公路字〔2002〕476号）

各省、自治区、直辖市交通厅（局、委），新疆生产建设兵团交通局：

近年来，我国经济持续高速发展，国家政治稳定，民族团结，人民生活不断改善。但是当前影响社会政治稳定和治安稳定，影响党的十六大安全、顺利进行的不确定因素、不稳定因素仍然大量存在，有的还很突出。为切实维护安定团结的大好局面，确保党的十六大顺利召开，部对道路运输、公路管理行业可能引发重大事件的不稳定因素进行了分析和排查。当前，道路运输、公路管理行业可能发生重大事件集中在以下几个方面：

一、出租汽车司机（或经营者）集体上访；

二、长途客运企业承包人（或困难企业职工）集体上访；

三、发生重特大道路交通安全事故（危险品运输发生泄漏、爆炸等重特大事故；重特大客运安全事故等），造成交通阻塞。

四、汽车客运站旅客流动性大，人员构成复杂，治安秩序较差，引发爆炸、黑社会性质的群体斗殴等事件。

五、大、中型桥梁、隧道，特别是干线公路上的特大桥梁被炸毁而造成交通中断。

六、因公路工程建设和养护工程施工而造成干线公路严重交通阻塞。

七、因自然灾害等不可抗力造成干线公路严重交通阻塞或中断以及重大人员伤亡。

为预防和及时处理上述可能发生的重大事件，特制定《道路运输、公路管理行业重大事件处理预案》，现印发给你们，望认真贯彻执行。

近期，各地交通主管部门要加强对公路路面、桥梁、隧道，特别是进京主要干线的养护力度，路政部门加强巡查，发现情况立即汇报。在十六大以前，北京周边省份原计划开工的公路建设、养护工程项目施工，有可能影响交通的，一律停止或推迟。

对于进京的几条干线公路，各省公路部门要做好备用路线的准备，一旦发现桥梁被炸、路面损毁、交通中断等情况，立即设置标志牌，并配合当地公安部门，组织行人和车辆绕行备用路线，确保道路正常通行。

道路运输、公路管理行业发生重大事件处理预案

各地交通主管部门要尽快组织排查道路运输、公路管理行业诱发不稳定的因素，在调查研究的基础上，提出解决方案，并付诸实施。要密切关注本行业的动态，发现苗头要及时向当地政府报告，与当地公安部门取得联系，在当地政府的领导下做好宣传解释和说服教育工作，力争把问题消灭在萌芽状态。

一旦发生影响社会稳定的重大事件或重大安全事故，各级交通主管部门应按照以下程序处理：

一、当地交通主管部门要立即向当地政府报告，同时向上级交通主管部门报告，直至交通部。在当地政府的统一领导下，配合公安部门做好维持社会秩序工作。

二、省级交通主管部门应组织工作组到现场，协助当地政府做好事件善后处理工作，并调查事件原因，随时向交通部报告事件处理进展情况。部有关司局及时向部领导汇报。

三、若经营者（承包人）带车进一步上访，当地交通主管部门要及时了解情况，通知公安部门共同做好劝、堵工作，同时，根据上访路线通知相关省（市）公安、交通部门予以配合。

四、交通部公路司要根据事件发生地省级交通主管部门报告通知相关省交通主管部门做好劝、堵配合工作。若上访车队到达北京市周边地区，部公路司应及时向部领导报告，同时派人前往车辆停靠地，协助事件发生地省级交通主管部门处理。处理过程中的重大问题和处理结果随时向部领导报告，根据部领导指示进行处理。

五、处理结束后，要向部领导报告事件全过程的处理情况。

53.交通行政许可实施程序规定

(2004 年 11 月 22 日　交通部令〔2004〕第 10 号)

第一条　为保证交通行政许可依法实施,维护交通行政许可各方当事人的合法权益,保障和规范交通行政机关依法实施行政管理,根据《中华人民共和国行政许可法》(以下简称《行政许可法》),制定本规定。

第二条　实施交通行政许可,应当遵守《行政许可法》和有关法律、法规及本规定规定的程序。

本规定所称交通行政许可,是指依据法律、法规、国务院决定、省级地方人民政府规章的设定,由本规定第三条规定的实施机关实施的行政许可。

第三条　交通行政许可由下列机关实施:

(一)交通部、地方人民政府交通主管部门、地方人民政府港口行政管理部门依据法定职权实施交通行政许可;

(二)海事管理机构、航标管理机关、县级以上道路运输管理机构在法律、法规授权范围内实施交通行政许可;

(三)交通部、地方人民政府交通主管部门、地方人民政府港口行政管理部门在其法定职权范围内,可以依据本规定,委托其他行政机关实施行政许可。

第四条　实施交通行政许可,应当遵循公开、公平、公正、便民、高效的原则。

第五条　实施交通行政许可,实施机关应当按照《行政许可法》的有关规定,将下列内容予以公示:

(一)交通行政许可的事项;

(二)交通行政许可的依据;

(三)交通行政许可的实施主体;

(四)受委托行政机关和受委托实施行政许可的内容;

(五)交通行政许可统一受理的机构;

(六)交通行政许可的条件;

(七)交通行政许可的数量;

(八)交通行政许可的程序和实施期限;

(九)依法需要举行听证的交通行政许可事项;

(十)需要申请人提交材料的目录;

(十一)申请书文本式样;

(十二)作出的准予交通行政许可的决定;

(十三)实施交通行政许可依法应当收费的法定项目和收费标准;

(十四)交通行政许可的监督部门和投诉渠道;

(十五)依法需要公示的其他事项。

已实行电子政务的实施机关应当公布网站地址。

第六条 交通行政许可的公示,可以采取下列方式:

(一)在实施机关的办公场所设置公示栏、电子显示屏或者将公示信息资料集中在实施机关的专门场所供公众查阅;

(二)在联合办理、集中办理行政许可的场所公示;

(三)在实施机关的网站上公示;

(四)法律、法规和规章规定的其他方式。

第七条 公民、法人或者其他组织,依法申请交通行政许可的,应当依法向交通行政许可实施机关提出。

申请人申请交通行政许可,应当如实向实施机关提交有关材料和反映真实情况,并对其申请材料实质内容的真实性负责。

第八条 申请人以书面方式提出交通行政许可申请的,应当填写本规定所规定的《交通行政许可申请书》(见附件1)。但是,法律、法规、规章对申请书格式文本已有规定的,从其规定。

依法使用申请书格式文本的,交通行政机关应当免费提供。

申请人可以通过信函、电报、电传、传真、电子数据交换和电子邮件等方式提交交通行政许可申请。

申请人以书面方式提出交通行政许可申请确有困难的,可以口头方式提出申请,交通行政机关应当记录申请人申请事项,并经申请人确认。

第九条 申请人可以委托代理人代为提出交通行政许可。

申请,但依法应当由申请人到实施机关办公场所提出行政许可申请的除外。

代理人代为提出申请的,应当出具载明委托事项和代理人权限的授权委托书,并出示能证明其身份的证件。

第十条 实施机关收到交通行政许可申请材料后,应当根据下列情况分别作出处理:

(一)申请事项依法不需要取得交通行政许可的,应当即时告知申请人不受理;

(二)申请事项依法不属于本实施机关职权范围的,应当即时作出不予受理的决定,并向申请人出具《交通行政许可申请不予受理决定书》(见附件2),同时告知申请人应当向有关行政机关提出申请;

(三)申请材料可以当场补全或者更正错误的,应当允许申请人当场补全或者更正错误;

(四)申请材料不齐全或者不符合法定形式,申请人当场不能补全或者更正的,应当当场或者在5日内向申请人出具《交通行政许可申请补正通知书》(见附件3),一次性告知申请人需要补正的全部内容;逾期不告知的,自收到申请材料之日起即为受理;

(五)申请事项属于本实施机关职权范围,申请材料齐全,符合法定形式,或者申请人已提交全部补正申请材料的,应当在收到完备的申请材料后受理交通行政许可申请,除当场作出交通行政许可决定的外,应当出具《交通行政许可申请受理通知书》(见附件4)。

《交通行政许可申请不予受理决定书》、《交通行政许可申请补正通知书》、《交通行政许可申请受理通知书》,应当加盖实施机关行政许可专用印章,注明日期。

第十一条 交通行政许可需要实施机关内设的多个机构办理的,该实施机关应当确定一个机构统一受理行政许可申请,并统一送达交通行政许可决定。

实施机关未确定统一受理内设机构的,由最先受理的内设机构作为统一受理内设机构。

第十二条 实施交通行政许可,应当实行责任制度。实施机关应当明确每一项交通行政许可申请的直接负责主管人员和其他直接责任人员。

第十三条 实施机关受理交通行政许可申请后，应当对申请人提交的申请材料进行审查。

申请人提交的申请材料齐全、符合法定形式，实施机关能够当场作出决定的，应当当场作出交通行政许可决定，并向申请人出具《交通行政许可（当场）决定书》（见附件5）。依照法律、法规和规章的规定，需要对申请材料的实质内容进行核实的，应当审查申请材料反映的情况是否与法定的行政许可条件相一致。

实施实质审查，应当指派两名以上工作人员进行。可以采用以下方式：

（一）当面询问申请人及申请材料内容有关的相关人员；

（二）根据申请人提交的材料之间的内容相互进行印证；

（三）根据行政机关掌握的有关信息与申请材料进行印证；

（四）请求其他行政机关协助审查申请材料的真实性；

（五）调取查阅有关材料，核实申请材料的真实性；

（六）对有关设备、设施、工具、场地进行实地核查；

（七）依法进行检验、勘验、监测；

（八）听取利害关系人意见；

（九）举行听证；

（十）召开专家评审会议审查申请材料的真实性。

依照法律、行政法规规定，实施交通行政许可应当通过招标、拍卖等公平竞争的方式作出决定的，从其规定。

第十四条 实施机关对交通行政许可申请进行审查时，发现行政许可事项直接关系他人重大利益的，应当告知利害关系人，向该利害关系人送达《交通行政许可征求意见通知书》（见附件6）及相关材料（不包括涉及申请人商业秘密的材料）。

利害关系人有权在接到上述通知之日起5日内提出意见，逾期未提出意见的视为放弃上述权利。

实施机关应当将利害关系人的意见及时反馈给申请人，申请人有权进行陈述和申辩。

实施机关作出行政许可决定应当听取申请人、利害关系人的意见。

第十五条 除当场作出交通行政许可决定外，实施机关应当自受理申请之日起20日内作出交通行政许可决定。20日内不能作出决定的，经实施机关负责人批准，可以延长10日，并应当向申请人送达《延长交通行政许可期限通知书》（见附件7），将延长期限的理由告知申请人。但是，法律、法规另有规定的，从其规定。

实施机关作出行政许可决定，依照法律、法规和规章的规定需要听证、招标、拍卖、检验、检测、检疫、鉴定和专家评审的，所需时间不计算在本条规定的期限内。实施机关应当向申请人送达《交通行政许可法定除外时间通知书》（见附件8），将所需时间书面告知申请人。

第十六条 申请人的申请符合法定条件、标准的，实施机关应当依法作出准予行政许可的决定，并出具《交通行政许可决定书》（见附件9）。依照法律、法规规定实施交通行政许可，应当根据考试成绩、考核结果、检验、检测、检疫结果作出行政许可决定的，从其规定。

第十七条 实施机关依法做出不予行政许可的决定的，应当出具《不予交通行政许可决定书》（见附件10），说明理由，并告知申请人享有依法申请行政复议或者提起行政诉讼的权利。

第十八条 实施机关在作出准予或者不予许可决定后，应当在10日内向申请人送达《交通行政许可决定书》或者《不予交通行政许可决定书》。

《交通行政许可（当场）决定书》、《交通行政许可决定书》、《不予交通行政许可决定书》，应当加盖实施机关印章,注明日期。

第十九条 实施机关作出准予交通行政许可决定的,应当在作出决定之日起 10 日内,向申请人颁发加盖实施机关印章的下列行政许可证件:

(一)交通行政许可批准文件或者证明文件;

(二)许可证、执照或者其他许可证书;

(三)资格证、资质证或者其他合格证书;

(四)法律、法规、规章规定的其他行政许可证件。

第二十条 法律、法规、规章规定实施交通行政许可应当听证的事项,或者交通行政许可实施机关认为需要听证的其他涉及公共利益的行政许可事项,实施机关应当在作出交通行政许可决定之前,向社会发布《交通行政许可听证公告》(见附件 11),公告期限不少于 10 日。

第二十一条 交通行政许可直接涉及申请人与他人之间重大利益冲突的,实施机关在作出交通行政许可决定前,应当告知申请人、利害关系人享有要求听证的权利,并出具《交通行政许可告知听证权利书》(见附件 12)。

申请人、利害关系人在被告知听证权利之日起 5 日内提出听证申请的,实施机关应当在 20 日内组织听证。

第二十二条 听证按照《行政许可法》第四十八条规定的程序进行。

听证应当制作听证笔录。听证笔录应当包括下列事项:

(一)事由;

(二)举行听证的时间、地点和方式;

(三)听证主持人、记录人等;

(四)申请人姓名或者名称、法定代理人及其委托代理人;

(五)利害关系人姓名或者名称、法定代理人及其委托代理人;

(六)审查该行政许可申请的工作人员;

(七)审查该行政许可申请的工作人员的审查意见及证据、依据、理由;

(八)申请人、利害关系人的陈述、申辩、质证的内容及提出的证据;

(九)其他需要载明的事项。

听证笔录应当由听证参加人确认无误后签字或者盖章。

第二十三条 交通行政许可实施机关及其工作人员违反本规定的,按照《行政许可法》和《交通行政许可监督检查及责任追究规定》查处。

第二十四条 实施机关应当建立健全交通行政许可档案制度,及时归档,妥善保管交通行政许可档案材料。

第二十五条 实施交通行政许可对交通行政许可文书格式有特殊要求的,其文书格式由交通部另行规定。

第二十六条 本规定自 2005 年 1 月 1 日起施行。

附件 1

交通行政许可申请书

<table>
<tr><td rowspan="2">申请人(及法定代表人)名称</td><td rowspan="2"></td><td rowspan="4">申请人联系方式</td><td>电话</td></tr>
<tr><td>手机</td></tr>
<tr><td rowspan="2">申请人住址及邮政编码</td><td rowspan="2"></td><td>Email</td></tr>
<tr><td>传真</td></tr>
<tr><td>委托代理人的姓名及联系方式</td><td colspan="3"></td></tr>
<tr><td>申请的交通行政许可事项及内容</td><td colspan="3"></td></tr>
<tr><td>申请材料
目　录</td><td colspan="3"></td></tr>
<tr><td>申请日期</td><td>年　月　日</td><td>申请人签字或盖章</td><td></td></tr>
</table>

注:1.本申请书由交通行政许可的实施机关负责免费提供;

2.申请人应当如实向实施机关提交有关材料和反映情况,并对申请材料实质内容的真实性负责。

附件 2

交通行政许可申请不予受理决定书

编号:

______________________________:

你于　　　年　　月　　日提出____________________申请。

经审查,该申请事项不属于本行政机关职权范围,建议向____提出申请。

根据《行政许可法》第三十二条规定,决定对你提出的申请不予受理。

申请人如对本决定不服,可以在收到本决定书之日起60日内向____申请复议,也可以在收到本决定书之日起三个月内直接向人民法院提起行政诉讼。

特此通知。

(印章)

年　　月　　日

附件 3

交通行政许可申请补正通知书

编号：

________________________：

你于　　　年　　月　　日提出________________申请。

根据《行政许可法》第三十二条第一款第（四）项的规定，请你对申请材料作如下补正：

____

____

____。

特此通知。

（印章）

年　　月　　日

附件 4

交通行政许可申请受理通知书

编号：

______________________________：

你于　　　年　　月　　日提出____________________申请。

经审查，该申请事项属于本机构职责范围，申请材料符合法定的要求和形式，根据《行政许可法》第三十二条的规定，决定予以受理。

（印章）

年　　月　　日

附件 5

交通行政许可(当场)决定书

编号:

______________________:

你于　　　年　　月　　日提出______________________申请。

经审查,你提交的申请材料齐全,符合____规定的形式,根据《行政许可法》第三十四条第二款的规定,决定准予交通行政许可,准予你依法从事下列活动:____。

本机关将在作出本决定之日起 10 日内向你颁发、送达____证件。

(印章)

年　　月　　日

附件 6

交通行政许可征求意见通知书

编号：

______________________________：

(申请人)________于________年________月________日提出____的申请。经审查，该申请事项可能与你(单位)有直接重大利益关系。根据《中华人民共和国行政许可法》第三十六条的规定，现将该申请事项告知你(单位)。请于接到该通知书之日起 3 日内提出意见。逾期未提出意见的，视为无意见。

本机关地址____。

联系人及联系方式____。

特此告知。

附：申请书及必要的相关申请材料(复印件)

(印章)

年　　月　　日

附件 7

延长交通行政许可期限通知书

编号：

______________________________：

你于________年________月________日提出____申请，已于________年________月________日受理。由于____原因，二十日内不能作出行政许可的决定。根据《中华人民共和国行政许可法》第四十二条的规定，经本行政机关负责人批准，审查期限延长十日，将于________年________月________日前作出决定。

特此通知。

（印章）

年　　月　　日

附件 8

交通行政许可期限法定除外时间通知书

编号：

______________________________:

你于________年________月________日提出____________________________申请，已于________年________月________日受理。根据____的规定，需要：

(　)1. 听证，所需时间为____。

(　)2. 招标，所需时间为____。

(　)3. 拍卖，所需时间为____。

(　)4. 检验，所需时间为____。

(　)5. 检测，所需时间为____。

(　)6. 检疫，所需时间为____。

(　)7. 鉴定，所需时间为____。

(　)8. 专家评审，所需时间为____。

根据《中华人民共和国行政许可法》第四十五条的规定，上述所需时间不计算在规定的期限内。

特此通知。

(印章)

年　　月　　日

注：根据上述 8 种不同情况，在符合的情形前括号内划“√”。

附件 9

交通行政许可决定书

编号：

______________________________：

你于________年________月________日提出____________________申请。

经审查，你提交的申请材料齐全，符合____规定的条件、标准，根据《行政许可法》第三十四条第一款、第三十八条第一款的规定，决定准予交通行政许可，准予你依法从事下列活动：____。

本机关将在作出本决定之日起 10 日内向你颁发、送达____证件。

（印章）

年　　月　　日

附件 10

不予交通行政许可决定书

编号：

______________________________：

你于________年________月________日提出____申请。

经审查，你的申请存在____问题，不符合______________________________________的规定，根据《行政许可法》第三十八条第二款的规定，决定不予交通行政许可。

申请人如对本决定不服，可以在收到本决定书之日起60日内向________申请复议，也可以在收到本决定书之日起三个月内直接向人民法院提起行政诉讼。

（印章）

年　　月　　日

附件 11

交通行政许可听证公告

编号：

________________________________于______年________月________日提出____的申请。

经审查，该申请事项属于：

(　)1.根据法律、法规、规章规定应当听证的事项；

(　)2.本机关认为该申请事项涉及公共利益，需要听证。

根据《中华人民共和国行政许可法》第四十六条的规定，拟举行听证，请要求听证的单位或者个人于________年________月________日前向本机关登记，并提供联系电话、通讯地址、邮政编码。逾期无人提出听证申请的，本机关将依法作出交通行政许可决定。

本机关地址________________________________。

联系人及联系方式________________________。

特此公告。

（印章）

年　　月　　日

注：根据上述两种不同情况，在符合的情形前括号内划"√"。

附件 12

交通行政许可告知听证权利书

编号：

________________________：

(申请人)_______________________________于________年________月________日提出____________________________的申请。经审查，该申请事项可能与你(单位)有重大利益关系。根据《中华人民共和国行政许可法》第四十七条的规定，现将该申请事项告知你(单位)，你(单位)可以要求对此申请举行听证。接到该通知书之日起5日内如未提出听证申请的，视为放弃此权利。

本机关地址__________________________________。

联系人____________________________________。

联系方式___________________________________。

特此告知。

附：申请书及必要的相关申请材料(复印件)

(印章)

年　　月　　日

54.关于印发《2005年全国干线公路养护与管理检查实施方案》的通知

（2005年7月25日　交通部　交公路发〔2005〕325号）

各省、自治区、直辖市交通厅（委），天津市市政工程局，上海市市政工程管理局：

为保证2005年全国干线公路养护与管理检查（以下简称全国检查）工作的顺利进行，根据《关于开展2005年全国干线公路养护与管理检查工作的通知》（厅公路字〔2004〕391号）的要求，部制定了《2005年度全国干线公路养护与管理检查实施方案》（以下简称《方案》），现印发你们。请按照《方案》的有关要求，认真准备和整理相关资料，确保检查工作圆满完成。

希望各单位以此次全国检查为契机，对本辖区"十五"公路养护与管理工作进行系统总结，认真查找工作中存在的问题，研究探索"十一五"公路养护与管理工作发展思路。

附件：1.2005年全国公路检查互检方案

2.2005年全国公路检查相关数据

3.2005年全国公路检查管理规范化检查评分表

4.2005年全国公路检查路况评分标准

5.2005年全国公路检查管理规范化评分标准——宏观要求

6.受检省份公路养护与管理工作简要评价表

2005年全国干线公路养护与管理检查实施方案

为保证2005年全国干线公路养护与管理检查(以下简称全国检查)工作的顺利进行,根据《关于开展2005年全国干线公路养护与管理检查工作的通知》(厅公路字2004[391]号)的要求,制定本方案。

一、检查的范围和内容

全国所有国省干线公路和高速公路均属本次检查的范围。检查内容包括公路路况和管理规范化两部分。其中路况检查以路面平整度为评价指标;管理规范化检查以服务与保畅,公路和桥梁养护工作开展情况,路网改造计划执行情况,路政管理和收费公路管理等为重点。

二、检查的步骤和方法

(一)公路路况检查

公路路况检查由《2005年全国公路检查互检方案》(见附件1)检查组组长单位组织,参检单位、交通部公路工程检测中心和受检省份配合完成。路况检查原则上在管理规范检查之前完成,具体时间待组长单位最终确定管理规范化检查时间后,与交通部公路工程检测中心商定,并通知参加单位和受检省份。部将视情况派员参加路况检查。

组长单位全面负责路况检查工作,主要参与现场检测并进行监督、抽取检测路段和安排检查行程、封存检测结果等。参检单位、交通部公路工程检测中心协助检查组长单位工作,其中,交通部公路工程检测中心主要负责检测设备标定、参与现场检测、检测资料的整理、编写检测报告等相关工作。受检省份应当做好检测车辆准备、现场检测安排、安全保障等相关工作。具体检查步骤及有关要求如下:

1.检测设备提供与标定。所有受检省份统一采用车载式断面类平整度检测车作为路况检测设备。受检省份应在现场检测前准备好检测车辆,并对其进行必要的检修,确保现场检测工作的顺利进行。部公路工程检测中心应在现场检测工作开始前,完成检测设备的标定工作,并做好有关记录。

2.随机抽取检查路线。普通干线公路路况检查里程约为受检省份干线公路总里程的10%,且里程不少于500公里,国省道比例约为7:3;高速公路路况检查以2002年底前通车运行的为主,里程约为本辖区高速公路总里程乘以高速公路的权重(计算方法见评分办法及标准部分),且里程不少于250公里。各地检查里程见《2005全国公路检查相关数据》(见附件2)。

具体检查路段由检查组长单位和参检单位派赴现场的人员从部公路司提供的路线明细中随机抽取,抽取里程不得少于规定的检查里程。

3.现场检测与数据提交。组长单位、参检单位和交通部公路工程检测中心根据抽取的检查路段,按照检查时间最短的原则,合理安排检测行程。普通公路检测最内侧车道,高速公路检测内侧向外数第二条车道。任一抽检路段的检测任务结束后,组长单位和参检单位派赴现场人员应立即将该路段的检测结果封存,待完成全部检测路段的检测后,再统一封存,由交通部公路工程检测中心派赴现场的检测人员提交给部公路司,并由部公路司依据评分标准统一计算评定分数。

此外,组长单位、参检省份派赴现场的人员还应注意收集与规范化检查评分标准相关的资料,如收费服务、保畅、养护施工组织、路容路貌、便民服务等相关内容,并将有关情况告管理规范化检查组。

(二)管理规范化检查

管理规范化检查组由路况检查的组长省份和参检省份有关人员组成,每个省份的管理规范化检查时间原则上控制在7天以内,检查建议时间见《2005年全国公路检查互检方案》(见附件1)。承担检查任务的组长省份、参检单位按照部建议的检查时间,与受检省份商定具体检查时间,并于检查前两周将检查组组成人员名单及有关安排报部公路司。我部将视情况派员参加检查组。具体检查步骤及要求如下:

1.资料准备。

——汇报材料。主要内容包括:一是本辖区"十五"期间公路养护与管理工作开展情况,包括公路管理体制改革、养护运行机制改革、公路养护、桥梁养护、路网结构改造、农村公路养护管理、路政管理、收费公路管理、高速公路管理、对外服务、公路管理信息化和行业精神文明建设等;二是"十五"期间公路养护与管理工作的主要成效和经验;三是存在的问题和建议。

——根据管理规范化检查评分标准所列项目,准备相关的文件、制度、技术资料和监督检查资料等。

——标有路线编号、主要桩号点、收费站、服务区、超限检查站等基本信息的本辖区干线公路图。

2.受检省份汇报。受检省份向检查组汇报"十五"期间本辖区公路养护与管理工作基本情况。

3.内业检查(省级)。检查组根据检查标准查阅受检省份相关资料,重点对相关规章制度、服务及保畅措施、养护资金安排、管理体制、行业管理力度、部路网改造计划执行情况、部补助资金的使用、公路养护管理及相关技术资料等情况进行检查。并与相关人员座谈了解有关情况,初步对部分检查项目进行评分。

4.确定受检地市和高速公路管理单位。检查组在完成内业检查和初步评分后,根据各地市国省干线情况、行程及高速公路管理单位等综合因素随机确定2~3个地市和4~5个高速公路路段管理单位(省的下一级单位。有收费经营公路的,至少包含1~2个收费经营高速公路公司或分公司)作为重点受检单位。检查组也可视检查需要或行程安排对其他单位的有关工作进行抽查。

5.检查受检地市。受检地市向检查组汇报本地区"十五"期间公路养护与管理工作基本情况(汇报内容参照省级汇报内容)。检查主要内容:

——受检地市公路养护与管理工作的开展情况。

——核实路网改造计划是否按照省主管部门下达的计划执行。检查计划执行文件并实地抽查项目执行情况。实地抽查项目原则上由部检查组根据检查行程随机选取两条国道、一条省道作为检查对象,路线上所有路网改造项目均为受检内容。

——路网改造项目的实施和工程管理是否符合有关规定。

——前往受检地市途经公路以及受检地市公路的总体路容、路貌。

——收费站、超限运输检查站和路政大队(途经也可,各至少两个)的管理规范化情况。

——省提供的相关技术资料是否与受检地市的技术资料相一致。

——相关规章制度的落实情况。

此外,检查组还要结合检查行程,实地了解农村公路养护与管理工作的开展情况。

6.检查受检高速公路管理单位。向检查组汇报本单位"十五"期间或自成立以来公路养护与管理工作基本情况。检查主要内容:

——检查服务区、收费站和路政大队(途经也可,各至少两个)的规范化管理情况。收费站应以交通流量最大的干线公路主线站为主。

——养护质量评定情况(重点检查受检路段近两年来的质量检评资料)。

——养护工程投入及组织实施情况(检查养护工程计划制定、是否及时到位,以及是否按相关规定程序进行管理)。

——服务及交通保障情况。

——省级主管部门相关规章制度的落实情况。

7.召开座谈会。检查组视情况与受检省、地市、县级交通主管部门和公路管理机构、高速公路管理单位、地市、县级人民政府有关部门进行座谈(可分批)。听取各单位对"十一五"公路养护与管理工作的建议,了解目前公路养护与管理工作(含农村公路)存在的问题,共同探讨加强行业管理,提高公路服务水平的措施。

8.检查组总结。根据内业、外业检查情况,检查组集体按检查项目逐项商定最终评定分数,逐项说明评分理由并填写《2005年全国公路检查管理规范化评分表》(式样见附件3),逐项收集必要的评定依据资料。

9.检查组与受检省份交换意见,检查结束。

三、评分办法及标准

普通干线公路和高速公路分别以满分1000分计,其中:路况检查部分600分;管理规范化部分400分。

(一)总评分评分办法

公路检查总评分为普通干线公路与高速公路的评分加权合计值,总评分 = 高速公路评分 × X + 普通干线公路评分 × Y。其中:高速公路权重 X = 高速公路总里程 × 4/(普通干线公路总里程 + 高速公路总里程 × 4) × 100%;普通干线公路权重 Y = 100% − X。各省份权重值见附件1。

(二)普通干线和高速公路评分办法

普通干线公路评分 = 普通干线公路路况检查评定分数 + 普通干线管理规范化评定分数;高速公路评分 = 高速公路路况检查评定分数 + 高速公路管理规范化评定分数。

(三)公路路况检查评分办法和评分标准

路况检查评分按普通干线公路和高速公路分别进行评定,具体方法为按《2005年全国公路检查路况评分标准》(见附件4)和各省份各路段检测所得IRI值进行评定。IRI值全国最低的为满分600分,第二名为590分,其余按10分的差值依次递减,第三十一名为300分。评定分数的计算由我部负责。

(四)管理规范化评分办法和评分标准

管理规范化评分由检查组进行评定(部分项目由我部评定),评分分三部分,一是宏观要求;二是普通干线公路;三是高速公路。

普通干线公路管理规范评定分数 = 宏观要求评定分数 + 普通干线公路评定分数;高速公路管理规范评定分数 = 宏观要求评定分数 + 高速公路评定分数。评分标准见《2005年全国公路检查管理规范化评分标准》(见附件5)。

四、检查组向部提交的资料要求

(一)路况检查资料

路况检查结束后,检查组应按本方案关于路况检查的有关要求提交资料,并附相关设备的标定、检测过程等基本情况资料。

(二)管理规范化检查资料

管理规范化检查应在检查结束的四周内向部公路司提交相关材料及检查情况报告。

1.相关资料包括以下基本内容:

——2005年全国公路检查管理规范化检查分数评定表(附件3);

——受检省份、地市、高速公路管理单位汇报材料;

——受检省份相关法规、规章、规范性文件;

——受检省份公路养护与管理工作简要评价表(见附件6);

——其他必要的评分依据材料。

2.检查情况报告应包括以下基本内容:

——检查的基本情况(包括检查的省份、受检地市、受检高速公路单位,以及检查里程、收费站、超限检测站、服务区数量等);

——受检省份近年来公路养护管理工作的好措施、好方法;

——检查中反映出的当前公路养护管理工作中存在的主要问题;

——对进一步加强公路养护与管理工作(含农村公路)的建议;

——对这次检查的看法和建议。

五、工作要求

1.各地要以这次全国检查为契机,对本辖区"十五"公路养护与管理工作进行系统总结,认真查找工作中存在的问题,研究探索"十一五"公路养护与管理工作发展思路。同时,对照全国检查相关标准,认真准备和系统整理相关的资料。

2.公路路况检查由组长单位、参检单位和交通部公路工程质量检测中心分别选派熟悉路况检测业务的人员1~2人组成。

管理规范化检查由组长单位和参检单位派员组成。组长由组长单位的分管厅(局、委)领导担任,副组长分别由组长单位和参检单位的公路管理机构分管局(处)领导担任。检查组成员应由熟悉养护、路政、收费、计财的同志组成,人数原则上控制在8人以内,具体由组长单位确定。

3.检查组在检查工作中,要严肃、认真、负责,并客观公正地对受检单位进行评价。检查过程中,要严格遵守不准向受检省份泄露具体分数;不准向受检单位提出任何与检查工作无关的要求;不准收受、索要礼品;不准参加受检省份安排的娱乐活动;不准借检查机会游览风景名胜等"五不准"工作纪律。如有违反者,一经查实,将依照相关规定对当事人进行严肃处理。

4.各省份要严格执行有关廉政规定,按照"一切从简"的原则认真做好全国检查的接待工作。检查过程中,严格遵守上路检查车辆不准超过3辆;不准向检查组成员赠送礼品;不准安排公款支出性质的娱乐活动;不准超标准安排食宿和含酒精的饮品;不准在行政区交界处举行迎送仪式;不准设置迎检的标语、横幅或插放彩旗;不准警车开道、车队扰民;不准安排游览风景名胜等"八不准"工作纪律。违反以上规定的,部将扣减评定分数,并予以通报批评。

5.为迎接全国检查而伪造文件、资料,或私自调整测量设备、篡改检测记录等行为,均视为严重违反检查纪律行为。一经查实,将取消公路检查资格,并予以通报批评。

附件 1

2005 年全国公路检查互检方案

检查组组长单位	参检单位	受检单位	管理规范化检查建议时间
北京	浙江	吉林	9 月中旬 ~ 9 月底
天津	河南	上海	10 月中旬 ~ 10 月底
河北	海南	江苏	10 月中旬 ~ 10 月底
山西	广东	安徽	10 月中旬 ~ 10 月底
内蒙古	吉林	河南	10 月中旬左右
辽宁	江苏	北京	10 月中旬左右
吉林	安徽	河北	10 月中旬左右
黑龙江	江西	宁夏	10 月中旬左右
上海	山西	山东	10 月中旬左右
江苏	山东	天津	9 月中旬 ~ 9 月底
浙江	辽宁	广东	11 月初 ~ 11 月中旬
安徽	北京	重庆	10 月中旬左右
福建	黑龙江	山西	9 月中旬 ~ 9 月底
江西	内蒙	新疆	9 月上旬 ~ 9 月中旬
山东	上海	辽宁	9 月中旬 ~ 9 月底
河南	河北	福建	10 月中旬 ~ 10 月底
湖北	天津	浙江	10 月中旬 ~ 10 月底
湖南	云南	陕西	9 月中旬 ~ 9 月底
广东	甘肃	湖北	10 月中旬左右
广西	重庆	黑龙江	9 月中旬 ~ 9 月底
海南	新疆	湖南	10 月中旬左右
重庆	福建	云南	9 月中旬 ~ 9 月底
四川	青海	内蒙古	9 月中旬 ~ 9 月底
贵州	宁夏	西藏	9 月上旬 ~ 9 月中旬
云南	湖南	青海	9 月上旬 ~ 9 月中旬
西藏	广西	甘肃	9 月中旬 ~ 9 月底
陕西	四川	广西	11 月初 ~ 11 月中旬
甘肃	贵州	江西	11 月初 ~ 11 月中旬
青海	陕西	贵州	10 月中旬 ~ 10 下旬
宁夏	西藏	海南	11 月初 ~ 11 月中旬
新疆	湖北、	四川	10 月中旬左右

说明：1. 组长单位应于检查前两周与受检单位、参检单位商定管理规范化检查日期，并将检查组组成名单报部公路司。

2. 除非管理规范化检查时间与受检单位作为组长单位外出检查发生冲突，建议检查时间不得随意调整。确需调整，应掌握在前后 7 天左右。

3. 组长单位可视本省份工作安排，商请受检单位调整管理规范检查派出人员。

4. 组长单位应根据管理规范检查标准明确检查组成员的具体分工，分数评定时应集体公开商定和评议。

附件 2

2005 全国公路检查相关数据

项目	编号	总计	国道	省道	高速公路	干线合计	普通干线	高速×4	基数	权重(%)		路况检查里程			检查里程占干线总里程(%)	国省干线公路中二级及以上公路所占比例(%)	国省干线公路中高级、次高级路面铺装率(%)
		公里	公里	公里	公里	公里	公里	公里	公里	普通	高速	小计	高速	普通			
		1	2	3	4	5	6	7	8	9	10	11	12	13	14		
总计	1	1870659	129815	227869	34287	357684	323397	137146	460543	70	30	41950	12250	29700	12	60.04	88.71
北京	2	14630	984	1853	525	2836	2311	2100	4411	52	48	750	250	500	26	62.42	100.00
天津	3	10514	747	1718	517	2466	1948	2069	4017	49	51	750	250	500	30	87.46	99.60
河北	4	70198	5763	11806	1705	17570	15865	6818	22684	70	30	1800	500	1300	10	72.92	98.49
山西	5	65813	4140	8997	1347	13137	11790	5387	17177	69	31	1600	400	1200	12	71.96	94.64
内蒙古	6	75976	7038	9985	491	17023	16532	1965	18497	89	11	1550	250	1300	9	41.10	89.34
辽宁	7	52415	4841	7890	1637	12731	11094	6547	17641	63	37	1700	600	1100	13	80.18	98.48
吉林	8	46796	3339	4003	542	7342	6799	2170	8969	76	24	1050	250	800	14	72.56	87.67
黑龙江	9	66821	5001	8173	722	13174	12452	2888	15340	81	19	1500	300	1200	11	53.18	61.51
上海	10	7805	316	995	485	1310	826	1939	2765	30	70	750	250	500	57	94.55	100.00
江苏	11	78262	3336	7425	2423	10762	8339	9691	18030	46	54	1900	1000	900	18	93.55	99.25
浙江	12	46935	2829	5514	1475	8343	6868	5900	12768	54	46	1400	600	800	17	75.28	98.68
安徽	13	71783	3230	7562	1294	10792	9498	5178	14676	65	35	1450	450	1000	13	82.32	99.47
福建	14	56208	2998	5707	1043	8706	7663	4171	11834	65	35	1300	400	900	15	63.58	95.08
江西	15	61860	4503	6635	1425	11137	9712	5702	15414	63	37	1500	500	1000	13	71.22	92.43
山东	16	77766	5396	16532	3033	21928	18895	12134	31028	61	39	2500	1000	1500	11	91.55	100.00

续上表

项目	编号	总计	国道	省道	高速公路	干线合计	普通干线	高速×4	基数	权重(%)		路况检查里程			检查里程占干线总里程(%)	国省干线公路中二级及以上公路所占比例(%)	国省干线公路中高级、次高级路面铺装率(%)
		公里	公里	公里	公里	公里	公里	公里	公里	普通	高速	小计	高速	普通			
		1	2	3	4	5	6	7	8	9	10	11	12	13	14		
河南	17	75719	4885	15049	1759	19934	18176	7034	25210	72	28	2000	500	1500	10	75.42	94.09
湖北	18	89673	4469	11060	1353	15529	14176	5412	19588	72	28	1700	400	1300	11	85.74	95.45
湖南	19	87875	5030	8761	1218	13791	12573	4873	17445	72	28	1550	350	1200	11	45.16	92.08
广东	20	111452	5387	14129	2519	19517	16998	10077	27075	63	37	2300	1000	1300	12	75.84	97.95
广西	21	59704	5245	6098	1157	11343	10186	4629	14815	69	31	1350	350	1000	12	53.22	92.41
海南	22	20873	1290	1975	625	3265	2640	2501	5142	51	49	750	250	500	23	60.82	86.77
重庆	23	32344	1861	4039	714	5900	5186	2858	8043	64	36	750	250	500	13	61.55	87.15
四川	24	113043	6614	11965	1758	18579	16821	7033	23853	71	29	1900	500	1400	10	44.82	80.93
贵州	25	46128	3270	7222	413	10492	10079	1651	11730	86	14	1150	250	900	11	26.20	84.19
云南	26	167050	6507	9858	1291	16365	15074	5165	20239	74	26	1500	400	1100	9	21.07	82.27
西藏	27	42203	5625	6222	0	11847	11847	0	11847	100	0	1200	0	1200	10	5.29	20.68
陕西	28	52720	4649	5480	976	10129	9153	3905	13058	70	30	1200	300	900	12	52.52	96.81
甘肃	29	40751	5517	6011	687	11528	10840	2750	13590	80	20	1400	300	1100	12	43.77	86.91
青海	30	28059	4295	3595	171	7890	7719	684	8403	92	8	950	150	800	12	42.88	87.90
宁夏	31	12456	1596	1570	549	3166	2617	2195	4812	54	46	750	250	500	24	67.46	99.35
新疆	32	86824	9112	10038	431	19150	18719	1723	20442	92	8	1650	250	1400	9	36.33	78.31

说明:1.权重计算方法:普通干线公路或高速公路里程×4/(普通干线公路里程+高速公路里程×4)×100%。

2.普通干线公路里程=国道+省道-高速公路里程。

3.除个别省份外(里程短或高速公路比例高),检查里程控制在干线公路总里程的10%~20%。

4.高速公路检查里程约为本省份高速公路里程乘以其权重。普通干线公路检查里程约为其总里程的10%。

5.干线公路里程为国道+省道的合计值。

附件3

2005年全国公路检查管理规范化检查评分表

——宏观要求部分(式样)

受检单位名称:

检查组组长单位: 参检单位: 检查日期:

检查组成员名单:

具体内容	项目编号	总评分 100	实际得分	评分主要理由及依据
检查的主要数据	检查行程、抽查里程、收费站、服务区、路政大队、道班、超限检查站等			
行业管理	1.1	10		本项应要求受检省份提供其公路管理体制的组织机构图,高速公路和普通公路应在一张图上表示,垂直管理为实线,行业管理为虚线(可按人事和财务两方面)。检查组通过该图不能清楚掌握其管理体制的,可要求受检省份进一步完善。该图作为评分表附件由检查组报部
	1.2	10		
法规建设	2.1	20		
	2.2			类似项目检查组应收集该法规作为评分表的附件
	2.3			
	2.4			
发展规划	3.1	5		类似项目检查组应收集规范性文件作为评分表的附件
公路网技术状况	4.1	4		
	4.2	6		
公路养护资金	5.1	20		类似项目检查组应按年度收集相关数据作为评分表的附件
检查组织	6.1	5		类似项目应对存在问题作简要说明
	6.2	5		
	6.3	5		
其他	7.1	5		总体评价均应简要说明
	7.2	5		

检查组组长签字: 检查组副组长签字:

说明:1.评分项目涉及法规、规范性文件的,应作为评分表的附件。

2.应对评分各等级的原因或依据作简要说明。

3.评分项目涉及养护资金数据、养护工程安排、计划执行情况等数据,为部重点掌握数据,应分年度收集、整理相关数据,并作为评分表的附件,以便部汇总。

4.普通干线公路、高速公路部分也应参照本式样逐项说明。

附件 4

2005 年全国公路检查路况评分标准

一、普通干线公路 IRI 计算方法

(一)任一检测路段 IRI 计算方法

断面类车载式平整度检测车每百米输出一个 IRI 值,任一检测路段的 IRI 计算值为该路段所有每百米 IRI 值的算术平均值。当该路段 IRI 均值≤3.5 时,取 IRI 值为 3.5;

(二)受检省份 IRI 计算方法

按每个路段检测的 IRI 平均值再进行加权平均。计算公式为:

$$\mathrm{IRI}_{全省} = (L_1 \cdot \mathrm{IRI}_1 + L_2 \cdot \mathrm{IRI}_2 + \cdots + L_N \cdot \mathrm{IRI}_N)/L$$

式中:$\mathrm{IRI}_{全省}$——全省 IRI 加权平均值;

L_1、…、L_N——第 1 至第 N 个抽检路段的里程;

IRI_1、…、IRI_N——第 1 至第 N 个抽检路段的 IRI 算数平均值;

L——受检省份抽检路段总里程,$L = L_1 + L_2 + \cdots + L_N$。

二、高速公路 IRI 计算方法

(一)任一检测路段 IRI 计算方法

断面类车载式平整度检测车每百米输出一个 IRI 值,任一检测路段的 IRI 计算值为该路段所有每百米 IRI 值的算术平均值。当该路段 IRI 均值≤2.0 时,取 IRI = 2.0;

(二)受检省份 IRI 计算方法

同普通干线公路计算方法。

三、路况检查分数评定

根据受检省份的普通干线公路和高速公路的 IRI 加权平均值分别计算相应结果,全国最低的为满分 600 分,第二名为 590 分,其余按 10 分的差值依次递减,第三十一名为 300 分。

说明:

1.现场检测时,检测车辆必须按《2005 年全国干线公路养护与管理检查实施方案》所规定车道的正常行车轨迹行驶,检测速度应尽量保持在 40 ~ 90km/h 的范围内;

2.遇有车速不能满足行车速度要求或路面设有强制性减速设施、振动标线等影响测试数据的路段,应剔除相应数据;

3.如抽检路段现场遇特殊情况(如施工、交通堵塞等),测试里程应在检测路线上顺延;

4.受检单位应采取有效措施保证检测车辆的正常行驶速度及测试人员和车辆的安全。

附件 5

2005 年全国公路检查管理规范化评分标准——宏观要求

检查项目	项目编号	总评分 100	实际得分	检查内容	评分标准和说明
行业管理	1.1	10		省级交通主管部门或公路管理机构对普通干线公路的行业管理力度和监管水平	可从管理体制、养护工程计划调控能力、监督检查力度等方面进行检查。优秀为满分,良好为 5 分,一般为 3 分
	1.2	10		省级交通主管部门或其指定的行业管理机构对高速公路管理力度和监管水平	行业管理力度较大,监管到位为满分,一般为 5 分,行业管理难度大,监管难以到位为 3 分
法规建设	2.1	20		公路管理法制化进程。主要以省级人大、人民政府出台的公路管理方面的地方法规、规章情况进行考核	《公路法》出台后,出台了配套实施办法或公路管理条例为 5 分,否则为 0 分
	2.2				出台了针对收费公路管理的专项法规为 5 分,否则为 0 分
	2.3				《公路法》出台后,出台了针对路政管理的专项法规为 5 分,否则为 0 分
	2.4				出台了针对高速公路管理的专项法规为 5 分,否则为 0 分
发展规划	3.1	5		“十五”公路养护与管理工作发展规划或纲要制定情况	检查省交通主管部门的规范性文件。有规划或纲要则为 5 分,否则为 0 分
公路网技术状况	4.1	4		国省干线公路中二级及以上所占比例	以《2004 年全国公路统计年报》数据为准。80%以上为满分,70%以上为 3 分,60%以上为 1 分
	4.2	6		国省干线公路中水泥、沥青路面所占比例	98%以上为满分,90%以上为 5 分,80%以上为 3 分
公路养护资金	5.1	20		“十五”前四年汽车养路费用于小修保养、大中修(含安保工程等专项工程)资金占公路养路费决算数比例	以“十五”前四年汽车养路费支出决算为准计算。所得分数为百分比乘以 35,最高为 20
检查组织	6.1	5		检查组织情况	组织出色,能够提供全面、翔实的资料为满分,良好为 3 分。如果检查组织问题较多,资料整理混乱,评分可以为 0 分
	6.2	5		全国检查“八不准”工作纪律执行情况	违反任一条纪律评分均为 0 分
	6.3	5		能够按实施方案要求组建检查组,圆满完成全国检查任务	部根据各地派出的检查组是否符合要求和全国检查任务完成情况确定
其他	7.1	5		检查组对受检省份养护与管理工作的总体评价	从重视程度、行业管理力度、规范化水平等方面进行评价。优秀为满分,良好为 3 分,一般为 1 分
	7.2	5		能够按相关规定完成交通部交办的工作	部根据“十五”期间各地完成部交办工作情况确定

附件 6

受检省份公路养护与管理工作简要评价表

受检单位名称：　　　　　　　　　　　　检查组组长单位：

检查组成员名单：　　　　　　　　　　　参检单位：

项　目	值得肯定或向全国推广的经验	存在的主要问题或不足
公路管理体制		
行业管理力度和手段		
公路养护资金投入		
公路养护工程管理		
养护运行机制改革		
普通公路对外服务		
高速公路对外服务		
收费公路行业管理		
桥梁养护		
路政管理		
公路管理信息化		
行业精神文明建设		
其他		

检查组组长签字：

说明：1.对受检单位进行简要评价，可以综述，也可以 1、2、3……形式作简要评价。

2.受检单位其他突出的经验或问题在其他栏目中予以说明。

55.关于表彰“十五”全国干线公路养护管理先进单位的决定

（2006年4月19日　交通部　交公路发〔2006〕171号）

各省、自治区、直辖市交通厅(委)，上海市市政工程管理局，天津市市政工程局：

为表彰先进，促进“十一五”全国公路养护管理工作再上新台阶，根据2005年全国干线公路养护管理工作检查结果，交通部决定授予山东、江苏、河北、辽宁、山西、吉林、浙江、河南、广东省、新疆自治区交通厅，北京市交通委员会、上海市市政工程管理局等12个单位“十五全国干线公路养护管理先进单位”荣誉称号，并颁发证书和奖牌。

希望受到表彰的单位发挥先进表率作用，珍惜荣誉，再接再厉，促进公路养护与管理工作更快更好发展。希望全国各级公路管理部门向先进学习，以提高公共服务能力和服务水平为重点，以构建“更畅通、更安全、更和谐、更高效”的公路网络为目标，与时俱进、开拓创新，扎实工作，努力开创公路养护管理工作新局面。

56.关于“十五”全国干线公路养护管理工作检查情况的通报

（2006年4月20日　交通部　交公路发〔2006〕173号）

各省、自治区、直辖市交通厅（局、委），天津市市政工程局，上海市市政工程管理局：

为总结“十五”全国公路养护与管理工作经验，研究“十一五”公路养护与管理发展思路，2005年9~11月，部组织了“全国干线公路养护与管理检查”（以下简称“全国公路检查”），并对109、202国道文明样板路进行了验收。现将有关情况通报如下：

一、基本情况

本次“全国公路检查”历时近3个月，共有261名各领域专家直接参加，分别对高速公路和普通干线公路进行检查，检查里程约19.6万多公里。检查内容分路况检测、管理规范化检查两大部分。在路况检测方面，共随机抽测路面平整度4.3万公里（西藏自治区因60年大庆未检测），其中高速公路（均为2002年年底前通车）1.2万公里，占同期总里程的49%；普通国省干线公路3.1万公里，占总里程的9.5%。在管理规范化检查方面，检查了31个省（区、市）省级交通主管部门、110个地市公路管理机构、117个高速公路管理单位的管理内业。对行业管理力度、法规和制度建设及执行情况、公共服务能力建设、公路养护管理规范化水平、养护工程开展情况等进行了评价；抽检了196段国道、127段省道的路网改造计划执行情况和路容路貌；抽审了105个收费站531个高峰时段/5300分钟收费广场监控录像，1083人/5.4万车次的收费情况监控录像，检查收费堵塞情况和收费服务态度；对724个路政执法人员进行了执法知识提问；随机抽检了225个收费站、79个服务区、154个路政大队、103个超限检查站。

根据各检查组提交的路况检测结果和管理规范化评分表以及《2005年全国干线公路养护与管理检查实施方案》的有关规定，部公路司对评分情况进行了汇总，并按总评分、普通公路和高速公路的得分分别进行了排名（见附件）。

此外，经检查组评定，109、202国道文明样板路均达到了创建标准。从验收情况看，北京市、河北省、辽宁省在创建过程中，突出了安全与畅通相结合，公路与环境相和谐，创建成效显著，交通事故死亡率、经济损失明显下降，得到了当地政府和人民群众的高度评价。

二、“十五”全国公路养护管理工作取得的主要成绩

检查结果表明：当前，全国干线公路养护质量和管理水平处于历史最好时期，全国公路系统的公共服务意识明显提高，公路养护工作得到进一步的加强，重建轻养倾向得到初步改善。主要体现在：

一是整体路况水平明显改善。从抽查的4.3万公里的平整度看，高速公路的平均IRI值（国际平整度指数）为1.8，普通干线公路的平均IRI值为2.9，按照公路养护技术状况评定标准评价，均达到了“优秀”路况的标准，较“九五”的路况水平明显提高。

二是“重建轻养”有所改变，养护投入增加。“十五”期间，全国有19.96万公里的干线公路进行了大中修，年平均大中修比例为13.6%。其中，北京、天津、山西、上海、江苏、浙江、山东、河南、广东、宁夏等省（区、市）大中修比例达18%以上，实现了部《2001~2010年公路养护与管理工作发展纲要》中规定的上限要求。“十五”前四年，全国共投入886亿元用于公路养护(不含改建工程)，占同期养路费总收入的49.5%。其中，江苏、北京、吉林、浙江、湖南、山西、新疆、广东、湖北、西藏等省(区、市)的养护投资占养路费总收入的60%以上。与“九五”相比，“十五”投资力度明显加大。

三是路网结构改造工程效果明显。“十五”期间，以“消除隐患、珍视生命”为主题的安全保障工程，以“桥梁安全责任重于泰山”为主题的危桥改造工程，以“畅、洁、绿、美”为主题的GBM工程与文明样板路建设得到各级交通主管部门广泛认同。全国共改造危桥7665座/55.3万延米，整治交通安全隐患21万处/6.1万公里，实施GBM工程4.2万公里，创建国道文明样板路1.8万公里。路网改造工程，特别是“十五”开始实施的安保工程和危桥改造工作，对改善路网结构，提高公路安全和服务水平，提升行业形象起到了巨大的促进作用。

四是法制建设进一步得到加强。全国各省(区、市)共制定69项涉及公路管理的地方性法规。其中，《公路法》出台后，14个省(区、市)出台了公路管理条例或实施办法，20个省(区、市)制定了路政管理条例。同时，还有16个省(区、市)制定了收费公路管理办法，19个省(区、市)制定了高速公路管理专项法规。公路法制建设取得了可喜成绩。

五是高速公路行业监管力度加大。这次检查中有17个省(区、市)对高速公路的监管力度得到了检查组认可，达到优秀；13个省(区、市)高速公路收费实现联网；14个省(区、市)实现部分路段联网收费；12个省(区、市)按照部颁《高速公路养护质量检评方法》的有关要求，切实加强了高速公路路况的监管；19个省(区、市)对高速公路养护质量提出了明确量化指标，并按此进行监管，有效保证了服务水平。

六是服务意识和服务能力明显提高。部在“十五”初提出的“以人为本、以车为本”公路养护管理工作新理念得到深入贯彻。22个省(区、市)的公路局(处)、21个省(区、市)的高速公路管理单位开展了向社会发布路况信息的相关工作；24个省(区、市)实现普通收费公路“收费限时”承诺；25个省(区、市)实现高速公路“收费限时”承诺；23个省(区、市)严格执行《公路养护作业安全操作规程》，减少养护施工对交通的影响；21个省(区、市)按部和国家发改委《关于降低车辆通行费收费标准的意见》(交公路发〔2004〕622号)的要求降低了高速公路收费标准；28个省(区、市)认真贯彻执行《公路监督检查专用车辆管理办法》，采取有效措施加强车辆使用的规范管理，树立了良好的社会形象。

三、检查发现的主要问题

一是高速公路的行业管理工作亟待加强。部分省(区、市)的省级交通主管部门难以对经营性高速公路形成有效监管，《收费公路管理条例》赋予的管理手段得不到贯彻落实。个别省(区、市)行业内部缺乏对高速公路的统一协调，造成相关制度不能完全落实，管理规范化水平亟待提高。

二是重建轻养现象仍然存在。近年来，在高速公路和农村公路快速发展的同时，一些地方对普通公路养护与管理工作有所忽视，“重建轻养、弃养待建”等现象仍然存在。

三是养护资金投入仍显不足。“十五”期间，干线公路的大中修比例为13.6%，仅为《2001~2010年公路养护管理工作发展纲要》中确定的13%~18%的低限。全国公路养护工作总体上仍处于“被动管护”阶段，距“预防性养护”的良性循环还有较大差距。特别是公路养路费用于公路养护的比例与国务院办公厅出台的《农村公路养护管理体制改革方案》中所规定的80%存在较大差距。

四是公共服务能力有待进一步提高。“十五”期间公路设施虽然得到了较大的完善，行路难、出行不畅等问题得到初步解决。但是,与新形势下群众对公路交通的期望值仍有一定差距。特别是以提高服务水平为核心的公路管理信息化工作仍然任重而道远,公路养护工程施工管理的规范化水平还有待提高,行政执法、收费站等窗口单位的服务意识、服务手段仍需加强。

“十一五”期间,我国将进入公路养护高峰期。同时,随着经济社会的快速发展和人民生活质量的提高,社会与公众对公路交通“畅通、安全、和谐、高效”的服务要求越来越高,全国公路养护管理工作面临的任务将更加繁重与艰巨。各级交通主管部门一定要按照科学发展观的要求,进一步增强责任感和使命感,统筹公路建设和养护管理,采取切实有效措施不断加强和改进公路养护管理工作,为公路交通实现又快又好发展作出新贡献。

附件:全国干线公路养护管理检查排名表

全国干线公路养护管理检查排名表

（前15名）

总评分		普通公路		高速公路	
名次	省份	名次	省份	名次	省份
1	山东	1	山东	1	山东
2	江苏	2	河北	2	江苏
3	河北	3	江苏	3	浙江
4	辽宁	4	山西	4	辽宁
5	山西	5	辽宁	5	河北
6	吉林	6	吉林	6	四川
7	浙江	7	浙江	7	吉林
8	河南	8	河南	8	山西
9	广东	9	广东	9	宁夏
10	新疆	10	安徽	10	青海
11	安徽	11	新疆	11	湖南
12	陕西	12	内蒙古	12	河南
13	内蒙古	13	海南	13	湖北
14	青海	14	陕西	14	陕西
15	广西	15	广西	15	广西

全国干线公路养护管理检查直辖市排名表

（前2名）

总评分		普通公路		高速公路	
名次	直辖市	名次	直辖市	名次	直辖市
1	北京	1	北京	1	北京
2	上海	2	天津	2	上海

57.关于进一步做好农村公路管理养护体制改革的通知

(2006年7月28日　交通部、国家发改委、财政部　交公路发〔2006〕400号)

各省、自治区、直辖市交通厅(委)、发展改革委、财政厅(局),天津市市政工程局、上海市市政工程管理局:

为贯彻落实《中共中央国务院关于推进社会主义新农村建设的若干意见》(中发〔2006〕1号,以下简称中央1号文件)和《国务院办公厅关于印发农村公路管理养护体制改革方案的通知》(国办发〔2005〕49号,以下简称国办49号文件),进一步加强和规范农村公路养护管理工作,现就有关事宜通知如下:

一、高度重视,抓紧研究制订改革实施方案

加强农村公路养护管理工作,是一项复杂的系统工程,涉及面广,政策性强。各级交通、发展改革和财政部门要站在推进社会主义新农村建设的高度,充分认识农村公路管理养护工作的重要意义,进一步增强责任感和使命感,各负其责,密切配合,加强协作,按照中央1号文件及国办49号文件的要求,共同做好农村公路管理养护体制改革工作。

省级交通主管部门要在省级人民政府的统一领导下,负起主要责任,积极推动改革实施工作。省级发展改革、财政部门要密切配合,积极支持,确保改革的顺利进行。今年12月底前,各省(区、市)要研究提出适合本辖区的农村公路管理养护体制改革实施方案,并报交通部、国家发改委和财政部备案。同时,要积极研究提出符合本地实际的农村公路管理养护制度、技术规范、养护定额、质量评定标准和验收标准等行政、技术管理制度。通过建章立制,不断规范和加强农村公路管理养护工作。

二、精心组织,积极开展示范点创建工作

2006年各省(区、市)要视情况分别选择若干个地市(不设地市的选择县或区)作为示范点,建立农村公路养护管理长效机制的方法和途径,并在总结经验的基础上,制定将农村公路管理养护纳入国家支持范围的相关政策。各地在示范点建设过程中,要在国办49号文件所规定的政策范围内,结合本地实际情况,完善以县为主的农村公路管养体系,建立稳定的农村公路养护资金筹集渠道,健全相关规章制度,切实为建立农村公路养护管理长效机制提供示范。具体安排如下:

8月底前,要制定完成示范点工作方案,做好各项前期准备工作,并将方案报交通部、国家发改委和财政部备案。12月底前,集中精力做好示范点的组织和实施工作,并对示范点工作进行阶段性总结,针对示范点创建工作中存在的问题,及时完善相关政策措施,为全面推进农村公路管理养护体制改革工作奠定基础。交通部、国家发改委和财政部将联合成立督导组,选择部分重点地区进行跟踪和督查,并对落实情况差的省份予以通报。

三、深入研究,不断完善加强农村公路管理养护工作的政策措施

(一)落实责任,健全农村公路养护管理体系。

各省级交通、发展改革、财政部门在省级人民政府的统一领导下,要按照国办49号文件的总体要求,明确地方各级人民政府及有关部门的职责分工,进一步落实县级人民政府在农村公路养护管理工作中的主体地位,从根本上改变农村公路管养主体缺位、资金缺乏的突出问题。要充分发挥乡镇政府和村委会的积极性,把农村公路管养责任落实到位。经济条件比较好的乡镇要积极投入力量,共同做好农村公路管理养护工作。要在明确责任的基础上,按照科学、高效的原则,建立农村公路养护管理工作的有关协调、监管、考核机制,不断提高农村公路管理水平。

(二)保障投入,建立长期稳定的资金保障制度。

地方各级交通、发展改革和财政部门要积极做好农村公路养护资金的筹措工作。在制定农村公路管理养护政策时,要充分体现中央1号文件确定的"逐步把农村公路管理养护纳入国家支持范围"的要求,不断加大公共财政支持力度,确保农村公路的日常养护和正常使用,为农村公路养护管理的正常化、规范化提供强有力的资金支持。

一是省、地(市)、县、乡四级地方政府要统筹本级财政预算,安排必要的财政资金,保证农村公路正常养护。随着农村公路里程的增加和地方财力的增长,用于农村公路养护的财政资金要逐步增加。

二是要统筹公路建设和养护资金,确保公路养路费总收入在扣除征收成本、交警费用和水利建设基金后用于公路养护的资金比例不低于80%。交通、财政部门要加强管理和监督,结合当地实际,逐步落实汽车养路费用于农村公路养护的投资部分,集中用于农村公路的养护工程。要加强农村拖拉机、摩托车养路费的征收和使用管理,所收资金原则上全部用于农村公路养护。

三是要充分利用"一事一议"政策,采取以奖代补等多种方式,引导沿线村民投工投劳养护农村公路。同时积极鼓励包括受益企事业单位在内的社会捐赠资金用于农村公路养护。

省级交通主管部门要在农村公路普查的基础上,根据统一的统计标准与口径,确定本辖区需要列入养护范围的农村公路里程,建立农村公路养护管理数据库。同时会同有关部门对本辖区的农村公路管理养护成本进行全面测算,并以此为基础合理确定养护资金投入标准。

(三)健全机制,提高管理养护资金的使用效率。

地方各级交通主管部门和公路管理机构要合理配置干线和农村公路管理养护的技术、人员、设备等资源,充分利用现有资源开展农村公路养护管理工作,避免机构重复设置和人员膨胀,不得利用改革之机新增人员。要努力降低公路养护管理资金中人员经费的支出比例。农村公路日常养护工作,可以通过竞争方式承包给公路沿线的村民,促进农民就业和增收。鼓励通过竞争方式,将油路挖补和水泥路修补等小型养护工程捆绑承包给专业化养护队伍,实行合同管理、计量支付。鼓励干线公路、农村公路大、中修工程捆绑招标,面向社会公开择优选定具备资质条件的公路养护公司,充分发挥专业管理、施工、监理队伍在农村公路养护工作中的作用。

(四)分级负责,加大农村公路路政管理力度。

各级地方人民政府和交通主管部门应认真履行职责,按照统一领导、分级负责的原则,建立适合本省情况的农村公路路政管理模式,建立健全农村公路路政管理的有关规章制度,落实工作职责,明确工作机制,保障农村公路的完好、安全和畅通。乡村道路的路政管理工作可以结合养护管理工作,采取委托管理等多种方式,充分调动乡镇政府、村委会和沿线村民保护公路的积极性。

(五)切实加强农村公路管理养护资金监管。

各省级财政、交通、发展改革部门要按照有关规定和要求,研究制定农村公路管理养护资金管理办法，完善资金管理和监督制度，确保专款专用。同时，应按照有关规定，采取点面结合的方式，定期对农村公路管理养护资金使用情况进行监督检查。县级交通主管部门要切实履行职责，完善资金申请、拨付、使用等各个环节的工作制度，确保资金的使用效率和安全，并接受财政部门的监管。农村公路养护资金纳入国库集中支付改革范围的，按照国库集中支付的有关规定办理。

四、加强领导，密切配合，抓好组织实施

各级交通、发展改革和财政部门要在当地人民政府的统一领导下，建立健全农村公路管理养护体制改革的领导机构和协作机制，进一步加强对改革工作的领导，及时研究、解决改革推进过程中出现的问题，确保改革顺利进行。同时，应将农村公路的养护管理工作纳入正常行政管理和公共服务的范畴，进行目标考核，切实把中央一号文件和国办 49 号文件的各项要求落到实处。

58.关于对适当提高部分公路限速标准的请示的复函

（2006年8月5日　交通部办公厅　厅函公路〔2006〕187号）

广西自治区交通厅：

你厅《关于适当提高部分公路限速标准的请示》（桂交基建报〔2006〕80号）收悉。经研究，现函复如下：

一、同意你厅在确保安全的前提下，根据经济社会发展水平和公路建设发展现状，适当提高部分公路的限速标准。

二、公路限速标志是限制公众驾驶行为，维护交通安全的重要设施。请你厅在实际工作中注意把握以下原则：

（一）正确处理设计速度、运行速度的关系。设计速度，是公路设计的关键参数，是根据一条公路的功能、等级、服务水平、沿线地形地质等自然条件，同时还为控制工程规模及工程造价，而确定的一定长度内不变的最低速度控制值。运行速度，是指绝大多数（国际普遍采用85%比例），具有一定驾驶技术、心情状态良好的驾驶员，根据车辆、道路、交通、天气等客观条件，以及个人驾驶习惯所实际采用的安全行车速度。两者相比，运行速度更能反映一条公路的实际安全行驶车速。因此，不能把控制最低线形指标的公路设计速度简单认同为某一条公路全路段的限速标准。

（二）精心设计，科学确定公路限速值。公路限速值的确定，是一项复杂的技术工作，既需要完善的计算理论，又要有丰富的实践经验。而我国现行的公路技术标准和规范中，还没有对此作出明确规定。目前，一些设计、管理单位简单地把设计速度直接用作为公路限速值，是不科学的，更不符合实际情况。这也是导致目前社会公众对公路限速工作反映强烈的主要原因之一。为此，你厅在实际工作中，应按照"安全、效能"的原则，综合考虑线形、交通流、路侧影响、法定的限速要求等，分路段研究确定公路限速值。在组织设置交通工程设施时，应要求有关单位在周密调查，科学计算的基础上，做到精心设计，避免简单化处理。

（三）尊重多数公路使用者的驾驶习惯，体现以人为本。公路限速，关系到广大公路使用者的切身利益，影响到公路运输的安全和效率。你厅在设置公路限速设施时，既应当考虑公路行车安全的需要，又要兼顾公路的使用效率，还应当尊重大多数公路使用者合理的驾驶习惯，体现以人为本、以车为本。

公路限速问题，是近年来公路建设事业快速发展和人民群众生活水平不断提高过程中出现的新问题。部正在组织人员对此进行系统研究，有关标准、规范的编制工作也在抓紧进行。你厅也应积极组织力量开展相关研究工作，为改进和规范公路限速设施的设置工作积累经验。

附件：《关于适当提高部分公路限速标准的请示》（桂交基建报〔2006〕80号）

关于适当提高部分公路限速标准的请示

（2006年6月16日　广西交通厅　桂交基建报〔2006〕80号）

交通部：

随着经济社会的发展，交通工具越来越先进，公路建设水平和养护水平越来越高，路况越来越好，汽车的安全行驶速度不断提高，行驶的舒适性也不断改善。由于受过去公路建设发展水平等多种因素的影响，我区已建成投入使用的一些二级公路、高速公路，虽然路面状况很好，但设计速度仅分别为40公里、60公里，对交通运输的发展造成了一定的阻碍。特别是随着《中华人民共和国道路交通安全法》的实施，以及各级公安交通管理部门对查处超速行驶执法力度的加大，驾车"超速"所受的处罚加重，公众对"限速"的问题越来越关注，要求提高限速标准的呼声日益高涨，一些政协委员通过提案对"限速"问题提出质疑，要求充分利用公路资源，降低社会守法成本，并建议适当提高部分公路的限速标准。根据我区经济社会发展水平和公路建设发展现状，我厅拟适当提高部分公路限速标准，即对达到安全行驶条件但原设计速度仅分别为40公里、60公里的部分二级公路、高速公路，对小客车的最高限速分别提高到60公里和80公里。

当否，请批复。

59.关于印发《公路交通出行信息服务工作规定》(试行)和《交通部公路交通阻断信息报送制度》(试行)的通知

(2006年8月29日　交通部　交公路发〔2006〕451号)

各省、自治区、直辖市交通厅(委),新疆生产建设兵团交通局,上海市市政工程管理局,天津市市政工程局:

为更好地满足人民群众的出行需求,进一步提高公路交通应急保障和公共服务能力,部制定了《公路交通出行信息服务工作规定》(试行)和《交通部公路交通阻断信息报送制度》(试行),现印发给你们,请遵照执行。并请于9月20日前将填写后的《公路交通阻断信息报送任务分配表》(见《交通部公路交通阻断信息报送制度》)报部备案。

执行过程中发现的问题或建议,请及时函告部公路司。

联系电话:(010)65292772,传真:(010)65292222。

公路交通出行信息服务工作规定(试行)

第一章　总　则

第一条　为加强公路交通出行信息服务工作,根据《中华人民共和国公路法》等相关法律、法规,以及《公路水路交通信息化“十一五”发展规划》,制定本规定。

第二条　公路交通出行信息服务工作应当遵循“统筹规划、资源共享、信息适用、分级发布”的原则。

第三条　交通部主管全国公路交通出行信息服务工作,包括:组织制定相关政策、标准和规范,对各省(区、市)的公路交通出行信息服务工作进行指导和检查,负责国家高速公路网、国道网等跨省域的公路交通出行信息的集成和发布工作。

第四条　县级以上人民政府交通主管部门负责统一组织、协调或实施所管辖区域的公路交通出行信息服务工作;公路管理机构、收费公路经营管理单位根据交通主管部门的有关要求,具体负责实施所管辖路段的公路交通出行信息服务工作。

第五条　公路交通出行信息服务应与公路业务管理工作紧密结合,按照“以管理推动服务,以服务促进管理”的总体思路,逐步建立长效工作机制。

第二章　信息的采集和管理

第六条　现阶段,公路交通出行信息主要包括:公路基础信息、公路气象信息、公路养护施工信息、突发事件信息等四大类。各级交通主管部门和公路管理机构、收费公路经营管理单位可根据公众实际需求不断拓展信息的种类和内容。

公路基础信息内容主要包括:公路路线编号、路线名称、公路里程、主要技术指标,以及公路沿线主要城市与旅游景点的出入位置或编号、安全服务设施与服务项目、公路收费站与收费标准信息等。

公路气象信息内容主要包括:当日及未来48小时的公路交通气象信息,特别是雾、雨、雪等直接关系到公路交通安全的重大气象信息。

公路养护施工信息内容主要包括:近期计划实施养护或改造路段的路线编号、路线名称、施工路段起止点、预计工期,以及交通组织措施、安全措施等。

突发事件信息是指影响公路交通正常运行的自然灾害、事故灾难、公共卫生事件、社会安全事件等突发公共事件。其内容主要包括:事件原因、影响路段、公路受损情况,以及交通组织措施、安全措施等。

第七条　公路基础信息的采集应依托“公路数据库”的维护和管理工作完成,确保公路基础信息的准确性和唯一性。

“公路数据库”的建设和维护、管理工作应按照《关于加强公路数据库建设与管理工作的若干意见》(交公路发[2003]228号)执行。

第八条 公路管理机构、收费公路经营管理单位应通过不断加强动态路况信息自动采集系统建设，加大公路巡查力度，建立公路交通信息员制度等多种信息采集方式，畅通渠道，保证突发事件信息及时、准确。

第九条 各级交通主管部门和公路管理机构、收费公路经营管理单位应结合公路交通应急管理工作，积极与当地气象部门开展合作，逐步建立和完善公路气象信息采集、分析、发布和处置机制。

第十条 各级交通主管部门或受其委托的公路管理机构应对所管辖区域的公路交通信息实行统一管理，建立健全信息报送、发布和交换工作制度，逐步形成信息共享、反应迅速、指挥协调、调度灵活的公路交通出行信息服务和应急管理工作体系。

第十一条 各省（区、市）应充分利用交通政务专网、公网和高速公路通信设施资源，大力推进信息采集、上传、交换所需要的通信网络建设。

第三章 信息发布方式

第十二条 公路交通出行信息的发布，可借助互联网站、呼叫中心、广播电视、车载终端、移动终端、公路沿线信息发布设施等多种手段，信息内容应满足社会公众对“出行前”和“出行中”不同阶段的需求。

第十三条 公路信息服务网站是社会公众“出行前”了解交通信息的主要窗口，是交通主管部门展示辖区公路交通资源、提供信息服务的主要平台。

“中国公路信息服务网”（www.chinahighway.gov.cn）是交通部政府网站的子站，是交通部向社会提供国家高速公路、国道等跨省域范围公路交通出行信息服务的信息平台。

各省（区、市）交通主管部门，要建设适应本辖区公路交通特点的公路信息服务栏目或网站，并与“中国公路信息服务网”建立链接。

第十四条 公路信息服务网站的信息查询应简单、快捷，信息服务内容应准确、实用，信息表达方式应形象、直观。

网站服务栏目应提供以下基本功能：

（一）辖区公路电子地图展示；

（二）“出发点、目的地”方式的路径查询；

（三）公路交通出行合理化建议。

第十五条 公路沿线信息发布设施是道路使用者在“出行中”了解交通实时信息的主要窗口。是公路管理机构、收费公路经营管理单位为道路使用者提供服务的重要手段。

公路沿线信息发布设施的建设与信息发布的原则，应遵循以下要求：

（一）固定标志、标线的布设应当符合交通行业的技术标准和规范要求，特别是在标志设置的具体位置、布设密度、提示内容等方面，要充分考虑道路使用者的心理需求；

（二）在交通流量大的路段或交通事故易发、多发路段布设可变信息标志，及时向道路使用者发布道路状况、警示及诱导信息；

可变信息标志不得随意关闭，或发布商业广告及其它与出行信息无关的内容。

（三）按照相关规定和标准、规范要求，在公路交通异常路段设置临时警示或绕行标志；

（四）在公路沿线的服务区或停车区醒目位置，设立路线所经区域平面交通地图，标注沿线主要城镇、旅游景点以及通达路线；

有条件的服务区，可采取适用技术，提供出行信息查询服务。

（五）充分利用收费站的便利条件，向出行者提供信息服务，并在道路通行中断、封闭或拥堵时，向等候车辆及时通报原因及预测时长等信息。

第十六条 各级交通主管部门和公路管理机构、收费公路经营管理单位要切实改善公路交通出行环境，积极探索与实践其它形式多样的信息发布形式和服务内容。

第十七条 积极鼓励和引导社会力量，在政府提供公益性公路交通出行信息服务的基础上，为社会公众和客货运输企业提供更实用、便捷的公路交通出行增值信息服务。

第四章 监督和奖惩

第十八条 各级交通主管部门和公路管理机构、收费公路经营管理单位应将公路交通出行信息服务工作纳入公路管理的日常业务范围，并作为年度考核评定的目标内容之一。

第十九条 各级交通主管部门应当依照本规定，对辖区内公路交通出行信息服务工作的开展情况进行监督检查，并定期公布检查结果。

第二十条 对在公路交通出行信息服务工作中成绩突出的单位和个人，有关交通主管部门或公路管理机构应给予表彰和奖励；对不按照交通主管部门的规定及时报送、发布有关信息，或提供虚假错误信息导致不良社会影响的单位和个人，有关交通主管部门应当依据有关法律法规给予处罚。

第五章 附 则

第二十一条 本规定所称公路交通出行信息服务工作是指各级交通主管部门和公路管理机构、收费公路经营管理单位，为了满足社会公众和客货运输企业日益增长的公路交通出行需求，提高公路网的运行效率和服务水平，将所掌握或实地采集的公路交通数据和信息整理、加工后，通过各种有效方式向社会发布的活动。

第二十二条 各省、自治区、直辖市交通主管部门，结合实际情况，制定具体实施办法，并报交通部备案。

第二十三条 本规定由交通部负责解释。

第二十四条 本规定自发布之日起试行。

交通部公路交通阻断信息报送制度(试行)

一、总　　则

第一条　为规范公路交通阻断信息报送工作,提高公路交通应急保障和公共服务能力,根据《中华人民共和国公路法》等相关法律、法规,制定本制度。

第二条　本制度适用于各级地方交通主管部门和公路管理机构、收费公路经营管理单位向交通部报送公路交通阻断信息。

第三条　本制度所指的公路交通阻断信息包括:

(一)由于公路养护施工、重大社会活动等计划性事件或自然灾害、事故灾难、公共卫生事件、社会安全事件等突发性公共事件引起的高速公路预计出现超过6小时的交通中断或阻塞,以及国道、省道等干线公路预计出现超过12小时的交通中断或阻塞。

(二)虽未引起长时交通中断或阻塞,但出现重大人员伤亡或社会影响恶劣的公路交通事件。

第四条　公路交通阻断信息报送工作应该遵循"属地负责,统一审核、准确高效"的原则。

二、报送的内容和方式

第五条　报送内容应包括:基本情况、阻断原因、处置措施和统计数据等。

基本情况主要包括:路线名称、路线编号、发生时间、阻断位置、管养单位、行政区划等。

阻断原因主要为:计划性的公路养护施工、重大社会活动或突发性的自然灾害、事故灾难、公共卫生事件、社会安全事件等。

处置措施主要包括:抢通方案、疏散方案、绕行方案等。

统计数据主要包括:路产损失、人员伤亡等。

第六条　报送的格式应符合《公路交通阻断(事件)信息表》(附件一)的要求。

第七条　公路交通阻断信息主要采取网络方式报送,报送人员通过登陆"中国公路信息服务网"(www.chinahighway.gov.cn)的路况信息管理系统,按照有关要求逐项填报。

第八条　突发事件现场不具备上网条件或网络通信出现故障的,应在第一时间通过电话(010-62079332,夜间〈17:00—次日8:00〉:13911072189)或传真(010-62079005)将事件发生的时间、地点、概况等主要信息及时上报,然后按照时限要求由具备条件的办公人员上网填报。

第九条　各省、自治区、直辖市交通主管部门或受其委托的公路管理机构,负责所管辖区域公路交通阻断信息的管理和审核工作。

公路管理机构、收费公路经营管理单位具体负责所管辖路段的交通阻断信息填报工作。

第十条　各省、自治区、直辖市交通主管部门应将本辖区内负责审核和填报公路交通阻断信息的单位信息,按照《公路交通阻断信息报送任务分配表》(附件二)的格式报交通部备案,由交通部统一分配系统用户名、初始密码和使用权限。

辖区内负责填报公路交通阻断信息的单位如有新增或调整的，应在变动后三日内，重新填写《公路交通阻断信息报送任务分配表》报交通部备案。

三、报送的时限和要求

第十一条 由于计划性公路养护施工、重大社会活动等原因，需要实施路段封闭通行的，应在路段封闭前三日上网填报相关内容。

第十二条 由于突发性自然灾害、事故灾难、公共卫生事件、社会安全事件等原因，引发的高速公路交通中断或阻塞，应在事件发现后1小时内上网填报；引发的国道、省道等干线公路交通中断或阻塞，应在事件发现后3小时内上网填报。

第十三条 《公路交通阻断(事件)信息表》可分两次填报：

第一次填报应按照时限要求，填写(一)基本情况、(二)阻断原因、(三)处置措施三项内容；如果出现人员伤亡，必须填写(四)统计数据部分相关内容；

第二次填报应在交通恢复正常运行3小时内，在第一次填报内容的基础上继续填写(四)统计数据。

第十四条 在报送交通阻断信息内容的同时，应尽可能附带能够反映现场情况的数字图片。

第十五条 对报送时限的审核，由路况信息管理系统根据填报人所填报的事件“发现时间”、“实际恢复通车(事件结束)时间”以及数据录入数据库完毕时间自动判别。

四、附　　则

第十六条 交通部将汇总各地上报的公路交通阻断信息，并通过路况信息管理系统，及时向可能受影响的相邻省(区、市)发布有关信息。

第十七条 各省、自治区、直辖市交通主管部门可借助“中国公路信息服务网”(www.chinahighway.gov.cn)的路况信息管理系统，汇总所管辖区域公路交通阻断信息，并及时向可能受影响的相邻路段管理单位发布有关信息。

第十八条 各省、自治区、直辖市交通主管部门和公路管理机构、收费公路经营管理单位应将公路交通阻断信息报送工作纳入公路管理的日常业务范围，并作为年度考核评定的目标内容之一。

第十九条 交通部将对公路交通阻断信息报送工作中成绩突出的单位给予表彰和奖励；对因报送虚假信息或延误报送时限，造成不良社会影响或严重后果的单位，依据有关法律法规追究其责任。

第二十条 本制度由交通部负责解释。

第二十一条 本制度自发布之日起试行。

附件：1.公路交通阻断(事件)信息表

　　2.公路交通阻断信息报送任务分配表

附件 1

公路交通阻断(事件)信息表

一、基本情况			
路线名称		路线编号	
阻断(事件)位置		起止桩号	K__+__至 K__+__
行政区划		管理单位	
填报人		联系电话	
发现时间	__年__月__日__时__分	预计恢复时间	__年__月__日__时__分
现场情况描述			

二、阻断原因		
突发性	自然灾害	1 地震□ 2 海啸□ 3 洪水□ 4 泥石流□ 5 其它:____
	事故灾难	1 交通事故□ 2 危险品泄漏□ 3 车辆故障□ 4 其它:____
	恶劣气候	1 雨□ 2 风□ 2 雪□ 3 雾□ 4 沙尘□ 5 冰雹□ 6 其它:____
	非灾害性	1 桥梁坍塌□ 2 隧道坍塌□ 3 公路坍塌□ 4 其它:____
	其它	1 收费争议□ 2 执法矛盾□ 3 其它:____
计划性		1 养护施工□ 2 重大社会活动□ 3 其它:____

三、处置措施

四、统计数据				
路产损失			人员伤亡及其它	
项　目	数　量	金额(万元)	项　目	数　量
路基(m^3/km)			伤(人)	
路面(m^2/km)			死(人)	
桥梁(延米/座)			聚众人数(人)	
涵洞(道)			毁坏车辆(辆)	
防护工程(m^3)			滞留车辆(辆)	
其它:____			实际恢复通车(事件结束)时间: __年__月__日__时__分	
累计	/			

《公路交通阻断(事件)信息表》填写说明

1.本表仅反映“1处”阻断信息。同一条路线、不同路段的阻断信息,应分表填写;同一条路线内,同一个管理单位管辖范围内,因多处阻断致使路段之间不能连续通行的,可作为“1处”阻断,统一填报。

2.根据《公路交通阻断信息报送制度》,本表可分两次填报。在第一次填报完成后,“预计恢复时间”到来时,尚未实际恢复通车(事件结束)的,应在系统的提示下根据现场处置情况及时修改“预计恢复时间”。

3.报送时限应遵守《公路交通阻断信息报送制度》要求,报送时间以数据录入数据库时间为准。

4.“路线名称”、“路线编号”按《交通部公路统计报表制度》及相关规定填报。路线名称应为“路线名(路段名)”格式,如:京珠高速公路(湖南耒阳至宜章段);“路线编号”应为一位字母码(G、S、X、Y、Z)加三位数字码。如:G030。

5.“阻断(事件)位置”填写阻断(事件)发生的具体路段名、桥名、隧道名或附近有命名编号的主要设施名称,如“宜章段曹田桥”、“宜章收费站”;“行政区划”填写阻断(事件)发生路段所在市、区(县)最新行政区划代码,发“431022”(湖南省郴州市宜章县)。

6.“发现时间”、“预计恢复时间”和“实际恢复时间”中,每格下划线均填写2位数字码,如:06年08月10日17时30分。

7.“现场情况描述”、“处置措施”需要填报人根据实际情况填写,要求语言通顺,叙述准确。“现场情况描述”内容必须包括:阻断(事件)发生时间、发生过程、影响范围、发展趋势四个方面。“处置措施”内容主要包括:抢通方案、疏散方案、绕行方案三方面,由于计划性事件引起的交通阻断,只填写绕行方案;由于突发性事件致使公路设施毁坏引起的交通阻断,必须填写抢通方案和绕行方案;事发现场出现大量车辆或人员积聚,或因危险品泄漏等原因会给经过车辆和人员造成危险的,必须填写疏散方案。

8.所有“数量”数值均取整数位。

附件 2

____省(区、市)公路交通阻断信息报送任务分配表(示例)

序号	单位名称	路线编号	路线名称	技术等级	填报负责人	职务	联系电话
一、管理、审核							
1		/	/	/			
二、具体填报							
1							
2							

(交通主管部门签章)

(时间)

备注:

1. 为确保公路交通阻断信息管理、审核权限的集中性,各省、自治区、直辖市确定由 1 个单位从事该项工作。“单位名称”填写省(区、市)交通主管部门名称或受其委托的公路管理机构名称,“填报负责人”建议为该部门主管领导。
2. 为确保公路交通阻断信息采集的及时性,填报单位应为具体路段直接管理单位,如:公路局、公路分局、公路管理处、收费公路管理公司等。
3. 具体填报单位最多设立 2 名“填报负责人”,建议为养护部门或路网监控中心主要领导。
4. “路线编号”为一位字母码(G、S、X、Y、Z)加三位数字码。如:G030。“路段名称”为路段起止点名称,如:耒阳至宜章段。“技术等级”分为:高速、一级、二级、三级、四级五类。
5. 填报栏中的行数可以根据实际情况删减或增加。

60.关于印发《更好地为公众服务——“十一五”公路养护管理事业发展纲要》的通知

（2006年9月5日　交通部　交公路发〔2006〕482号）

各省、自治区、直辖市、计划单列市交通厅(局、委),上海市市政工程管理局,天津市市政工程局,新疆生产建设兵团交通局:

现将《更好地为公众服务——“十一五”公路养护管理事业发展纲要》印发给你们,请认真贯彻执行。各地可结合实际,研究制定本地区“十一五”公路养护管理发展规划,并报部备案。

更好地为公众服务

——"十一五"公路养护管理事业发展纲要

未来五年是我国贯彻落实科学发展观,全面建设小康社会承前启后的关键时期,也是交通实现好中求快发展的关键时期。公共需求发生深刻变化,公路养护管理事业面临前所未有的挑战。为了适应新的更高的要求,使公路养护管理事业切实转入全面协调可持续发展的轨道,更好地为公众服务,特制定本纲要。

一、站在新的历史起点上

1."十五"公路养护管理事业取得显著成绩。过去的5年,各级交通部门认真贯彻"建设是发展,养护管理也是发展"的指导思想,紧扣时代脉搏,着眼服务为民,立足全面发展,公路养护管理事业取得了显著成绩。公路养护投入大幅增加,路网技术状况显著改善,养护质量稳步提升,服务内涵得到拓展。公路管理法治化进程进一步加快,体制和科技创新取得新进展,一些束缚生产力发展的体制性障碍正逐步消除。公路的出行保障能力和公共服务水平显著提升。"十五"主要发展目标提前实现,为"十一五"的发展奠定了良好基础。面向未来,我们站在一个新的历史起点上。

2.发展中凸显的重大问题。与快速增长的公路交通出行需求相比,公路养护管理事业总体上还处于较低发展水平,主要表现为两个"仍显不足"和两个"依然突出"。

——公路基础设施的有效供给仍显不足。这是当前和今后较长一段时期内需要解决的主要矛盾。路网结构仍需优化,整体技术状况有待提高,区域之间、城乡之间发展还不平衡。公路基础设施的安全水平、通行能力、耐久性、抗灾能力较弱。公路服务水平较低,服务设施不能满足要求,服务和应急机制仍不完善。

——科技的主导作用仍显不足。能够适应现代化管理要求的公路管理与决策信息系统尚未建立,现代信息技术等高新技术的集成与应用较为薄弱。养护工程技术的研发与实际需求还有较大差距,科技自主创新能力、成果转化应用和产业化水平亟待提高,矫正性、被动性、突击性和单纯以路面为中心的粗放型养护还相当普遍。高层次、复合型技术和管理人才缺乏。

——体制性障碍依然突出。路网管理与公路的基础性、网络性、功能层次性特点相适应的管理体制尚未形成。高速公路行业管理不完善,收费公路养护监管不到位,农村公路养护管理体系不健全。收费公路的可持续发展问题日益突出。养护运行机制改革进入攻坚阶段,统一开放、竞争有序的养护市场尚未形成。

——约束性因素依然突出。资金不足仍是制约公路养护管理事业健康发展的重要因素。公路管理法规体系仍不完善,滞后于实际工作需求。土地资源和环境保护的约束与建设需求的矛盾日益凸显。

3.养护管理事业发展进入新阶段。未来五到十年是我国全面建设小康社会承前启后的关键时期。经济持续快速增长必然带来旺盛的客货运需求,"十一五"期间公路客货运量和交通量将继续保持高增长态势。产业结构优化升级步伐加快,需求模式由数量型向质量型转变的进程加速。汽车消费大众化时代来临,个性化、多样化出行成为新趋势。城镇化进程提速,对城际间公路网络提出了新的更高的要求。农村公路进入历史上最快的发展时期,建立农村公路养护管理长效机制任重道远。建设资源节约和环境友好型社会、发展循环经济日益成为社会共识,增长方式更加注重内涵。公路养护管理事业将迈入"养护转型、管理升级、改革加速、服务提高"的新阶段。

4.养护管理事业发展的新任务。"十一五"养护管理事业发展面临着新形势新任务。政府重视,群众支持,为发展创造了良好的环境;连续多年的快速建设,为发展奠定了良好的基础;行政管理体制改革和事业单位改革进一步加快,为发展注入了新的活力;公共财政体系建设以及逐步深化的投资体制改革,为发展开辟了新的前景。但是,土地资源和环境保护的硬约束、体制改革和政策调整的软约束、公共需求和评价体系的新变化使行业的发展面临日益复杂的新形势。我们要努力适应新变化,满足新需求,就必须以科学发展观统领全局,必须树立全寿命周期和质量就是节约的理念,必须保证对现有路网的正常养护,必须努力提高路网的管理效率,以更低的社会经济成本,管理和维护一个更安全、更畅通、更和谐、更高效的公路基础设施网络,为公众出行提供更好的服务。

二、准确把握"十一五"养护管理事业发展方向

5.将公众利益作为核心价值取向。各级交通主管部门应全面贯彻落实科学发展观,以保障安全畅通、提升服务品质为主题,以全面创新为动力,以资金、制度、人才、科技为保障,坚持建设与养护并重、增量与挖潜并重、管理与服务并重,在发展的价值取向上突出用户优先,在发展的目标取向上突出服务优先,在发展的模式上突出效率优先,在发展的手段上突出科技优先。实现速度向效益、管理向服务的根本性转变,走出一条将公众利益作为核心价值取向、既快又好的公路养护管理事业发展道路。

6.建立适应新时期公路养护管理需求的评价体系。这个体系应包括以下主要内容:

——更安全。普遍树立"呵护生命,安全第一"的理念。公路安全防护设施齐全,因公路设施破损或不完善引发的交通事故数量和损害程度大幅降低。超限超载车辆行驶公路现象得到有效控制。公路养护作业人员的安全得到可靠保障。公路救援和应急反应体系基本建立。

——更畅通。普遍树立"以人为本,用户至上"的理念。不同层级的公路衔接顺畅,高速公路形成网络,国省干线结构趋向合理,县乡公路技术状况显著改善。干线公路经常保持较高的行驶质量,服务设施较为完备,行车舒适度明显提高。面向公众的信息服务更加人性化,用户可以及时获取可靠的路况信息,保证出行时间。养护施工管理科学规范,作业快速,因养护作业造成的交通中断大为减少。基础设施抗灾能力显著增强,因自然灾害造成的中断交通时间大幅下降。收费站设置合理,通过能力明显增强。

——更和谐。普遍树立"保护自然,节约资源"和"规范执法、文明服务"的观念。具备条件的公路用地全部实现绿化美化。施工对环境造成的影响降到更低程度。谨慎使用自然资源,养护作业的过程中产生的废弃物得到无害化处理,实现循环利用。执法规范、文明,服务更具人性化。具有时代特征与行业特色的公路文化体系基本建立。职工队伍素质稳步提高。行业凝聚力进一步增强。公路管理部门与公众的关系更为融洽。

——更高效。着力构建科学合理、统一高效的公路管理体制。逐步形成统一开放、竞争有序的养护工程市场。基本建立较为完善的法律法规体系。推广应用先进的养护管理技术。通过良好的养护与有效的管理使现有路网发挥更高的效率。

7.公路养护管理事业发展的基本原则。"十一五"公路养护与管理工作应遵循以下基本原则:

——坚持以人为本、用户至上。以公众出行需求为导向，强化公共服务职能，把维护公众利益、使用户满意作为养护管理工作的出发点和落脚点，改变发展理念和管理方式，实现更好地为公众出行服务的根本目标。

——坚持建养并重、协调发展。牢固树立“建设是发展，养护管理也是发展，而且是可持续发展”的观念。强化公路养护的基础性地位，满足合理的养护资金需求，加强养护管理中的薄弱环节，使公路养护实现预防性养护和周期性养护的良性循环。

——坚持统筹规划、分类指导。统筹地区间、城乡间以及不同管理主体间的公路养护与管理工作，维护路网的完整统一。加强高速公路的行业管理，高度重视对经营性高速公路的养护监管与技术指导。建立农村公路养护管理机制，着力提升农村公路养护管理水平。

——坚持深化改革、体制创新。配合国家行政体制与事业单位改革的总体部署，合理确定公路管理部门的职能。以权责一致为原则，正确界定各级公路管理部门间的事权关系。正确处理改革、发展、稳定的关系。综合考虑改革的客观条件和社会可承受的程度，合理把握改革的时机与节奏，平稳推进公路管理体制和养护运行机制改革。兼顾效率与公平，最大限度地保护职工的合法权益。

——坚持科技兴路、环保节约。借鉴先进养护管理技术和经验，加大自主创新力度，提高科技成果对养护管理事业的贡献率。树立环保意识和循环经济理念，发展绿色公路、预防性养护和再生利用技术，建立资源节约、环境友好的公路养护模式。

——坚持依法治路、保障畅通。健全法律法规体系，加大公路保护力度。全面推进依法行政，建设法治公路。把坚持依法行政与积极履行职责统一起来，提高管理效能，降低管理成本，增强管理透明度，确保公路完好畅通。

8.公路养护管理事业发展的目标。到2010年，基本形成畅通、安全、和谐、高效的公路基础设施网络。基本建成以人为本、用户至上的公共服务体系。体制环境有所优化。舆论环境日趋友好。以资金、制度、人才、科技为核心的支持保障系统基本完善。公路养护管理事业可持续发展能力明显提高，公路养护的基础性地位显著增强，在保障公路基础设施有效供给、支撑交通新的跨越式发展中的作用更加突出。

三、维护畅通安全、和谐高效的公路基础设施网络

9.优化路网结构。加快建成国家高速公路网，提高国省干线公路等级，改善农村公路行车条件，逐步形成干线公路(包括高速公路)、农村公路协调发展。到2010年，全国二级以上公路里程达到45万公里，国道中二级以上公路所占比例不低于80%，其中东、中、西部省份分别不低于95%、87%和65%。省道中二级以上公路所占比例不低于65%，其中东、中、西部省份分别不低于80%、75%和50%。国省干线路面铺装率达到97%以上，其中东、中、西部省份分别达到100%、98%和90%。通乡公路基本达到简易铺装路面及以上技术标准，乡到行政村公路基本消除无路面状况。全国农村公路的技术状况和服务水平显著提高，为社会主义新农村建设提供基础保障。

10.加强正常养护。加大养护投入，加强养护资金使用监管。公路养路费应主要用于公路养护，首先保证公路达到规定的养护质量标准，并确保一定比例用于农村公路养护，公路养路费(包括汽车养路费、拖拉机养路费和摩托车养路费)总收入中扣除征收成本和交警费用等支出后，用于公路养护的比例应不低于80%。所有公路基本实现正常养护，国省干线公路实现预防性和周期性养护，并由单一养护、粗放型养护向全面养护、集约型养护转变。其中，高速公路和交通量大的国省干线公路应实现专业化和机械化养护；农村公路要保持设施完好，安全畅通。各地每年安排的国省干线大中修里程应不低于国省干线公路总里程的13%。国省干线公路及重要县乡公路交通标志、标线设置符合国家标准,并充分考虑方便公众出行。到2010年,全国普通公路平均好路率达到76%,国省干线公路平均好路率达到88%,其中高速公路平均优等路率达到95%。全国所有可绿化公路实现绿化。路况质量显著改善,路网整体服务水平明显提高。

11.实施路网结构改造工程。大力实施安保工程。对国省干线、公铁立交路段及重要旅游公路的安全隐患加大排查和整治力度,有条件的地区逐步向县乡公路延伸。进一步加大危桥改造工作力度,基本消灭国省干线公路上的已有危桥,有条件的省份启动县乡公路危桥改造。各省(自治区、直辖市,下同)每年安排的安保工程和危桥改造资金(不含地方配套)应不低于部补助资金的2—3倍。大力实施公路灾害防治工程,使危害严重的重大灾害点基本得到整治。力争普通国省干线公路上的水毁路段年修复率达到95%以上,水毁路段的灾害重复发生率降到5%以下。建立相对完善的公路灾害预警与防治监管体系。以“畅、安、舒、美”为目标,进一步拓展GBM工程和文明样板路内涵,在巩固已有文明样板路创建成果的基础上,各省应每年创建1—2条省级干线文明样板路。

12.全面推行预防性养护。牢固树立全寿命周期养护成本理念。以现有高速公路、普通干线和重要旅游公路为重点,围绕路况检测调查、分析评价、养护决策和工程实施四个关键环节,抓紧研究制订预防性养护相关制度措施。积极推广应用预防性养护新设备、新技术和新工艺。

13.强化桥隧养护监管。建立桥隧养护管理逐级考评体系和责任追究制度,明确相关单位责任和义务。加强人员培训,完成桥隧养护工程师的培训和考核工作。严格市场准入,明确桥梁加固市场准入条件,尽快建立桥梁养护管理从业资格制度。完善相关技术标准,加大资源整合力度。加强特大型桥隧设施的动态监控,加强三、四类桥梁的养护监管,加快五类桥梁的加固改造,强化与铁路靠近及交叉的公路桥梁的安全防护工作。到2010年,建成比较完善的桥隧技术管理体系、行政管理体系和监督检查体系,全面提高桥隧的养护管理水平。

14.依法保护公路设施。进一步加大车辆超限治理工作力度,建立长效治理机制,力争“十一五”末把超限车辆控制在5%以下。加大公路保护工作力度,分层级开展公路用地确权和登记、路产路权维护、建筑红线控制、清理非法占用公路用地等综合治理活动。切实加强公路渡口和铁路平交道口管理,实现管理规范、秩序井然、通过安全。

四、构建并完善以人为本、用户至上的公共服务体系

15.构建公共服务型行业。研究制定以用户为评判主体的公路服务质量评价标准体系。进一步提升服务理念,拓展服务内涵,推进服务创新,提高服务水平,打造一批具有特色的公路服务知名品牌。让用户用最小的成本,使用到安全、顺畅的公路设施,感受到出行的便捷与舒适。

16.提升出行信息服务水平。建设并完善“一库一网一系统”。即,一个标准规范的全国公路数据库;一个提供公众出行信息的人性化公路信息服务网;一套以公路数据库为平台的业务应用系统。构建并完善公路网管理及应急处置中心,以此为基础,逐步实现全国高速公路网视频监控,重要路段、重要节点要实现全程监控,为区域路网调度创造技术条件。大力推进全国公路气象信息服务。加强交通调度指挥体系建设,通过多种媒介为公众提供及时、准确、可靠的出行信息服务。

17.提升公共突发事件应急处置能力。按照国家突发公共事件总体应急预案的要求,完善部、省、地(市)、县四级公路应急组织机构,建立健全信息搜集及预警、应急处置、应急保障和监督管理机制，提高公路应急处置能力。

18.加强养护施工路段交通组织工作。严格执行部颁《公路养护维修作业安全规程》，健全养护施工路段交通组织管理工作制度，加大监管力度，减少养护施工对公路交通的影响。加强养护施工中的环境保护工作，降低施工噪音、扬尘和废弃物对环境的影响。

19.不断拓展公路服务内涵。提高高速公路服务区、加油站以及其他相关附属设施的服务水平。逐步建立一、二级公路的基本服务区(点)。推进公路政务信息公开，完善信息服务制度。增强规章制度和决策程序的透明度，接受社会监督。推广养路费联网征收经验。减少收费站的拥堵现象，建立“五纵二横”鲜活农产品运输“绿色通道”。积极探索公路服务新模式、新机制。鼓励和吸引社会力量参与公路服务工作。

五、建设并完善科学合理、精简高效的体制平台

20.深化公路管理体制改革。深刻认识公路的网络性、公益性等基本属性，按照“分级管理”和“事权统一”的原则，以行政等级分类与路网功能分类为基础，科学界定各级公路交通主管部门对路网管理的职责。结合国家行政管理体制改革，合理设置公路管理机构，科学划分各级管理机构事权，提高管理效率。

21.规范收费公路管理。进一步加大省级交通主管部门和公路管理机构对收费公路的行业监管力度。健全收费公路监管机制，充分尊重民意，切实维护公路使用者的合法权益。严格界定收费还贷与收费经营性公路。政府还贷公路的建设和管理应由不以营利为目的的事业法人组织负责，按照“统筹发展、统一管理”的思路，探索新型的公路投融资机制，实现收费还贷公路的良性循环。建立收费公路特许经营制度，规范和扩大利用社会资金。积极争取增加政府财政投入，严格控制收费公路规模，逐步减少二级公路收费里程规模。

22.强化高速公路管理。着力解决高速公路管理主体多元问题，落实和完善交通主管部门和公路管理机构对高速公路的行业管理，逐步实现以省为单位的高速公路专业化集中管理。围绕建立公路特许经营制度，逐步完善相关法律法规，规范高速公路资产管理和经营权管理。鼓励各省积极探索适合本地区的高速公路特许经营管理模式，有条件的地方可先行试点。

23.完善农村公路养护管理体系。按照农村公路管理养护体制改革方案的要求，落实农村公路管理和养护责任，强化各级交通主管部门的管理养护职能。建立以政府投入为主的长期、稳定的养护资金来源渠道。建立符合实际的农村公路养护管理体制和运行机制，实现农村公路管理养护的正常化和规范化，做到“有路必养”。在不增加农民负担的前提下，可以采取多种模式，因地制宜地做好农村公路的日常养护。

六、培育并完善公平规范、竞争有序的养护工程市场

24.稳步推进养护运行机制改革。坚持“管养分离，事企分开”，充分引入竞争激励机制，从有利于维护社会稳定、有利于改善养护质量、有利于提高投资效益出发，围绕改革产权制度和理顺劳动关系两个关键环节，积极稳妥地推进养护运行机制改革。公路管理部门应逐步把工作重点转移到监督养护市场运行、维护养护市场秩序上来，逐步建立起符合社会主义市场经济要求的公路养护新机制。

25.大力培育养护工程市场。加快培育统一开放、竞争有序的养护工程市场，全面推行定额养护和计量支付，鼓励具备资质的养护公司跨区域参与养护工程竞争。对现有道班进行合并改造，加大养护机械投入，提高养护水平和市场竞争力，使其最终发展成独立参与竞争的市场主体。在养护运行机制改革上，全国不搞一刀切，各地可根据实际情况，采取多种实现形式和途径。新建公路原则上实行社会化、专业化养护，消化、吸纳现有养护队伍，不再增设固定队伍。积极争取优惠税费政策，完善职工养护保险等有关保障体系。

26.扎实做好各项基础工作。正确处理改革与稳定的关系。妥善解决现有养护职工的社会保障、医疗保险和补偿安置等突出问题，保证职工合法权益。积极争取对养护企业的税费优惠政策。按照养护市场运行的客观规律，抓紧完善公路养护工程市场准入规则和管理办法，建立健全养护监督、检测和评价制度。

七、建立并完善稳定可靠、保障有力的支持系统

27.构建稳定的资金保障。建立稳定充足的公路养护资金渠道。积极争取通过转移支付、返还基金等方式加大政府财政投入。做好税费改革的准备工作。在国家税费改革政策实施之前，继续加强养路费征稽工作，提高实征率，确保养路费征收额与汽车吨位拥有量同步增长，确保国家规费应征不漏。利用市场机制提高资金使用效率。在新建和改建工程中积极探索吸引社会资金的途径。在特许经营框架下，采用多种形式规范引入社会资金。

28.构建完善的制度保障。健全公路管理法律法规和标准规范体系。改进公路立法工作方法，扩大公众参与程度，充分反映公路用户的根本利益，提高公路立法的质量和数量。争取尽快出台《公路保护条例》。各地要加大地方性法规立法力度，到2010年，争取形成较为完善的公路管理法律法规体系。依法实施行政许可、行政处罚等行政执法行为，强化对执法行为的监督检查，建立公路执法考核监督机制。健全行政规章和技术规范。继续完善公路养护技术政策、技术规范，逐步建立科学合理的公路养护质量和服务水平评价标准体系。

29.构建强大的科技保障。提高科技投入，加大公路养护新技术、新设备、新材料、新工艺研究力度，加快科研成果转化应用。重点开展养护成套技术、公路防灾、病害快速检测诊断和预防技术研究，积极推广路面材料再生技术、边坡生物防护技术，提高公路设施的使用品质和寿命，降低工程全寿命成本。大力推广信息技术，提高养护管理决策的科学化水平。树立循环发展理念，走资源节约型发展道路。积极推进公路养护机械化进程，全面提高公路养护技术水平和效率。广泛开展国际交流与合作，发挥后发优势，提升公路养护管理科技水平。

30.构建充足的人才保障。着力培养和造就一支理论素质高、业务功底精、具有全局意识和战略眼光的高水平管理人才队伍；着力培养一支数量充足、结构合理、素质优良、具有创新精神的科技人才队伍；形成一支管理统一、行为规范、具有良好职业道德和奉献精神的公路从业人员队伍。采取有效措施稳定基层队伍，为基层工作人员脱颖而出创造良好环境。努力为基层工作人员创造更多学习交流机会，切实维护好他们的切身利益。

31.营造宽松和谐的内外部环境。进一步加强公路发展战略研究，使政策制定更具前瞻性、更贴近实际，加强调研和交流，使基层更能理解掌握上级意图，提高政策执行力，形成目标一致、思想统一、政令畅通、上下顺畅的行业内部环境。加强与政府和相关部门的沟通协调，主动引导舆论导向，形成有利于行业发展的政策环境和社会环境。

八、塑造并展现服务人民、奉献社会的行业风貌

32.建设学习型创新型行业。按照建设学习型和创新型行业的要求，抓好职工教育培训工作，培养正确的人生观、价值观、荣辱观。努力改善职工队伍的文化层次和知识水平，使职工队伍素质符合发展要求。在全行业大力倡导创新精神，激发职工的创新能力。

33.构建具有时代气息和行业特色的公路文化体系。弘扬以“甘当铺路石、奉献在岗位，爱岗敬业、艰苦奋斗”为代表的实干精神；弘扬以“全国一盘棋、拧成一股绳，团结协作、互相关爱”为代表的团队精神。在全行业营造一种尊重人、信任人、关心人和理解人的文化氛围，以合理使用人的能力、综合开发人的潜能为重心，从文化层面引导职工提高对行业共同价值理念的认同度,培育职工的使命感、归属感和自豪感,最大限度地发挥公路职工的自觉性和创造力。要扩大公路文化的感召力和影响力,让社会公众在享受公路这种公共产品带来的快乐中感受到公路行业是一个负责任的行业,把公路打造成展现公路文化、传承中华文明的纽带。

公路养护管理事业是一项涉及多方面工作的系统工程。任务光荣而艰巨,意义重大而深远。各地要根据本纲要的原则、目标和任务,按照本地区国民经济和社会发展规划以及本地区公路水路交通"十一五"发展规划的要求,科学制定本辖区公路养护管理事业"十一五"发展规划。要按照"统一领导、分级管理"的原则,分解落实本纲要所确定的工作目标,创造性地开展工作,确保纲要顺利实施。

让我们以"更好地为公众服务"作为事业发展的核心价值观,以科学发展观为统领,凝聚共识,振奋精神,扎实工作,管好养好公路网络,为国民经济的健康发展,人民群众安全便捷出行作出我们应有的贡献!

“十一五”计划主要任务指标

指　　标	“十一五”任务
二级以上公路里程(万公里)	45
国道中二级及以上公路所占比例(%)	80
东部(%):	95
中部(%):	87
西部(%)	65
省道中二级以上公路的比例	65
东部(%):	80
中部(%):	75
西部(%):	50
国省干线高级次高级路面铺装率(%)	97
东部达到(%)	100
中部达到(%)	98
西部(%)	90
国省干线平均好路率(%)	88
其中,高速公路平均优等路率(%)	95
全国公路平均好路率(%)	76
国省干线公路水毁路段年修复率(%)	95

(二)养 护 工 程

61.关于发布《国省干线 GBM 工程实施标准》的通知

(1991 年 2 月 21 日　交通部　交工字〔1991〕125 号)

各省、自治区交通厅,北京市交通运输总公司,天津市市政工程局,上海市市政工程管理局,计划单列市交通局、委、办、广州市公路局,新疆生产建设兵团:

现将《国省干线 GBM 工程实施标准》发给你们,请认真贯彻执行。

国省干线GBM工程实施标准

第一章 总 则

第一条 为满足国家经济建设日益发展和对外交往的需要,改善和提高国、省干线公路的养护和管理水平,并以此推动我国公路标准化、美化建设进程(简称GBM工程),特制定本实施标准。

第二条 本标准适用于公路技术标准达到二级和二级以上的国家干线公路、省级干线公路和旅游公路的新建、改建和养护工程及管理。对边远、贫困地区的一般二级公路,近期内准备改建的二级公路和因新建汽车专用公路,原有二级公路准备用作辅道的路段以及目前交通量较少的二级公路,可暂不执行本标准。其他等级公路的GBM工程可参照本标准执行。

第三条 干线公路新、改建工程和养护工程必须符合部颁有关设计、施工和养护技术标准、规范的要求,体现公路自身的建筑美。

第四条 公路沿线要因地制宜,采取多种措施和手段,突出一个"畅"字,保持一个"洁"字,实现一个"绿"字,注重一个"美"字。基本达到路、景、物交织协调,构成流畅、安全、舒适、优美的公路交通环境。

第五条 公路养护无差等路,年平均好路率保持在90%以上,并应具有较大抗洪能力(路基设计洪水频率不低于1/50)。

第六条 现有公路桥梁承载能力不足汽车—20级、挂车—100标准的,要逐步采取改建或加固措施,保障安全畅通。

第七条 公路全线常年保持与路面中心线相适应的流畅、顺适、鲜明的分车道线、路缘石线、路肩外缘线等公路特征线型。

第八条 公路养护与公路管理工作实现规范化。

第二章 路 面

第九条 视15年远景交通量大小,公路路面一律采用相适应的高级或次高级路面结构型式。

第十条 公路应常年保持路面整洁,路拱适度,排水畅通,行车舒适,平整度必须符合《公路养护技术规范》日常保养标准规定值要求。

第十一条 路面与路肩分界顺直、醒目。在新铺或翻修路面时,应结合工程同步埋设与路面中心线相协调、顺适的路缘石。

第十二条 公路管理机构要定期测定并掌握沿线路面破损情况、路面现有整体强度、路面平整度、路面抗滑能力四项指标,并据此作出养护对策,安排养护工程计划,及时消除影响行车舒适、安全的各种病害。

第三章　路　　基

第十三条　路基要达到标准宽度，线形清晰，稳定坚实。弃土堆、取土坑、堆料台应设置整齐。

第十四条　除汽车专用公路的路肩采用草皮等措施加固外，其余公路路肩要求全部硬化并铺砌路肩边缘石。路肩边缘整齐平顺，横坡适度。对人烟稀少混合交通量小，及边远贫困地区的路段可适当降低标准。

第十五条　路基边坡稳定，上、下边坡刷修整齐、顺适。凡破碎、松软的石质和土质边坡须视具体情况，设置相应的防护设施，如浆砌挡墙、植物防护等。

第十六条　排水设施齐全、配套、完整。穿越村镇路段，易淤积、易冲刷路段，填方路段应视具体情况采取浆砌坡脚、端墙和开挖、铺砌边沟，实行田路分家。

第四章　桥涵等构造物

第十七条　圬工体表面平整坚实，外形轮廓清晰，线条直顺，勾缝整齐美观，无空洞、脱落现象。

第十八条　涵洞纵坡平顺，水流畅通，无淤塞。自然沟纵坡太陡时，根据需要可在涵洞上下游增设铺砌或设置消力设施。

第十九条　所有桥涵的帽石、栏杆、扶手必须经常保持完整无缺，顺直美观。桥梁两端示警桩按公路养护技术规范要求油漆。

第二十条　小桥涵要与路基同宽。

第二十一条　防护工程设施应与当地自然环境相协调，做到坚实、美观、耐用。

第五章　沿线设施

第二十二条　公路沿线标志、标线、里程碑、百米桩、界碑等按部门分工，属于交通部门负责设置的，一律按照GB5768—86国家标准设置，交通标志大小应不小于相应于计算行车速度70～90km/h尺寸要求；属于公安部门负责设置的，应商请公安部门予以实施。交通标志设置要做到位置适当、准确、完整、醒目、美观。属于国际公路和重要旅游公路的，应同时标注汉英两种文字。

第二十三条　公路标线要按照国家标准和交通与公安部门确定的分工负责划设，并保持完整鲜明。

第二十四条　公路路肩两侧均应设置路边线轮廓标。其设置间距为100m，弯道部分可酌情加密。凡设置示警桩和护栏路段，以及路肩上已种植整齐的行列式乔木路段，可不再设路边线轮廓标。路边线轮廓标与百米桩结合设置时，应在桩下部标明百米桩号。路边线轮廓标的形式和尺寸如附图所示。

第二十五条　平原地区路基高4m以上路段、山岭区路堤高6m以上和危险路段应在路肩边缘埋设示警桩（桩距6m，断面15cm×15cm，高出地面80cm，一律涂以红白相间油漆〈顶端为红色〉）或按公路养护技术规范要求设置护栏。

第二十六条　在公路沿线,应根据需要与可能逐步设置各种服务设施,包括长途客车停靠站、停车场等。

第二十七条　公路沿线道班房及段房围墙,一律涂以浅黄标志色。道班房院门两侧分别按黄底红字书写"养好公路、保障畅通"八个大字。交通量观测站房屋采用红白相间标记。在所有公路用房屋的正面或大门正上方应设置公路路徽标记。路徽直径规定为:道班房 60cm、段房 80cm、总段房 100cm。

第六章　绿　　化

第二十八条　公路绿化应根据"因地制宜,因路制宜"的原则,进行路段绿化总体设计,在可绿化路段以绿色植物合理覆盖公路两侧边坡、分隔带及公路用地范围内的一切可绿化的空地。

第二十九条　坚持人工造景与自然景观相结合。路段两侧有森林、竹林、果园等景观的,要充分利用自然景观,不搞人工造景,以展示其原野风光美。公路两侧有整齐水田和易发生雪阻路段,一般不搞行列式种植,可栽植灌木或花草。

第三十条　高速公路应以种植人工草皮为主,护栏内种植绿篱或花、灌木。汽车专用公路应按线形走向,采取"点、线、面"结合方式配置绿色植物,并注意增加透视性。

第三十一条　汽车专用二级公路应采取乔、灌分段单列方式,乔木树种株距不小于 6m。一般二级公路采取乔、灌结合方式或灌木与草皮结合方式。有护坡道的二级公路,可以乔木栽植为主。

第三十二条　公路绿化要坚持"栽、管、护"相结合,要求种植成活率 90% 以上,保存率 85% 以上。路树应栽植整齐,不得侵占公路建筑限界,树冠不得妨碍视距和交通安全,灌木及花草要定期修饰,剪理。

第三十三条　路旁雕塑及绿化要与环境和公路本身相协调,防止公路沿线文化污染。

第七章　管　　理

第三十四条　认真贯彻执行《中华人民共和国公路管理条例》,坚持以法治路,强化路政管理,保护公路路产,维护公路路权,达到公路无路障,路面、路肩及沿线设施无侵占、无损坏。严格控制公路两侧建筑红线,防止公路街道化。穿越村镇路段,可采取半封闭等措施,消灭脏、乱、差,保障安全畅通。

第三十五条　公路沿线道班的设置应以专业化、机械化养护大道班(或工区)形式为主,每 30 ~ 50km 设置一个。本着布局合理,设施适用,环境整洁,方便生活的原则,建设道班房。

第三十六条　公路管理机构组织实施公路养护工程作业时,应掌握交通运行情况,根据作业场地的总长度、宽度及作业时间,采取措施,维持交通。并按照保障作业人员安全的原则,选定养护作业方案。

第三十七条　公路路面部分、桥上和桥头两端各 50m 内全路幅、弯道内侧的路肩均严禁堆放砂石料等堆积物;其余路段的路肩,因养护工程作业,需临时堆料的,应有规则的整齐堆置;桥涵、挡土墙等大中修工程作业只允许单侧路肩堆料,长度不超过 50m;路面工程在路肩上堆料连续长度不得超过 500m。

第三十八条　因养护工程作业,使现有公路不能正常通行时,应当实行作业交通安全控制，并在作业处或施工路段设置明显的施工标志；必须实行单向行车且作业路段较长，影响会车视距者，在路段两端还须增设交通警戒员，以红绿旗或红绿灯等信号指挥来往车辆。影响行车安全的，夜间还需设置红灯警视信号。作业交通控制方式，详见《高速公路及汽车专用一级公路养护工程作业交通控制图示》和《汽车专用二级公路及一般公路养护工程作业交通控制图示》。

第三十九条 在交通流量大的公路上进行大中修或改善工程，可能造成交通堵塞时，公路管理机构应选定绕行路线或修筑行车便道，并维护使之处于良好状态。同时函告当地公安交通管理机关，共同疏导交通；需中断交通时，应与当地公安交通管理机关共同发布通告。

第四十条 铺筑路面基层时，要严格遵守操作规程，严禁靠行车碾压的施工方法。

第四十一条 公路遇有水毁或其它自然灾害损毁，公路管理机构要及时组织抢修。因水毁或其它灾害断绝交通时，在阻车地两端要设立阻车标志和绕道标志。

第四十二条 养路工上路作业必须着安全标志服。经常上路作业的各种车辆和机械均以桔黄色为标志色涂漆，并设置黄色标志灯饰。在车辆和机械的显著部位应有公路路徽标记。在作业现场，要加强施工车辆、机械管理，禁止乱停乱放。夜间停放现场的机械前应设置警告标志。

第四十三条 逐步建立有线或无线通信设施，解决道班（或工区）抢险救护等方面的通讯问题。并根据公路技术状况，配置相应的养护机械、巡路车和检测试验仪器设备，逐步实现科学化、机械化养路。

第四十四条 道班应建立健全政治、文化、业务学习制度、劳动考勤制度、生产检查验收制度、巡回查路抢修制度、材料机具管理制度、安全生产劳动保护制度。并设置以下图表：管养公路示意图、出勤出工统计表、公路养护月计划完成情况表、材料耗存登记表、成本核算表、公路养护质量示意图、晴雨记录表、道班基本情况图。

第四十五条 各级公路管理机构要系统地观察公路使用情况，做好交通量调查，掌握各项技术经济指标，充实和修订公路路况技术档案，逐步建立现代化数据库管理系统。

第四十六条 公路沿线不宜设置道路交通标志以外的其它标志。如确需设置广告牌、店名牌、宣传标语等标志时，须经县级公路管理机构审查批准，方予以设置，标志设置应做到整齐划一，美观大方。审批、设置工作只收取工本费，严禁经营性管理。

第四十七条 本标准可作为干线公路设计和新改建工程竣工验收标准的补充内容。

第四十八条 本标准自发布之日起，由各级公路主管部门组织实施。

附：1.路边线轮廓标标准图

2.高速公路及汽车专用一级公路养护工程

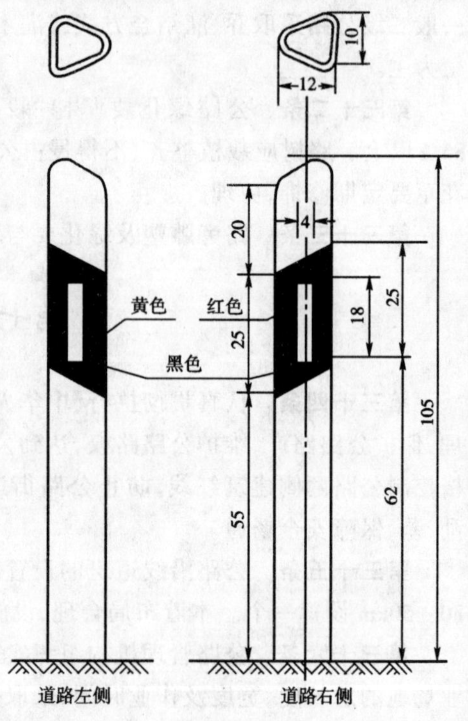

附图1 路边线轮廓标标准图（尺寸单位：cm）

注：路边线轮廓标的柱体为圆角的三角形截面，柱身为白色，上涂黑色标记。黑色标记中间为矩形色块。红色色块表示道路右侧，黄色色块表示道路左侧。矩形色块应用反光材料制作。顶端斜面朝向车行道。柱体建议用钢筋水泥混凝土等耐冲击材料制作。

作业交通控制图示

3.汽车专用二级公路及一般公路养护工程作业交通控制图示

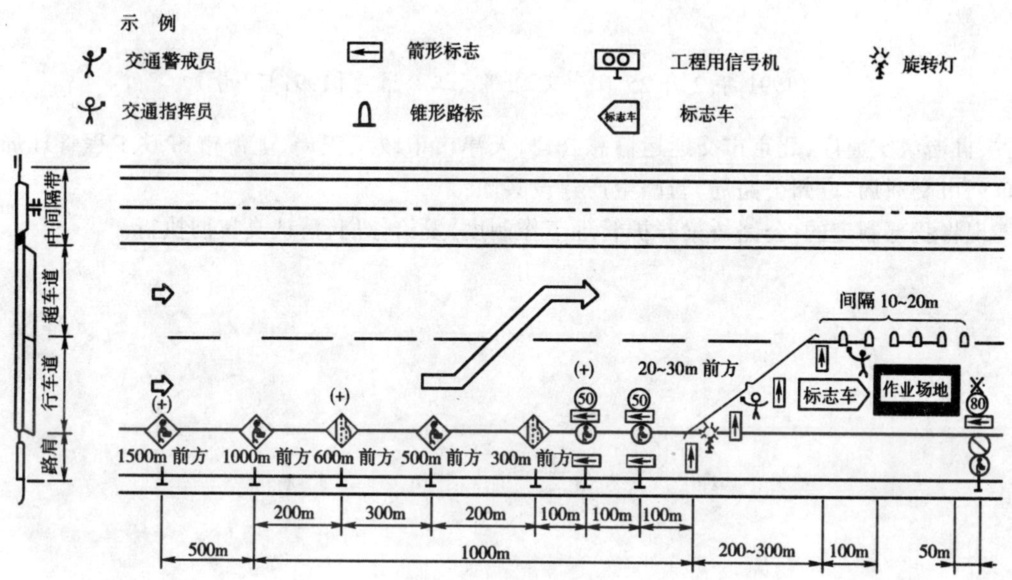

附图 2 高速公路及汽车专用一级公路养护工程作业交通控制图示

注:(+)字标志,是在视线恶劣区段或交通量特别多时增设。增加设置管制标志时,设置标准的补助标志为区段标志。

※的标志,是表示该区段的限制速度(表示 80km/h 之例)。

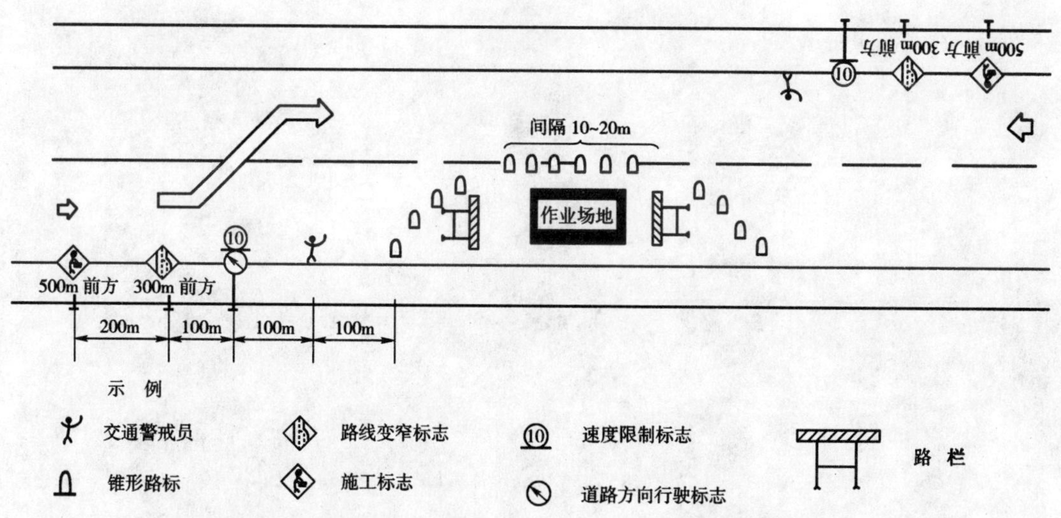

附图 3 汽车专用二级公路及一般公路养护工程作业交通控制图示

62.关于颁发《公路桥梁养护管理工作制度》的通知

（1991年2月25日　交通部　工公管字〔1991〕77号）

各省、自治区交通厅，北京市交通运输总公司，天津市市政工程局，上海市市政工程管理局，计划单列市交通局，广州公路局，新疆生产建设兵团：

现将我部制定的《公路桥梁养护管理工作制度》发给你们，请认真贯彻执行。

公路桥梁养护管理工作制度

第一章　总　则

第一条　公路桥梁是公路的重要组成部分，直接影响着行车安全和畅通。为了加强桥梁养护管理工作，保持桥梁完好工作状态并延长其使用寿命，特制定本制度。

第二条　各级公路主管部门应加强对桥梁养护管理工作的领导。县和县以上各级公路管理机构都要设置专职（或兼职）桥梁养护工程师（或技术员）一人，保持桥梁养护技术人员的相对稳定，经常监督检查桥梁的养护管理情况。

第三条　各级桥梁养护工程师应认真执行《公路养护技术规范》有关桥梁检查、养护的标准和规定，切实掌握桥梁的技术状况，保障桥梁正常使用。

第四条　本制度适用于国、省干线公路的桥梁养护工作。县乡公路和专用公路的桥梁养护可参照办理。

第二章　桥梁养护分级负责制度

第五条　桥梁养护实行三级负责制：

1.县级公路管理机构设专职桥梁养护工程师（或技术员）。

2.地（市）级公路管理机构设专职桥梁养护工程师。

3.省级公路管理机构由总工程师兼管桥梁养护管理工作，也可授权公路养护处（科）设专职桥梁养护主管工程师，负责全省桥梁养护管理工作。

第六条　县段级专职桥梁养护工程师职责：

1.主持桥梁（涵、隧道）的经常性检查，并详尽记录检查结果。

2.根据经常性检查结果，负责向上一级专职桥梁养护工程师和本县段主管领导报告三类以上桥梁的病害状况。

3.负责主持辖区内桥（涵、隧道）小修保养和抗灾抢险工作，考核桥梁养护质量，及时上报辖区的桥梁（涵洞、隧道）受自然灾害和其他因素损坏的情况。并根据上级审定的超重车辆通过桥梁方案，组织和指导超重车辆通过，其后详细检查有无破损，同时记录在案。

4.提出辖区内桥梁（涵、隧道）小修保养年度工作计划。

5.参与辖区内桥梁养护大、中修、改善工程的竣工验收。

6.协助上一级专职桥梁养护工程师作定期检查。

第七条　市（地）级专职桥梁养护工程师职责：

1.制订、安排桥梁年度定期检查计划，组织实施辖区内桥梁养护的定期检查，以及桥梁受各种自然灾害、人为损害情况的检查，并按规定提出检查报告。

2.根据上述检查结果，提出桥梁养护、维修、改善方案和对策措施。

3.向上级专职桥梁养护主管工程师或总工程师提出年度需作特殊检查桥梁的申请报告，

说明需要检查的部位和原因,供总工程师审定。

4.提出辖区内桥梁养护大、中修、改善工程项目年度计划。

5.负责桥梁养护大、中修工程计划的落实和工程施工的监督、检查和质量控制。

6.组织桥梁大、中修、改善工程的中间检查和竣工验收。

7.参与辖区内桥梁新、改建工程的竣工验收。

8.审核辖区内桥梁小修保养年度计划。

9.监督、检查县级公路管理机构的桥梁小修保养工作情况。

10.协助实施辖区内桥梁的特殊检查工作。

11.负责辖区内桥梁技术档案的补充、完善和保密工作。定期对辖区内桥梁技术状况作出综合评价与分析。

第八条　省级公路管理机构总工程师及其授权的专职桥梁养护主管工程师职责:

1.负责全省、自治区、市辖区内的桥梁养护技术工作。

2.审核并提出桥梁特殊检查工作计划并组织实施。

3.主持审定桥梁特殊检查报告,依据特殊检查报告,向本局主管领导提出桥梁特殊加固、改造、改建工程项目建议。

4.组织专职桥梁养护工程师的技术业务培训。

5.组织制订全省、自治区、市的桥梁养护工作计划,审批桥梁加固、改造设计方案,并监督实施。

6.提出桥梁养护的科研计划,主持审定科研成果,组织检查、分析桥梁养护工作中的重大质量、安全事故。

7.参加超限运输车辆通过桥梁的审批,审定超限运输车辆通过公路桥梁的方案。

第九条　特大型桥梁由省级公路管理机构或授权桥梁所在地公路管理机构专设桥梁管理所进行养护管理。管理所设专职桥梁养护工程师,行使相应的职责权限。

第三章　桥梁检查制度

第十条　桥梁检查分经常性检查、定期检查和特殊检查。

第十一条　经常性检查以直接目测为主,配合简单工具量测,一般可和桥梁的小修保养工作结合进行,每月至少进行一次。

第十二条　经常性检查的项目和内容:

1.桥面是否平整,有无损坏;

2.桥面泄水管是否损坏、堵塞;

3.桥面是否清洁,有无杂物堆积,杂草生长、蔓延;

4.栏杆扶手、引道护栏是否断裂、撞坏、锈蚀;

5.伸缩缝是否填塞、破损、失效;

6.锥坡、翼墙有无开裂、坍塌、沉陷;

7.交通信号、标志、照明设施是否完好;

8.其他显而易见的损坏(病害)。

第十三条　经常检查要如实记录,填写“经常性检查记录表”(见表一)。当存在有三类桥梁技术状况的病害时,应向上一级专职桥梁养护工程师提出定期检查计划报告。

（桥梁技术状况分类评定标准见附录1）

桥梁经常性检查记录表 表一

单位：

桥梁名称		路线名称		桥位桩号	
项　目	检 查 情 况		处理意见		
桥面铺装					
泄水管					
桥面清洁					
栏杆、扶手					
伸缩缝					
锥坡					
交通信号、标志、照明、灯柱					
其他					
检查记录人			检查负责人		

第十四条　定期检查以目测结合仪器检查为主，对桥梁各部分进行详细检查，一般安排在有利于检查的气候条件下进行。

第十五条　定期检查的时间根据桥梁的不同情况规定为：

1.新建桥梁竣工接养1年后。

2.一般桥梁检查周期为3年，也可视桥梁具体技术状况每1～5年检查一次，非永久性桥梁每年检查一次。

3.根据下级桥梁养护工程师的报告，病害在三类以上的桥梁，应安排定期检查。

第十六条　专职桥梁养护工程师在每次实施定期检查前，要认真查阅所检查桥梁的技术资料以及上次定期检查报告，以便有充分的准备和做对比分析。

第十七条　桥梁定期检查应按规范程序进行，检查的项目和内容有：

1.桥面铺装：是否有坑槽、开裂、车辙、松散、不平、桥头跳车现象等。

2.人行道、栏杆：人行道有无开裂、断裂、缺损，栏杆是否松动、撞坏、锈蚀和变形等。

3.伸缩缝：是否破损、结构脱落、淤塞、填料凹凸、跳车、漏水等。

4.排水设施（防水层）：桥面横坡、纵坡是否顺适，有无积水，泄水管有无损坏、堵塞、泄水能力情况；防水层是否工作正常，有无渗水现象等。

5.上部结构：

1）梁式结构：主梁支点、跨中、变截面处有无开裂。

最大裂缝值；梁体表面有无空洞、蜂窝、麻面、剥落、露筋；有无局部渗水；横隔板是否开裂、焊缝是否断裂；钢结构锈蚀情况、变形情况等。

2）圬工拱桥：主拱圈是否开裂、渗水、砂浆松动、脱落、变形；拱脚是否开裂；腹拱是否变形、错位；立墙、立柱有无开裂、脱落；侧墙有无鼓肚、外倾等。

3）双曲拱桥：拱脚有无压裂；拱肋1/4处、3/4处、顶部是否开裂、破损、露筋、锈蚀；拱肋与拱波结合处是否开裂；波间砂浆是否脱落、松散；横隔联系是否开裂、破损等。

6.支座：位移是否正常；橡胶支座是否老化、变形；钢板滑动支座是否锈蚀、干涩；各种支座固定端是否松动、剪断、开裂等。

7.桥墩:墩身是否开裂,局部外鼓,表面风化、剥落、空洞、露筋;是否有变形、倾斜、沉降、冲刷、冲撞损坏情况等。

8.桥台:是否开裂、破损,台背填土是否有裂缝、挤压,受冲刷等情况。

9.翼墙:是否开裂,有无前倾、变形等。

10.锥坡:是否破损、沉陷、开裂、冲刷、滑移等。

11.照明:桥上照明情况是否正常等。

12.河床及调治构造物:河床是否变迁;有无漂浮物堵塞河道;调治构造物是否发挥正常作用,有无损坏、水毁等。

定期检查中,无论检查哪个部分,都要察看它的清洁情况,连同病害一起记录下来。

定期检查中,发现三类以上的病害以及难以判明原因和程度的病害都应拍照记录在案。

第十八条 定期检查的外业完成后,专职桥梁养护工程师应按下列要求写出检查报告:

1.概述检查的背景、组织工作过程。

2.整理、填写"桥梁定期检查记录表"(见表二)。

桥梁定期检查记录表 表二

单位:

<table>
<tr><td>桥名</td><td></td><td>路线名称</td><td></td><td>起点桩号</td><td></td><td>检查时间</td><td></td></tr>
<tr><td>桥长</td><td></td><td>上部结构形式</td><td></td><td>最大跨径</td><td></td><td>气候</td><td></td></tr>
<tr><td colspan="2">项目</td><td>病害部位</td><td colspan="3">病害情况(性质、数量、程度)</td><td colspan="2">处理意见</td></tr>
<tr><td colspan="2">桥面铺装</td><td></td><td colspan="3"></td><td colspan="2"></td></tr>
<tr><td colspan="2">人行道、栏杆</td><td></td><td colspan="3"></td><td colspan="2"></td></tr>
<tr><td colspan="2">伸缩缝</td><td></td><td colspan="3"></td><td colspan="2"></td></tr>
<tr><td colspan="2">排水设施(防水层)</td><td></td><td colspan="3"></td><td colspan="2"></td></tr>
<tr><td colspan="2">上部结构</td><td></td><td colspan="3"></td><td colspan="2"></td></tr>
<tr><td colspan="2">支座</td><td></td><td colspan="3"></td><td colspan="2"></td></tr>
<tr><td colspan="2">桥墩</td><td></td><td colspan="3"></td><td colspan="2"></td></tr>
<tr><td colspan="2">桥台</td><td></td><td colspan="3"></td><td colspan="2"></td></tr>
<tr><td colspan="2">翼墙</td><td></td><td colspan="3"></td><td colspan="2"></td></tr>
<tr><td colspan="2">锥坡</td><td></td><td colspan="3"></td><td colspan="2"></td></tr>
<tr><td colspan="2">桥上照明</td><td></td><td colspan="3"></td><td colspan="2"></td></tr>
<tr><td colspan="2">有关调治构造物</td><td></td><td colspan="3"></td><td colspan="2"></td></tr>
<tr><td colspan="2">河床</td><td></td><td colspan="3"></td><td colspan="2"></td></tr>
<tr><td colspan="2">其他</td><td></td><td colspan="3"></td><td colspan="2"></td></tr>
<tr><td colspan="3">下次定期检查时间安排</td><td colspan="3"></td><td colspan="2"></td></tr>
</table>

记录人: 检查负责人:

3.填写定期检查附录说明:检查中发现的四类以上的破坏、新发现的三类以上的破坏以及难以判明损坏原因和程度的病害,都要作出附录说明,并附上照片。多项此类病害,附录说明应加以编号(见表三)。

桥梁定期检查附录说明 表三

单位:

桥名		损坏部件	
损坏程度 与原因 初步分析			
(附照片)			

检查负责人:

第十九条 专职桥梁养护工程师应根据定期检查的结果,评定桥梁的技术状况。报送本管理机构主管领导和省级公路管理机构总工程师及其授权的专职桥梁养护主管工程师。技术状况评定按下列表式进行(见表四)。

桥梁技术现状评定表 表四

单位:

桥名		路线名称		起点桩号		评定时间	
桥长		上部结构形式		最大跨径			
项　目	类　别						
	1	2	3	4			
墩台							
支座							
砖石混凝土上部结构							
钢结构构件							
木桥各部构件							
栏杆人行道							
载重能力							

专职桥梁养护工程师

注:(1)填写类别时,以※号为标记;

(2)表中1~4类按《公路养护技术规范》的桥梁病害分类表进行分类。

第二十条 定期检查后，专职桥梁养护工程师应即通知县级公路管理机构，对二类以下的桥梁进行针对性、预防性小修保养。对于三类桥梁应提出大、中修方案建议。对于四类桥梁必须向总工程师或授权的专职桥梁养护主管工程师提出作特殊检查计划报告；对于难以确定损坏原因和程度的，应作出继续观察或提出特殊检查计划报告。报告应对提出检查原因和损坏部位作详细说明，连同“桥梁技术现状评定表”一起上报。

第二十一条 桥梁特殊检查通常按照协议（合同）交由公路桥梁检测中心（或具有这种能力的科研设计单位、工程咨询机构、组织）执行。

第二十二条 桥梁特殊检查系指采用仪器、设备等特殊手段和科学方法分析桥梁病害的确切原因和程度，确定桥梁的技术状态，以采取相应的加固、改造措施。一般在下列四种情况下作特殊检查：

1.在地震、洪水、滑坡、超重车辆行驶、行船或重大漂浮物撞击之后；

2.决定对单一的桥梁进行改造、加固之前；

3.桥梁定期检查难以判明损坏原因、程度及整座桥的技术状况时；

4.桥梁技术状况在四类者。

第二十三条 进行特殊检查前，负责检查的工程师应充分收集资料，包括计算书、竣工图、材料试验报告、施工记录、历次桥梁定期检查和特殊检查报告等。专职桥梁养护工程师应给予必要的协助。

第二十四条 特殊检查项目一般有：

1.上述第1、2种情况检查的项目（见表五）。

2.上述第3、4种情况检查的项目和方法：

(1)结构验算、水文验算；

(2)静载、动载试验；

(3)用精密仪器对病害进行现场调查和实验室分析：

①混凝土裂缝外观及显微调查、混凝土碳化鉴定、氯化试验、湿度调查、强度测试、结构分析；

②钢筋位置、锈蚀状态调查；

③预应力钢筋现状及灌浆管道状况、空隙情况调查；

④桥面防水层状况调查；

⑤桥面铺装状况调查。

表五

	洪水	滑坡	地震	超重车行驶（改造前）	撞击
上部	栏杆损坏桥体位移和损坏落梁、排水设施失效	因桥台推出而压屈	落梁、支座损坏、错位	梁、拱、桥面板裂缝、支座损坏、承载力测定	被撞构件及联系部位破坏、支座破坏
下部	因冲刷面产生的沉陷和倾斜	桥台推出胸墙破坏	沉陷、倾斜位移、圬工破坏、抗震墩破坏	墩台裂缝、沉陷	墩台位移

第二十五条 桥梁的特殊检查,应在总工程师与负责检查的工程师(单位)签订特殊检查合同(协议)后进行。其内容包括:

1.特殊检查的工作项目和成果;

2.完成的期限;

3.特殊检查中双方应负的职责、义务。

第二十六条 负责特殊检查的工程师(单位)应按规定的时间完成检查任务,并作出检查报告。检查报告的项目和内容:

1.概述检查的一般情况,包括桥梁的基本情况、检查的组织、时间、背景、工作过程等。

2.目前桥梁技术状况的描述,包括现场调查、检测方法、记录以及实验室试验过程、方法、结果,桥梁技术状况类别等。

3.详细叙述检查部位损坏原因和程度,以及改造、加固方法,并对结构部件和总体提出改造的建议方案。

第二十七条 特殊检查工作由专职桥梁养护工程师负责协调监督。总工程师或授权的专职桥梁养护主管工程师组织专职桥梁养护工程师及有关的技术人员对特殊检查报告进行审查核定。

第四章 桥梁养护技术档案管理制度

第二十八条 县级公路管理机构应建立专门的桥梁技术档案,内容包括:

1.桥梁基本状况卡片(见附录2);

2.历次桥梁大、中修工程施工原始记录和竣工图表以及验收报告;

3.历次桥梁经常性检查表。

第二十九条 地(市)级公路管理机构。一般应建立专门的桥梁技术档案室,由专职桥梁养护工程师负责管理。档案资料包括:

1.桥梁基本状况卡片(同第三十条1款);

2.桥梁设计图、施工图;

3.隐蔽工程施工检验报告、材料试验报告、工程质量监理报告;

4.竣工图和竣工验收报告;

5.历次桥梁定期检查报告、桥梁技术现状评定表;

6.历次桥梁大、中修设计图纸和验收报告;

7.历次桥梁特别检查报告;

8.历次桥梁改善、加固工程施工图纸、施工监理报告、竣工图验收报告;

9.桥梁的历史、地质水文情况;

10.历年遭受地震、水毁、滑坡、泥石流、超重车辆行驶影响、损害情况。

第三十条 省级公路管理机构应着重建立大、中桥梁卡片及全省桥梁的汇总表,并保存桥梁的历次特别检查报告和桥梁技术现状评定表;并应逐步建立省、地、县三级桥梁数据库管理系统,逐步达到数据共享、使用方便,使省级公路管理机构成为桥梁数据处理中心和信息中心。

附录:1.桥梁技术状况评定标准

2.桥梁基本状况卡片

附录1

桥梁技术状况评定标准

项目＼类别	一类	二类	三类	四类
墩台	1.墩台各部分完好; 2.浅基已作防护处理,效果良好	1.墩台基本完好,仅表面有局部缺陷; 2.浅基未作防护处理,但无冲刷现象	1.墩台出现缺陷,有失稳现象发生; 2.桥基出现局部冲刷	1.墩台不稳定,有滑动、下沉、倾斜、冻害现象,圬工严重松动,裂纹有开合现象,变形大于计算值; 2.桥基冲刷大于计算值,并被严重冲空
支座	1.各部分清洁完好; 2.活动支座伸缩及转动正常	1.支座有尘埃堆积,略有腐蚀; 2.支座滑动面干涩	1.钢支座螺栓松动; 2.橡胶支座开始老化	1.钢支座上下板开裂,锚栓折断; 2.橡胶支座老化开裂; 3.混凝土支座开裂压碎; 4.活动支座坏死
砖石混凝土上部结构	1.上部结构完好,无渗水、无污染; 2.裂纹宽度在容许范围以内	1.上部构造基本完好,仅表面有部分缺陷; 2.裂纹宽度在《公路养护技术规范》表4.2.17容许范围之内	1.钢筋混凝土梁、拱有剥落、露筋; 2.石砌拱圈局部变形; 3.裂纹宽度已超过《公路养护技术规范》表4.2.17所列最大限值	1.钢筋混凝土梁、拱有永久严重变形,顺主筋方向有纵向裂纹,钢筋已严重锈蚀,其他部位的裂纹已超过0.4mm; 2.石砌拱圈裂纹大于2mm或发生开合现象
钢结构	1.各部构件无损裂、开焊; 2.各节点铆钉螺栓无松动; 3.油漆色泽鲜明完好	1.杆件容易破损的部分有轻微变形; 2.个别节点螺栓松动; 3.油漆变色起泡,剥落面积在10%以内	1.个别杆件出现扭曲开裂; 2.联结部位铆钉或螺栓损坏10%以上; 3.全桥油漆失效20%以上	1.主要杆件有严重扭曲、开裂; 2.联结部位铆钉或螺栓损坏20%以上; 3.全桥油漆失效50%以上
木桥	1.各部构件完好无缺; 2.防腐、防蚁效果良好	1.基本完好,有个别小件脱落; 2.有腐朽现象发生	1.构造物的构件发生腐朽脱落但尚未失稳; 2.墩台开始变形	1.结构已严重腐朽脱落; 2.墩台倾斜、下沉冻拔
栏杆人行道	完整清洁	欠清洁,有个别杆件脱落	多处有明显损坏	严重歪斜残缺,危及人身安全
载重能力	符合设计要求	达到设计要求	<25%设计要求	≥25%设计要求

注:上下部承重构件为桥梁技术状况主要评定指标,其中有一项不符合指标者,按降一类处理。

附录 2

桥梁基本状况卡片

1.基本情况

路线名称		桩　号		桥名或地名		所在地		管养单位	
桥型		孔数—跨径 (孔－m)		桥长 (m)		桥高 (m)		桥面标高	
桥面净宽		桥面铺装		桥面纵坡		人行道宽 (m)		载重 (t)	

	项目 \ 孔别						项目 \ 墩台			
上部构造	式样					下部构造	式样			
	跨径(m)						材料			
	材料						墩台长度、宽度及高度(m)			
	梁断面尺寸或拱顶厚度(cm)						基础形式			
							基础深度(m)			
	支座形式						基桩 根数(个) \ 桩径(cm)			

翼墙构造		水流是否正常		所属水系及河流名称		枯水位	
护坡构造		河床地质及坡度		通航情况		寻常洪水位	
调治构造		河床冲刷情况		常水位		寻常洪水位浸水深度	
破冰体 护墩体		桥位中心垂直线与水流间夹角		流冰水位		历史最高洪水位	

2.桥梁草图(立面图):

3.修建简史及现状

4.修建记录

施工日期		工程号	工程说明	总工作量（万元）	经费来源	质量鉴定	建设单位	设计者	施工者
开工	竣工								

5.损毁及修复情况

损毁日期年月日	损毁情况			修复情况		
	情　　况	原　　因	经济损失	修复办法	修复用款	修复日期
单位负责人		卡片编制人		编制日期		年　月　日

63.关于发布《水泥混凝土路面养护质量检查评定办法》(试行)的通知

(1991年8月17日　交通部工程管理司　工公管字〔1991〕277号)

各省、自治区交通厅,北京市交通运输总公司,天津市市政工程局,上海市政工程管理局,计划单列市交通(公路)局:

现将《水泥混凝土路面养护质量检查评定办法》(试行)发给你们,请认真执行。并将使用中发现的问题及时函告我司。

水泥混凝土路面养护质量检查评定办法(试行)

一、随着公路事业的发展.水泥混凝土路面作为一种高级路面,在公路上越来越被广泛应用。为切实加强路面的养护管理,确切评价水泥混凝土路面的养护质量,特制订本办法。

二、根据水泥混凝土路面损坏和养护特点,将其病害分为裂缝、严重破碎板、严重断角、唧泥、错台、表面麻面、露骨、坑洞、外观不整洁、平整度差和缝养护差等九种。为使计算科学、简便与合理,将裂缝类病害用裂缝度来表示,扣分标准见表一。

表一

名称 / 计分标准 / 扣分标准	裂缝度 单位:cm/m²	缝养护差 单位:m	严重破碎板严重断角 单位:块	平整度差		错台、唧泥 单位:处	表面麻面露骨坑洞 单位:m²	外观不整洁 单位:m²
				3m 直尺 单位:处	平整度仪 单位:mm			
扣 1 分	1 以下	1 ~ 100	1	1 ~ 5	2.6 ~ 3.0	1 ~ 5	0.1 ~ 5	5 ~ 15
扣 2 分	1.1 ~ 2.0	101 ~ 200	2	6 ~ 10	3.1 ~ 3.5	6 ~ 10	5.1 ~ 15	15.1 以上
扣 3 分	2.1 ~ 3.0	201 ~ 300	3	11 ~ 15	3.6 ~ 4.0	11 ~ 15		
扣 4 分	余类推	余类推	余类推	余类推		余类推	余类推	
最高扣分	10	15	10		5	5	3	2

注:1.裂缝度按下式计算:

$$裂缝度 = \frac{轻微裂缝 \times 1 + 中等裂缝 \times 2 + 严重裂缝 \times 3}{检查总面积} \times 100$$

2.每四只严重断角按一块板计扣,如出现小数,按四舍五入计算。

三、关于病害名称的解释及量测工具

1.裂缝:缝长大于 2m,并按其对行车的影响程度分为轻微、中等和严重三种。所谓轻微是指裂缝的初期阶段,缝宽小于 2mm,无剥落;中等是指缝宽在 2 ~ 5mm 之间,并有轻度剥落;严重是指缝宽大于 5mm,并有严重剥落和沉陷。接缝边有长 0.5m、宽 0.1m 以上剥落时,也作为严重裂缝统计。均用皮尺或钢尺进行量测。

2.严重破碎板:裂缝将板分割成四块以上,并有严重剥落或沉陷。碎裂面积小于半块按半块计,大于半块按一块计。如已经过良好修理,不再扣分。

3.严重断角:裂缝与纵横缝的交点距角隅大于 15cm,小于板边长的一半并伴有沉陷或碎裂,每 4 只严重断角按一块板计扣。仅有裂缝无沉陷或碎裂则计入裂缝类病害。

4.唧泥:基层材料和土被水从接缝中挤出,使板底出现空隙、空洞,用肉眼观察。

5.错台:接缝处相邻两块板垂直高度差在 8mm 以上,以一块板计一处,用错台仪或钢尺进行量测。

6.表面麻面、露骨及坑洞:路面表面出现麻面、露骨及坑洞,面积大于 0.1m² 以上,按病害扣分。

7.外观不整洁:路面上有不洁净杂物、堆积物,其面积大于 5m² 以上,按病害扣分。

8.平整度差:用3m直尺沿路面纵向量验,当尺底底面与路面的空隙大于8mm,或用平整度仪测定的标准偏差大于2.5mm时,按病害扣分。3m直尺的检测频率每100m检测3处(不跨接缝),每处一尺。

9.缝养护差:3mm宽以上(含3mm)裂缝和接缝内无填灌缝料,或出现灌缝料老化、凸出(或凹陷)1.5cm以上,与板边脱离的现象,按病害扣分,用尺量。

四、一块板中有两种以上病害的,则以最严重的一种计扣。

五、本办法仅适用混凝土路面,路基、构造物、标号志和绿化四项仍按现行部颁《公路养护质量检查评定暂行办法》中的标准和要求评定。路面满分仍按50分计,检查记录表见表二。好路率的计算方法与《公路养护质量检查评定暂行办法》相同。

表二

路线名称________线　查定总面积________m^2　年　月份　养护单位

项目	病害名称		单位	K										病害数量		应扣分数
														m	cm/m^2	
路面	裂缝度(10)	轻微裂缝×1	cm/m													
		中等裂缝×2														
		严重裂缝×3														
	缝养护差(15)		m													
	唧泥、错台(5)		处													
	平整度差(5)		处													
	严重破碎板、严重断角(10)		块													
	外观不整洁(2)															
	表面麻面、露骨、坑洞(3)															
	应扣总分															
	实得分															

检查人:　　　　检查日期:　　　　修建年月:

64.关于发布《公路养护定员标准》的通知

(1991年12月30日　交通部、劳动部　交人劳字〔1991〕945号)

各省、自治区、直辖市交通厅(局)、劳动(劳动人事)厅(局):

根据国家行业标准管理办法,由交通部制定的《公路养护定员标准》,已经全国劳动定额标准化技术委员会审定通过,现予批准、发布,并于一九九二年六月一日起实施。

其代号与名称是:　LD/T:1——91(DY)

附:公路养护定员标准

中华人民共和国劳动和劳动安全行业标准

LD/T:1—91(DY)

公路养护定员标准

Mauning Norm of Highway Maintenance

1 主题内容与适用范围

本标准按照“先进、合理、科学、规范”的原则,规定了公路养护专业机构的生产人员、管理人员和服务人员的定员。

本标准适用于各省、自治区、直辖市交通部门设置的公路养护专业机构的定员管理。

2 引用标准

JTJ 01—88 公路工程技术标准

JTJ 073—85 公路养护技术规范

3 定员

3.1 生产人员,指生产工人、生产技术和安全技术人员,养路费征稽人员,其中生产工人按照中级工人技术水平确定。

3.1.1 养路工人:指在公路上从事经常性的路基、路面、桥涵、隧道和附属构造物、设施等小修保养和公路绿化;养路机具的操作、日常维护;自行采备养护材料等直接生产的工人。

定员:见《养路工人定员表》

3.1.2 桥梁养护工人:指对特大桥、特殊结构桥进行日常保养的工人。

定员:

a.桥长在500m以上的永久性桥:每100m为(0.4~1.0)人;

b.钢结构桥:桥长在1000m以下的,每100m为(1.5~2.5)人;桥长在1000m以上的,每100m为(1.0~1.5)人;

c.悬吊、斜拉桥:桥长在1000m以下的,每100m为(2.0~3.0)人;桥长在1000m以上的,每100m为(1.0~2.0)人;

专设桥梁养护机构的大、中型桥每100m为(0.6~1.5)人。

3.1.3 隧道养护工人:指对长500m以上的隧道及附属设施进行日常维护的工人。

定员:每100m为(0.5~0.7)人。

3.1.4 渡口工人:指载运车辆的机动或人力渡船的驾驶、轮机、水手、保养等工人。

定员:每班每渡船(7~12)人

3.1.5 机动车辆、养路机械驾驶和维护工人:指由地(市)级和县(区)级公路管理部门,集中使用的汽车驾驶员和养路机械驾驶操作员及维修工人。

定员:

a.汽车驾驶员:每辆为(1.0~1.2,)人;

b.养路机械驾驶操作员:每辆(台)(0.5~1.0)人;

c.维修工人:每辆(台)为(0.3~0.7)人。

3.1.6 养护工程施工工人:指从事公路养护大、中修和改善工程的专业施工队伍的工人。

定员:养护里程在700km以下的,每100km为(10~15)人;养护里程在700km以上的,每100km为(15~25)人。

3.1.7 沥青储运站(库、池)工人:指在沥青储运站(库、池)从事路面施工,养护用沥青(渣油)的储存、分发、出入库、加温、设备维修的工人。

定员:

a.储量在3000t及其以下:每1000t为(8~16)人;

b.储量在3000t以上:每1000t为(8~12)人。

3.1.8 沥青混合料拌和场(站)工人:指在沥青混合料拌和场(站)从事机械化操作和日常维护搅拌设备的工人。

定员:每工作日拌和能力1000t为(4~6)人。

3.1.9 乳化沥青站工人:指在乳化沥青站从事乳化沥青生产的工人。

定员:年产量每1000t为(1~2)人。

3.1.10 苗圃工人:指在苗圃中从事公路绿化用苗木培育的工人。

定员:每1000m^{2}为(0.3~0.6)人。

3.1.11 交通量观测工人:指从事交通流量观测、计数、汇总、统计的工人。

定员:

a.连续式观测站:每站为(8~12)人;

b.间隙式观测站:每站为1人。

3.1.12 收费工人:指在收费路、桥、隧道、渡口从事收费工作的工人。

定员:每个车道、码头每班岗为(2~3)人。

3.1.13 生产技术人员

3.1.13.1 专职工程技术人员:指在县段级公路养护单位具有技术职务并专职从事土木、机械、绿化技术工作,不兼任行政领导职务的工程技术人员。

定员:每100km为(5~8)人。

3.1.13.2 生产安全技术人员:指在县段级公路养护单位从事养路生产安全技术工作的专职人员。

定员:每个县段为(1~2)人。

3.1.14 养路费征稽人员:指直接从事公路养路费征稽工作的人员。

定员:

a.机动车辆比较集中的大、中城市:每100辆车为(0.3~0.5)人;

b.其他地区:每100辆车为(0.6~1.0)人。

3.2 管理人员和服务人员:指地(市)级和县(区)级公路管理部门的管理人员和服务人员。

定员:按本标准定员职工总数的12%~18%。其中路政管理人员定员:每100km为(1~3)人。

其他规定见附录A。

附 录 A
其他规定
（补充件）

A1 本标准不包括高速公路定员。

A2 等外公路养路工人定员可参照四级公路养路工人定员标准。

附加说明：

本标准由交通部提出。

本标准由全国劳动定额标准化技术委员会归口。

本标准由交通部组织云南、辽宁、北京、吉林、江苏、江西、河南、山西、陕西、青海、四川、广东等省(市)交通厅(局)起草。

本标准主要起草人：文俊华、陶培启、史殿英、李江、赵长松。

本标准由交通部负责解释。

65.关于印发《公路养护职工劳动保护服装式样》的通知

(1995年1月26日　交通部　公养字〔1995〕020号)

各省、自治区交通厅、公路局(处):

根据交通部《关于颁发〈公路养护职工劳动保护用品标准〉的通知》[交人劳字(1994)786号]要求,我司组织有关部门对公路养护职工劳动保护服装进行设计开发,已经有关单位评议审定。现将服装式样(见附件)印发给你们,请遵照执行。在执行中任何单位不得提高服装档次和修改式样。今后有关服装生产、式样修改以及质量考核等具体业务,委托部华建交通经济开发中心归口指导。

公路养护职工劳动保护服装式样

根据安全、经济、实用,充分体现公路养护行业特点的原则制定公路养护职工劳动保护服装式样。主要包括:冬装、春秋装、夏装和安全标志服四类。

一、棉大衣

款式:活里式短大衣

布料:水洗绒、喷胶棉

颜色:棕驼色

二、棉上装

款式:夹克式(活里)

布料:水洗绒

三、春秋装

款式:夹克套装

布料:仿毛华达呢

颜色:米黄色

四、夏装

款式:猎装式套装

布料:水洗麻

颜色:男装:浅驼色 女装:浅灰色

五、T恤衫

款式:长、短袖

布料:超薄涤盖棉

颜色:荧光桔红色

六、安全标志服

款式:马甲式(有反光标志)

布料:涤纶华达呢

颜色:荧光桔红

附

六种服装式样设计图

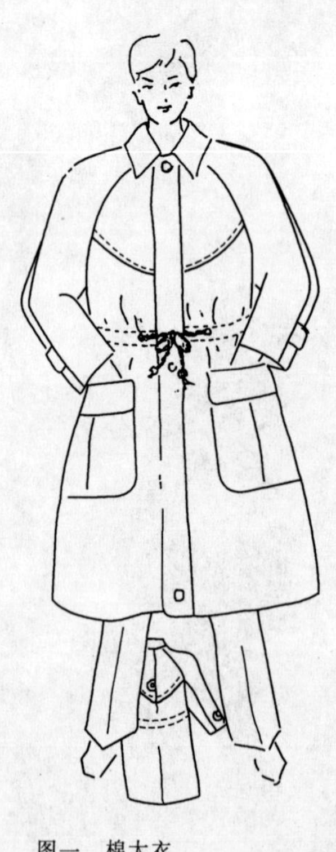

图一　棉大衣

图二　棉上装

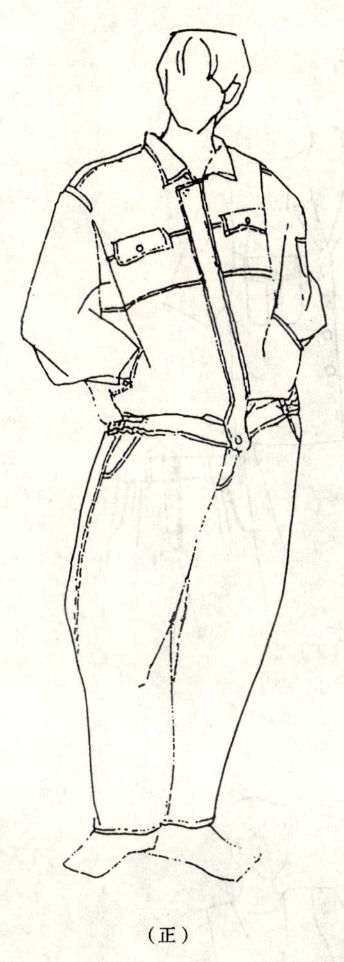

（正）

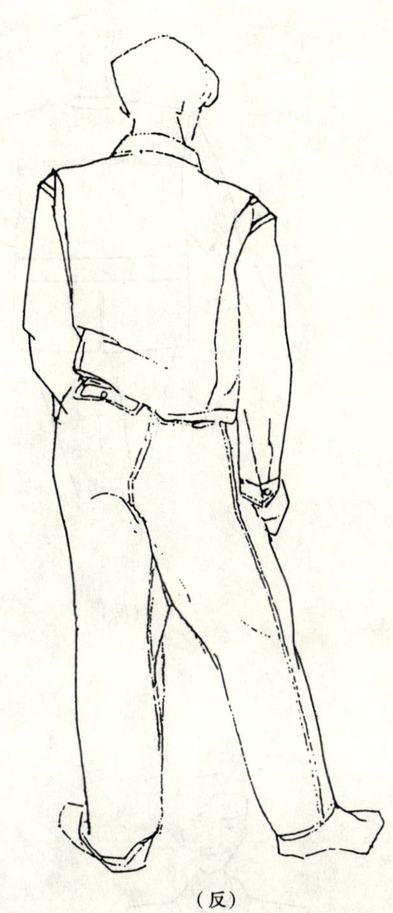

（反）

图三　春秋装

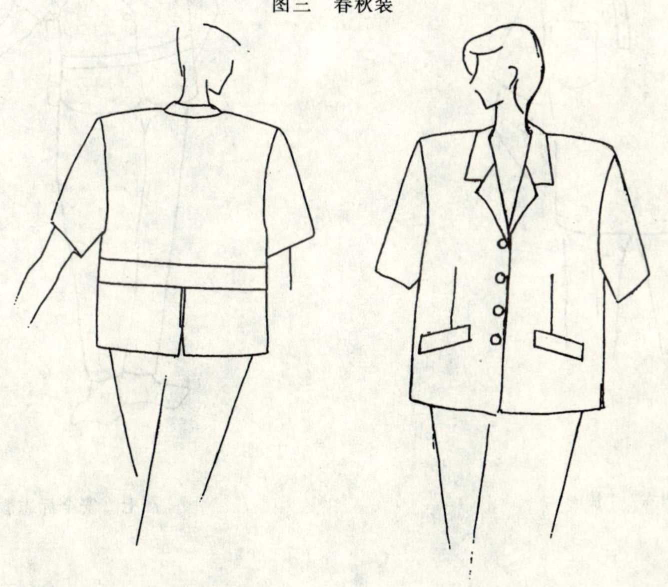

（反）　　（正）

图四　夏装(女式)

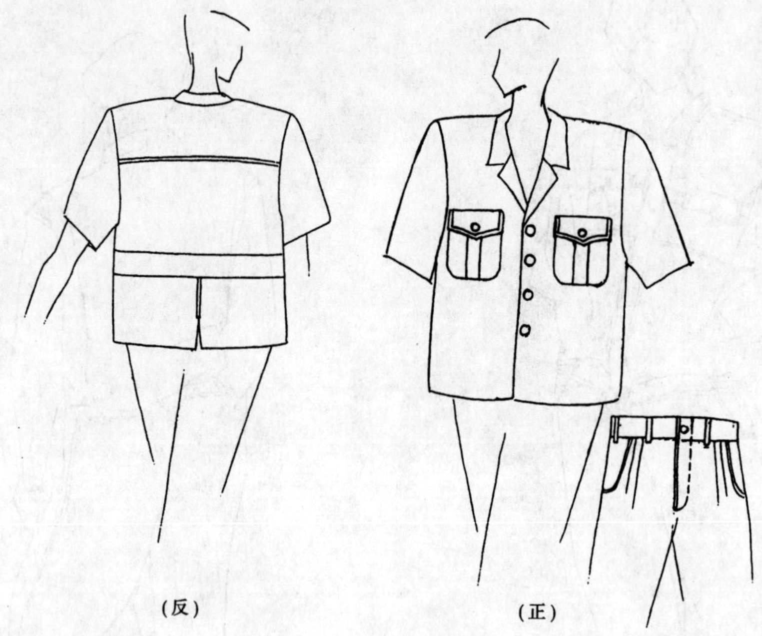

图五　夏装(男式)

图六　T恤衫

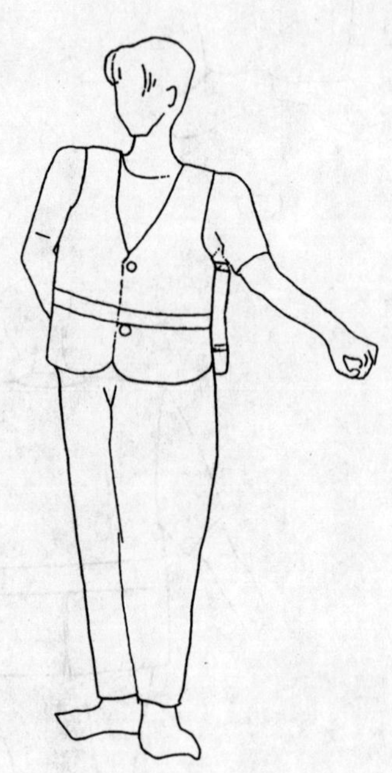

图七　安全标志服

66.关于印发《国家干线公路文明建设样板路实施标准》的通知

(1995 年 3 月 27 日　交通部　交公路发〔1995〕243 号)

各省、自治区、直辖市、计划单列市交通厅(局、委、办),天津市市政工程局,上海市市政工程管理局:

现将《国家干线公路文明建设样板路实施标准》印发你们,请遵照执行。各地在组织实施省级干线公路文明建设样板路时,可参照本标准执行。

请各地将执行本标准过程中发现的问题,及时函告我部(公路管理司)。

国家干线公路文明建设样板路实施标准

第一条 为改善和提高国家干线公路通行能力和规范化管理水平，禁止乱设站（卡）、乱收费、乱罚款，充分发挥国家干线公路在文明建设样板路中的示范作用，特制定本实施标准。

第二条 路基、路面、桥涵构造物及其附属设施必须达到和保持部颁《国省干线 GBM 工程实施标准》的规定和要求。

第三条 新建、改建工程和养护工程必须符合部颁有关设计、施工和养护技术标准、规范的要求，体现公路自身的建筑美。

第四条 因地制宜，采取多种措施和手段，坚持人工造景与自然景观相结合，进行沿线公路绿化，以合理覆盖公路两侧边坡、分隔带及公路用地范围内的可绿化空地。

第五条 常年保持路面整洁、路拱适度、排水通畅、行车舒适，公路养护无差等路，年平均好路率保持在 90%以上。

第六条 常年保持与路面中心线相适应的流畅、顺适、鲜明的分车道线、路缘石线、路肩外缘线等公路特征线型。

第七条 沿线标志、标线、里程碑、路边线轮廓标等一律按 GB 5768—86 国家标准设置。交通标志大小应不小于相应公路等级计算行车速度的尺寸要求，做到位置适当、准确、完整、醒目、美观。路边线轮廓标设置间距为 100 米，弯道部分可酌情加密。路边线轮廓标与百米桩相结合设置时，应在桩下部标明百米桩号。凡设置示警桩、防撞栏和护栏路段，路基宽度小于 12 米的路段，以及两侧已种植整齐行列式乔木的路段，可不再设路边线轮廓标。

第八条 禁止在公路上设置非公路交通用标志标牌。公路用地范围以内确需设置道路交通标志以外的其他标志（牌）如广告牌、店名牌、宣传标牌等，须经省级公路管理机构或其授权的单位审查批准，方可设置。此类标志牌的设置应做到统一规划，美观大方。

第九条 公路两侧必须严格控制建筑红线，制止并清理违章建筑，防止公路街道化。穿越村镇路段，应当采取半封闭等措施，消灭脏、乱、差，基本达到路、景、物交织协调，构成畅通、安全、舒适、优美的公路交通环境。

第十条 养路工上路作业必须着安全标志服。上路作业的各种养护工程机械设备均以桔黄色或黄色与黑色相间为标志色，并设置黄色标志灯饰。在车辆和机械的显著部位应喷涂大小适应、清晰醒目的公路路徽标记。

第十一条 道班面向公路的正面院墙，一律涂以浅黄标志色。道班房院门两侧分别按黄底红字书写“养好公路、保障畅通”八个大字。交通量观测站房屋采用红白相间色彩标记。在所有公路养护管理单位的办公和生产用房屋的正面或大门正上方应设置公路路徽标记，其直径规定为 60 ~ 100 厘米，并应与房屋或大门的大小相协调。

第十二条 大、中修养护工程作业现场，应当实行作业交通安全控制。作业交通控制方式，应符合部颁《高速公路及汽车专用一级公路养护工程作业交通控制图示》和《汽车专用二级公路及一般公路养护工程作业交通控制图示》要求。详见附件一、附件二所示。小修保养工程作业现场，应设置锥形标进行交通控制。

第十三条 公路通行费收费站（点）的设置，必须符合交通部、财政部、国家计委联合颁布的《关于在公路上设置通行费收费站(点)的规定》(交公路发[1994]686号)的要求。凡经省级人民政府批准设立的公路通行费收费站(点),须由省级交通部门发给统一制定的“收费站”标牌。其式样详见附件三。

第十四条 在公路通行费收费站收取通行费,必须严格执行有关收费标准和收费期限的规定,不得在公路、桥梁、隧道正式竣工通行前,先收取通行费。经批准收费还贷(集资)的公路、桥梁、隧道,在贷款(集资)还清后,应立即停止收费。

第十五条 各收费站(点)必须悬挂“收费站”标牌,并应设置宣传牌板,做到审批机关公开、主管部门公开、收费标准公开、收费单位公开。收费人员要做到着装整齐、挂牌上岗、文明执勤、礼貌服务、依法收费、按章处罚,提高工作质量,接受社会监督。

第十六条 公路收费站(点)的设施应与该路的技术标准、交通量大小相适应,做到规范齐全,美观实用。逐步设置自动收费、检票、监测装置,尽量减少停车交费时间,保证车辆顺利通行。禁止设置强制性减速障碍装置收取车辆通行费。

第十七条 经省级人民政府批准设置公路通行费收费站、检查站、征费稽查站、木材检查站,应当严格按国发[1994]41号文件规定,统一规划,合理布局。收费、罚款应当使用由省级人民政府财政部门统一制发或监制的票据,罚款要按照有关规定全额上缴。

第十八条 在公路通行费收费站、检查站、征费稽查站和木材检查站执行收费和执法任务的工作人员,应分别持有省级人民政府核发或省级人民政府授权部门核发的收费证和检查证。持证人员只限于在本站区内工作,必须做到严格履行职责,秉公执法,不得超越工作地点拦车检查、罚款。

第十九条 未经省级人民政府批准,任何单位和个人不得在公路上设置站(卡)或站(点),对违反规定擅自设置各种站(卡)或站(点)的,应在省级人民政府统一领导下,由省级交通部门会同有关部门予以查处。

第二十条 本标准自发布之日起,由各省、直辖市、自治区交通主管部门负责组织实施。各省级交通主管部门可根据本标准制定实施办法。

省级干线公路可参照本标准执行。

附件一:《高速公路及汽车专用一级公路养护工程作业交通控制图示》(见本书第247页图)

附件二:《汽车专用二级公路及一般公路养护工程作业交通控制图示》(见本书第247页图)

附件三:“收费站”标牌式样

经×××省(市)人民政府批准: **×××(国省)道　　×××收费站** ××省交通厅(局)颁发 年　月　日

注:字体要求为仿体,标牌用反光材料制作,绿底白字。

67.关于印发全国公路养护管理工作会议文件的通知

（1995年9月11日　交通部　交公路发〔1995〕853号）

各省，自治区、直辖市、计划单列市交通厅(局、委、办)，天津市市政工程局，上海市市政工程管理局，新疆生产建设兵团：

1995年6月21日至25日，我部在安徽省召开了全国公路养护管理工作会议。现将会议通过的《交通部关于全面加强公路养护管理工作的若干意见》、《公路养护标准规范体系》、《公路减灾规划》等3份会议文件印发你们。请结合本地区的实际情况，认真研究，制定贯彻落实的具体意见和措施，并于今年年底前将落实情况报部(公路司)。部将组织工作组前往各地检查、了解落实情况。

附：交通部关于全面加强公路养护管理工作的若干意见

公路养护标准规范体系(略)

公路减灾规划(略)

交通部关于全面加强公路养护管理工作的若干意见

公路养护管理工作是巩固、提高现有公路服务水平，保障国民经济发展的重要组成部分。加强公路养护管理工作，提高公路养护管理水平，对保证"九五"期间公路建设、养护管理工作的协调发展，最大限度地发挥公路在国民经济发展中的作用，具有十分重要的意义。为此，特提出以下意见。

一、树立加强养护管理，保障公路完好畅通的公路工作指导思想

1.经过数十年的探索和发展，我国已经基本形成了省、地(市)、县三级公路养护管理体系。目前，全国公路养护职工人数已达83.4万余人，养护里程为104.7万公里。

"八五"期间，各地公路部门贯彻落实交通部提出的公路工作方针、养护工作目标、管理工作措施，在推广应用公路养护管理的新技术、新工艺、强化路政管理和公路规费征收管理、推广多种形式的经济责任制、进行用工和分配制度改革等方面，取得了明显成效。

虽然公路养护管理工作已经有了较为稳定的行业基础，取得了一定的成绩，但与我国经济发展的需求相比，仍有较大差距。特别是近年来，随着社会主义市场经济体制的逐步建立，以高等级公路建设为特征的全社会办公路热潮的兴起，使公路养护管理工作面临与公路建设的重视程度、投资力度、发展速度、运行机制不够协调的局面。加之现行公路管理体制不顺，一些地方在机构设置和工作职责划分上政事不分，政企不分，事企不分；公路养护管理机构长期在计划经济的管理模式下，缺乏工作活力和竞争机制；公路养护资金投入不足，大中修里程逐年下降；公路法规体系不够健全，使公路养护技术和路政管理难以完全做到有章可循，这些均严重影响了公路养护管理工作的健康发展。因此，切实树立加强养护管理，保障公路完好畅通的指导思想，是"九五"期间公路工作中的一项重要任务。

2.根据部颁发的《公路科学养护与规范化管理纲要(1991—2000年)》的要求，从我国当前公路建设、养护管理工作的实际出发，"九五"期间，我国公路工作的指导方针是：建养并重，协调发展，深化改革，强化管理，提高质量，保障畅通。

3."九五"期间公路养护管理工作的目标是：认真贯彻公路工作指导方针，以深化改革为动力，以技术进步为手段，以提高职工队伍素质为基础，以强化管理为依托，以依法治路为保障，到本世纪末，初步建立适应社会主义市场经济发展需要的现代化公路养护管理体系，使现有公路网的总体服务水平有明显的改善。

二、公路养护管理工作的主要任务

4.为实现"九五"期间公路养护管理工作的目标，公路养护管理工作的主要任务是：

——按照部颁发的《公路养护质量检查评定标准(JTJ 075—94)》的要求，到本世纪末，使国、省干线公路的好路率分别达到75%；全国公路平均好路率达到65%以上。

——强化公路标准化、美化和管理规范化建设，组织实施GBM工程。到本世纪末，使我国国、省干线公路、重要旅游公路实施GBM工程的里程达到7万公里以上。

——强化预防性养护、周期性养护，促进公路实现良性循环。到本世纪末，保证车流量在500车次/日以上的等级公路(当地有良好砂石材料的路段除外)，要基本实现高级或次高级路面铺装化，并使沥青路面和水泥混凝土路面在国、省干线上的比例超过75%。

——加强桥梁养护管理工作，全面贯彻执行《公路桥梁养护管理工作制度》。到本世纪末，消除国道上的危桥；对省道上的危桥进行加固和整治。

——加强公路交通标志标线的设置、维护管理工作，为社会公众提供安全、便利、可靠的运行条件。到本世纪末，全国二级以上公路的路段和重要的旅游公路、口岸公路，均应按国家标准设置并保持准确、完整、醒目的标志、标线；三、四级公路应在满足行车需要的前提下，根据交通情况和路线所处的环境，逐步设置并保持符合国家标准规定的标志、标线。

——建立公路养护技术标准、规范体系，提高公路养护管理的科学化水平。为使已建成的公路在运营中处于良好的技术状况，到本世纪末，在公路养护工程和管理技术领域，要尽快制定各种标准、规范和手册，基本形成一套完整的技术规范体系，使公路养护管理工作走上科学化管理的轨道。

——大力推广和发展公路养护机械化。实现公路养护机械化，是实现我国公路养护现代化的标志之一。大力推广公路养护机械化，是对现行公路养护生产组织形式和管理方法的重大改革。到本世纪末，要重点提高高等级公路养护和一般公路大中修、改善工程的机械化程度，努力使专业化养护队、养护管理工区(站)的养护机械装备实现标准化、系列化。

——贯彻"预防为主，防治结合"的方针，积极开展公路诚灾活动，提高公路的抗灾能力。为减少公路水毁造成的灾害，提高公路的通行能力，要对现有公路开展抗灾能力的综合评定。在此基础上，根据公路使用要求和当地自然条件，有针对性的进行治理工作。到本世纪末，使现有公路的抗灾能力提高30%以上；对水毁遗留工程，做到修复一处，治理一处，使水毁路段的重复发生率下降到20%以下。

——增加投入，加快公路绿化步伐。绿化祖国是我国的一项基本国策，公路绿化是实现国土绿化的重要组成部分。因此，要统筹规划，落实经费，集中力量，确保重点，以加快公路绿化的步伐。到本世纪末，除更新、管护好已绿化的公路外，要新增公路绿化里程10万公里，使全国公路绿化里程达到60万公里。

——强化公路规费征收使用管理工作和公路路政管理工作。切实做到依法行政、按章征费、维护路权、保护路产。到本世纪末，基本实现公路规费征收使用管理工作规范化，国、省干线公路无路障，公路两侧建筑红线得到有效控制。

三、依靠科技，大力推进养护管理技术进步

5.认真贯彻《中共中央、国务院关于加速科学技术进步的决定》，抓住当前有利时机，确立以"科学技术是第一生产力"思想为核心的我国公路交通事业的发展战略，使公路养护管理工作真正转移到依靠科技进步和提高职工队伍素质的轨道上来。

6.大力加强公路养护新技术、新工艺、新材料，特别是高等级公路养护技术与设备的研究开发、推广应用工作；继续推广CPMS和CBMS、公路交通情况调查、公路养路费征收管理等计算机应用技术，开发实用性的公路数据库。到本世纪末，有三分之二的省份，能够应用这些技术成果，在一定范围内指导公路养护管理的生产实践。

7.在公路养护工程、管理、装备等关系公路养护管理工作发展的重要领域内，抓好一批综合性、关键性的重大科研项目的研究开发和推广应用工作。要鼓励公路养护管理机构与交通科研院所相结合，针对公路养护管理工作中亟待解决的难题，进行联合攻关，优势互补，增强技术开发能力；同时，也要采取激励机制，鼓励公路养护管理部门的科技人员和职工结合生产实际，开展技术革新和技术改造活动。要在公路养护管理部门形成尊重知识，尊重人才的良好风尚。要增加科技投入，调整人员结构，继续加快依靠科技进步的步伐，全面提高公路养护管理水平。

四、进一步改革和完善公路养护管理运行机制

8.当前,改革和完善公路养护管理运行机制的指导思想是:制定相应政策,努力为公路养护管理工作创造良好的外部环境。同时,加大公路养护管理部门内部运行机制改革的力度,理顺关系,增强活力,建立适应社会主义市场经济体制需要,能调动各方面积极性,符合公路养护管理工作自身发展规律的科学运行机制。

改革和完善公路养护管理运行机制的重点是:强化管理,理顺关系,转换机制,提高效益。即强化公路路政和规费管理;理顺公路养护管理的内外部关系;转换公路养护管理部门在社会主义市场经济条件下的运行机制;提高养护资金使用效益和劳动生产率。

9.按照"统一领导,分级管理"的原则,理顺公路管理体制,规范各级公路管理机构名称,形成公路行业的明显特点和合力。

公路管理机构的设置,要在优先确保国、省干线公路养护管理工作需要的前提下,结合各省、自治区、直辖市的公路技术状况和经济实力,注意充分调动并发挥交通主管部门和地方人民政府的两个积极性,养好、管好公路。各级地方公路部门在国道、省道养护管理上的分工和管理机构的设置,由省级交通主管部门确定,报省人民政府批准;县道、乡道的养护管理及其管理机构的设置,由县级人民政府根据省级人民政府确定的公路管理体制,设置管理机构并负责组织实施。

公路规费的征收管理机构,应根据《中华人民共和国公路管理条例》和《公路养路费征收管理规定》的有关规定,按照"收、管、用一体,统收统支,收支两条线,严格核查"的原则设置。

从加强公路行业管理的需要出发,现阶段公路管理机构的名称统一规范为:省(自治区、直辖市)公路管理局、地(市、州、盟)公路管理局、县公路管理段。现有直接从事养护生产和管理的公路养护道班或工区等,可统一将其名称规范为公路养护管理工区(站)。

10.完善收费公路运行管理机制。根据我国目前收费公路的发展态势和公路自身的技术经济特性,为保证国家"贷款修路;收费还贷"政策得以长期、稳定、规范的执行,从政策上正确划分经营性收费公路和非经营性收费公路是十分必要的。现阶段,经营性收费公路主要是指四车道以上高速公路和汽车专用公路、千米以上的特大桥和隧道以及全部控制出入的汽车专用二级公路。非经营性收费公路则是指两车道的一般二级公路,不足千米的大桥和隧道以及非全部控制出入的汽车专用二级公路。

对非经营性收费公路应由交通主管部门强化管理。贷款还清后,即停止收费,撤销站(点),不允许继续收费。对经营性收费公路,应当采取以"公司制"为基础的企业化运行机制。这种公司应担负收费公路的筹集资金,建设开发、养护管理、收费还贷等职责。在有条件的路线和地区,当地省级政府可以授予特许经营权,组建收费公路特许经营公司。在经营期限内,对税收、贷款、发行债券、沿线开发等给予政策优惠,鼓励并支持"滚动发展"。目前,一些省份已设置的"高等级公路管理局"或"高速公路管理局",应当创造条件,逐步向公司制转轨。这样有利于增强收费公路经营者的负债经营意识,降低工程造价,提高通行费使用效益,收费公路的经营管理水平和服务水平。

在公司制的运行机制下,公路经营单位应接受省级公路管理机构的行业管理,按要求报送有关业务统计等资料;路政管理工作,可采取执法委派或行政授权的管理形式。执法委派即由省级公路管理机构委派路政管理人员进入公司,依据现行法律、法规在公司的统一领导和协调下,对公路实行路政管理。派驻人员与公司之间应以经济合同的形式明确各自的责任与义务。

行政授权即是由省级交通主管部门根据国家有关法规规定,授予公司路政管理权,使其具有对所经营公路的行政管理职权。

11.建立符合公路养护管理自身发展规律的运行机制。虽然公路养护部门是以公益性为主的事业单位,但是在市场经济条件下,必须理顺内部运行机制,分清哪些是公益性的,不适宜按市场行为进行规范或应当是政府行为;哪些是可以进入市场竞争或实行企业化管理的。

要采取措施,加快培育和发展公路养护工程市场。对公路养护管理部门所属工程队或厂(场),要实行事业单位企业化管理或逐步转为企业;在条件成熟的地方,允许和鼓励组建不同所有制形式的养护工程专业队或公司,参与公路养护改善、大修、绿化、专项水毁修复等工程项目竞争,以提高资金使用效益,降低养护成本。

对经营性收费公路,在公司制的运行机制下,实行养护管理型的组织模式。养护工程作业方式实施直接作业和招标发包管理,以招标发包为主,并按照工程项目预算管理的原则进行养护工程项目管理。

对一般公路和非经营性收费公路,要按照规模经济的观点,根据其公路技术等级及路况、交通量大小、人员素质、养护资金、机械装备等因素,区别情况,因地制宜设置养护管理作业体系,逐步达到专业化分工作业的运行方式。

12.积极推进公路养护系统的人事、用工、分配制度的改革进程。人事、用工、分配制度的改革是一项十分艰巨而复杂的工作。各级公路部门要认真总结近几年各地在推行多种形式的经济责任制过程中,进行人事、用工、分配制度改革所取得的经验,在保证公路养护管理工作稳定发展的前提下,积极、慎重、稳妥地将各项改革引向深入。要精简机构,分流人员;实行干部聘任制和全员劳动合同制;按照国家有关规定,执行医疗、退休等社会统筹保险制度;采取激励机制,增强公路养护管理工作的活力。

要充分发挥广大公路养护职工的积极性和创造性,将集体和个人的经济利益同公路养护质量、工作实绩和责任管理目标结合起来,切实提高公路养护管理工作的经济效益和社会效益。

13.因地制宜,大力发展"第三产业"。各级公路管理机构今后要在保证公路养护工作正常需要的前提下,大力提倡和发展第三产业,以合理调整人员结构,增强公路养护基层单位的经济实力。要充分发挥公路养护部门点多、面广、线长和技术、设备等方面的优势,选择一批适宜公路养护部门进行开发和经营的项目,从着眼于规模性、稳定性经营出发,对分流人员进行技术、技能等方面的培训,为"第三产业"的发展奠定基础。要逐步在公路养护部门形成一个以公路养护工程项目市场为依托,向公路沿线开发和其它相关行业经营扩展的公路养护部门"第三产业"格局,促进公路养护管理工作的全面深化改革。

五、强化管理,提高公路养护管理工作效益

14.健全的法律法规体系是公路养护管理工作在社会主义市场经济条件下进行科学管理的重要保障。现阶段,一是要继续认真贯彻执行《中华人民共和国公路管理条例》及其买施细则,切实把公路养护管理工作纳入依法治路的轨道上来;二是要加快公路立法,争取《公路法》早日出台,从而建立一个以《公路法》为龙头,以法规和规章相配套的公路法规体系;三是在《公路法》出台后,要认真做好《公路法》的宣传、贯彻工作,真正做到依法治路,保证公路完好畅通。

15.公路路政管理工作是公路部门为保护路产、维护路权,保证公路完好畅通所进行的一项十分重要的工作。强化管理,最大限度的发挥公路应有的服务水平,减少公路路产损失,是公路路政管理工作的根本所在。各级公路部门要按照"管养一体"的原则,建立健全公路路政管理机构，充分发挥专职路政管理人员和兼职、义务路政管理人员与沿线群众有机结合的优势，紧紧依靠各级人民政府，进行公路的综合治理，树立公路部门依法治路的权威性。

16.完善和落实公路养护管理各项规章制度，强化公路养护的业务管理。要在认真总结、巩固执行已有的养护工程、技术业务管理制度所取得的经验和成效的基础上，针对存在的问题和缺陷，从实际出发，继续制定和完善一些规定和办法，使公路养护管理工作的各个方面、各个环节基本上做到有章可循。

17.强化公路养护工程质量的检查、监督管理工作。要建立健全养护工程质量管理体系。在认真检查评定管养路段公路养护质量的基础上，针对存在的路况问题和工程质量问题，研究对策，以提高公路养护质量为目标，切实采取措施，确保公路应有的服务水平。

完善的规章制度，严格的科学管理，有效的组织落实，必将会产生可观的经济效益和社会效益，这正是我们强化管理的目的所在。

六、建立一支高效精干的公路养护职工队伍

18.公路养护管理工作任务艰巨，条件艰苦，这就要求必须要有一支具备较高的政治、业务技术素质，艰苦创业，甘为“铺路石”的无私奉献的职工队伍。

——要大力加强职工队伍精神文明建设，教育广大职工牢固树立以路为业，为公路的完好畅通，为国家经济建设服务的思想。

——要积极开展养护职工业务技术培训工作。特别是要从各地公路技术状况的实际出发，有重点、有针对性进行技术练兵、知识更新和培训教育工作，提高养护职工的理论知识和实际工作能力。到本世纪末，地(市)公路管理局以下的工程技术人员每100公里不得少于4人；各级公路管理机关的技术管理干部不少于机关总编制的30%；各种专业技术人员、技师不少于职工总数的12%；工人的文化程度基本达到初中以上。努力造就一支思想作风好、掌握现代化公路养护管理技术、具有良好的职业道德和奉献精神的职工队伍。

——要强化路政管理、规费征收管理人员的政治、法律、技术业务培训工作，做好路政管理、规费征收人员执法资格考核认证、持证上岗工作，提高公路管理机构行政执法、监督队伍的整体素质。

——要切实关心和解决公路养护职工在生活设施、文化娱乐、就医、子女上学等方面存在的困难。在有条件的地区，鼓励公路养护基层单位在养好、管好公路的前提下，开展多种经营，以副补路，分流人员，走自我发展的道路，以调动广大职工的积极性，围绕养好、管好公路，各尽其能。

七、加强公路养路费征收使用管理工作，保证公路交通事业发展的需要

19.公路养路费是养护管理工作发展的基本资金保障。各级交通主管部门要切实加强对公路养路费征收、使用、管理工作的领导。对涉及这项工作的方针、政策、措施、办法要经常进行研究。要建立和完善公路养路费征收、使用管理的内外部定期和随机的审计监督制度，严肃财经纪律，采取有效预防措施，并及时查处有关违纪问题，切实做到“专款专用”。

20.公路养路费征收工作的原则是依法征费，应征不漏，应免不征，及时足额上缴。根据当前在建立社会主义市场经济体制过程中出现的新情况、新问题，各级公路部门要加强征费基础工作，强化征费稽查手段，改进和完善征费方法，提高征费工作质量，确保征费额的稳定增长。

21.在公路养路费的使用上，要确定合理的建、养、管三者的投资比例关系。在计划安排上，必须首先保证现有公路养护管理工作的需要，特别是国、省干线公路养护管理经费的需要。要逐年加大对超龄油路大中修工程、GBM工程、优化路面结构工程、旧桥技术改造工程、公路标志、标线等交通工程设施、水毁防治工程及养护机械装备、公路现代化管理技术推广应用等方面的投入。

八、切实加强对公路养护管理工作的领导

22.正确处理公路建设、养护、管理三者的关系,是加强对公路养护管理工作领导的关键所在。为保证“九五”期公路工作指导方针的贯彻执行,全面完成公路交通事业发展规划和目标,各级交通主管部门要从公路发展战略的高度,把切实加强公路养护管理工作,作为实现公路长远发展规划重要的、不可分割的组成部分来认真实施。要把公路养护管理工作摆在公路交通工作的重要议事日程上,及时研究解决公路养护管理工作中的问题。通过养护管理工作,提高公路的技术状况,发挥现有公路网的效益。

我国的公路养护管理工作正处在一个继往开来的新时期。“九五”期间,公路养护管理工作的任务相当繁重的,各地要按照“总体部署,分步实施,干线为主,梯度推进”的原则,在认真分析本地区公路养护管理工作现状的基础上,以国、省干线公路为重点,切实采取措施,扎实工作,开拓进取,把现有公路的养护管理工作推向一个新的发展阶段。

68.关于印发《〈公路养护质量检查评定标准〉执行中若干问题的说明》的通知

(1995 年 11 月 8 日　交通部　公养字〔1995〕222 号)

各省、自治区、直辖市公路局(处)、各计划单列市公路局(处):

为更好地贯彻执行交通部 1994 年 9 月 13 日颁发的《公路养护质量检查评定标准》,统一掌握的尺度,今年 9 月我司在河南省郑州市召开了《公路养护质量检查评定标准》研讨会。现将会上讨论通过,并由河南省公路局整理的《〈公路养护质量检查评定标准〉执行中若干问题的说明》印发给你们,请参照执行。同时,请各单位在执行过程中将发现的问题和意见函告我司,以便修订时参考。

《公路养护质量检查评定标准》执行中若干问题的说明

94年9月13日部颁发的《公路养护质量检查评定标准》自1995年1月1日在全国施行后，总体情况较好，但某些单位和部分路段好路率下降的幅度较大，超出了预计的范围，其原因之一是对新《标准》的理解不够准确，不能正确判断、区分病害或不能正确应用评分方法进行评分。为此，特对新《标准》作补充说明：

一、分项计分标准

1.公路病害检查时，如某种病害已采取养护措施予以处理，且病害没有暴露和发展的，不按病害计量：如某种病害系因另一种病害引起的，则只记起因病害数量，被引发的病害不再记量。病害数量精确到小数点后一位，病害含量精确到小数点后二位。

2.路面部分

以面积计算的病害，应沿病害待修补边缘丈量其长度与宽度：以长度计算的病害则按病害的实际长度丈量。

3.桥涵、隧道部分

同一座桥梁、涵洞、隧道的同一种构件(部分)在不同位置存在病害时，记病害一处。但应同时做好检查记录，以便及时修复。

4.沿线设施部分

沿线设施中标志部分，除《公路标志标线国家标准》规定的警告、禁令、指示、指路标志外，还包括《公路养护技术规范》规定的示警桩、导向桩、情报告示牌、施工标志等其它标志：标线包括行车道中线、车道分界线、路缘线等；交通安全设施包括护栏、隔离栅、隔离墩等。标志安全设施在同一处连续缺损多根时，记病害一处；标志缺损每二处(根)扣一分；安全设施损坏每一处扣一分；标线不完整的长度在200m以下时扣一分，大于200m时扣二分。

5.第4.0.6条有两方面的含义，其一是在同一大范围的较轻的病害内还存在小范围的更严重的病害时，要分别记录其数量，如在一处10m的网裂中，有3m^{2}已形成龟裂时，则记录病害数量时应记龟裂3m^2、网裂7m^2：其二是某一处病害既可以判断为这种病害，又可以判断为那一种病害时，应将其判断为扣分较多的一种病害。

二、公路病害和缺陷的定义

1.沥青路面

(1)坑槽与脱皮的区别：路面坑槽必须是路面面层或基层破坏成坑洼状，坑深大于2cm，面积0.04m^{2}时，记为坑槽；路面面层上层(罩面或封面层)层状脱落，下层仍然完好，面积0.1m^{2}以上时，不论脱落层厚度多少记为脱皮。

(2)拥包、沉陷的测定：拥包与沉陷均是路面产生竖向变形。拥包是路面局部向上隆起，沉陷是路面局部下凹，其隆起的高度(或下凹的深度)以隆起部分的最高点(或下凹的最低点)与相邻正常平面的高差值来表示。

(3)泛油的判断首先必须是在高温季节且沥青被挤出，其次是挤出后的沥青在路表面要形成薄油层，再者是车辆通过该薄油层时会出现明显轮迹。必须是上述三个条件均具备时才能将其确定为泛油病害。因此，泛油只会出现在高温季节，低温季节即使有局部的油斑，也不应定为泛油病害。

(4)车辙的测定:车辙的产生有两种情况:一种是由于磨耗产生的,这时路面的变形部分只有凹槽部分;另一种是由于路面刚度不足产生的,轮迹部分下凹,其两侧局部范围内凸起,这时的变形部分则包括凹陷和凸出的两部分。

(5)龟裂和网裂的区别:当块状不规则裂缝的缝宽在 3mm 以上且多数缝距在 10cm 以内,面积在 $1m^2$ 以上时,才能按龟裂计其病害数量,其中有一条不满足定义要求时,则不能记为龟裂,而应纳入网裂病害中。从外观看,龟裂处路面应有明显的下沉变形,块状体有松动现象;网裂是缝宽 1mm 以上或缝距 40cm 以下但达不到龟裂程度的网状裂缝。量验中应严格按定义将龟裂和网裂区别开,尤其是当大面积网裂中存在小部分龟裂时,应将两者的数量分开记录,而不应全部记为龟裂或网裂。

(6)平整度差的确定:由于目前测量平整度的方法主要有二种,因而本标准列出了两种定义标准:当采用三米直尺测量时,尺底两支点间间隙等于或超过定义中所列的标准,则记录平整度差病害长度 3m,并以最后累计的病害长度数扣分,且用三米直尺量测时,要求 100m 至少量三尺并且凡是凭经验判断可能是病害的地方都要测量(同一断面最严重的一处):当采用 XLPY—II 型连续式平整度仪测量时,如该公里测完后仪器显示的偏差值超过表 5.1.14 所列标准值时,则认为该公里平整度差,并以仪器测量的偏差值与允许偏差值之差为依据扣分,其差值每 0.5mm 扣一分。

2.水泥混凝土路面

水泥混凝土路面上采用沥青混和料薄层封面、罩面的仍按水泥混凝土路面量验;水泥混凝土路面上铺筑沥青路面面层的按沥青路面量验。

(1)沉陷的判断:路面连续数块板下沉,低于相邻正常路面板平面(或设计高程)的深度在 3cm 以上的为沉陷。

①定义中连续数块板可能不是数块,也许只是一块板整体沉陷,则按一块板计算病害面积。

②低于相邻路面板平面,指的是沉陷的面板与设计标高或未沉陷的面板相比较,若相邻两块面板均沉陷,这相邻两块板不能相比较,只能依未沉陷的面板为准。

(2)严重破碎板与裂缝的区别:严重的破碎板必须是:一是裂缝将整块面板分割成三块以上(含三块);二是裂缝边缘伴有严重剥落或沉陷,符合以上两条的为严重破碎板。当裂缝将整块板分割三块以上但裂缝边缘没有严重剥落或沉陷时则应按裂缝记录病害。

(3)板角断裂的判断:裂缝与纵横缝相交将板角切断,当其二个交点距角隅均在 15cm 以上,小于边长一半且伴有沉陷或破碎时,称为板角断裂。若其中二个交点均距角隅小于 15cm,不计病害面积;若其中一个交点距角隅小于 15cm,且裂缝长度大于 1m 时按裂缝病害计量。

(4)错台的判断:错台可能发生在纵向两块板之间,也可能发生在横向两块板之间,当其相邻再块板之间垂直高度差在 8mm 以上时均应按有高差的全部长度计算病害。

(5)唧泥的判断:干旱季节因不易看到泥浆从板底挤出,这时可通过观察车辆经过时路面板产生竖向位移的接缝长度计量唧泥病害。

3.砂石路面

砂石路面采用洒油封面等方法进行防尘处理的仍按砂石路面量验。

4.路基构造物

(1)路肩的确定:路面(或路缘石)外侧有宽度 50cm 以上的素土部分且其高度与路面一致

或高于路面的应按路肩对待,如素土部分宽度不足50cm或低于路面(或路缘石)或路面(或路缘石)外侧是边坡的,路肩部分(包括路肩不整洁和路肩不整齐)不扣分。

(2)路肩不整齐的判断:某一路段出现路肩不整齐定义中所述的五种情况之一时,即将该路段定为路肩不整齐。判断路肩宽度是否小于设计宽度,在路肩设计宽度难以确定时,可采用《公路工程技术标准》(JTJ 01—88)规定的各级公路路肩最小宽度值;当路肩宽度有20cm以上的时宽时窄现象时,按宽度变化路段的连续长度计路肩不整齐病害。

(3)水沟淤塞的判断,应设边沟路段而无边沟的视为水沟淤塞,某一路段是否应有边沟,依据下列原则确定:一是原设计是否有边沟;二是据现有的排水要求是否必须设置边沟才能保证排水通畅。边沟涵淤塞影响排水的记入水沟淤塞。

(4)构造物损坏是以长度计量的,当构造损坏的原因是断裂时,记裂缝长度;当其损坏原因是沉陷、倾斜等时,则记出现沉陷、倾斜的圬工体的长度。

5.桥涵　隧道

(1)桥头跳车的确定:(涵顶)无论是桥梁、过水路面衔接不平顺或涵洞顶纵坡不适,还是桥梁伸缩缝养护不良(包括伸缩缝脱落、凸起、凹陷等),均以是否引起行车颠簸来判断是否属桥头(涵顶)跳车。每座桥最多记跳车二处,每道涵洞最多记跳车一处。

(2)隧道是否应有照明、通风设备根据《公路养护技术规范》要求来确定

6.沿线设施

(1)标志缺损的判断:标志是否缺损应以是否影响其使用功能为标准判断,不能起到引导行车或告示作用的视为缺损,记录缺损数量,否则不记为缺损。

(2)标线不完整的测定:标线不完整的长度以应标线路段内出现脱落等现象的实际长度计量。应标线而未标线或已标线但有脱落,不清晰或未按标准标划的连续长度在4米以上的,按标线不完整记录其数量。多条线在同一路段内均脱落的应累计其长度。

7.绿化

空白路段和护管不善的判断:按绿化定义,某路段已种有乔木、灌木、花卉、整齐草皮之一者即视为绿化,如某一路段所植草皮不整齐,而乔木(灌木)缺株长度超过20m时,应视为空白路段,当乔木(灌木)缺株长度不超过20m时,应根据草皮不整齐的长度和程度按护管不善扣分。

三、公路养护质量检查工作若干规定的说明

1.非整公里路段养护质量评定的方法是:当路面类型为沥青路面或砂石路面时,路面中按面积计算的病害以实际算出的Y1值扣分;当路面类型为水泥混凝土路面时,路面部分以实际算出的Y1、Y2值扣分,均不再乘折算系数φ,而其余的部分,包括沥青路面或砂石路面中按长度计算的病害及路基构造物、桥涵隧道、沿线设施、绿化部分的扣分均要以路段实际长度内累计的各类病害数量乘以折算系数φ后所得的各类病害换算数为依据扣分。

2.同一公里内路面形式不同有两种情况:一种是不同路段路面形式不同,第二种是同一横断面上存在着两种以上路面形式,不论是哪种情况,首先,应按每种路面所占的比例对路面总分进行分解,其次,对按面积计算的路面病害及水泥混凝土路面按长度计算的病害,以每种路面累计的实际病害数量除以各自所占的面积算出病害含量Y1、Y2并在分解后各自所占的总分内扣分,沥青路面和砂石路面按长度计算的病害则仍按实际病害数量在分解后各自所占的总分内扣分(第二种情况时在同一断面上平整度差只能计一次),然后合计每种路面的扣分即得该公里路面部分扣分,路基等部分的评分方法仍与路面形式没有变化的相同。

公里分界碑位于桥梁上或隧道内的,桥梁、隧道病害仍以公里碑为界,病害出现在哪一公里就记入哪一公里中。

公路路基为分离式断面的,按两条路分别检查评定养护质量。

整体式断面公路的同一处桥梁为分离式的仍按一座桥检查评定。

3.硬化路肩上不论出现何种病害,均按出现病害的路段长度记入路肩不整齐中。

69.关于加强公路标志、标线管理工作的通知

(1997年7月24日　交通部　交公路发〔1997〕432号)

各省、自治区、直辖市交通厅(局),天津市市政工程局、上海市市政工程管理局,各计划单列市交通局(委):

公路标志、标线是公路的重要组成部分,其设置、维护、管理的好坏直接影响到公路的服务水平和公路本身的路容、路貌,也关系到行车的安全。1993年12月,国务院《关于研究道路交通管理分工和地方交通公安机构干警评授警衔问题的会议纪要》(国阅〔1993〕204号)明确了"公安部门将公路标志、标线的设置和管理连同原划拨的专项经费一并移交给交通部门"。到目前为止,全国大部分省市已完成移交工作。但由于资金投入不足,此项工作多年来的遗留问题较多,全国公路标志、标线的设置普遍不够完善,与国家标准的规定还有较大的差距。据不完全统计,到1996年底全国一般公路标志、标线的齐全率仅为37%,已影响了公路的使用功能,社会各界反应强烈。为此,各地一是要提高认识,加强领导,加大资金投入,认真做好公路标志标线的设置、维护、管理工作。请完成移交工作的省、市自治区力争用二年的时间,按照国家有关规范的规定,对公路标志、标线进行补全和完善,使全国等级公路标志、标线逐步达到设置齐全、醒目、标准、规范;二是要按照"为社会提供良好服务"的原则,搞好公路标志、标线设置规划,抓好实施,以改善路容、路貌,提高服务水平。部将组织有关人员对各地的落实情况进行检查,请做好准备。

70.关于加强桥梁养护管理工作的通知

（1999年2月11日　交通部　交公路发〔1999〕74号）

各省、自治区、直辖市交通厅（局），上海市市政工程管理局，天津市市政工程局、各计划单列市：

桥梁是公路的重要组成部分，抓好桥梁的养护管理，对于保证公路的行车安全和畅通，发挥公路交通在国民经济发展中的作用，具有十分重要的意义。为进一步加强桥梁的养护管理工作，提高养护管理水平，保障公路完好畅通，杜绝因养护管理不善而造成的垮桥事故，现就有关事宜通知如下：

一、各级交通主管部门要按照“建养并重”的公路发展方针，统一思想，提高认识，把桥梁的养护管理工作作为当前公路管理的一项重要工作抓紧抓好。截止1998年底，我国共有公路桥梁210 822座，其中临时性桥梁3053座，危桥4105座，而且位于国、省道上的临时性桥梁和危桥数分别达到405座和1253座，占临时性桥梁和危桥总数的13%和31%。离交通部《公路科学养护与规范化管理纲要》（1991至2000年）中提出的“到本世纪末，基本消灭国省干线公路上的危桥，并初步达到通过国际标准集装箱车辆的标准”的目标还有相当距离。因此，各级交通主管部门应切实加强领导，强化管理，高度重视公路桥梁，特别是国省干线公路上的危桥的养护管理工作，保证资金及时到位。同时，根据各地的实际情况，提出具体可行的公路桥梁养护管理的目标与措施，组织协调好桥梁的检查、维修、加固和改造工作，将公路桥梁安全事故防患于未然。

二、各级公路管理机构要全面贯彻执行《公路桥梁养护管理工作制度》，坚持“预防为主，防治结合”的方针，对公路桥梁的养护管理要做到定期性检查，周期性养护。一是建立健全桥梁管养机构，确保专职桥梁养护技术人员到位，切实纠正“养路不养桥”的倾向；二是结合CBMS（中国桥梁管理系统）项目的推广应用，从节后开始，对本省内的公路桥梁进行一次全面的检查，并按照《公路养护技术规范》（JTJ 073—96）的有关规定，作好桥梁的技术状况分类，完善桥梁技术档案；三是针对不同技术状况的桥梁，要全面系统地掌握其使用情况，合理安排养护生产计划，发现问题及时采取有效防范措施。

三、对现有三级以上公路承载能力不足汽—20、挂—100标准，四级公路上承载能力不足汽—10、挂—50标准的桥梁，特别是经检查属于四类的桥梁，公路管理部门：一是要纳入改建计划，逐步改造提高；二是按照《公路养护技术规范》及有关规定，在两侧桥头醒目处设置必要的限载、限速标志，对损坏程度严重的危桥，在报经省级公路管理机构批准后，停止通车；三是加强超重车辆过桥的管理，严格审批程序，并采取相应的加固措施，组织好超重车辆安全过桥。

71.关于公路养护技术规范中路堤高度有关问题的复函

（1999年7月9日　交通部　交函公路〔1999〕188号）

浙江省交通厅：

你厅《关于公路养护技术规范有关问题的请示》（浙交〔1999〕244号）收悉。经研究，现就公路养护技术规范中路堤高度有关问题函复如下：

《公路养护技术规范》（JTJ 073—96）和《公路路基设计规范》（JTJ 013—95）中的路堤高度是指路基两侧坡脚线或挡墙墙身底脚线至路基边缘线之间的垂直距离。

72.关于加强公路养护工程施工现场管理的通知

(2000年8月30日　交通部　公管理字〔2000〕164号)

各省、自治区、直辖市交通厅(局、委),上海市市政工程管理局,天津市市政工程局:

近来,一些地区由于养护工程施工现场管理不当,造成阻车断道的现象屡有发生,有的甚至引发恶性交通事故,严重影响了公路的安全畅通和人民群众的生产生活。为了加强公路养护工程施工现场管理,确保公路安全畅通,维护公路行业良好的社会形象,现将有关事宜通知如下:

一、公路养护工程施工单位应严格按照《公路法》、《公路养护技术规范》的规定,切实做好施工现场的管理工作。施工路段两端要设置明显的施工标志、安全标志。需要车辆绕行的,应当在绕行路口设置标志;不能绕行的,必须修建临时道路,保证车辆和行人安全通行。必要时应设专人负责交通的疏导工作。

二、在交通流量大的公路上进行大中修养护或改建施工,可能造成交通堵塞时,公路管理机构应函告当地公安交通管理部门,共同疏导交通,维护交通秩序;确需中断交通的,应与当地公安交通管理机关事先共同发布通告,并做好车辆的疏导工作。

三、各级交通主管部门和公路管理机构要切实提高认识,强化服务意识,加大监督检查的力度,对施工现场管理混乱的施工单位要采取有效措施责令改正。逾期不改的,责令停止施工作业,直至终止施工合同。

四、对社会举报由于施工管理不当,造成阻车断道、影响行车的问题,部将组织人员进行核查,一经查实,将对有关单位进行通报批评。

73.关于印发《公路养护工程管理办法》的通知

（2001 年 6 月 22 日　交通部　交公路发〔2001〕327 号）

各省、自治区、直辖市、计划单列市交通厅(局、委),上海市市政工程管理局、天津市市政工程局,新疆生产建设兵团交通局:

现将《公路养护工程管理办法》印发给你们,请认真贯彻执行,并将执行中遇到的问题函告部公路司。

公路养护工程管理办法

（2001 年 5 月）

第一章　总　　则

第一条　为加强公路养护工程管理，提高公路养护工程质量和投资效益，根据《中华人民共和国公路法》及有关法律、法规，制定本办法。

第二条　公路养护工程管理工作实行“统一领导，分级管理”的原则。

国务院交通主管部门主管全国公路养护工程的管理工作。

省级交通主管部门主管本行政区域内公路养护工程的管理和监督工作。

公路养护工程的具体管理工作，根据省级人民政府交通主管部门的授权，以及目前各级公路管理机构的职责分工，由县级以上人民政府交通主管部门设置的公路管理机构负责。

企业经营的收费公路，其养护工程由经营企业根据省级人民政府交通主管部门授权的省级公路管理机构提出的公路服务质量指标，安排资金组织实施，省级公路管理机构或受其委托的地市级公路管理机构负责监督。

乡道养护工程的管理工作，由乡（镇）人民政府负责，县级交通主管部门负责行业管理和技术指导。

第三条　公路养护工程按其工程性质、复杂程度、规模大小划分为小修保养、中修、大修和改建工程，作业内容参见附录，具体划分标准由各省、自治区、直辖市人民政府交通主管部门制定。

第四条　公路养护工程资金主要来源于国家依法征集的公路养护资金、财政拨款、车辆通行费和国务院规定的其它筹资方式。

第五条　公路养护工程资金，必须专项用于公路的养护和改建。做到专款专用，不得挪用和挤占。

第六条　本办法适用于国道、省道、县道的养护工程管理。乡道和专用公路的养护工程管理可参照本办法执行。

第二章　一 般 规 定

第七条　公路养护工程计划由省级公路管理机构编制，报省级交通主管部门批准后执行。

公路养护工程计划编制时应遵循“先重点、后一般，先干线、后支线”的原则。对于国省干线公路和具有重大政治、经济、国防意义的公路养护工程、抗灾抢险工程，要优先安排。

公路管理机构在安排养护工程项目时，应参照公路路面和桥梁管理系统评定的结果，做到决策科学化。

第八条　经营企业经营的收费公路，其养护工程计划由经营企业编制并报省级公路管理机构核备。经营企业应根据《公路养护技术规范》的要求组织实施。

第九条 各级公路管理机构要积极采用现代化管理手段和先进养护技术,大力推广和应用新技术、新材料、新工艺、新设备,不断提高公路养护管理技术水平。

第十条 公路养护工程管理工作要把工程质量放在首位,建立、健全质量控制体系,严格检查验收制度,提高投资效益。

第十一条 对于公路养护的中修和大修工程,各地公路管理机构应引入竞争机制,并逐步推行招投标制度和工程监理制度;对于公路改建工程,应当实行招投标制度、工程监理制度和合同管理制度。

第十二条 对修复、增设、绿化等专项工程,应根据工程量、规模大小,分别按中修、大修和改建工程管理程序进行管理。

第十三条 公路养护工程施工时,施工单位应按照有关标准、规范的规定在养护工程施工路段设置标志,必要时还应安排专人进行管理和指挥,以确保养护工程实施路段的行车安全。车辆不能通行的路段必须修建临时便道或便桥,并做好便道、便桥的养护管理工作。

第十四条 对由于不可抗拒的自然灾害(如风、沙、雨、雪、洪水、地震等)破坏的公路、桥涵等设施,地(市)、县级公路管理机构要组织人员和设备及时进行抢修。公路管理机构难以及时恢复时,县级以上地方人民政府应当及时组织当地机关、团体、企业事业单位、城乡居民进行抢修,并可以请求当地驻军支援,尽快恢复交通。

第十五条 对有关公路养护工程的计划、统计、审计、机械设备、设计文件、竣工档案等信息资料,应按相应的管理规定进行管理。

第三章 小修保养

第十六条 小修保养是对管养范围内的公路及其沿线设施经常进行维护保养和修补其轻微损坏部分的作业。

第十七条 小修保养经费由省级公路管理机构根据所管养公路的行政等级、使用年限、技术等级、交通量和路况现状等因素,按照养护工程定额核定养护经费,实行定额计量管理。

第十八条 小修保养由县级公路管理机构或省级公路管理机构设置的公路管理单位或委托的合同单位,根据上级公路管理机构下达的养护工程计划指标和要求,组织实施。

第十九条 小修保养要按照有关的公路养护技术规范、操作规程的规定组织实施。同时,要加强对路面、沿线设施及绿化等的养护管理工作,做到全面养护。

第二十条 公路小修保养的管理应实行检查、考核、评定、报告制度,具体办法由省级公路管理机构制定。

各管养单位应建立各类管理台帐、填写生产原始记录,严格实行成本核算。

第二十一条 小修保养质量应严格按照有关检查评定标准的规定进行检查评定。对已实施 GBM 工程、文明样板路的路段,其养护质量应达到《国省干线 GBM 工程实施标准》和《国省干线公路文明建设样板路实施标准》的要求。

第四章 中修工程

第二十二条 中修工程是对公路及其沿线设施的一般性损坏部分进行定期的修理加固,

以恢复公路原有技术状况的工程。

第二十三条 中修工程项目由地(市)级公路管理机构向省级公路管理机构提出建议计划和概算,省级公路管理机构审核、汇总提出建议计划,报省级交通主管部门审批下达。

第二十四条 列入计划的中修工程项目,应按有关规范、标准进行设计,编制预算。

第二十五条 县级公路管理机构根据地(市)级公路管理机构批复的设计文件组织实施,严格按照有关标准和规范加强质量管理。地(市)级公路管理机构负责检查、监督和验收。

第二十六条 项目完工后,地(市)级公路管理机构应及时组织验收,并将竣工验收资料报省级公路管理机构备案。省级公路管理机构应组织有关人员对其进行抽查。

第五章 大修工程

第二十七条 大修工程是对公路及其沿线设施的较大损坏进行周期性的综合修理,以全面恢复到原技术标准的工程项目。

第二十八条 大修工程项目由地(市)级公路管理机构向省级公路管理机构上报建议计划和概算,省级公路管理机构审核、汇总提出建议计划,报省级交通主管部门审批下达。

第二十九条 大修工程项目,地(市)级公路管理机构应委托具有相应资质的设计单位进行勘察设计,并按照有关规范和标准编制设计文件,报省级公路管理机构审批。

第三十条 大修工程项目由地(市)级公路管理机构组织实施,并要逐步通过招标、投标选择养护施工单位。

第三十一条 大修工程应严格按照有关的施工规范、标准和操作规程进行施工,并要逐步推行工程监理制度。维持正常的施工秩序,认真做好施工记录,建立完整、可信的技术档案。

第三十二条 省级公路管理机构应加强对大修工程的监督和检查,并根据工程进度及时核拨工程资金。

第三十三条 大修工程完工后,地(市)级公路管理机构应依据合同文本组织有关人员对其进行初验,并向省级公路管理机构提交竣工验收申请。省级公路管理机构应及时组织有关单位和人员对工程进行竣工验收。

第六章 改建工程

第三十四条 改建工程是对公路及其沿线设施因不适应现有交通量增长和载重需要而提高技术等级指标,显著提高其通行能力的较大工程项目。

第三十五条 省级公路管理机构应根据本辖区路网的总体规划、现有公路的技术状况、通行能力和国民经济发展等的需要,研究提出本辖区的路网改建计划,报省级交通主管部门审批。

第三十六条 国省干线改建工程项目,由省级公路管理机构组织实施;县道改建工程项目,由地(市)级公路管理机构组织实施。

第三十七条 改建工程项目的设计、施工和监理,应实行招投标制度。对于资质、信誉、技术状况等不符合要求的设计、施工和监理单位,不得参加投标。中标的施工单位不得违法转包与分包。

第三十八条 改建工程项目的质量管理应按照《公路工程质量管理办法》的规定执行。

第三十九条 已经批准的改建工程项目，其建设规模、技术标准、路线走向、设计概算等需要变更时，必须报经原批准机关批准。

第四十条 改建工程项目竣工后，负责组织实施的公路管理机构应根据《公路工程竣工验收办法》的规定，组织初验。初验合格后，要按照竣工验收的有关要求准备竣工验收的各类资料，并向竣工验收的主持单位提交竣工验收申请报告。竣工验收主持单位应按照国家有关规定组织验收。

第七章 附 则

第四十一条 各省、自治区、直辖市交通主管部门可根据本办法制定实施办法，并报交通部备案。

第四十二条 本办法由交通部负责解释。

第四十三条 本办法自　年　月　日起施行。

附录

公路养护工程作业内容表

工程项目	小修保养	中修工程	大修工程	改建工程
路基	保养： 1.整理路肩、边坡，修剪路肩、分隔带草木，清除杂物，保持路容整洁。 2.疏通边沟，保持排水系统畅通。 3.清除挡土墙、护坡滋生的有碍设施功能发挥的杂草，修理伸缩缝、疏通泄水孔及松动石块。 4.路缘带的修理。 小修： 1.小段开挖边沟、截水沟或分期铺砌边沟。 2.清除零星坍方，填补路基缺口，轻微沉陷翻浆的处理。 3.桥头接线或桥头、涵顶跳车的处理。 4.修理挡土墙、护坡、护坡道、泄水槽、护栏和防冰雪设施等局部损坏。 5.局部加固路肩。	1.局部加宽，加高路基，或改善个别急弯、陡坡、视距。 2.全面修理、接长或个别添建挡土墙、护坡、护坡道、泄水槽、护栏及铺砌边沟。 3.清除较大坍方，大面积翻浆、沉陷处理。 4.整段开挖边沟、截水沟或铺砌边沟。 5.边水路面的处理。 6.平交道口的改善。 7.整段加固路肩。	1.在原路技术等级内整段改善线形。 2.拆除、重建或增建较大挡土墙、护坡等防护工程。 3.大塌方的清除及善后处理。	1.整段加宽路基，改善公路线形，提高技术等级。
路面	保养： 1.清除路面泥土、杂物，保持路面整洁。 2.排除路面积水、积雪、积冰、积砂，铺防滑料、灭尘剂或压实积雪维持交通。 3.砂土路面刮平，修理车辙。 4.碎砾石路面匀、扫面砂，添加面砂，洒水润湿，刮平波浪，修补磨耗层。 5.处理沥青路面的泛油、拥包、裂缝、松散等病害。 6.水泥混凝土路面日常清缝、灌缝及堵塞裂缝。 7.路缘石的修理和刷白。 小修： 1.局部处理砂石路的翻浆变形、添加稳定料。 2.碎砾石路面修补坑槽、沉降，整段修理磨耗层或扫浆铺砂。 3.桥头、涵顶跳车的处理。 4.沥青路面修补坑槽、沉陷、处理波浪、局部龟裂、啃边等病害。 5.水泥混凝土路面板块的局部修理。	1.砂土路面处理翻浆，调整横坡。 2.碎砾石路面局部路段加厚、加宽，调整路拱加铺磨耗层，处理严重病害。 3.沥青路面整段封层罩面。 4.沥青路面严重病害的处理。 5.水泥混凝土路面严重病害的处理。 6.水泥混凝土路面接缝材料的整段更换。 7.整段安装、更换路缘石。 8.桥头搭板或过渡路面的整修。	1.整段用稳定材料改善土路。 2.整段加宽、加厚或翻修重铺碎砾石路面。 3.翻修或补强重铺，高级、次高级路面。 4.补强、重铺或加宽高级、次高级路面。	1.整线整段提高公路技术等级，铺筑高级、次高级路面。 2.新铺碎砾石路面。 3.水泥混凝土路面病害处理后，补强或改造为沥青混凝土路面。

续上表

工程项目	小修保养	中修工程	大修工程	改建工程
桥梁涵洞隧道	保养： 1.清除污泥、积雪、积冰、杂物，保持桥面的清洁。 2.疏通涵管，疏导桥下河槽。 3.伸缩缝养护，泄水孔疏通，钢支座加润滑油，栏杆油漆。 4.桥涵的日常养护。 5.保持隧道内及洞口清洁 小修： 1.局部修理、更换桥栏杆和修理泄水孔、伸缩缝、支座和桥面的局部轻微损坏。 2.修补墩、台及河床铺底和防护圬工的微小损坏。 3.涵洞进出口铺砌的加固修理。 4.通道的局部维修和疏通修理排水沟。 5.清除隧道洞口碎落岩石和修理圬工接缝，处理渗漏水。	1.修理、更换木桥的较大损坏构件及防腐。 2.修理更换中小桥支座、伸缩缝及个别构件。 3.大中型钢桥的全面油漆除锈和各部件的检修。 4.永久性桥墩、台侧墙及桥面的修理和小型桥面的加宽。 5.重建、增建、接长涵洞。 6.桥梁河床铺底或调治构造物的修复和加固。 7.隧道工程局部防护加固。 8.通道的修理与加固。 9.排水设施的更新。 10.各类排水泵站的修理。	1.在原技术等级内加宽、加高、加固大中型桥梁。 2.改建、增建小型桥梁和技术性简单的中桥。 3.增改建较大的河床铺底和永久性调治构造物。 4.吊桥、斜拉桥的修理与个别索的调整更换。 5.大桥桥面铺装的更换。 6.大桥支座、伸缩缝的修理更换。 7.通道改建。 8.隧道的通风和照明排水设施的大修或更新。 9.隧道的较大防护、加固工程。	1.提高公路技术等级，加宽、加高大中型桥梁。 2.改建、增建小型立体交叉桥。 3.增建公路通道。 4.新建渡口的公路接线、码头引线。 5.新建短隧道工程。
沿线设施	保养： 1.标志牌、里程碑、百米桩、界牌、轮廓标等埋置、维护或定期清洗。 小修： 1.护栏、隔离栅、轮廓标、标志牌、里程碑、百米桩、防雪栏栅等修理、油漆或部分添置更换。 2.路面标线的局部补划。	1.全线新设或更换永久性标志牌、里程碑、百米桩、轮廓标、界牌等。 2.护栏、隔离栅、防雪栏栅的全面修理更换。 3.整段路面标线的划设。 4.通讯、监控设施的维修。	1.护栏、隔离栅、防雪栏栅的增设。 2.通讯、监控设施的更新。	1.整段增设防护栏、隔离栅等。 2.整段增设通讯、监控设施。
绿化	保养： 1.行道树、花草的抚育、抹芽、修剪、治虫、施肥。 2.苗圃内幼苗的抚育、灭虫、施肥、除草。 小修： 1.行道树、花草缺株的补植。 2.行道树冬季刷白。	1.更新、新植行道树、花草、开辟苗圃等。		

74.关于进一步加强桥梁养护管理工作的通知

（2001年6月22日　交通部　　交公路发〔2001〕329号）

各省、自治区、直辖市交通厅(局、委),上海市市政工程管理局,天津市市政工程局,各计划单列市交通局(委),新疆生产建设兵团交通局:

按照部下发的《关于加强桥梁养护管理工作的通知》(交公路发〔1999〕74号)要求,1999年以来,各级交通主管部门和公路管理机构普遍重视和加强了桥梁养护管理工作,加大了资金投入,改造和加固了一批危桥、险桥,提高了桥梁的通行能力和公路的总体服务水平。但随着公路运输的发展,大批始建于六、七十年代的公路桥梁,在日趋增大的车辆荷载的作用下,技术状况快速下降,开始成为危桥、险桥。特别是进入雨季以来,桥梁垮塌事故时有发生,对人民群众的生命财产安全构成了威胁。为杜绝桥梁垮塌、坠车伤人事件的发生,现就进一步加强公路桥梁的养护管理工作,重申如下:

一、各级交通主管部门要进一步提高认识,从贯彻落实"三个代表"重要思想的高度出发,重视现有桥梁的养护管理工作,采取切实有效措施,组织好辖区内公路桥梁的检查、维修、加固和改造工作,确保公路的安全畅通。

二、各级公路管理机构要全面贯彻执行《公路桥梁养护管理工作制度》。一是要建立健全桥梁管理和养护工作制度,确保专职桥梁养护技术人员到位,切实纠正"养路不养桥"的倾向;二是针对不同技术状况的桥梁,要全面系统地掌握其使用情况,并根据CBMS的评价结果,结合路网改造项目的实施,合理安排养护生产计划,加快危桥和险桥的加固、改造步伐。

三、各级交通主管部门和公路管理机构要尽快建立桥梁安全责任制,并将责任落实到具体人员,做到制度严明、职责明确。

四、对无法及时改造、加固的危桥、险桥,一是要通过发布通告、设立限载、绕行标志等措施,提前向司乘人员发出警示;二是要派专人昼夜看护,严防发生桥垮人亡的恶性事件。

五、进入汛期后,各级公路管理机构要建立健全公路巡查工作制度,加大巡查频率,发现事故隐患,要立即采取有效措施予以处置。对可能因山洪暴发、坍方、泥石流等灾发性自然突害危及桥梁安全的,要制订和完善抢险应急方案,把事故损失降低到最低限度。

六、要建立事故信息上报制度。今后凡出现桥梁垮塌、公路断交事故的,省级交通主管部门或公路管理机构要在事故发生后24小时内,将有关情况报部(公路司)。

75.关于对《关于请求明确〈公路养护技术规范〉有关条款含义的紧急请示》的答复

(2002年7月18日　交通部　交公便字〔2002〕139号)

内蒙古自治区公路局：

你局《关于请求明确〈公路养护技术规范〉有关条款含义的紧急请示》(内交函发[2002]6号)收悉。现答复如下：

关于《公路养护技术规范》(JTJ 073—96)第3.1.4条规定的具体含义问题，我司已以交公便字[2001]66号(附后)作出过答复，该答复意见适用于你单位提出的问题。

特此函复。

附：

关于对《关于请求明确〈公路养护技术规范〉有关条款含义的紧急请示》的答复

(2001年6月3日　交通部　交公便字〔2001〕66号)

江苏省交通厅：

你厅《关于请求明确<公路养护技术规范>有关条款含义的紧急请示》(苏交公[2001]15号)收悉。现答复如下：

《公路养护技术规范》(JTJ 073—96)第3.1.4条规定“各种路面应定期清扫，及时清除杂物，以保持路面和环境的清洁。”该条款是对公路日常养护工作的总体要求，其具体含义是：公路养护单位，要对公路进行定期清扫，定期清扫时的作业标准是清除杂物，做到路面清洁。定期清扫的频率应根据各地关于公路小修保养工作的相关规定执行。另外，该条规定中的“及时”并不等于“随时”，《公路养护技术规范》没有也不可能要求公路养护单位对路面杂物做到随时清除。因此，如果公路养护单位按照规定的频率或有关工作要求做到了定期清扫，即不能认为其“疏于养护”。

特此函复。

76.关于印发《高速公路养护质量检评方法(试行)》的通知

(2002年12月4日　交通部　交公路发〔2002〕572号)

各省、自治区、直辖市交通厅(局、委),上海市市政工程管理局,天津市市政工程局:

现将《高速公路养护质量检评方法(试行)》印发给你们,从2003年4月1日起试行。为使本方法更加符合我国高速公路管理的实际情况,为下一步制订行业标准积累经验,请将试行中发现的问题和改进意见函告部公路司,供修订时参考。

高速公路养护质量检评方法(试行)

1 总 则

1.1 为加强高速公路养护管理工作,及时掌握高速公路养护质量和服务水平,推进高速公路路况检测和养护质量评定工作的科学化、规范化和制度化,特制定本方法。

1.2 本方法适用于中华人民共和国境内投入运营的所有高速公路。

1.3 高速公路养护质量的检测和评定,除按本方法规定执行外,还应遵守国家和行业现行有关标准的规定。

2 高速公路养护质量要求

2.1 高速公路养护质量采用高速公路养护质量指数 MQI(Expressway Maintenance Quality Index)和相应分项指标确定,其值域为 0 ~ 100。

2.2 高速公路养护质量根据 MQI 的计算结果分为优、良、中、次、差 5 个等级。高速公路养护质量等级按表 2-1 确定。

高速公路养护质量标准 表 2-1

评价等级	优	良	中	次	差
MQI	≥90	≥80,<90	≥70,<80	≥60,<70	<60

2.3 高速公路养护质量指数(MQI)应经常保持 80 以上。

2.4 高速公路养护质量指数(MQI)的各分项指标(PQI、SCI、BCI、TCI)均应保持 75 以上。当 MQI 的分项指标值低于 75 时,必须采取相应的维修措施,改善路况,提高高速公路的服务水平。

3 MQI 的确定

3.1 确定高速公路养护质量指数(MQI)所需指标及相关关系见图 3-1。

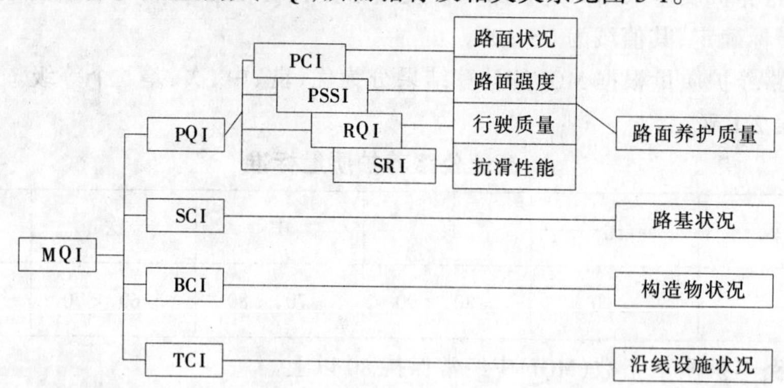

图 3-1 MQI 的相关指标及关系

其中:MQI——高速公路养护质量指数,值域为 0~100;

PQI——路面养护质量指数(Pavement Quality Index),值域为 0~100;

SCI——路基养护状况指数(Subgrade Condition Index),值域为 0~100;

BCI——桥涵构造物养护状况指数(Bridge and Tunnel Condition Index),值域为 0~100;

TCI——沿线设施养护状况指数(Traffic-facility Condition Index),值域为 0~100;

PCI——路面状况指数(Pavement Condition Index),值域为 0~100;

RQI——道路行驶质量指数(Riding Quality Index),值域为 0~100;

PSSI——路面结构强度指数(Pavement Structure Strength Index),值域为 0~100;

SRI——路面抗滑性能指数(Pavement Skidding Resistance Index),值域为 0~100。

3.2 路面养护质量指数(PQI)按式(3-1)计算。

$$PQI = w_{PCI}PCI + w_{PSSI}PSSI + W_{RQI}RQI + w_{SRI}SRI \tag{3-1}$$

式中:w_{PCI}——PCI 在 PQI 中的权重,按表 3-1 和表 3-2 取值;

w_{PSSI}——PSSI 在 PQI 中的权重,按表 3-1 取值;

w_{RQI}——RQI 在 PQI 中的权重,按表 3-1 和表 3-2 取值;

w_{SRI}——SRI 在 PQI 中的权重,按表 3-1 和表 3-2 取值。

沥青混凝土路面

PQI 指标权重系数 表 3-1

评价指标	权重系数
PCI	0.35
RQI	0.35
PSSI	0.20
SRI	0.10

水泥混凝土路面

PQI 指标权重系数 表 3-2

评价指标	权重系数
PCI	0.40
RQI	0.40
SRI	0.20

3.2.1 路面状况指数(PCI)

路面状况指数(PCI)按式(3-2)～式(3-4)计算。

$$PCI = 100 - a_0 DR^{a_1} \tag{3-2}$$

$$DR = 100\frac{\sum_{i=1}^{21} w_i A_i}{A} \quad (\text{沥青混凝土路面}) \tag{3-3}$$

$$DR = 100\frac{\sum_{i=1}^{23} w_i B_i}{B} \quad (\text{水泥混凝土路面}) \tag{3-4}$$

式中:DR——沥青混凝土路面破损率或水泥混凝土路面坏板率(%),沥青混凝土路面破损率为路面各种破损的折合面积之和与调查路面面积之比,以百分数表示;水泥混凝土路面坏板率为各种破损的折合坏板数之和与实际调查路面板块总数之比,以百分数表示;

A_i——沥青混凝土路面破损中,第 i 类破损(分严重程度)的调查面积,m^2;

A——沥青混凝土路面的实际调查面积(调查路段长度与有效路面宽度之积),m^2;

B_i——水泥混凝土路面破损中,第 i 类破损(分严重程度)的坏板数;

B——水泥混凝土路面实际调查板块总数;

w_i——沥青混凝土路面或水泥混凝土路面破损中第 i 类破损(分严重程度)的权重,沥青混凝土路面破损权重按表 3-3 取值,水泥混凝土路面破损权重按表 3-4 取值;

a_0——标定系数,采用 15.00;

a_1——标定系数,采用 0.41。

沥青混凝土路面破损类型和换算系数 表 3-3

类型		程度	权重(w_i)	单位
裂缝类	龟裂	轻	0.6	平方米(m^2)
		中	0.8	
		重	1.0	
	块状裂缝	轻	0.4	平方米(m^2)
		重	0.6	
	纵向裂缝	轻	0.4	长度(m)×0.2(m)
		重	1.0	
	横向裂缝	轻	0.4	长度(m)×0.2(m)
		重	1.0	
松散类	坑槽	轻	0.8	平方米(m^2)
		重	1.0	
	松散	轻	0.6	平方米(m^2)
		重	1.0	
变形类	沉陷	轻	0.4	平方米(m^2)
		重	1.0	
	车辙	轻	0.4	长度(m)×0.4(m)
		重	1.0	
	波浪拥包	轻	0.4	平方米(m^2)
		重	0.8	
其他	泛油		0.2	平方米(m^2)
	修补不良		0.2	平方米(m^2)

注:横向裂缝、纵向裂缝和车辙的检测单位为米(m)。

水泥混凝土路面破损类型和换算系数 表 3-4

类型	损坏状态描述	程度	权重(w_i)	单位
破碎板	裂缝将板分为三块以上	轻	0.6	块
		重	1.0	
裂缝	面板内仅存在一条裂缝,包括横向裂缝、纵向裂缝和不规则斜裂缝	轻	0.3	块
		中	0.6	
		重	0.8	
板角断裂	裂缝与纵横缝相交,且交点距角点等于或小于板边长的一半	轻	0.2	块
		中	0.4	
		重	0.6	
错台	接缝两边出现高差	轻	0.4	条
		重	1.0	
唧泥	板块在荷载通过时明显活动,接缝处有沉积基层材料		0.5	块
边角剥落	沿接缝单侧约一个板厚宽度范围内的板边碎裂,裂缝面与板面成一定角度未贯通板厚	轻	0.2	条
		中	0.3	
		重	0.4	
接缝料破损	因填缝料老化、挤出、剥落等原因,接缝内无填料或被砂、石、土填塞	轻	0.1	条
		重	0.2	
坑洞	板面出现有效直径＞3cm,深度＞1cm的局部坑洞		0.5	块
修补损坏	板面损坏修复后又出现的损坏	轻	0.4	块
		中	0.6	
		重	0.8	
拱起	横缝两侧的板体发生明显抬高		0.8	条
层状剥落	板表面细集料散失、粗集料暴露或表层松疏剥落	轻	0.2	块
		重	0.3	

3.2.2 行驶质量指数(RQI)

行驶质量指数(RQI)按式(3-5)计算。

$$RQI = \frac{100}{1 + a_0 \exp(a_1 IRI)} \tag{3-5}$$

式中:IRI——国际平整度指数,m/km;

a_0——标定系数,采用0.0185;

a_1——标定系数,采用0.437。

3.2.3 路面结构强度指数(PSSI)

路面结构强度指数(PSSI)按式(3-6)和式(3-7)计算。

$$PSSI = \frac{100}{1 + a_0 \exp(a_1 SSI)} \tag{3-6}$$

$$SSI = \frac{l_R}{l_0} \tag{3-7}$$

式中:SSI——结构强度系数,为路面容许弯沉与实测代表弯沉之比;

l_R——路面允许弯沉,mm;

l_0——实测代表弯沉,mm;

a_0——标定系数,采用15.71;

a_1——标定系数,采用-5.19。

3.2.4 抗滑性能指数(SRI)

抗滑性能指数(SRI)按式(3-8)计算。

$$SRI = \frac{100 - SRI_{min}}{1 + a_0 \exp(a_1 SFC)} + SRI_{min} \tag{3-8}$$

式中:SFC——横向力系数,按实测值计;

SRI_{min}——抗滑性能限值,采用25;

a_0——标定系数,采用266.0;

a_1——标定系数,采用-0.139。

3.3 路基状况指数(SCI)按式(3-9)计算。

$$SCI = i_0^{-1} \sum_{i=1}^{i_0} SCORE_{iSCI} \tag{3-9}$$

式中:$SCORE_{iSCI}$——第 i 项路基检查内容的得分,按表3-5的规定计算;

i——第 i 项路基检查内容;

i_0——路基检查评价项目总数,取6。

3.4 桥涵构造物状况指数(BCI)按式(3-10)计算。

$$BCI = i_0^{-1} \sum_{i=1}^{i_0} SCORE_{iBCI} \tag{3-10}$$

式中:$SCORE_{iBCI}$——第 i 项桥涵构造物检查内容的得分,按表3-6的规定计算;

i——第 i 项桥涵构造物;

i_0——桥涵构造物评价项目总数,取12。

路基检查项目及评分标准 表 3-5

项目	项目名称	单位	程度	扣分	最高评价值	备注
1	路肩、边沟不洁	m		1	100	每 2m 扣 1 分
2	路肩损坏	m^2	轻	1	100	每 $1m^2$ 扣 1 分
			重	2		每 $1m^2$ 扣 2 分
3	边坡坍塌水毁冲沟	处	轻	20	100	长度 ≤ 5m
			中	30		长度 5 ~ 10m
			重	50		长度 > 10m
4	路基构造物损坏路缘石缺损	处	轻	20	100	长度 ≤ 5m
			中	30		长度 5 ~ 10m
			重	50		长度 > 10m
5	路基整体沉降	处	轻	20	100	长度 ≤ 5m
			中	30		长度 5 ~ 10m
			重	50		长度 > 10m
6	排水系统淤塞	m	轻	1	100	一般性淤塞，每 1m 扣 1 分
		处	重	20		全截面堵塞，每处扣 20 分

3.5 沿线设施状况指数(TCI)按式(3-11)计算。

$$\mathrm{TCI} = i_0^{-1} \sum_{i=1}^{i_0} \mathrm{SCORE}_{i\mathrm{TCI}} \tag{3-11}$$

式中：$\mathrm{SCORE}_{i\mathrm{TCI}}$——第 i 项沿线设施检查内容的得分，按表 3-7 的规定计算；

i——第 i 项沿线设施；

i_0——沿线设施评价项目总数，取 8。

3.6 高速公路养护质量指数(MQI)按式(3-12)确定。

$$\mathrm{MQI} = w_{\mathrm{PQI}}\mathrm{PQI} + w_{\mathrm{SCI}}\mathrm{SCI} + w_{\mathrm{BCI}}\mathrm{BCI} + w_{\mathrm{TCI}}\mathrm{TCI} \tag{3-12}$$

式中：w_{PQI}——PQI 在 MQI 中的权重，取值为 0.65；

w_{SCI}——SCI 在 MQI 中的权重，取值为 0.10；

w_{BCI}——BCI 在 MQI 中的权重，取值为 0.15；

w_{TCI}——TCI 在 MQI 中的权重，取值为 0.10。

桥涵构造物检查项目及评分标准　　表 3-6

项目	类别	项目名称	单位	程度	扣分	最高评价值	备注
1	桥梁	桥梁技术状况	类	一、二	0	100	采用《公路养护技术规范》规定的桥梁状况评定办法
				三	30		
				四	100		
2		桥头跳车	处		10	100	明显跳车
3		伸缩缝损坏	处		10	100	
4		泄水孔堵塞	处		10	100	
5		栏杆护栏损坏	处		10	100	
6		翼墙锥坡损坏	处		10	100	
7		上跨桥防落网损坏	处	轻	10	100	有效直径≤0.2m
				重	30		有效直径>0.2m
8	隧道	洞体损坏	处		10	100	
9		渗漏积水排水不良	处		20	100	
10		通风监视系统故障	处		10	100	
11		照明设施故障	处		10	100	
12	涵洞	涵洞损坏淤积	处		10	100	

沿线设施检查项目及评分标准　　表 3-7

项目	项目名称	单位	程度	扣分	最高评价值	备注
1	收费站服务区设施管护不善	处		10	100	
2	防撞护栏缺损	处	轻	10	100	长度≤4m
			重	30		长度>4m
3	隔离栅损坏	处		20	100	
4	紧急电话缺损	处		10	100	
5	标志缺损	处		10	100	
6	标线缺损	m		1	100	每缺损 10m 扣 1 分,不足 10m 按 10m 计算
7	绿化空白路段	m		1	100	
8	绿化管护不善	m		1	100	

4 检测方法

4.1 高速公路养护质量评定所需数据的检测应积极采用现代化检测设备，以提高数据检测精度和质量。

4.2 高速公路养护质量评定所需数据按上行方向(桩号递增方向)和下行方向分别检测和记录。

4.3 路面破损状况检测：

4.3.1 路面破损状况按表3-3和表3-4规定的类型和内容进行现场调查。

4.3.2 路面破损状况检测范围包含所有行车道和超车道。紧急停车带按路肩处理。

4.3.3 路面破损状况数据应采用自动化的检测系统自动检测。条件不具备时可采用实地丈量，用路况数据采集仪(PCR)记录的方法采集。

4.4 路面结构强度检测：

4.4.1 路面结构强度应采用连续式路面自动弯沉仪或落锤式弯沉仪检测。

4.4.2 弯沉检测数量应不小于20点/车道·公里·方向。

4.4.3 路面结构强度只检测外侧行车道。

4.5 道路平整度检测：

4.5.1 道路平整度应采用车载式颠簸累积仪或其他自动化设备检测。

4.5.2 道路平整度检测设备必须进行定期标定，每年至少标定一次。

4.5.3 道路平整度只检测外侧行车道，每100延米记录一个检测结果。

4.6 路面抗滑性能检测：

4.6.1 路面抗滑性能检测应采用横向力系数检测车(SCRIM)或其他自动化检测设备。

4.6.2 路面抗滑性能检测数量应不小于10段/车道·公里·方向。

4.6.3 路面抗滑性能只检测外侧行车道。

4.7 高速公路养护质量评定所需要的路基、桥涵构造物和沿线设施数据，应采用实地丈量的方法，用路况数据采集仪采集。

4.8 在桥梁检测时，有条件的省市应积极采用桥梁综合检测车。

4.9 高速公路养护质量评定所需数据的调查频率按表4-1的规定执行。

数据调查频率 表4-1

调查项目	调查内容	调查频率
A：路面	路面结构强度(PSSI)	全面调查：每2年1次
	路面抗滑性能(SRI)	全面调查：每2年1次
	道路平整度(RQI)	全面调查：每1年1次
	路面破损状况(PCI)	全面调查：每3个月1次
B：路基	路基、路肩、边坡、边沟	全面调查：每3个月1次
C：桥涵构造物	桥梁、涵洞、隧道	全面调查：每3个月1次
D：沿线设施	收费站、服务区、标志和标线等	全面调查：每3个月1次

4.10 不具备条件使用路况数据采集仪的管理单位或经营企业，可按表4-2～表4-6的格式进行现场人工记录。

沥青混凝土路面破损调查表

表 4-2

路线名称：		检测方向：			调查时间：　年　月　日　负责人：										
调查项目		程度	权重扣分	单位	起点桩号：　路段长度：（m）										累计破损
					1	2	3	4	5	6	7	8	9	10	
沥青路面	龟裂	轻	0.6	m^2											
		中	0.8												
		重	1.0												
	块状裂缝	轻	0.4	m^2											
		重	0.6												
	纵向裂缝	轻	0.4	m											
		重	1.0												
	横向裂缝	轻	0.4	m											
		重	1.0												
	坑槽	轻	0.8	m^2											
		重	1.0												
	松散	轻	0.6	m^2											
		重	1.0												
	沉陷	轻	0.4	m^2											
		重	1.0												
	车辙	轻	0.4	m											
		重	1.0												
	波浪拥包	轻	0.4	m^2											
		重	0.8												
	泛油		0.2	m^2											
	修补不良		0.2	m^2											

水泥混凝土路面破损调查表 表 4-3

路线名称：		检测方向：			调查时间： 年 月 日 负责人：										
调查项目		程度	权重扣分	单位	起点桩号： 路段长度：（m）										累计数据
					1	2	3	4	5	6	7	8	9	10	
水泥路面	破碎板	轻	0.6	块											
		重	1.0												
	裂缝	轻	0.3	块											
		中	0.6												
		重	0.8												
	板角断裂	轻	0.2	块											
		中	0.4												
		重	0.6												
	错台	轻	0.4	条											
		重	1.0												
			0.5	块											
	唧泥	轻	0.2												
	边角剥落	中	0.3	条											
		重	0.4												
		轻	0.1	条											
	接缝料破损	重	0.2												
			0.5	块											
	坑洞	轻	0.4	块											
	修补损坏	中	0.6												
		重	0.8	条											
			0.8												
	拱起	轻	0.2	块											
	层状剥落	重	0.3												

路基损坏调查表 表 4-4

路线名称：		检测方向：			调查时间： 年 月 日 负责人：										
调查项目		程度	权重扣分	单位	起点桩号： 路段长度：（m）										累计数据
					1	2	3	4	5	6	7	8	9	10	
路基	路肩边沟不洁		1	m											
	路肩损坏	轻	1	m^2											
		重	2												
	边坡坍塌水毁冲沟	轻	20	处											
		中	30												
		重	50												
	路基构造物损坏路缘石缺损	轻	20	处											
		中	30												
		重	50												
	路基整体沉降	轻	20	处											
		中	30												
		重	50												
	排水系统淤塞	轻	1	m											
		重	20	处											

桥涵构造物损坏调查表　　表 4-5

路线名称：		检测方向：			调查时间：　年　月　日　负责人：										
调查项目		程度	权重扣分	单位	起点桩号：　路段长度：（m）										累计数据
					1	2	3	4	5	6	7	8	9	10	
桥梁	桥梁技术状况	一、二	0	类											
		三	30												
		四	100												
	桥头跳车		10	处											
	伸缩缝损坏		10	处											
	泄水孔堵塞		10	处											
	栏杆护栏损坏		10	处											
	翼墙锥坡损坏		10	处											
	上跨桥防落网损坏	轻	10	处											
		重	30												
隧道	洞体损坏		10	处											
	渗漏积水排水不良		20	处											
	通风监视系统故障		10	处											
	照明设施故障		10	处											
涵洞	涵洞损坏淤积		10	处											

沿线设施损坏调查表 表4-6

路线名称：		检测方向：			调查时间： 年 月 日 负责人：										
调查项目		程度	权重扣分	单位	起点桩号： 路段长度：（m）										累计数据
					1	2	3	4	5	6	7	8	9	10	
沿线设施	收费站服务区设施管护不善		10	处											
	防撞护栏损坏	轻	10	处											
		重	30												
	隔离栅损坏		20	处											
	紧急电话缺损		10	处											
	标志缺损		10	处											
	标线缺损		1	m											
	绿化空白路段		1	m											
	绿化管护不善		1	m											

5 养护质量评定方法和相关规定

5.1 高速公路养护质量评定包括 MQI 计算、质量分级和次差路率确定。

5.1.1 路段 MQI 计算:高速公路管理单位或经营公司应按式(3-1),以公里为单位计算路段 MQI。

5.1.2 区间或路线 MQI 计算:在进行以区间或路线为单位的养护质量评定时,应采用区间或路线内所有路段的 MQI 算术平均值,作为该区间或路线的 MQI 值。

5.1.3 养护质量评价:按表 2-1 规定的标准对各路段、区间或路线进行养护质量评价,确定养护质量等级。

5.1.4 次差路率确定:根据各路段 MQI 的评价结果,按式(5-1)计算区间或路线的次差路率(RoP)。

$$\mathrm{RoP} = 100 \times \frac{\text{次等率里程} + \text{差等路里程}}{\text{检测里程}} \tag{5-1}$$

式中:RoP——次差路率(Ratio of Poorly Maintained Expressway Sections),%。

5.2 高速公路养护质量评定工作由高速公路管理单位或经营企业具体负责实施,每季度评定一次。

5.3 高速公路管理单位或经营企业应于每个季度的首月 10 日前,按表 5-1 和表 5-2 的要求向省级交通主管部门或公路管理机构报送所辖高速公路养护质量的评定资料。

高速公路养护质量报表(汇总) 表 5-1

年 月 日

项 目	养护质量评定结果		
所属省市			
路线编码名称			
管养单位			
管养长度(km)			
主管单位			
平均 MQI(双向)		养护质量(双向)	
平均 MQI(上行)		养护质量(上行)	
平均 MQI(下行)		养护质量(下行)	
次差路率(双向,%)			
次差路率(上行,%)			
次差路率(下行,%)			
评定长度(km)			

续上表

项　目	养护质量评定详细结果					
	双　向		上　行		下　行	
	长度(km)	比例(%)	长度(km)	比例(%)	长度(km)	比例(%)
MQI(优)						
MQI(良)						
MQI(中)						
MQI(次)						
MQI(差)						
MQI < 80						
PQI < 75						
SCI < 75						
BCI < 75						
TCI < 75						

第×××页　总×××页

高速公路养护质量报表(明细)　　　　表 5-2

路线名称：　　　　　　上下行：　　　　　　年　月　日

起点桩号	路段长度(m)	评定结果 MQI	路　面					路基 SCI	构造物 BCI	设施 TCI
			PQI	PCI	RQI	PSSI	SRI			

第×××页　总×××页

5.4 高速公路管理单位或经营企业应及时利用计算机信息系统,如:高速公路路面管理系统(CPMS),对所检测的数据进行分析处理,根据评定结果提出养护对策,确保高速公路的养护质量和服务水平。

5.5 检测单位应积极引进现代化的检测技术(仪器、设备和系统),提高检测数据的准确性。

5.6 省级交通主管部门和公路管理机构应加强对高速公路养护质量评定工作定期和不定期的检查和监督,确保检测结果真实可信。

5.7 高速公路养护质量(MQI)评定时,对不足1km的路段按1km处理。

5.8 桥涵构造物扣分计入桥涵构造物所属路段。

5.9 高速公路匝道的养护质量由高速公路管理单位或经营企业自行评定,评价结果不纳入统计和上报范围。

附录

破损及缺陷定义

1 沥青混凝土路面

沥青混凝土路面破损分裂缝类、松散类、变形类和其他 4 类,共 11 项。

1.1 龟裂

轻:初期龟裂,缝细、无散落,裂区无变形,块度处于 20 ~ 50cm 之间,按面积计算。

中:裂块明显,缝较宽,无或轻散落或轻度变形,块度小于 20cm,按面积计算。

重:裂块破碎,缝宽,散落重,变形明显,急待修理,块度小于 20cm,按面积计算。

1.2 块状裂缝

轻:缝细,不散落或轻微散落,块度大,块度大于 100cm,按面积计算。

重:缝宽,散落,裂块小,块度处于 50 ~ 100cm 之间,按面积计算。

1.3 纵向裂缝

轻:缝壁无散落或轻微散落,无或少之缝,缝宽小于 5mm,按长度计算。

重:缝壁散落、支缝多,缝宽大于 5mm,按长度计算。

1.4 横向裂缝

轻:缝壁无散落或轻微散落,无或少之缝,缝宽小于 5mm,按长度计算。

重:缝壁散落、支缝多,缝宽大于 5mm,按长度计算。

1.5 坑槽

轻:坑浅,面积小(小于 $1m^2$),坑深小于等于 25mm,按面积计算。

重:坑深,面积较大(大于 $1m^2$),坑深大于 25mm,按面积计算。

1.6 松散

轻:细集料散失、路表粗麻,按面积计算。

重:粗集料散失、多微坑,表面剥落,按面积计算。

1.7 沉陷

轻:深度浅、行车无明显不舒适感,深度小于等于 25mm,按面积计算。

重:深度深、行车明显不舒适,深度大于 25mm,按面积计算。

1.8 车辙

轻:变形较浅,深度小于等于 25mm,按长度计算。

重:变形较深,深度大于 25mm,按长度计算。

1.9 波浪拥包

轻:波峰波谷高差小,高差小于等于 25mm,按面积计算。

重:波峰波谷高差大,高差大于 25mm,按面积计算。

1.10 泛油:路表呈现沥青膜、发亮、有轮印,按面积计算。

1.11 修补不良:修补后出现损坏,按面积计算。

2 水泥混凝土路面

水泥混凝土路面破损分11项。

2.1 破碎板

轻:板被分为3~4块,板块未发生松动和沉陷,按块计算。

重:板被分为4块以上或4块以下3块以上但板块有松动、沉陷和唧泥等现象,按块计算。

2.2 裂缝

轻:面板内仅存在一条裂缝,包括横向裂缝、纵向裂缝和不规则斜裂缝,裂缝窄、缝未剥落,缝宽小于3.0mm,一般为未裂通的裂缝,按块计算。

中:面板内仅存在一条裂缝,包括横向裂缝、纵向裂缝和不规则斜裂缝,中等缝,边缘有碎裂,缝宽为3.0~10.0mm,按块计算。

重:面板内仅存在一条裂缝,包括横向裂缝、纵向裂缝和不规则斜裂缝,缝宽,边缘有碎裂并伴有错台出现,缝宽大于10.0mm,按块计算。

2.3 板角断裂

轻:裂缝与纵横缝相交,且交点距角点均等于或小于板边长的一半,裂缝为窄缝,缝宽小于3.0mm,按块计算。

中:裂缝与纵横缝相交,且交点距角点均等于或小于板边长的一半,裂缝为中等缝,缝宽为3.0~10.0mm,按块计算。

重:裂缝与纵横缝相交,且交点距角点等于或小于板边长的一半,裂缝为宽缝,缝宽大于10.0mm,断角有松动,按块计算。

2.4 错台

轻:接缝两边出现高差,高差<10.0mm,按条计算。

重:接缝两边出现高差,高差>10.0mm,按条计算。

2.5 唧泥:板块在荷载通过时明显活动,接缝处有沉积基层材料,不分等级,按块计算。

2.6 边角剥落

轻:沿接缝单侧约一个板厚宽度范围内的板边碎裂,裂缝面与板面成一定角度未贯通板厚,浅层剥落,接缝槽深度范围内(约5cm)的碎裂,按条计算。

中:沿接缝单侧约一个板厚宽度范围内的板边碎裂,裂缝面与板面成一定角度未贯通板厚,中、深层剥落,接缝附近混凝土多处开裂,按条计算。

重:沿接缝单侧约一个板厚宽度范围内的板边碎裂,裂缝面与板面成一定角度未贯通板厚,深层剥落,接缝附近混凝土多处开裂,并且深度超过接缝槽底部,按条计算。

2.7 接缝料破损

轻:因填缝料老化、挤出、剥落等原因,接缝内无填料或被砂、石、土填塞。填料老化,不密水,但尚未剥落脱空或被砂、石、泥土填塞,按条计算。

重:因填缝料老化、挤出、剥落等原因,接缝内无填料或被砂、石、土填塞。三分之一以上缝长出现空缝或被砂、石、土填塞,按条计算。

2.8 坑洞:板面出现有效直径大于3cm、深度大于1cm的局部坑洞,不分等级,按块计算。

2.9 修补损坏

轻:板面损坏修复后又出现的损坏,补块稍有损坏,补块有轻微剥落,按块计算。

中:板面损坏修复后又出现的损坏,补块明显损坏,有剥落和裂缝,按块计算。

重:板面损坏修复后又出现的损坏,补块开裂、沉陷,按块计算。

2.10 拱起:横缝两侧的板体发生明显抬高,不分等级,按条计算。

2.11 层状剥落

轻:板表面细集料散失、粗集料暴露或表层松疏剥落,面积小于板块的20%,按块计算。

重:板表面细集料散失、粗集料暴露或表层松疏剥落,一般在混凝土遭受冻融破坏或先天性强度严重不足时才出现。面积大于板块的20%,按块计算。

3 路基

路基损坏分6项。

3.1 路肩边沟不洁:路肩(包括土路肩、硬路肩和紧急停车带)和边沟(包含边坡)有杂物、油渍、垃圾及堆积物。按道路前进方向的长度计算,每2m扣1分,累计长度不足2m按2m计算。

3.2 路肩损坏

轻:路肩上出现的各种损坏,损坏类型见表3-3和表3-4。路肩轻度损坏包括表3-3和表3-4规定的所有轻、中度损坏。所有损坏均按损坏的实际面积计算,每$1m^2$扣1分,累计面积不足$1m^2$按$1m^2$计算。

重:路肩上出现的各种严重损坏,损坏类型见表3-3和表3-4。路肩重度损坏包括表3-3和表3-4规定的所有严重损坏。所有严重损坏均按损坏的实际面积计算,每$1m^2$扣2分,累计面积不足$1m^2$按$1m^2$计算。

3.3 边坡坍塌、水毁冲沟:挖方路段边坡坍塌,填方路段边坡冲沟。按道路前进方向的长度计算,长度小于等于5m为轻度损坏,5~10m之间为中度损坏,大于10m为重度损坏。

3.4 路基构造物损坏、路缘石缺损:路基构造物例如挡墙等圬工体断裂、沉陷、倾斜、局部坍塌、松动和较大面积勾缝脱落。按道路前进方向的长度计算,长度小于等于5m为轻度损坏,5~10m之间为中度损坏,大于10m为重度损坏。

3.5 路基整体沉降:下沉深度超过3cm的路基整体沉降。按道路前进方向的长度计算,长度小于等于5m为轻度损坏,5~10m之间为中度损坏,大于10m为重度损坏。

3.6 排水系统淤塞

轻:边沟、排水沟和截水沟等排水系统淤积。按长度计算,每1m扣1分,累计长度不足1m按1m计算。

重:边沟、排水沟和截水沟等排水系统全截面堵塞。按处计算,每处扣20分。

4 桥涵隧道构造物

桥涵隧道构造物损坏分12项。

4.1 桥涵技术状况:桥梁技术状况评定采用《公路养护技术规范》(JTJ 073)规定的方法。规定一、二类桥梁不扣分,三类桥梁适度扣分,四类桥梁为危桥。桥梁技术状况评定分类见《公路养护技术规范》(JTJ 073)。

4.2 桥头跳车:路面与桥面、涵顶等衔接处不平引起的颠簸,按处计算。

4.3 伸缩缝损坏:伸缩缝松动、铺装碎边、缝内堵塞。

4.4 泄水孔堵塞:泄水孔堵塞,排水不畅。

4.5 栏杆、护栏损坏:构件松动、开裂、剥落、露筋、锈蚀、脱落、错位、变形或残缺。

4.6 翼墙、锥坡损坏:翼墙裂缝、剥落、断裂、下沉、外倾、砌体变形和倒塌;锥体塌陷、铺砌缺损、冲沟、滑坡或坡顶下降。

4.7 上跨桥防护网损坏

轻:上跨高速公路的公路桥、人行桥上的防落网松动、破口或严重锈蚀,有效直径小于等于0.2m。

重:上跨高速公路的公路桥、人行桥上的防落网松动、破口或严重锈蚀,有效直径大于0.2m。

4.8 隧道洞体损坏:衬砌及侧墙裂缝变形,局部砌体脱落。洞口端墙、翼墙倾斜、位移。侧墙内装脱落,冻胀破坏。电缆沟、排水沟、圬工体损坏。

4.9 隧道渗漏、积水和排水不良:洞身渗水、漏水,路面积水,隧道内外排水不良。端墙、翼墙及衬砌互相连接处有裂缝漏水。

4.10 通风、监视系统故障:通风系统故障,包括风机保养不善,无法启动,系统控制紊乱。监视系统故障,摄像器件损坏,传输信号线路及显示器故障。

4.11 照明设施故障:照明设施故障,灯具损坏,回路接地及相间短路。

4.12 涵洞损坏淤积:涵洞和通道损坏、排水不良或淤塞,翼墙有损坏。

5 沿线设施

沿线设施损坏分8项。

5.1 收费站服务区管理不善:收费站、服务区、停车场、建筑物局部损坏、广场路面破损和污水、垃圾处理不善。收费岛头损坏、防撞立柱变形、严重锈蚀,收费亭、天棚有污染。

5.2 防撞护栏缺损

轻:防撞护栏缺少、损坏后修复不及时或修复质量达不到规范要求,长度小于等于4m为轻度损坏。

重:防撞护栏缺少,损坏后修复不及时或修复质量达不到规范要求,长度大于4m为重度损坏。

5.3 隔离栅损坏:隔离栅损坏后修复不及时或修复质量达不到规范要求。

5.4 紧急电话缺损:紧急电话缺少或损坏,电话不通,箱体歪斜、松动或锈蚀等。

5.5 标志缺损:各种交通标志(里程牌、轮廓标、百米标等)残缺、位置不当或尺寸颜色不规范、不鲜明,可变信息板故障。

5.6 标线缺损:标线缺少或损坏,每缺损10m扣1分,累积长度不足10m按10m计算。评定时不考虑车道数量的影响。

5.7 绿化空白路段:应绿化而未绿化的路段,每空白10m扣1分,累积长度不足10m按10m计算。

5.8 绿化管护不善:路树、花草枯死、虫害未及时防治或缺树,绿化带未及时修剪或有杂物,每10m扣1分,累积长度不足10m按10m计算。

附件

高速公路养护质量检评方法(试行)

条文说明

编 制 说 明

1994 年,交通部修订颁布了《公路养护质量检查评定标准》,该标准的颁布对于客观、准确地反映全国公路的养护质量,指导基层养护机构进行养护生产,促进公路养护工作制度化、规范化起了重要作用。但该标准仅适用于一般公路和混合交通的汽车专用公路,随着公路建设事业的迅猛发展,我国高速公路里程快速延伸,如何对高速公路的养护质量进行科学评定,成为各级公路交通部门急需解决的现实问题。鉴于这种情况,1996 年交通部决定组织人员进行高速公路养护质量检评方法的研究和制订工作。由于我国的高速公路起步较晚,养护工作经验少,编制工作难度较大。编写人员查阅了大量的国内外参考文献,结合我国高速公路养护的实际情况,2000 年提出了初稿,后又经专家多次修改、完善和广泛征求意见,于 2002 年 7 月定稿,并报交通部审核批准。

方法共分 5 章,第一章,总则;第二章,高速公路养护质量要求;第三章,MQI 的确定;第四章检测方法;第五章,养护质量评定方法和相关规定。

方法引入 MQI 指数作为评定高速公路养护质量的依据。同时,为了便于操作,适应高速公路的养护特点和使用要求,在确定高速公路养护质量检查项目时主要从以下二个方面考虑。

一、突出重点。路面状况是影响高速公路行车质量的最重要因素,所以,将路面部分得分在 MQI 中的权重确定为 0.65,充分突出了路面的重要性。

二、便于操作。高速公路养护工作涉及路面、路基、桥梁、收费、安全等所有公路设施,内容十分繁杂。而且有许多内容无法用量化指标来评定。为了便于操作,方法中尽量选用了一些易于仪器测量的检查项目,如道路平整度、路面抗滑性能、路面结构强度等。对于只能定性描述,难以准确量测的指标给予弱化,如绿化管护不良和路肩边沟不洁等。

为了使本方法更好地符合高速公路养护实际,请各单位将使用中发现的问题函寄交通部公路司,供今后修订时参考。

2 高速公路养护质量要求

2.1 采用优、良、中、次、差5个评定等级，参考了交通部《公路水泥混凝土路面养护技术规范》(JTJ 073.1—2001)、《公路沥青路面养护技术规范》(JTJ 073.2—2001)、《路面管理系统原理》(北京:人民交通出版社，1998)、欧洲经济与合作组织编著的《Road Maintenance Management Systems in Developing Countries》(巴黎:OECD, 1995)和加拿大、美国学者编著的《Modern Pavement Management》(美国: R.Haas 等，1994)等文献。优、良、中、次、差的取值参考了道路评价实验结果、专家经验和国内外研究机构对优、良、中、次、差的定义。在 OECD 等参考文献中，优、良、中、次、差均等取值。

2.2 "高速公路养护质量指数 MQI 和相应分项指标应经常保持不低于80":指 MQI 应不低于80，相关的分项指标 PQI、SCI、BCI、TCI 应不小于75。在高速公路养护管理中，MQI 及分项指标值为75时表示路面、路基、桥涵构造物和沿线设施都处于中等状态。中等状态是汽车行驶和公路养护的关键时期，对于高速公路用户来说，主要表现在乘车舒适性、行驶安全性的下降；对于高速公路管理部门来说，不及时抓住养护的关键时机将导致更多的养护投入和更高的用户费用。

2.3 根据评价模型的模拟结果，PQI 为75时，路面状况指数(PCI)对应的路面破损率(坏板率)为3.5%，路面结构强度指数(PSSI)对应的强度系数为0.75，道路行驶质量指数(RQI)对应的国际平整度指数为6.6m/km，路面抗滑性能指数(SRI)对应的横向力系数为45.0。上述数据都表明路面处于需要养护的状态。

3 MQI的确定

3.1 MQI分项指标权重:将路面养护质量指数(PQI)、路基状况指数(SCI)、桥涵构造物状况指数(BCI)和沿线设施状况指数(TCI)分别设为0.65、0.10、0.15和0.10的理由是路面养护质量在MQI的4项指标中占有最为重要的比重,其次是桥涵构造物。

3.2 PQI各分项指标权重:将路面状况指数(PCI)、路面结构强度指数(PSSI)、道路行驶质量指数(RQI)和路面抗滑性能指数(SRI)的权重分别设为0.35、0.20、0.35和0.10的原因是道路行驶质量指数和路面状况指数分别反映高速公路用户和公路管理人员的要求,在PQI的4项指标中这二项指标最重要。根据调查结果和高速公路现状,认为高速公路一般都具有足够的路面结构强度,因此该项指标的权重可适当降低。

3.3 沥青和水泥路面评价模型的统一:在本标准中,为了统一评价尺度和标准,对沥青和水泥路面采用了相同的路面状况指数(PCI)、道路行驶质量指数(RQI)和路面抗滑性能指数(SRI)模型。不同的是在PCI模型中,分别采用了破损率和坏板率作为模型变量。另外对水泥路面,本标准不作路面结构强度评价。

3.4 路面评价模型中的模型参数 a_0 和 a_1:路面状况指数(PCI)、路面结构强度指数(PSSI)、道路行驶质量指数(RQI)和路面抗滑性能指数(SRI)中的模型参数 a_0 和 a_1 值是通过道路实验得到的。PQI、PCI、RQI、PSSI和SRI评价模型采用了路面管理系统(CPMS高速版)的评价模型、参数和方法。

3.5 SCI、BCI和TCI扣分值的确定:路基状况指数(SCI)、桥涵构造物状况指数(BCI)和沿线设施状况指数(TCI)扣分值确定的依据是抽样调查结果和专家经验。

3.6 沥青路面破损率或水泥路面坏板率(DR)的换算系数(权重):DR换算系数的取值基于①交通部现行的《公路沥青路面养护技术规范》、②《公路水泥混凝土路面养护技术规范》、③国内外研究报告和高速公路养护技术指南等文献和④专家调查结果。

3.7 路肩或紧急停车带:路面养护质量指数(PQI)不考虑路肩或紧急停车带。路肩或紧急停车带的评价在路基状况指数(SCI)中考虑。

4 检测方法

4.1 车载颠簸累积仪:用于检测道路平整度的自动检测设备,能在正常车流速度下采集有关数据。

4.2 路况数据采集仪(PCR):便携式多功能路况数据检测设备(16cm×7cm×3cm),可用于记录路面破损、路基、桥涵构造物和沿线设施等项目的检测数据,并能与计算机实现双向数据通信。

4.3 路面自动弯沉仪:用于采集路面弯沉的大型自动检测设备,采集速度约为3km/h。

4.4 横向力系数检测车(SCRIM):用于采集路面抗滑性能的大型自动化检测设备,能以正常车流速度采集相关数据。

4.5 车辙深度指数(RDI):车辙是高速公路上常见的破损现象之一,严重的车辙将影响乘车舒适性和行驶安全性。由于我国在现阶段缺少足够的数据和经验来建立车辙深度评价模型,同时也缺少经济适用的高效检测设备,因此在本标准(试行)中暂时不将车辙作为独立指标。车辙的影响暂时在路况指数中考虑。

4.6 路面弯沉检测密度:检测密度定为20点/车道主要是考虑路面管理系统(CPMS高速版)的习惯用法和路面补强设计要求的基本数据数量。

5 养护质量评定方法和相关规定

5.1 数据采集频率：与路面破损等指标比较，在高速公路上，路面结构强度、路面抗滑性能和道路平整度的变化较为缓慢。根据有关规范规定、国内外有关文献、管理经验、养护需求、检测设备的性能(速度)和检测成本，认为高速公路路面结构强度和路面抗滑性能可2年检测一次，道路平整度1年检测一次。其余指标由于变化频繁，需要经常性地检测，检测频率设定为3个月一次，这样也有助于将养护质量评定工作与高速公路的日常巡视检查和日常养护工作结合起来。

5.2 数据采集规程：路况数据、路面结构强度、道路平整度和路面抗滑性能的检测须遵循相关设备的使用规程，根据本标准的技术要求实施。

附录　破损及缺陷定义

1　有效直径：损坏区域的最小外接圆的直径。

2　边坡坍塌长度：道路行车方向上的长度，不考虑坍塌高度。

3　桥头跳车：以正常设计速度行驶时感觉到的明显颠簸，不分轻重。

4　缺损：缺少和损坏。

5　横向裂缝、纵向裂缝和车辙的计算：横向裂缝、纵向裂缝和车辙均按长度(m)检测、记录和保存。在计算路面破损率(DR)时，需要将其转换为面积。转换系数方法为①横向裂缝和纵向裂缝长度(m)乘 0.2m、②车辙长度(m)乘0.4m。

77.关于印发《公路养护工程市场准入暂行规定》和《公路养护工程施工招标投标管理暂行规定》的通知

(2003 年 3 月 21 日　交通部　交公路发〔2003〕89 号)

各省、自治区、直辖市交通厅(局、委),上海市市政工程管理局,天津市市政工程局:

为培育我国公路养护工程市场,规范养护工程施工招标投标工作,现将《公路养护工程市场准入暂行规定》和《公路养护工程施工招标投标管理暂行规定》印发给你们,望遵照执行。

请将执行过程中发现的问题及时告部(公路司),以便修订时参考。

公路养护工程市场准入暂行规定

第一章　总　　则

第一条　为培育和规范公路养护工程市场，提高公路养护工程投资效益，根据《中华人民共和国公路法》及有关法律、法规的规定，制定本规定。

第二条　本规定适用于中华人民共和国境内国道、省道和县道的养护工程，其他公路的养护工程可参照执行。

改建工程从业单位的管理参照交通部《公路建设市场管理办法》的规定执行。监控、通讯、收费设施维修的从业资质另行制定。

第三条　公路养护工程市场管理应当遵循公开、公平、公正、有序竞争的原则。

第四条　凡进入公路养护工程市场的公路养护从业单位应当取得本规定所确定的公路养护工程从业资质，并应遵守本规定。

第二章　职责与权限

第五条　公路养护工程市场实行统一领导、分级负责。

交通部主管全国公路养护工程市场准入的监督管理工作。

省级交通主管部门负责本行政区域内公路养护工程市场准入的管理工作。

省级公路管理机构负责本行政区域内公路养护工程市场准入的具体管理工作。

第六条　交通部的主要职责

(一)监督执行国家有关公路养护的政策和法规。

(二)制定公路养护工程市场准入管理的有关规章。

(三)监督行业规章和技术规范的执行。

(四)培育和规范全国公路养护工程市场。

(五)依法查处违反本规定的行为。

第七条　省级交通主管部门的主要职责

(一)监督执行国家有关公路养护政策、法规、规章和技术规范。

(二)制定本行政区域内公路养护工程市场准入管理的有关规定。

(三)负责本行政区域内公路养护工程从业单位资质审定和资质证书的颁发。

(四)维护本行政区域内公路养护工程市场秩序。

(五)依法查处本行政区域内违反本规定的行为。

第八条　省级公路管理机构的主要职责

(一)监督执行公路养护工程市场准入管理的有关规定。

(二)负责组织本行政区域内公路养护工程从业单位从业资质的评定和复审等具体管理工作。

（三）负责对进入本行政区域内从事公路养护工程作业的外埠从业单位资质的确认。

（四）发布本行政区域内公路养护工程市场信息。

（五）承办省级交通主管部门委托的其他事情。

第三章　资质条件

第九条　公路养护工程市场准入实行资质评定、复审和确认制度。

资质评定是对公路养护工程从业单位的资历、能力和信誉的认定；复审是对已具备资质且已进入公路养护工程市场的从业单位的能力、业绩和信誉进行认定；确认是对外省、自治区、直辖市已具备资质的养护从业单位进入本省、自治区、直辖市承揽公路养护工程时对其能力、业绩和信誉进行认定。

第十条　申报公路养护工程资质的从业单位必须提出书面申请，按要求填写申报表，并提供下列资料：

（一）从业单位企业法人营业执照或者事业单位法人证书。

（二）主要负责人身份确认文件。

（三）所有工程技术、经济管理人员的职称（资格）证书复印件和养护技术工人上岗等级证书复印件。

（四）从事公路养护工程的资历、能力的评价和证明。

（五）从业单位连续三年财务状况的有效证明。

（六）拥有公路养护工程设备的有关证明。

第十一条　公路养护工程从业单位的资质分为三个类别，共五个级别。

一类：可以承担大型、特大型桥梁和长、特长隧道以及特殊复杂结构的桥隧构造物的中修和大修工程。

二类公路养护工程资质分为甲级、乙级。

甲级：可以承担一级公路和高速公路的路基、路面、中小桥、涵洞、中短隧道、绿化及沿线设施（不含监控、通讯、收费管理系统）等的中修、大修养护工程。

乙级：可以承担二级及其以下等级公路的路基、路面、中小桥、涵洞、中短隧道、绿化及沿线设施（不含监控、通讯、收费管理系统）等的中修、大修养护工程。

三类公路养护工程资质分为甲级、乙级。

甲级：可以承担高速公路和一级或者二级公路的小修保养。

乙级：可以承担二级及其以下等级公路的小修保养作业。

第十二条　各个类、级别的公路养护工程从业单位只允许进行本类、级别规定范围内的公路养护工程，不能跨级别从事其它级别的公路养护工程作业。公路养护工程从业单位可申请一个或一个以上类、级别的从业资质。

第十三条　申请一类公路养护工程从业资质的从业单位应同时具备下列条件：

（一）具有从事大、特大型桥梁、特殊复杂结构桥梁或长、特长隧道中修或者大修养护工程5年以上作业经历；

（二）近五年独立承担过10座以上的大、特大型桥梁和2座长、特长隧道的中修和大修工程，工程质量合格。没有长、特长隧道的省份，可取消隧道养护从业资质的相关条件；

(三)工程技术、经济管理专业技术职称的人员不少于15人,其中公路、桥梁专业中级职称以上的人员不少于10人;

(四)从事公路桥梁或隧道大中修养护工程施工的工人必须具有相应养护维修操作等级证书,其中高级工不少于10人,中级工不少于20人;

(五)注册资本金或者固定资产200万元以上;

(六)具有与公路大、特大型桥梁、特殊复杂结构桥梁或者长、特长隧道中修以上养护工程施工相适应的专业机具设备。

第十四条 申请二类养护工程从业资质的从业单位应同时具备下列条件:

(一)甲级

1.具有一级和高速公路的路基、路面、中小桥、中短隧道、涵洞、绿化、渡口及沿线设施(不含监控、通讯、收费系统)等的中修、大修养护工程5年以上作业经历。

2.近五年独立承担过以下工程项目,且工程质量合格:

不少于30公里的一级公路和高速公路的路基、路面大中修工程;

不少于5座桥梁的大中修工程;

不少于20公里的一级公路和高速公路绿化工程。

3.工程技术、经济管理人员不少于15人,其中公路、桥梁专业中级以上职称的人员不少于10人。

4.从事一级和高速公路大中修工程施工的工人必须具有相应工种的养护维修操作等级证书,其中高级工不少于15人,中级工不少于30人。

5.注册资本金或者固定资产200万元以上。

6.具有与一级和高速公路中修、大修工程施工相适应的专业机具设备。

(二)乙级

1.具有二级及其以下等级公路的路基、路面、中小桥、中短隧道、涵洞、绿化、渡口及沿线设施(不含监控、通讯、收费系统)等的中修、大修养护工程5年以上作业经历。

2.近五年独立承担过以下工程项目,且工程质量合格:

不少于50公里的二级及以下公路的路基、路面大中修工程;

不少于5座桥梁的大中修工程;

不少于20公里的二级公路绿化工程。

3.工程技术、经济管理人员不少于12人,其中具有公路、桥梁专业技术职称的人员不少于8人。

4.从事二级及以下等级公路大中修工程施工的工人必须具有相应工种的养护维修操作等级证书,其中高级工不少于10人,中级工不少于20人。

5.注册资本金或者固定资产100万元以上。

6.具有与二级及其以下等级公路中修、大修工程施工相适应的专业机具设备。

第十五条 申请三类养护工程从业资质的从业单位应同时具备下列条件:

(一)甲级

1.从事高速公路或一级公路小修保养作业5年以上,或者二级公路小修保养作业8年以上。

2.工程技术、经济管理人员不少于10人,其中具有公路、桥梁专业技术职称的人员不少于3人。

3.从事小修保养作业的工人必须具有相应工种的养护维修操作等级证书,其中中、高级工不少于20人。

4.注册资本金或者固定资产100万元以上。

5.具有与高速公路及一级公路小修保养工程作业相适应的清扫、绿化及其它专业机具设备。

(二)乙级

1.从事二级及其以下等级公路小修保养作业5年以上。

2.工程技术、经济管理人员不少于6人。

3.从事小修保养作业的工人必须具有相应工种的养护维修操作等级证书,其中中、高级工不少于10人。

4.注册资本金或者固定资产50万元以上。

5.具有与从事二级及其以下等级公路小修保养作业的机具设备。

第四章　资质评定与管理

第十六条　公路养护工程从业资质应由申报单位向省级公路管理机构提出申请,经省级公路管理机构根据本行政区域公路养护工程施工单位资质管理规定初审后,报省级交通主管部门审定并颁发《公路养护工程从业资质证书》。

第十七条　跨省、自治区、直辖市进行公路养护工程施工的公路养护工程从业单位应向养护工程所在地的省级公路管理机构出示从业资质证书,省级公路管理机构予以确认后备案。

第十八条　省级公路管理机构对公路养护工程从业资质实行三年复审制,复审结果报省级交通主管部门核准。

第十九条　取得从业资质的公路养护工程从业单位,发生下列行为之一的,省级交通主管部门可暂停或者取消其从业资质。

(一)发生质量责任事故的;

(二)隐瞒真实情况、弄虚作假取得从业资质的;

(三)发生安全责任事故的;

(四)无故拖延工期的;

(五)其它违规、违纪行为。

暂停从业资质的整改期一般为六个月。

暂停从业资质的从业单位在整改期内不得承揽相应类别的公路养护工程项目。

被取消从业资质的养护工程从业单位,一年内不得重新申报相应从业资质。

第二十条　公路养护工程从业单位应严格遵守国家有关公路养护的法规和规章,自觉接受县级以上人民政府交通主管部门和县级以上公路管理机构的行业管理。

第二十一条　县级以上人民政府交通主管部门和县级以上公路管理机构的工作人员应当遵守本规定,维护公路养护工程市场的正常秩序,对出现失职、渎职、索贿、受贿行为,损害有关单位合法权益和国家利益的,视其情节由上级交通主管部门会同有关部门依法给予行政处分,构成犯罪的依法追究刑事责任。

第五章　附　则

第二十二条　各省、自治区、直辖市交通主管部门可根据本规定，结合本地区的具体情况，制定实施细则，并报交通部备案。

第二十三条　公路养护工程从业资质证书式样由交通部统一制发。

第二十四条　本规定由交通部负责解释。

第二十五条　本规定自 2003 年 6 月 1 日起施行。

公路养护工程施工招标投标管理暂行规定

第一章　总　则

第一条　为加强公路养护工程的施工招标投标管理，规范公路养护工程的施工招标投标活动，保护招标人和投标人的合法权益，确保养护工程质量，提高投资效益，根据《中华人民共和国公路法》、《中华人民共和国招标投标法》等有关法律法规，制定本规定。

第二条　公路养护工程的施工招标投标应当坚持公开、公平、公正、诚实守信的原则。

第三条　国道、省道和县道公路的养护工程项目具备招标条件的，应当按本规定实行招标，其他公路可参照执行。

改建公路工程项目，按《公路工程施工招标投标管理办法》的规定执行。

第四条　参加公路养护工程项目投标的公路养护工程施工单位，必须具备相应类、级别的公路养护工程从业资质。

第五条　交通部依法负责监督全国公路养护工程的招标投标活动。

县级以上人民政府交通主管部门依法负责监督本行政区域内公路养护工程的招标投标活动。

第六条　公路养护工程的施工招标投标活动受国家法律的保护和约束，任何单位和个人不得以任何方式干预公路养护工程的施工招标投标活动。

第二章　招　标

第七条　招标人可自行组织招标或委托具有相应资格的代理机构组织招标。自行组织招标的招标人或招标代理机构应具备下列条件：

(一)具有法人资格；

(二)有组织编制招标文件和标底的能力；

(三)有对投标人进行资格审查和组织评标定标的能力；

第八条　实施招标的公路养护工程项目，应具备以下条件：

(一)项目已列入年度养护维修计划；

(二)资金来源已落实；

(三)有关养护方案或者设计文件已经完成；

(四)招标文件已编制完毕；

(五)其他相关准备工作已完成。

第九条　公路养护工程招标标的应满足下列条件之一：

(一)公路小修保养最小标的为连续 20 公里以上或者小于 20 公里的整条路段，最短养护合同期限为一年；

(二)大中修公路养护工程投资 100 万元以上的项目。

第十条 招标方式

公路养护工程招标可采用公开招标、邀请招标两种形式。

(一)公开招标。招标人通过报刊、广播、电视、信息网络等媒介公开发布招标公告,邀请不特定的法人或者其他组织投标。

(二)邀请招标。招标人以投标邀请书的方式邀请特定的法人或者其它组织投标,邀请的投标人不得少于3个。

第十一条 因突发事件、紧急抢险或战备需要而安排的特殊公路养护工程项目可采取指定养护工程施工单位的方式进行。

第十二条 公开招标按下列程序进行:

(一)组织编制招标文件;

(二)发布招标公告;

(三)发售资格预审文件;

(四)资格预审,并向资格审查合格者发售招标文件;

(五)组织投标人勘察现场,针对投标人的询问,解释招标文件中的疑点;

(六)组织编制标底和制定评标办法;

(七)组织开标并进行标书清算、算术性复核与澄清;

(八)评标并确定推荐中标人;

(九)确定中标人,并履行有关批准程序;

(十)发出中标通知书;

(十一)与中标人签订公路养护工程项目合同。

第十三条 邀请招标按下列程序进行:

(一)发出投标邀请书;

(二)发售招标文件;

(三)组织投标人勘察现场,针对投标人的询问,解释招标文件中的疑点;

(四)组织编制标底和制定评标办法;

(五)组织开标并进行标书清算、算术性复核与澄清;

(六)评标及推荐中标人;

(七)确定中标人,并履行有关批准程序;

(八)发出中标通知书;

(九)与中标人签订公路养护工程项目承包合同。

第十四条 开标后至发出中标通知书为评标阶段。编制标底和评标阶段的有关活动,均应按规定做好保密工作。

第三章 资格审查

第十五条 招标人发售的资格预审文件的主要内容应包括:

(一)资格预审通告(邀请书),包括招标人名称地址,招标项目性质、数量,获取资格预审文件办法、时间和地点等。

(二)资格预审申请人须知,包括资格预审申请的提交地点、截止日期、资质要求、主要证明文件、工程资金来源、工期、是否可联合投标,特别要求等;

(三)资格预审申请表,包括企业名称、组织机构、财务状况、人员、设备、业绩,拟投入本工程的主要管理人员、技术人员及设备;

(四)公路养护工程概况。

第十六条 投标人递交的资格预审文件的主要内容应包括:

(一)投标人有效的证明;

(二)投标人现承包公路养护工程的基本情况;

(三)各类专业技术和管理人员的构成;

(四)试验设备和养护机具设备;

(五)投标人资产情况及负债情况;

(六)公路养护工程质量与同类项目业绩等。

第十七条 资格评审由招标人组织有关专业人员进行评审,重点评审投标人的财务状况、技术力量、设备、业绩、信誉和拟投入本工程的设备、人员,形成资格预审报告。

第四章 招标文件及标底

第十八条 公路小修保养及中修、大修工程投标文件的主要内容:

(一)投标邀请书:公路养护工程项目名称,递交投标文件、开标的时间和地点等。

(二)投标须知:包括公路养护工程项目概况、资金来源、工期要求、报价编制、招标程序和有关规定,评标定标原则等。

(三)合同及合同条款:包括合同文件格式、通用合同条款、特殊合同条款等。承发包合同中明确的各项条款应全面、正确地阐述合同双方相互的权利和义务关系。

合同条款主要内容:承发包形式、付款和结算办法、索赔、工期要求、质量要求、现场交通组织的要求、施工安全措施、解决变更的方式、主要材料供应方式和价格、验收以及违约责任等。

(四)技术文件:包括应采用的技术标准和操作规程的名称、养护技术要求、养护工程项目特殊要求、原路技术状况、计量与支付规则、质量标准与验收等。

(五)投标书格式及附表:投标书应包括投标人投标标段或工程、投标价、工期、投标文件有效期等;附表主要有投标人组织机构及人员表、参加工程任职主要人员简历表、投入工程的主要机械设备表等。

(六)工程量清单。

(七)评标办法:包括对公路小修保养、中修和大修工程项目的评标、定标原则等。

第十九条 招标人如需对招标文件进行补充说明、勘误、澄清等局部修正时,最迟应在投标截止日期前7天,以书面形式通知所有投标人。补充说明、勘误、澄清、局部修正等,与招标文件具有同等的法律效力。

第二十条 标底是审核投标报价、评标、定标的重要依据,应力求正确、合理。每一个招标项目只允许有一个标底。标底在开标前严格保密。

公路养护工程施工的招标鼓励采用无标底方式进行招标。

第二十一条 标底由招标人负责编制,也可由受委托的招标代理机构负责编制。编制标底应以招标文件、图纸、有关养护工程资料及省级交通主管部门颁发的养护工程定额为依据。

第二十二条 受招标人委托的标底编制单位及招标代理机构不得同时承接投标人的标书编制业务,不得泄漏应当保密的与招标活动有关的情况与资料。

第五章　投　　标

第二十三条　投标人必须严格按照招标文件的要求，编制投标文件，投标文件及任何说明函件应经单位盖章及法人代表或者有效的授权委托人签字，并按规定的时间和要求送达招标人。

第二十四条　投标文件包括下列内容：

(一)投标书及其附表；

(二)有效的授权书；

(三)有报价的工程量清单及总价汇总表；

(四)公路养护工程作业方案：包括进度安排，平面布置，主要养护作业方法，交通疏导方案，技术和安全措施，质量目标，质量保证体系等。

投标人应当按照招标文件的要求提交投标担保。

第二十五条　投标人在投标文件要求提交投标书的截止时间前，可以补充、修改或者撤回已提交的投标书，并书面通知招标人或招标代理机构。补充、修改的内容为投标书的组成部分，应按规定的时间和要求送达招标人。

第二十六条　投标人不得串通作弊，不得哄抬标价，低价抢标，不得采取非法手段竞标。

第六章　开标、评标与定标

第二十七条　发出招标文件到提交投标文件的截止时间，一般不应少于20天。

第二十八条　开标仪式由招标人或委托代理招标机构组织并主持。投标人应出席开标仪式。规模较大的公路养护工程项目，招标人可邀请同级交通主管部门、上一级公路管理机构以及纪检监察等部门的代表参加。

第二十九条　开标时，由招标人及有关各方检查各份标书的完整性；招标人宣布评标、定标办法，并宣读各份投标书主要内容。需要公证的，由公证人员对宣读的标价及相关内容现场复核，并致公证词。

第三十条　属于下列情况之一者，应作为废标处理：

(一)投标书未按招标文件规定的方式密封；

(二)投标书未加盖本单位公章及未经法人代表或者有效的授权委托人签字；

(三)投标书未按招标文件规定的格式、内容和要求编制；

(四)投标书字迹潦草、模糊，无法辨认；

(五)投标人在一份投标书中，对同一个项目报有两个或多个报价；

(六)投标人递交两份或多份内容不同的投标书，未书面声明哪一个有效；

(七)未按要求提交投标担保的；

(八)投标人未经招标人同意，不参加开标仪式。

第三十一条　评标工作由招标人或委托招标代理机构主持。评标工作组由招标人代表和有关技术、经济等方面的专家组成。评标工作组一般由5人以上的单数组成，其中技术、经济等方面的专家不少于成员总数的三分之二。

第三十二条　评标、定标原则：响应招标文件的要求，报价合理、公路养护工程作业方案可行、技术先进、能确保养护工程质量、具有良好的业绩和信誉。

最低报价不能作为中标的唯一条件。

第三十三条 评标过程中,评标小组可分别请投标人就投标书的有关问题进行澄清,投标人应给予书面答复。澄清内容作为投标书的组成部分,但不得改变投标书的实质内容和报价。

第三十四条 评标工作组成员不得索贿受贿,不得泄漏应当保密的与招标投标活动有关的情况与资料。在评标、定标工作期间,评标工作组成员不得私下接触投标人。

第三十五条 评标可采用评分、投票或者其他约定方式进行。自开标到定标时间一般不超过7天。

第三十六条 招标人根据评标小组提出的评标结论和中标候选人顺序确定中标人。

第七章　合同签订

第三十七条 招标人和中标人应当自中标人签收中标通知书之日起30日内签订书面承包合同。

公路养护工程项目承包合同应当按照招标文件、中标人的投标文件、中标通知书及有效的补充文件和信函签订。

招标人和中标人不得再行订立背离合同实质性内容的其他协议。

第三十八条 承包合同的承发包人应当按合同约定履行双方的权利和义务,明确公路设施正常维护和保养,保障公路畅通。

第三十九条 省级交通主管部门和省级公路管理机构应当监督公路养护工程项目承包合同的履约,维护合同双方的合法权益。

第八章　罚　　则

第四十条 对公路养护工程招标投标活动中下列违规行为需进行处罚:

(一)招标代理机构或标底编制单位违反本规定第二十二条的,按《中华人民共和国招标投标法》第五十条的有关规定给予处罚。

(二)投标人违反本规定第二十六条的,投标视为无效,并无权索还投标保证金,由省级交通主管部门予以通报批评,视情节可取消或暂停其从业资质或者按《中华人民共和国招投标法》第五十四条的规定给予处罚。

(三)评标工作组成员违反本规定第三十四条的,应立即停止其评标资格,并追究当事人的责任。

(四)违反本规定第三十七条的,对中标人拒签合同的,报从业资质主管部门取消其养护从业资质,并无权请求返还投标保证金。招标人拒签合同,应双倍返还投标人的投标费用和投标保证金。

第四十一条 当事人对处罚决定不服的,自接到处罚决定之日起60日内可向交通主管部门申请复议,或者直接向人民法院起诉。

第四十二条 对公路养护工程招标投标活动中出现失职、渎职、索贿、行贿行为,损害有关单位合法权益和国家利益的,由交通主管部门会同有关部门给予行政处分,构成犯罪的由司法部门依法追究其刑事责任。

第九章　附　　则

第四十三条　各地在遵循《中华人民共和国招标投标法》的原则下，可根据公路养护工程的特点、工期和技术要求等因素，适当简化本规定确定的招标投标文件内容及程序。

第四十四条　各省、自治区、直辖市交通主管部门可根据本规定，结合本地区的具体情况，制定实施细则。

第四十五条　本规定由交通部负责解释。

第四十六条　本规定自 2003 年 6 月 1 日起施行。

78.关于交通安全设施有关问题的答复

(2003 年 5 月 8 日　交通部　交公便字〔2003〕102 号)

浙江省公路管理局：

你局《关于交通安全设施有关问题的请示》(浙公路〔2003〕42 号)收悉。经研究,现答复如下:

根据《公路路基设计规范》(JTJ 013—95)和《高速公路交通安全设施设计及施工技术规范》(JTJ 074—94),对于高速公路、一级公路,应根据实际情况设置防撞护栏;对于二、三、四级公路的危险地段,则应设置作为示警、指示、诱导交通的设施,其主要作用是警示驾驶员提高警惕,集中精力并及时采取降低车速等安全措施。这种护栏的主要形式有墙式和柱式两种,而柱式护栏断面一般为 15cm × 15cm 或 20cm × 20cm,高出地面 80cm,材质一般选用钢筋混凝土和水泥混凝土。据此,《公路养护技术规范》(JTJ 073—96)中列出的示警标柱应当是护栏的一种。

《公路养护技术规范》第 9.2.2 及 9.2.4 条,只是提出了护栏和示警标柱的适用范围,供各地公路管养单位根据实际情况选用,而且这些条文也并未使用表示严格程度的用词,如"必须"、"应"、"宜"或"可"等。因此,在依山傍水等路段设置示警标柱符合《公路养护技术规范》的要求。

79.关于印发公路养护工程施工从业单位资质申请表和公路养护工程施工从业资质证书试行式样的通知

（2003 年 5 月 29 日　交通部　厅公路字〔2003〕193 号）

各省、自治区、直辖市交通厅（委），上海市市政工程管理局，天津市市政工程局：

根据部《关于印发〈公路养护工程市场准入暂行规定〉和〈公路养护工程施工招标投标管理暂行规定〉的通知》（交公路发〔2003〕89 号），现将《公路养护工程施工从业资质证书》及《公路养护工程从业单位资质申请表》式样印发给你们，请遵照执行，并将执行过程中发现的问题及时函告部（公路司）。

公路养护工程施工从业单位资质申请表

申请类级　□一类　□二类甲级　□三类甲级

□二类乙级　□三类乙级

企业名称：

填报日期：　　年　　月　　日

登记编号：□□□□□□□□□□□□□□□□□□□□

中华人民共和国交通部制

填 表 说 明

1.本表用钢笔或毛笔填写,字迹必须工整,不得涂改;也可采用计算机打印,但表格格式不得更改。

2.凡申请公路养护工程从业资质、申请复审公路养护工程从业资质的从业单位,以及跨省、自治区、直辖市进行公路养护工程施工的从业单位向养护工程所在地的省级公路管理机构申请确认资质时,必须填报本表。

3.从业单位必须如实逐项填报本表,不得弄虚作假。

4.本表填列数据均采用阿拉伯数字。除万元保留一位小数外,其余均为整数。

5.表三名单应按工程、财会、经济、统计系列顺序填写,同系列人员按职称顺序从高向低填写;表四名单按一、二、三、四级顺序填写。

6.表三、四、五、六、七页面不足时,可另附页。

7.表七填写近五年承担过的主要工程项目。

8.本表所列栏目按《公路养护工程市场准入暂行规定》(交公路发〔2003〕89号)需附证明材料的,必须随表附上。

9.同一从业单位同时申请多个类级资质时,在表格封面的申请类级栏内选择。

10.封面处的登记编号由各省、自治区、直辖市公路管理机构填写。具体编号采用数字和字母的组合代码。代码结构如下:第1、2位采用省级行政区划代码;第3、4位为申请单位所在地的地市级行政区划代码;第5、6位为申请单位所在地的县级行政区划代码;第7至10位为申请单位序号(从0001—9999);第11至15位为资质类别代码(一类:A;二类甲级:B:二类乙级:C;三类甲级:D;三类乙级:E。申请多个类级的,可以组合编号。不足5位的尾数空缺)。如:同时申请一类、二类甲级和三类甲级的,第11位至第15位可编为ABD,后两位空缺。

从业单位基本情况

表一

<table>
<tr><td>单位名称</td><td colspan="6"></td><td>联系电话</td><td></td></tr>
<tr><td>主管部门</td><td colspan="6"></td><td>设立时间</td><td></td></tr>
<tr><td>营业执照注册号</td><td colspan="6"></td><td>经济性质</td><td></td></tr>
<tr><td>开户银行</td><td colspan="3"></td><td>账号</td><td colspan="2"></td><td>注册资本</td><td></td></tr>
<tr><td>详细地址</td><td colspan="6"></td><td>邮政编码</td><td></td></tr>
<tr><td>法定代表人姓名</td><td></td><td>职务</td><td></td><td>职称</td><td colspan="2"></td><td>联系电话</td><td></td></tr>
<tr><td rowspan="2">职工情况</td><td>正式职工</td><td>人</td><td>管理人员</td><td colspan="5">人</td></tr>
<tr><td>临时职工</td><td>人</td><td colspan="2">有技术职称人员</td><td colspan="4">人,其中外聘人员　人</td></tr>
<tr><td rowspan="6">主要技术、经济人员情况</td><td colspan="2">公路桥梁专业技术人员</td><td colspan="2">财会人员</td><td colspan="2">经济统计人员</td><td colspan="2">工人</td></tr>
<tr><td>高级工程师</td><td>人</td><td>高级会计师</td><td>人</td><td>高级职称</td><td>人</td><td>高级工</td><td>人</td></tr>
<tr><td>工程师</td><td>人</td><td>会计师</td><td>人</td><td>中级职称</td><td>人</td><td>中级工</td><td>人</td></tr>
<tr><td>助理工程师</td><td>人</td><td>助理会计师</td><td>人</td><td>初级职称</td><td>人</td><td>初级工</td><td>人</td></tr>
<tr><td>技术员</td><td>人</td><td>会计员</td><td>人</td><td>初级以下</td><td>人</td><td>其它</td><td>人</td></tr>
<tr><td>总数</td><td>人</td><td>总数</td><td>人</td><td>总数</td><td>人</td><td>总数</td><td>人</td></tr>
<tr><td rowspan="5">公路工程项目经理</td><td colspan="3">有资质的项目经理</td><td colspan="5">人</td></tr>
<tr><td colspan="3">一级资质的项目经理</td><td colspan="5">人</td></tr>
<tr><td colspan="3">二级资质的项目经理</td><td colspan="5">人</td></tr>
<tr><td colspan="3">三级资质的项目经理</td><td colspan="5">人</td></tr>
<tr><td colspan="3">四级资质的项目经理</td><td colspan="5">人</td></tr>
</table>

从业单位基本情况　　表二

<table>
<tr><td rowspan="4">资金及生产经营情况</td><td>资产总额</td><td colspan="3">万元</td><td rowspan="2">近二年公路养护工程总产值</td><td rowspan="2" colspan="2">万元</td></tr>
<tr><td>资本金</td><td colspan="3">万元</td></tr>
<tr><td>负债总额</td><td colspan="3">万元</td><td>全员劳动生产率</td><td colspan="2">元/人</td></tr>
<tr><td>上年总产值</td><td colspan="3">万元</td><td>固定资产折旧</td><td colspan="2">万元</td></tr>
<tr><td rowspan="2">拥有设备情况</td><td>机械设备总台数</td><td>台(套)</td><td>机械设备原值</td><td>万元</td><td>动力装备率</td><td colspan="2">千瓦/人</td></tr>
<tr><td>机械设备总功率</td><td>千瓦</td><td>机械设备净值</td><td>万元</td><td>技术装备率</td><td colspan="2">元/人</td></tr>
<tr><td colspan="2">从事公路养护工程施工时间</td><td colspan="6">年　月</td></tr>
<tr><td rowspan="4">近五年独立承担中修和大修工程数量</td><td>特大桥</td><td>座</td><td>高速公路（公里）</td><td>一级公路（公里）</td><td>二级公路（公里）</td><td>三级公路（公里）</td><td>四级公路（公里）</td></tr>
<tr><td>大桥</td><td>座</td><td>路基</td><td>路基</td><td>路基</td><td>路基</td><td>路基</td></tr>
<tr><td>特长隧道</td><td>座</td><td>路面</td><td>路面</td><td>路面</td><td>路面</td><td>路面</td></tr>
<tr><td>长隧道</td><td>座</td><td>绿化</td><td>绿化</td><td>绿化</td><td>绿化</td><td>绿化</td></tr>
<tr><td rowspan="2">质安事故情况</td><td>发生重大质量事故</td><td colspan="3">起</td><td>经济损失</td><td colspan="2">万元</td></tr>
<tr><td>发生重大安全事故</td><td colspan="2">起</td><td colspan="4">死亡　　人,重伤　　人</td></tr>
</table>

从业单位有职称工程技术经济人员名单　　表三

序号	姓名	性别	学历	身份证号码	专业	职称	何时毕业于何校	是否外聘

从业单位有资质的项目经理名单 表四

序号	姓名	性别	学历	专业	职称	身份证号码	项目经理证书号码	级别	备注

从业单位主要机械设备情况 表五

序号	机械设备名称	型号规格	数量(台)	功率(千瓦)	原值(万元)	净值(万元)	备注

从业单位简历

表六

从业单位承担过的主要公路养护工程建设项目

表七

类别	项目名称	养护工程项目规模及技术标准	合同价（万元）	结算价（万元）	开、竣工日期	质量评定情况	备注

注:1.类别栏中填写:路基、路面、绿化、桥梁、隧道、沿线设施,可以组合填写。

审 核 意 见　　　　表八

从业单位申请意见	单位负责人：(章) 年　月　日
地市级交通主管部门 或公路管理机构意见	单位负责人：(章) 年　月　日
省级公路管理机构审查意见	单位负责人：(章) 年　月　日
省级交通主管部门审定意见	单位负责人：(章) 年　月　日

《公路养护工程施工从业资质证书》的有关说明

一、证书印刷要求：

(一)证书幅面 210mm×297mm,100 克胶板纸；

(二)证书上路徽图案直径为 35mm,颜色为 C20M100Y100K0,C0M10Y100K0；

(三)“公路养护工程施工从业资质证书”字体为汉仪大黑体 36pt,颜色为 C25M30Y100K10；

(四)证书等级的字体为汉仪大黑体 33pt,单位名称、业务范围、证书编号、有效期的字体为汉仪中黑体 16pt,发证部门、日期的字体为汉仪大宋体 12pt。颜色均为 C0M0Y0K100；

(五)底纹颜色为 C25M0Y20K15,边框尺寸为 166mm×250mm,颜色为 C100M10Y100K50。

二、根据部颁《公路养护工程市场准入暂行规定》,《公路养护工程施工从业资质证书》的发证部门为省级交通主管部门；有效期为三年,有效期内被暂停或者取消从业资质的,省级交通主管部门应收回相应的资质证书。

三、证书编号采用数字和字母组合,共 12 位。结构形式如下：

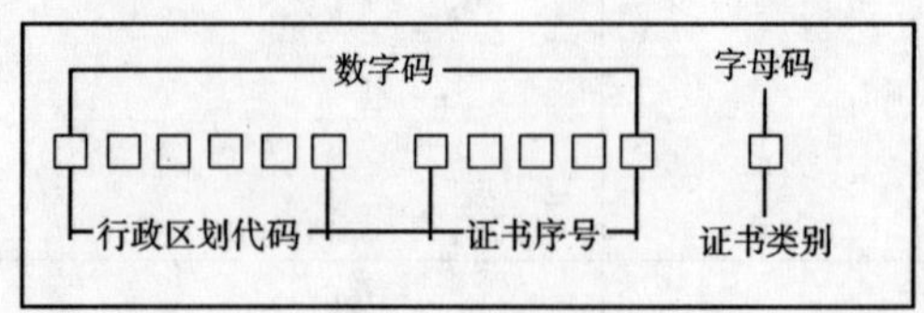

其中第 1 至 6 位为从业单位所在地行政区划代码。第 1、2 位为省级行政区划代码；第 3、4 位为地市级行政区划代码；第 5、6 位为县级行政区划代码。第 7 至 11 位为证书序号,按 00001—99999 由发证部门顺序编排。第 12 位为证书类别码,一类为 A,二类甲级为 B,二类乙级为 C,三类甲级为 D,三类乙级为 E。

四、同一从业单位同时申领多个类级资质证书时,发证部门应一次审核,分类级核发相应证书。

公路养护工程施工从业资质证书

一　类

单位名称：

业务范围：可以承担大型、特大型桥梁和长、特长隧道以及特殊复杂结构的桥隧构造物的中修和大修工程。

证书编号：

有 效 期：

发证机关：　（章）

发证日期：

公路养护工程施工从业资质证书

二类（甲级）

单位名称：

业务范围： 可以承担一级公路和高速公路的路基、路面，中小桥、涵洞、中短隧道、绿化及沿线设施（不含监控、通讯、收费管理系统）等的中修、大修养护工程。

证书编号：

有 效 期：

发证机关：　　（章）

发证日期：

公路养护工程施工从业资质证书

二类（乙级）

单位名称：

业务范围：可以承担二级及其以下等级公路的路基、路面、中小桥、涵洞、中短隧道、绿化及沿线设施（不含监控、通讯、收费管理系统）等的中修、大修养护工程。

证书编号：

有 效 期：

发证机关：　（章）

发证日期：

公路养护工程施工从业资质证书

三类（甲级）

单位名称：

业务范围：可以承担高速公路和一级或者二级公路的小修保养。

证书编号：

有 效 期：

发证机关：　　（章）

发证日期：

公路养护工程施工
从业资质证书

三类（乙级）

单位名称：

业务范围：可以承担二级及其以下等级公路的小修保养作业。

证书编号：

有 效 期：

发证机关：　　（章）

发证日期：

80.关于贯彻执行《高速公路养护质量检评方法(试行)》有关事宜的通知

(2003年12月4日　交通部　厅公路字〔2003〕511号)

各省、自治区、直辖市交通厅(局、委)上海市政工程管理局,天津市市政工程局:

2002年12月,部下发了《高速公路养护质量检评方法(试行)》(交公路发〔2002〕572号),并决定从2003年4月1日起在全国试行。为了进一步加大行业管理力度,提高高地公路养护管理工作的科学化、规范化水平,现将执行《高速公路养护质量检评方法(试行)》(以下简称《检评方法》)的有关事宜通知如下:

一、各省、自治区、直辖市交通主管部门要牢固树立服务意识,充分认识高速公路养护管理工作的重要性。对高速公路经营企业或管理单位提出明确的养护质量要求,根据《检评方法》的规定,检查督促高速公路管理单位或经营企业做好高速公路养护质量的检查和评定工作,促进我国高速公路路况质量和服务水平的提高。

二、各地要尽快建立和完善高速公路养护质量的逐级上报制度。高速公路管理单位或经营企业应及时掌握所管养高速公路的养护质量,并应于每个季度的首月10日前,向省级交通主管部门或省级交通主管部门指定的行业管理机构报送上一季度的高速公路养护质量评定结果,具体格式见附表。

三、考虑到一些地区目前尚未完成开展这项工作的准备事宜,各地最迟于2004年9月底前完成本辖区内高速公路养护质量的第一次评定工作。我部也将逐步研究和建立高速公路路况监测、管理和定期发布制度,以促进全国高速公路养护质量的提高,为社会提供良好的服务。

四、省级交通主管部门或省级交通主管部门指定的行业管理机构要切实履行行业监管职责,对高速公路管理单位或经营企业上报的评定结果进行分析、复核,确保评定结果真实可信。对于评定结果不实的管理单位或经营企业,应予以纠正。

五、高速公路管理单位或经营企业、行业管理机构应积极采用计算机信息系统,如:高速公路路面管理系统(CPMS)等,进行数据分析处理、路况评定和养护决策工作,切实提高工作效率和高速公路的科学化管理水平。

六、数据采集存有困难的地区,对于养护质量评定日前三年内进行竣工验收的高速公路,养护质量评定时可以使用竣工验收时采集的平整度、路面弯沉和路面摩擦系数数据。

联系方式:交通部公路司,010—65292746。

附件:报送高速公路养护质量评定结果的有关要求及说明

报送高速公路养护质量评定结果的有关要求及说明

一、附表所要求的指标均来自于《高速公路养护质量检评方法》应按照检评方法中所规定的要求和计量单位填报。

二、已经推广使用高速公路路面管理系统(Cpms2001)的省份,直接使用数据库备份文件(Datainfo—×××有限公司—备份—(日期).dbK/.pdk)报送和传递即可。

三、没有使用 Cpms2001 的省份,可人工填报附表。建议采用 MS—EXCEL 格式进行传递,以便于汇总。附表可从交通部网站下载,网址:http://www.moc.gov.cn。

四、省级交通市管部门或指定的行业管理机构应及时分析、审核各路段报送的评定结果。并可利用社会中介组织,对评定结果进行抽查检验,以加强高速公路养护质量监管工作。

附表一、高速公路养护质量汇总表

项目	养护质量评定结果					
所属省市				评定时间		年　月
路线编号				路线名称		
平均日交通量				双向车道数量		
管养单位名称				单位性质		
管养长度(km)		起点桩号		终点桩号		
上级主管单位						
平均 MQI(双向)			养护质量(双向)			
平均 MQI(上行)			养护质量(上行)			
平均 MQI(下行)			养护质量(下行)			
次差路率(双向,%)						
次差路率(上行,%)						
次差路率(下行,%)						
上行评定长度(km)			下行评定长度(km)			
	养护质量评定详细结果					
项目	双向		上行		下行	
	长度(km)	比例(%)	长度(km)	比例(%)	长度(km)	比例(%)
MQI(优)						
MQI(良)						
MQI(中)						
MQI(次)						
MQI(差)						
MQI < 80						
PQI < 75						
SCI < 75						
BCI < 75						
TCI < 75						

附表二、高速公路养护质量明细表

路线名称：　　　　　　　　　　　　　　　　　　检测方向：

起点桩号	路段长度（m）	评定结果 MQI	路面					路基 SCI	构造物 BCI	设施 TCI
			PQI	PCI	RQI	PSSI	SRI			

附表三、高速公路沥青路面状况表

路线名称：　　　　　　　　　　　　方向：

起点桩号	路段长度（m）	龟裂			块状裂缝		纵向裂缝		横向裂缝		坑槽		松散		沉陷		车辙		波浪拥包		泛油	修补不良
		轻	中	重	轻	重	轻	重	轻	重	轻	重	轻	重	轻	重	轻	重	轻	重		

附表四、高速公路水泥路面状况表

路线名称：　　　　　　　　　　　　方向：

起点桩号	路段长度(m)	破碎板		裂缝			板角断裂			错台		唧泥	边角剥落			接缝料破损		坑洞	修补损坏			拱起	层状剥落	
		轻	重	轻	中	重	轻	中	重	轻	重		轻	中	重	轻	重		轻	中	重		轻	重

附表五、高速公路路基状况表

路线名称：　　　　　　　　　　　　　　　　方向：

起点桩号	路段长度（m）	路肩边沟不洁	路肩损坏		边坡坍塌、水毁冲沟			路基构造物损坏、路缘石缺损			路基整体沉降			排水系统淤塞	
			轻	重	轻	中	重	轻	中	重	轻	中	重	轻	重

附表六、高速公路桥涵构造物状况表

路线名称：　　　　　　　　　　　　　　　　　　方向：

起点桩号	路段长度（m）	桥梁								隧道				涵洞
		桥梁技术状况	桥头跳车	伸缩缝损坏	泄水孔堵塞	栏杆护栏损坏	翼墙锥坡损坏	上跨桥防落网损坏		洞体损坏	渗漏积水、排水不良	通风监视系统故障	照明设施故障	涵洞损坏淤积
								轻	重					

附表七、高速公路沿线设施状况表

路线名称：　　　　　　　　　　　　方向：

起点桩号	路段长度（m）	设施管理不善	防撞护栏缺损		隔离栅损坏	紧急电话损坏	紧急电话缺损	标志缺损	标线缺损	绿化空白路段	绿化管理不善
			轻	重							

附表八、高速公路道路平整度表

路线名称：　　　　　　　　　　　　　　　　　　方向：

起点 桩号	路段长度 （m）	B101	B102	B103	B104	B105	B106	B107	B108	B109	B110

附表九、高速公路路面弯沉表

路线名称：　　　　方向：

起点桩号	路段长度（m）	检测车型 1＝解放 2＝黄河 3＝东风	测点01	测点02	测点03	测点04	测点05	测点06	测点07	测点08	测点09	测点10	测点11	测点12	测点13	测点14	测点15	测点16	测点17	测点18	测点19	测点20

附表十、高速公路横向力系数表

路线名称：　　　　　　　　　　　　　　　　　　方向：

起点桩号	路段长度（m）	SFC01	SFC02	SFC03	SFC04	SFC05	SFC06	SFC07	SFC08	SFC09	SFC10

81.关于印发《公路安全保障工程实施方案》的通知

(2004年3月1日　交通部　交公路发〔2004〕81号)

各省、自治区、直辖市交通厅(局、委),上海市市政工程管理局,天津市市政工程局:

为了贯彻落实2004全国交通工作会议精神,做好"公路安全保障工程"的实施工作,全面提高我国公路设施的服务水平,切实保障行车安全,我部制定了《公路安全保障工程实施方案》(以下简称《方案》),现印发给你们。请根据《方案》的总体安排,结合本地区实际情况,做好工程的组织和实施工作。

各地要从保障人民群众生命财产安全的高度充分认识这项工作的重要意义,切实做到精心组织、周密筹划。实际工作时一是要努力保证工程实施所需的资金和技术力量;二是要加强技术管理工作,严格按标准进行设计、施工和验收,确保工程质量;三是要注意规模效益,应按公路线路逐条实施;四是要加大宣传力度,为实施工作营造良好的社会氛围;五是要加强对工程实施效果的评价工作,及时总结经验,为进一步改进技术措施、提高实施水平奠定基础。

各地在实施过程中发现的问题可与部公路司或工程实施技术小组联系。部公路司联系电话:010—65292746,010—65292730;公路安全保障工程实施技术小组电话(交通部公路交通安全工程研究中心):010—62358207、010—62359952。

公路安全保障工程实施方案

关爱生命，尊重生命，是现代文明的重要标志，也是实现经济、社会和人全面协调发展的必然要求。公路基础设施的安全与否直接关系着公路交通参与者——人的生命安全。改革开放以来，我国公路建设取得了举世瞩目的巨大成就。但是，长期以来，受资金、环境、理念等众多因素的制约，公路交通在数量和规模得到快速增长和扩大的同时，在质量和功能、服务和管理等方面还不能全面适应社会和国民经济发展的要求。特别是一些早期建成的山区公路坡陡弯急、傍沟临涧，缺乏必要的安全防护设施，事故频发，无法满足公众的安全期望和全面建设小康社会的要求。为了全面提高我国公路设施的服务水平，保障行车安全。部决定：从2004年开始在全国国省干线公路上实施以“消除隐患、珍视生命”为主题的“公路安全保障”工程。为保证这项工程的顺利实施，特制定本方案。

一、指导思想和原则

以“三个代表”重要思想为指导，按照“立党为公，执政为民”的要求，树立全面、协调、可持续的科学发展观。坚持“以人为本，以车为本”，突出功能性、服务性，努力营造一个安全、畅通、便捷的公路交通网络。坚持实事求是，注重实效；坚持统一领导、分级负责，充分发挥各级交通部门的积极性；坚持技术创新，借鉴世界各国的先进经验，不断探索符合中国国情的技术方法和措施。

二、实施目标及工作任务

党的十六届三中全会通过的《中共中央关于完善社会主义市场经济体制若干问题的决定》提出：完善社会主义市场经济体制要贯彻“五个统筹”，做到“五个坚持”，特别提出要“统筹人与自然和谐发展”和“坚持以人为本”。这对新时期的公路交通工作提出了更高、更新的要求，也丰富了公路交通新的跨越式发展的内涵。通过实施“公路安全保障工程”，力求实现以下工作目标：

（一）全面完善公路安全防护设施，提高行车安全水平，让群众走得安心。

（二）提升交通行业的管理理念，加强公路基础设施的通行和服务能力建设，让群众走得舒心。

（三）在全社会树立和维护交通部门是一个负责任行业的良好形象，提高社会公众和其它部门的认同感、信任感，让群众走得放心。

（四）摸索、总结出一套适合我国国情的技术措施，为提升今后新建公路的安全水平提供技术借鉴。

为了顺利实现上述工作目标，实施工作必须完成的具体任务是：

（一）用3年时间，完成全国国省干线公路上的17万处，5万公里急弯、陡坡、视距不良、临崖等行车危险路段的处治工作。

（二）统筹“十五”文明样板路创建和“安全保障工程”示范路段建设工作，以此带动实施工作的全面开展。

（三）对公路安全防护工作进行系统研究和总结，提出一套完整的技术手册指导今后的公路建设和维护工作。

(四)以工程实施为载体,加强对广大公路交通职工的培训和教育,切实提升全行业的工作理念和服务意识。

三、工作步骤

“公路安全保障工程”涉及面广、工程量大,而且多数实施路段位于地形条件复杂的山岭重丘区,实施条件差。各级交通主管部门应按以下工作安排,精心组织,周密筹划,确保实施工作的顺利进行。

(一)准备阶段(2004年2月底前)

1.制定和下发实施方案;

2.组织各省(自治区、直辖市)交通厅(委)对所辖路段进行安全性调查,摸清待实施“公路安全保障”工程的路段数量和分布情况。

3.对各地的调查数据进行汇总和整理,估算工程总规模,编制工程实施计划。

4.组织人员编制《公路安全保障工程实施技术要求》,针对不同缺陷推荐不同的处治措施,供各地选用。

5.部派出技术小组对210国道进行实地考察,并按照统一的标准分省提出210国道实施技术方案。

(二)210国道示范工程实施阶段(2004年2月~2004年8月底)

1.现场踏勘数据采集阶段(2月25~3月25日)。部技术组赴现场采集沿线平、纵、横数据,以及现有安全设施设置情况等技术数据。2月底前应先期完成陕西省一段典型路段的数据采集工作。

2.技术方案拟定阶段(3月28~4月28日)。部技术组拟定全线实施技术方案。3月10前,先期完成陕西省典型路段的技术方案拟定工作。

3.陕西省典型路段实施阶段(3月15~4月20日)。

4.布置和动员阶段(4月底)。部在陕西省试点路段召开210示范工程实施布置会。向沿线各省提供技术方案,布置实施工作。

5.实施阶段(5月初~8月底)。沿线各省组织实施本辖区内210国道的安全保障工程。

6.验收阶段(9月上旬)。部在210沿线召开现场会,同时对示范工程进行验收。

(三)全面实施阶段(2004年9月至2006年9月)

1.各地在国省干线公路上组织实施本辖区内的“公路安全保障”工程。

2.部从2004年开始,重点抓好210、319、202、109、105五条国道的实施工作。

(四)验收总结阶段(2006年10~11月)

各省级交通主管部门负责对本辖区内的工程实施情况进行验收,并向部提交总结报告。部对各地的实施情况进行抽查,并对全国的工程实施情况进行总结。

四、保证措施

(一)提高思想认识。各地交通部门要从“立党为公、执政为民”的高度,按照部党组提出的做一个负责任行业的要求,提高行业服务意识。充分认识这项工作的必要性和重要意义,在行业内形成合力,保证实施工作的顺利完成。

(二)加强技术支持。以部公路交通安全工程研究中心为依托单位,编制实施技术手册。同时对实施工程中的技术问题进行追踪和研究,及时提出解决意见。

(三)保证资金渠道。所需资金主要以地方为主解决。省级交通主管部门要在年度计划中安排公路安全保障工程支出,部给予适当的补助。

(四)营造良好社会环境,利用报纸、电台、电视和网站等各种媒体进行宣传,扩大社会影响,为实施工作营造良好的社会氛围。

五、有关技术规定

(一)定义及判定指标

“公路安全保障”工程是指采用交通工程措施,对已有国省干线公路及其沿线设施中存在的影响行车安全的明显隐患进行整治,以提高公路行车安全性的工程。实施“公路安全保障”工程的路段应符合下列指标之一,且目前未采取有效防护措施:

1.急弯路段

①小于一定半径 R 的平曲线路段

二级公路　$R \leqslant 125m$

三级公路　$R \leqslant 60m$

四级公路　$R \leqslant 30m$

②连续有三个或三个以上小于一定半径(R)的反向平曲线相连,且各圆曲线间的距离(L)小于一定长度的路段。

二级公路　$R \leqslant 125m$　$L \leqslant 50m$

三级公路　$R \leqslant 60m$　$L \leqslant 35m$

四级公路　$R \leqslant 30m$　$L \leqslant 25m$

2.陡坡路段

纵坡大于一定坡度($I\%$)的路段。

二级公路　$I \geqslant 6$

三级公路　$I \geqslant 7$

四级公路　$I \geqslant 8$

3.连续下坡路段

长度大于 3km 的连续下坡平均纵坡大于一定坡度($I\%$)的路段。

二级公路　$I \geqslant 4.5$

三级公路　$I \geqslant 5$

四级公路　$I \geqslant 5.5$

4.视距不良路段

指会车视距(L)不满足规定的路段,如小半径曲线内侧有树木、山体,凸形竖曲线桥梁等路段。

二级公路　$L \leqslant 150m$

三级公路　$L \leqslant 80m$

四级公路　$L \leqslant 60m$

5.路侧险要路段

①沿溪线的路侧陡崖、深沟路段以及高填土、高挡墙路段,挡墙、边坡高度 $h \geqslant 4m$。

②路侧距离土路肩边缘 3.0m 内有江河、湖泊、沟渠、沼泽等。

(二)处治措施

针对不同的安全缺陷类别,实施“公路安全保障”工程时以综合运用交通工程技术为主要处治措施,其技术手段主要包括:增设防撞护栏,加设反光镜,增设标志牌,划设反光标线、设置公路线形诱导标志等,或者综合运用以上技术措施。具体技术措施参见部颁发的《公路安全保障工程实施技术要求》。

82.关于发布公路安全保障工程实施技术指南(试行)的通知

(2004年9月3日　交通部　交公路发〔2004〕477号)

各省(自治区、直辖市)交通厅(委)、上海市市政工程管理局、天津市市政工程局,新疆生产建设兵团交通局:

为贯彻落实科学的发展观,坚持"以人为本",做好公路安全保障工程的实施工作,提高公路及其设施的安全水平,现发布《公路安全保障工程实施技术指南(试行)》(以下简称《指南》),自发布之日起施行。

《指南》由交通部公路司负责解释。请各有关单位在实践中注意积累资料,总结经验,及时将发现的问题和修改意见函告我部公路司和交通部公路科学研究所,以便进一步修改和完善。

83.关于进一步做好公路安全保障工程实施工作的通知

（2005年3月10日　交通部、公安部、国家安全生产监督管理总局　交公路发〔2005〕110号）

各省、自治区、直辖市、交通厅（委）、公安厅（局）、安全生产监督管理局，上海市市政工程管理局、天津市市政工程局：

2004年，按照国务院关于“五整顿”“三加强”工作部署，交通部在全国国省干线公路和重要旅游公路上组织开展了以“消除隐患，珍视生命”为主题的“公路安全保障工程”（以下简称“安保工程”）。一年来，在地方政府的统一领导下，交通、公安、安全监管等部门相互配合，共排查整治行车安全隐患路段近7万处，累计里程2.1万公里，增设防撞护栏6013公里，整治视距不良路段9793处，完善交通标志8.5万个、施划标线2.3万公里。经对117个（计4757公里）实施路段的抽样调查，安保工程实施路段的交通事故起数同比降低58%，避免了1162次坠崖等恶性交通事故，取得了明显的社会效益和经济效益。为了切实落实2005年“五整顿”“三加强”工作措施，加强部门配合，进一步实施安保工程，现将有关事项通知如下：

一、按照全国道路交通安全工作部际联席会议《关于深入开展“五整顿”“三加强”活动全面推进道路交通事故预防工作意见》（公交管〔2005〕15号），交通、公安、安全监管部门要加强工作协作配合，共同做好事故多发路段的排查治理工作，消除道路隐患，进一步提高行车安全性。

二、公安部门要加强事故多发路段的交通管理工作，加强事故原因的调查和分析，及时将事故多发路段的相关情况通报交通、安全监管部门。交通部门在确定安保工程实施路段时，要对公安部门通报的事故多发路段情况进行认真分析，对核定的事故多发路段要重点予以安排。

三、在安保工程实施过程中，施工单位要严格按照相关技术规范布设施工作业区，确保施工人员和过往车辆的安全。交通部门要做好督促和检查，保证施工组织规范有序，确保按工期保质保量完成。公安部门要做好施工路段的交通疏导分流工作，保证车辆安全有序通行。

四、根据各地排查上报的交通事故多发路段，交通部、公安部、国家安全生产监督管理总局共同研究确定了30处2005年全国公路安全保障工程重点实施路段（见附表）。各级交通部门要把上述30处路段纳入2005年安保工程实施计划。这些重点路段的整治工作应于2005年9月底前完成，并按相关规定进行验收。2005年10月底前，请各地交通、公安、安全监管部门将治理情况分别报交通部公路司、公安部交通管理局和国家安全生产监督管理总局监管二司。交通部、公安部和国家安全生产监督管理总局将视各地进展情况，进行督促和检查，并定期对全国安保工程重点路段的实施情况进行通报。

附

2005年全国公路安全保障工程重点实施路段

序号	省份	道路名称	路段位置	主要隐患	近年来交通事故情况
1	河北	G308线	K572—K573	急弯	2003年以来发生交通死亡事故9起,造成7人死亡、15人受伤
2		G111线	K371—K377	连续弯坡、路侧险要	发生事故4起,造成5人死亡
3	内蒙古	S205线	K192+890—K193+100	陡坡	2002年以来发生交通事故4起,造成6人死亡、4人受伤
4		G110线	K322+500—K323+300	陡坡	2003年以来发生事故共造成10人死亡、13人受伤
5	辽宁	G102线(京哈线)	K549+800	视距不良	发生重大事故8起,造成10人死亡、4人受伤
6	江苏	G104线	K1233+500-K1234	交叉口事故多发	2002年以来发生交通死亡事故4起,造成4人死亡
7		G104线	K1264+400-K1267	路侧险要	2002年以来发生事故5起,造成6人死亡
8	浙江	G330线	K123+647-K148+948	急弯、陡坡、视距不良、路侧险要	2001年7月以来发生交通事故共造成20人死亡、9人受伤
9		G104线	K1642+800-K1647	连续下坡	2003年发生交通事故16起,造成9人死亡
10	福建	G205线	K2017-K2017+300	路侧险要	2003年以来发生交通事故2起,造成11人死亡
11		G324线	K216(九溪路口)	视距不良	2001年以来发生交通事故85起,造成16人死亡、52人受伤
12	江西	G105线	K2048+700-K2049+670	急弯、视距不良、路侧险要	2003年以来发生交通死亡事故3起,造成4人死亡、2人受伤
13	广西	S316线	K102+600-K102+900	急弯、陡坡、视距不良、路侧险要	2001年以来发生交通死亡事故3起,造成6人死亡、6人受伤
14		S210线	K102-K103	急弯、视距不良	2002年以来发生交通死亡事故5起,造成8人死亡
15	海南	S314线(天新线)	K6-K7(立村岭)	急弯、连续下坡、视距不良	2002年以来发生交通事故4起,造成7人死亡、20人受伤
16	重庆	永(川)铜(梁)公路	K20+600	急弯、路侧险要	2004年7月发生交通死亡事故2起,造成5人死亡、4人受伤

续上表

序号	省份	道路名称	路段位置	主要隐患	近年来交通事故情况
17	四川	G318 线	K3027 + 200 – K3027 – 400	陡坡、路侧险要	1998 年 ~ 2003 年发生特大交通事故 5 起
18		G321 线	K1688 – K1695 + 300	急弯、陡坡	2002 年以来发生交通事故 105 起，造成 6 人死亡
19		S209 线	K106 + 400 – K107 + 400	急弯、陡坡	2001 年以来发生交通事故 15 起，造成 30 人死亡
20	贵州	G320 线	K2331 + 196 – K2333 + 300	陡坡、连续下坡	2001 年以来发生交通死亡事故 19 起，造成 36 人死亡、31 人受伤
21		G326 线	K374 + 050 – K376 + 950	路侧险要	发生交通事故 7 起，造成 7 人死亡、4 人受伤
22		G320 线	K1883 + 600	路侧险要	发生交通事故 80 起，造成 30 人死亡、13 人受伤
23	云南	G323 线	K1796 + 800 – K1796 + 992	急弯、陡坡、连续下坡，视距不良，路侧险要	2001 年 9 月 ~ 2002 年 10 月发生交通死亡事故 3 起，造成 3 人死亡、7 人
24		G108 线	K55 + 200 – K56 + 200	急弯、陡坡、连续下坡、路侧险要	发生重大以上交通事故 4 起，造成 14 人死亡、13 人受伤
25		S210 线	K36 + 500 – K37 + 000	急弯、视距不良	发生重大以上交通事故 4 起，造成 5 人亡、5 人受伤
26	西藏	G318 线	K4387 + 500 – K4387 + 900	急弯、路侧险要	2001 年 ~ 2003 年发生交通死亡事故 5 起，造成 16 人死亡、10 人受伤
27		S101 线	K69 + 900 – K70 + 300	急弯，视距不良	2002 年发生交通事故造成 6 人死亡、9 人受伤
28	陕西	G312 线	K1647 – K1651	连续下坡，路侧险要	2002 年以来发生交通死亡事故 10 起，造成 28 人死亡、93 人受伤
29		G108 线	K1387 + 101 – K1400 + 100	急弯、陡坡、视距不良、路侧险要	发生交通事故共造成 30 人亡死、70 人受伤
30	甘肃	G312 线	K1698 – K1705 + 400	连续下坡	2000 年 10 月 ~ 2003 年 10 月发生交通事故 147 起，造成 105 人死亡、198 人受伤

84.关于做好2005年公路路网结构改造工程实施工作的通知

(2005年4月30日　交通部　厅公路字〔2005〕149号)

各省、自治区、直辖市交通厅(委),各计划单列市交通局(委),天津、上海市市政工程(管理)局,新疆生产建设兵团交通局:

2001年起,部在全国国省干线公路上组织实施了路网结构改造工程(包括:公路安全保障工程、危桥改造、文明样板路和GBM工程),4年来,各级交通部门结合各地实际情况,认真开展了工程实施工作,取得了显著成效。全国干线公路总体服务质量明显改善,危桥得到了有效改造和加固,安全保障显著提高。2005年是"十五"计划的最后一年,为进一步做好今年的公路路网结构改造工程实施工作,全面完成"十五"路网改造工程实施任务,现将有关事项通知如下:

一、严格执行部投资计划,确保专款专用

各级交通部门要切实重视和加强公路路网结构改造工程项目的计划管理,采取有效措施强化工程资金监管。一是对照"十五"以来部下达的工程计划,按项目进行逐个跟踪,准确掌握工程实施和资金使用情况。对已列入部投资计划,但尚未实施的项目,省级交通部门要采取措施,督促有关单位在年内完成实施任务;二是要保质保量地完成部计划确定的建设内容,确保配套资金足额到位,严禁擅自变更、减少建设内容,调低建设标准;三是要建立切实可行的资金监管机制,部补助资金必须专款专用,不得挪作他用。

二、突出工作重点,提高实施水平

公路路网结构改造工程直接关系到人民群众的生命财产安全,关系到交通行业的社会形象。各级交通部门要切实加强工程管理,不断提高路网改造实施水平。

一是进一步加大危桥改造力度,确保在2005年底前完成所有国省干线公路上"十五"前已经存在的危桥改造任务。"十五"期间新增加的危桥,各地要积极采取措施,及时安排改造资金,尽早列入改造计划。同时,采取相应的管理措施,确保桥梁安全。二是积极拓展文明样板路和GBM工程的实施内涵。今后,文明样板路和GBM工程建设要在实现"畅、洁、绿、美"的基础上,同步实施安保工程,全面提高公路的服务水平。202、109、319(闽赣湘段)国道的文明样板验收将结合今年的全国干线公路养护与管理工作检查一并进行,验收标准中将相应增加公路安全保障工程的相关内容,具体标准可参照《210国道文明样板路检查验收办法》执行。三是安保工程的实施要以《公路安全保障工程实施技术指南》为指导,在充分考虑与环境相协调的基础上,采取综合处治措施,提高公路行车的安全性。同时,要加强与公安交警部门的协作配合,注意搜集相关交通事故资料,及时对安保工程的实施效果进行跟踪评价。四是109、319、202、105国道沿线的省份,要按照2004年全国交通工作会议的要求,认真做好以上四条国道安保工程的组织实施工作。为进一步提高实施水平和示范作用,请在四条国道上分别选取10公里的路段作为重点示范路段,以总结经验,指导本辖区安保工程的实施工作。同时,部也将对这些重点示范路段的实施情况进行跟踪和技术指导。

三、认真总结经验,加大宣传力度

路网结构改造工程的实施取得了显著的经济和社会效益。仅从2004年各地报部的117

个公路安全保障工程实施路段(4757公里)情况看,安保工程已经直接避免了1162次车辆坠崖等恶性交通事故,事故件数同比降低58%。为了扩大路网结构改造工程的社会影响,树立交通部门的良好社会形象,各地交通部门在工程实施过程中,一是要注意及时总结本辖区公路路网结构改造工程的实施经验和成效。二是要积极主动地向有关媒体提供相关信息,建立畅通的新闻报道渠道,加强宣传工作。特别是安保工程实施路段的典型事例,要及时组织新闻媒体进行宣传,为公路交通全面、协调、可持续发展营造良好的舆论氛围。

实施公路路网结构改造工程是现阶段促进公路养护管理工作的重要手段,也是贯彻落实科学发展观,牢固树立"以人为本、以车为本"工作理念的有效载体。部在2005年全国干线公路养护与管理工作检查评比中,将把这项工作作为检查的重点之一,请各单位进一步重视和加强工程实施工作,为全面提高公路路网服务水平,构建和谐交通作出新的贡献。

85.关于对陕西省交通厅《关于紧急请示明确〈公路水泥混凝土路面养护技术规范〉有关条款含义的函》的复函

(2005年5月13日　交通部　交公便字〔2005〕97号)

陕西省交通厅:

你厅《关于紧急请示明确〈公路水泥混凝土路面养护技术规范〉有关条款含义的函》(陕交函〔2005〕217号)收悉,现答复如下:

根据《关于发布〈公路水泥混凝土路面养护技术规范〉(JTJ 073.1—2001)的通知》(交公路发〔2001〕295号)的规定,《公路水泥混凝土路面养护技术规范》(以下简称《规范》)应由主编单位江苏省交通厅公路局负责解释。现将江苏省交通厅公路局对《规范》有关条款解释的复函(附后)转发给你厅,并作为《规范》相关条款的补充解释和说明。

附:

关于对《关于请对〈公路水泥混凝土路面养护技术规范〉有关条款进行解释的函》的复函

(江苏省交通厅公路局　交公便养〔2005〕1号)

交通部公路司:

你司《关于请对〈公路水泥混凝土路面养护技术规范〉有关条款进行解释的函》(交公便字〔2005〕95号)收悉,现函复如下:

一、《公路水泥混凝土路面养护技术规范》(JTJ 073.1—2001,以下简称《规范》)第6.5.1条规定“冰雪地区路段水泥混凝土路面冬季养护的重点是除雪、除冰、防滑;作业的重点是桥面、坡道、弯道、垭口及其他严重危害行车安全的路段”。该条款是公路冬季养护工作的总体要求,其中“桥面、坡道、弯道、垭口及其他严重危害行车安全的路段”的认定标准,目前国内外均没有量化指标。我国通常把超过《公路工程技术标准》所规定的最大纵坡和小于《公路工程技术标准》所规定的极限最小半径路段看成是严重危害行车安全的坡道、弯道路段。不同技术等级公路的最大纵坡和极限最小半径与其所处地形和计算行车速度相关,对于计算行车速度为30公里/小时的山岭重丘三级公路,最大纵坡为8%,极限最小半径为30米。

二、《规范》第6.5.3条规定“除雪作业以清除新雪为主。化雪时应及时清除雪水和薄冰。除冰困难的路段应以防滑措施为主,除冰为辅”。该条款提出了清除公路上冰雪时的养护作业内容和要求。其含义是:冬季公路养护是对宜除雪的应除雪,对宜除冰的应除冰,对不宜除雪和除冰的应采取防滑措施。其中的“及时”不等于“随时”,《规范》没有也不可能要求对路面冰雪随时清除。因此,公路养护单位如果采取了撒盐融雪、撒砂防滑等养护措施,应当认为尽到了养护责任,不能认定其疏于养护。

86.关于印发《关于防治高速公路沥青路面早期损坏的指导意见》的通知

(2005 年 11 月 10 日　交通部　交公路发〔2005〕523 号)

各省、自治区、直辖市交通厅(委),上海市市政工程管理局,天津市市政工程局,新疆生产建设兵团交通局:

为防治高速公路沥青路面早期损坏,延长使用寿命,提高服务水平,在总结和分析国内外先进技术和成果的基础上,我部制定了《关于防治高速公路沥青路面早期损坏的指导意见》,现印发你们,请结合当地实际,贯彻执行,并制定具体实施意见。

关于防治高速公路沥青路面早期损坏的指导意见

近年来，我国公路建设迅速发展的同时，一些路段高速公路沥青路面出现了早期损坏现象，不仅造成经济损失，而且影响交通行业的社会形象和可持续发展。为认真贯彻落实科学发展观和建设资源节约型社会的要求，按照"增强质量意识，完善综合设计，严格施工控制，加强养护管理"的原则，对高速公路沥青路面早期损坏防治工作提出如下指导意见：

一、增强质量意识，完善质量管理体系

各级交通主管部门、工程建设勘察设计、施工、监理、质量监督和养护管理单位，要从贯彻落实科学发展观的高度，充分认识高速公路沥青路面早期损坏的危害，采取切实措施，完善工程质量管理体系。要树立全寿命成本理念，避免产生早期损坏的返修成本。

(一)各级交通主管部门和建设单位要切实处理好质量与速度的关系，严格按照部《关于在公路建设中严格控制工期确保工程质量的通知》(交公路发〔2004〕309号)的规定，保证合理建设工期。当质量和工期发生矛盾时，应当首先保证质量，把工作一环扣一环地做精、做细，按科学规律办事。要进一步完善质量管理体系，落实施工、监理、质量监督等单位的职责和管理权限，充分发挥各自在质量控制中的作用，依靠科学管理，保证工程质量。

各级质量监督机构要加强监督，加大责任追究力度，规范检测市场。要委托具有公路质量检测资质的单位对工程质量进行不定期独立检测，对伪造试验数据的单位和个人，要严肃处理。

(二)设计单位要树立全寿命成本理念，加强调查与材料试验工作，加强路面结构设计方案比选，避免简单地照搬照抄规范和其他项目设计成果。

(三)监理单位要认真履行职责，加强质量动态监控，独立完成各项现场试验检测工作。对原材料、拌和和摊铺碾压等影响质量的重要环节和工序要加强旁站和监控。每道工序完成后，应按规定及时抽检，抽检全部合格后方可批准进入下一道工序。

(四)施工单位要不断提高施工人员的整体素质和质量意识，建立健全施工自检体系，对于原材料质量控制、施工配合比试验、混合料拌和、运输、摊铺、碾压等各道工序均要明确质量目标，并落实到各道工序的施工责任人与自检责任人，做到层层把关，分级负责，精心施工。

(五)鼓励工程建设向设计与施工总承包的模式发展，适当延长质量保证期，促使承包商用心设计、精心施工。

二、总结国内外成功经验，加强综合设计

设计人员要深刻理解规范中有关指标的使用前提和适用条件，因地制宜，就地取材，结合当地行之有效的路面结构设计实践，借鉴国外成熟的设计方法，强化系统综合设计。

(一)做好实际交通荷载调查和预测

对现状实际轴载谱以及变化规律进行深入的调查分析，结合未来区域经济发展、路网情况和车辆载重等情况，科学预测，计算预期的车辆累计标准轴载次数，依此进行路面结构设计和厚度计算。

(二)完善结构和厚度设计

路面结构设计及各层厚度要充分考虑交通量轴次、材料、施工条件、气候等实际情况。要加强路面结构方案比选工作，根据交通量大小、重型车辆构成比例，选定合理的路面厚度。对重车方向、长距离陡坡路段应进行专门设计。

1.路面结构厚度的确定，要有利于防治路面早期损坏；有利于增强工程的耐久性、减少后期养护费用；有利于延长路面使用寿命和降低全寿命成本。

2.半刚性基层是目前常用的基层形式，对出现的质量通病要进行认真反思和总结，特别是对防止半刚性基层反射裂缝的措施要给予高度重视。要严格控制半刚性基层及底基层的强度，不仅要控制低限，同样要控制高限，防止走入半刚性基层强度越高越好的误区，减少半刚性基层沥青路面反射裂缝的发生。

3.柔性基层是许多发达国家常用的路面结构形式，鼓励各地加强柔性基层试验研究，在试验路段铺筑成功的基础上加以推广。

(三)加强材料设计

材料设计是路面设计的重要内容，要认真做好路用材料的调查、试验与筛选工作，针对材料质量及供应情况，提出适合路面结构功能需要和实际情况的各种路用材料的品质要求。

1.保证路面各层混合料配合比设计的科学性、合理性，是预防沥青路面早期损坏的基础。混合料组成设计除满足规范要求外，更要注重原材料指标、体积指标、混合料性能指标的相互匹配与合理性。要针对当地实际情况对混合料技术性能指标做适当的调整、增加，如现场空隙率和路面渗水系数的检测。

2.矿料级配组成设计要按照“均匀、嵌挤、密实”的要求进行，不能简单照搬规范规定级配范围的中值，可适当增加中间档次粗集料的用量，调整为骨架密实型结构，提高混合料的抗车辙性能。

3.对于夏季炎热、交通量大、重载交通多的地区，要适当提高高温性能和水稳定性检验的技术要求，以增强沥青面层的抗车辙能力和抗水损害能力。

(四)重视防排水系统设计

水是造成路面损坏的主要原因之一。要高度重视路基路面防排水设计，尤其挖方路段及中央分隔带、土路肩等部位的排水问题，按照“以防为主，防排结合”的原则，做好路基、基层、面层的防排水综合设计。

1.对于设置拦水带或路缘石的路段，尤其纵坡平缓、降雨量大的路段，应适当加密开口及边坡排水设施。路基水文状况不良路段，应设置横向盲沟和排水垫层。

2.对于中央分隔带防排水设施、通讯管道设施与绿化美化工程要做到协调统一。中央分隔带需要植树绿化时要认真做好防排水层，对防排水难以做好的路段，可采用表面封闭的中央分隔带形式。为保证防排水设施的有效性，可适当提高设计富余量。对于超高路段宜尽量采用内外半幅单独排水方案。

3.土路肩宜尽量选用碎石或砂砾等透水性材料填筑，以利路面横向排水。年降雨量较大地区的高速公路，可在结构内部及边缘土路肩内设置排水设施。对于植草的土路肩，其排水设计还要考虑土路肩与硬路肩标高差、横坡及植草的疏稀程度，以保证排水通畅。

三、严格环节控制，完善施工质量管理

施工质量是保证路面质量的关键因素之一，应严格控制，强化管理。

(一)强化路基质量

路基质量直接影响路面质量，其中路基压实不足和不均匀沉降影响最大。首先要严格压实控制,确保压实质量;对于易产生不均匀沉降的部位,如软土等不良地基路段及高填、半挖半填路段及填挖交界处,要采取有效措施,认真进行处理,并加强观测,达到沉降要求后,方可进行路面施工。

(二)严格材料控制

路面材料质量控制的好坏,是路面质量的关键,应根据当地实际,择优选材,严格进场材料控制及场地管理。

1.沥青的选择应按照公路等级、气候条件、交通组成、路面结构类型及层位、施工方式等,并结合当地使用经验,经技术论证后确定。

2.沥青混合料所用集料必须专业化集中生产、集中供料。粗集料必须严格控制针片状颗粒含量、压碎值和含泥量;细集料必须严格控制砂当量和棱角性。

3.沥青路面使用的各种材料运至现场后,各方要根据进货批量取样进行质量检验,检验合格的材料方可使用。不得以供应商提供的检测报告或商检报告代替现场检测。对不合格材料,要限期退货和清理出场。

4.材料的堆放应予以重视,不得混放,避免雨淋,堆放场地必须硬化。

(三)改进施工组织

施工前必须制定科学、周密的施工组织设计并严格按设计进行施工。应合理确定各结构层的施工周期和施工间隔及机械组合,路面基层应有足够的养生时间,达到强度要求后,方可进行下一层施工。面层必须防止层间污染,特别是中央分隔带、绿化、路肩等的施工不得与沥青面层施工交叉作业,以保证路面的强度、整体性和均匀性。

(四)控制施工工艺

施工工艺方面应注意如下五点:一是要高度重视配合比试验和试验段试铺工作,根据试验段结果,调整确定合理的生产配合比;二是要采用自动化程度高、计量准确、产量大的拌和楼,并在生产过程中加强对拌和楼稳定性的控制;三是在运输、装卸、摊铺、碾压过程中要采取严格措施减少温度离析和材料离析;四是要严格控制摊铺宽度,并加强接缝处的质量控制:五是要高度重视路面压实,配备数量、吨位满足压实要求的压实设备,控制压实工艺。

四、加强预防性、及时性养护,延长路面使用寿命

高速公路养护管理单位要按照《高速公路养护质量检评方法》(交公路发〔2002〕572 号)规定的频率,定期对路面结构强度、抗滑性能、平整度和路面破损状况等进行检测,并采用路面管理系统对路面使用状况进行评价,科学制订养护计划,针对路面早期损坏加强预防性、及时性养护工作,延长路面使用寿命。

五、加深技术研究和引进工作

采用新技术、新材料、新方法和新工艺,是防治高速公路沥青路面早期损坏的基础。各地交通主管部门要针对本地区高速公路沥青路面损坏的特点及自然环境条件,组织有关单位和人员结合工程建设进行研究和攻关,提出防治措施和方法,成熟经验要及时总结推广。要积极借鉴、吸收国外,特别是发达国家先进技术经验,高度重视有关技术标准、规范的制定、修订、完善工作,争取在短时间内实现国内技术领域新的跨越,全面提升我国高速公路沥青路面建设水平。

六、加强对从业人员的培训

路面质量最终取决于一线从业人员,要加强对公路设计、施工、监理、管理等各方面从业人员,尤其是一线从业人员的岗位技能培训,有计划、有步骤地开展多种形式的防治沥青路面早期损坏的业务培训,使之掌握正确的技能,增强责任心,不断提高业务素质。

87.关于采取切实措施防止车辆撞入铁路等有关问题的紧急通知

（2006 年 2 月 8 日　交通部　交公路发明电〔2006〕3 号）

各省、自治区交通厅，北京、重庆交通委，天津市市政工程局，上海市市政工程管理局：

2005 年 7 月 25 日，部与铁道部、公安部、建设部联合印发了《关于贯彻〈铁路运输安全保护条例〉加强铁路桥梁涵洞线路安全保护工作的通知》（铁办〔2005〕134 号），对在铁路线路安全保护区内道路以及路堑上道路、或上跨铁路的道路桥梁设置防止车辆及其他物体坠入铁路的安全防护设施等工作进行了部署。2005 年 12 月 19 日，部又与铁道部联合印发了《关于在公路与铁路并行路段设置防护栏的通知》（铁运函〔2005〕978 号），要求各地于 2006 年 1 月 14 日前在公路与铁路等高或公路高于铁路的并行路段，设置防止汽车冲入或坠入铁路的防护设施。近一段时间以来，各地做了大量工作，为保障交通运输安全起到了积极作用。但是，公路与铁路并行及交叉路段的交通安全问题依然突出。2006 年 2 月 8 日凌晨 4 时 21 分，107 国道上一辆厢式货车撞断上跨京广铁路的公路桥栏杆后掉在京广铁路湖南段 K1813 + 300 处，导致汽车车毁人亡，京广铁路上行线交通中断。国务院领导同志对此高度重视。为确保交通安全，确保春运畅通，防范汽车撞入铁路、中断运输的事故再次发生，现就有关事项紧急通知如下：

一、全面设置安全防护设施。各级交通主管部门要严格按照铁办〔2005〕134 号和铁运函〔2005〕978 号文件的要求，配合铁路部门，对公路与铁路等高或公路高于铁路的并行路段，以及在铁路线路安全保护区内道路和路堑上道路或上跨铁路的道路桥梁（以下简称临铁公路和桥梁），要全部按规定设置好防止汽车和其他物体坠入铁路的安全防护设施。各级交通主管部门和公路管理机构要对本辖区内临铁公路和桥梁的交通安全防护设施进行一次全面的调查并登记汇总。凡未按规定设置安全防护设施的，要及时协调铁道部门尽快设置；已经设置的，要加强维护、管理。

二、进一步完善临铁公路和桥梁的交通安全设施。各级交通主管部门和公路管理机构要在认真排查、科学分析的基础上，有针对性地提出完善临铁公路和桥梁的交通安全设施的具体措施。特别是要根据有关标准，设置和完善交通标志、标线，引导车辆减速慢行；必要时，还可适当增加设置防护栏、隔离栅等交通安全设施，为公路行车安全提供保障。

三、加强临铁公路和桥梁的养护管理工作。各级交通主管部门和公路管理机构要加强对本区内与铁路并行和交叉公路的路况巡查力度，发现路面坑槽、隆起等影响公路行车安全的病害，要及时组织维护、修复。一时难以修复的，要按规定设置必要的警示标志，保证行车安全。

四、配合做好临铁公路和桥梁的交通秩序维护工作。对于经常发生交通安全事故的路段，各级交通主管部门和公路管理机构要及时向当地政府报告，并协调有关部门特别是公安交通部门，增派交通警察，加强公路交通秩序的现场巡查与监管，规范驾驶员驾车行驶行为，杜绝交通安全事故的发生。

请各省、自治区、直辖市将本地区贯彻落实铁办〔2005〕134 号和铁运函〔2005〕978 号两个文件的有关情况，特别是本地区临铁公路和桥梁需要设置、已经设置以及尚未设置交通安全防护设施的路段名称、里程、设施的数量等有关数据于 2006 年 2 月 28 日前报部(公路司)。

联系人：赵延东，010－65292782，65292222(Fax)

ydzhao@moc.gov.cn

88.关于印发公铁立交安全整治工作方案的通知

(2006年6月9日　交通部、铁道部　交公路发〔2006〕265号)

各省、自治区、直辖市交通厅(局、委),上海市市政工程管理局,天津市市政工程局,新疆生产建设兵团交通局,各铁路局,青藏铁路公司:

为贯彻落实国务院领导同志的指示精神,保障公路、铁路行车安全,交通部与铁道部决定联合开展公铁立交安全整治工作,对现有公铁立交上的安全隐患进行集中整治。现将《公铁立交安全整治工作方案》印发给你们,请结合本地区实际情况,认真做好组织和实施工作,确保整治工作如期完成。

附件:1.公铁立交安全整治工作领导组成员名单

2.桥梁护栏设置型式示意图

3.全国干线铁路基本情况一览表

公铁立交安全整治工作方案

交通部　铁道部

为保证公铁立交(公路上跨铁路立交桥,下同)安全整治工作的顺利进行,根据《公路法》、《铁路运输安全保护条例》、《公路工程技术标准》等法律、法规、标准,制订本方案。

一、工作目标

通过1~2年时间的努力,完成全国交通部门调查确定的现有公铁立交安全防护设施的设置、加固或完善工作,全面提高公路、铁路的安全行车水平,最大限度地减少汽车冲入或坠落铁路事故的发生,保障人民群众的生命财产安全。

二、实施步骤

整治工作计划用二年时间完成,分三个阶段进行。

第一阶段:2006年6月至12月,集中整治现有上跨铁路六大繁忙干线公路桥梁的安全隐患;

第二阶段:2007年1月至2007年6月,集中整治现有上跨68条干线铁路公路桥梁的安全隐患;

第三阶段:2007年7月至2007年年底,完成现有上跨其他铁路线路公路桥梁安全隐患的整治工作。

全国6大繁忙铁路干线与68条干线铁路明细表见附件3。

三、技术规定

"公铁立交安全整治"工作可参照交通部颁布的《公路安全保障工程实施技术指南》进行,并按照"经济、安全、环保、有效"的原则,以交通工程措施为主,其主要技术手段包括增设或完善公路交通标志、标线、防撞护栏、隔离网、减速设施等,或综合运用以上技术措施。

(一)基本要求。

1.护栏。

根据公铁立交的危险程度、行车速度、交通流构成、设置护栏的可行性等具体情况,并充分考虑与周围环境相协调,合理确定护栏型式及其防撞等级。具备设置条件的,其防撞等级应设置不低于SB级的防撞护栏,并根据情况设置必要的防护网。

2.交通标志。

进一步完善公铁立交上的警告、限速、禁止超车等交通标志。交通标志的种类、数量,应符合《道路交通标志和标线》(GB 5768)的规定。交通标志应与交通标线配合使用,协调一致。

3.交通标线。

交通标线应根据路面宽度、交通量和视距等因素划设,做到标准规范、线型流畅、齐全醒目。对公铁立交,应划设中心实线,禁止车辆超车。

4.减速设施。

对于公铁立交上的长下坡,可根据实际情况,设置必要的减速设施。减速设施型式的选择应充分考虑行车的舒适性、路面排水及养护等因素,慎用坎式等强制性减速装置。

5.视线诱导设施。

示警桩、示警墩和轮廓标线等视线诱导设施的设置应根据桥梁所在公路线形、路侧危险程度和其它设施的应用情况合理选用。对于公路线性指标较差的路段,可选用线形诱导标。

(二)公铁立交桥护栏设置要求。

公路上跨铁路立交桥的护栏防撞等级一般不得低于 SB 级。但对于桥梁现有护栏防撞等级不足,需要改造的,可参照以下规定执行。

1.对于未设人行道的,应通过荷载验算,视情况可将桥梁原有栏杆及安全带拆除,在原位重新设置护栏,其型式可优先选用混凝土护栏。当新设混凝土护栏增加的恒载过大影响桥梁安全时,可选择波形梁钢护栏。

2.对于已经设置悬臂式人行道的,应对边梁(板)进行检测、验算,根据检测、计算结果可将人行道外移,并设置混凝土护栏或钢波形护栏,下设托梁或斜撑。必要时应对桥梁进行局部加固处理。

3.对已经设置非悬臂式人行道的,可将原桥梁栏杆、人行道板拆除,通过植筋的方式将混凝土护栏或钢波形护栏与梁(板)连接在一起,并用混凝土找平。但为了保证行人安全,可在桥面用标线或栏杆将人行道和车行道分开。当桥面宽度富裕较大时,可不拆除人行道及栏杆,直接在其内侧设置混凝土护栏或钢波型护栏。

桥梁护栏的具体布置形式见附件 2。

四、保证措施

(一)提高认识,加强领导。各地交通、铁路管理部门要从保障人民群众生命财产安全的高度充分认识这项工作的重要意义,切实做到精心组织、周密筹划,抓好落实。为加强对“公铁立交安全整治”工作的组织领导,交通部与铁道部决定联合成立“公铁立交安全整治工作领导组”(组成成员名单见附件 1),督促、指导各地推进整治工作。各地交通、铁路管理部门也应成立相应的组织机构,加强对这项工作的领导和协调,确保整治工作的顺利进行。

(二)保证资金渠道。公铁立交安全整治所需资金应纳入公路安全保障工程实施范围。

(三)加强协调和配合。各级交通、铁路管理部门要紧密配合,加强协调,确保整治工作的顺利开展。交通部门负责对现有公铁立交安全状况进行调查、并负责组织整治工程的设计、施工和验收工作;铁路部门配合做好调查工作,并根据整治工程的安排,及时调整列车运行时间,为施工提供便利,保证施工期铁路运行安全。此外,各级交通、铁路部门今后在对新建铁路跨行公路或新建公路跨行铁路进行行政审批时,必须依法办理,不得附加包括指定工程设计、施工单位等在内的任何前置条件。有关交通、铁路部门在组织实施上述跨行工程时,必须按照有关法律法规的规定,采用招投标方式公开选择设计、施工单位。

(四)加强工程管理,确保质量。整治工程实施前,各级交通部门应根据工程的规模、复杂程度,合理选择具有相应资质的设计单位进行设计。要建立和完善符合整治工程特点的质量监管体系,确保工程质量。

(五)营造良好社会环境。各级交通、铁路部门,应充分利用报纸、电台、电视和网站等媒体进行宣传,扩大社会影响,为整治工作营造良好的社会氛围。

附件 1

公铁立交安全整治工作领导组成员名单

组　　　长：交通部副部长冯正霖
副　组　长：铁道部副部长胡亚东
成　　　员：交通部公路司司长张剑飞
　　　　　　铁道部安全监察司司长陈兰华
办公室主任：交通部公路司副司长李华
办公室副主任：铁道部运输局基础部副主任吴云天
成　　　员：交通部公路司副处长赵怀志
　　　　　　交通部公路司副处长吴春耕
　　　　　　铁道部运输局基础部桥隧处处长傅锋

附件 2

桥梁护栏设置形式示意图

1.现有上跨公路桥梁未设人行道，且存在安全隐患时，桥梁护栏处理方案(见图 1)。

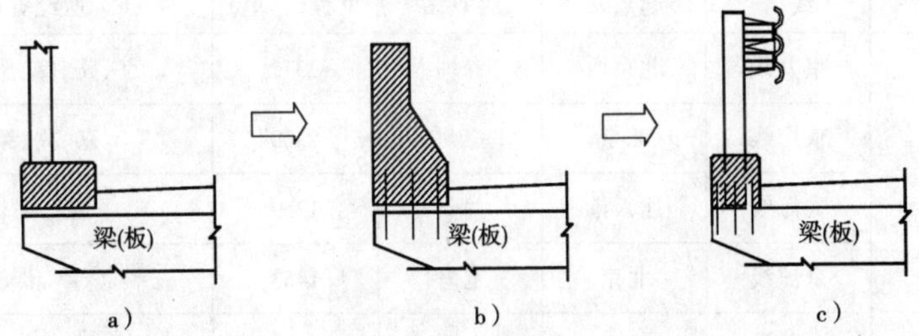

图 1　护栏设置示意

a)原桥栏杆示意；b)混凝土护栏；c)钢波型护栏

2.现有上跨公路桥梁为悬臂式人行道，且存在安全隐患时，桥梁护栏处理方案(见图 2)。

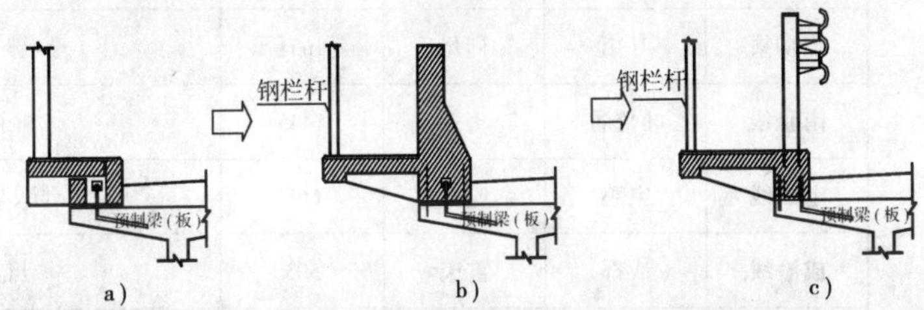

图 2　护栏设置示意

a)原桥栏杆示意；b)混凝土护栏；c)钢波型护栏

3.现有上跨公路桥梁为非悬臂式人行道，且存在安全隐患时，桥梁护栏处理方案(见图 3)。

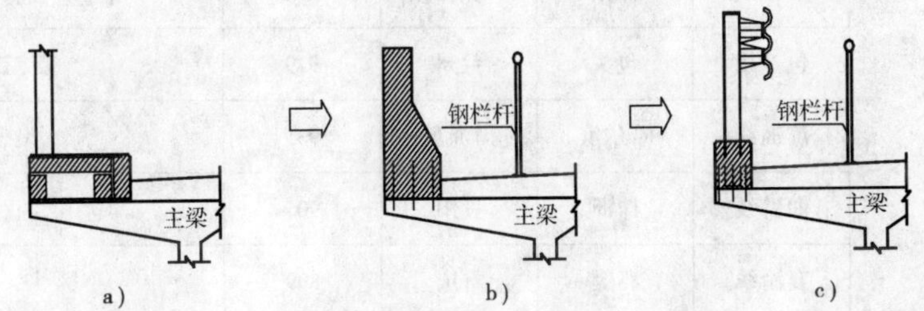

图 3　护栏设置示意

a)原桥栏杆示意；b)混凝土护栏；c)钢波型护栏

4.现有上跨公路桥梁为非悬臂式人行道，且桥面宽度富裕较大时，桥梁护栏处理方案(见图 4)。

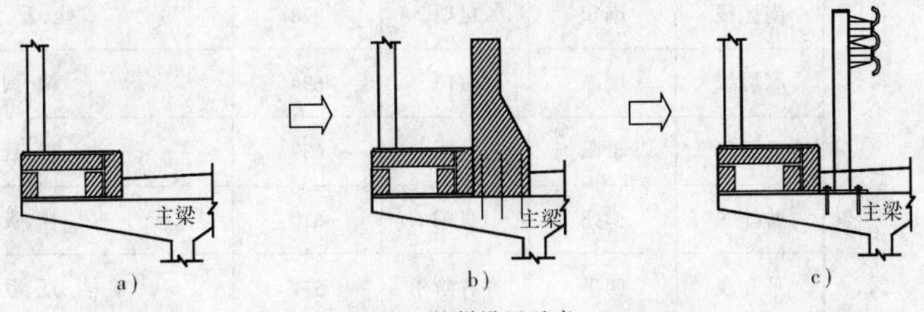

图 4　护栏设置示意

a)原桥栏杆示意；b)混凝土护栏；c)钢波型护栏

附件3

全国干线铁路基本情况一览表

序号		线名	起点站	终点站	里程(公里)	所经省市、自治区
1	六大繁忙干线铁路	京九线	北京西	深圳	2372	京、冀、鲁、豫、皖、鄂、赣、粤
2		京广线	北京	广州	2300	京、冀、豫、鄂、湘、粤
3		陇海线	连云港	兰州	1759	苏、皖、豫、陕、甘
4		京沪线	北京	上海	1463	京、津、冀、鲁、苏、皖、沪
5		京哈线	北京	哈尔滨	1705	京、冀、津、辽、吉、黑
6		沪杭、浙赣线	上海	株州	1155	沪、浙、赣、湘
7	六十八条干线铁路	兰新线	兰州	乌西	1912	甘、新
8		焦柳线	月山	柳州	1651	豫、鄂、湘、桂
9		南疆线	吐鲁番	喀什	1445	新
10		宝成线	宝鸡	成都	668	陕、甘、川
11		成渝线	成都	重庆	505	川、渝
12		成昆线	成都	昆明	1100	川、云
13		兰青、青藏线	兰州	格尔木	1046	甘、青
14		湘桂线	衡阳	凭祥	1013	湘、桂
15		包兰线	包头	兰州	979	蒙、宁、甘
16		滨洲线	哈尔滨	满洲里	935	黑、蒙
17		湘黔线	株洲	贵阳	905	湘、贵
18		襄渝线	襄樊	重庆	899	鄂、陕、川、渝
19		京通线	北京北	通辽	836	京、冀、蒙
20		京包线	北京	包头	832	京、冀、晋、蒙
21		南昆线	南宁	昆明	828	桂、云、贵
22		鹰厦线	鹰潭	厦门	694	赣、闽
23		贵昆线	贵阳	昆明	639	贵、云
24		黔桂线	柳州	贵阳	610	桂、贵
25		平齐线	四平	齐齐哈尔	571	吉、辽、蒙、黑
26		皖赣线	芜湖	贵溪	550	皖、赣

续上表

序号		线名	起点站	终点站	里程(公里)	所经省市、自治区
27	六十八条干线铁路	滨绥线	哈尔滨	绥芬河	548	黑
28		长图线	长春	图们	529	吉
29		南同蒲线	太原	华山	528	晋、陕
30		宝中线	宝鸡	中卫	511	甘、宁、陕
31		川黔线	重庆	贵阳	463	渝、贵
32		沈吉线	沈阳	吉林	446	辽、吉
33		京原线	北京	原平	444	京、冀、晋
34		汉丹线	武昌	丹江	437	鄂
35		锦承线	锦州	承德	437	辽、冀
36		通让线	通辽	让湖路	421	蒙、吉、黑
37		沈大线	沈阳	大连	397	辽
38		胶济线	济南	青岛	393	鲁
39		大郑线	大虎山	郑家屯	370	辽、蒙、吉
40		阳安线	阳平关	安康	357	陕
41		北同蒲线	大同	太原	355	晋
42		集二线	集宁南	二连	333	蒙
43		长白线	长春	白城	333	吉
44		牡佳线	牡丹江	佳木斯	332	黑
45		黎湛线	黎塘	湛江	318	桂、粤
46		兖石线	兖州	日照	316	鲁
47		沈丹线	沈阳	丹东	277	辽
48		武九线	武昌	庐山	275	鄂、赣
49		侯月线	侯马	月山	275	晋、豫
50		淮南线	蚌埠	芜湖	272	皖
51		京承线	北京	承德	256	京、冀
52		宣杭线	宣城	杭州	240	皖、浙
53		石太线	石家庄	太原	231	冀、晋
54		齐北线	齐齐哈尔	北安	231	黑

续上表

序号		线名	起点站	终点站	里程(公里)	所经省市、自治区
55	六十八条干线铁路	蓝烟线	蓝村	烟台	183	鲁
56		石德线	石家庄	德州	180	冀、鲁
57		干武线	干塘	武威南	172	宁、蒙、甘
58		杭甬线	杭州	宁波	171	浙
59		阜淮线	阜阳	淮南	126	皖
60		丰沙线	北京	沙城	121	冀、京
61		滨北线	哈尔滨	北安	314	黑
62		绥佳线	绥化	佳木斯	380	黑
63		大秦线	大同	秦皇岛	643	晋、冀、京、津
64		兖菏线	兖州	菏泽	147	鲁
65		新菏线	新乡	菏泽	166	豫、鲁
66		宁芜线	南京	芜湖	122	皖、苏
67		外福线	外洋	福州	186	闽
68		新焦线	新乡	焦作	77	豫
69		太焦线	修文	月山	373	晋、豫
70		孟宝线	孟庙	宝丰	98	豫
71		遂渝线	遂宁	重庆	144	川、渝
72		宁西线	新丰镇	合肥西	933	陕、豫、鄂、皖
73		渝怀线	重庆	怀化	622	渝、湘
74		内六线	内江	六盘水	501	川、贵、云

89.关于印发《公路路网结构改造工程项目管理办法(试行)》的通知

(2006 年 8 月 3 日　交通部　交公路发〔2006〕410 号)

各省、自治区、直辖市交通厅(局、委),上海市市政工程管理局,天津市市政工程局,新疆生产建设兵团交通局,各计划单列市交通局(委):

为加强公路路网结构改造工程管理,规范工作程序,提高资金使用效益,根据《公路养护工程管理办法》(交公路发〔2001〕327 号)等相关规定,部组织制定了《公路路网结构改造工程项目管理办法(试行)》。现印发给你们,请遵照执行。执行过程中发现的问题,请及时报部(公路司)。

公路路网结构改造工程项目管理办法(试行)

第一章　总　　则

第一条　为了加强公路路网结构改造工程管理,规范工作程序,提高资金使用效益,根据《公路养护工程管理办法》等相关规定,制订本办法。

第二条　本办法适用于纳入车辆购置税支出预算的公路路网结构改造工程的项目管理。

公路路网结构改造工程包括危桥改造、公路安全保障工程(以下简称"安保工程")和干线公路灾害防治工程(以下简称"灾害防治工程")三项内容。交通部可以根据工作需要,对公路路网结构改造工程的内容进行调整,调整后的项目管理按本办法执行。

第三条　公路路网结构改造工程项目管理应坚持规范程序、分级负责、科学管理、提高效率的原则。

第二章　前期工作及计划管理

第四条　危桥改造的实施范围为按照现行规范,技术状况评定为四、五类的桥梁。

安保工程的实施范围为国道、省道、重要县道和旅游公路中需要增设或改善安全设施,并符合《公路安全保障工程实施技术指南》判定标准的路段。交通部可视情况逐步将县、乡公路纳入安保工程实施范围。

灾害防治工程的实施范围为国道、省道和重要旅游公路中抗灾能力较差,易因洪水、泥石流、流沙等自然灾害对交通产生重大影响,需要增设或完善公路防灾设施的路段。灾害防治工程原则上结合公路改建或路面大中修工程一并进行。

第五条　各级交通主管部门或公路管理机构应按照"突出重点,集中整治,分步实施"的原则制定本辖区公路路网结构改造工程项目规划,注重公路路网结构改造工程项目的规模效益。

第六条　省级交通主管部门应按照交通部确定的资金规模及有关要求,编制上报交通部的公路路网结构改造工程年度建议计划。

公路路网结构改造工程年度建议计划必须是纳入交通部路网结构改造项目库(管理信息系统)的项目。

凡纳入部路网结构改造项目库(管理信息系统)的公路路网结构改造工程视同批准立项。

第七条　在编制报部建议计划之前,要按照"先重点、后一般,先干线、后支线"的原则,打破实施公路路网结构改造工程的地域限制,统筹考虑本辖区整条路线的规模效益。报部建议计划项目,必须进行技术状况评估、设计和编制工程概算。

第八条　公路路网结构改造工程项目的技术评估应结合公路、桥梁的正常养护工作一并进行,评估结果作为安排项目计划的依据。

第九条　危桥改造项目技术评估工作由公路管理机构按有关规定负责组织。

第十条　安保工程项目技术评估由负责所属路段管养工作的公路管理机构按照《公路安

全保障工程实施技术指南》的相关规定进行。

第十一条 灾害防治工程项目技术评估由负责所属路段管养工作的公路管理机构结合往年自然灾害造成的损毁情况，按照相关技术标准、规范对公路抗灾能力进行技术状况评定。具体技术指导意见由交通部另行制定。

第十二条 公路路网结构改造工程项目进行技术评估后，应按照有关标准、规范进行设计。设计可采用一阶段设计。

第十三条 公路路网结构改造工程设计应符合有关技术标准、规范的规定，充分体现"安全、经济、环保、和谐"的勘察设计新理念，注重安保、防灾等设施同步到位。

危桥改造的设计荷载不得低于原设计荷载等级。原设计荷载等级低于公路－Ⅱ级的，原则上以公路－Ⅱ级荷载等级为标准进行设计。拆除重建的桥梁的设计荷载应符合现行《公路工程技术标准》的规定。

第十四条 公路路网结构改造工程项目应按照《公路养护工程概预算编制导则》等有关标准、规范编制工程概算。

第十五条 省级交通主管部门(含新疆生产建设兵团、计划单列市交通主管部门，下同)应及时将完成前期工作的项目纳入路网结构改造项目库(管理信息系统)，并报交通部备案。

交通部路网改造项目管理信息系统的具体填报要求和内容另行制定。

第十六条 公路路网结构改造工程年度项目支出预算编制工作按《车辆购置税用于一般公路建设项目交通专项资金管理暂行办法》的规定执行。

第十七条 车购税投资用于公路路网结构改造工程补助标准为：

东部地区原则上为项目概算的1/3，且危桥改造平均每延米不超过0.65万元，安保工程平均每公里不超过3万元，灾害防治工程平均每公里不超过10万元。

中部地区原则上为项目概算的2/5，且危桥改造平均每延米不超过0.7万元，安保工程平均每公里不超过3.5万元，灾害防治工程平均每公里不超过12万元。

西部地区原则上为项目概算的1/2，且危桥改造平均每延米不超过0.75万元，安保工程平均每公里不超过4万元，灾害防治工程平均每公里不超过15万元。

第十八条 交通部根据有关规定，审核、汇总各省上报的建议计划，编制并印发全国公路路网结构改造工程年度计划。

第三章 工 程 管 理

第十九条 各地应通过竞争方式选择公路路网结构改造工程项目的施工单位，并视工程的具体情况，逐步推行公开招标、投标制度。

第二十条 各级交通主管部门或公路管理机构应根据施工能力的大小，合理确定工程规模和进度，并制定相应的非正常堵车应急预案。对工程施工需要长时间占用车道、中断交通的，应科学分析交通流规律，选择好绕行路线，并采取多种有效形式告知公众。

第二十一条 公路路网结构改造工程施工单位应严格按照《公路养护维修作业安全规程》的规定，做好施工现场的组织和管理，保证施工车辆、人员和过往车辆的安全。必要时还应协助有关部门做好交通疏导工作。

第二十二条 省级交通主管部门或公路管理机构应在每年12月31日前，向交通部报送本年度公路路网结构改造工程实施情况总结报告，对项目计划执行情况、预算支出情况、工程进展情况及项目实施效果等进行总结。

第二十三条 公路路网结构改造工程完工后,地市级公路管理机构应依据有关规定组织交工验收。缺陷责任期满后,向省级公路管理机构提交竣工验收申请,省级公路管理机构应依据相关规定及时组织竣工验收。对于工程量小且分散的项目可由地市公路管理机构组织竣工验收,报省级公路管理机构备案,省级公路管理机构根据情况组织抽查。

第二十四条 省级交通主管部门应按相关规定严格控制工程质量,加强资金使用、拨付管理工作。

第二十五条 公路路网结构改造工程竣工时,施工单位应按相关规定向公路路网结构改造工程的养护和管理单位提交相关的技术资料,养护和管理单位应及时对公路数据库信息进行更新。

第二十六条 公路路网结构改造工程经竣工验收通过,并提交相关技术资料后,公路管理机构应按相关规定及时办理接养手续。

第二十七条 省级公路管理机构应建立公路路网结构改造工程效益评价机制,对公路路网结构改造工程取得的经济和社会效益作出评价。

第二十八条 省级交通主管部门及公路管理机构应建立公路路网结构改造工程实施效果保持机制,加大相应的养护和管理投入,确保公路路网结构改造工程效果得以长期保持。

第四章 监督检查和有关责任

第二十九条 交通部按照有关规定对各地公路路网结构改造工程开展情况进行监督检查。各省级交通主管部门及公路管理机构应建立有效的监督检查机制,确保公路路网结构改造工程质量。

第三十条 省级交通主管部门上报交通部的建议计划项目未按规定进行前期工作或未纳入交通部路网改造管理信息系统的,不考虑将其纳入全国公路路网结构改造工程年度计划。

第三十一条 有关单位有下列行为之一,交通部可以责令限期整改,并视情节轻重,核减或停止下一年度该单位的公路路网结构改造工程项目,并视情节予以通报批评。

(一)上报的建议计划工程概算超过实际工程费用或中标合同价的30%,未经交通部再次审核年度计划的;

(二)未经交通部批准,擅自改变车购税补助资金使用用途或改造项目的;

(三)上报建议计划数据不实的;

(四)不能按照工程需要足额、及时配套公路路网结构改造工程资金的;

(五)无正当理由,未按计划组织实施的;

(六)因公路路网结构改造工程施工组织不当造成严重社会影响的;

(七)未按交通部相关规定,及时、保质完成工程进展情况报告的;

(八)其他违反国家法律、法规和本办法相关规定的;

第五章 附 则

第三十二条 公路路网结构改造工程管理除遵守本办法外,还应遵守国家相关法律、法规规定，以及交通部与有关部门制定的管理办法。

第三十三条 省级交通主管部门或公路管理机构可依据本办法及相关规定制定本辖区公路路网结构改造工程管理办法。

第三十四条 本办法由交通部解释。

第三十五条 本办法自发布之日起执行。

90.关于印发《干线公路灾害防治工程试点工作方案》的通知

(2006年8月23日　交通部　交公路发〔2006〕441号)

辽宁、安徽、福建、江西、湖北、湖南、贵州、云南、陕西省、广西自治区交通厅:

为贯彻落实2006年全国交通工作会议精神,做好干线公路灾害防治工程试点工作。部组织制定了《干线公路灾害防治工程试点工作方案》,现印发给你们。请结合本地区实际情况,认真做好组织和实施工作,确保试点工作顺利完成。

干线公路灾害防治工程试点工作方案

为贯彻落实2006年全国交通工作会议精神,做好干线公路灾害防治工程试点工作,制定本方案。

一、工作目标与主要任务

(一)工作目标

完成全国10个省(区)共24个试点路段的公路灾害防治工程实施工作,提高试点路段的抗灾能力、通行能力和行车安全水平。探索总结适合我国国情的公路灾害防治工程技术措施和组织实施方法,为全面实施积累经验。工程实施后的二级公路应能够抵御50年一遇的洪水袭击,三、四级公路应能够经受25年一遇的洪水威胁。

(二)主要任务

结合近年来特别今年以来公路水毁、震毁等的灾害发生情况,依托路面大中修工程、危桥改造、公路灾毁修复工程和安保工程实施工作,以增设和完善试点路段的灾害防护设施为重点,推广科研成果,采用成熟的工程措施,对公路边坡、路基、桥梁构造物和排(防)水设施进行综合处治,全面提高公路防灾能力。具体包括:

1.全面系统的调查分析试点路段公路灾害的成因,科学拟定合理的防治措施。

2.加强日常养护管理,完善、修复各类排导设施,及时检修防洪设施,以预防和减小自然灾害对公路设施的损毁。

3.清理、疏通桥涵的泄洪通道,增设必要的调治导流设施,增强公路桥涵构造物的抗洪能力。

4.全面修复已损毁的挡墙、护坡、石笼、驳岸等公路防护设施。

5.整治或加固易发生崩塌、滑坡、滚石、冲蚀、冲刷、泥石流等灾害损毁的公路上、下边坡和路基。

6.顺应洪水流势,全面整治或完善试点路段的排水系统。

7.探索公路灾害防治工程的处置技术,总结工程实施经验,完善《干线公路灾害防治试点工程技术指南(试行)》(附后)。

二、工作步骤

干线公路灾害防治试点工程涉及因素多、技术要求高,而且多数实施路段位于地形条件复杂的山岭重丘区,实施难度大。各级交通主管部门应按以下步骤,精心组织,周密筹划,确保今年年底前完成试点工作。

(一)调查摸底。收集、分析试点路段发生灾毁的历史数据,查明灾害发生的具体位置、类型、规模,摸清目前公路设施的抗灾状况。

(二)工程设计。根据调查摸底结果和试点工程的规模、复杂程度等,按照有关标准、规范对试点工程进行详细设计,并对设计方案作充分论证。

(三)组织实施。组织施工单位按设计方案完成试点工程施工。

(四)总结验收。灾害防治试点工程完工后,省级公路管理机构应依据相关规定及时组织验收,并向部提交"灾害防治工程试点工作技术总结报告"。部将根据情况组织抽查。

三、工作要求

(一)高度重视,精心组织,保证试点工作顺利进行。实施干线公路灾害防治工程是交通部门贯彻落实"以人为本"和"可持续"发展理念的重要举措,对于提高我国公路网络的通行保障能力和服务水平具有重要意义。各级交通主管部门要高度重视,切实做到精心组织、周密筹划,确保试点工作的顺利实施。

(二)积极筹措落实配套资金。试点工作所需资金主要由有关地方交通主管部门负责筹集,部给予适当补助。部补资金将纳入安保工程的投资计划下达各地。试点省(区)的交通主管部门应根据工程需要积极筹措落实配套资金,保证及时足额到位,为试点工作提供资金保障。

(三)精心设计,保证工程效果。公路灾害成因复杂、影响因素多,整治工程技术难度大,试点省(区)应针对影响公路设施安全的主要灾害采取"预防为主、防治结合"的综合治理措施,进行专门设计。设计方案应符合有关技术标准、规范的规定,并充分体现"安全、经济、环保、和谐"的勘察设计新理念。

(四)严格管理,确保质量。各级交通主管部门要按照有关法律法规的规定,切实规范和加强工程管理。应采用招投标方式选择施工单位,并建立和完善符合试点工程特点的质量监管体系,确保工程实施质量。

(五)加强技术支持,提高试点工程的技术水平。部已确定由中交第一公路勘察设计研究院作为试点工作的技术依托单位,对试点工作进行跟踪研究,提供技术咨询。试点单位也要组织有关技术单位,结合工程实施和当地灾害特点开展技术研究工作,加强对试点工作的技术支持,提高试点工程技术水平。力争做到完成一项试点工程,锻炼一支队伍,培养一批技术专家,提高和普及公路灾害防治技术。

部公路司联系电话:010-65292772

中交第一公路勘察设计研究院联系人:崔建恒

联系电话:029-88322888 转 8418,13609188309

二〇〇六年八月二十二日

干线公路灾害防治试点工程技术指南(试行)

1 总 则

1.1 为提高公路抗灾能力,指导干线公路灾害防治工程试点工作的实施,特制定本技术指南。

1.2 公路灾害防治工程是通过增设和完善公路的灾害防护设施为重点,对公路边坡、路基、桥梁构造物和排(防)水设施进行综合整治,以提高公路抗灾能力的专项工程。

1.3 公路灾害防治试点工程的实施应按照"安全、耐久、节约、和谐"的原则,贯彻"预防为主、防治结合、因地制宜、综合治理"的方针,对公路灾害防治工程采取综合措施进行整治。

鼓励技术创新和采用经过论证的新技术、新材料和新工艺。

1.4 通过实施公路灾害防治试点工程,提高试点路段的抗灾能力、通行能力和行车安全水平,探索总结适合我国国情的公路灾害防治工程技术措施和组织实施方法,为全面实施积累经验。

1.5 本指南适用于干线公路灾害防治试点工程的实施。

1.6 干线公路灾害防治试点工程的实施,除应符合本指南外,还应符合国家有关标准的规定。

2 灾害调查和评估

2.1 泥石流和水毁

2.1.1 水毁调查与评估,必须进行水毁形成条件调查,通过现场勘察认识所在河段的类型及河床变形、地质构造等特点,再结合灾害工程特点,研究水毁的原因。水毁和泥石流都具有冲击、侵蚀、携带、淤积等破坏能力,但形成机理和流体性质完全不同。

2.1.2 洪水与暴雨时空关系密切,以重复发生、夜间多发为特征。其危害的方式包括冲刷、侵蚀、冲击、淤积、淹没、漫流改道为主,具有突发、集中、历程短、成灾快的特点。调查评估的重点是洪水发生的时间、历程、流量、频率等。

2.1.3 洪水调查的内容和方法见表2.1.3。

洪水调查的内容和方法 表2.1.3

项目		调查内容	调查方法
形成条件	气候水文	调查分析流域的年平均气温和年、季、月降水量,研究最大日降雨量、暴雨强度和引起洪水的天气过程	收集气象台、站观测资料,必要时现场观测并进行相关分析
	流域特征	量测流域面积和形状,调查地形特点、土壤、植被和沟床物质构成,勘测沟道地形和纵横断面	收集既有资料,或实地勘察和测量
洪水特征	行洪时程	洪水暴发的时间、最高水位及其持续时间、涨落过程	访问当地居民、目击者
	洪水痕迹	调查洪水留下的泥痕、水记或人工刻记,以及其他一切可以表明最高洪水位的证据	现场调查和量测
灾情调查		灾害发生的时间和区域、灾害的类型和损失程度,工程修复难易程度	实地勘测

2.1.4 洪水流量计算根据实地条件采用比降法、急滩法或卡口法。河道顺直、沟床稳定、纵坡和糙率一致的河段,可采用满宁公式计算;由稳定流变为急流的沟床纵坡变化的河段,可采用急滩法计算;河道变窄的峡谷河段,可采用卡口法计算。

2.1.5 设防洪峰流量计算,有可靠暴雨和水文资料情况下,根据统计分析确定;没有可靠资料情况下,可利用邻近地区资料移植分析计算。在山区条件下,推算小概率洪水的可靠性较差。对于频繁发生洪水灾害的重灾区,可能的最大洪水推荐采用暴雨放大、移植或叠加的方法预测最大洪水。

2.1.6 泥石流暴发突然,速度快,历时短,破坏力大,能将大量固体物质冲出山外,对路基、桥涵、隧道及其附属构造物堵塞、淤埋、冲刷、撞出,造成直接破坏;也可淤塞河道,迫使水流改道,冲毁公路。

2.1.7 泥石流活动以突发性、周期性、群发性和差异性为特征。其危害方式以淤积掩埋、冲击冲毁、阻塞水流淹没、进而溃决冲刷等为主,具有数量多、分布广、频繁发生、重复成灾、类型多、差别大等特点。调查评估的重点是泥石流形成背景、活动规律和冲淤特点。调查的内容和方法见表2.1.7。

泥石流调查的内容和方法

表2.1.7

项目		调查内容	调查方法
形成条件	沟谷地貌	沟谷位置和形态、流域面积、谷坡坡度、沟谷长度和比降等	收集或实测地形图、量测坡度和面积
	地质背景	地质构造、地层岩性、新构造运动和地震活动、地下水活动	现场调查测绘
	气象水文	主要调查与泥石流形成和防治有关的温度、降水和其他形式的供水条件	主要通过查阅气象资料进行相关推算。必要时进行小流域气象观测
	土壤植被	土壤类型、厚度和适生性,植物种类和层次结构、覆盖率等	实地调查
	侵蚀特征	主要调查沟谷内滑坡、崩塌、坡面冲刷、冲床冲蚀等现象的发育情况及其与泥石流的关系	现场调查
	物质供应	泥石流沟谷中松散物质贮量和供应方式,按活动滑坡体积、坡面松散物质、沟床松散物质、泥石流堆积物四种类型量测计算	调查为主,必要时实地测量和勘探
活动特征	活动历史	调查核实历次泥石流活动时间发生的日期、持续时间、规模、危害,以及当时的降雨和地震等情况	调查访问、堆积形态鉴定、泥石流痕迹勘查
	活动现状	近期活动特点、暴发频率、规模、破坏能力、诱发因素、激发雨量等	查阅灾情记录和有关部门档案
	流体性质	确定泥石流的物质组成和流体性质,即区分泥流、泥石流和水石流	调查访问泥石流发生时情况,或根据泥痕的颜色与稠度、堆积物颗粒组成与水固物质比例反分析
	运动特征	确定泥石流流速、流量、龙头高度	痕迹调查和模拟计算
	堆积特征	堆积扇形态、堆积物组成、淤积速度、停淤坡度、冲淤特征、搬运能力和破坏能力	实地测量和勘探
灾情调查		泥石流危害对象、灾害规模、灾后修复难易程度、成灾规律和发展趋势等	实地勘测

2.1.8 泥石流灾害分析与评估的内容包括：

(1)分析泥石流形成条件和激发因素，确定泥石流暴发的临界条件；

(2)研究泥石流的活动历史、物质补给条件和发展趋势；

(3)分析泥石流物质组成、流动特征、冲淤特征和冲击搬运能力，确定泥石流堆积位置、规模、淤积速度、停淤坡度，以及泥石流危害方式；

(4)确定泥石流的流速、流量、冲击力和容重等计算参数；

(5)提出泥石流防治措施。

2.1.9 泥石流冲击力根据不同对象的建筑物分别按流体整体冲压力和单个块体冲击力测算。测算方法可参照附录。

2.1.10 泥石流流速测算采用附录中经验公式计算。

2.1.11 泥石流流量计算有形态法和配方法。一次泥石流过程总流量可通过实测法和推算法取得。实测法精度高，但不容易做到。推算法只是一个粗略的估算，大约为当次泥石流最大流量与过程历时乘积的1/4。

2.1.12 公路抗灾能力调查和评估的内容和标准如表2.1.12。

公路抗灾能力调查内容和评估标准 表2.1.12

项　目	调查内容和评估标准
路基	坚实、稳定，高度达设计计算标高
边坡	边坡稳定、平顺、无冲沟；边坡坡度符合规定，有良好的防护加固工程
排水设施	边沟、截水沟、排水沟完善，纵坡适度，无淤塞，水流畅通
支挡工程	支挡结构物布设合理、齐全，完整无损坏，泄水孔无堵塞
防冲刷工程	防护结构物布设合理、齐全、完整，无损坏，基础防冲刷符合要求

2.1.13 水毁灾害调查的内容包括：

(1)水毁形式、位置、规模、数量、发生的时间；

(2)水毁灾害位置的地形、地质条件；

(3)水毁灾害的性质、形成原因和工程防护情况；

(4)水毁危害的历史和现状。

2.1.14 水毁的形式包括：

(1)路基淹没和淤埋；

(2)路基冲刷和冲蚀；

(3)桥涵淤塞；

(4)桥涵基础冲刷；

(5)桥涵被毁等。

2.1.15 造成水毁的原因一般可分为：

(1)公路高程过低、过度压缩河道、排水设施不完善或被淤塞，造成暴雨径流或特大洪水淹没和冲刷；

(2)河道行洪条件和水情变化导致洪水超过设计流量和水位；

(3)河湾凹岸冲刷和对岸挑流的顶冲；

(4)峡谷或压缩河道形成的急流冲刷；

(5)游荡河槽造成的冲刷和冲击；

(6)泥石流冲击和淤积；

(7)淤积造成桥涵阻塞以及由此引起的淹没和冲蚀；

(8)桥梁壅水高度过高或大量漂浮物摧毁桥梁上部结构。

2.2　路基病害

2.2.1　路基病害调查的目的是判定灾害的性质、规模和危害程度，包括成灾条件调查和灾害调查。

2.2.2　成灾条件调查的内容包括：

(1)气象和水文资料调查，主要是年降雨量的分配特征、最大降雨量和暴雨强度、相关河流的水文资料，以及与灾害形成有关的水文和降雨特征；

(2)边坡所处的地形、植被和地表径流情况；

(3)当地地震烈度和活动频率；

(4)组成坡体的岩土结构及其工程性质、与地质构造的关系(是否在断裂及其影响带内)、软弱结构面性质及其与坡面的组合关系；

(5)当地斜坡病害的发育情况。

2.2.3　边坡灾害调查的内容包括：

(1)灾害类型、位置、规模和数量；

(2)边坡岩土结构和地下水活动情况；

(3)灾害形成的原因和危害程度；

(4)灾害的现状和发展趋势。

2.2.4　边坡的稳定性和变形破坏模式取决于组成坡体的岩土结构和坡率，受地下水活动影响。边坡岩土结构类型可参照表 2.2.4 分类。

边坡坡体结构类型　　表 2.2.4

类　型	岩土结构特点	稳定性控制因素
均质粘性土边坡	整个坡体由均质的粘性土构成，没贯通性的结构面	土体强度和坡率
层状松散土边坡	坡体由不同类型的松散土层构成，控制性结构面是沉积层面	土体强度和沉积层面产状与坡面的组合关系
二元结构的边坡	坡体由岩层及其上覆的松散堆积层构成，控制性结构面是岩土分界面和沉积层面	土体强度和沉积层面产状与坡面的组合关系
风化岩石边坡	坡体由风化岩石构成，控制性结构面是构造裂面合风化程度不同的界面。有时没有明显界面	土体强度和沉积层面产状与坡面的组合关系
岩石边坡	坡体由岩石构成，控制性结构面时构造破裂面和沉积层面	结构面产状与坡面的组合关系
破碎岩石边坡	坡体由破碎程度很高的岩石构成，呈镶嵌碎石状散体结构，分不出优势结构面。整体强度，实际上是碎石之间的摩擦系数	

2.2.5　稳定性分析的方法主要有地质条件分析和稳定系数计算。一般的边坡稳定计算可采用传统的静力极限平衡方法，包括库伦土压力计算、朗金土压力计算，以及滑动稳定性计算的圆弧法、传递系数法等。特殊复杂的边坡稳定分析计算可采用有限元方法。无论采用何种计算方法，都必须以地质结构分析为基础，确定分析计算的力学模型和边界条件。

2.2.6　边坡失稳破坏的主要类型包括崩塌、坍塌和滑坡。由于他们的变形破坏机理不同，防治的对策和方法也有区别。表 2.2.6 列出了三者的区别。

边坡失稳破坏类型　　表 2.2.6

破坏类型	变形破坏特点	破坏边界
崩塌	以陡坡上部岩土体的拉张破坏为主，表现为倾倒和倒塌变形	一般为陡立的构造或卸荷裂面
滑坡	沿着滑动面的剪切破坏，表现为整体的滑动。剪出口高悬于半坡时会解体，容易与坍塌混淆	有统一的滑动面，有时会因为地形或其它条件改变而变化
坍塌	因自重应力超过岩土体强度而产生张剪性破坏。由坡顶向远处逐渐产生破裂面	自重应力和岩土体强度能够维持平衡的最深裂面

2.2.7　以硬质岩石为主的边坡，注意区别崩塌与滑坡。根据结构面的产状和组合分析是否存在一组足以发育成主滑带的贯通性缓倾结构面。主导性结构面陡于45°，被结构面切割的岩块呈上大下小的楔形，多数为崩塌破坏。滑坡的主滑面则依附于向临空面缓倾并且与后缘裂缝贯通的结构面。

2.2.8　以松软岩土为主的山坡，则要分辨坍塌与滑坡。松软岩土边坡坍塌时，在坡顶形成密集、直立或向临空面倾倒的裂缝，含水多的部分先塌落。尽管有时成片塌落，但也有先后之分。松软岩土山坡在滑动时，虽然前部也有坍塌现象，但总体上仍是一沿着下伏的滑带滑动。也可能有结构面将滑体分开，但有一组横贯山坡的后缘裂缝。

2.2.9　边坡坡面病害主要是坡面侵蚀、剥落和滚石。坡面侵蚀是指松软岩土因表面径流冲蚀形成冲沟，可发展成坍塌。剥落是坡面岩土因风化、胀缩等原因形成的碎落。滚石是边坡上部的孤立块石、松动的节理化岩块滚落。

2.2.10　除了上边坡失稳之外，路基失稳变形有三种类型：路基随地基变形、路基滑移、路基滑坍。路基失稳变形调查的内容包括：产生的位置、规模、形状和变形痕迹，以及发生时的气候和水文地质条件。

2.2.11　路基的变形破坏是在长时期内逐渐发展，在偶然因素作用下表现为突然滑动或崩坍。引起路基变形破坏成因是多方面的，不同成因的路基变形特征不同(见表 2.2.11)。

路基变形破坏的类型　　表 2.2.11

破坏类型	形成原因	变性特征
随地基变形	滑坡上的路基随滑坡变形发生整体下沉或横向位移，因滑坡活动引起	山坡滑动变形范围不受公路轮廓限制
	陡坡路基的填土重量形成的附加荷载使覆盖层沿基岩顶面滑动	滑动变形范围的上山侧多以路基轮廓为限
	埋藏沟谷中的堆积物因地下水出口被堵塞或者上坡排水不畅发生滑动	山坡变形范围多为长条形，地基中地下水丰富
路基滑移	陡坡上的路基沿原地面滑移，多由于填筑时清表不彻底，或者上山排水不畅所致	路基沉陷和横向位移，与相邻正常路基之间形成截然变形
	半填半挖路基的填方部分发生滑移变形，多因为挖方切断地下含水层，且排水不畅	表现为纵向的开裂和外侧沉降，下侧坡脚隆起
路基滑坍	路基本身发生破坏，破裂面在路基内部，多数路基土中含水量较大	路肩裂缝和滑塌，一般规模较小
	沿河路基因冲刷发生塌方	路基整体流失或者路基外侧的塌方缺口
	涵洞堵塞或排水不畅造成路基被冲毁	路基缺口，多为崩解破坏

3 防治工程设计

3.1 水毁防治工程

3.1.1 水毁防治工程设计按照“顺势、挫锋、调向、稳流”的原则。首先顺应洪水流势，通畅泄洪；然后利用防护工程逐渐消耗洪水动能，改变冲刷水流方向，最终使洪水平稳地流向下游。力求做到尽量保留河流天然状态，既提高了公路抗灾能力，又做到与河流等环境相协调。

3.1.2 山区河流，地形地质多变，水情复杂。要区别具体河段的河势演化特征和水流特点，经过调查、计算分析后制定相应的防治对策和工程设计，切忌盲目套用已有工程设计、盲目加大工程尺寸的办法或单凭经验办事的做法，以免陷入重复水毁的困扰。表 3.1.2 是主要水毁防治对策，可供参考。

主要公路水毁类型和防治对策 表 3.1.2

水毁类型	防治对策
河湾凹岸、游荡水流逼岸和对岸挑流冲刷	峡谷河湾采用挡土墙、砌石护坡配合护坦防护；开阔游荡性河段采用护坡配合护坦、顺坝及漫水短丁坝防护
峡谷和压缩河道的急流冲刷	采用挡土墙、护坡配合护坦等岸坡直接防护为宜，不应用丁坝挤压水流，以免引起对岸垮塌形成挑流加重本岸冲刷。冲刷深度按一般冲刷计算，但要注意对岸挑流或其他水流作用
淹没和冲蚀	提高公路高程或扩大过流断面、完善排水设施。提高公路高程有困难时，要硬化路肩或修建防水墙
桥梁墩台及引道冲刷	设置适当的调治导流和防护工程
壅水过高或漂浮物堵塞、摧毁桥梁	重建桥梁，加大过流净空
行洪条件恶化造成梁基础和路基冲刷	加强河道协调管理，加固地基和基础并采用护坦或沉排等防冲刷措施
涵洞冲毁或堵塞，及由此引起路基冲断	处理好涵洞的位置、进出口与相关排水设施的关系，清除淤积堵塞、加固涵洞或扩大过流净空

3.1.3 公路工程中与水流相关的所有防护工程，都是预防水毁的措施，包括流域治理、排导设施等所谓治理水害的工程。治理水害造成的路基滑塌、桥涵损坏等具体灾害形式，依受害和受损的工程种类，可归于各类修复工程。

3.1.4 加强日常养护管理，清疏各类排水系统、修复加固各类构造物、及时检修防洪设施，是预防水毁的有效措施。

3.1.5 冲刷防护的结构型式很多，根据防护型式的水流结构和机理分为直接防护和间接防护两类。直接防护是直接加固坡脚或基础，提高其抗冲刷的能力，而修建的附着在边坡坡面、坡脚及基础上的工程设施，有护坡（护面墙）、挡土墙、护坦式基础、石笼、抛石、混凝土预制板、土工织物等；间接防护是指以修筑丁坝、顺坝等工程或河道整治（疏浚、理顺、改道），改变河道水流结构，使水流偏离被防护的河岸，墩台或将冲刷段变成淤积段，达到防护目的。

3.1.6 河湾凹岸冲刷防护的范围，可按进口断面凸岸切线与凹岸交点向上游移动一个槽宽为起点；出口断面下游直段还必须有 1.5 至 2.0 倍槽宽的防护长度（如图 3.1.6 所示）。

3.1.7 河湾凹岸防护工程基础冲刷深度按下式计算：

$$h_{\max} = h \cdot \left[1.9 + \frac{B}{R_c}\right]$$

式中：h——平均水深(m)；

B——河湾进口水面宽度(m)；

R_c——河槽中线半径(m)。

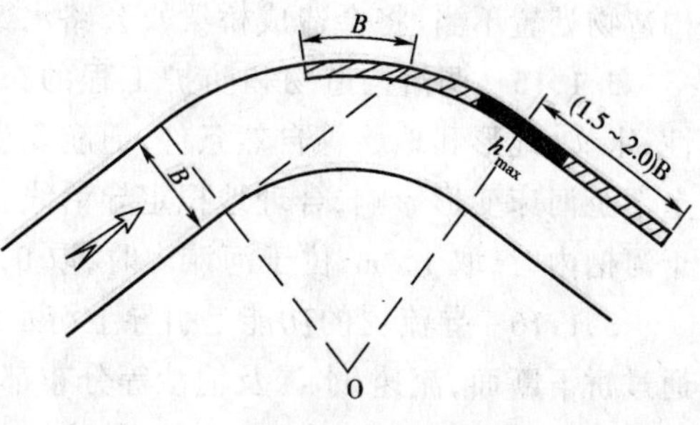

图 3.1.6 河湾防护工程布置示意图

3.1.8 河湾堤段洪水淹没线以下的松散堆积土质路基边坡原则上都应该设置防冲刷工程。

3.1.9 陡倾的岩石地基应该凿孔预埋钢筋，使基础与地基连成一体。卵石河床上的护岸工程，应该与护坦相配合。砂质河床上的护岸工程可采用铁丝石笼、预制混凝土沉排等柔性护基工程。

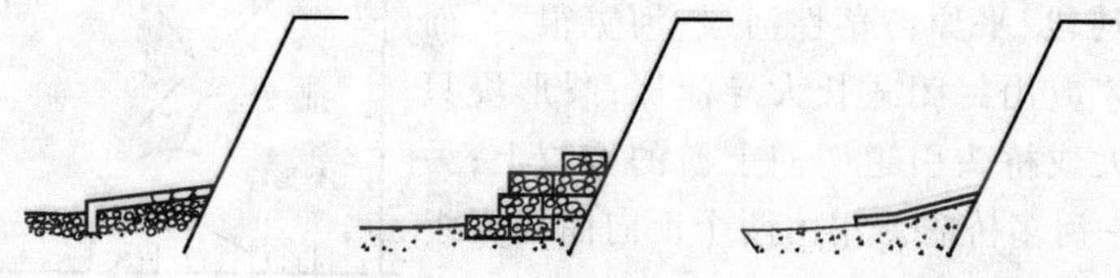

图 3.1.9 不同河床的护岸工程护基形式

3.1.10 沿河的浸水挡土墙，不宜采用陡胸坡的断面形式。因为此处水流向下涡旋，陡立坡面会导致严重的基础冲蚀。采用较缓的坡率则可以顺势调导水流，减弱水流对墙脚的冲蚀。

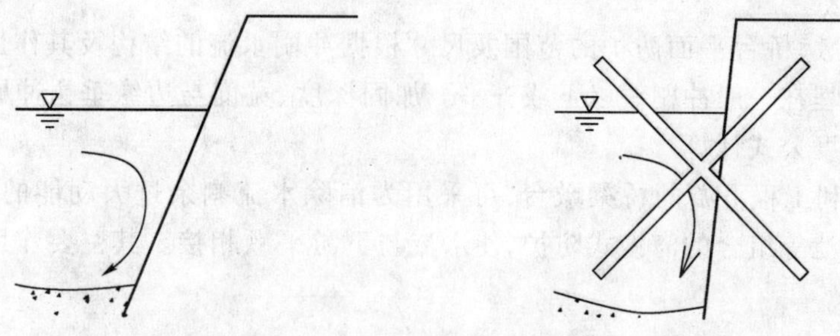

图 3.1.10 护岸挡土墙胸坡与冲刷的关系

3.1.11 引起桥梁水毁的原因大致可分三方面：一是设计过流净空不够，除了改扩建或拆除重建外没有全面解决办法；二是水文和河床演变原因造成桥孔偏置引起的水毁，通过研究河床变化的各种因素、正确设置调治构造物，大部分问题可能解决；三是桥梁墩台严重冲刷引起桥梁水毁，桥梁墩台的防护是防御洪水破坏的最后一道防线。

3.1.12 宽阔的河湾凹岸的沿河路基和桥台，以及宽阔的游荡河槽处的桥台和引道路基，应设置调治导流设施引导水流、防止水害恶化。

3.1.13 修筑丁坝的目的是防护路基边坡，特别是边脚，免受洪水冲刷而坍塌，或者固定桥头河岸，调治洪水流向，使洪水顺畅通过桥下。丁坝一般宜成群布置，由丁坝群坝头形成一个圆顺的导治线，顺应洪水流势，引导洪水通畅下泄，才能达到防护的目的。修筑长大丁坝，过分改变流势、影响上下游和对岸，同时，洪水对丁坝的冲击和冲刷也过大，易水毁，应慎用。

3.1.14 调治导流设施对桥梁及其桥头路堤的安全、桥位河段河床稳定至关重要。变迁性河段和游荡性河段上的桥梁的调治构造物(导流堤、丁坝等)对于洪水安全通过桥梁。调治构造物处置不当，将会造成桥梁及公路水毁，危及两岸的安全。

3.1.15 调治构造物和防护工程的布设，要顺应水势，因势利导，因地制宜，结合河段特性，水文，地形和地质等自然条件，通航要求，水利设施等情况，综合考虑高中枯水位对两岸及上下游河床变形影响，合理地拟定导治线。调治构造物基底应埋入总冲刷以下有一定深度，位于河槽内时，取 1.2m，位于河滩内时，取 0.5m。

3.1.16 导流堤的功能是引导上游水流和河滩水流，逐渐改变方向，形成平行水流平顺地通过桥下断面，流速、水深及输沙等分布都较均匀，使墩台和桥头路堤免受集中冲刷。因此，根据桥位河段水流特征，合理地选定导流堤平面型式、尺寸、提供一个理想的水流几何边界，是导流堤设计的首先问题。

3.1.17 导流堤按平面型式可分为三类（图），即封闭式长大导流堤（A）、曲线导流堤（B）和梨形堤（C）。一般河流上的桥梁大都修建曲线导流堤；只有十分宽浅的山前变迁性河段、平原游荡性河段，河宽很大，而桥孔长度较小时才应用封闭式长大导流堤；梨形堤只用于河滩流量不大或桥头引道凹向上游的桥位上；另外在冲积扇修建一河多桥时。用由两个反向曲线堤组成的分水堤将各股流导入桥孔。

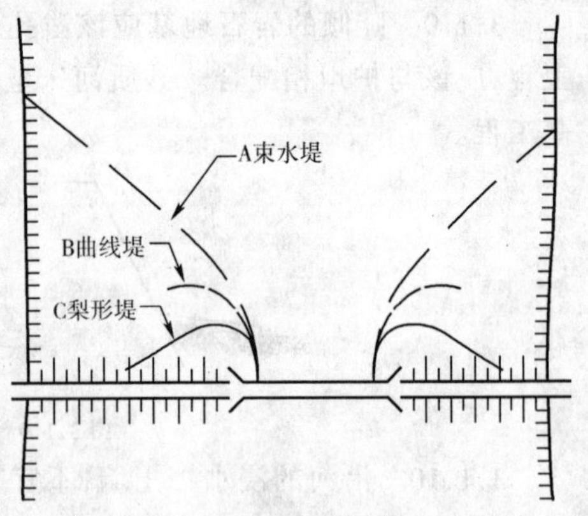

图 3.1.17 导流堤的类型及其布置

3.1.18 导流堤设计洪水频率应与桥梁设计洪水频率相同，其他类型的调治构造物的设计洪水频率视工程重要性而定。

3.1.19 桥墩、桥台平面防护的范围及尺寸根据冲刷水流的结构及其作用范围确定。平面铺砌顶面在应埋在一般冲刷线以下或齐平。加固深度、宽度与边缘垂裙冲刷深度可按桥墩护坦垂直冲刷深度公式计算。

3.1.20 水利工程下游的桥梁墩台，可采用为消除水流剩余过大动能的消力槛、多级跌水、急流槽、消力池等组合的海漫式防护，使水流与下游平顺相接。其主要作用是固定桥孔下游冲刷基准面。

图 3.1.20 桥下海漫式防护

3.2 泥石流防治工程

3.2.1 泥石流的防治，一般分为防止泥石流发生、控制泥石流流动、防止泥石流危害三种类型。防止泥石流发生一般通过流域综合治理进行方能见效，一般的措施包括种植林草、水土保持等途径。泥石流防治工程,一般包括修建导流工程、桥涵和渡槽工程、停淤工程、拦挡工程和沟道整治工程。大中型泥石流一般频率较小,但防治的难度和代价都较大。试点工程可选择频发的小型泥石流进行治理。

3.2.2 坡面型泥石流汇水面积小、流程短、纵坡大,以淤积危害为主,只有采取综合措施才能根治。一般可在稳定坡面松散物质的前提下栽种林草、防止水土流失,逐步达到治理目的。在泥石流没有消退的情况下,拦挡工程只能起到暂时的防护作用。稳固坡面的工程措施有修建谷坊坝群、锚网体系等,简单的树枝篱笆、桩林有时也能稳固坡面。

3.2.3 沟谷型泥石流有一定长度的流程和较大的汇水流域,纵坡相对较小,危害公路的方式分冲击和淤积。流域综合治理的代价太大,试点工程可根据具体情况采取工程措施。以冲击危害为主的情况下,上游有停淤条件时可修建拦挡坝、停淤场;没有停淤条件时,可修建导流设施、加大过流净空。淤积危害为主的情况下,如果堆积扇坡度接近停淤坡度,可修建排导槽以免泥石流漫流减速淤积,使泥石流快速达到下游;如果堆积扇坡度大于停淤坡度,可修建拦挡坝、导流堤来调导泥石流流向和停淤位置。

3.2.4 如果泥石流通道高出路面或有条件降低路面时,可修建渡槽、防泥走廊等设施;泥石流通道较低、路面有条件抬高时,可修建排导设施以桥涵通过;无前两种条件,则可修建过水路面防止灾害扩大。

3.2.5 排导槽和渡槽断面、桥涵净空设计应以泥石流流量和龙头高度测算为依据。

3.3 路基病害防治工程

3.3.1 道路设计建筑限界内不允许边坡岩土体侵入。为不中断交通,威胁行车安全的路基病害应一次根治、不留后患。

3.3.2 做好水的调治工作是防治各类路基病害的有效措施。调治地表水的措施包括:设置上方的截水沟截排后山坡面汇水、排除坡顶洼地积水、填塞坡面裂缝减少径流进入坡体。调制地下水的措施包括:设置建深切明沟和盲沟、仰斜排水孔截排地下水,地下水供应特别丰富时可修建集水井或泄水洞。

3.3.3 截排水设施必须形成完整的系统,并经过必要的水力计算。应特别注意做好防渗处理,以免形成集中渗水恶化边坡稳定状况。

3.3.4 边坡失稳变形,因岩土结构和地下水条件不同,破坏机理和变形特点不同。边坡加固方案应针对边坡失稳破坏特点确定。各种病害常用的治理措施见表3.3.4。

边坡病害的特点及其治理措施 表3.3.4

类型	变形特点	治理措施
坡面侵蚀	松软岩土因表面径流冲蚀形成冲沟,可发展成坍塌	设置坡顶和坡面截水沟,或挂网结合植物防护,特别严重时全封闭
滚石	边坡上部的孤立块石、松动的节理化岩块滚落	清除危石,嵌补坡面,或者挂网锚喷、锚固
崩塌	边坡上部岩土体发生倒塌、崩落,以翻滚、解体为特征	清除危岩或锚固
滑坡	岩土体沿着滑动面整体下滑。下滑后可能解体,但滑动过程是整体的	有条件时进行减重,否则采取支挡加固和截排水工程。不可盲目削坡
坍塌	斜坡岩土体解体塌落。其特点是由外向内逐块塌落,没有统一的滑动面	放缓边坡,或采取柱挡加固措施,截排水工程是必要的

3.3.5 崩塌多发生在边坡上部岩土体存在裂缝的情况下,其块体强度较高。在有条件的情况下,放缓坡率、清除不稳定体是最好的方法。没有清除条件时,只能采取加固措施。崩塌以倾倒的拉张破坏为主,柔性支护是最有效的方法。防止地面水渗入边坡降低岩体强度的截排水措施是必需的。

3.3.6 坍塌基本上都是岩土体的强度不足以维持自重的原因造成,最好的办法是放缓边坡,改善边坡应力状态。地表水深入边坡会降低岩土体强度,完善截排水设施是防止边坡坍塌的有效方法。

3.3.7 边坡滑坡是沿着滑动面的滑动剪切破坏。防治的措施有减重卸载、抗滑支挡和排水措施三种。在排除诱发更大范围失稳的可能的前提下,减重卸载是首先考虑的措施。排水措施理论上说是有效的,但由于地下水的准确判断并不容易,一般只作为安全贮备的辅助措施。抗滑支挡工程可以起到立竿见影的作用,而且可靠,常作为除了减重卸载之外的主要方法。

3.3.8 软弱面在路面附近的情况下,设置纵向疏干地下水的盲沟和支挡工程。路基开挖切断倾向临空面的软弱层时,首先考虑降低边坡高度;只有在经过检算,放缓坡率能够减小下滑力并且不会引发大面积失稳的情况下才能考虑削缓坡率、增加坡面防护的方案;否则,应该采用坚强的支挡工程。软弱层高悬于半坡时,预应力锚索框架是可靠实用的工程措施。

3.3.9 在排除边坡失稳的可能后,滚石、坡面侵蚀等坡面病害,只采取表面加固或清除措施既可。但要强调的是,有时候坡面滚石、冲蚀的原因是边坡整体失稳变形引起孤石、岩块的重心失稳和坡面裂缝。

3.3.10 路堑边坡的表层一定厚度的岩土会松弛和风化,常在雨季中因受地表水和地下水浸润软化,向下蠕动。其特点是变形体松散并带有塑性蠕动的性质。防治的方案是设置挡土墙,并将基础置于稳定地层上,墙后设置支撑盲沟或者仰斜排水孔。

3.3.11 各种工程措施都有不同适用条件和作用特点。根据边坡变形特点选择适当的工程措施及其组合,是边坡灾害防治的关键。

边坡稳定措施及其适用条件 表 3.3.11

工程措施	作用机理	适用条件	实施顺序
减重卸载	削除上部土体减小自重荷载	确认不会诱发大范围失稳	最早实施
堆载反压	在滑坡出口堆土增加抗滑力	滑动面在路面下而且反翘	尽早实施
地面截排水	减少地表水下渗	各类边坡病害	先临时后永久
盲沟/排水孔	截排地下水增加坡体强度	流动地下水且位置清楚	减重工程之后
护岸工程	防治流水冲刷坡脚	变形荷载不作用且有空间	支挡工程之后
挡土墙	抗滑、支挡增加边坡稳定	荷载小于 20t/m 且地基良好	减重后
抗滑桩	增加抗滑力稳定滑坡	边坡整体性好且地基良好	减重后
锚固工程	用锚索(杆)加固变形体	有锚固条件,无地基要求	减重后

3.3.12 路基变形破坏防治只有根据不同的成因采取针对性措施方可见效。路基随滑坡变形的情况,只要能够稳定滑坡,路基也就能够稳定;路基沿地面滑动和路基本身的破坏,多数通过设置疏水沟和加固路基可也得到解决;地表径流造成的路基滑塌要通过调制水流的办法来解决。

3.3.13 位于活动滑坡上的路基,彻底解决问题的办法是稳定滑坡。在试点工程中,可以考虑下列两个方案：

(1)路基位于滑坡后缘时,仅稳定路基下面的滑体。此时可在路基外侧设置抗滑挡土墙或抗滑桩。下侧滑体可能会继续滑动,但并不威胁路基安全。

(2)地下水丰富的情况下,可通过调治地表水、疏干地下水、防止坡脚冲刷等措施维持滑坡稳定。

图 3.3.13 川藏公路 102 滑坡上的路基外侧锚索挡墙(锚固于稳定滑床)

3.3.14 路基沿底面滑动和路基本身破坏应首先考虑在路基内侧设置深切的截水盲沟,其次是下边坡处的兼起支撑作用的疏水盲沟,最后才是挡土墙的使用。

3.3.15 完善排水设施,以免地表水从路面、边沟、山边坡进入路基,避免在下边坡堆放施工和养护废弃土方,都是预防路基失稳变形的有效措施。

4 施 工

4.1.1 开工前,施工单位应在全面熟悉设计文件和设计交底的基础上,进行现场核对和施工调查,发现问题应及时根据有关程序提出修改意见报请变更设计。

4.1.2 施工单位应根据现场收集到的情况、核实的工程数量,按工期要求,编制实施性的施工组织设计,制定施工路段现场管理和保通方案。

4.1.3 路基开工前应做好施工测量工作,保护所有标志,特别是一些原始控制点。

4.1.4 公路灾害防治工程施工应遵循相关工程施工技术规范,严格按照设计规定的施工要求施工。

4.1.5 坡岸防护、导流和工程施工前,应周密调查核对工程位置的情况,如地质情况不符、河道水文条件在核查时或在施工中发生新的变化,应及时修改设计。组织施工前应慎重研究施工方案,避免工期过长而引起沿岸上、下游的冲刷。

4.1.6 各种防护工程必须加强基础处理和圬工质量,防止水流冲刷和淘空,保证路基稳定。坡岸砌体两端及顶部边坡或岩坡衔接应牢固、平顺、密贴。防止水进入墙背。

4.1.7 边坡加固前,应对其加固方法、形式、填挖方边坡加固的适用性,以及边坡坡度是否适当。防护加固工程基础开挖后,应检查基底标高、地质、地下水情况。

4.1.8 边坡加固工程施工,应分析边坡岩土结构和地下水条件,了解边坡破坏原因,采用安全可靠的施工工序和工艺。

4.1.9 边坡加固施工现场应采取临时稳定措施,并造好经常性检查和监测工作。在边坡未稳定之前,不得在变形及其影响范围或休息停放机械,防止造成人员和财产损失。

4.1.10 各类防护与加固应在稳定的基础或坡体上施工。基础底面必须放置在设计高程,基础完成后应及时用稳定性材料回填,并做好施工原始记录。

4.1.11 当每一分项、分部工程完成时,应按设计图纸和技术规范的要求,对施工质量进行中间检查。凡不符合要求的项目不得进行下一工序。

5 工程验收

5.1.1 灾害防治工程竣工验收是对整个工程项目的安全可靠性进行验收,包括勘察设计的合理性和施工质量。

5.1.2 竣工验收应在经过两个雨季考验之后进行。

5.1.3 灾害防治工程竣工验收参照《公路工程竣工验收办法》、《公路工程质量检验标准》和《公路路基施工技术规范》、《公路桥涵施工技术规范》中检验标准进行。

5.1.4 水毁防治工程的验收除了按照有关技术规范的规定外,应注意检查防护工程设置的合理性和可靠性。

5.1.5 边坡灾害防治工程的验收包括边坡加固和排水综合措施,除了按照有关技术规范的规定外,应注意检查防治工程方案的合理性和可靠性。

6 效果评估和总结

6.1.1 公路灾害防治工程试点工作完成后,应进行防治效果评估和总结。

6.1.2 公路灾害防治工程试点工作效果评估分完工评估和长期评估。完工评估的目的是总结经验和教训,以便在全面实施防治工程中应用。长期评估是为了跟踪掌握防治工程的长期效果,加强工程管理和养护。

6.1.3 公路灾害防治工程试点工作总结包括技术总结和工作总结。技术总结的内容是灾害概况、勘察设计的思路、对灾害的认识和防治技术方面的经验和教训,以及试验研究项目和成果,下一步需要解决的问题。工作总结的内容包括灾害防治工程试点工作项目实施的经过、组织管理形式、存在的问题和取得经验,以及下一步工作的建议。

附录

泥石流相关计算方法

一、泥石流冲击力计算

1.泥石流流体整体冲压力与冲压方向和受害建筑物的形状有关：

$$\delta = \lambda \frac{\gamma_c}{g} V_c^2 \sin\alpha$$

式中：δ——泥石流整体冲压力(Pa)；

γ_c——泥石流容重(t/m)；

V_c——泥石流流速(m/s)；

g——重力加速度(m/s^2)；

α——建筑物受力面与冲压方向的夹角(°)；

λ——建筑物形状系数，圆形 $\lambda = 1.0$，矩形 $\lambda = 1.33$，方形 $\lambda = 1.47$。

2.单个块体冲击力与受冲击构件刚度有关，墩、台、柱一般简化为悬臂梁：

$$F = \sqrt{\frac{3EJV_c^2 W}{gL^3}} \sin\alpha$$

式中：F——大块石冲击力(Pa)；

E——构件弹性模量(Pa)；

J——构件截面中心轴的惯性模量(m^4)；

L——构件长度(m)；

W——块石重量(t)；

其余符号意义同前。

坝、闸、栅简化为简支梁：

$$F = \sqrt{\frac{48EJV^2 W}{gL^3}} \sin\alpha$$

式中符号同前。

二、泥石流流速测算采用经验公式

1.西南地区稀性泥石流流速测算可采用铁二院推荐公式：

$$V_c = \frac{1}{\alpha} \cdot \frac{1}{n} \cdot R_c^{2/3} I^{1/2}$$

式中：V_c——泥石流断面流速(m/s)；

R_c——泥石流流体水力半径(m)，可近似取泥位深度；

I——泥石流流面纵坡(‰)；

α——阻力系数，$\alpha = \left[\frac{\gamma_c - \gamma_w}{\gamma_s - \gamma_c} \cdot \gamma_s + 1\right]^{1/2}$，其中 γ_c 为泥石流容重，γ_w 为水的容重，γ_s 为固体物质容重。

2.西南地区粘性泥石流流速测算可采用成都山地所推荐公式：

$$V_c = KH_c^{2/3} I_c^{1/5}$$

式中：K——流速系数；

H_c——计算断面的平均泥深(m)；

I_c——泥石流水力坡度(‰)，可用沟床坡度代替。

3.西北地区稀性泥石流流速测算可采用铁一院推荐的公式：

$$V_c = \frac{1.53}{\alpha} \cdot R_c^{2/3} I^{2/3}$$

式中符号意义同前。

4.西北地区粘性泥石流流速公式：

$$V_c = M_c H_c^{2/3} I_c^{1/2}$$

式中：M_c——沟床糙率系数，其余符号意义同前。

5.华北地区稀性泥石流流速测算可采用北京市政设计院推荐公式：

$$V_c = \frac{M_w}{\alpha} \cdot R_I^{2/3\ 1/10}$$

式中：M_w——沟床外阻力系数，其余符号意义同前。

6.弗莱施曼推荐的泥石流中块体运动速度公式：

$$V = \alpha \sqrt{d_{max}}$$

式中：V——块体运动速度(m/s)；

α——综合系数，在3.5~4.5之间；

d_{max}——最大块径(m)。

(三)养路费征收

91.关于哈尔滨市要求由交通部门划拨养路费问题的意见的函

(1980年3月20日　交通部、财政部　交公路字〔1980〕604号、财企字〔1980〕73号)

黑龙江省交通局、财政局:

据你省交通局反映,哈尔滨市要求将交通部门征收的养路费拨给他们一部分,或对进入该市的外地车辆由他们另行征收养路费,经研究,我们意见如下:

根据国务院国发〔1978〕158号文件精神和国家计委、交通部、财政部、中国人民银行一九七九年九月二十四日联合颁发的《关于公路养路费征收和使用的规定》,养路费是由交通部门向有车单位征收,专用于养护和改善公路,其它任何部门不得征收。至于城市道路的维护费用,已由地方财政安排了资金来源。因此,养路费不能分给城市建设部门,也不应另行征收养路费。

请加强对养路费的征收、使用工作的领导和监督检查,切实收好、管好、用好,防止挪用和浪费。

92.关于公路养路费不能分给城建部门的函

(1981年12月23日　交通部　交公路字〔1981〕2550号)

河北省人民政府并李尔重省长:

接你省交通局上报省人民政府及李尔重省长并抄报我部的《关于不同意拨养路费给城市维修道路的报告》阅悉。我们认为河北省交通局的意见是正确的。中共中央、国务院一九六二年下发的《关于加强公路养护和管理工作的指示》中,曾明确规定公路养护费实行"专款专用",不能超越范围使用。

城建部门市区道路养护和交通部门公路养护的投资来源不同。交通部门是向有车单位征收养路费,而城建部门的费用来源,则是由地方征收工商业附加税、公用事业附加税、房地产税(一九七三年改为城市维护费)和工商企业利润留成(百分之五)。这是国家财政对资金渠道的不同规定。故其他部门不能分用公路养路费。一九八〇年三月财政部、交通部对黑龙江省曾明确答复过(该文附后)。对养路费的使用范围仍应按照国家计委、交通部、财政部、中国人民银行一九七九年颁发的《关于公路养路费征收和使用的规定》及一九八一年颁发的《关于征收公路养路费中发生的问题,请各省、市、自治区酌情处理的联合通知》规定精神办理。

以上意见,请考虑。

附:交公路字〔1980〕604号、财企字〔1980〕73号文(见上页——编者注)

93.关于发布《公路养路费使用管理规定》的通知

（1987年2月3日　国家计委、国家经委、交通部、财政部　交公路字〔1987〕64号）

为进一步贯彻国务院1984年第54次常务会议对公路资金使用要加强管理的精神，交通部会同财政部于1986年4月对公路养路费使用管理情况进行了调查研究，制定了《公路养路费使用管理规定》（讨论稿），1986年10月在养路费征收使用管理工作座谈会上进行了讨论修订。现将修订后的《公路养路费使用管理规定》发给你们，自1987年起施行。

各省、自治区、直辖市可结合当地实际情况，制定实施细则，并报交通部、财政部备案。

公路养路费使用管理规定

公路养路费(以下简称养路费)是国家规定由有车单位和个人向公路主管部门缴纳的用于公路养护和改善的事业费。为了管好、用好养路费,提高使用效益,改善公路状况,适应国民经济发展需要,特制定本规定。

第一条 养路费的使用,必须贯彻"全面规划、加强养护、积极改善、重点发展、科学管理、保证畅通"的方针;本着干支公路兼顾,以干线公路为主,养护与改建兼顾,以养护为主的原则,由省级公路管理部门统一管理,统筹安排。

各级公路主管部门要按国务院国发〔1986〕44 号《关于加强预算外资金管理的通知》精神,加强对养路费使用的管理,任何单位和个人不得挪用、截留、坐支和平调,具体管理方式由地方公路主管部门同地方财政部门商定。

第二条 养路费使用范围规定如下:

(一)养护工程费:包括公路小修保养费,大中修工程费,水毁抢修及修复工程费,改建工程费,新建工程补助费,公路渡口费,绿化费,道(渡)班房修建费,县乡公路补助费,养护改善工程测设费以及养护机械、车辆设备购置费。

(二)养护事业发展费:包括行政管理费,养护专用机械、构件、材料厂(场、库)建设费,养护管理技术进步开发费,养护科研、教育费,路况及交通量情况调查费,养路职工宿舍和养路段、站必需的生产房屋修建费,路政管理费。

(三)养护其他费:包括劳动保险,非固定职工福利、奖励、医药抚恤费,退职、退休、离休人员费,边远地区养路职工子弟学校经费,国家规定要缴纳、支付的其他税、费等。

第三条 养路费使用安排的比例:用于养护工程方面的费用比例,每年不低于养路费总支出的 80%,同时,要首先确保公路小修保养和大中修工程费的需要,然后,再根据经费的可能,安排其他工程项目。不得挤掉正常养护经费而安排新、改建工程和其它支出。

第四条 养路费年度收、支计划由省级公路管理部门平衡汇总,报送省(自治区、直辖市)交通厅(局)、计委审定下达。核准下达的养路费年度计划报交通部备案,同时抄省(自治区、直辖市)财政厅、经委、审计局和银行备查。

对公路养路费年度计划,由公路管理部门负责实施,省级公路主管部门负责督促检查。

在计划执行过程中,如养路费收支增减数字较大时,可按上述规定程序调整年度计划。当年养路费如有结余资金应转入下年度计划安排使用。

第五条 养路费可实行超收分成办法,对地(市)、县的分成比例由省(自治区、直辖市)交通厅(局)与计委、财政厅(局)商定下达。分成留用部分按本规定第二条所列范围使用,大部分应作为生产发展基金。同时要按各地计划管理体制的规定纳入严格的计划管理轨道。

第六条 年度计划中的公路改建和大中修工程,应按交通部颁发的《公路养护工程分类范围暂行规定》和《公路养护工程管理办法(试行)》的规定,做好建设前期工作,完善设计文件和工程概、预算的编审,合理组织施工,加强经济核算,完工后及时办理竣工验收,按批准的决算核销支出。

对公路小修保养和大中修工程要全面推行经济承包责任制,实行投资包干和内部经济核算。对公路新、改建工程要实行工程招标和工程概、预算包干的办法。

第七条 县、乡公路建设和养护要继续执行“民办公助”、“民工建勤”和“自建自养”的政策。其主要经费来源是征收的手扶拖拉机、畜力车养路费，地方财政附加收入，以及其它集资。贫困地区不足部分可由省(自治区、直辖市)养路费给予适当补贴。

第八条 由省(自治区、直辖市)交通厅(局)、计委审定下达的年度计划内的养护工程项目所需材料、设备，统一纳入省级物资供应计划安排供应。

第九条 认真执行统一的养护会计制度和国家有关财务管理的规定。各单位根据批准下达的养路费年度计划和项目预算，编制财务用款计划，逐级上报审核，以便主管部门据此按工程进度或包干合同等拨款。对列入国家计划的公路建设项目，其养路费补助部分比照国家预算内投资办法，按基本建设财务制度进行管理。

第十条 对擅自变更设计，扩大建设规模，提高建设标准，增加项目预算，改变计划或超过养路费规定使用范围者，财务部门和银行有权拒绝拨款。

第十一条 养路费使用单位要按规定时间办理养路费年度会计决算，逐级上报公路管理部门审核、汇总，报省级公路主管部门审查后，转报省级财政部门审核。

第十二条 各级公路管理部门和财政部门要把养路费支出是否符合国家规定的使用范围当作重点检查、审核的内容。凡不符合本规定第二条而发生的养路费开支均属违反财经纪律。对超出使用范围，挪用养路费于其它建设和开支的，银行有权拒付，各级公路管理部门和审计、财政部门有权追查、索赔。

第十三条 各级公路主管部门要定期和不定期地对所属单位的养路费年度计划执行情况、经济效益等进行认真检查，切实防止滥用、挪用和浪费。对严重违纪行为，要及时处理。

第十四条 要建立养路费收支情况的内部审计制度。各级公路主管部门，要对所辖范围的养路费收支及管理情况进行内部审计，并将审计结果报告同级审计部门和上级主管部门。

第十五条 各级财政、审计部门和银行，按照国家加强对预算外资金管理的规定，进行对公路养路费使用的监督、检查和审计时，被检查、审计的单位、部门要积极配合，及时提供有关资料、账表和文件，主动汇报有关情况，保证审计工作顺利进行。对经济犯罪行为，应商有关单位及时起诉，提交有关机关查处。

第十六条 凡前颁其它有关养路费的规定与本规定有抵触的，均以本规定为准。

94.关于全国统一试行养路费主要票证的通知

(1989年9月7日　交通部　工公管字〔1989〕257号)

各省、自治区交通厅、北京市公路处、天津市公路处、上海市公路处、重庆市交通局:

"公路养路费征收计算机管理系统"是由部以(88)交经信字167号文下达给重庆市交通局和交通部重庆公路科学研究所的开发任务。该项目经有关单位合作开发已于一九八八年十一月二十九日通过了由部组织的鉴定。

为加快微机应用和推广工作,切实提高征收工作的效率、质量和管理水平,我司决定从一九九〇年一月一日起全国统一试行中华人民共和国公路养路费缴讫证、免缴证、专用收据(式样附后)。请各省、市、自治区根据统一式样印制上述三种票证,供各级征费部门使用。

另外,请将"缴"、"免"证式样上的"重庆市"字样改为本省、市、自治区的名称。一九八九年改为一九九〇年。

附件:公路养路费《缴讫证》《免缴证》《专用收据》式样一套(略)

95.关于对客货两用车辆如何计征养路费问题的复函

（1991年7月24日　交通部　工公管字〔1991〕253号）

甘肃省交通厅：

你厅甘交养征(1991)2号《关于客货两用车辆如何计征养路费的请示报告》收悉。经研究，现答复如下：

1979年国家计委、交通部、财政部、中国人民银行联合发布的《公路养路费征收和使用的规定》的文件中对客、货两用汽车征收养路费的标准问题未作出明确规定。因当时受国家汽车工业发展条件所限，该文件只规定对货车按出厂核定载货吨位计征养路费；客车按核定载客座位征收养路费。

近年来，客货两用汽车的发展较快，也给养路费的征收带来了新的问题。根据两部一委一行文件精神，按目前情况，我们认为，国家正式生产厂家生产的“客货”两用（不包括双排座货车）汽车，按核定的客、货两个载重定量标准合并征收养路费是合理的。你省甘政发(85)3号《甘肃省公路养路费征收和使用实施办法补充规定》文件也是符合此精神的。此复。

96.关于发布《公路养路费征收管理规定》的联合通知

(1991 年 10 月 15 日　交通部、国家计委、财政部、国家物价局　交工字〔1991〕714 号)

各省、自治区、直辖市、计划单列市计划、财政、物价、交通厅(局、委、办),驻各地物价特派视察员办公室:

1979 年由国家计委、财政部、交通部、中国人民银行联合发布了《公路养路费征收和使用的规定》。10 多年来,各方面情况发生了很大变化。这期间,为加强养路费的使用管理,1987 年,国家计委、经委、交通部、财政部联合发布了《公路养路费使用管理规定》。但养路费征收管理方面的规定一直未作相应变动,很不适应改革开放新形势和新变化的要求。为了进一步整顿和加强养路费征收管理工作,必须制定新的公路养路费征收管理规定。为此,交通部、财政部有关司局于 1989 年组成联合工作组分赴各地进行了调查研究,在此基础上,拟稿并广泛征求了各方面意见;1990 年召开全国交通规费征收工作会议对反复修改后提出的草案进行了跨行业的全国性讨论和修改。新的养路费征收管理规定,对原规定的征费对象、减免范围、征收办法中行之有效的部分基本保持不变,而对不适应改革开放和变化较大的部分作了相应的修改和补充,特别是较好地考虑了适应《中华人民共和国行政诉讼法》施行的要求。因此,为健全法制、依法行政、按章征费,重新制定养路费征收管理规定是非常必要的。特此发布《公路养路费征收管理规定》,自 1992 年 1 月 1 日起施行。

公路养路费征收管理规定

第一章　总　　则

第一条　为加强公路养路费征收管理工作，保障公路养护和改善的资金来源，根据《中华人民共和国公路管理条例》第十八条“拥有车辆的单位和个人，必须按照国家规定，向公路养护部门缴纳养路费”的规定，制定本规定。

第二条　公路养路费（以下简称养路费）是国家按照“以路养路、专款专用”的原则，向有车单位和个人征收的用于公路养护、修理、技术改造、改善和管理的专项事业费。

第三条　养路费征收工作实行统一领导，集中管理的原则。

各地养路费征收工作，由各省、自治区、直辖市公路主管部门统一领导，根据《公路管理条例》的规定，并按“收管用一体，统收统支，收支两条线，严格核查”的原则，组建养路费征收稽查机构具体负责实施。其他任何单位和个人都无权征收和决定减征或免征养路费。

第四条　凡有车单位和个人必须按照本规定缴纳养路费。任何部门、单位和个人不得阻扰养路费征收稽查工作，也不得拒绝接受检查。

第五条　各级公路主管部门必须加强对征费工作的领导，健全有关管理规定，完善各项工作制度，做到应征不漏。

第二章　养路费征收稽查机构

第六条　养路费征收稽查机构（以下简称征稽机构）及其人员的职责是：

（一）宣传和严格执行国家征费政策、法规、规章。

（二）按章收费，加强费源管理、车辆台帐管理、停驶车牌照管理、票证管理、费款上解制度管理等。

（三）依法上路上户对行驶车辆和有车单位、个人征收养路费，并可对停车场、站、码头和公路上的车辆进行有关养路费缴纳情况的抽检。

（四）经省级人民政府批准，可在必要的公路路口、桥头、隧道口、渡口等地设立固定或临时的养路费征收稽查站。

（五）对违反本规定的有车单位和个人按章给予处罚。

（六）与各车辆管理部门加强联系，定期了解车辆新增及异动情况，通过车辆年审年检，核验其养路费票证及缴费情况。

（七）加强养路费征收管理理论研究和人才培训，提高征费人员的素质和管理水平；开发并应用征费微机管理系统，实现养路费征收管理工作的规范化和现代化。

第七条　征稽人员执行公务应统一着装，佩戴“中国公路征费”胸章，持《中华人民共和国公路征费检查证》。养路费征稽专用车辆，应装有白底蓝字的“中国公路征费”标牌、公路路徽标志、红色闪光警灯和警报器。

第三章　养路费的征收和减免征收范围

第八条　除本章另有规定外,下列车辆应缴纳养路费:

(一)凡领有牌证(包括临时牌证、试车牌证)的各种客货汽车、特种车、专用车、牵引车、简易汽车(含农用运输车)、挂车、拖带的平板车、轮式拖拉机、摩托车(包括二轮、侧三轮),以及领有牌证、从事公路运输的畜力车;

(二)军队、公安、武警系统参加地方营业运输承包民用工程及包租给地方单位和个人的车辆;

(三)军队、公安、武警系统内企业的车辆;

(四)外资企业、中外合资企业、中外合作企业的车辆;

(五)驻华国际组织和外国办事机构的车辆;

(六)外国个人在华使用的车辆;

(七)临时入境的各种外籍机动车辆。

第九条　对下列车辆暂定免征养路费:

(一)按国家正式定编标准配备的县级以上(含县级)党政机关、人民团体和学校使用,并由国家预算内经费直接开支的5人座(含5人座)以下的小客车;

(二)外国使(领)馆自用的车辆;

(三)只在由城建部门修建和养护管理的市区道路固定线路上行驶的公共汽车、电车(不包括任何出租车);

(四)经省级公路主管部门核定设有固定装置的城市环卫部门的清洁车、洒水车,医疗卫生部门专用救护车、防疫车、采血车,环保部门的环境监测车,公安、司法部门的警车、囚车(没有囚箱)、消防车,防汛部门的防汛指挥车,铁路、交通、邮电部门的战备专用微波通信车;

(五)由国家预算内国防费开支的军事装备性车辆;

(六)公路和城市道路养护管理部门的养路专用车辆;

(七)经县级公路主管部门核定完全从事田间作业的拖拉机和畜力车;

(八)矿山、油田、林杨内完全不行驶公路的采矿自卸车,油田设有固定装置的专用生产车,林场的积材车;

本条第一款所列车辆如改变使用性质、超出使用范围、变更使用单位、参加营业运输均应缴纳全额养路费。

第十条　对下列车辆暂定减征养路费,但在改变减征条件、超出减征范围时,应缴纳全额养路费。

(一)第九条第一款第一项核定单位的货车和5座以上(不含5人座)的客车减半征收;

(二)由专用单位自建、自养的专用公路(不包括生产作业道路),其单线里程在20km以上的农场、林场、油田等单位,可根据其车辆跨行公路情况,适当减征20%~60%;

(三)第九条第一款第三项规定的公共电、汽车跨行公路在10km以内的按费额的1/3计征;跨行公路10km以上、20km以下按1/2计征;跨行公路20km以上的按全额计征。

第四章　养路费征收办法

第十一条　养路费按费率和费额两种方式征收:

(一)费率:对具有健全运输计划、行车记录、统计资料,能准确反映营运收入总额,并实行独立经济核算的专业公路运输企业,按营运收入总额和规定的费率标准计征。

(二)费额:除核定按费率计征的车辆以外,其余车辆均按核定载重吨位(畜力车按套,摩托车按二轮、三轮)和规定的费额标准计征。

对实行承包后难以掌握营业收入的,以及专业运输企业内非营运车辆则按费额计征。

客车比照同类型货车底盘标记的载重吨位计征,无载重吨位的,按最高载客人数每10人座折合1t位计征;客货两用汽车按载货吨位与载客座位折合吨位合并计征(双排座汽车属货车,应按标明的载重吨位计征)。

汽车拖带的挂车按其吨位七折计征。

拖拉机有标准吨位的按标准吨位计征;无标准吨位的按发动机每20匹马力折合1吨位计征(10马力以上不足20马力的按20马力计,不足10马力按10马力计)。

对大型平板车,核定载重吨位20t以下的征全费,20t和20t以上的部分折半计征。

不能载客、载货的特种车辆按其自重(包括固定装置重)吨位折半计征。

各种按吨位(包括折合吨位)计征的车辆,不足半吨的,按半吨计征;超过半吨不足1t的按1t计征。

第十二条 各地养路费征收费率定为营运收入总额的12%~15%,具体标准由省级交通部门根据本地公路技术发展状况,以及应征车辆数量等提出意见,经同级物价部门审核后报省级人民政府批准执行并报国家物价局、交通部、财政部、国家计委备案。

从事营业运输的社会车辆,其费额标准按规定的费率以专业运输企业平均营运收入总额折算;非营运社会车辆的征收费额各地要从低掌握,应低于从事营业运输的社会车辆的征收费额。

第十三条 对外国籍和台、港、澳地区的车辆按省级以上人民政府认定的双边协议征收;没有协议的,按在我驻地或最先入境地的费额标准的2倍征收;

第十四条 结算方法:在同一城市范围内收取养路费,通过银行实行“托收无承付”或“委托收款”(以下简称“委收”)办法结算;没有条件的单位和个人,应按月到当地征稽机构缴费。

对外国籍和来自台、港、澳地区的车辆的养路费,经省级人民政府批准可以收取可汇兑的外币或外汇兑换券。

第十五条 各级征稽机构应将所征养路费全部计息存入在银行开立的公路养路费收入上解专户,及时足额上解省级公路主管部门养路费专户。养路费利息收入并入养路费一并核算。

第十六条 全国统一养路费票证,实行“一处交费,通行全国”的制度。

养路费票证样式由交通部负责制定,并统一定点印制核发。

养路费票证是有车单位和个人的缴费行车凭证,遗失不补。

第十七条 征稽机构于每月月末之前征收次月养路费。

新增车辆领取牌照后5日内到当地征稽机构办理养路费缴纳手续。

第十八条 车辆停驶、转籍、过户、跨行、调驻、改装、报废和改变用途等,应按以下规定缴纳养路费:

(一)车辆因故停驶,应到当地征稽机构交存行驶执照和牌照,并办理停驶手续,从次月起停缴养路费。

车辆年累计报停时间,一般不得超过半年。车辆重新起用月份不足1个月的按旬计征。

征稽机构可根据车辆保有量、完好状况、历年缴费总额等情况与有车单位和个人签订包干缴费协议，确定每年包交月数、车数和交费总额，不再办理报停手续。协议内的车辆不得调换、顶替。包缴后新增车辆另行缴费。

（二）在省、自治区、直辖市内过户的车辆需持双方证明信（个人持户口簿或居民身份证）及过户证件，到原征稽机构办理过户手续。转入地区征稽机构凭转出的征稽机构办理的手续登记征费。对未办理过户手续的车辆按逃费车处理，并责令限期补办。

（三）省际间转籍车辆由转出地区征稽机构凭转籍证件办理本地缴费截止日期的证明函件。对无证明函件的，由转入地区的征稽机构按逃费车处理，并责令补办证明函件。

（四）跨省、自治区、直辖市行驶的车辆由车籍所在地征稽机构征收养路费，外地不得重征。票证有效期超过"征收时间"3日的，视为无养路费票证跨行。

（五）调驻他省3个自然月以上的车辆，从第三个自然月起，由驻地征稽机构查验原调驻地养路费票证后，按当地标准征收养路费；不足3个自然月的按正常跨行车辆处理。

（六）改装车或报废车，应于当月内持有关证件到当地征稽机构办理变更或注销手续，从次月起改征或停征养路费。对未办理变更或注销手续的按漏缴或逃缴养路费处理。

（七）因故被其它行政管理机关及司法机关扣押封存的车辆，凭有关部门的证明或经当地征稽机构查验后，办理停驶手续；被有关部门收用的车辆按过户车处理。

第十九条 对凡超过免征、减征、停征养路费规定期限而未续办有关手续的，均按应征车辆处理。

第五章 处 罚

第二十条 对无养路费票证而跨省行驶的，按跨行受检地所在省的费额标准处以相当于该车1个月应缴费额的滞纳金。在当月内一地缴纳滞纳金后，其他地区不得再处以滞纳金，但应责令该车及时到车籍所在地（或驻地）办理手续。

第二十一条 对拖、欠、漏、逃养路费的，除责令补缴规定费额外，每逾1日，处以应缴费额的1%的滞纳金；连续拖、欠、漏、逃养路费3个月以上的，并处应缴养路费额度30%～50%罚款；连续拖、欠、漏、逃养路费6个月以上的，并处以应缴养路费额度50%～100%的罚款。

第二十二条 对无牌照行驶和报停后偷驶的车辆，一律追缴全额养路费和每逾1日收取应缴费额1%的滞纳金，并处以不超过应缴费额2倍的罚款。

第二十三条 对倒换牌照或涂改、顶替、伪造养路费票证和罚款单据的，除责令补缴规定全费额和每逾1日收取应缴费额1%的滞纳金外，并处以不超过应缴费额3倍的罚款。伪造票证所造成的经济损失，全部由责任人赔偿。

第二十四条 公路养护管理部门之外其他部门、单位和个人擅自征收养路费的，属乱收费行为，由物价检查机构根据有关规定予以查处。

第二十五条 对阻碍征稽人员执行公务或围攻、谩骂、殴打征稽人员的，交由公安机关依法处理。

第二十六条 当事者对处罚不服的，可在接到处罚通知7日内向上一级征稽机构申请复议；对复议决定不服的，可在接到《复议处理决定书》15日内向人民法院起诉；期满不起诉，又不履行处理决定的，公路养护与管理部门或征稽机构可申请人民法院强制执行。

第二十七条 征稽机构及其人员违反规定，滥用职权、滥施处罚、越权行政或营私舞弊的，由各级公路主管部门给予行政处分或经济处罚。

第二十八条 所有收取的滞纳金均作为养路费收入,罚款按规定全额上缴财政部门。

第六章 附 则

第二十九条 各省、自治区、直辖市可根据本规定制定养路费征收规定实施细则,经省级人民政府批准后施行,并报交通部、财政部、国家物价局备案。

第三十条 本规定自1992年1月1日起施行。

1979年9月24日由国家计委、交通部、财政部、中国人民银行联合发布的《公路养路费征收和使用规定》即行废止。

97.关于对元宝山、准格尔露天矿承包工程车辆缴纳养路费问题的复函

（1991年10月24日　交通部　交函工字〔1991〕773号）

内蒙古自治区交通厅：

你厅内交征发〔1991〕第632号文《关于对元宝山、准格尔露天矿承包工程车辆缴纳养路费问题的请示》收悉。经研究，函复如下：

根据国家计委、交通部、财政部、中国人民银行一九七九年颁发的《关于公路养路费征收和使用的规定》及一九八一年发出的《关于征收公路养路费中发生的问题，请各省、市、自治区酌情处理的联合通知》的有关规定，对在元宝山、准格尔露天矿的车辆征收养路费的问题，请你厅根据下述原则办理：

一、两矿区完全不行驶公路的内部生产车辆可免征养路费；

二、非两矿区所属，且在两矿区内承包工程的车辆应按规定缴纳养路费。此复。

98.关于贯彻落实《公路养路费征收管理规定》的通知

(1991年12月12日　交通部　交工字〔1991〕866号)

各省、自治区、直辖市交通厅(局)、天津、上海市市政工程局:

一九九一年十月十五日,交通部、国家计委、财政部、国家物价局联合发布了(91)交工字714号《公路养路费征收管理规定》(以下简称《规定》)。为贯彻落实《规定》,考虑到目前主管和负责征费机构名称不规范、不统一,特将有关问题说明并提出如下要求:

一、《规定》中的"公路主管部门",是指各省、自治区交通厅,北京市交通局,天津市市政工程局,上海市市政工程管理局;"公路养护与管理部门"是指上述公路主管部门所属的公路管理局、总段、分局、处、段、所、站和征稽局、处、所。

二、根据《规定》第二十九条的要求,抓紧制定本地区的《公路养路费征收管理规定实施细则》,力争与《规定》同步实施。有些具体事项可在细则中加以明确。

三、继续推行并完善微机征费和征费工作的现代化规范化管理,巩固科研成果。在"八五"期末,力争实现省内征费微机联网和对交通部的软盘传输。

99.关于对公路养路费征收工作中有关问题的答复

（1992年4月24日　交通部　工公管字〔1992〕124号）

河北省交通厅：

你省廊坊市公路养路费征收处4月16日派员来我司，请示对《公路养路费征收管理规定》有关条款的理解问题。经研究答复如下：

《公路养路费征收管理规定》第18条第5款“调驻他省3个自然月以上的车辆，从第三个自然月起，由驻地征稽机构查验原调驻地养路费票证后，按当地标准征收养路费；不足3个自然月的按正常跨行车辆处理。”其涵义是：调驻他省的车辆从第三个自然月起，由驻地省征稽机构查验其调驻车辆养路费票证后，按当地标准征收养路费。例如：A省的车辆于3月份（无论是月初还是月底）调驻到B省执行运输任务，A省调驻车辆可将3月和4月份的养路费交给A省征稽机构；5月份和5月份以后的养路费则应当向B省的征稽机构交纳。如果A省车辆能在5月底前自B省返回A省则按正常跨省行驶车辆对待，否则5月份的养路费必须向B省征稽机构交纳。

根据上述精神，你省廊坊市养路费征稽处多征华北勘探一公司调驻内蒙车辆1个月的养路费应予退还。

100.关于颁发《公路养路费和车辆通行费统计指标及计算方法(暂行)规定》的通知

(1992 年 10 月 23 日　交通部　工公字〔1992〕297 号)

各省、自治区、直辖市交通厅(局),天津、上海市市政工程局,计划单列市交通(公路)局:

现颁发《公路养路费和车辆通行费统计指标及计算方法(暂行)规定》,请遵照执行。各省级公路规费征稽单位,要完善公路规费征收统计管理系统,统一全国征稽年报格式,逐步推行微机统计手段。1992 年度公路养路费、通行费征稽统计年报,请于 1993 年 3 月底前报部工程管理司。

公路养路费和车辆通行费统计指标及计算方法（暂行）规定

第一章 总 则

第一条 为了加强公路养路费和车辆通行费统计基础工作，建立科学适用的统计指标体系，提高征费管理水平，特制定本规定。

第二条 制定本规定的主要依据是《中华人民共和国统计法》，《中华人民共和国公路管理条例》及其《实施细则》，交通部、国家计划委员会、财政部、国家物价局发布的《公路养路费征收管理规定》，交通部、财政部、国家物价局发布的《贷款修建高等级公路和大型公路桥梁、隧道收取车辆通行费的规定》和交通部发布的《公路渡口管理办法》等法律、法规和规章。

第三条 本规定适用于各级公路主管部门及其所属公路养路费征稽机构和车辆通行费收费机构。车辆过渡费的规定，适用于各公路征费渡口。

第四条 各级公路主管部门及所属征稽（收费）机构要加强对征收统计工作的领导，配备专职或兼职统计人员，完善规章制度，强化监督和制约机制，按本规定实现统计工作规范化管理。

第二章 公路养路费征收车辆统计

第五条 公路养路费（简称养路费，以下同）征收车辆统计包括在籍车辆统计和车辆异动统计。凡领有牌证的各种机动车、挂车以及从事公路运输的畜力车，均属于养路费征收车辆统计范围。

第六条 养路费征收车辆统计分类。

一、按车辆类型分为

1.汽车：(1)载客汽车；(2)载货汽车；(3)特种车及专用车；(4)简易机动车（含农用运输车）。

2.拖拉机：指各种轮式拖拉机。

3.摩托车：包括侧三轮、两轮及轻骑摩托车。

4.挂车：指无机械动力、靠主车牵引的载客、载货挂车[含单轴挂车（炮拖），不含半挂车]，由汽车牵引的列入汽车类统计；由拖拉机牵引的列入拖拉机类统计。

5.畜力车：指利用畜力从事公路运输的车辆。

二、按征收方式分为

1.费率计征车：指按营运收入总额和规定的费率标准计征的车辆。

2.费额计征车：指除核定按费率计征的车辆以外，其余按核定载重质量和规定费额标准计征的车辆。按台数和套数计征的摩托车、畜力主等车辆列入费额计征统计。

三、按征费类别分为

1.全费车:指现行规定按全额计征养路费的车辆,包括:(1)专业车:专业公路运输企业按费率计征的营运车辆和按费额计征的非营运车辆;(2)社会车:专业运输企业以外的其他社会车辆。

2.减征车:指现行规定减征养路费的车辆,包括:(1)按规定减半征收的车辆;(2)按费额比例折减征收的有自养公路单位的车辆和跨行公路的公共汽(电)车等;(3)按折合吨位减征的挂车、大型平板车及不能载货的特种车。

3.免征车:指按现行规定暂定免征养路费的车辆。

四、按车辆性质分为:

1.全民所有制单位的车辆(含军队、公安企业和其他应征车辆);

2.集体所有制单位车辆;

3.个体、联户车辆;

4.三资企业车辆;

5.外国籍和来自台、港、澳地区的车辆。

第七条　养路费征收车辆异动情况按下述类别分项统计:

一、车辆增加:指新购入户、调入、转籍入户等车辆。

二、车辆减少:指报废、转籍调出等车辆。

三、车辆调驻:指辖区调往外省区或外省区调驻辖区3个自然月以上(含第三个自然月)的车辆。

四、车辆报停:指因故停驶到当地征稽机构交存牌照、行车执照,并办理停驶手续的车辆。

第八条　养路费征收车辆统计指标及其计算。

一、数量指标:

1.汽车总数:指报告期辖区在籍的各类型汽车车数之和。汽车和挂车应分项统计,但牵引车及与其配套的半挂车应作为一车统计;客货两用车按货车统计。

2.汽车总吨位:指报告期辖区在籍的各类型汽车按核定的汽车征费质量标准分别计算的吨位之和。费率计征车与费额计征车应分项统计。

汽车吨位的计算以交通部、国家物价局(91)交公字789号《公路汽车征费标准计量手册》的规定为依据,统计单位为"吨"。

3.减征车数:指报告期各类暂定减征车辆数之和。减半征收、按折合吨位减征、按费额比例折减征收的车辆应分别统计。

4.减征吨位:指报告期各类暂定减征车辆减征吨位之和。减半征收、按折合吨位减征、按费额比例折减征费车辆吨位应分别统计。

5.免征车数:指报告期暂定各类免征车辆数之和。

6.免征吨位:指报告期暂定各类免征车辆吨位之和。

7.报停车数:指报告期报停车辆总数。

8.停征吨位:指报停车辆吨位与包干缴费车辆扣减比例折算吨位之和。其中:包干缴费车辆扣减比例折算吨位应平均分摊在各个报告期进行统计。

9.包缴车数:指报告期签订包干缴费协议的车辆总数。

10.应征车数:指报告期汽车总数扣除免征车数后的车辆数。减征车应列入应征车数统计。

11.应征车总吨位:指报告期汽车总吨位扣除减征吨位和免征吨位后的吨位数。

应征吨位 = 汽车总吨位 − 减征吨位 − 免征吨位。

二、质量指标：

1.吨位应征率：指报告期辖区应征汽车总吨位占同期汽车总吨位的百分之比。

$$吨位应征率 = \frac{报告期应征汽车吨位}{报告期汽车总吨位} \times 100\%$$

2.吨位减征率：指报告期减征吨位占同期汽车总吨位的百分比。

$$减征率 = \frac{报告期减征吨位}{报告期汽车总吨数} \times 100\%$$

3.吨位免征率：指报告期免征吨位占同期汽车总吨位的百分比。

$$免征率 = \frac{报告期免征吨位}{报告期汽车总吨位} \times 100\%$$

三、汽车可按车辆类型、征收方式的不同分类，分别对各指标进行统计。

四、拖拉机、摩托车、畜力车的统计指标及计算参照本条第二项办理。

第三章　公路养路费收入统计

第九条　养路费收入统计包括征收标准统计和征收额度统计。凡经省（直辖市、自治区）人民政府批准，并报经交通部、财政部，国家物价局备案的各种车辆的征收标准和按该标准征收所得养路费额度均属于养路费收入统计范围。

第十条　养路费征收标准统计指标及其计算：

1.费率标准：车辆按照营运收入总额和规定的比例缴纳养路费时，其规定的缴费百分比即为费率标准，单位%。

2.费额标准：车辆按月、按吨位缴纳时，其规定每月每吨位缴纳养路费的金额即为费额标准，单位：元/月吨。

(1)客车费额：指规定载客汽车、挂车每月每吨位缴纳的养路费金额。

对从事营业运输的客车规定有不同费额标准的，应分别统计。

(2)货车费额：指规定载货汽车、挂车和特种车、专用车每月每吨位缴纳的养路费金额。

(3)对拖拉机、摩托车、畜力车等规定每月（年）每台（套）缴纳养路费的金额亦属费额标准，应分别统计。

第十一条　养路费收入统计分类：

一、按车辆类型分为：

1.汽车养路费收入：指各类客、货汽车及其挂车养路费收入；

2.拖拉机养路费收入；

3.摩托车养路费收入；

4.畜力车养路费收入。

二、按征收方式分为：

1.费率计征收入：指按费率计征的车辆养路费收入。

2.费额计征收入：指按费额计征的车辆养路费收入。

三、按车辆性质分为：

1.全民所有制单位车辆养路费收入；

2.集体所有制单位车辆养路费收入；

3.个体、联户车辆养路费收入；

4.三资企业车辆养路费收入；

5.外国籍和来自台、港、澳地区车辆养路费收入。

四、按费收性质分为：

1.养路费缴讫收入：指报告期内按规定的标准直接征收的养路费，包括费率计征车缴讫收入和费额计征车缴讫收入；

2.养路费滞纳金收入：指有车单位和个人没有按规定日期缴纳养路费而课收的费款收入；

3.养路费利息收入：指征稽机构将所收养路费全部存入银行所获得的专户存款利息收入；

4.其他临时收入：指过境车、临时调驻车等养路费收入。

上缴财政的养路费罚款收入应单独统计。

第十二条 养路费征收情况统计指标及其计算：

一、数量指标：

1.应征总额：指报告期应征总吨位与相应的征收标准计算应征收的养路费金额。

$$应征总额 = \sum 应征吨位 \times 征收标准 \times 报告期日历月数$$

如客、货汽车费额标准不同，应分别按全费、减征等类别分别计算后合计。

在计算费率计征车应征总额时，其征收标准按同类费额计征车的相应标准计算。

2.实征总额：指报告期养路费实际收入总额。包括养路费缴讫收入总额，滞纳金收入、利息收入和其他临时收入。

3.停征总额：指报告期车辆报停后停征养路费和车辆包干缴费后折算减征养路费之和。

停征总额 =（报停总吨位 × 费额标准 × 停征日历月数）+（包干缴费车应征总额 - 包干缴费车实征总额）

4.漏征总额：指报告期应征总额扣除实征总额和停征总额后，应征收而未收的养路费金额。

5.征收计划：指上级主管部门下达给各级征稽机构征收养路费的计划指标数额。

6.超收额：指实征总额与征收计划之差。

二、质量指标：

1.实收率：指报告期养路费缴讫收入总额与同期应征总额的百分比。

$$实征率 = \frac{报告期养路费缴讫收入总额}{报告期应征总额} \times 100\%$$

2.停征率：指报告期停征总额占同期应征总额的百分比，报停率和包干计征停征率亦可分别统计。

$$停征率 = \frac{报告期停征总额}{报告期应征总额} \times 100\%$$

$$(1)报停率 = \frac{报告期报停车停征总额}{报告期应征总额} \times 100\%$$

$$(2)包干计征停征率 = \frac{包干缴费折算减征养路费总额}{报告期应征总额} \times 100\%$$

3.漏征率：指漏征总额与同期应征总额的比率

$$漏征率 = \frac{报告期漏征总额}{报告期应征总额} \times 100\%$$

$$理论漏收率 = 1 - 实征率 - (报停率 + 包干计征停征率)$$

4.费率计征水平：指专业公路运输企业按费率计征的营运车辆养路费缴讫收入总额与费率计征车辆应征总吨位和报告期日历月数的乘积的比率。用于同费额征收标准进行比较，统计单位："元/月·吨"。

$$费率计征水平 = \frac{报告期费率计征缴讫收入总额}{报告期费率计征车应征总吨位 \times 报告期日历月数}$$

5.费率计征车欠费率：指报告期专业运输企业拖欠养路费金额与应缴养路费金额的百分比。

$$费率计征车欠费率 = \frac{报告期费率计征车拖欠金额}{报告期费率计征车应征总额} \times 100\%$$

6.解交率：指各证稽机构在规定日期内将养路费收入解达上级单位银行专户的解交金额与实征总额的比率。

$$解交率 = \frac{规定日期内实际解款额}{实征总额} \times 100\%$$

7.增长率：指报告期养路费统计指标值与基期养路费统计指标值的对比结果。

$$增长率 = \left(\frac{报告期统计指标值}{基期统计指标值} - 1\right) \times 100\%$$

8.计划完成率：指报告期养路费实征总额与同期征收计划的比率。

$$计划完成率 = \frac{报告期实征总额}{征收计划} \times 100\%$$

本条所列统计指标，根据车辆类型、征收方式等不同类别，可分别计算各类单项指标。

第四章　公路养路费稽查及行政处理情况统计

第十三条　养路费稽查情况统计，包括上门、上路稽查情况和稽查结果统计，又称养路费费源管理统计。

第十四条　养路费费源管理统计指标及其计算：

一、稽查天数：

指报告期各级征稽机构工作人员实际上门、上路稽查天数之和。上门、上路稽查天数应分别统计。

二、人均稽查天数：指报告期实际稽查天数与报告期平均在册人数之比。

$$人均稽查天数 = \frac{报告期(上门稽查天数 + 上路稽查天数)}{报告期平均在册人数} \times 100\%$$

三、稽查车次：指报告期实际接受有关缴费情况稽查的车辆总数，单位：车次。

四、违章车次：指报告期稽查时查获违反征收规定的车辆总数，单位：车次。

五、车辆违章率：指报告期违章车次与报告期稽查车次之比。

$$车辆违章率 = \frac{报告期违章车次}{报告期稽查车次} \times 100\%$$

六、稽查成效：指报告期养路费违章行为人实际缴纳金额与应缴金额的百分比。

$$稽查成效 = \frac{报告期养路费违章行为人实际缴纳金额}{报告期养路费违章行为人应缴纳金额} \times 100\%$$

七、稽查收入比重：指报告期养路费违章行为人实际缴纳金额与养路费总收入的百分比。

$$稽查收入比重 = \frac{报告期养路费违章行为人实际缴纳金额}{报告期养路费总收入} \times 100\%$$

第十五条 养路费行政处理情况统计，包括发送催缴通知书、行政处罚、行政复议和申请强制执行等情况统计。

一、发送催缴通知书，指征稽机构通过书面通知，督促车户缴纳养路费的行政行为。

发送催缴通知书统计，包括发送催缴通知书份数、催缴车次、吨位、应征金额统计和实际处理情况统计。

二、行政处罚：指征稽机构根据法定程序向养路费违章行为人发送行政处罚通知书，依法进行处罚的行政行为。

行政处罚统计，包括发送行政处罚通知书份数、处罚车次、吨位、金额统计和实际处罚情况统计。

三、行政复议：指上一级征稽机构接受养路费违章当事人的申请，对原行政处罚决定进行审议，并做出相应答复的行政行为。

行政复议统计，包括复议次数、复议车次、吨位、金额统计和复议结果统计。

四、申请强制执行：指养路费违章责任人拒不执行征稽机构的行政处罚决定，征稽机构向有管辖权的法院申请强制违章责任人执行处罚决定的法律行为。

强制执行统计，包括申请强制执行次数、法院受理案件数和实际执行案件数统计。

第五章　公路养路费征稽组织机构基本情况统计

第十六条 养路费征稽机构统计包括省级、地区级、县级公路养路费征稽机构，以及在县以下区、镇、口岸、站卡等地设置的征费稽查分支机构的数量统计，单位：个。

各地单位的拖拉机、摩托车、畜力车养路费征稽机构的统计，由各省(直辖市、自治区)公路主管部门自行规定。

第十七条 养路费征稽人员和工作情况统计：

一、征稽人员人数

1.期末(初)人数：指报告期末(初)养路费征稽人员实有在册人数。固定职工、合同制职工和其他职工(包括临时工，计划外用工)应分别统计。

2.年平均人数：指报告年内在册人员年平均人数。

$$\text{在册人员年平均数} = \frac{\dfrac{\text{在册人员年初数}}{2} + \sum_{i=2}^{12} \text{在册人员第 } i \text{ 月初数} + \dfrac{\text{在册人员年末数}}{2}}{12}(\text{人})$$

二、征稽人员业务构成

1.文化程度：指养路费征稽人员实际接受文化教育水平。按报告期末的有关人员分初中及初中以下、中专及高中(中技)、大专和大专以上三类统计。

2.专业技术职务：指养路费征稽人员实际获得的各种专业技术职务。按报告期末的实有人员分初级，中级、高级职务三类统计。取得资格证书但未被聘任的要加以说明。

3.工作岗位：包括(1)直接从事实际操作的征收员、稽查员、会计员、出纳员、票证员等工作人员；(2)担负工程技术并有工程技术能力的人员；(3)担负政治、行政、经济、技术管理工作的管理人员。

三、征稽人员工作效率：

1.人均征费额：指报告期(年)养路费征稽人员平均征收的养路费金额，单位：万元/人。

$$人均征费额=\frac{报告期(年)末养路费实际收入}{报告期(年)在册人员平均人数}$$

2.人均征管车数:按报告期(年)养路费征稽人员平均征管车辆数,单位:辆/人。人均征管车数 $=\frac{报告期(年)末辖区在籍车辆总数}{报告期(年)在册人员平均人数}$

第十八条 公路养路费征稽机构基础设施和技术装备统计:

一、土地面积:指报告期末征稽机构实际占用土地面积,包括办公区、生活区及所属单位占地面积,统计单位为:m^2。

二、建筑物总面积:报告期末征稽机构全部建筑物面积之和,包括办公室、征费厅面积、住房面积、停车场面积,统计单位:m^2。

三、技术装备:指报告期末征稽机构实有技术装备的数量与价值。包括交通工具、通讯设备、电子计算机、警械等。在统计设备价值时,属固定资产的,应分别按原值和净值计算。

第六章 车辆通行费及过渡费征收统计

第十九条 车辆通行费及过渡费征收统计指标及其计算:

一、收费公路(桥梁、隧道)和渡口数

经省级人民政府批准收费的公路路段(桥梁、隧道)和渡口总数。统计单位:公路为公里/条、桥梁为米/座、隧道为米/处、渡口为个。各收费站点的收费制式应加以说明。

二、收费制式

收费制式按封闭式、开放式和自动式、手工式分别统计收费站(卡)个数。

三、收费标准

按规定的车辆吨位划分分别统计,单位:元/车次。

四、收费公路(桥梁,隧道)和渡口交通量:报告期车辆通行收费公路(桥梁、隧道)和渡口的实际次数,按1t以下、1~5t、5~8t、8t以上分别统计,统计单位:车次。

五、公路(桥梁、隧道)通行费收入

指报告期征稽机构向通行车辆征收的通行费总金额。

六、过渡费收入

报告期征稽机构向过渡车辆征收的过渡费总金额。

第二十条 通行费、过渡费征稽机构其他管理工作情况统计可以参照本规定第四章、第五章的有关条款办理。

第七章 附 则

第二十一条 各省(直辖市、自治区)公路主管部门可以根据本规定,结合各地实际,作出必要的补充规定,并建立相应的统计报表制度。

第二十二条 本规定由交通部工程管理司负责解释。

第二十三条 本规定自发布之日起施行。

101.关于对贵州省交通厅“养路费征收工作有关问题请示”的复函

(1994年4月6日　交通部　公养字〔1994〕14号)

贵州省交通厅征费稽查局:

你局《关于养路费征收工作有关问题的请示报告》(黔交征字〔1994〕8号)收悉。有关问题复函如下:

1991年交通部、财政部、国家计委、国家物价局联合发布的《公路养路费征收管理规定》中,关于“车辆年累计报停时间,一般不得超过半年”的规定是必要的。该规定主要是为了避免征费漏洞、提高车辆使用率和促进汽车工业的健康发展。因此,超过规定报停时间应当按正常行驶车辆缴纳养路费。

102.关于对湖北省交通厅公安干警部门要求提高养路费经费比例问题的复函

（1994年4月26日 交通部 交函公路〔1994〕231号）

湖北省交通厅：

你厅《关于我省公安交警部门要求提高养路费经费比例的紧急报告》（鄂交财〔1994〕134号）收悉。现答复如下：

一、自1987年车辆监理职能移交公安部门以来，其交通监理经费各省、自治区都是按照国务院〔1986〕94号文件精神，协商签订了协议，并明确了从养路费中提取的比例及拨付的关系。在国务院没有下发新的文件以前，不应改变比例和拨付方式。

二、根据国阅〔1993〕204号《纪要》精神，有关领导正在协调交通、公安部门工作关系，并拟就调整、理顺交通管理的职能问题提出意见。在新的精神没有出台之前，一切不应变动。

三、针对你省公路建设、养护情况，为完成公路建设规划和养好现有公路，解决公路"瓶颈"问题，资金缺口仍很大。一是公路部门已负债近10亿元；二是在建重点工程、特别是支持三峡工程建设的宜黄一级汽车专用公路明年必须通车，建设资金除定额补助外，你省还要有较大投入；三是现有公路养护经费投入过少，据了解部分地县已出现拖欠养护工人工资现象，因此，你省要提高事业费支出比例是不适宜的，势必影响重点工程建设和资金筹措，也不符合国家财政支出原则。在此情况下，拨付给公安交警补助经费的比例不宜再提高。

请你厅做好工作，主动向省政府讲清情况及公路建设资金存在的困难，请求政府予以支持和理解。

103.关于对长江三峡工程坝区施工工程车辆公路养路费征收问题的批复

（1994年10月22日　交通部　交函公路〔1994〕322号）

湖北省交通厅：

你厅《关于长江三峡工程坝区施工工程车辆公路养路费征收问题的请示》(鄂交财〔94〕210号)收悉。鉴于你厅专题组的意见和中国长江三峡工程开发总公司三峡计字(1994)第58号文基本一致,经研究,同意按你厅鄂交财〔1994〕210号文,减免部分施工车辆的公路养路费,以支援三峡工程建设。

104.给广西交通厅《关于客货两用车和双排座汽车养路费征收费计量吨位核定办法的请示》的复函

(1995年9月18日　交通部公路管理司)

广西自治区交通厅：

你厅《关于客货两用车和双排座汽车养路费征费计量吨位核定办法的请示》收悉。你们对客货两用汽车征收养路费计量核定，符合《公路养路费征收规定》(91)714号文件和交通部、国家物价局发布的《公路汽车征费标准计量手册》的原则精神。同意请示中的核定计算方法。

关于客货两用车和双排座汽车养路费征费计量吨位核定办法的请示

(桂交财务报〔1995〕147 号)

交通部:

交通部、国家计委、财政部、国家物价局(91)交工 714 号文发布的《公路养路费征收管理规定》和广西壮族自治区人民政府桂政发〔1995〕6 号文印发的《广西壮族自治区公路养路费征收管理办法》在我区实施以来,部分车主和征稽人员对客货两用车和双排座货车的概念及其养路费征费计量吨位核定办法的理解混淆不清,征缴双方为此争执时有发生,特别是对下列问题争议较大:

一、什么是客货两用车?什么是双排座货车?这两种车应如何区分?

二、《公路养路费征收管理规定》第十一条第三款中括号:“(双排座汽车属货车,应按标明的载重吨位计征)”应如何理解。

为正确执行客货两用车养路费征费计量吨位核定办法,我厅征稽局经电话请示交通部后于 1994 年 10 月 24 日以区交通厅文件发了交函财〔1995〕763 号《关于对核定客货两用车和双排座货车养路费征费计量吨位有关问题的通知》(见附件)。但在执行中也遇到一些问题,如有些双排座汽车按载货吨位与载客座位折合吨位合并计算的征费吨位,大于同类型底盘货车的征费吨位,车主认为是征稽机构违反 714 号文件规定,不愿意缴费。

为更好地贯彻执行《公路养路费征收管理规定》,减少征缴双方的争执,避免不必要的诉讼发生,我厅拟对客货两用车和双排座货车养路费征费计量吨位按如下办法核定:

一、客货两用车的养路费征费计量吨位必须严格按照交通部、国家物价局印发的《公路汽车征费标准计量手册》(简称《手册》)核定。

二、《手册》中无技术数据的客货两用车,比照同类型底盘货车的标记载重吨位核定征费计量吨位。

三、《手册》中无技术数据,又无同类型底盘货车比照的客货两用车,按生产厂出厂使用说明书的技术数据中标明的载货吨位加驾驶员后一排或后两排的乘员人数折合吨位(每人折合 100kg)合并计算征费吨位。

四、为明确区分客货两用车和双排座货车的界限,便于操作,对同时运输客、货的车辆,装载吨位(含载货吨位加驾驶员后一排或两排乘员人数折合吨位,下同)为 4 吨以下的车辆,均按客货两用车核定征费计量吨位,装载吨位在 4 吨及其以上的双排座货车属于大货车,应按货车底盘载重吨位计算征收养路费。

妥否,请批示。

105.对《关于请予减免散装水泥专用汽车养路费的函》的复函

(1995 年 10 月 5 日　交通部　交函公路〔1995〕451 号)

国内贸易部:

你部《关于请予减免散装水泥专用汽车养路费的函》(〔1995〕内贸函散字第 645 号)收悉。经研究复函如下:

一、散装水泥运输企业不景气,专用车辆发展缓慢,是国家汽车运输企业状况不好的共同特点,不单纯是散装运输车辆企业问题。运输效益不好是多种因素造成的,免征养路费解决不了这部分车辆发展缓慢的问题。

二、根据交通部、财政部、国家计委《公路养路费征收管理规定》(91 交工字第 714 号),养路费征收可以分别采用费率和费额征收。按费率征收,没有营业额不收费,因此不会影响汽车的使用效率;按费额征收,714 号文件已综合考虑了车辆使用效率不高的问题,规定了有车单位可与征费部门协商制定包缴协议的政策。

因此,散装水泥运输车辆仍应执行 714 号文件。对按费额征收的车辆在政策允许范围内,可由有车单位与征费部门协商包缴养路费的基数。

106.关于印发《公路养路费审计工作规范》的通知

(1995年10月18日　交通部　交审计发〔1995〕975号)

各省、自治区、直辖市及计划单列市交通厅(局、委、办):

现将《公路养路费审计工作规范》印发给你们,请认真执行。执行中有何意见,请函告我部。

公路养路费审计工作规范

第一章　总　则

第一条　根据《审计署关于内部审计工作的规定》和公路养路费有关规定的精神，为加强对公路养路费征收、使用及管理的审计监督，提高审计质量，制定本规范。

第二条　公路养路费（包括其他养路资金，下同）审计，是对其征收、使用及管理的合法性、合规性、真实性和效益性的审计。

第三条　公路养路费审计以国家法律、法规和行政规章制度为依据，遵循客观公正、实事求是的原则，按审计程序进行。

第二章　审计程序

第四条　审计工作计划。各级交通部门应根据审计机关和上级主管单位的审计工作计划，结合实际，编制本单位审计工作计划，经领导批准后实施。

第五条　审计组。各级交通审计部门应根据本单位的审计工作计划确定的审计项目，组成审计组，审计组成员应适应审计任务的需要，并在组长领导下分工负责。

第六条　审计实施方案。审计部门或审计组应根据审计项目制定审计实施方案。审计实施方案的内容包括：审计的依据、方式、内容及重点，审计的步骤、方法、进度安排和人员分工等。

第七条　审计通知书。实施审计前，应向被审计单位发送审计通知书。审计通知书的内容包括：审计的依据、内容、时间、范围和方式，要求被审计单位提供的资料和工作条件，审计组长及审计组成员名单等。

需要被审计单位自查的，还应明确自查的内容、时间及其他要求。

第八条　实施审计。

（一）向被审计单位阐明审计的目的和要求、听取汇报，了解和掌握被审计单位的有关情况。

（二）搜集被审计单位的有关管理制度和计划、财会等文件资料。

（三）查阅有关制度、文件和资料，并按照分工对会计凭证、会计账簿、会计报表及有关业务报表进行审查、核对，对财产物资和货币资金进行清查、盘点。对审计事项，认真做好审计工作记录，对查出的问题应调查取证，审计工作记录和取证材料应由被审计单位或有关责任人签字确认。

（四）对审计工作记录和取证材料进行分类整理，编制审计工作底稿，根据有关规定，对审计事项进行初步评价，对查出的问题提出定性及处理的意见，为撰写审计报告提供依据和参考。

第九条　审计报告。审计终结，审计组应提出审计报告。审计报告的内容主要有：

(一)审计的依据、内容、范围和时间。

(二)被审计单位的基本情况。

(三)审计事项的有关事实。

(四)处理意见及其法律、法规和行政规章制度的依据。

(五)评价和建议等。

审计组应将审计报告送被审计单位征求意见,并要求被审计单位在限期内提出书面意见;被审计单位的书面意见连同审计报告一并报送派出审计组的单位领导审批。

第十条 审计意见书和审计决定。派出审计组的单位对审计报告进行研究,审定审计报告、并对审计事项作出评价,出具审计意见书,送达被审计单位和有关单位。审计意见书主要包括下列内容:

1.审计的内容、范围和时间;

2.审计认定的事实;

3.对审计事项的评价及依据;

4.改进建议。

对被审单位违反财经法规和公路养路费政策规定,需要依法给予处理、处罚的,在规定的职权范围内,还应作出审计决定,送达被审计单位和有关单位。审计决定主要包括下列内容:

1.依据审计意见书所列被审单位违反国家规定的养路费征收、使用管理行为的事实;

2.作出的审计决定及所依据的法律、法规及规章制度;

3.审计决定执行的期限。

被审计单位必须执行审计决定。

第十一条 审计工作报告。派出审计组的单位,应根据行业管理的需要,综合审计情况,写出审计工作报告,报送上级主管部门。

第十二条 对审计事项进行后续审计,检查被审计单位采纳审计意见和执行审计决定的情况。

第十三条 被审计单位对审计意见书和审计决定如有异议,可以向出具审计意见书和作出审计决定的单位负责人提出,该负责人应当及时处理。

第十四条 审计档案管理。每项审计事项终结后,应按审计档案管理制度要求,对审计资料进行档案管理。

第三章 养路费征收审计

第十五条 费源管理审计,主要内容有:

(一)征费单位的车辆台账是否建立、健全,登记是否及时、完整、准确。

(二)征费台账登记的车辆吨位或运输收入、计征标准是否真实、合规,有无错征、漏征情况。

(三)减免征车辆的审批手续是否健全、完备。

(四)异动车辆登记是否及时,管理是否健全,有无有户无车或有车无户的情况。

(五)车辆台账登记的车辆吨位、征收金额与业务报表、会计报表反映的数额是否一致,台账、报表资料是否真实、准确。

第十六条 征收计划审计,主要内容有:

（一）征费单位是否按规定程序编制征收计划，征收计划的批准是否符合规定。

（二）征收计划的完成情况，分析、查明超收、欠收的原因。

第十七条 征收政策、规定执行情况审计，主要内容有：

（一）有无越权减、免征养路费的情况。

（二）有无乱收费、乱罚款现象。

（三）征费单位与纳费单位（或个人）签订的包缴合同（协议）是否合法、合规，履约情况如何。

第十八条 征收票证审计，主要内容有：

（一）征收票证是否按规定统一印制，有无擅自印制的情况。

（二）征收票证是否由专人保管，管理票证、使用票证与收款是否实行职位分离，保管、领发制度是否健全，手续是否完备。

（三）征收票证是否按顺序连号使用，有无跳号使用现象，填写内容是否准确、完整。

（四）征收票证核销是否及时，是否符合规定手续，核销票据的征收金额与账面征收金额、养路费收入月报表征收额三者是否相符，是否建立健全了稽核制度。

（五）征收票证是否按时盘点，票证账实、账卡、账表是否相符。

（六）征收养路费有无使用假票、伪票、废票、其他票据等不合规票据的现象。

第十九条 收入结算审计，主要内容有：

（一）征收收入是否专户存储。

（二）征收收入是否及时、足额上缴，有无少报、瞒报现象。

（三）有无挪用、截留、坐支、转移养路费收入。

（四）纳费单位（或个人）是否拖欠养路费收入，催收措施及回收情况如何。

第二十条 征收账表、凭证审计，主要内容有：

（一）征费单位是否建立会计核算制度，会计凭证填写是否真实、完整、准确。

（二）会计科目使用是否恰当，记账、结账是否合规，账、表、证是否相符。

（三）总账与明细账是否平行登记，并按月核对相符；养路费收入专户存款日记账与银行对账单是否核对相符；未达账款是否编制“银行存款余额调节表”，未达原因是否查明。

（四）征收业务统计报表与会计报表的相关数据是否一致。

第四章 养路费使用审计

第二十一条 支出计划审计，主要内容有：

（一）支出计划编制内容是否完整，所列支出项目是否符合养路费支出范围规定。

（二）支出计划的结构比例是否符合政策规定，支出计划是否按规定审批。

第二十二条 养护工程支出审计，主要内容有：

（一）养护工程支出项目是否列入支出计划，有无超计划或计划外支出项目。

（二）成本项目是否符合规定的成本开支范围，有无虚列、挤占成本现象。

（三）公路小修保养、大中修、抢修、改建等各项工程的成本核算方法是否正确，核算对象是否准确，人工费、材料费、机械使用费、其他直接费和施工管理费等是否真实、合规。

（四）新建公路补助、道班房建设、县乡公路补贴、渡口支出、绿化支出等是否专款专用，核算内容是否真实、合规。

(五)机械设备购置计划是否按规定程序报批,所购机械设备是否及时登记入账,是否纳入财产管理。

第二十三条 养护事业费审计,主要内容有:

(一)厂场建设费、职工宿舍建设费、生产房屋建设费、教育培训费、行政管理费等各项开支是否真实、合规,按计划使用,有无挤占养护工程支出现象。

(二)房屋及建筑物等工程竣工后,是否及时移交生产或行政部门纳入资产管理,核算是否正确。

第二十四条 养路其他费审计,主要内容有:

(一)养路其他费的各项支出是否真实、合规,有无挤占养护工程支出现象。

(二)劳动保险费的开支范围和开支标准是否符合规定。

(三)附属生产单位的盈亏是否真实,核算方法是否正确,是否如数调整当年养路支出。

(四)其他净损失的核算是否正确。公路养护单位及其所属施工单位所发生的承包工程盈亏、销售盈亏、路产路赔收入、租金收入、银行利息收入等是否如实入账,有无瞒报、截留、转移等现象。

(五)支付给非固定职工的福利、奖励、医药、抚恤等费用是否真实,有无虚报冒领现象。

第二十五条 养护会计决算审计,主要内容有:

(一)报表的种类和核算是否完整,数据是否真实,计算是否正确,勾稽关系是否准确,报送是否及时,批复手续是否完备。

(二)养路结余资金的来源是否合规、真实,使用是否正确,有无挪用、占用、外借现象。

(三)各项专用基金的来源是否正当,使用是否合规。

(四)债权债务是否真实、正当,是否及时清理,有无不符合养路费使用范围的债务,有无呆、死账。

(五)未完工程是否真实、准确。

(六)其他养路资金的来源、使用是否合规、真实。

(七)固定资产和材料是否完整、核算是否准确、管理制度和管理措施是否完备。

第五章 附 则

第二十六条 本规范由驻交通部审计局负责解释。

第二十七条 本规范适用于对公路养路费征收、使用和管理单位的审计。

第二十八条 本规范自1996年1月1日起试行。

107.关于严格按照《公路养路费征收管理规定》进行稽查工作的通知

（1996年8月19日　交通部　公养字〔1996〕153号）

各省、自治区、直辖市、计划单列市交通厅(局、委、办)，天津市市政工程管理局，上海市市政工程局：

最近，有些司机来信、来电话反映一些省份养路费征稽部门和人员在核查外省车辆时，一是以车籍地养路费征收部门核定的车辆载重吨位和标记载重吨位不符，逃漏养路费为由对其进行处罚；二是有些省份养路费征稽人员在当月1日检查外省车辆当月养路费时，由于有的外省车辆因故来不及回车籍地交纳当月养路费，被视为未缴养路费行驶而被处罚。这些做法违背了交通部、财政部、国家计委、国家物价局《公路养路费征收管理规定》〔91〕交工字714号，应当予以纠正和规范。为此，现就(91)交工字714号文的有关规定重申如下：

一、关于车辆征费载重吨位的核定问题

各地养路费征稽部门和征费人员一定要严格按照(91)交工字714号文《第十条、第十一条》和交通部、国家物价局印发的《公路汽车征费标准计量手册》〔91〕(交工字789号)的规定认真核定，并计征养路费。各地养路费征稽部门和人员在稽查中，对外省(区、市)车辆征费载重吨位应以车籍地征稽部门核定的载重吨位为准；对确实发现征收吨位与核定吨位不符的车辆，应通知车籍地养路费征稽部门的上级主管部门对其进行查处，不得在当地对车主进行处罚。

二、关于票证的有效期问题

对于缴费票证的有效期，各地征费部门和征费人员必须严格按照(91)交工字714号文第十八条第四款的规定执行，不得随意改变。

请各地公路养路费征稽部门严格执行有关规定，各省(区、市)交通主管部门对有令不行、有禁不止的单位和个人，要采取措施予以纠正和禁止，自觉维护交通部门的形象，为实现今年国省道基本无“三乱”的目标而做好工作。

108.关于大庆油田车辆缴纳养路费有关问题的复函

（1997年12月4日　交通部、国家计委　交公路发〔1997〕814号）

中国石油天然气总公司、中国石油化工总公司：

你公司《关于油田车辆缴纳养路费问题的请示》(〔97〕中油财字第277号)和《关于要求免征大庆石化总厂车辆养路费的请示》(中石化〔1997〕财价字119号)收悉，经研究，现就有关问题函复如下：

一、养路费征收应严格按照交通部、国家计委、财政部、原国家物价局《关于发布(公路养路费征收管理规定)的联合通知》(〔91〕交工字714号)第九条、第十条“矿山、油田、林场内完全不行驶公路的采矿自卸车，油田设有固定装置的专用生产车，林场的积材车免征养路费”；“由专用单位自建、自养的专用公路(不包括生产作业道路)，其单线里程在二十公里以上的农场、林场、油田等单位，可根据其车辆跨行公路情况，适当减征20%—60%”的规定，以及黑龙江省人民政府办公厅(黑政办综〔1996〕75号)文的协调意见，大庆地区符合第九条的单位车辆，免征养路费；符合第十条的单位车辆，一律按减征费额的下限执行，即减征费额的60%，征收40%。征费单位不得擅自扩大征收范围，也不得漏征。

二、黑龙江省交通厅和大庆石油管理局、大庆石化总厂均要从维护国家稳定大局出发，互相配合，共同做好工作，保证油田正常生产和养路费征收工作的顺利进行。

109.关于转发财政部《关于养路费及公路建设基金纳入财政预算管理的通知》的通知

（1996年12月20日　交通部　交财发〔1996〕1097号）

各省、自治区交通厅，北京市交通局，天津市、上海市市政工程局：

现将财政部《关于养路费及公路建设基金纳入财政预算管理的通知》（财工字〔1996〕300号）转发你们，结合我部实际情况，现将有关事项通知如下，请认真贯彻执行。

一、关于养路费及公路建设基金纳入财政预算管理问题，我部与财政部进行了多次研究，并就此问题请示了邹家华、吴邦国副总理，国务院邹家华副总理、吴邦国副总理有明确批示，这充分体现了国务院领导同志对交通事业的关怀和重视，各省、市交通厅（局）要认真领会批示精神，提出具体措施，切实把国务院领导同志的指示落实到实处。

二、养路费是国家按照"以路养路"原则，由交通部门向有车单位征收的用于养护和改善公路的一项收费。养路费的特殊性一是养护资金具有随收随支、满收满支的特点，养护施工季节性强，水毁等自然灾害突发事件多，必须及时拨款抢修；二是养路费支出中，工资比重较大。以公路小修保养支出为例，人工费占47.7%。这些特殊性决定了养路费本质上是一种修理维护性政府基金。各省、市交通厅（局）应将养路费的性质、管理现状及特殊性向本省、自治区、直辖市政府和财政厅（局）汇报，取得地方政府和财政厅（局）的理解与支持。

三、各省、市交通厅（局）在与当地财政厅（局）共同制定养路费、公路建设基金纳入预算管理的具体实施办法的过程中，要按照国务院国发〔1996〕29号文件精神，充分考虑养路费的特殊性及本省的实际情况，制定切合实际的规定，保证对突发事件、养路职工工资及道路抢修费用的及时足额拨付，确保社会稳定。

四、各省、市交通厅（局）要进一步加大养路费征收管理工作力度，堵塞征管工作中的漏洞，防止养路费收入的流失。养路费纳入财政预算管理后，其征收管理体制和征收办法、范围、环节及程序等，继续按现行规定执行。

附件：关于养路费及公路建设基金纳入财政预算管理的通知

关于养路费及公路建设基金纳入财政预算管理的通知

（1996年9月24日　财政部　财工字〔1996〕300号）

各省、自治区、直辖市财政厅(局)：

根据国务院国发〔1996〕29号《国务院关于加强预算外资金管理的决定》，我部对纳入财政预算管理的13项政府性基金(收费)正在制定具体的管理办法。鉴于养路费、公路建设基金两项基金属地方基金，现就这两项基金纳入财政预算管理的原则问题通知如下：

养路费和公路建设基金的收支管理要按照统一领导、集中管理的原则，纳入省级财政预算管理，收入缴入省级金库，使用由省级交通部门按照规定程序提出计划，同级财政部门按规定拨付。专款专用。年终结余结转下年度继续使用。养路费票据样式由交通部负责制定，财政部负责监制(具体管理办法由财政部另行制定)。有关养路费、公路建设基金预算管理的具体内容，按财政部颁发的《关于制发政府性基金预算管理办法的通知》执行。

根据国务院国发〔1996〕29号文件和本《通知》精神，各省、自治区、直辖市财政厅(局)应会同交通等部门尽快制定养路费、公路建设基金纳入预算管理的具体实施办法，并报财政部、交通部备案。

本《通知》自1997年1月1日起执行。

110.关于对《公路养路费征收管理规定》中几个问题请示的复函

(1998 年 1 月 14 日　交通部　公养字〔1998〕6 号)

山东省交通厅：

你厅《关于〈公路养路费征收管理规定〉中几个问题的请示》(鲁交财〔1997〕55 号)收悉。经研究，现函复如下：

交通部、国家计委、财政部、国家物价局发布的《公路养路费征收管理规定》(〔91〕交工字 714 号)第九条第三款规定：只在由城建部门修建和养护管理的市区道路固定线路上行驶的公共汽车、电车(不包括任何出租车)免征养路费。免征养路费是为减少国家财政开支而规定的。"公共汽车"是指由国家财政或地方投资购置，并由财政补贴经营的公共汽车公司(公司性质是不以盈利为目的，服务城市职工，方便居民生活)在市内定点运行的载客车辆。

特此函复。

111.关于行驶市郊公路的公共客运车辆应否缴纳养路费等交通规费的复函

(1998年8月5日　交通部　交函公路〔1998〕296号)

四川省交通厅:

你厅《关于行驶市郊公路的公共客运车辆应否缴纳养路费等交通规费的请示》(川交法〔1998〕103号)收悉。经研究,答复如下:

一、公路养路费是公路养护和改建的专项经费,凡行驶(含跨行)交通部门投资建设和养护管理的公路的车辆(免征车辆除外),均应按交通部、国家计委、财政部、国家物价局联合发布的《公路养路费征收管理规定》(交工字〔1991〕714号)缴纳养路费。

二、公路客运附加费是国家为加快公路建设而开征的费目。你厅应按照国家发展计划委员会、财政部、交通部《关于规范公路客货运附加费增加公路建设资金的通知》(特急计价管〔1998〕1104号)的规定征收。

112.关于做好养路费征收工作的通知

（1998年10月6日　交通部　公管理字〔1998〕49号）

各省、自治区、直辖市交通厅(局),上海市市政工程管理局,天津市市政工程局,各计划单列市交通局(委、办):

近来,伪造养路费缴讫证,逃漏国家规费的案件在不同地区不断出现。仅江苏一地已连续查获天津、河南、上海、广东、北京等地100多辆伪造养路费缴讫证的车辆。这些行为严重影响了国家规费的正常收缴,给当前加快公路建设工作带来了不利影响。

为了维护国家利益,确保1998年公路养路费征收任务的足额完成,各级交通主管部门要切实加强对养路费征收工作的领导,养路费征稽机构要进一步提高认识、统一思想,加大稽查力度,确保1998年公路养路费征收任务的足额完成,继续为公路事业的发展作出应有的贡献。

113.关于黑龙江省林业车辆缴纳养路费问题的复函

（1998年12月1日　交通部、国家计委　交公路发〔1998〕744号）

黑龙江省交通厅：

你厅《关于对我省林业车辆应如何缴纳养路费问题的请示》（黑交发〔1998〕101号）收悉，经研究，现就有关问题函复如下：

一、养路费征收应严格按照交通部、国家计委、财政部、原国家物价局《关于发布（公路养路费征收管理规定）的联合通知》（〔91〕交工字714号）的规定征收。其中第九条（八）“矿山、油田、林场内完全不行驶公路的采矿自卸车，油田设有固定装置的专用生产车，林场的积材车免征养路费”规定中的“林场积材车”是指林区生产专用机械和完全不行驶公路的运材车辆。

二、黑龙江省交通厅和森工总局均要从维护国家稳定大局出发，互相配合，相互支持，共同做好工作，保证森工企业正常生产和养路费征收工作的顺利进行。

114.关于加强养路费等交通规费征收工作的紧急通知

(1998年12月30日　交通部、财政部　交公路发〔1999〕4号)

各省、自治区、直辖市及计划单列市人民政府,新疆生产建设兵团:

为了治理公路"三乱",从根本上减轻企事业单位和人民群众负担,理顺税费关系,合理筹集交通维护和建设资金,国务院决定对交通和车辆收费进行改税。为确保这项改革的顺利进行,目前国务院有关部门在广泛征求意见和调查研究的基础上,正在对有关方案作进一步的完善。为此,各地都应继续以积极的态度支持这项改革。但是今年9月份以来,一些地方的单位和个人借交通和车辆费改税之机,偷、逃养路费等交通规费,有的地方甚至出现公然暴力抗费事件,给国家造成了严重的经济损失,为了维护国家利益,做好改革前后有关税费征收的衔接工作,确保改革前有关规费的及时、足额征收,现将有关事宜通知如下:

一、在国家尚未实施交通和车辆收费改革之前,各级人民政府要加强对养路费等交通规费征收工作的领导,做好有关协调工作,及时解决征收工作中出现的问题,维护征费秩序,确保交通规费的正常收缴。

二、各有关部门要积极配合、支持交通征稽机构做好养路费等交通规费的征收工作,严禁利用特权拒缴养路费等交通规费。

三、各级交通征稽机构要进一步统一思想、提高认识,依靠各级人民政府加大稽查力度,切实做到应征不漏。对违反规定,偷、逃养路费等交通规费的单位和个人,应给予严肃查处;对拒缴、抗费和妨碍征稽机构执行公务的,要给予严惩,情节严重的,移送司法机关依法追究刑事责任。

四、各地交通规费征稽人员要坚守岗位,恪尽职守,照章收费,不得因收费改革而影响正常的征收工作,严禁借改革之机为逃费、欠费、偷费的单位和个人大开方便之门,违者要严肃处理。

五、为做好收费改革的准备工作和有利于征收工作的衔接,除车辆购置附加费仍按现行规定征收外,1999年度养路费、(海南省燃油附加费)、公路运输管理费、公路客货运附加费、长江干线航道养护费、内河航道养护费、水路运输管理费、水运客货运附加费等交通规费一律统一按月计征。未经交通部、财政部批准,各地不得擅自按季或按年(含半年)计征上述交通规费。

115.关于对公路养路费等预算外资金管理事项的复函

（1999年8月18日　交通部　交函财〔1999〕228号）

浙江省交通厅：

你厅《关于公路养路费等预算外资金管理事项的请示》（浙交〔1999〕321号）收悉。现将我部意见函告如下：

《国务院关于加强预算外资金管理的决定》（国发〔1996〕29号，以下简称《决定》）第二条明确规定："将养路费……公路建设基金……等13项数额较大的政府性基金（收费）纳入财政预算管理。基金（收费）收入要按现行体制及时上缴中央金库或地方金库，使用由主管部门提出计划，财政部门按规定拨付，属于基本建设用途的，由财政部门按计划部门批准的项目计划安排支出，实行收支两条线管理，加强财政、审计监督。"《决定》中的有关规定，体现了加强预算外资金管理精神，又兼顾了这些政府性基金（收费）现行管理体制中的合理部分。我部认为，你省现行的养路费、公路建设基金、港航事业费等预算外资金管理办法是符合《决定》精神的，是与你省现行公路、水路管理体制相适应的，在国家没有出台新的管理规定前，不宜改变。望你厅积极向省有关部门做好说明和解释工作，争取他们的理解和支持，并主动及时将有关情况向省领导汇报。

116.关于印发《公路汽车征费标准计量手册》(第三册)的通知

(2000 年 11 月 2 日　交通部、国家计委　交公路发〔2000〕563 号)

各省、自治区、直辖市交通厅(局、委)、计委、物价局,上海市市政工程管理局,天津市市政工程局:

根据《公路养路费征收管理规定》、《公路科学养护与规范化管理纲要》和国家有关价格法规的规定,1991 年交通部与国家物价局联合审定批准印发了《公路汽车征费标准计量手册》(第一册),1996 年交通部、国家计委联合审定批准印发了《公路汽车征费标准计量手册》(第二册)。为进一步加强和规范对机动车辆和交通规费征收工作的管理,适应汽车工业和公路运输市场发展的需要,根据《中华人民共和国公路法》和《国务院办公厅转发交通部等部门关于继续做好公路养路费等交通规费征收工作意见的通知》(国办发〔2000〕2 号)精神,交通部与国家计委联合审定批准了《公路汽车征费标准计量手册》(第三册),现印发给你们,自公布之日起试行。原计量手册第一册、第二册内容与第三册内容有不一致的,以第三册规定的征费标准计量核定原则和公布车型的征费标准计量为准。各地在试行中如发现问题,请及时函告交通部和国家计委。

附件:《公路汽车征费标准计量手册》(第三册)(略)

117.关于对中国红十字会总会红二字〔2001〕26号文件的意见的函

（2001年5月8日　交通部　厅公路字〔2001〕241号）

国务院办公厅：

“贷款修路，收费还贷”是国家为加快公路建设作出的一项重要决策。1988年1月5日，交通部、财政部、国家物价局联合发布的《贷款修建高等级公路和大型桥梁、隧道收取车辆通行费规定》（〔1988〕交公路字28号）中明确“除正在执行紧急任务、设有固定装置的消防车、医院救护车、公安部门的警备车外，对其它任何机动车辆均应一律收取车辆通行费”；1997年3月5日国务院办公厅、中央军委办公厅联合发出的《关于免收军车通行费和军队生产经营车辆改挂地方车辆号牌问题的通知》规定“对军车免收过路过桥等费用”（国办发〔1997〕7号）。多年来，除上述四种车辆外，其它所有社会车辆在通过公路收费站时，都按照有关规定交纳车辆通行费。实施收费公路的政策，有效地缓解了我国公路建设资金严重不足的问题，对加快发展公路交通基础设施，促进社会进步和经济发展起到了重要的作用。

红十字会提出的“红十字工作人员及车辆在执行救助，救护任务时优先通行，救护、救助车辆免交过路费”的问题，我们认为给予优先通行是必需的，且目前也是按照有关规定这样做的。但免交通行费的问题由于涉及面广，不易区别，操作难度大，而且由于目前已有许多收费公路是由外商投资建设和经营的，属企业行为，如政府强制要求免费，扩大免费范围，将会引发许多新问题。因此，我们建议仍按照〔1988〕交公路字28号文件执行。

118.关于对大庆油田部分车辆应如何征收养路费问题的复函

(2001 年 9 月 13 日　交通部　厅公路字〔2001〕474 号)

黑龙江省交通厅:

你厅《关于我省大庆油田部分车辆应如何征收养路费的请示》(黑交发〔2001〕270 号)收悉,现答复如下:

一、公路养路费是国家按照“以路养路、专款专用”的原则,向有车单位和个人征收的用于公路养护、修理、技术改造、改善和管理的专项事业费。征收养路费按照交通部、财政部和原国家物价局 1991 年联合发布的《公路养路费征收管理规定》(91 交工字 714 号)(以下简称《规定》)执行。

二、关于有自养专用公路单位的车辆征收养路费问题。《规定》第十条第二款明确规定“由专用单位自建、自养的专用公路(不包括生产作业道路),其单线里程在 20 公里以上的农场、林场、油田等单位,可根据其车辆跨行公路情况,适当减征 20%—60%。”据此,对大庆石油管理局的车辆,你厅给予减征 60%的养路费是符合国家规定的。

三、关于油田设有固定装置的专用生产车辆征收养路费问题。《规定》第九条第(八)款规定:“矿山、油田、林场内完全不行驶公路的采矿自卸车,油田设有固定装置的专用生产车,林场的积材车”暂定免征养路费。因此,对大庆油田内完全不行驶公路的设有固定装置的专用生产车应免征养路费。

四、根据《规定》,凡符合国家减征或免征公路养路费条件的车辆,当改变使用性质、超出使用范围、变更使用单位、从事社会工程施工、参加营业运输时,均应全额缴纳公路养路费。

特此函复。

119.关于对计划生育流动服务车免征公路养路费的通知

(2001年12月3日　交通部、国家计委、财政部　交公路发〔2001〕712号)

各省、自治区、直辖市交通厅(局、委)、计委、财政厅(局),上海市市政工程局,天津市市政工程管理局,新疆生产建设兵团交通局、计委、财务局:

为加强和完善农村地区计划生育服务网络建设,切实解决贫困地区计划生育工作中存在的实际困难,更好地为中西部及边远贫困地区的育龄妇女提供及时的避孕节育、优生优育、生殖保健等上门服务,决定对国家为中西部及边远地区县级计划生育服务机构装备的集计划生育宣传、技术服务为一体且拥有国家计划生育委员会核发的使用许可证(样式附后)的多功能计划生育流动服务车免征公路养路费。但上述车辆改变使用性质、超出使用范围、变更使用单位、参加营业运输的,均应按规定全额缴纳公路养路费。请遵照执行。

附件:计划生育流动服务车使用许可证

计划生育流动服务车使用许可证

中华人民共和国

国家计划生育委员会（盖章）

（正　面）

单位名称：

汽车型号及名称：

底盘号：

发动机号：

车牌号：

证件编号：　　　　　发证日期：

注：

1. 此证只作为计划生育流动服务车免征养路费的依据。
2. 此证只限本车使用，不得涂改、转让。
3. 妥善保管，如有遗失，立即上报。
4. 计划生育流动服务车应专车专用，不得改变其内部结构及用途。

（背　面）

120.关于公路养路费征收标准有关问题的说明

(2002年3月15日　交通部　厅公路字〔2002〕100号)

国家发展计划委员会办公厅:

你厅《关于公路汽车养路费征收标准有关问题的函》(计办价格〔2002〕302号)收悉。现将有关情况函告如下:

为促进公路养路费征收工作的规范化管理,使各地征费部门对车辆(特别是客车、特种车等车辆)有一个统一的征费计量标准,根据《公路管理条例》及其实施细则(第47条)、《公路养路费征收管理规定》(交工字〔1991〕714号)以及国家有关价格规章的要求,交通部与国家计委联合颁发了《公路汽车征费标准计量手册》(以下简称《计量手册》),作为科学、合理计量征收公路养路费的标准。《计量手册》(第三册)于1999年8月由两部委联合颁发。但自2000年国家经贸委实施车辆产品目录管理方式改革以来,新的汽车产品目录大量产生,许多不同品牌的同一类型车辆的技术参数及车辆标识差异很大,给公路计量征收工作带来了许多新的问题,加之监管乏力,导致车辆"大吨小标"、假型号、假标识的情况愈演愈烈,许多车辆类型在《计量手册》(第三册)中无从核对,严重影响了全国公路养路费的征收工作。为此,交通部与国家计委委托陕西省交通征费稽查局,在《计量手册》(第三册)的基础上,撰编第三册修订本。2001年10月19日,陕西省交通厅与省物价局组织有关专家对修订本进行了评审,并将评审意见送两部委审批。同年11月,编写单位与中国物价出版社在两部委尚未正式批复的情况下,便向全国印发了第三册修订本。据悉,广西、江苏等少数省市已经开始试行第三册修订本。对此,我部与你委曾多次协商研究,并由我部于3月15日向全国各省发出明传电报(已抄送你委),通知各地交通部门暂缓执行《计量手册》(第三册)修订本,以纠正有关问题,消除不良影响。

我们认为,陕西省交通征费稽查局与中国物价出版社印发的《计量手册》(第三册)修订本,对车辆的计量核定标准是正确的,也是目前公路养路费征收工作中急需解决的问题,但其在理解上有偏差,在具体做法上操之过急,未严格按照国家有关程序要求办理。对此,我们也有失察的责任。今后我们将与你委有关部门加强沟通,进一步研究解决《计量手册》(第三册)在执行过程中出现的问题,确保国家公路养路费征收工作的正常进行。

附件:国家计委办公厅关于公路汽车养路费征收标准有关问题的函

国家计委办公厅关于公路汽车养路费征收标准有关问题的函

(计办价格〔2002〕302 号)

交通部办公厅:

国办秘书一局转来《专报信息》75 号,刊登的《新的载货车收费政策将使“大吨小标”治理前功尽弃》一文,反映交通部、国家计委于 2001 年 11 月下发的《公路汽车征费标准计量手册》(第三册)修订本(简称《修订本》),对各种车型的公路收费标准进行了调整,影响了载货车“大吨小标”的治理。吴邦国副总理在上面作了重要批示。

经查,我委并未批准印发《修订本》。为了及时纠正有关问题,并消除不良影响,我委已通知出版单位中国物价出版社立即封存尚未发行的《修订本》。请你部通知各地养路费征稽部门立即暂停执行《修订本》,并查清《修订本》未经批准印发执行的有关情况,函告我委。

二〇〇二年三月十五日

国家计划发展委员会办公厅

121.关于印发2005年度全国公路养路费票据式样暨加强公路养路费征收管理工作的通知

（2004年9月23日　交通部、财政部　交公路发〔2004〕543号）

各省、自治区、直辖市、新疆生产建设兵团交通厅（局、委）、财政厅（局），上海市市政工程管理局，天津市市政工程局：

为确保2005年度全国公路养路费征收管理工作的正常进行，现就全国公路养路费票据式样及征收管理工作的有关问题通知如下：

一、各地必须严格按照《国务院办公厅关于继续做好公路养路费等交通规费征收工作的通知》（国办发〔2000〕2号）等文件的要求，加强管理，加大力度，继续做好公路养路费的征收和管理工作。

二、为解决当前因伪造公路养路费票据造成国家规费严重流失等问题，决定从2005年起，对全国公路养路费票据式样进行改版，原公路养路费票据式样一律作废。请各省、自治区、直辖市交通、财政主管部门严格按照附件的要求，抓紧统一印制2005年度公路养路费票据式样及缴讫证，并严格按照规定设置防伪标志，不得擅自改变票据式样和防伪标志。

三、各级交通、财政主管部门要加强对公路养路费征管工作的领导、宣传和协调，及时解决征收工作中出现的问题，维护征费秩序。各级交通规费征稽机构要加强稽查，对漏缴和拖欠的公路养路费，要坚决追缴并依法收取滞纳金和罚款；对使用假冒或不符合本通知要求的公路养路费票据的，要视同逃缴公路养路费处理；对印制假冒养路费票据的行为，要严厉打击，为公路养路费征收与管理工作创造良好的环境。

四、各级交通主管部门和交通规费征稽机构要严格按照经批准的标准征收公路养路费，严禁擅自调整公路养路费征收标准、减少包缴比例，进行跨省（区、市）抢征异地车辆公路养路费。交通部、财政部将会同有关部门加大监督检查工作力度，对违反上述规定的行为进行严肃处理，并在全国公开曝光，通报批评。

附件：2005年度全国公路养路费票据式样（略）

122.关于明确2005年度公路养路费征收工作有关问题的通知

（2004年12月15日　交通部　交公路发〔2004〕750号）

各省、自治区、直辖市、新疆生产建设兵团交通厅(局、委),上海市市政工程管理局,天津市市政工程局:

经国务院同意,交通部、公安部、发展改革委、工商总局、质检总局、安全监管局、法制办、中宣部等八部委从今年6月起在全国集中开展车辆超限超载治理工作。其间,对车辆"大吨小标"和非法改装行为进行了全面清理。由于在用"大吨小标"车辆的吨位恢复工作进展缓慢,还有相当数量的"大吨小标"车辆没有恢复吨位。为了进一步加快这项工作的进程,促进治理车辆超限超载工作的深入开展,确保车辆公平交费和养路费征收工作的顺利进行,经商有关部门,现就2005年度全国公路养路费征收计量的有关问题通知如下:

一、各级交通主管部门要按照交通部、财政部、原国家计委、原国家物价局联合发布的《公路养路费征收管理规定》(〔91〕交工字714号),加强领导,维持正常的征费秩序,确保2005年公路养路费征收工作的顺利开展。

二、2005年度全国公路养路费征收计量工作仍然按照《关于在全国开展车辆超限超载治理工作的实施方案》(交公路发〔2004〕219号)的原则执行。鉴于发展改革委发布的《车辆生产企业及产品公告》、《载货类汽车质量参数调整更正表》是国家对汽车核定载质量的规定,也是各地核定车辆行驶证载质量的唯一依据,加之当前车辆假行驶证泛滥和一车多证,为避免公路养路费征收管理工作的混乱,各地在公路养路费征收计量的具体工作中,在确保稳定的前提下,可参考如下标准和原则执行:

(一)从2005年1月1日起,载货类汽车按照发展改革委发布的《车辆生产企业及产品公告》、《载货类汽车质量参数调整更正表》和发展改革委2004年第31号公告核定的车辆吨位计量征收公路养路费,其他各类车辆按照交通部和原国家计委联合发布的《公路汽车征费计量手册》(第三册)的要求,计量征收公路养路费。

(二)发展改革委《车辆生产企业及产品公告》和《载货类汽车质量参数调整更正表》中,同一车型质量参数多次公布且前后不一致的,按最新公布的标准核定。

(三)未列入发展改革委《车辆生产企业及产品公告》的车辆,仍然按照交通部和原国家计委联合发布的《公路汽车征费计量手册》(第三册)的要求,计量征收公路养路费。

三、各级交通主管部门在公路养路费征收计量工作中,要及时做好解释工作,协调解决工作中出现的问题。此外,还要规范征费行为,提高工作效率,增强服务意识,在确保照章办事、依法征费的同时,让车主满意,让社会满意。

123.关于规范转籍车辆公路养路费征收工作的通知

（2005年12月14日　交通部　交公路发〔2005〕625号）

各省、自治区交通厅，北京、重庆市交通委员会，天津市市政工程局，上海市市政工程管理局：

由于各地对《公路养路费征收管理规定》（〔91〕交工字714号）中"缴费截止日期"理解不一致，导致部分转籍车辆被强制重复征收养路费。为维护人民群众的切身利益，进一步规范和完善养路费征收管理工作，现就转籍车辆养路费征收管理有关问题通知如下：

一、机动车辆转籍时，原车辆所有人应到转出地征稽机构缴清养路费，并凭机动车转出证明材料，办理养路费异动（转籍）通知书；现车辆所有人应在车辆转籍后30日内持转出地征稽机构出具的养路费异动（转籍）通知书、有效期养路费缴讫证等相关手续到转入地征稽机构办理养路费建档登记，并从已缴费截止日期的次月起在转入地接续缴纳养路费。无转出地征稽机构出具的养路费异动（转籍）通知书的，应责令其限期回转出地征稽机构补办。

二、从2006年1月1日起，省际间转籍车辆的养路费在转出地征稽机构只缴至转籍当月，已预缴后续月份养路费的，由转出地征稽机构予以退还。

三、转籍车辆没有有效养路费缴讫证且超出规定时间未到转入地征稽部门建档缴费的，按逃缴养路费处理。

四、2005年底以前，转籍车辆已经在转出地和转入地重复缴纳养路费的，由转入地征稽机构退还或抵扣重复收取的养路费费款部分；转籍车辆已在转出地征稽机构缴清截止2005年底应缴养路费，但未及时到转入地征稽机构建档登记并办理养路费相关手续的，转入地征稽机构经核实后应主动帮助转籍车辆建档登记，并不得强制其重复缴费或收取滞纳金。

124.关于广东省交通厅调整养路费缴费时间的复函

(2006 年 6 月 14 日　交通部办公厅　厅函公路〔2006〕140 号)

广东省交通厅:

你厅《关于调整养路费缴费时间的请示》(粤交费〔2006〕235 号)收悉。经研究,现函复如下:

一、为方便车主缴费,同意你厅调整养路费缴费时间(试行)。在你省缴费的车辆,暂按下列日期办理缴费:月缴车辆应于每月 10 日前缴纳当月养路费,包缴车辆应在每年 3 月 31 日前缴纳当年全年养路费。请你厅完善方案,做好养路费缴费时间调整的试点工作,并及时协调解决实施过程中出现的问题。

二、各省(区、市)征稽机构在养路费稽查过程中,对持有广东省公路养路费缴讫凭证的车辆,按照上述规定和缴讫证标注的说明进行稽查。

三、各省(区、市)需要调整养路费缴费日期的,报部批准后统一公布。

特此函复。

附件:关于调整养路费缴费时间的请示

关于调整养路费缴费时间的请示

（粤交费〔2006〕235号）

交通部：

交通部等四部委《公路养路费征收管理规定》（交工字〔1991〕714号，以下简称《规定》）第17条的规定，征稽机构于每月月末之前征收次月养路费。新增车辆领取牌照后五日内到当地征稽机构办理养路费缴纳手续；《规定》第18条第四项规定，跨省、自治区、直辖市行驶的车辆由车籍地征稽机构征收养路费，外地不得重征。票证有效期超过"征收时间"三日的，视为无养路费票证跨行。随着经济的发展，我省车辆的总量也迅速增大，尤其是私人车辆的总数在快速增长，现行养路费征收期限的有关规定日益不能适应我省征费工作的实际需要。

一、主要问题：

（一）形成每年年底的征费高峰，车主缴费需要排长队，为群众缴费造成很大的不便。

（二）造成年度收入结算及征稽机构与收款银行之间账务核对的困难。我省自2003年1月1日起实行公路养路费征收票款分离，征稽部门填开养路费票据，委托银行收款，收入直接存入省国库。对预缴的养路费，公路部门在财务核算上采用权责发生制，而国库（包括银行）实行收付实现制，由于核算口径的不一致（银行按自然年、月结账，养路费实行预收制）。因此，双方调账，对账工作非常困难，对公路部门整个运作带来很多不便，至今仍无法与收款银行对清账目。

（三）新增车辆领取牌照后，车主必须赶在规定的时间内办理缴税、缴费、保险等多种手续，由于限期太紧，给新车缴纳养路费带来不便，车主多有抱怨。

二、为体现以人为本，方便车主缴费，提高征费管理水平，我厅建议对我省的养路费征费期限作如下调整：

（一）按每月缴纳养路费的车辆，征稽机构于每月10日前征收其当月养路费；一次性缴纳全年养路费的车辆，征稽机构于每年3月10日前征收其当年养路费。

（二）新增车辆领取牌照后30日内到当地征稽机构办理养路费缴纳手续。

（三）票证有效期超过"征收时间"十日的，视为无养路费跨行。

以上请示，请批复。

二〇〇六年三月三十一日

(四)路 政 管 理

125.关于处理石油管道和天然气管道与公路相互关系的若干规定(试行)

(1978年5月23日　交通部、石油部　交公路字〔1978〕698号、油化管道字〔1978〕452号)

为保证石油、天然气的正常输送和公路交通运输的安全畅通,以及公路的正常养护、维修与发展的需要,本着统筹兼顾,全面安排的方针,特制定本规定。

一、在地方党委的领导,石油部门和交通部门,都必须依靠群众,密切协商,妥善处理因敷设油、气管道或修筑公路所出现的相互干扰的问题。

在现有公路两侧敷设石油或天然气管道时,石油部门应将管道走向和使用要求等,事先与有关省、市、自治区交通部门联系,在地形困难地段管道定线时,应有交通部门主管路段的人员参加,双方要从全局出发、充分协商,根据“三结合”和现场涉及的原则,慎重研究排除干扰的具体措施,并在修建管道过程中切实执行,在协商中,交通部门如对现有公路有改建提高的计划时,应将该计划提供石油部门作为修建管道的参考;如有已批准的改建公路设计或有关文件,应作为管道定线时的依据,以尽量减少相互干扰。

在油、气管道附近新建公路时,交通部门应按上述原则,事先与有关石油部门联系协商。

石油部门和交通部门在各自施工中,必须经常对施工人员进行爱护公路、管道及其附属设施的思想教育。

二、在现有公路两侧敷设油、气管道,或在现有油、气管道附近新(改)建公路时,油、气管道的中心线与公路用地范围边线之间应坚持一定的安全距离。

1.对于石油管道,安全距离不应小于10m。

2.对于天然气管道,安全距离不应小于20m。

3.在县、社公路或受地形限制地段,上述安全距离可适当减少;在地形困难的个别地段,最小不应小于1m。

对于地形特殊困难,确实难以达到上述规定的局部地段,在对管道采取加强保护措施后,管道可埋设在公路路肩边线以外的公路用地范围内,新(改)建公路路基必要时也可填压管道两侧的防护范围,但其填压长度不应超过100m。

新(改)建公路需要进行爆破作业可能危及管道安全时,公路与管道间的安全距离,或一次使用的炸药量,应由公路部门会同石油部门事先进行协商确定。

敷设油、气管道应避开公路采石料场,或隔有足够的安全距离,以免开山放炮影响管道安全、妨碍公路部门采运石料,公路部门新设采石料场,距离现有管道也应有必需的安全距离。这些安全距离大小,由双方有关部门根据实际情况协商确定。公路部门不得在油、气管道防护带内取土、新植树木。

油、气管道防护带为管线中心算起，两侧各 5m 的范围。

三、油、气管道与公路应尽量减少交叉，如必须交叉时：

1.一般采取垂直交叉，从公路路基下穿越，如必须斜交，斜交角不宜小于 60 度；在特殊情况下，不应小于 45 度，在山区因受地形限制的个别地段，斜交角最小不应小于 30 度。

2.管道在公路下穿越（或路基填压管道）时，管道（或套管）顶面距公路路面顶面不应小于 1.0m，距公路边沟底面不宜小于 0.5m，同时还应结合石油部门有关管道穿越公路的技术规定，对管道采取相应的加强或保护措施。

四、油、气管道与公路桥、涵和渡口的关系：

1.油、气管道穿、跨越河流时，管道距大桥或渡口的距离，不应小于 100m；距中桥不应小于 50m。

在现有水下管线上下游新建公路桥梁时，大、中桥距水下管线不应小于 100m。

对小桥、涵洞应符合本规定第 2 条 1、2 项的规定。

2.油、气管道如在公路桥梁上游附近跨越河流时，其跨越构造物的设计洪水频率标准不应低于下游公路桥梁的设计洪水频率标准：如采取支架跨越，应采取加强措施，在现有跨河管道上游附近修建公路桥梁时，交通部门也应本此原则，确定设计洪水频率和加固桥梁结构。

3.石油管道如需在现有公路桥梁上跨越河流或与公路桥梁结合修建时，双方应根据桥梁和管道的结构类型、承载能力和技术状况协商确定。

天然气管道不得利用公路桥梁跨越河流。

4.公路渡船不得在水下管线附近抛锚。

5.油、气管道不得通过公路隧道。

6.在穿河管道附近新建桥梁时，施工机具不应进入管道的防护带内。

五、因敷设管道而损坏现有公路时，恢复公路所需的工料和费用，应由石油部门负担；因新（改）建工料而涉及管道时，交通部门应对管道采取加强或保护措施，并负担所需的工料和费用。在实施上述工作过程中，如某一方面限于条件或技术力量不足而难以完成时，可通过协商，委托对方协助或代为办理，但所需工料和费用，均由委托单位负担。

六、在本规定颁发以前，各地已敷设的油、气管道或已建成的公路，如果存在相互干扰的不安全因素，石油部门和交通部门应按本规定的原则，认真协商，分别情况，有计划地逐步进行改建，对于有严重相互干扰地段，主要是从公路桥梁上跨越河流的或在公路用地范围内裸敷的天然气道，以及在路肩上裸敷的各种管道等，均应迅速采取措施，在双方商定的时限内，排除干扰，保证安全。

为实施上述改建或排除干扰的工程，凡在原有公路用地范围内或桥梁上敷设的管道，应由石油部门负责；凡在原有管道附近新（改）建公路的，则由交通部门负责。

七、其他：

1.因管道施工或检修，涉及到砍伐行道树、拆毁现有公路设施等问题时，应征得有关交通部门的同意，并按现行有关规定办理，管道紧急抢险来不及联系时，应事后及时通知交通部门，并按现行有关规定办理。

2.管道施工机具、材料、不应堆在公路上，以确保公公路运输的安全畅通。

3.管道施工确实难以避免占用公路时，石油部门应事先取得有关交通部门同意（如属紧急抢险，事先来不及协商时，应在占用的同时进行联系、协商），并采取维持公路通行的措施；如需维持公路单车道通行时，单车道通行的路段长度不应超过 150m。管道施工完竣后，石油部门应负责将占用的公路路段按原来标准,恢复到原有状况。

4.管道施工必须挖断公路时,石油部门应事先征得交通部门的同意,并修好便道或采取其它维持交通的措施,管道应尽快埋好,回填夯实,铺好路面,恢复公路原状,以保证正常交通。

5.公路沥青加热场地应避开管道,施工机具不得离开现有公路进入管道防护带内,以保证管道安全。

6.凡为敷设管道修筑的专用公路、桥梁、隧道、还应符合有关管道设计的技术要求。

7.其他未尽事宜,或有特殊要求时,应根据本规定精神,由双方协商解决。

126.公路渡口管理规定

(1990年3月7日　交通部令〔1990〕第11号
1990年3月3日经第2次部长办公会议通过)

第一条　为加强公路渡口管理,确保安全畅通,依据《中华人民共和国公路管理条例》及其实施细则和《中华人民共和国内河交通安全管理条例》,制定本规定。

第二条　本规定所称公路渡口,是指由公路主管部门管理、连通水域两岸的公路,专门供运送机动车辆(包括同时搭载人员)的渡船停靠的人工构造物及相应设施,包括渡口的引道、码头、安全设施及其附属设施。

第三条　公路渡口管理工作实行统一领导,分级管理的原则。

国道、省道上的公路渡口,由省、自治区、直辖市公路主管部门负责修建、养护和管理。

县道上的公路渡口,由县(市)公路主管部门负责修建、养护和管理。

乡道上的公路渡口,由乡(镇)人民政府负责修建、养护和管理。

公路主管部门可授权公路管理机构管理公路渡口。

第四条　新建、改建国道、省道,在一般情况下不宜设置渡口;县道、乡道上设置或迁移渡口,应征求省级公路管理机构、水上安全监督机构和航道部门的意见后,报县以上人民政府批准。

跨省、自治区、直辖市渡口的设置或迁移,由所跨省、自治区、直辖市公路主管部门共同商定。

第五条　公路渡口应根据其规模、形式和渡运量,设置相应的管理单位,配备必要的管理人员,并可根据管理需要,报请当地人民政府批准,设立渡口公安派出所。

第六条　公路渡口应根据其形式、渡运量、水域情况和车辆过渡要求,合理设置码头、引道和配备渡船,设置必要的标志、助航导航设施、通信设施、安全消防设施、救生等设施。

渡口引道的宽度、纵坡和码头的设置,应符合《公路工程技术标准》以及其它有关的标准。

第七条　公路渡口受国家法律保护,任何单位和个人均不得侵占和破坏。

第八条　公路渡口应设立明显的"渡口管理区"标志,并设置由省级公路主管部门制定的《渡口守则》或《过渡须知》标牌。渡口管理人员应当向过往人员宣传安全渡运知识。

第九条　公路渡口的渡船,必须经港航监督部门登记和经船舶检验部门检验,持有合格证书或文件的,才能投入渡运。未经登记或检验不合格的,不准渡运。

第十条　公路渡口应建立健全船舶维修、航前检查、定期检查、安全航行、交接班和奖惩等各项规章制度,并认真贯彻执行,保证渡船处于适航状态。

第十一条　公路渡口渡船的驾驶、轮机人员,须经港航监督部门考试,取得相应等级的适任证书后,才能上船工作。

第十二条　公路渡口的安全管理工作,应接受港航监督部门的监督和指导。

渡船及船上人员应接受港航监督部门的监督管理。

第十三条　公路渡口管理人员应加强对渡口的养护。冬季应及时清除引道、码头和渡船上的冰雪;汛期或潮汛退水后应及时清除淤积泥砂、杂物和其它碍航物。

第十四条 公路渡口管理人员应科学地组织渡运,合理安排运力,提高渡运效率,尽量缩短车辆和人员待渡时间。

第十五条 车辆和人员过渡,必须服从渡口管理人员的指挥。车辆在渡口管理区域内应低速行驶,根据渡口管理人员的安排在指定地点候渡。执行紧急任务的消防车、救护车、警备车、工程抢险车、救助指挥车、运钞车等特种车辆以及客运班车,可在渡口管理人员的指挥下优先过渡,其它车辆按抵达的先后次序过渡。任何车辆均不得争道抢渡。

机动车驾驶员不得将制动、转向系统不良和有其它故障影响安全行车的车辆驶上渡船。

第十六条 装载物超长、超宽、超高的车辆或重型车辆过渡,须事先征得渡口管理单位和当地公路管理机构的同意,采取有效技术保护措施后,才准过渡。

第十七条 当载有易燃、易爆、易腐、易挥发、易污染及其它危险品的车辆过渡时,应尽量远离其它车辆停放。车辆驾驶人员须向渡口管理人员出示主管部门签发的"危险品运输许可证",渡口管理人员应视情况在采取必要的安全措施后安排渡运。装载危险品的车辆不得与客车同时过渡;严禁任何人隐瞒、伪装、偷运各种危险品过渡。

第十八条 公路渡口的渡船应严格按照船舶检验部门核定的载重装载,并配备足够的救生设备。严禁船舶吃水超过核定载重水线。渡口管理人员应严格控制荷载分布,保持装载平衡,确保渡运安全。

第十九条 车辆通过公路渡口,随车人员应下车过渡。人员下车后,车辆才能驶上渡船。车辆驶离渡船后,人员才能上车。上船时先车辆后人员,下船时先人员后车辆。每轮次客、货车辆应保持合理比例,并使船舶甲板留有足够的位置供人员安全站立。车辆驶上渡船后,驾驶人员不得擅离岗位,待渡船到达对面码头并安全停靠后,再依次驶离渡口区域。

第二十条 公路渡口一经开渡,不得随意停渡。但遇浓雾、大风、暴雨、洪水、急流以及河床变迁等情况,危及渡运安全时,公路渡口管理单位有权发布公告停渡。任何单位或个人不得强迫渡运或徇情渡运。

第二十一条 在通航河流上,公路渡口的渡船和其它航经渡口的船舶均应加强瞭望,谨慎操作,严格遵守避碰规则,防止碰撞事故的发生。未经允许,其它船舶不得随意在渡口码头停靠。

第二十二条 当渡口发生交通事故时。渡口管理单位应立即组织抢救。在引道、码头上发生的事故,须报请公安交通管理机关处理。在渡船及其跳板上发生的事故,须报请港航监督部门处理。

第二十三条 公路渡口渡政管理是公路路政管理的一部分。公路管理机构和渡口管理人员有权依法检查、制止、处理各种破坏公路渡口设施和危害渡运安全的行为。

第二十四条 公路渡口的管理实行以渡养渡的管理制度。经省级人民政府批准,公路管理机构可对过往渡口的车辆征收过渡费。过渡费视同公路养路费进行使用和管理。过渡费票证由省级公路主管部门商税务部门后统一印制、核发。征费人员应严格按核定标准收费,不得索取额外报酬。

第二十五条 在公路渡口码头、引道两侧修建永久性设施,其建筑物边缘与码头、引道边沟外缘的间距规定为:国道不少于20m;省道不少于15m;县道不少于10m;乡道不少于5m。

第二十六条 公路渡口上下游各200m范围内不得采挖砂石、修筑导流坝、倾倒垃圾和随意压缩或扩宽河床,也不得进行爆破作业。在渡口管理区域内埋设水下电缆、管道、从事其它有碍渡口设施和渡运安全的活动，须经公路管理机构批准。

第二十七条 禁止在公路渡口的码头、引道上摆摊设点、装卸货物、设置障碍。禁止随船叫卖和在渡船上摆摊。

第二十八条 对不服从管理和调度指挥，造成渡口管理区严重交通阻塞的人员和车辆，公路管理机构和渡口管理人员应暂停其过渡。

第二十九条 公路管理机构依据公路主管部门的授权，对违反本规定的单位和个人，可依法分别情况给予批评教育、罚款、责令恢复原状、责令赔偿损失、没收非法所得等处罚。

第三十条 公路管理机构的人员和渡口管理人员违反本规定，由公路管理机构给予行政处分或经济处罚。

第三十一条 违反本规定应受治安管理处罚的，由公安机关处理；构成犯罪的，由司法机关依法追究刑事责任。

第三十二条 各省、自治区、直辖市公路主管部门可根据本规定制定实施办法，并报交通部备案。

第三十三条 本规定由交通部负责解释。

第三十四条 本规定自1990年4月1日起施行。1962年1月交通部发布的《公路渡口管理暂行办法》同时废止。

127.关于路政管理若干问题的复函

（1991年10月22日　交通部　交函工字〔1991〕767号）

吉林省交通厅：

你省通榆县公路段一九九一年九月十日《关于路政管理若干问题的请求》悉。经研究函复如下：

一、关于"永久性工程设施"问题

该问题曾以(91)交函工字485号函作过解释，即"永久性工程设施"或"永久性构造物或设施"系指在公路两侧建筑红线控制范围内的地面或地下，采用耐久性建筑材料（如钢、钢筋混凝土、水泥、砖、木，石及其它材料等）构筑的，使用期限在半年以上的各种构造或设施（不包括公路设施）。

二、关于公路穿城镇问题

凡是由公路部门建设、养护、管理的穿过县（市）和县（市）以下城镇的公路路段，无论是否属于城镇规划范围，其两侧建筑红线必须按《中华人民共和国公路管理条例》（以下称《公路管理条例》）规定控制，凡是经协商改由城建部门负责管理和养护，其两侧建筑限界，由城建部门按有关规定负责管理。

三、关于"修建"一词的含义

《公路管理条例》第31条和《实施细则》第42条中的"修建"一词的含义，既包括新建、改建，也包括重建和翻建。

四、关于"增设公路道口"问题

公路道口设计标准尚待制定。凡当前要求在公路上设置与其他通路的平面交叉道口，应满足视距技术要求，保证行车、行人的安全畅通，并不得改变公路和公路设施的基本结构；做到排水畅通、路段顺适、平滑；增设道路交叉标志，并符合GBM工程的原则要求。

128.关于京津塘高速公路事故赔偿费和处理费暂行标准的复函

（1992 年 5 月 7 日　国家物价局　价费字〔1992〕212 号）

交通部：

你部交函工〔1992〕210 号《关于批准京津塘高速公路部分设施损坏赔偿费和收取事故排障、抢险拖运费暂行标准的函》收悉。经研究，同意你部对“京津塘高速公路部分设施损坏赔偿标准”和“京津塘高速公路收取事故排障、抢险拖运费暂行标准”的审查意见。上述标准自 1992 年 5 月 1 日起试行。

附表：1.京津塘高速公路部分设施损坏赔偿暂行标准

2.京津塘高速公路收取事故排障、抢险拖运费暂行标准

附表 1

京津塘高速公路部分设施损坏赔偿暂行标准

序号	设施名称	单位	赔偿标准(元)	备注
1	沥青混凝土路面	m^2	181.0	
2	沥青混凝土挡水缘石	m	90.0	
3	混凝土排水簸箕八字口	块	107.0	
4	混凝土排水簸箕筑体	m	113.0	
5	中央分隔带方砖	块	22.0	
6	波纹钢板护栏(4.3m)	块	403.0	
7	波纹钢板护栏(2.3m)	块	258.0	
8	波纹钢板护栏 Z 型柱	根	217.0	
9	防护网片	m^2	83.0	
10	防护网立柱	根	129.0	
11	防护网斜撑	根	101.0	
12	柱式轮廓标	根	159.0	
13	栏式轮廓标	块	33.0	
14	冷型反光标线	m^2	20.0	
15	热塑型反光标线	m^2	54.0	
16	反光标志牌	m^2	2570.0	
17	反光里程碑	件	179.0	
18	混凝土界碑	块	106.0	
19	混凝土桥栏杆	m^2	47.0	
20	收费岛船头	m^2	165.0	
21	大桧柏	株	216.0	
22	小桧柏	株	145.0	
23	刺柏	株	186.0	
24	草皮	m^2	7.0	
25	盆花	盆	5.0	
26	修复设施附加费			按实际发生计
26-1	占用 1 个车道	次	205.6	
26-2	占用 2 个车道	次	410.0	
26-3	占用硬路肩	次	79.0	

附表 2

京津塘高速公路收取事故排障、抢险拖运费暂行标准

序号	费用名称		单位	计费标准	备注
01	事故排障出动费		次	322.00	
02	车辆排障出动费		次	161.00	
03	车辆拖动费	车型	基价 （元）	空驶 （元/km）	拖运 （元/km）
		A	50.0	1.00	2.5
		B	70.0	1.30	3.0
		C	85.0	1.70	4.2
		D	135.0	2.70	6.7

129.关于对云南省交通厅《公路管理条例实施细则》有关问题的复函

(1992年11月25日　交通部　交函工〔1992〕782号)

云南省交通厅:

你厅云交法(1992)514号文《关于〈公路管理条例实施细则〉有关问题的请示》收悉,经研究复函如下:

为保障公路、公路构造物、公路设施及运输车辆和货物的安全,根据《公路管理条例实施细则》的规定,公路超限运输必须经公路管理机构批准,并办理超限运输手续。

《公路管理条例实施细则》第39条中"妨碍交通的,还需经公安交通管理机关批准"的意思是:凡因公路超限运输拟由交通主管部门或公路管理机构与当地公安交通管理机关联合发布通告中断公路交通的,属于妨碍交通安全的超限运输,还应经公安交通管理机关批准。

130.关于公路两侧建筑红线控制问题的复函

（1994年2月15日　交通部　交函工〔1994〕72号）

河北省交通厅：

你厅《关于公路两侧建筑红线如何控制问题的请示》（冀交公字〔1994〕9号）收悉。经研究函复如下：

地级市及其以上的大中城市规划区内仍由公路主管部门建设、养护、管理的公路路段，其两侧建筑红线按《中华人民共和国公路管理条例》及其实施细则的规定进行控制；经协商改由城建部门养护与管理的路段，其两侧建筑限界，应由城建部门按有关规定负责控制。

131.关于在公路上设置交叉道口有关问题的复函

(1994 年 3 月 2 日　交通部　交函体法〔1994〕108 号)

江苏省交通厅:

你厅《关于公路管理条例及实施细则中有关问题的请示》(苏交公〔1993〕113 号)收悉,经研究,函复如下:

一、在公路上设置交叉道口,应按照《中华人民共和国公路管理条例》(以下简称《条例》)第三十二条和《中华人民共和国公路管理条例实施细则》(以下简称《细则》)第四十三条的规定,事先经公路主管部门审核批准,并按公路工程技术标准的要求设计、修建。凡不符合上述规定的,公路主管部门可按照《条例》第三十四条、《细则》第五十四、五十九条的规定,分别情况责令其恢复原状、赔偿损失或处以罚款。

二、在公路上设置交叉道口后,是否要进行路产损害赔偿,赔偿多少,应根据我部和各地方的有关规定进行,如无具体规定,则应根据是否对路产造成损害及损害大小决定。

132.关于对湖南省交通厅《关于<路政管理>标牌是否属非法定标牌的请示》的复函

(1996年11月29日　交通部　交函公路〔1996〕474号)

湖南省交通厅：

你厅《关于〈路政管理〉标牌是否属非法定标牌问题的请示》(湘交体法字〔1996〕第485号)收悉。经研究,现函复如下:

一、关于"路政管理"标牌是否属非法标牌的问题

最近,我部也相继收到其他一些省(市)的来电和请示,同时也看到了《公安部关于清理整顿警车、警灯、警报器和非法定标志牌的通知》(公通字〔1996〕48号)。对此,我部认为《中华人民共和国道路管理条例》并没有对车辆号牌做排它性规定,国家的有关法律、行政法规也从未规定车辆除悬挂公安部门核发的号牌外,不能再悬挂和张贴其它标志和标牌。所以,根本不存在公安部通知中指出的"一些地方、部门还违反国家有关机动车号牌管理的规定,擅自在车辆上悬挂、放置机动车号牌以外的非法定标志牌"的问题。因此,各地根据《中华人民共和国公路管理条例实施细则》第三十五条、第五十一条的规定,以及各省、自治区人大、政府从实际出发,制定的地方性法规和规章,如《公路管理条例》、《公路路政管理条例》、《公路养路费征稽办法》等规定,在路政巡查、征费稽查车辆上安装的路政、征费管理标志灯饰及标牌是合法标志,不是非法标志。

此外,公安部门依据公安部发布的《警车管理规定》开展清理整顿警车和警灯、警报器的专项活动是其职责范围内的工作,我们应给予配合。但不能以此为由拆除其它部门依法设置的合法标志,特别是仅凭一个部门的"通知"就否定国务院、部门和地方政府的法规和规章,我们认为是很不合适的,这样做易造成部门之间的矛盾,影响政府的形象和社会的稳定。更何况交通部门专用的"路政管理"、"运政管理"和"公路征费"标牌,不同于机动车号牌,只是执法识别标志,不可能造成"机动车号牌管理的混乱"。

二、关于加强交通部门专用车标牌管理的问题

为便于群众识别、监督和加强交通行业的执法管理工作,各地应根据《中华人民共和国公路管理条例实施细则》第三十五条、第五十一条和部下发的《关于统一全国交通管理业务专用标志和设施配备的通知》(交运发〔1992〕88号)以及各省、区、市有关规定,对本系统专业用车的标牌进行一次清理整顿,对假冒、伪造标牌者,一经发现,要严肃处理。凡不属于业务用车,不能放置标牌。放置标牌的专用车辆,更要模范遵守交通法规,文明执法。

你厅应从维护社会稳定和部门间关系的大局出发,及时向省政府汇报,请政府予以协调解决,以确保交通执法工作的顺利开展。

133.关于对占用公路者收取相应经济补偿问题的复函

(1998年6月15日　交通部　交函公路〔1998〕197号)

广西自治区交通厅:

你厅《关于对占用公路者收取相应经济补偿问题的请示》(桂交基建报〔1998〕59号)收悉,现函复如下:

一、关于占用公路的问题

《中华人民共和国公路法》(以下简称《公路法》)第五章对占用、挖掘公路以及在公路用地范围内架设、埋设管线、电缆等作了明确规定。占用公路是指侵占公路用地范围内的一切公路设施,包括路基、路面、排水、防护、交通工程等,其范围不仅包括公路净空,还包括地表以下部分。

二、关于补偿问题

《公路法》明确规定:占用、挖掘公路或者使公路改线的,建设单位应当事先征得有关交通主管部门的同意,应当按照不低于该段公路原有的技术标准予以修复、改建或者给予相应的经济补偿;在公路用地范围内架设、埋设管线、电缆等设施的,应当事先经有关交通主管部门同意,所修建、架设或者埋设的设施应当符合公路工程技术标准的要求,对公路造成损坏的,应当按照损坏程度给予补偿。

三、请你厅严格按照《公路法》的规定,加强对公路的管理,并请充分考虑邮电部门埋设管线对今后公路改、扩建工程的影响,做好规划,以免对将来公路的改、扩建带来不利影响。

134.关于青海省路政管理有关问题的复函

(2000年1月21日　交通部　交函公路〔2000〕14号)

青海省交通厅:

你厅《〈关于路政管理若干问题的复函〉有否普遍约束力的紧急请示》(青交法字〔99〕821号)收悉。经研究,现答复如下:

我部1991年给吉林省交通厅下发的《关于路政管理若干问题的复函》(〔1991〕交函工字767号)是对《中华人民共和国公路管理条例》的解释,对全国路政管理具有普遍效力。1997年施行的《公路法》没有废止《公路管理条例》,而且我部对复函中的四个问题也未作出新的规定,因此,《复函》继续具有效力。

135.超限运输车辆行驶公路管理规定

(2000年2月13日　交通部令〔2000〕第2号
2001年1月14日经第12次部长办公会议通过)

第一章　总　　则

第一条　为加强对超限运输车辆行驶公路的管理,维护公路完好,保障公路安全畅通,根据《中华人民共和国公路法》及有关法规,制定本规定。

第二条　在中华人民共和国境内公路上进行超限运输的单位和个人(以下简称"承运人"),均应遵守本规定。

第三条　本规定所称超限运输车辆是指在公路上行驶的、有下列情形之一的运输车辆:

(一)车货总高度从地面算起4米以上(集装箱车货总高度从地面算起4.2米以上);

(二)车货总长18米以上;

(三)车货总宽度2.5米以上;

(四)单车、半挂列车、全挂列车车货总质量40000千克以上;集装箱半挂列车车货总质量46000千克以上;

(五)车辆轴载质量在下列规定值以上:

单轴(每侧单轮胎)载质量6000千克;

单轴(每侧双轮胎)载质量10000千克;

双联轴(每侧单轮胎)载质量10000千克;

双联轴(每侧各一单轮胎、双轮胎)载质量14000千克;

双联轴(每侧双轮胎)载质量18000千克;

三联轴(每侧单轮胎)载质量12000千克;

三联轴(每侧双轮胎)载质量22000千克。

第四条　超限运输车辆行驶公路的管理工作实行"统一管理、分级负责、方便运输、保障畅通"的原则。

国务院交通主管部门主管全国超限运输车辆行驶公路的管理工作。

县级以上地方人民政府交通主管部门主管本行政区域内超限运输车辆行驶公路的管理工作。

超限运输车辆行驶公路的具体行政管理工作,由县级以上地方人民政府交通主管部门设置的公路管理机构负责。

第五条　在公路上行驶的车辆的轴载质量应当符合《公路工程技术标准》的要求。但对有限定荷载要求的公路和桥梁,超限运输车辆不得行驶。

第二章 申请与审批

第六条 超限运输车辆行驶公路前,其承运人应按下列规定向公路管理机构提出书面申请:

(一)跨省(自治区、直辖市)行政区域进行超限运输的,由途经公路沿线省级公路管理机构分别负责审批,必要时可转报国务院交通主管部门统一进行协调。

(二)跨地(市)行政区域进行超限运输的,由省级公路管理机构负责审批。

(三)在本地(市)行政区域内进行超限运输的,由地(市)级公路管理机构负责审批。

第七条 承运人向公路管理机构申请超限运输车辆行驶公路时,除提交书面申请外,还应提供下列资料和证件:

(一)货物名称、重量、外廓尺寸及必要的总体轮廓图;

(二)运输车辆的厂牌型号、自载质量、轴载质量、轴距、轮数、轮胎单位压力、载货时总的外廓尺寸等有关资料;

(三)货物运输的起讫点、拟经过的路线和运输时间;

(四)车辆行驶证。

第八条 超限运输车辆行驶公路前,其承运人应根据具体情况分别依照下列规定的期限提出申请:

(一)对于车货总质量在40 000千克以下,但其车货总高度、长度及宽度超过第三条第(一)、(二)、(三)项规定的超限运输,承运人应在起运前15日提出书面申请;

(二)对于车货总质量在40 000千克以上(不含40 000千克)、集装箱车货总质量在46 000千克以上(含46 000千克),100 000千克以下的超限运输,承运人应在起运前1个月提出书面申请;

(三)对于车货总重在100000千克(不含100000千克)以上的超限运输,承运人应在起运前3个月提出书面申请。

第九条 公路管理机构在接到承运人的书面申请后,应在15日内进行审查并提出书面答复意见。

公路管理机构在审批超限运输时,应根据实际情况,对需经路线进行勘测,选定运输路线,计算公路、桥梁承载能力,制定通行与加固方案,并与承运人签订有关协议。

第十条 公路管理机构应根据制定的通行与加固方案以及签订的有关协议,对运输路线、桥涵等进行加固和改建,保障超限运输车辆安全行驶公路。

第十一条 公路管理机构进行的勘测、方案论证、加固、改造、护送等措施及修复损坏部分所需的费用,由承运人承担。

第十二条 公路管理机构对批准超限运输车辆行驶公路的,应签发《超限运输车辆通行证》(以下简称《通行证》)。

《通行证》式样由国务院交通主管部门统一制定,省级公路管理机构负责统一印制和管理。

第三章 通行管理

第十三条 超限运输车辆未经公路管理机构批准,不得在公路上行驶。

第十四条 承运人必须持有效《通行证》,并悬挂明显标志,按公路管理机构核定的时间、路线和时速行驶公路。

第十五条 承运人不得涂改、伪造、租借、转让《通行证》。

第十六条 超限运输车辆的型号及运载的物品必须与签发的《通行证》所要求的规格保持一致。

第十七条 超限运输车辆通过桥梁时,时速不得超过5公里,且应匀速居中行驶,严禁在桥上制动或变速。

第十八条 四级公路、等外公路和技术状况低于三类的桥梁,不得进行超限运输。

第十九条 公路管理机构应在公路桥梁、隧道及渡口设置限载、限宽、限高标志。

第二十条 公路管理机构可根据需要在公路上设置运输车辆轴载质量及车货总质量的检测装置,对超限运输车辆进行检测。对超过本规定第三条第(四)、(五)项限值标准且未办理超限运输手续的超限运输车辆,应责令承运人自行卸去超限的部分物品,并补办有关手续。

第二十一条 公路管理机构应加强对超限运输车辆行驶公路的现场管理,并可根据实际情况派员护送。

第二十二条 在公路上进行超限运输的承运人,应当接受公路管理人员依法实施的监督检查,并为其提供方便。

第四章 法律责任

第二十三条 违反本规定第十三条、第十四条规定,在公路上擅自超限运输的,县级以上交通主管部门或其授权委托的公路管理机构应当责令承运人停止违法行为,接受调查、处理,并可处以30000元以下的罚款。

对公路造成损害的,还应按公路赔(补)偿标准给予赔(补)偿。

第二十四条 违反本规定第十五条、第十六条规定的,按擅自超限行驶公路论,县级以上交通主管部门或其授权委托的公路管理机构构应当责令承运人停止违法行为,并可处以5000元以下的罚款。

第二十五条 承运人拒绝、阻碍公路管理人员依法执行职务未使用暴力、威胁方法的,依照治安管理处罚条例第十九条的规定处罚;构成犯罪的,依法追究刑事责任。

第二十六条 交通主管部门或公路管理机构的工作人员玩忽职守、徇私舞弊、滥用职权,构成犯罪的,依法追究刑事责任;尚不构成犯罪的,由所在单位或上级主管部门依法给予行政处分。

第五章 附 则

第二十七条 各省(自治区、直辖市)交通主管部门可根据本规定制定实施办法,并报国务院交通主管部门备案。

第二十八条 超限运输车辆行驶公路赔(补)偿费标准由各省(自治区、直辖市)人民政府交通主管部门会同同级财政、物价主管部门制定。

第二十九条 本规定第三条第(五)项中,经国家批准生产的单轴轴载质量大于10 000千克、小于13 000千克(含13 000千克)的车辆,暂以国家核定的轴载质量视同轴载限值标准。

第三十条 本规定由交通部负责解释。

第三十一条 本规定自2000年4月1日起施行。

136.关于实施《超限运输车辆行驶公路管理规定》有关问题的通知

(2000年3月8日　交通部　交公路发〔2000〕123号)

各省、自治区、直辖市交通厅(局),上海市政工程管理局,天津市政工程局,各计划单列市交通局(委):

根据《公路法》的规定,由我部制定的《超限运输车辆行驶公路管理规定》(〔2000〕2号部令,以下简称2号部令)已发布,并将于2000年4月1日起实施,为认真做好2号部令的贯彻实施工作,现就有关问题通知如下:

一、各级交通主管部门要将超限运输管理工作纳入重要议事日程,切实加强领导,层层落实责任制,从组织上保证超限运输管理工作的顺利实施。同时应及时向当地政府领导汇报,争取政府的最大支持。

二、各级交通主管部门和公路管理机构要在2号部令实施前开展超限运输车辆行驶公路管理宣传月活动,利用各种宣传手段,通过多种渠道,面向全社会广泛深入开展宣传工作,让广大群众特别是车主和司机充分认识超限运输的危害性,了解超限运输管理的基本要求。

三、各级交通主管部门和公路管理机构要组织公路路政、运政管理人员学习2号部令,掌握超限运输管理的有关规定和具体要求。

四、各省、自治区、直辖市交通主管部门要根据本地实际,尽快制定切实可行的实施方案,并会同省级物价主管部门制定《超限运输车辆行驶公路赔(补)偿标准》。

五、各级交通主管部门和公路管理机构要以超载车辆为重点,加大治理力度,务必使当前车辆超载普遍及严重的现象得到有效遏制。对违反规定在公路上行驶的超限车辆,情节轻微的,要及时进行现场纠正,给予批评教育;情节严重的,要及时采取责令停驶、卸载等强制性措施,阻止违法行为继续进行。

六、各省、自治区、直辖市公路管理机构要根据本辖区内超限运输车辆的分布情况,配备必要的流动性超限检测设备,也可在主要的干线公路上设置固定的超限自动检测装置,充分利用高、新科技成果,不断强化管理手段。同时,还可根据需要,在超限运输检测站附近设立必要的卸货场。

七、各级交通主管部门和公路管理机构要加强对执法人员的培训,重点抓好形象教育、素质教育、政策法规教育和职业道德教育,坚持先培训发证后上岗执法,努力培养一支高素质的执法队伍,以确保超限运输管理做到行政执法规范、标准,服务语言文明、礼貌,案件处理妥善、及时。

八、各级交通主管部门要不断加强对超限运输管理工作的监督检查,逐步建立有效的激励约束机制,不断规范执法行为,防止出现公路“三乱”。同时,还应及时分析研究管理工作中出现的新情况、新问题,采取切实有效的措施予以解决。

九、各级运输管理部门在抓好运输市场管理的同时,应积极配合做好车辆超限运输管理工作,加强源头管理,制止车辆违章超载。

十、各级交通主管部门和公路管理机构依照 2 号部令规定，对经国家批准生产并投入市场的奔驰、斯泰尔、红岩、黄河等单轴轴载大于 10 吨、少于 13 吨的车辆，只要车货总重符合国家核定的吨位标准，暂不按超限处理，允许其上路行驶。

十一、各级交通主管部门和公路管理机构要在当地政府的领导下，积极与公安、法院等部门协调合作，争取他们的支持与帮助，将超限运输管理工作由部门行为逐步转变成社会行为。

137.关于进一步做好超限运输车辆行驶公路管理工作的通知

(2001 年 10 月 12 日　交通部　交公路发〔2001〕591 号)

各省、自治区、直辖市交通厅(局、委),上海市政工程局,天津市政工程管理局:

自去年 2 月部颁发《超限运输车辆行驶公路管理规定》(〔2002〕2 号令)以来,全国各地交通主管部门和公路管理机构相继制定了一系列的规章制度,并采取有效措施,规范行为,加强管理,治理和整顿违章超限运输车辆,取得了明显的成效。但在工作中,也出现了一些执法人员行为不规范,以罚代管,引发公路"三乱"等问题。为进一步规范超限运输车辆行驶公路管理工作,现就有关事项通知如下:

一、各级交通主管部门和公路管理机构要按照南昌全国公路养护管理工作会议对超限运输车辆行驶公路管理工作的要求,做好宣传工作,加强与公安等部门的协调与配合,实行综合治理。在巩固前一阶段已经取得的成果的基础上,继续抓好超限运输车辆行驶公路的管理工作。

二、治理违章超限运输车辆要突出重点,做好源头、重点地区和重点路段的治理工作。重点要治理大件物品运输和运送煤炭、矿料等建筑材料的大吨位超限运输车辆,对油、气、化学危险品专用运输车辆、蔬菜瓜果等鲜活物品运输车辆、国际集装箱运输车辆、以及持有省级公路管理机构核发的超限运输通知证的尺寸超限车辆,一律不得进行运输途中的检查。

三、坚持"科学检测、卸载放行"的原则,规范检测站的设置和检查行为。超限检测站应尽可能结合交通稽查站或收费站设置,检测工作必须配备专门检测装置,设置停车场地和卸货场所。需要增设的超限检测站,必须报经省级人民政府批准。超限检查工作必须在检测站内进行;执法人员不得随意上路拦车检查和目测判定车辆是否超限。对经检测确属超限的车辆,一律卸载后,方可允许驶离,严禁罚款收费后放行。

四、严格证件管理,禁止滥发超限运输通行证。经审核批准,对高度不超过 4.3 米、宽度不超过 3 米、长度不超过 20 米的尺寸超限车辆,可发放超限运输通行证。超出上述尺寸的车辆应按大件运输车辆办理通行证。禁止对其他车辆随意发放超限通行证。

五、规范赔(补)偿费收取范围和罚款行为。对于大件物品运输车辆,如需加固、改造桥涵或开挖路面的,可签订协议收取补偿费;对于一般超限运输车辆,如对公路、桥梁及沿线设施造成明显损坏的,可根据损坏程度,按规定收取赔偿费;对于超过 2 号部令规定的违章超限运输车辆擅自行驶公路的,除实施卸载措施为主以外,性质严重的,按照《公路法》及 2 号部令等法规、规章的规定,处以适度的罚款处罚,不得乱罚款。

六、各省、自治区、直辖市交通主管部门和公路管理机构要加强执法培训,强化执法监督。对公路路政执法人员要组织培训,重点抓好形象教育、素质教育、政策法规教育和职业道德教育,必须坚持先培训后上岗。确保执法行为规范、标准,服务言语文明、礼貌,案件处理妥善、及时。同时,要进一步加大执法监督工作力度,严厉查处执法不规范行为,对于乱罚款乱收费等违法乱纪的执法人员,一经发现,要坚决调出执法队伍并给予相应的行政处分。

七、各省、自治区、直辖市交通主管部门和公路管理机构要切实加强对本通知以及部关于超限运输行驶公路管理的一系列文件的贯彻落实工作,并将存在的问题及时报部。

138.公路监督检查专用车辆管理办法

(2002年11月16日　交通部令〔2002〕第6号)

第一条　为加强公路监督检查专用车辆的管理,规范公路监督检查专用车辆的车型、标志和示警灯,根据《中华人民共和国公路法》的有关规定,制定本办法。

第二条　公路监督检查专用车辆是县级以上地方人民政府交通主管部门及其所属的管理机构依法进行公路监督检查时使用的专用车辆,其标志包括车辆颜色和文字标识,示警灯包括顶灯和发声器。

第三条　公路监督检查专用车辆的车型、标志和示警灯由交通部统一规范。

公路监督检查专用车辆的管理工作由省、自治区、直辖市人民政府交通主管部门负责。

第四条　任何单位和个人不得违反本办法擅自喷印、安装、使用公路监督检查专用车辆的标志和示警灯。

第五条　公路监督检查专用车辆的车型包括轿车、越野车和轻型客车三类。

第六条　公路监督检查专用车辆的基本色为白色,沿车辆前保险杆水平环绕车身以下部分为橙黄色;车身两侧统一喷印"中国公路"文字标识,字体为黑体,文字颜色为黑色(式样见附件一)。

第七条　公路监督检查专用车辆的示警灯为红、黄、蓝三色固定式排灯,安装在车顶前部。

示警灯排灯中间装备圆形红底白色公路路徽(式样见附件一);排灯颜色左右两侧对称分布,每侧从里向外依次为黄色、红色和黄色。其中,红色占排灯单侧长度的二分之一,蓝色、黄色各占排灯单侧长度的四分之一。

公路监督检查专用车辆的示警灯采用相同的呼话、音调、灯光、选择自动转换等技术功能的电子发声器。

第八条　凡安装示警灯的公路监督检查专用车辆,必须持有省、自治区、直辖市人民政府交通主管部门颁发的《公路监督检查专用车辆示警灯使用证》,并随车携带。

《公路监督检查专用车辆示警灯使用证》由交通部统一制式(式样见附件二)。

任何单位和个人不得伪造、涂改、转让和转借《公路监督检查专用车辆示警灯使用证》。

第九条　公路监督检查专用车辆在执行以下公务时方可使用示警灯。

(一)查处逃缴交通规费和通行费的车辆;

(二)查处损坏公路的车辆;

(三)依法采取公路行政强制措施;

(四)执行其他紧急任务。

第十条　公路监督检查专用车辆、示警灯不得转借他人,也不得从事与公路监督检查无关的其他活动。

第十一条　省、自治区、直辖市人民政府交通主管部门应当加强对公路监督检查专用车辆使用情况的监督检查。

《公路监督检查专用车辆示警灯使用证》由省、自治区、直辖市人民政府交通主管部门定期审验。

第十二条 公路监督检查专用车辆转让、报废或者改变用途的，原使用单位应当拆除示警灯，清除本办法规定的文字标识，并将《公路监督检查专用车辆示警灯使用证》交回省、自治区、直辖市人民政府交通主管部门。

第十三条 违反本办法喷印、安装、使用公路监督检查专用车辆标志和示警灯的，违反本办法转让、转借《公路监督检查专用车辆示警灯使用证》的，省、自治区、直辖市人民政府交通主管部门应当责令其改正或者收缴公路监督检查专用车辆的示警灯、销毁相关标志和证件，并对车辆所属单位予以通报批评，车辆所属单位应对责任人予以相应行政处分。

第十四条 违反本办法伪造、假冒使用公路监督检查专用车辆、标志、示警灯和《公路监督检查专用车辆示警灯使用证》的，由省、自治区、直辖市人民政府交通主管部门责令其拆除示警灯、销毁相关标志和证件，并处1万元罚款。

第十五条 公路监督检查专用车辆的配备标准与数量由省、自治区、直辖市人民政府交通主管部门会同同级财政部门根据各地实际需要确定。

第十六条 本办法自二〇〇三年一月一日起施行。

附件一

附件二

公路监督检查专用车辆使用证式样

存　根

使用单位：＿＿＿＿＿＿

编　　号：＿＿＿＿＿＿

车 牌 号：＿＿＿＿＿＿

车辆类型：＿＿＿＿＿＿

使用期限：＿＿＿＿＿＿

发证日期：＿＿＿＿＿＿

No.　XXXXXX

公路监督检查专用车辆

使　用　证

车辆号牌：＿＿＿＿＿＿

（正　面）

使用单位		车辆牌号		车辆类型	
厂牌型号		发动机号		车架号码	
使用期限	年　月　日— 年　月　日				
发证机关	（盖章） 年　月　日	签发人	年　月　日	经办人	年　月　日

（背　面）

139.路政管理规定

（2003 年 1 月 27 日　交通部令〔2003〕第 2 号）

第一章　总　　则

第一条　为加强公路管理，提高路政管理水平，保障公路的完好、安全和畅通，根据《中华人民共和国公路法》（以下简称《公路法》）及其他有关法律、行政法规，制定本规定。

第二条　本规定适用于中华人民共和国境内的国道、省道、县道、乡道的路政管理。

本规定所称路政管理，是指县级以上人民政府交通主管部门或者其设置的公路管理机构，为维护公路管理者、经营者、使用者的合法权益，根据《公路法》及其他有关法律、法规和规章的规定，实施保护公路、公路用地及公路附属设施（以下统称"路产"）的行政管理。

第三条　路政管理工作应当遵循"统一管理、分级负责、依法行政"的原则。

第四条　交通部根据《公路法》及其他有关法律、行政法规的规定主管全国路政管理工作。

县级以上地方人民政府交通主管部门根据《公路法》及其他有关法律、法规、规章的规定主管本行政区域内路政管理工作。

县级以上地方人民政府交通主管部门设置的公路管理机构根据《公路法》的规定或者根据县级以上地方人民政府交通主管部门的委托负责路政管理的具体工作。

第五条　县级以上地方人民政府交通主管部门或者其设置的公路管理机构的路政管理职责如下：

（一）宣传、贯彻执行公路管理的法律、法规和规章；

（二）保护路产；

（三）实施路政巡查；

（四）管理公路两侧建筑控制区；

（五）维持公路养护作业现场秩序；

（六）参与公路工程交工、竣工验收；

（七）依法查处各种违反路政管理法律、法规、规章的案件；

（八）法律、法规规定的其他职责。

第六条　依照《公路法》的有关规定，受让公路收费权或者由国内外经济组织投资建成的收费公路的路政管理工作，由县级以上地方人民政府交通主管部门或者其设置的公路管理机构的派出机构、人员负责。

第七条　任何单位和个人不得破坏、损坏或者非法占用路产。

任何单位和个人都有爱护路产的义务，有检举破坏、损坏路产和影响公路安全行为的权利。

第二章　路政管理许可

第八条　除公路防护、养护外，占用、利用或者挖掘公路、公路用地、公路两侧建筑控制区，以及更新、砍伐公路用地上的树木，应当根据《公路法》和本规定，事先报经交通主管部门或者其设置的公路管理机构批准、同意。

第九条　因修建铁路、机场、电站、通信设施、水利工程和进行其他建设工程需要占用、挖掘公路或者使公路改线的，建设单位应当按照《公路法》第四十四条第二款的规定，事先向交通主管部门或者其设置的公路管理机构提交申请书和设计图。

本条前款规定的申请书包括以下主要内容：

(一)主要理由；

(二)地点(公路名称、桩号及与公路边坡外缘或者公路界桩的距离)；

(三)安全保障措施；

(四)施工期限；

(五)修复、改建公路的措施或者补偿数额。

第十条　跨越、穿越公路，修建桥梁、渡槽或者架设、埋设管线等设施，以及在公路用地范围内架设、埋设管(杆)线、电缆等设施，应当按照《公路法》第四十五条的规定，事先向交通主管部门或者其设置的公路管理机构提交申请书和设计图。

本条前款规定的申请书包括以下主要内容：

(一)主要理由；

(二)地点(公路名称、桩号及与公路边坡外缘或者公路界桩的距离)；

(三)安全保障措施；

(四)施工期限；

(五)修复、改建公路的措施或者补偿数额。

第十一条　因抢险、防汛需要在大中型公路桥梁和渡口周围二百米范围内修筑堤坝、压缩或者拓宽河床，应当按照《公路法》第四十七条第二款的规定，事先向交通主管部门提交申请书和设计图。

本条前款规定的申请书包括以下主要内容：

(一)主要理由；

(二)地点(公路名称、桩号及与公路边坡外缘或者公路界桩的距离)；

(三)安全保障措施；

(四)施工期限。

第十二条　铁轮车、履带车和其他可能损害公路路面的机具需要在公路上行驶的，应当按照《公路法》第四十八条的规定，事先向交通主管部门或者其设置的公路管理机构提交申请书和车辆或者机具的行驶证件。

本条前款规定的申请书包括以下主要内容：

(一)主要理由；

(二)行驶路线及时间；

(三)行驶采取的防护措施；

(四)补偿数额。

第十三条 超过公路、公路桥梁、公路隧道或者汽车渡船的限载、限高、限宽、限长标准的车辆，确需在公路上行驶的，按照《公路法》第五十条和交通部制定的《超限运输车辆行驶公路管理规定》的规定办理。

第十四条 在公路用地范围内设置公路标志以外的其他标志，应当按照《公路法》第五十四条的规定，事先向交通主管部门或者其设置的公路管理机构提交申请书和设计图。

本条前款规定的申请书包括以下主要内容：

(一)主要理由；

(二)标志的内容；

(三)标志的颜色、外廓尺寸及结构；

(四)标志设置地点(公路名称、桩号)；

(五)标志设置时间及保持期限。

第十五条 在公路上增设平面交叉道口，应当按照《公路法》第五十五条的规定，事先向交通主管部门或者其设置的公路管理机构提交申请书和设计图或者平面布置图。

本条前款规定的申请书包括以下主要内容：

(一)主要理由；

(二)地点(公路名称、桩号)；

(三)施工期限；

(四)安全保障措施。

第十六条 在公路两侧的建筑控制区内埋设管(杆)线、电缆等设施，应当按照《公路法》第五十六条第一款的规定，事先向交通主管部门或者其设置的公路管理机构提交申请书和设计图。

本条前款规定的申请书包括以下主要内容：

(一)主要理由；

(二)地点(公路名称、桩号及与公路边坡外缘或公路界桩的距离)；

(三)安全保障措施；

(四)施工期限。

第十七条 更新砍伐公路用地上的树木，应当依照《公路法》第四十二条第二款的规定，事先向交通主管部门或者其设置的公路管理机构提交申请书。

本条前款规定的申请书包括以下主要内容：

(一)主要理由；

(二)地点(公路名称、桩号)；

(三)树木的种类和数量；

(四)安全保障措施；

(五)时间；

(六)补种措施。

第十八条 除省级人民政府根据《公路法》第八条第二款就国道、省道管理、监督职责作出决定外，路政管理许可的权限如下：

(一)属于国道、省道的，由省级人民政府交通主管部门或者其设置的公路管理机构办理；

(二)属于县道的，由市(设区的市)级人民政府交通主管部门或者其设置的公路管理机构办理；

(三)属于乡道的,由县级人民政府交通主管部门或者其设置的公路管理机构办理。

路政管理许可事项涉及有关部门职责的,应当经交通主管部门或者其设置的公路管理机构批准或者同意后,依照有关法律、法规的规定,办理相关手续。其中,本规定第十一条规定的事项,由省级人民政府交通主管部门会同省级水行政主管部门办理。

第十九条 交通主管部门或者其设置的公路管理机构自接到申请书之日起 15 日内应当作出决定。作出批准或者同意的决定的,应当签发相应的许可证;作出不批准或者不同意的决定的,应当书面告知,并说明理由。

第三章 路政案件管辖

第二十条 路政案件由案件发生地的县级人民政府交通主管部门或者其设置的公路管理机构管辖。

第二十一条 对管辖发生争议的,报请共同的上一级人民政府交通主管部门或者其设置的公路管理机构指定管辖。

下级人民政府交通主管部门或者其设置的公路管理机构对属于其管辖的案件,认为需要由上级人民政府交通主管部门或者其设置的公路管理机构处理的,可以报请上一级人民政府交通主管部门或者其设置的公路管理机构决定。

上一级人民政府交通主管部门或者其设置的公路管理机构认为必要的,可以直接处理属于下级人民政府交通主管部门或者其设置的公路管理机构管辖的案件。

第二十二条

报请上级人民政府交通主管部门或者其设置的公路管理机构处理的案件以及上级人民政府交通主管部门或者其设置的公路管理机构决定直接处理的案件,案件发生地的县级人民政府交通主管部门或者其设置的公路管理机构应当首先制止违法行为,并做好保护现场等工作,上级人民政府交通主管部门或者其设置的公路管理机构应当及时确定管辖权。

第四章 行政处罚

第二十三条 有下列违法行为之一的,依照《公路法》第七十六条的规定,责令停止违法行为,可处三万元以下的罚款:

(一)违反《公路法》第四十四条第一款规定,擅自占用、挖掘公路的;

(二)违反《公路法》第四十五条规定,未经同意或者未按照公路工程技术标准的要求修建跨越、穿越公路的桥梁、渡槽或者架设、埋设管线、电缆等设施的;

(三)违反《公路法》第四十七条规定,未经批准从事危及公路安全作业的;

(四)违反《公路法》第四十八条规定,铁轮车、履带车和其他可能损害路面的机具擅自在公路上超限行驶的;

(五)违反《公路法》第五十条规定,车辆超限使用汽车渡船或者在公路上擅自超限行驶的;

(六)违反《公路法》第五十二条、第五十六规定,损坏、移动、涂改公路附属设施或者损坏、挪动建筑控制区的标桩、界桩,可能危及公路安全的。

第二十四条 有下列违法行为之一的,依照《公路法》第七十七条的规定,责令停止违法行为,可处五千元以下罚款:

（一）违反《公路法》第四十六条规定，造成公路路面损坏、污染或者影响公路畅通的；

（二）违反《公路法》第五十一条规定，将公路作为检验机动车辆制动性能的试车场地的。

第二十五条 违反《公路法》第五十三条规定，造成公路损坏，未报告的，依照《公路法》第七十八条的规定，处以一千元以下罚款。

第二十六条 违反《公路法》第五十四条规定，在公路用地范围内设置公路标志以外的其他标志的，依照《公路法》第七十九条的规定，责令限期拆除，可处二万元以下罚款。

第二十七条 违反《公路法》第五十五条规定，未经批准在公路上设置平面交叉道口的，依照《公路法》第八十条的规定，责令恢复原状，处五万元以下罚款。

第二十八条 违反《公路法》第五十六条规定，在公路建筑控制区内修建建筑物、地面构筑物或者擅自埋设管线、电缆等设施的，依照《公路法》第八十一条的规定，责令限期拆除，并可处五万元以下罚款。

第二十九条 《公路法》第八章及本规定规定的行政处罚，由县级以上地方人民政府交通主管部门或者其设置的公路管理机构依照《公路法》有关规定实施。

第三十条 实施路政处罚的程序，按照《交通行政处罚程序规定》办理。

第五章 公路赔偿和补偿

第三十一条 公民、法人或者其他组织造成路产损坏的，应向公路管理机构缴纳路产损坏赔（补）偿费。

第三十二条 根据《公路法》第四十四条第二款，经批准占用、利用、挖掘公路或者使公路改线的，建设单位应当按照不低于该段公路原有技术标准予以修复、改建或者给予相应的补偿。

第三十三条 路产损坏事实清楚，证据确凿充分，赔偿数额较小，且当事人无争议的，可以当场处理。

当场处理公路赔（补）偿案件，应当制作、送达《公路赔（补）偿通知书》收取公路赔（补）偿费，出具收费凭证。

第三十四条 除本规定第三十三条规定可以当场处理的公路赔（补）偿案件外，处理公路赔（补）偿案件应当按照下列程序进行：

（一）立案；

（二）调查取证；

（三）听取当事人陈述和申辩或听证；

（四）制作并送达《公路赔（补）偿通知书》；

（五）收取公路赔（补）偿费；

（六）出具收费凭证；

（七）结案。

调查取证应当询问当事人及证人，制作调查笔录；需要进行现场勘验或者鉴定的，还应当制作现场勘验报告或者鉴定报告。

第三十五条 本规定对公路赔（补）偿案件处理程序的具体事项未作规定的，参照《交通行政处罚程序规定》办理。

办理公路赔（补）偿案件涉及路政处罚的，可以一并进行调查取证，分别进行处理。

第三十六条 当事人对《公路赔(补)偿通知书》认定的事实和赔(补)偿费数额有疑义的,可以向公路管理机构申请复核。

公路管理机构应当自收到公路赔(补)偿复核申请之日起15日内完成复核,并将复核结果书面通知当事人。

本条规定不影响当事人依法向人民法院提起民事诉讼的法定权利。

第三十七条 公路赔(补)偿费应当用于受损公路的修复,不得挪作他用。

第六章 行政强制措施

第三十八条 对公路造成较大损害、当场不能处理完毕的车辆,公路管理机构应当依据《公路法》第八十五条第二款的规定,签发《责令车辆停驶通知书》,责令该车辆停驶并停放于指定场所。调查、处理完毕后,应当立即放行车辆,有关费用由车辆所有人或者使用人承担。

第三十九条 违反《公路法》第五十四条规定,在公路用地范围内设置公路标志以外的其他标志,依法责令限期拆除,而设置者逾期不拆除的,依照《公路法》第七十九条的规定强行拆除。

第四十条 违反《公路法》第五十六条规定,在公路建筑控制区内修建建筑物、地面构筑物或者擅自埋设管(杆)线、电缆等设施,依法责令限期拆除,而建筑者、构筑者逾期不拆除的,依照《公路法》第八十一条的规定强行拆除。

第四十一条 依法实施强行拆除所发生的有关费用,由设置者、建筑者、构筑者负担。

第四十二条 依法实施路政强行措施,应当遵守下列程序:

(一)制作并送达路政强制措施告诫书,告知当事人作出拆除非法标志或者设施决定的事实、理由及依据,拆除非法标志或者设施的期限,不拆除非法标志或者设施的法律后果,并告知当事人依法享有的权利;

(二)听取当事人陈述和申辩;

(三)复核当事人提出的事实、理由和依据;

(四)经督促告诫,当事人逾期不拆除非法标志或者设施的,制作并送达路政强制措施决定书;

(五)实施路政强制措施;

(六)制作路政强制措施笔录。

实施强行拆除涉及路政处罚的,可以一并进行调查取证,分别进行处理。

第四十三条 有下列情形之一的,可依法申请人民法院强制执行:

(一)当事人拒不履行公路行政处罚决定;

(二)依法强行拆除受到阻挠。

第四十四条 《公路法》第八章及本规定规定的行政强制措施,由县级以上地方人民政府交通主管部门或者其设置的公路管理机构依照《公路法》有关规定实施。

第七章 监督检查

第四十五条 交通主管部门、公路管理机构应当依法对有关公路管理的法律、法规、规章执行情况进行监督检查。

第四十六条 交通主管部门、公路管理机构应当加强路政巡查,认真查处各种侵占、损坏路产及其他违反公路管理法律、法规和本规定的行为。

第四十七条 路政管理人员依法在公路、建筑控制区、车辆停放场所、车辆所属单位等进行监督检查时,任何单位和个人不得阻挠。

第四十八条 公路养护人员发现破坏、损坏或者非法占用路产和影响公路安全的行为应当予以制止,并及时向公路管理机构报告,协助路政管理人员实施日常路政管理。

第四十九条 公路经营者、使用者和其他有关单位、个人,应当接受路政管理人员依法实施的监督检查,并为其提供方便。

第五十条 对公路造成较大损害的车辆,必须立即停车,保护现场,并向公路管理机构报告。

第五十一条 交通主管部门、公路管理机构应当对路政管理人员的执法行为加强监督检查,对其违法行为应当及时纠正,依法处理。

第八章 人员与装备

第五十二条 公路管理机构应当配备相应的专职路政管理人员,具体负责路政管理工作。

第五十三条 路政管理人员的配备标准由省级人民政府交通主管部门会同有关部门按照“精干高效”的原则,根据本辖区公路的行政等级、技术等级和当地经济发展水平等实际情况综合确定。

第五十四条 路政管理人员录用应具备以下条件:

(一)年龄在20周岁以上,但一线路政执法人员的年龄不得超过45岁;

(二)身体健康;

(三)大专毕业以上文化程度;

(四)持有符合交通部规定的岗位培训考试合格证书。

第五十五条 路政管理人员实行公开录用、竞争上岗,由市(设区的市)级公路管理机构组织实施,省级公路管理机构批准。

第五十六条 路政管理人员执行公务时,必须按规定统一着装,佩戴标志,持证上岗。

第五十七条 路政管理人员必须爱岗敬业,恪尽职守,熟悉业务,清正廉洁,文明服务、秉公执法。

第五十八条 交通主管部门、公路管理机构应当加强路政管理队伍建设,提高路政管理执法水平。

第五十九条 路政管理人员玩忽职守、徇私舞弊、滥用职权,依法给予行政处分;构成犯罪的,依法追究刑事责任。

第六十条 公路管理机构应当配备专门用于路政管理的交通、通信及其他必要的装备。

用于路政管理的交通、通讯及其他装备不得用于非路政管理活动。

第六十一条 用于路政管理的专用车辆,应当按照《公路法》第七十三条和交通部制定的《公路监督检查专用车辆管理办法》的规定,设置统一的标志和示警灯。

第九章 内 务 管 理

第六十二条 公路管理机构应当建立健全路政内务管理制度,加强各项内务管理工作。

第六十三条 路政内务管理制度如下：

(一)路政管理人员岗位职责；

(二)路政管理人员行为规范；

(三)路政管理人员执法考核、评议制度；

(四)路政执法与办案程序；

(五)路政巡查制度；

(六)路政管理统计制度；

(七)路政档案管理制度；

(八)其他路政内务管理制度。

第六十四条 公路管理机构应当公开办事制度，自觉接受社会监督。

第十章 附 则

第六十五条 公路赔(补)偿费标准，由省、自治区、直辖市人民政府交通主管部门会同同级财政、价格主管部门制定。

第六十六条 路政管理文书的格式，由交通部统一制定。

第六十七条 本规定由交通部负责解释。

第六十八条 本规定自2003年4月1日起施行。1990年9月24日交通部发布的《公路路政管理规定(试行)》同时废止。

140.关于印发路政管理文书(格式)的通知

(2003 年 5 月 27 日　交通部　交公路发〔2003〕201 号)

各省、自治区、直辖市交通厅(局、委),新疆建设兵团交通局,上海市市政工程管理局,天津市市政工程局:

为提高路政管理水平,规范路政管理行为,根据《路政管理规定》(交通部令 2003 年第 2 号)和《交通行政处罚程序规定》(交通部令 1996 年第 7 号)的规定,结合目前我国路政管理工作的实际,由部组织有关单位制定的《路政管理文书》(格式)业已完成,现印发给你们,请遵照执行,并将执行过程中发现的问题及时函告部(公路司),以便修订时参考。

路政管理文书(格式)

第一部分　路政处罚管理文书(参见交通部《交通行政处罚程序规定》)

第二部分　公路赔偿和补偿管理文书

公路赔(补)偿案件勘验检查笔录

案号(　　)年(　　)号

<table>
<tr><td colspan="4">案由:</td></tr>
<tr><td colspan="4">勘验时间:　年　月　日　时　分至　年　月　日　时　分</td></tr>
<tr><td colspan="2">天气情况:</td><td colspan="2">勘验场所:</td></tr>
<tr><td>勘验人1</td><td></td><td>单位及职务</td><td></td></tr>
<tr><td>勘验人2</td><td></td><td>单位及职务</td><td></td></tr>
<tr><td>当事人</td><td></td><td>单位及职务</td><td></td></tr>
<tr><td>或　当事人代表</td><td></td><td>单位及职务</td><td></td></tr>
<tr><td>被邀请人</td><td></td><td>单位及职务</td><td></td></tr>
<tr><td>记录人</td><td></td><td>单位及职务</td><td></td></tr>
<tr><td colspan="4">勘验情况及结果:</td></tr>
<tr><td colspan="2">勘验人(签名)</td><td colspan="2">记录人(签名)</td></tr>
<tr><td colspan="2">被邀请人(签名)</td><td colspan="2">当事人(单位代表签名)</td></tr>
</table>

(本页填写不下的内容,或需绘制勘验图与贴照片的,可另附纸)

公路赔(补)偿案件询问笔录

案号(　　)年(　　)号

时间:		地点:	
询问人:		记录人:	
被询问人:	性别:	年龄:	与案件关系:
工作单位和职务:			电话:
地址:			邮编:
问:			
答:			
被询问人签名并按印:			
询问人签字:		证件号码:	
记录人签字:		证件号码:	
			共　　页第　　页

(本页填写不下的内容,可另附纸)

公路赔(补)偿案件抽样取证凭证

案号(　　)年(　　)号(第　　联)

<table>
<tr><td colspan="4">被取证人姓名(名称):　　　　性别:　　　　年龄:　　　　联系电话:</td></tr>
<tr><td colspan="4">单位及地址:　　　　　　　　　　　　　　　　邮编:</td></tr>
<tr><td colspan="4">抽样取证机关及地址:　　　　　　　　　　　　邮编:</td></tr>
<tr><td colspan="4">因________________________一案,需对你(单位)在________________的下列物品抽样取证。</td></tr>
<tr><td>序号</td><td>证据物品名称</td><td>规 格</td><td>数 量</td></tr>
<tr><td></td><td></td><td></td><td></td></tr>
<tr><td></td><td></td><td></td><td></td></tr>
<tr><td></td><td></td><td></td><td></td></tr>
<tr><td></td><td></td><td></td><td></td></tr>
<tr><td></td><td></td><td></td><td></td></tr>
<tr><td></td><td></td><td></td><td></td></tr>
<tr><td></td><td></td><td></td><td></td></tr>
<tr><td colspan="4">调查人员签名:　　　　　　　　证件号码:</td></tr>
<tr><td colspan="4">调查人员签名:　　　　　　　　证件号码:</td></tr>
<tr><td colspan="4">单位(章)　　年　　月　　日</td></tr>
<tr><td colspan="4">被取证人(签名):　　　　　　　　年　　月　　日</td></tr>
</table>

(本凭证共两联,第一联取证用,提供给被取证人;第二联存根,备查。)

公路赔(补)偿案件证据登记保存清单

案号(　　)年(　　)号(第　　联)

被取证人姓名(名称)：　　　　性别：　　　　年龄：　　　　联系电话：

单位及地址：

单位电话：

因________________一案,需对你(单位)下列物品登记保存,在7日内你(单位)不得销毁或转移。

序号	证据物品名称	规　格	数　量

调查人员签名：　　　　　　证件号码：

调查人员签名：　　　　　　证件号码：

单位(章)　　年　　月　　日

被取证人(签名)：　　　　年　　月　　日

(本凭证共两联,第一联提供给被取证人;第二联存根,备查。)

公路赔偿和补偿案件鉴定意见书

案号(　　)年(　　)号

<table>
<tr><td colspan="4">案由：</td></tr>
<tr><td colspan="4">鉴定内容及目的：</td></tr>
<tr><td colspan="4">委托机关：</td></tr>
<tr><td colspan="4">受委托单位或受委托人员：</td></tr>
<tr><td rowspan="3">鉴定人</td><td></td><td rowspan="3">职务与职称</td><td></td></tr>
<tr><td></td><td></td></tr>
<tr><td></td><td></td></tr>
<tr><td colspan="4">鉴定意见：</td></tr>
<tr><td colspan="4">鉴定人(签名)：　　　　鉴定单位(章)　　年　　月　　日</td></tr>
<tr><td colspan="4">备注：</td></tr>
</table>

(本页填写不下的可另附纸)

公路赔(补)偿案件调查报告

案号(　　)年(　　)号

案由		姓名及证件号 案件调查人员	
基本情况 当事人	姓名：	地址：	
	单位名称：	法定代表人：	
	车辆所在地：	车型、车牌号：	
经过及结论 案件调查			
所附证据 材料			
领导意见			
备注	(当事人是否申辩及申辩的内容等)		

(报告一式两份,其中一份用于向上级备案,本页填写不下的可另附纸)

公路赔(补)偿通知书

(　　)年____交赔字第____号

当　事　人:____________

当事人地址:____________

当事人____________________一案,经________市(县)________依法调查核实:

当事人___________于________年______月______日(详述案由、调查和听证经过、证据及认定的事实等内容)____

上述事实,由____(证据名称)予以佐证。本单位认为,当事人____(简述赔、补偿的理由和依据)____

依________之规定,本单位依法做出如下公路赔(补偿)处理决定:

当事人赔(补)偿________(赔、补偿的方式及赔补偿数额)________。

当事人必须在收到本通知书之日起15日内持本决定书到________缴纳路产赔(补)偿费,逾期不缴的,本单位将申请人民法院强制执行或依法强制执行。

当事人对本通知书认定的事实和赔(补)偿费数额有疑义的,可在收到本通知书之日起60日内,向____申请复核或者向人民法院起诉。

公路赔(补)偿执行单位(印章)

年　　月　　日

公路赔(补)偿通知书(存根)

案号(　　)年(　　)号

<table>
<tr><td rowspan="4">基本情况</td><td rowspan="3">当事人</td><td>姓名:</td><td>地址:</td></tr>
<tr><td>单位名称:</td><td>法定代表人:</td></tr>
<tr><td>车辆所在地:</td><td>车型、车牌号:</td></tr>
<tr><td></td><td>时间:</td><td>地点:</td></tr>
<tr><td colspan="2">事实认定</td><td colspan="2"></td></tr>
<tr><td>依据法规</td><td>法律</td><td colspan="2">违反了《____》第____条,《____》第____条的规定。</td></tr>
<tr><td>决定</td><td>赔补偿</td><td colspan="2">根据《____》第____条,《____》第____条规定,当事人应当赔(补偿)如下:</td></tr>
<tr><td colspan="2">告知事项</td><td colspan="2">1. 当事人收到本通知书之日起 3 日内可向本执法单位陈述申辩。逾期则视为当事人放弃其上述权利。
2. 当事人收到本通知书之日起 15 日内,到:____(地址________)缴纳路产损坏赔偿费。如有疑义,可向本单位申请复核。
3. 超过 15 日不予赔(补)偿的,本机关将申请人民法院强制执行或依法强制执行。</td></tr>
<tr><td colspan="4">执行人:　　　　　　　　　　　　　　　　年　　月　　日</td></tr>
<tr><td colspan="2">备注</td><td colspan="2">(是否当场执行等)</td></tr>
</table>

注:在引用法律依据时,如对同一行为在不同的依据中有不同的表述时,则须引用法律效力高的作为依据。

公路赔（补）偿案件管理文书送达回证

案号(　　)年(　　)号

受送达人：			
案由：			
送达单位：			
送达地点：			
送达文书名称	送达人	收到日期	收件人签章
备注：			

注：1. 如送达人不在场的，可交其同住的成年家属，并在备注栏内写明与受送达人关系；

2. 受送达人已指定代收人的，交代收人签收；

3. 受送达人拒收的，应邀有关基层组织代表或其他人到场，在备注中写明拒收事由及有关情况，并将文书留置，视为已送达。

公路赔(补)偿案件结案报告

案号(　　)年(　　)号

<table>
<tr><td rowspan="3">案由</td><td rowspan="3"></td><td rowspan="3">案件承办人</td><td>姓名</td><td>证件号</td></tr>
<tr><td></td><td></td></tr>
<tr><td></td><td></td></tr>
<tr><td colspan="5">赔(补)偿决定:</td></tr>
<tr><td colspan="5">执行情况:

承办人签字:
年　月　日</td></tr>
<tr><td colspan="5">备注:</td></tr>
</table>

本报告一式两份,其中一份用于向上级备案,本页填写不下的可加附纸,并在备注中说明。

责令车辆停驶通知书

No□□□□

（存根）

车主：________　驾驶员：________

地址：________　电话：________

车牌号：________　车型：________

停驶原因：________________

停驶期间：____年____月____日

至____年____月____日

签发人签字：________________

决定单位：________________

____年____月____日

责令车辆停驶通知书

No

________：

你(单位)____于____年____月____日驾驶牌号为____的车辆，在____公路____K+____M____侧因________对公路造成较大损害，根据《中华人民共和国公路法》第八十五条之规定，现责令你(单位)将该车辆临时停于____，并于____年____月____日至____年____月____日期间到________接受处理。

特此通知。

（单位印章）

年　月　日

[文书17]

第三部分　路政许可管理文书

编号:[　　]字第　　号

路政管理许可申请表

申请单位(个人签章):________________

申请时间:________________________

受理单位:________________________

许 可 申 请 栏			
申请人：	地址：	法人代表：	电话：
联系人：	地址：	电话：	
申请地点：________道________线(路)________公路+________米			
申请事由：			
申请地点线路示意图(包括公里桩号及左、右侧位置)： (注：如此栏不能完全满足时可另附图)			
申请事项具体内容： (注：包括申请事项涉及公路及公路用地的地点、具体位置、时间、几何尺寸、本身的结构与属性等方面的要求，应以文字作详细具体的描述，此栏不能满足要求时可另附书面材料。)			
时效：	申请实施起止时间：		
安全保障措施：			
修复、改建公路的措施或者补偿数额：			

许可审批栏

现场勘验审定项目	项 目	数量	单位	时间	收费标准	金额
	勘验或经办人：				年 月 日	

县（区）路政管理部门意见：

经办人：

年 月 日

负责人：

年 月 日

上级行业主管部门意见：

负责人：

年 月 日

备注：

填表须知

一、本表许可申请栏部分由申请人逐项如实真写,不得弄虚作假,否则,本表无效。

二、如申请事项涉及公路挖掘、占用或者由此导致公路改造的规模较大时,在填写本表时还须附有专门的设计方案、图纸和相关资料,否则不予审批。

三、本表仅为路政管理许可的立项工作文书。申请事项在实施前,申请方与管理方应根据此表,并视申请事项的需要签订协议,以表达许可的具体内容、双方的承诺及有关的条文约定,在协议的基础上方可发放许可证。

四、本表申请事项涉及的所有挖掘、占用、穿越、跨越公路、公路用地的,均属临时性使用。今后,当建设、改造该公路及其设施时,申请人必须无条件拆除、搬迁,其所产生的费用自理。

五、被批准方必须在批准的路政管理部门的指导下实施,并接受其检查、验收。

六、涉及公路行业以外的其他部门的审批手续,由申请方自行协调办理。

七、填写本表须用蓝色或者黑色钢笔,不得使用圆珠笔填写或复写。

路政管理超限运输申请表

填报日期：

<table>
<tr><td colspan="3">填报单位：</td><td>电话：</td></tr>
<tr><td colspan="3">单位地址：</td><td>共运车次：</td></tr>
<tr><td colspan="3">运输时间：　　　　起　　　　止</td><td>共驶里程：</td></tr>
<tr><td colspan="3">车辆通过地点：</td><td>填报人：</td></tr>
<tr><td colspan="4">车辆通过线路：</td></tr>
<tr><td colspan="4"></td></tr>
<tr><td colspan="4">车辆通过桥涵：</td></tr>
<tr><td colspan="4"></td></tr>
<tr><td colspan="2">车辆类型：</td><td>车辆型号：</td><td>车辆号牌：</td></tr>
<tr><td colspan="2">车辆自载质量：____吨</td><td>车辆载质量：____吨</td><td>车辆轴数：____轴</td></tr>
<tr><td colspan="4">车辆轴距(米)：前轴→____________←中轴→____________←后轴</td></tr>
<tr><td>轴载</td><td>前轴：____轴　____吨</td><td>中轴：____轴　____吨</td><td>后轴：____轴　____吨</td></tr>
<tr><td colspan="3">货物名称：</td><td>货物自重：____吨</td></tr>
<tr><td colspan="3">车货总括尺寸：长____米×宽____米×高____米</td><td>车货总载质量：____吨</td></tr>
<tr><td colspan="2">工程技术部门意见：

年　　月　　日</td><td colspan="2">路政管理部门审批意见：

年　　月　　日</td></tr>
</table>

注：1.本表一般报地(市)级公路管理机构审批，跨地区超限运输须报省级公路管理机构审批。

2.超限运输属尺寸超限或者车货总重在40吨(含)以下的，须提前15天申报；车货总重在40吨以上100吨(含)以下的，须提前1个月申报；车货总重在100吨以上的，须提前3个月申报。

3.本表一式二份。

路政管理许可证

路政许(　　)证字____号

申请单位(个人)____________

发证单位(盖章)____________

发证日期：　年　月　日

年　审　记　录

年审意见：

年　月　日

年审意见：

年　月　日

年审意见：

年　月　日

申请单位(个人)地址：

许可项目及数量：

安全保障措施及有关承诺：

许可地点：____道____路____公里____米

时效：____起止时间：____________

许可负责人：　　经办人：

注：以上四页均采用标准 A4 纸版式。

地点：线路示意图(包括公里桩号及左、右侧位置)

路政管理部门意见：

年　月　日

主管部门意见：

年　月　日

使用须知：

1.此证只限被许可单位(个人)使用。

2.此证经盖章后生效，须保存备查，不得涂改、伪造、转让。

3.持证单位(个人)须在规定时间进行年审。

141.关于印发《关于在全国开展车辆超限超载治理工作的实施方案》的通知

（2004 年 4 月 30 日　交通部、公安部、国家发改委等七部委　交公路发〔2004〕219 号）

各省、自治区、直辖市人民政府及计划单列市、新疆生产建设兵团：

交通部、发展改革委、公安部、质检总局、安全监管局、工商总局、法制办联合制定的《关于在全国开展车辆超限超载治理工作的实施方案》已报经国务院同意，现印发给你们，请结合本地实际，认真组织实施。

关于在全国开展车辆超限超载治理工作的实施方案

按照中共中央《关于完善社会主义市场经济体制若干问题的决定》和党的十六届三中全会提出的树立全面、协调、可持续发展观的要求，根据《中华人民共和国公路法》和《中华人民共和国道路交通安全法》的规定，为维护社会主义市场经济秩序，解决货运机动车辆超限超载运输问题，减少道路交通安全事故的发生，保护人民群众生命和国家、集体、个人财产安全，经国务院同意，决定在全国开展货运机动车辆（以下简称车辆）超限超载治理工作。现提出如下实施方案。

一、治理工作的指导思想

深入贯彻党的十六大和十六届三中全会精神，以"三个代表"重要思想为指导，以"立党为公、执政为民"为宗旨，按照"广泛宣传，统一行动；多方合作，依法严管；把住源头，经济调节；短期治标，长期治本"的要求，对车辆超限超载进行综合治理，坚决打击车辆超限超载、"大吨小标"和非法改装等违法行为，保护并鼓励合法道路运输行为，促进经济社会的全面、协调、可持续发展。

二、治理工作的原则和目标

（一）治理工作的原则

一是路面专项治理与源头长效治理相结合；二是部门协作与区域联动相结合；三是行政手段、经济手段和法律手段相结合；四是治理力度与社会可接受程度相结合；五是依法行政与服务群众相结合；六是宣传先行和稳步推进相结合。

（二）治理工作的目标

总体目标：建立健康、规范、公平、有序的道路运输市场，维持良好的车辆生产、使用秩序和道路交通秩序，确保公路设施的完好和公路交通安全。

阶段性目标：一是用1年时间对车辆的超限超载、"大吨小标"、非法改装问题进行集中治理，力争使车辆超限超载现象得到有效遏制，车辆核定吨位失实的现象得到纠正；二是通过3年左右时间的综合治理，力争使车辆超限超载运输的问题从根本上得到解决，"大吨小标"和非法改装车辆基本杜绝，道路运输行为规范，运价合理，逐步建立起开放、公平、健康的道路运输市场。

三、治理工作的内容与时间要求

在全国开展车辆超限超载治理工作涉及面广，难度大，情况复杂，需各有关部门通力合作，协调行动，采取综合措施，实行标本兼治。

（一）广泛开展宣传活动

从2004年5月中旬起，用1个月时间在全国范围内集中开展车辆超限超载治理宣传活动。围绕超限超载的危害、治理的意义与目的、治理标准与措施和工作安排以及道路交通安全法律法规等主要内容，多形式、多层次地开展宣传工作，使超限超载的危害性家喻户晓，政策措施众所周知，特别是让人民群众知道经过1个月的宣传期后，要在全国范围内对超限超载车辆依法实行治理，从而形成强大舆论氛围。

一是强化新闻媒体宣传。充分利用报纸、电视、广播和互联网等各种新闻媒体进行系列宣传和报道，宣传国家治理车辆超限超载的政策和步骤，车辆装载的有关规定和法律责任；同时，邀请有关专家就超限超载的危害性发表文章，并开展讨论。

二是强化路面宣传。各地区要印刷和发放宣传材料，悬挂宣传横幅，编辑工作简报，特别是各级交通、公安部门要在公路及其附属设施上设置必要的限载交通标志，对超限超载车辆进行警示教育。

三是开展必要的走访宣传。地方各级人民政府及其有关部门要在正式开展治理工作前，走访本地区一些重要的煤、电等厂矿、生产企业和大型运输企业，召开座谈会宣传有关治理政策，并帮助企业做好相关准备工作。

(二)全面清理整顿车辆"大吨小标"和非法改装行为

1.从2004年5月中旬起，由发展改革委、交通部和公安部在全国集中开展在用"大吨小标"车辆恢复标准吨位工作，并力争在年内完成。各级发展改革、交通、公安部门要互相配合，分别在汽车生产、发牌和使用环节把好关，并为"大吨小标"车辆恢复标准吨位提供便利条件。在《道路车辆外廓尺寸、轴荷及质量限值》国家强制性标准正式实施以前，在用"大吨小标"车辆吨位恢复工作，暂按以下步骤和要求进行：

一是由发展改革委同交通部、公安部研究提出"大吨小标"车辆恢复吨位的要求、具体车型和相关技术参数，并由发展改革委向社会发出公告。

二是由"大吨小标"车辆的车主在规定的时间内，向所在地公安机关交通管理部门申请恢复标准吨位。

三是由公安机关交通管理部门按照发展改革委公布的"大吨小标"车型和相关的技术参数，更正车辆的核定载质量，免费换发车辆行驶证。如机动车档案中收存合格证的，还应当对合格证进行更正。

四是对"大吨小标"恢复标准吨位的车辆，各级交通部门对其以前应缴纳养路费等规费的吨位差额部分不再予以追缴。

五是在集中治理车辆超限超载工作期间，对在公路上行驶的未恢复的"大吨小标"车辆，公安机关交通管理部门的执法人员要责令其限期恢复；在年检时发现未恢复的，强制更正核定载质量。

2.由质检总局牵头，对2004年4月1日发布的《道路车辆外廓尺寸、轴荷及质量限值》标准进行宣传。各有关部门应采取措施，认真贯彻落实，特别是各汽车生产厂家要严格按照上述国家强制性标准，规范车辆的生产行为，从源头上杜绝车辆"大吨小标"现象。

3.从2004年5月中旬起，由工商总局会同交通部、发展改革委、公安部、质检总局对车辆非法改装企业进行整顿，特别是对一些重点地区要采取联合行动进行集中整治，以规范车辆改装秩序和行为。各地区也要按本实施方案的要求，对本地区车辆非法改装企业进行整顿。对未经批准擅自从事汽车改装的企业，要按照无证经营的规定，坚决予以取缔；对虽经批准但不按国家规定或者超范围对车辆擅自进行改装的企业，要依法予以处罚直至吊销营业执照；公安机关交通管理部门要对擅自改装的车主依法予以处罚。

(三)对超限超载车辆进行集中治理

从2004年6月20日起，利用1年时间，由各级交通、公安部门按照"统一口径、统一标准、统一行动"的要求，对超限超载车辆进行集中治理。

1.加强协作与配合。各级交通、公安部门要按照"加强配合、各司其职"的原则，共同开展车辆超限超载治理工作。在集中开展超限超载治理工作期间，在地方各级人民政府的统一领导下，交通、公安部门的执法人员要加强协作与配合，具备条件的路段要尽可能在同一场地对超限超载车辆进行综合治理。不具备共同治理条件的路段,交通、公安部门执法人员要依照各自职责和相关法律、法规,合理安排部署,防止失管失控。要依法设置固定或临时检查站点,选择、配备必要的称重设备、卸载机具和卸载场地,采取固定检查与流动巡查相结合的方式,对超限超载车辆进行检测和卸载。严禁以目测或凭经验对车辆超限超载进行判定。同时,要安排专项经费,以确保治理工作的顺利开展。

2.严格执行统一的超限超载认定标准。在集中治理超限超载期间,所有车辆在装载时,既不能超过下列第①至⑤种情形规定的超限标准,又不能超过下列第⑥种情形规定的超载标准。

①二轴车辆,其车货总重超过20吨的;

②三轴车辆,其车货总重超过30吨的(双联轴按照二个轴计算,三联轴按照三个轴计算,下同);

③四轴车辆,其车货总重超过40吨的;

④五轴车辆,其车货总重超过50吨的;

⑤六轴及六轴以上车辆,其车货总重超过55吨的;

⑥虽未超过上述五种标准,但车辆装载质量超过行驶证核定载质量的。

各级交通、公安部门在集中治理超限超载工作期间,要严格按照上述标准认定和纠正超限超载车辆。其中交通部门主要负责第①至⑤种情形,公安部门主要负责第⑥种情形。交通部门在实施卸载、处罚并纠正违法行为后,要在开具给当事人的法律文书上记载卸载车号、时间以及卸载前、后载质量,所载货物的名称及保全价值,当事人应签字确认。

3.坚持卸载,依法管理,避免重复处罚。各级交通、公安部门在治理超限超载工作中,必须坚持卸载与处罚相结合,对于车辆第1次超限超载且能主动卸载的,要以教育为主,不予罚款、不收取公路补偿费,但应在车主道路运输证的附页上进行超限超载违章登记,并将车辆所属运输企业的情况抄告当地公安机关交通管理部门。对于车辆超限超载超过2次(含2次)的,除实施卸载和登记外,交通部门还可按照《中华人民共和国公路法》的规定,对单车处以每次不超过1000元的罚款;公安机关交通管理部门还应当按《中华人民共和国道路交通安全法》规定,扣留机动车至违法状态消除,对单车每次处200元以上、500元以下罚款,对其中超载30%以上的,处500元以上2000元以下罚款,还可同时对车辆所属运输单位直接负责的主管人员处2000元以上、5000元以下罚款,并将超限超载车辆所属运输企业等情况抄告当地交通部门,按照本方案有关整顿道路运输市场秩序的规定予以处理。

实施卸载一般由交通、公安部门的执法人员告知车主或者司机自行卸载。需要提供协助卸载和保管货物的,相关的收费标准由省级价格主管部门核定。此外,各级交通部门还可根据卸载货物的种类为卸载货物提供不超过3天的免费保管时间,并将货物有关保管事项书面告知当事人。卸载货物超过保管期限经通知仍不运走的,按规定变卖,扣除相关费用后,通知当事人领取。逾期不领取的,按照有关规定上缴财政。

4.突出重点,统一行动。为确保治理工作的顺利开展,减少其对群众生产和日常生活的影响,各级交通、公安部门在集中治理超限超载期间,一是要分阶段推进治理工作。在集中治理工作全面开展的第1个月,要以车货总重超过20吨的超限超载车辆为重点,各地针对车货总重不超过20吨的车辆暂时不予卸载处罚。从2004年7月20日起,对所有的超限超载车辆进行集中治理。二是要区别对待不同类型的车辆。对重量不超的不可解体物品和冰箱、彩电、汽车等规则尺寸物品的运输车辆,不予卸载;对蔬菜瓜果等鲜活农产品运输车辆、油气等化学危险品专用运输车辆,原则上不实施卸载措施。对上述情况都要实行现场告诫、登记,并将违章情况通报车籍所在地有关部门处理，并加强管理，控制超限超载；对于超限超载登记超过3次的，由车籍所在地交通部门取消其经营性运输从业资格。

(四)采取经济手段，调节车辆超限超载的利益关系

从2004年5月中旬起，力争在1~2年时间内由交通部和发展改革委共同出台相关政策，对车辆通行费和公路养路费的收费标准和征收方式进行调整和完善，并提出具体的政策措施，用经济杠杆调节车辆超限超载的利益关系。

一是尽快研究提出完善和调整车辆通行费征收计量标准的指导意见，制定收费标准的计算方法和收费系数，对多轴大型车辆适当给予收费优惠。同时，各省、自治区、直辖市有关部门也要按照这一要求，合理确定本地区车辆通行费收费标准，适当降低多轴大型车辆收费标准，建立和完善车辆通行费标准确定的听证制度，并推进高速公路联网收费进程，以减少营运性车辆的运输成本。

二是尽快修改公路养路费征收、管理、使用办法。对现行公路养路费征收标准和计量方式进行调整和完善，各省、自治区、直辖市要在解决车辆"大吨小标"的基础上，逐步实现按照车辆行驶证核定吨位收取公路养路费等交通规费，实现车辆出厂标定吨位、行驶证核定吨位、车辆缴费计量吨位的统一。

从2004年6月起，在国家公路养路费征收管理新政策未出台之前，各地区要暂按车辆行驶证核定的吨位计量征收公路养路费等交通规费。"大吨小标"车辆恢复吨位后，按照恢复吨位后的行驶证核定吨位计量征收；对于车货总质量超过55吨的重型车辆，其公路养路费等交通规费的征收计量吨位暂按照本实施方案确定的车辆超限标准(即车货总质量)扣除车辆自重后的吨位来征费计量。已实行规费包交的车辆，各级交通部门要按要求退还多征部分费用，以确保交通规费征收标准与车辆超限超载认定标准的一致性。

三是指导计重收费试点工作，总结经验，适时在一些重点地区或重点路段逐步推广。已经实行计重收费的路段，在集中治理期间应在本实施方案确定车辆超限超载认定标准的范围内，计重收取车辆通行费。

(五)整顿道路运输市场秩序

从2004年5月中旬起用1-2年左右的时间，由交通、发展改革、公安、工商等部门按照各自职责分工，密切配合，对全国道路运输市场进行全面整顿。

一是各省、自治区、直辖市交通部门要会同有关部门研究提出优化运输结构的措施，鼓励厢式货车、专用罐体货车的发展与更新，通过市场机制提高营运性运输车辆的市场准入条件，促进运输企业规模化发展，调整运力和车型结构。

二是各省、自治区、直辖市价格主管部门要会同有关部门进一步清理整顿本地区的道路运输收费，取消不符合规定的收费项目，降低偏高的收费标准，减轻运输经营者的负担。

三是各省、自治区、直辖市要对本地区的货运代理机构进行全面调查摸底，规范无车承运人的经营行为和收费标准，用现代物流理论，提升道路货运的组织化程度和技术，创新货运组织方式，促进道路货运企业发展现代物流，实现运输供需信息在货主与车主之间的直接、快速交流，减少运输收益在中间环节的流失，提高运输业主的效益。

四是各省、自治区、直辖市要组织力量，集中打击货运"黑车"、"假军车"，规范运输行为，促进公平竞争。同时，出台鼓励道路货运发展的相关政策措施，引导运输业主守法、诚信、规范地从事道路货物运输，发挥市场机制和政府调控两方面的调节作用，确保运输价格处于合理的水平。

五是各省、自治区、直辖市交通部门要建立货运经营企业和营业性货运驾驶员信誉档案，实行违章超限超载运输行为的登记、抄告和公告制度。对于运输车辆超限超载登记，以及执法部门抄送来的车辆超限超载信息，要及时予以公告。同一车辆公告超过2次，或者同一运输企业公告超限超载营运货车超过该企业营运货车总数5%的，要降低该企业的资质等级，取消违法驾驶员的营业性运输从业资格。

四、治理工作的组织实施

（一）组织领导

在全国开展超限超载治理工作是践行“三个代表”重要思想的具体体现，也是保障道路交通安全的一项重要措施。为抓好这项治理工作，在全国道路交通安全工作部际联席会议的框架内，由交通部会同发展改革委、公安部、质检总局、安全监管局、工商总局、法制办等部门组成全国治理车辆超限超载工作领导小组，在全国开展车辆超限超载治理工作，指导并组织各地的治理工作。同时，各省、自治区、直辖市人民政府及其有关部门也要充分认识治理超限超载工作的重要性、紧迫性和艰巨性，把超限超载治理作为一项重点工作进行专题部署，并成立由省级人民政府有关负责人牵头、各有关部门参与的超限超载治理工作领导小组，具体抓好各项治理工作的落实。

（二）进度安排

全国开展车辆超限超载治理工作从2004年5月中旬开始，力争用1年时间完成，治理工作总体上分为三个阶段。

第一阶段从2004年5月中旬至2004年6月20日，为宣传和准备阶段。主要是集中进行宣传，同时启动“大吨小标”车辆恢复吨位工作和经济调节措施的制定，在此期间，各省、自治区、直辖市有关部门要完成治理超限超载站点及称重设备、卸货场地等准备工作。

第二阶段从2004年6月20日至2005年2月28日，为集中治理阶段。从6月10日9时起，各地区交通、公安部门对在公路上行驶的超限超载车辆同时开展集中治理。继续清理整顿车辆“大吨小标”和非法改装，启动经济调节措施，整顿道路运输市场。为确保全国治理工作协调、顺利开展，全国治理超限超载领导小组将定期组织工作组，赴各地进行明查暗访，及时了解和处理治理工作中出现的问题。

第三阶段从2005年3月1日至2005年5月31日，为总结和长效治理阶段。全国治理车辆超限超载工作领导小组将对各省、自治区、直辖市治理工作进行抽查验收，召开会议对全国治理情况进行总结。同时就全国治理工作情况向全国道路交通安全工作部际联席会议和国务院提交总结报告，表彰先进单位和个人。从第三阶段起，路面治理工作由集中治理转为日常治理，由各地区按规定持续开展工作。同时各省、自治区、直辖市还要按照要求，继续抓好经济调节、道路运输市场整顿的后续工作，确保长效治理的成效。此外，国务院有关部门在总结治理工作的基础上，抓紧制订、修改有关公路设施保护的法律、法规，将治理工作纳入法制化轨道，巩固治理成果。

（三）应注意的几个问题

1.各地区在治理车辆超限超载工作中要正确处理好“四个关系”。一是要处理好治理工作与经济发展的关系。开展超限超载治理的根本目的是规范道路运输市场秩序，创造良好的道路运输环境，促进经济的快速健康发展，不能因为治理而影响和制约经济发展。二是要处理好部门之间的关系。超限超载治理涉及部门多，治理难度大，各有关部门要加强协作，密切配合，互相支持，在政府的统一领导下，共同做好各项工作措施的贯彻和落实。三是要处理好与车主、货主的关系。治理工作要坚持以人为本,增强法制意识和服务意识。通过治理,创造良好的运输环境,使运价趋向合理,运输成本降低,让车主和货主能够获得合理的运输经济效益。四是处理好执法与管理的关系。不能单纯以治代管或者罚款了事,要规范收费行为,严禁在治理工作中违反规定乱收费。要积极探索采取法律的和经济的手段,堵疏结合,防止一治就死、一放就乱。

2.加强信息通报与沟通工作。各省、自治区、直辖市在车辆超限超载治理期间,要实行值班制度和信息报告制度,各省、自治区、直辖市超限超载治理工作领导小组要指定一名联络员,省、自治区、直辖市内各部门之间也要明确联系人,加强各地区、各部门之间的信息沟通与交流。对治理期间群众反映的问题、运输价格变化情况、干线公路上的货车流量情况、煤粮油等国家重要物资的运输情况和价格波动情况等,要及时收集、分析、研究和解决,并定期向全国治理车辆超限超载工作领导小组报告。对于重大问题,要立即报告全国治理车辆超限超载工作领导小组和省级人民政府,问题涉及其他省、自治区、直辖市的,还应在第一时间向相关省、自治区、直辖市通报,以便及时妥善解决,避免事态扩大。此外,各省、自治区、直辖市还要向社会公开本地区超限超载治理机构的监督和咨询电话,接受群众和舆论的监督。

3.建立应急机制,及时处理突发性事件。在超限超载集中治理期间,各省、自治区、直辖市要根据各地实际情况,针对可能发生的运输紧张、聚众闹事等突发性事件,制订相应的应急预案,做好充分准备,建立灵活的应急机制。在日常治理期间,各地区、各部门也要采取相应措施,鼓励和引导运输业主按照国家规定合理、规范地从事道路运输,特别是要组织骨干运输企业,合理调度运力,确保治理期间物资的正常运输。各级价格主管部门要依法打击借机哄抬价格等违法行为,加强对有关收费行为的监督检查,维护市场价格秩序。各级公安部门要安排适当警力,维护公路交通、治安秩序,确保社会稳定。

142.关于抓紧贯彻落实在全国开展车辆超限超载治理工作有关问题的紧急通知

（2004年5月14日　交通部　交公路明电〔2004〕7号）

各省、自治区、直辖市交通厅(局),天津市政工程局,上海市政工程管理局,新疆生产建设兵团交通局:

经国务院批准,交通部、公安部、国家发改委、国家质检总局、国家安监局、国家工商总局、国务院法制办已向各省级人民政府印发了《关于在全国开展车辆超限超载治理工作的实施方案》(以下简称《实施方案》),并于2004年5月11日召开了全国电视电话会议,进行全面动员和部署。现就全国交通系统贯彻落实《实施方案》和电视电话会议精神的有关事宜紧急通知如下:

一、按照国务院的要求,全国车辆超限超载治理工作由交通部牵头,公安部、国家发改委等六部委配合。地方治理工作请省级人民政府牵头,并成立由交通、公安等部门参加的专门治理机构。为此,各级交通主管部门要切实提高对治理超限超载工作重要意义的认识,要把这项工作作为目前交通行业各项工作的重中之重来抓,义不容辞地履行好行业职责,率先工作,抓紧贯彻实施。各省、自治区、直辖市交通主管部门要立即就此问题向省政府领导汇报,积极协调各有关部门,结合本地实际情况,提出贯彻落实的具体措施和意见,同时要尽快启动并完成设置治理超限超载站点、称重设备、卸货场地等各项准备工作。

二、各级交通主管部门要统一行动,全面开展超限超载治理工作的各项宣传活动,当务之急,一是要组织广大交通干部职工,特别是所有交通执法人员,开展各种形式的学习、教育和培训活动,让他们全面了解中央的有关精神,掌握政策,吃透文件,为各项政策措施的正确执行奠定基础;二是要充分发挥新闻媒体的作用,向社会广泛宣传治理工作的各项政策,走访本地区的一些重要的厂矿、企业,向车主免费发放有关宣传材料,营造强大的声势和良好的氛围。

三、各省、自治区、直辖市交通主管部门要高度重视信息管理工作,及时掌握全国车辆超限超载治理工作的进展情况,并定期向全国治理工作小组报告。同时还向社会公开投诉和咨询电话,接受群众和舆论的监督。各省级交通主管部门要明确一位联络员,以便加强与部以及各相关省市交通主管部门的沟通和联系。按照《实施方案》的要求,全国治理车辆超限超载治理工作领导小组已在我部公路司设立办公室,地点设在交通部办公大楼751房,为方便各省、自治区、直辖市交通部门和社会公众咨询、了解相关政策,反映有关问题,现将全国治超办公室的联系电话公布如下:010－65292751,65292729,65292780,65292781,65292763(传真)。

请你们于2004年5月18日前,将本省、自治区、直辖市交通系统贯彻《实施方案》和全国电视电话会议精神的具体意见,以及本省、自治区、直辖市人民政府成立的专门工作机构、公众投诉和咨询电话、传真、电子信箱、联络员的有关情况函告全国治超办公室。

143.关于印发《全国开展车辆超限超载治理工作期间道路运输保障应急预案》的通知

（2004年6月10日　交通部　交公路发〔2004〕308号）

各省、自治区、直辖市、计划单列市、新疆生产建设兵团交通厅（局、委），天津市市政工程局，上海市市政工程管理局：

为做好《关于在全国开展车辆超限超载治理工作的实施方案》（交公路发〔2004〕219号）的贯彻落实工作，确保车辆超限超载治理工作的顺利开展，部制定了《全国开展车辆超限超载治理工作期间道路运输保障应急预案》，现印发给你们，请认真贯彻执行。

全国开展车辆超限超载治理工作期间道路运输保障应急预案

为保障全国车辆超限超载治理工作(以下简称“治超”)期间社会经济的正常运行和流通市场的相对稳定,保证人民群众生活必需品的供应,特制定本应急预案。

一、组织领导

“治超”期间道路运输保障应急工作要遵循“统一领导、分级负责、迅速反应、保障有力”的原则。

全国“治超”领导小组办公室(设在部公路司)下设运输保障组,负责全国道路运输市场动态监测、对市场异常波动情况进行预警报告和应急处置。

运输保障组负责人:谢家举、李志强。

联系电话:白天(8 时至 17 时):010－65292780。

夜间(17 时至次日 8 时及节假日全天):010－65292528。

传真(24 小时开通):010－65292781。

各级交通主管部门要在本辖区“治超”领导小组和上级交通主管部门的统一指挥和领导下开展工作,成立道路运输保障组织,具体负责“治超”期间本辖区的道路运输保障的组织、协调与实施。

二、道路运输保障组织的工作职责

(一)各级道路运输保障组织在其同级交通主管部门和“治超”领导小组的统一领导和部署下开展工作,制定道路运输保障应急预案,组织应急运输车辆,做好运力储备,负责对道路运输市场异常波动情况进行监测,及时掌握运输市场动态。一旦出现市场异常波动等情况,各级道路运输保障组织要及时向同级交通主管部门和“治超”领导小组报告,并根据其指示,按规定启动应急预案,组织、调配应急运输车辆和人员,执行运输保障任务。

(二)各级道路运输保障组织要按照其同级交通主管部门和“治超”领导小组的统一部署,指挥道路运输系统统一调配应急运输车辆执行运输保障任务,并加强组织督察。

(三)负责协调解决执行道路运输保障任务中出现的各种问题,并及时将有关情况按规定向同级交通主管部门和“治超”领导小组报告;对于重大问题,各省级交通主管部门和“治超”领导小组还应及时向部和全国治超领导小组报告。

(四)承办同级交通主管部门和“治超”领导小组交办的其他工作。

三、道路运输保障应急预案级次

根据市场出现的异常波动和运力紧张情况,将运输保障应急预案分为两个等级。市场异常波动情况是指人民生活必需品如粮、油、肉、菜、蛋等由于运能不足出现脱销,或工业生产原材料(如煤、原油、矿石等)和产成品由于运能不足出现市场供应紧张,导致生产企业面临停产。人民生活必需品供应出现市场异常波动的情况,要按照商务部等 15 个部委局联合印发的《全国生活必需品市场供应应急预案》(商运发〔2004〕198 号)规定的市场异常波动级次,确定运输保障应急预案的相应级次。其它商品和运输价格的市场异常波动,要按照其影响范围、强度和发展趋势以及其可能或已经对道路运输市场造成的影响,确定道路运输保障应急预案的相应级次。

一级道路运输保障应急预案为全国大部分省、自治区或一个以上直辖市出现前款规定的市场异常波动和运力紧张情况；二级道路运输保障应急预案为全国少数省、自治区或在一个省、自治区、直辖市内大部分市（设区的市）、区、县，或省（区）会城市、计划单列市出现前款规定的市场异常波动和运力紧张情况。

属于一级道路运输保障应急预案情形的，由全国“治超”领导小组向全国发布红色预警警报，交通部启动一级道路运输应急预案，并组织、协调和实施；属于二级道路运输保障应急预案情形的，由省级“治超”领导小组向本省、自治区、直辖市发布黄色预警警报，所在省级交通主管部门启动二级应急预案，并组织、协调和实施。

各地出现上述市场异常波动情况后，当地交通主管部门应当立即进行调查核实和确认，并在2小时内向上一级交通主管部门报告。经核实确认为二级道路运输保障应急预案情形的，省级交通主管部门应立即向省级人民政府和交通部报告，并启动二级应急预案；经核实确认为一级道路运输保障应急预案情形的，在1小时内向交通部报告，交通部将立即向国务院和“治超”领导小组报告，并启动一级应急预案。

四、道路运输保障车辆及人员

（一）道路运输保障车辆。各省级交通主管部门要负责本行政辖区内应急运输保障车辆的储备工作。应急运输保障车辆储备数量要按照下列原则执行：50万人以下人口的地区，应配备20辆5吨以上的货车，每增加50万人相应增加5吨以上货车20辆，依此类推。应急运输保障车辆的调用，按应急预案级次分别由交通部和省级交通主管部门为主进行。辖区内应急运输保障车辆不能满足需要时，省级交通主管部门应立即向交通部报告并申请运力支援，由交通部负责协调调动其他省（区、市）的应急运输保障车辆予以支援。

各级交通主管部门在启动道路运输保障应急预案后，要立即调集应急运输保障车辆，并统一核发《道路运输特别通行证》。应急运输保障车辆要在各级交通主管部门的统一部署下执行应急运输任务，并在车辆明显位置悬挂《道路运输特别通行证》，免交车辆通行费，并行驶军车通道。《道路运输特别通行证》由交通部统一制发，由地（市）级交通主管部门负责管理和发放。

应急运输保障车辆在执行任务时不得超限超载运输，任务完成后应立即将《道路运输特别通行证》缴回市（地）级交通主管部门。逾期不缴的，由所在地省市级交通主管部门强制收缴，并按本预案第八条的规定进行处理。

（二）应急运输保障车辆的技术等级要求达到二级以上，车辆使用年限不超过5年（或行驶里程不超过15万公里）。如果辖区内没有符合条件的车辆或车辆不足，应向上一级交通主管部门提出支援申请。

（三）应急运输保障人员。应急运输保障队伍一般应根据应急任务由驾驶员、押运员、装卸人员以及带队人员组成。驾驶员的基本条件是政治合格，身体健康，驾驶技术过硬，证件齐全，熟悉有关政策法规。

各省级交通主管部门在建立相应的应急运输保障组织后，应在2004年6月30日前报交通部备案。备案的主要内容包括各省、自治区、直辖市运输保障机构的负责人、联系人及联系电话、传真、车属单位、车牌号、吨位、单位负责人、联系电话等。

启动应急预案后，执行应急运输保障任务的单位，应对应急运输保障车辆和设备进行认真检查，严禁车辆和设备带病操作，并按规定配备相应的证照和通讯工具。同时，对应急运输保障人员要进行运前动员，做到万无一失。

五、市场异常波动情况的报告

(一)报告制度

各级交通主管部门、道路运输管理机构和运输企业要在“治超”期间建立和完善“治超”工作报告制度,明确部门和人员的责任,确保信息畅通,出现突发事件后要及时按规定程序向其上级交通主管部门和“治超”领导小组报告。

(二)报告内容

1.市场异常波动情况,当地物价上涨和运力下降的幅度;本地运力供应情况,存在的缺口;需要上级交通主管部门支援的申请要求(车辆类型、吨位、数量;执行运输保障任务的时间、线路以及运输或装卸的货物种类、吨位、作业地点等);

2.需要向其上级交通主管部门申请的特别通行证的数量;需要上级交通主管部门组织支援的应急运输保障车辆的种类、吨位、数量以及执行运输保障任务的时间、线路以及运输或装卸的货物种类、吨位、作业地点等;

3.执行应急运输保障应急预案任务时,遇到难以解决的问题,需要请求上级交通主管部门协调解决的事项;

4.执行应急运输保障任务的完成情况(出动的运力、运输货物种类、数量等)。

六、应急运输保障工作机制

(一)执行应急运输保障任务的措施

执行应急运输保障任务的单位,同时派出5辆以上车辆或设备执行同一应急运输保障任务时,应由车队队长带队,10辆以上的,由单位领导带队,20辆车以上由地市级运输管理部门领导带队,50辆以上由省级运输管理部门领导带队。执行应急运输保障任务的车队应配备通讯设备,保持通讯畅通。途中发生问题(遇到滞留、发生事故、物资遭到哄抢或受损、道路受阻、以及不可抗力的自然灾害等)应由负责人及时向本辖区交通主管部门报告。

(二)执行应急运输保障任务的补偿

执行应急运输任务所发生的运费由托运人承担,运价参照当时社会平均价格水平执行。交通部门可视情对参与应急运输任务的运输单位适当减免部分货运附加费。

七、值班制度

“治超”期间,各级交通主管部门、运输管理部门和有应急运力分配指标的单位要建立值班制度,并认真组织落实。值班电话(包括手机)必须24小时开通,值班人员必须24小时在岗,不得擅离职守。值班领导的手机电话必须24小时开通。值班人员要明确职责,熟悉政策,掌握本辖区和本单位的运力储备情况,遇有紧急情况立即向值班领导报告。要加强对应急车辆装备的保养和维护,使其处于良好的技术状态,随时可以投入使用。

八、责任追究

执行应急运输保障任务的单位必须无条件执行上级交通部门下达的应急运输指令,对拒不执行命令、玩忽职守、推诿扯皮或者逾期不缴回《道路运输特别通行证》的单位,在质量信誉考核时,文明服务记0分,并不得参加本年度的文明单位评比。对执行上级命令不坚决,贻误时机并造成恶劣影响的单位领导和责任人要严肃处理。

各省交通主管部门应根据实际情况,制定本辖区内运输保障应急预案,并报交通部备案。

144.关于印发全国治理车辆超限超载信息管理工作制度和全国超限超载治理期间突发性事件处理办法的通知

（2004年6月8日　全国治理车辆超限超载工作领导小组　全国治超〔2004〕1号）

各省、自治区、直辖市治理车辆超限超载工作办公室：

《全国治理车辆超限超载信息管理工作制度》和《全国治超期间突发性事件处理办法》已经2004年5月28日全国治理车辆超限超载领导小组第一次会议讨论通过。现印发给你们，请遵照执行。并请你们从2004年6月15日起，按照《全国治理车辆超限超载信息管理工作制度》的要求报送有关信息。同时将本省、自治区、直辖市专门负责信息管理工作的联络员的姓名和联系电话函告全国治理车辆超限超载工作领导小组办公室。

全国治理车辆超限超载信息管理工作制度

全国治理车辆超限超载工作领导小组

第一章　总　　则

第一条　为加强信息管理工作，全面了解和掌握全国治理车辆超限超载工作（以下简称"治超工作"）的有关情况，及时交流、沟通有关信息，根据《关于在全国开展车辆超限超载治理工作的实施方案》（交公路发［2004］219号，以下简称《实施方案》），制定本工作制度。

第二条　信息管理工作是全国治超工作的一个重要组成部分，其内容包括对涉及治超工作的有关信息的收集、整理、审核、汇总、上报、交流等工作。

第三条　本制度所涉及的信息主要有：

1.路面执法工作情况信息；

2.超限超载违法车辆处理信息；

3.干线公路交通流量信息；

4.车辆报停复驶信息；

5.应急运输车辆储备信息；

6."大吨小标"车辆恢复吨位信息；

7.市场价格和物资供应情况信息；

8.整顿汽车非法改装企业信息；

9.新闻媒体报道治超工作的有关信息；

10.由治超工作引发的突发性事件信息；

11.其他相关的信息。

第四条　全国治理车辆超限超载领导小组办公室（以下简称"全国治超办"），负责全国治超期间有关信息管理工作。

各省、自治区、直辖市所设立的治超办，负责本行政辖区内治超信息管理工作。

交通部、公安部、国家发改委、国家安监局、国家工商总局、国家质检总局、国务院法制办等全国治理车辆超限超载领导小组成员单位要加强对本系统治超信息管理工作的指导，并具体负责本系统内具有保密或者特殊性质的重要信息的管理工作。同时将系统内与治超工作相关的重要信息及时通报给全国治超办，以便及时掌握有关情况，采取处理对策和措施。

第五条　鼓励社会任何单位和个人向全国治超办和各省治超办提供治超有关信息。

第二章　信息收集的分工与要求

第六条　各地的治超信息一般由各省、自治区、直辖市有关部门按照职责分工，分别收集，并及时送本省（区、市）治超办汇集，同时上报一级主管部门。具体分工如下：

(一)地方各级交通主管部门主要负责收集如下信息：

1.路面执法检查车辆数量、卸载车辆数量、卸货数量、超限车辆占车流量比例等情况；

2.跨省市车辆超载超限违章处罚情况；

3.干线公路日均车流量情况；

4.运输价格波动情况；

5.货运车辆报停、复驶情况；

6.道路运输保障车辆的储备情况；

7.治超工作中出现的交通堵塞等突发事件及处理情况；

8.新闻媒体、人民群众对治超工作的反映情况；

9.其他相关的信息。

(二)地方各级公安部门主要负责收集下列信息：

1.路面执法检查车辆数量、查处超载车辆数量、卸载车辆数量、卸货数量等情况；

2.跨省市车辆超载超限违法处罚情况；

3.各地货运“大吨小标”车辆吨位恢复的车辆数和恢复吨位等基本情况；

4.应急警力的准备情况；

5.治超工作中发生的超限超载车辆堵塞公路、聚众冲卡、围攻执法人员等事件及处理情况。

(三)地方各级发改委、物价、经贸、经委等部门按照职责分工，分别负责收集下列信息：

1.市场动态情况，主要包括煤、油、水泥、钢材等主要工业原材料和粮食、蔬菜等生活必需品的物价波动和供求变化情况；

2.在用“大吨小标”车辆恢复标准吨位的基本情况；

3.宏观经济调控有关信息。

(四)地方各级工商管理部门主要负责收集车辆改装企业整顿的有关信息，主要包括取缔的非法改装企业的数量和超范围改装企业的整顿情况。

第七条 各省、自治区、直辖市治超办在收到各有关单位汇交的信息后，要及时进行分析、核实和汇总。

第八条 全国的治超信息以及国家级新闻媒体、互联网报道的有关治超信息，由全国治超办负责收集。

第九条 各省、自治区、直辖市治超办要向社会公开监督和咨询电话，以便于社会单位和个人提供信息或者进行咨询、举报。监督和咨询电话要做到有专人负责，必要时还应24小时值守。

第十条 信息收集按照自下而上的原则进行，同时必须做到及时、真实、准确、简练。

第三章 信息交流与报告制度

第十一条 治超工作涉及部门多，信息量大，且持续时间长，各省、自治区、直辖市治超办在全国治超工作期间，要指定专人负责信息管理工作，并实行值班制度和信息报告制度。

第十二条 各省、自治区、直辖市治超办以及全国治超领导小组各成员单位要指定一名联络员，以加强各地、各部门之间的信息交流与沟通，建立畅通的信息交流渠道。

第十三条 各省、自治区、直辖市治超办要在每周五12时前，将本地区从上周五8时至本周四8时的治超信息，按照附表一、二、三、四的格式和要求，向全国治超办报告。

在全国开展集中治超工作的第一个月，即从6月20日至7月20日，各省、自治区、直辖市的路面执法工作信息、车辆报停复驶信息、运输价格及市场物资供应情况、干线公路交通流量信息和“大吨小标”车辆恢复吨位等有关信息，要按照附表的格式和要求，每周报两次（每周二、周五12时前报送一次）。

第十四条 治超期间出现干线公路交通中断、煤粮油等国家重要物资运输紧张、群体性事件等突发性紧急事件时，各省、自治区、直辖市治超办要立即向全国治超办和本区省级人民政府报告。问题涉及其他省、自治区、直辖市的，还应尽快向相关省、自治区、直辖市通报，以便能够及时解决，避免事态扩大。

第十五条 各省、自治区、直辖市治超办除按照附表的要求上报各地治超信息之外，还要以简报、动态等方式，将本地区的治理工作综述情况，以及突发性事件的处理情况，报送全国治超办。

治超信息如通过正常渠道上报难以满足应急需要的情况下，可通过各地区、各部门的联络员先行沟通，以确保问题能够尽快解决。

第十六条 各省、自治区、直辖市治超办向全国治超办上报治超信息，可通过传真、电子邮件以及利用全国车辆超限超载治理工作网站（交通部政府网www.moc.gov.cn“治超专栏”上的“内部工作信息”）等方式上报。

全国治超办的传真电话为:010—65292781

全国治超办的电子邮箱为:qgzcb@moc.gov.cn

第十七条 为实现全国信息共享，方便各地开展治超工作，全国治超办将根据各省、自治区、直辖市处理的外籍超限超载车辆的违法违章处理信息，及时在全国车辆超限超载治理工作网站（交通部政府网www.moc.gov.cn“治超专栏”上的“超限超载违章信息查询”）及时公布。

各省、自治区、直辖市治超办应定期从该网上下载本地区车辆在外地出现的超限超载违法违章信息，并将其与本地区处罚超限超载车辆信息汇总，分别将车辆超限超载违法违章信息抄送有关部门，由有关部门按照职责依法予以处理。

第四章 信息反馈与发布

第十八条 对于各省、自治区、直辖市报送的信息，全国治超办要及时研究分析，整理汇总，一般通过每周印制一期《全国治理车辆超限超载工作简报》的方式，将信息抄告全国治超领导小组成员单位、各省（自治区、直辖市）治超办。

对于各省、自治区、直辖市报送的突发性紧急事件的信息，全国治超办将立即与事发部门联系，并报请有关主管部门协调处理，同时以《治超工作快报》的方式及时将事件处理情况反馈给有关部门。

对于从新闻媒体、互联网上收集的信息，全国治超办将不定期编制《互联网治超动态摘要》，及时向有关领导报告。

第十九条 全国治超办将把有关治超工作信息（按国家规定需保密的除外），通过治超专网向社会公开，以增加工作透明度，接受社会监督。

第二十条 各省、自治区、直辖市治超办可根据本地实际，选择适当的方式，将从各方面得到的信息，及时予以反馈和发布。

第五章 附 则

第二十一条 对在治超期间不按本制度报送信息、发生瞒报、误报、迟报等问题的省、自治区、直辖市治超办，全国治超办将予以通报批评。

第二十二条 本制度由全国治超办负责解释。

第二十三条 本制度自2004年6月20日起正式施行。各地在执行本制度过程中，如发现有问题，请及时告知全国治超办，以便及时修订。

交通量、物价变化及运输情况统计表

统计时间：　　月　　日8时至　　月　　日8时　　　　　　上报日期：　　月　　日　　表一

<table>
<tr><td rowspan="5">货车交通量变化情况</td><td rowspan="2">公路线路名称</td><td rowspan="2">抽样日总交通流量</td><td colspan="5">其中货车(按核定载质量分列)</td></tr>
<tr><td>14吨以上</td><td>7~14吨</td><td>2~7吨</td><td>2吨以下</td><td>小计</td></tr>
<tr><td></td><td></td><td></td><td></td><td></td><td></td><td></td></tr>
<tr><td></td><td></td><td></td><td></td><td></td><td></td><td></td></tr>
<tr><td></td><td></td><td></td><td></td><td></td><td></td><td></td></tr>
<tr><td rowspan="6">运输情况</td><td>货物种类</td><td>运输量
(吨)</td><td colspan="2">运价
(元/吨)</td><td>与上一统计期间比上升或下降%</td><td colspan="2">与治理前比上升或下降%</td></tr>
<tr><td>煤</td><td></td><td colspan="2"></td><td></td><td colspan="2"></td></tr>
<tr><td>粮</td><td></td><td colspan="2"></td><td></td><td colspan="2"></td></tr>
<tr><td>油</td><td></td><td colspan="2"></td><td></td><td colspan="2"></td></tr>
<tr><td>蔬菜及鲜活产品</td><td></td><td colspan="2"></td><td></td><td colspan="2"></td></tr>
<tr><td>社会平均运价</td><td></td><td colspan="2"></td><td></td><td colspan="2"></td></tr>
<tr><td rowspan="4">物价变化情况</td><td>物品名称</td><td>平均价格
(元/公斤)</td><td colspan="3">与上一统计期间比上升或下降%</td><td colspan="2">与治理前比上升或下降%</td></tr>
<tr><td></td><td></td><td colspan="3"></td><td colspan="2"></td></tr>
<tr><td></td><td></td><td colspan="3"></td><td colspan="2"></td></tr>
<tr><td></td><td></td><td colspan="3"></td><td colspan="2"></td></tr>
<tr><td>说明</td><td colspan="7">1.交通流量统计,各省可选2~3条干线公路(国道主干线或国道)作固定统计对象,每条干线公路宜选1~2个交通量较大且较稳定的交通量监测站或收费站做该线路平均车流量统计。
“抽样日总交通量”:统计时间内抽样选取日昼夜交通流量。
2.“运价变化情况”:选择几家有代表性的运输企业作为固定调查对象。
3.“物价变化情况”:“物品”选择与群众生活密切相关的几种商品作为固定调查对象,如华北的煤,东北的粮食,海南的蔬菜等。</td></tr>
</table>

联系人：　　　　　　　联系电话：　　　　　　　填报单位:(印章)

路面治理情况统计表

统计时间：　　月　日8时至　　月　日8时　　　　　　　　　上报日期：　月　日　表二

<table>
<tr><td>投入执法人员人次</td><td>交通部门</td><td colspan="2"></td><td colspan="2">公安部门</td><td></td></tr>
<tr><td rowspan="2">检查车辆情况</td><td>固定检查站数量
（个）</td><td colspan="2"></td><td colspan="2">流动检查点数量
（个）</td><td></td></tr>
<tr><td>检查车辆数
（辆）</td><td colspan="2"></td><td colspan="2">其中超限超载车辆</td><td></td></tr>
<tr><td>车辆卸载情况</td><td>卸载车辆数
（辆）</td><td colspan="2"></td><td colspan="2">卸载重量
（吨）</td><td></td></tr>
<tr><td rowspan="4">罚款情况</td><td rowspan="2">交通部门</td><td colspan="2">被罚款人总数</td><td colspan="3"></td></tr>
<tr><td colspan="2">罚款总额
（万元）</td><td colspan="3"></td></tr>
<tr><td rowspan="2">公安部门</td><td colspan="2">被罚款人总数</td><td colspan="3"></td></tr>
<tr><td colspan="2">罚款总额
（万元）</td><td colspan="3"></td></tr>
<tr><td rowspan="2">车辆报停、复驶情况</td><td colspan="3">报停车辆数量
（辆）</td><td colspan="3">复驶车辆数量
（辆）</td></tr>
<tr><td colspan="3"></td><td colspan="3"></td></tr>
<tr><td rowspan="3">“大吨小标”车辆
恢复吨位情况</td><td rowspan="2">变更车辆数</td><td colspan="2">吨位增减数
（吨）</td><td colspan="3">规费增减数
（万元）</td></tr>
<tr><td>增加</td><td>减少</td><td>增加</td><td colspan="2">减少</td></tr>
<tr><td></td><td></td><td></td><td></td><td colspan="2"></td></tr>
</table>

联系人：　　　　　联系电话：　　　　　填报单位：(印章)

跨省运输车辆超限超载信息登记表

统计时间：　月　日8时至　月　日8时　　　　上报日期：　月　日　　表三

序号	车牌号码	违章驾驶员从业资格证号	所属运输企业	检查地点	检查时间年/月/日	处理情况		执法部门
						卸载	罚款	
1								
2								
3								
4								
5								
6								
7								
8								

说明："检查地点"填省/地市，如"广东韶关"、"四川内江"等；"卸载"打"√"表示，"罚款"填整数数额；"处理部门"填"交通"、或"公安"或"联合"。

联系人：　　　　联系电话：　　　　填报单位：(印章)

执行应急运输任务情况表

统计时间： 年 月 日至 月 日　　　　上报日期： 月 日　表四

<table>
<tr><td colspan="3">应急运输车辆储备情况</td><td>辆次</td></tr>
<tr><td colspan="3">投入应急运力数量</td><td>辆次</td></tr>
<tr><td rowspan="6">运输量</td><td colspan="2">总计</td><td>吨</td></tr>
<tr><td rowspan="5">其中</td><td>煤</td><td>吨</td></tr>
<tr><td>粮</td><td>吨</td></tr>
<tr><td>油</td><td>吨</td></tr>
<tr><td>蔬菜及鲜活产品</td><td>吨</td></tr>
<tr><td>其他</td><td>吨</td></tr>
</table>

联系人：　　联系电话：　　填报单位:(印章)

全国超限超载治理期间突发性事件处理办法

全国治理车辆超限超载工作领导小组

为确保全国治理车辆超限超载期间社会经济的正常运行和流通市场的相对稳定,保证人民群众生活必需品的及时供应,有效预防、及时控制和消除治理工作对社会经济生活产生的负面影响,针对治超期间可能发生的突发性事件,制定本办法。

一、突发性事件的范围

本办法所指的突发性事件是指出现下列情形之一的:

(一)生活必需品和国家重要物资运输紧张,供应不足,并严重影响人民群众正常生活,或引发社会经济动荡的;

(二)超限超载车辆堵塞公路,或者强行冲卡、围攻执法人员等事件,影响社会正常秩序的;

(三)市场物价异常波动或者人为哄抬物价,导致国家重要物资和人民群众生活必需品价格大幅上涨的。

二、突发性事件处置的分工与主要措施

(一)对于第一条第一款规定的运输保障问题,由交通部负责制定应急预案,并采取下列主要措施:

1.由各级交通主管部门提前组织好应急运输保障车辆,保证足够的运力储备;

2.一旦出现运输紧张突发性事件,立即启动运输保障应急预案,由各级交通主管部门组织应急运输保障车辆,进行批量抢运,确保物资供应。本辖区内应急运输保障车辆不能满足需要时,可报请上一级交通主管部门,协调调动其他辖区的应急运输保障车辆予以支援;

3.对进行抢运的应急运输保障车辆,由各级交通主管部门免费核发统一的通行证,在行驶收费公路时,免费优先通行,确保快速运输。

(二)对于第一条第二款规定的治安保障问题,由公安部部署各地公安机关制定应急预案,并采取下列主要措施:

1.由各级公安部门提前组织应急警力,保证足够的应急警力储备;

2.一旦出现堵塞公路、强行冲卡、围攻执法人员等事件,由事发地公安部门启动治安保障应急预案,并立即组织应急警力赶赴事发现场;

3.要按照《道路交通安全法》和《治安管理处罚条例》的规定,依法妥善处置,确保公路畅通,确保执法工作顺利开展。

(三)对于第一条第三款规定的物价波动问题,由国家发改委按照《价格法》和《非常时期落实价格干预措施和紧急措施暂行办法》有关规定,采取必要的监管和干预措施。

1.由各级价格主管部门对市场供求情况和价格进行监测,建立畅通的信息渠道,及时根据市场供求和价格的监测结果,做出预警;

2.一旦出现第一条第三款规定的哄抬价格、价格欺诈、价格垄断、变相涨价等行为,立即启动应急预案,组织开展价格检查,依法查处不执行政府定价、政府指导价等价格违法行为,严厉打击哄抬价格、价格欺诈、价格垄断、变相涨价等扰乱正常价格秩序的行为；对过高的价格，要按照《非常时期落实价格干预措施和紧急措施暂行办法》，实施价格干预措施或者紧急措施，对不执行价格干预措施和紧急措施的行为，要依法严肃查处，确保价格合理、平衡；

3.一旦出现第一条第三款规定的国家重要物资供应不足等情况，各级经贸委(经委)、发改委和商务厅局负责落实货源，各级经贸委(经委)、发改委综合协调多种运输方式，增加运力投入，确保物资供应。

三、建立突发性事件处理的值班制度

集中治理期间，一旦出现本规定的突发性事件，全国各级治超办公室和各级交通、公安、经贸委(经委)、发改委等主管部门，以及与突发性事件处置任务相关的部门均要实行值班制度，公开联系电话，值班人员必须24小时在岗，不得擅离职守。

四、突发性事件处理实行责任追究制

对于在执行突发性事件处置中因拒不执行上级命令、玩忽职守或推诿扯皮，造成重大损失和恶劣影响的，要按国家有关规定追究当事人及其单位有关领导的责任。

145.关于做好“大吨小标”车型清理工作有关事项的通知

（2004年6月15日　交公路发六字〔2004〕18号）

各省、自治区、直辖市交通厅(局、委),新疆生产建设兵团交通局:

为进一步贯彻落实全国治理超限超载工作电视电话会议精神,协助有关部门做好“大吨小标”车型清理工作,现就有关事项通知如下:

一、严格按照规定程序,做好“大吨小标”车型吨位更正工作。“大吨小标”车型吨位更正工作由国家发改委牵头,公安部、交通部协助。具体更正程序为:生产企业按照相关要求对本企业生产的车型进行清理,将存在“大吨小标”的车型报国家发改委。经核实后,国家发改委以《载货类汽车质量参数调整更正表》的形式予以公告。公安部门按照《载货类汽车质量参数调整更正表》对这些车型的行驶证标定吨位进行重新核定。交通部门再按照公安部门重新核定后的标定吨位对该车型的养路费计征吨位和营运证核定吨位进行更正。6月1日,国家发改委已下发了《载货类汽车质量参数调整更正表》(第一批),各级交通主管部门要积极督促运输企业尽快按照程序进行车型清理和吨位更正工作。

二、深入运输生产第一线,及时掌握“大吨小标”车型吨位更正动态信息。各级交通主管部门要深入道路运输企业,切实了解道路运输企业“大吨小标”车型的总体情况和目前“大吨小标”车型吨位更正过程中出现的主要问题,尤其是道路运输企业需要更正吨位的车型而又未能及时更正的情况,并及时向部报告。主要内容应包括:运输企业名称、“大吨小标”车型吨位更正动态信息、未及时更正的车型及车辆技术参数(含生产厂家、车型、出厂日期、行驶证标定吨位、车辆整备质量、养路费计征吨位、发动机功率、车辆总长、货厢长度、轴数、轮胎数等)、运输企业的意见等。

三、切实做好“大吨小标”车型清理的组织服务工作。“大吨小标”车型清理工作是超限超载治理工作能否顺利进行的重要一环,各级交通主管部门必须提高认识,切实加强相关组织和服务工作。一是要做好相关政策以及“大吨小标”车型吨位更正程序的宣传和解释工作;二是要加强和相关部门的信息沟通和协调,完善各项措施,全面推动“大吨小标”车型清理工作,为治理超限超载打好基础。

146.关于在全国开展车辆超限超载治理工作的公告

（2004 年 6 月 18 日　全国治理车辆超限超载工作领导小组公告　2004 年第 1 号）

为认真贯彻落实《公路法》、《道路交通安全法》、《安全生产法》和《道路交通安全法实施条例》、《道路运输条例》，确保公路设施完好，减少道路交通安全事故，整顿道路运输生产秩序，保护和鼓励合法道路运输，维护人民群众生命财产安全，经国务院同意，从 2004 年 6 月 20 日起，由交通部、公安部、国家发展改革委、国家质检总局、国家安全监管局、国家工商总局、国务院法制办组成全国治理车辆超限超载工作领导小组在全国组织开展专项治理工作。各省、自治区、直辖市人民政府及其有关部门具体负责本行政区域内的治理工作。力争通过一年的集中治理，使车辆超限超载现象得到有效遏制；通过三年的综合治理，从根本上解决车辆超限超载问题。现公告如下：

一、集中治理期间，认定车辆超限超载行为执行以下标准：

（一）二轴车辆，其车货总重超过 20 吨的；

（二）三轴车辆，其车货总重超过 30 吨的（双联轴按照二个轴计算，三联轴按照三个轴计算，下同）；

（三）四轴车辆，其车货总重超过 40 吨的；

（四）五轴车辆，其车货总重超过 50 吨的；

（五）六轴及六轴以上车辆，其车货总重超过 55 吨的；

（六）虽未超过上述五种标准，但车辆装载质量超过行驶证核定载质量的。

二、集中治理工作分阶段进行。2004 年第四季度以前，重点治理本公告第一条规定前 5 种情形和未列入国家发展改革委更正公告的超限超载车辆；2004 年第四季度起，全面开展超限超载车辆治理工作。

三、对认定为超限超载的车辆一律实施卸载，消除其违法行为。但对整车运送蔬菜瓜果等鲜活农产品的运输车辆、油气等化学危险品运输车辆、不可解体物品和冰箱、彩电、汽车等贵重易损物品运输车辆的超限超载行为，在运输途中暂不实施强制卸载，由执法人员对其进行告诫和登记，并通报车籍所在地有关部门按照有关法律、法规处罚。

四、实际承载能力与核定载质量不符的在用“大吨小标”车辆，由车主按照国家发展改革委公布的“大吨小标”车型和相关技术参数，向车辆所在地公安机关交通管理部门申请更正核定载质量，公安机关交通管理部门免费换发车辆行驶证，交通部门不再追缴该车辆以前应缴纳的养路费等交通规费的差额部分。

五、同一车辆同一超限超载违法行为，已被有关执法部门查处的，其它执法部门不再重复处罚、卸载。

六、整顿车辆非法改装企业。对未经批准擅自从事汽车改装的企业，要按照无证经营的规定，坚决予以取缔；对虽经批准但不按国家规定或者超范围对车辆擅自进行改装的企业，依法予以处罚直至吊销营业执照；对擅自改装的车主依法予以处罚。

七、汽车生产厂家要严格按照《道路车辆外廓尺寸、轴荷及质量限值》（GB 1589—2004）标准，规范车辆生产行为，从源头上杜绝车辆“大吨小标”现象。

八、从事道路运输的单位和个人应当自觉接受执法部门的监督管理。对阻碍、拒绝执法人员依法执行公务或者围攻、殴打执法人员的，由公安机关按照《中华人民共和国治安管理处罚条例》的规定予以处罚，构成犯罪的，依法追究刑事责任。

九、本公告自2004年6月20日起施行。

特此公告。

147.关于车辆超限超载治理工作中规范收费罚款等有关问题的通知

(2004 年 6 月 23 日　交通部　交公路发〔2004〕334 号)

各省、自治区、直辖市、计划单列市、新疆生产建设兵团交通厅(委、局),天津市政工程局,上海市政工程管理局

根据经国务院批准,由交通部、公安部、发展改革委、质检总局、安全监管局、工商总局、国务院法制办印发的《关于在全国开展车辆超限超载治理工作的实施方案》(交公路发〔2004〕219号,以下简称《实施方案》)的要求,2004 年 6 月 20 日,全国各地将统一开展车辆超限超载集中治理工作,为确保这项工作的顺利开展,现就车辆超限超载集中治理工作期间规范收费、罚款行为等有关问题通知如下:

一、关于公路养路费的征收问题

(一)各省、自治区、直辖市交通主管部门要严格按照《实施方案》的规定,在国家出台新的养路费征收政策以前,对普通载货类汽车的公路养路费,从 2004 年 6 月起,暂按车辆《行驶证》核定的吨位征收养路费,确保公路养路费征收标准与车辆超限超载认定标准相一致。对于养路费已经包缴的车辆,应退还 2004 年 6 月之后多征部分的养路费差额;对于客车、特种车、专用载货车辆等的养路费仍然按照现行规定执行。

(二)在全国集中治理车辆超限超载工作期间,凡车主提出车辆报停或者复驶申请的,要严格按规定及时为车主办理相关手续,不得拖延或拒绝,必要时,要增加服务窗口,延长服务工作时间。特别是车主提出车辆复驶申请的,要即时为车主办理车辆复驶手续,以确保集中治理期间的运力保障。

二、关于罚款问题

(一)从 2004 年 6 月 20 日至 7 月 20 日,凡超过《实施方案》前五条超限超载车辆认定标准的运输车辆,各级交通主管部门必须对其实施卸载,直至符合《实施方案》的前五条超限超载认定标准,并以教育为主,暂不罚款。严禁对超限超载车辆只罚款、不卸载。

(二)对同一超限超载违法行为,公安交管部门已查处的,各级交通主管部门不再查处;已被一个省(区、市)执法人员查处的,另一省(区、市)不再查处。

三、关于公路赔(补)偿费问题

按照《公路法》的规定,擅自行驶公路的超限车辆对公路造成损坏的,应当按照损坏程度给予补偿。在集中治理工作期间,擅自行驶公路的超限车辆未对公路造成明显或直接损坏的,各级交通主管部门暂不收取公路补偿费。

四、关于计重收费问题

已经实施计重收费的路段,各级交通主管部门必须在《实施方案》规定的车辆超限超载认定标准范围内,计重收取车辆通行费;对于超过超限超载认定标准的车辆,必须按照《实施方案》的要求进行卸载,消除违法行为,不得计重收费后放行。

各省级交通主管部门要加强对计重收费的监督和指导,采取轴重与总重相结合、以轴重为主的方式,对车辆实行计重收费,逐步完善计重收费管理模式,同时严格规范计重收费行为。

148.关于治超期间采取措施确保交通畅通等有关问题的通知

(2004年7月5日　交通部　交公路明电〔2004〕12号)

各省、自治区、直辖市、计划单列市、新疆生产建设兵团交通厅(委、局),天津市政工程局,上海市政工程管理局:

自6月20日全国集中开展车辆超限超载治理工作以来,在各级人民政府的领导下,经过各有关部门的通力合作,治理工作进展顺利,严重超限超载的势头得到有效遏制。但也出现个别地区车辆排队等候检测、检测站交通严重堵塞等情况,群众对此反映强烈,国务院领导同志也高度重视。此外个别地方还出现治超工作人员在上下班途中因交通事故造成人员伤亡等情况。为确保全国治超工作期间公路交通畅通和工作人员人身安全,现就有关问题紧急通知如下:

一、各级交通主管部门要会同有关部门加强对超限超载检测站的管理,增设必要的交通标志,提高检查站内的运转效率和检测速度。对经常出现车辆排队等检的检测站,要及时增设称重检测设备。对于交通流量大、超限超载车辆多的路段,可对检测站附近的公路进行加宽,增设一定长度的辅道,专供超限超载货车分流和停放,以缓解主线公路交通压力,避免交通堵塞和车辆排队等待检测等情况。

二、各检测站的执法人员要严格按照规定开展执法工作,对于客车和持有交通部制发的《全国治理超限超载应急运输保障车辆道路运输特别通行证》的车辆,不得随意拦截和检测,确保合法运输车辆的正常通行。

三、各级交通主管部门要积极会同公安部门,维持超限超载检测站、卸载场地以及周边公路的交通、治安秩序,防止出现严重交通拥堵情况以及集体闯卡等暴力抗法事件。对于工作任务繁重、易出现问题的地方,应及时向当地政府和公安部门反映,适当增加警力,确保治理工作的顺利开展。

四、在全国集中治超工作期间,各级交通主管部门特别是公路管理机构,要加强公路养护管理和巡查力度,发现问题要立即采取措施,确保公路完好并处于良好的技术状况,保障公路交通畅通。特别是当前已经进入汛期,一旦出现公路水毁等自然灾害造成公路交通中断等情况,要立即组织抢修并及时修复;无法修复的,要修筑便道、架设便桥,或制定切实可行的绕行方案,尽可能保证公路交通畅通。

五、各级交通主管部门要结合路网布局,统筹安排实施公路建设和养护工程,不得出现同一方向的几条公路同时施工、人为造成交通堵塞等情况。各地在实施公路建设或公路养护工程施工时,必须修筑施工便道或指定绕行路线,并设置醒目的标志,施工现场还要安排人员疏导交通,有关的信息还要事先向社会公告。同时,各级交通主管部门要加强监督检查,对不按规定和要求进行施工作业的单位和人员,要严肃查处。

六、治超工作点多、线长、量大、持续时间长,工作极为艰辛。各级交通主管部门一定要采取措施,保证广大一线工作人员的身体健康和人身安全。要尽可能改善工作人员的生活、办公条件,做好后勤保障。同时合理制定好治超工作人员的作息制度,避免疲劳作战。特别是对于上下班路途较远的工作人员和偏远的超限超载检测站工作人员,各级交通主管部门要安排专门的车辆和司机,及时接送,确保职工上下班途中的交通安全。

149.关于印发全国治理车辆超限超载工作领导小组和办公室成员名单的通知

(2004年8月19日　全国治理车辆超限超载工作领导小组　全国治超字〔2004〕3号)

交通部、公安部、发展改革委、工商总局、质检总局、安全监管局、国务院法制办、中宣部:

为进一步加强对全国车辆超限超载治理工作的组织领导,根据国务院领导的指示精神,全国治理车辆超限超载工作领导小组第四次会议对全国治理车辆超限超载工作领导小组及办公室的成员进行了调整。现将调整后的《全国治理车辆超限超载工作领导小组和办公室成员名单》印发给你们,请按照职责分工,做好相关工作。

附件:全国治理车辆超限超载治理工作领导小组和办公室成员名单

全国治理车辆超限超载工作领导小组和办公室成员名单

一、全国车辆超限超载治理工作领导小组人员名单

组　长：张春贤　交通部部长

副组长：白景富　公安部副部长

　　　　欧新黔　发改委副主任

　　　　冯正霖　交通部副部长

　　　　刘玉亭　工商总局副局长

成　员：王秦平　质检总局副局长

　　　　王德学　安全监管局副局长

　　　　宋大涵　国务院法制办副主任

　　　　刘汉俊　中央宣传部新闻局副局长

　　　　张剑飞　交通部公路司司长

　　　　杨　钧　公安部交管局局长

　　　　王富昌　发展改革委产业司副司长

二、全国治理车辆超限超载工作领导小组办公室人员名单

主　任：冯正霖　交通部副部长(兼)

副主任：张剑飞　交通部公路司司长(兼)

　　　　杨　钧　公安部交管局局长(兼)

　　　　王富昌　发展改革委产业司副司长(兼)

成　员：于献忠　质检总局质量管理司司长

　　　　朱永光　交通部体改法规司司长

　　　　苏　洁　安全监管局监管二司副司长

　　　　李国庆　工商总局企业注册局副局长

　　　　丁　锋　国务院法制办政法司副司长

　　　　钟　华　监察部驻交通部监察局副局长

　　　　王　娟　中宣部新闻局新闻宣传处助理调研员

150.关于进一步加强车辆超限超载集中治理工作的通知

(2004年8月20日　交通部、公安部、国家发改委　交公路发〔2004〕455号)

各省、自治区、直辖市、计划单列市交通厅(局、委),公安厅(局),发展改革委,经贸委(经委),天津市政工程局,上海市市政工程管理局:

为进一步做好下一阶段全国集中治超工作,按照经国务院同意的由交通部、公安部、国家发展改革委、安全监管局、工商总局、质检总局、国务院法制办等七部委联合印发的《关于在全国开展车辆超限超载治理工作的实施方案》(交公路发〔2004〕219号,以下简称《实施方案》)的要求,现就有关事项通知如下:

一、统一车辆超限超载认定标准

自2004年9月1日到12月31日,在车辆超限超载执法工作中,各地交通、公安部门一律按照附件所列的标准,认定车辆是否超限超载,并据此进行检查和纠正。

二、进一步规范执法行为

(一)各地对车辆超限超载的认定、卸载和处罚工作必须在经省级人民政府批准的超限超载检测站点内,由交通、公安执法人员共同组织实施。公安部门主要负责指挥引导车辆到检测站点,维持检测站点交通、治安秩序等工作;交通部门主要负责检测站点维护和管理、检测称重、卸载等工作。

(二)车辆是否超限超载,必须经过称重检测后方可认定。对检测后认定为超限超载的车辆,必须在实施卸载、消除违法状态后方可放行,不消除违法状态不得放行,避免连续处罚、重复处罚。

(三)在同一检测站点内,对超限超载车辆的处罚,只能由一个部门执行。对同一车辆的同一超限超载行为,已被交通、公安部门中任何一个部门处罚,并出具处罚决定书和与当前车货总重相一致的卸载记录单的,不得重复处罚;已被一个省(区、市)的执法部门处罚的,另一个省(区、市)不得重复处罚。

(四)交通、公安两个部门对超限超载车辆实施处罚,一律按照一般程序执行。对超限超载车辆处以200元(含)以上的罚款处罚,必须报经科队以上负责人(交警大队长或路政科长、大队长)批准后,方可执行。

(五)严肃工作纪律,加强执法检查。各地要认真落实治超工作"五不准"的规定(即:没有执法资格的人员,不准上路执法;上路执法人员,不准不开收费票据和乱收费、乱罚款;车辆没有称重检测的,不准认定超限超载;车辆没有卸载消除违章行为的,不准放行;同一违章行为已被处理的,不准重复处罚),严厉查处乱罚款、乱收费和内外勾结、徇私枉法等行为。对性质恶劣、执法犯法的人员,一经查出,一律严肃处理,调离执法岗位,并公开曝光,绝不姑息迁就。

三、确保公路交通畅通

(一)在治超工作中,一旦出现车辆排队等待检测超过一定长度,或者一定数量的情形,要减少检测范围。对明显不超限超载的车辆,可先放行。对放行的具体情况和决定权限,由各省级治超领导机构根据当地具体情况,作出明确规定。

(二)对于经常出现交通堵塞或车辆排队等待检测的站点,各地要及时增加检测设备,加快检测速度。必要时应对原有公路加宽改造,加设辅道,扩大停车场所面积,保证交通畅通。

(三)各检测站要及时掌握公路交通堵塞的信息,一旦堵塞,交警、路政人员要采取措施,及时疏导。

四、加快在用"大吨小标"车辆吨位恢复工作

(一)对于发展改革委已经公布的在用"大吨小标"车型,各地有关部门要采取公布需更改车辆牌号、主动登门服务等多种有效措施,加快车辆吨位的恢复和更正工作。

(二)自2004年9月1日至12月31日,凡按国家发展改革委《更正表》申请恢复吨位的车辆,除免费更正核定载质量、换发车辆行驶证、并不再追缴其以前应缴纳公路养路费等规费的吨位差额部分之外,更正后吨位变大的车辆,各地交通部门仍要按恢复前的标准收取公路养路费等规费;更正后吨位变小的车辆,要按更正后的吨位收取公路养路费等规费。

(三)自2004年9月10日起,凡生产企业未提出更正参数,而载货汽车车主和运输业户要求恢复吨位的,经国家发展改革委确认后,责令企业更正产品质量参数,并将企业所涉及车型从《公告》中撤销,同时按照公告管理的有关规定对企业进行处罚。对于企业不按上述要求更正产品质量参数的,由国家发展改革委比照同类车型提出更正的质量参数。国家发展改革委《更正表》的有效日期截止为2005年3月31日。在此期间,各地有关部门要结合《公告》和"大吨小标"车辆吨位恢复情况,加强对汽车生产厂家进行监督检查,发现违反上述规定的,要公开曝光,严肃处理。

(四)自2004年10月1日起,各汽车生产企业要严格执行《道路车辆外廓尺寸、轴荷及质量限值》(GB 1589—2004)国家强制性标准,确保新定型车辆符合国标要求,严禁新车"大吨小标"。自2005年4月1日起,《公告》内的汽车产品必须符合国标要求。凡不符合国标的车辆,各地公安机关交通管理部门不得办理上牌手续,由汽车生产企业收回,自行处理。

(五)在2005年3月31日之前,各地公安部门在办理新车注册登记时,要把《更正表》作为调整更正《公告》质量参数的依据,配合《公告》使用。

五、确保蔬菜等农产品运输

(一)各级交通、公安部门对于整车运输蔬菜等农产品的车辆要严格坚持不扣车、不卸载、不罚款的"三不"政策。

(二)进一步加大宣传力度,重申农产品运输政策,让车主和菜农等充分了解政策,打消疑虑和观望心理,组织车主和菜农,积极开展农产品营销和运输工作。主要农产区和集散地的交通、公安部门要在当地政府的领导下,切实加强装载源头的管理,从源头上解决农产品运输车辆的超限超载问题。

(三)各地治超办要加强与有关部门的联系,及时了解各地农产品运输中出现的问题,并采取措施,协调解决。对于难以解决的问题,要立即报请上一级人民政府协调解决,严禁通过媒体炒作。

(四)各级交通、公安部门要加强对各地确保农产品运输畅通政策和措施执行情况的监督检查,特别是对农产品运输重点地区和重点路段,要加大跟踪和督查力度,确保各项措施得到正确执行。对不执行"三不"政策的执法人员,要按有关规定进行处理,并公开曝光。

六、加强对超限超载检测站的管理

(一)各省、自治区、直辖市要结合公路网的整体布局,合理设置超限超载检测站点,现有的超限超载检测站的数量难以满足治超工作需要的,各地治超办应报请省级人民政府批准增设。

(二)各省、自治区、直辖市要加强对超限超载检测站点的管理,明确检测站点的工作职责和权限,制定检测站点的管理办法和称重、卸载、处罚等治超工作流程图,加强对检测站点工作人员的管理,建立监督约束机制和违纪人员责任追究制。同时,要尽可能改善检测站点工作人员的生活和办公条件,为治超工作提供必要的物质基础。条件具备的地方,应配备遮阳和防雨设备,为过往车辆提供饮水等便民服务。

(三)各超限超载检测站要确保称重设备符合国家产品质量的有关要求,定期对称重设备进行校验,确保检测精度,减少检测误差。对于群众反映误差较大的站点,各级交通主管部门要加强监管,及时纠正,确保检测工作科学、公正。

附件:车辆超限超载认定标准

车辆超限超载认定标准

轴数	车辆形式及相关要求	车货总重量（吨）
2	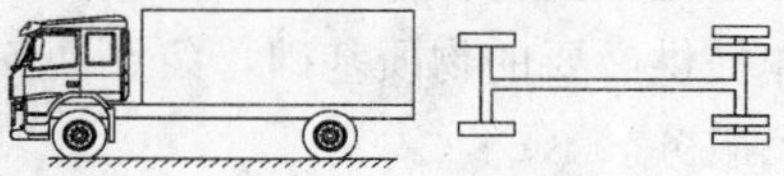	20
3	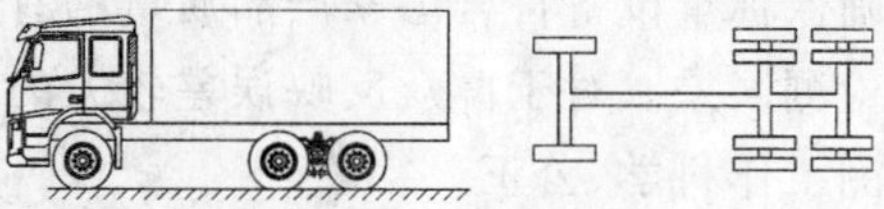	30
3	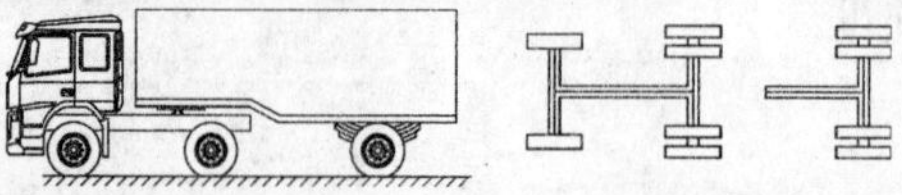	30
4	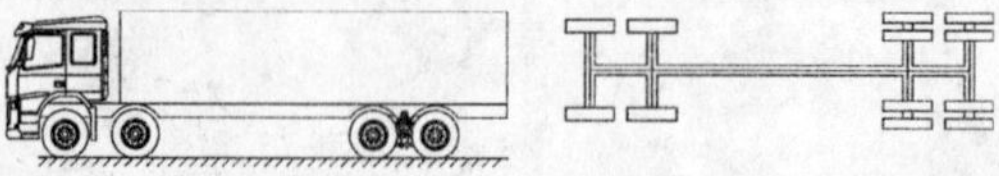	40
4	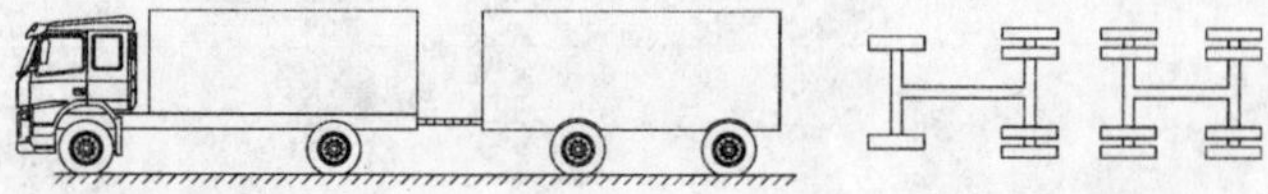	40
4	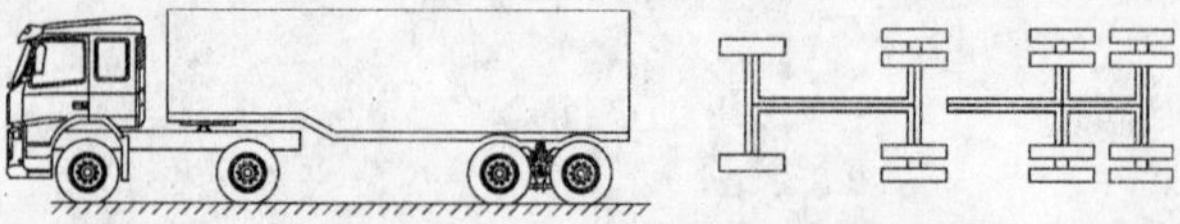	40
5		50
5		50
5	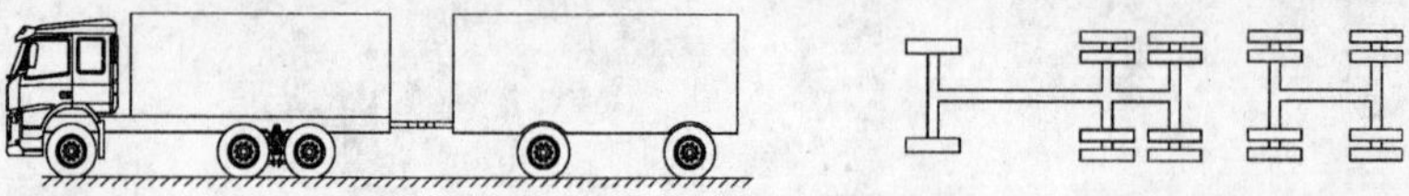	50
≥6	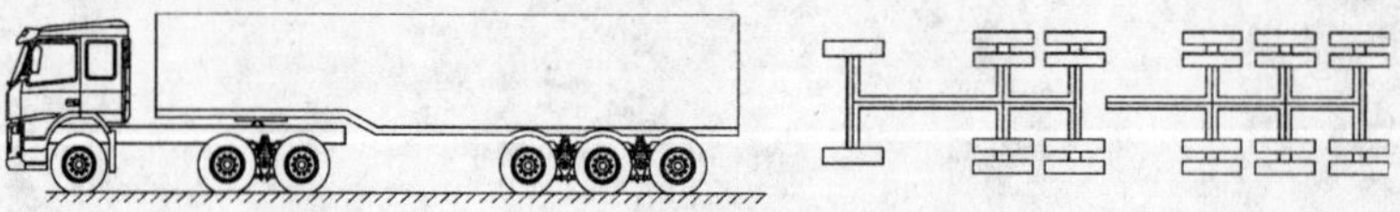	55

备注：1.由汽车和全挂车组合的汽车列车，被牵引的全挂列车的总重不得超过主车的总重。

2.除驱动轴外，上述图示中的并装双轴、并装三轴以及半挂车和全挂车，每减少两轮胎，其总重限值减少4吨。

151.关于加大治超工作力度防止超限超载反弹等有关问题的通知

(2004年11月22日　交通部　交公路明电〔2004〕22号)

各省、自治区、直辖市、计划单列市、新疆生产建设兵团交通厅(委、局),天津市政工程局,上海市政工程管理局:

自6月20日全国集中开展车辆超限超载治理工作以来,在各级人民政府的领导下,经过各有关部门的通力合作,治理工作进展顺利,严重超限超载的势头得到有效遏制。但最近个别地区治理工作有所放松,车辆超限超载有所反弹。为确保全国治超工作深入开展,巩固目前已经取得的成果,现就有关问题紧急通知如下:

一、各省、自治区、直辖市交通主管部门要继续加强领导,切实抓好治超工作。特别是对于治超工作出现的问题,各级交通主管部门要充分发挥牵头部门的作用,协调、会同有关部门,共同研究,提出有效的应对措施,并向政府领导汇报,争取支持,从组织领导上保证治超工作的顺利开展。

二、各级交通主管部门要加强与公安部门的沟通,保证联合治超工作合力,以确保路面执法工作力度不减,继续保持高压态势。山西、河北、内蒙等省(区),要进一步加大执法力度,年底前各级交通主管部门的主要领导要亲自上路,加强对路面执法工作的检查和督导,采取切实措施,坚决制止超限超载反弹的现象。

三、目前正值冬季储备物资的运输高峰,各地交通主管部门在加大路面执法力度的同时,一是要采取措施,确保公路处于良好的技术状况。对因自然灾害造成公路中断的,要及时抢通,确保道路交通畅通;二是积极组织运力,保证运力供应,全力保障冬季储备物资运输;三是对于交通流量大的路段,要配合公安交警加强交通疏导。特别是各公路治超检测站点,要密切关注公路交通流量情况,一旦出现交通拥堵,要坚持保畅优先的原则,对明显不超限超载的车辆,可先放行,减少检测范围,减少拥堵时间,防止因治超而造成交通堵塞。

四、进一步规范执法行为。要按照“五不准”的要求,抓好执法队伍建设。要认真对待群众的举报,自觉接受舆论和社会公众的监督,并不定期组织明查暗访活动,对违法乱纪的执法人员,一经发现,坚决予以严肃处理,绝不能姑息迁就。

五、治理车辆超限超载是一项长期的工作,针对目前全国治超工作当中存在的主要问题,全国治超办于11月11日进行了专题研究,初步确定将延长全国集中治超工作时间,并按照“巩固成果、力度不减、突出重点、有效推进”的工作思路,继续深入地做好治超工作。具体意见另发。年内,各级交通主管部门要加强宣传,坚持正确的舆论导向,同时按照上述要求,积极向各级政府汇报,将今后治超工作经费纳入年度正常预算,解决好资金渠道,为执法人员的工作生活提供后勤保障,确保治超工作的正常开展。

152.关于印发2005年全国治超工作要点的通知

（2005年3月2日　交通部、公安部、国家发改委等八部委　交公路发〔2005〕89号）

各省、自治区、直辖市及计划单列市交通厅（局、委）、公安厅（局）、发展改革委、经贸委（经委）、宣传部、质检局、安全监管局、工商局、法制办，天津市市政工程局，上海市市政工程管理局：

现将《2005年全国治超工作要点》印发给你们，请结合本地实际，认真组织实施。

2005年全国治超工作要点

(2005年3月　交通部、公安部、国家发改委、中宣部、质检总局、安全监管局、工商总局、法制办)

经国务院同意,交通部、公安部、发展改革委、中宣部、工商总局、质检总局、安全监管局、法制办等八部委,从2004年6月起在全国集中开展车辆超限超载治理工作。半年多来,经各地各有关部门的共同努力,车辆严重超限超载的态势得到有效遏制,道路交通事故明显下降,公路通行效率明显提高,合法装载车辆的运输成本明显下降,运输效益明显增加,运力结构得到初步优化和调整,治超工作取得了比较明显的成果。但同时也出现了部分地方工作力度减弱、超限超载现象有所反弹,"大吨小标"车辆仍未得到有效解决,个别路段出现交通堵塞,治超工作经费紧张等问题。为进一步做好2005年度全国治超工作,加大治理力度,经全国治理车辆超限超载工作领导小组研究,特提出如下工作要点。

一、指导思想与目标

——指导思想:围绕温家宝总理作出的"要充分认识这项工作的复杂性,坚持综合治理,注重运用法律和经济手段,建立长期、有效的管理体制,以巩固成果"重要批示,以及黄菊副总理在全国交通工作会议上提出的"要巩固和扩大治理车辆超限超载运输工作成果,综合采取经济、法律、行政手段,继续加大治理工作力度"的要求,按照"巩固成果、力度不减、突出重点、有效推进"的工作思路,在确保交通畅通和满足社会运输需求的前提下,提高政府对公路、车辆、运输市场的监管能力和公共服务水平,继续保持和加大工作力度,坚持综合治理,逐步建立长效治理机制,坚定不移地做好2005年全国车辆超限超载治理工作。

——工作目标:到2005年底,全国车辆超限超载率控制在6%左右,95%以上的"大吨小标"车辆的标定吨位得到更正。

二、具体措施和要求

(一)继续加大执法力度

1.继续保持路面执法合力。为确保治理工作成果,防止超限超载反弹,今年各级交通、公安部门要继续按照"统一口径、统一标准、统一行动"的要求,保证足够的路面执法力量,坚持联合治超,加强配合,对超限超载车辆继续保持严管态势,坚决遏制超限超载反弹。

2.按照统一标准依法严管。为避免车辆超限超载认定标准不统一的问题,各地交通、公安部门要继续按照交通部、公安部、发展改革委《关于进一步加强车辆超限超载治理工作的通知》(交公路发〔2004〕455号,以下简称"455号文件")的要求和超限超载认定标准,做好治超的执法工作。今年将根据"大吨小标"车辆标定吨位更正进展等情况,研究确定按照《关于在全国开展车辆超限超载治理工作的实施方案》(交公路发〔2004〕219号,以下简称"实施方案")规定的统一认定标准的执行时间。与此同时,各级公安、交通部门要按照《道路交通安全法》及其实施条例、《公路法》及《道路运输条例》等法律、法规的要求,对超载超限车辆严格实施卸载,依法严管重罚,并根据超限超载的严重程度,在认定幅度内相应增加处罚额度。对于恶意超限超载的行为,要严格按照法律法规的上限给予处罚。

3.突出重点,有针对性地开展治理工作。2005年,各地在治超工作中要突出三个重点,有针对性地开展治理工作:一是以超限超载重点监管车型为重点,开展路面执法工作。全国治超办将根据各地上报的情况,分期分批地向社会公布超限超载情况严重的车型,作为各地路面执法工作中的重点监管车型;二是严厉打击以驳载为手段的短途超限超载运输行为;三是坚持全国联动并继续加大华北等地区的治理力度。

4.严厉打击抗法行为,净化执法环境。对于拒绝、阻碍执法人员依法执行职务的,公安机关要坚决依法查处;构成犯罪的,坚决依法追究刑事责任,努力为治理工作创造良好的执法环境。

5.加强执法检查,规范执法行为。在治超工作中,要严格落实治超工作"五不准"的规定,建立群众举报制度,全面接受舆论和社会公众的监督。各省、自治区、直辖市治超办和有关部门要不定期组织明查暗访活动,对违法乱纪的执法人员,一经发现,坚决予以严肃处理,绝不姑息迁就。

6.加强货物源头监管力度。对于公路沿线的小煤场及以各种名义建立起来的货物分装场,各级地方人民政府要加强领导,组织有关部门加大整治力度。未取得工商营业执照的,要强行关闭;取得工商营业执照的,要强化责任,特别是要强化货主和厂矿企业等有关单位的责任,确保运输源头装载符合要求;如发现经常放行超限超载运输车辆的,要责令停业整顿。

(二)严厉查处车辆"大吨小标"和非法改装

7.制定专门的管理和处罚办法。由发展改革委会同工商总局、公安部、交通部,制定专门的办法,对生产"大吨小标"车辆和非法改装的厂家和有关单位进行严厉处罚。从2005年4月1日起,对于新生产车辆,要严格执行《道路车辆外廓尺寸、轴荷及质量限值》国家标准(GB 1589—2004),不再执行发展改革委2004年第31号公告要求。各地也要加大力度,建章立制,从源头上遏制"大吨小标"车辆的出现。

8.加快"大吨小标"车辆吨位恢复。对发展改革委公布的在用"大吨小标"车型,各地公安机关交通管理部门要进一步加大工作力度,继续做好"大吨小标"车辆参数更正、行驶证换发工作,同时对各省、自治区、直辖市更正工作的进度进行排名,对排名靠后的地区实行重点督办,加快车辆吨位恢复工作进度。

对因特殊原因仍未公布的在用"大吨小标"车型,由发展改革委在今年年内发布公告予以更正,同时取消《公告》中相应的车型。更正费用由生产厂家承担。从2005年4月1日起,新生产的"大吨小标"车辆,由发展改革委取消《公告》中相应的车型,生产、改装厂家召回车辆,并承担车辆所有人的损失,已经上牌的要追究相关人员的责任。

9.运用经济手段促进"大吨小标"车辆恢复吨位。从2005年起,全国公路养路费按照下列原则计量征收:一是载货类汽车征费计量按照发展改革委发布的《车辆生产企业及产品公告》、《载货类汽车质量参数调整更正表》核定。同一车型质量参数多次公布且前后不一致的,按最新公布的标准核定;二是未列入发展改革委《车辆生产企业及产品公告》的载货类汽车,仍然按照交通部和原国家发展计划委员会《公路汽车征费标准计量手册》的标准核定。

10.严把车辆上牌关。各级公安机关交通管理部门在车辆注册登记环节要严格把关,从2005年4月1日起,对于与《公告》公布车型技术参数不一致、不符合《道路车辆外廓尺寸、轴荷及质量限值》国家标准(GB 1589—2004)要求的新增车辆,一律不予发放车辆牌照,以杜绝非标准车辆上路行驶。对违反《道路交通安全法》及配套法规、违反国家有关机动车安全技术标准导致不符合安全规定的车辆登记、注册的,要倒查并追究相关人员的责任。

11.集中打击车辆非法改装企业。继续开展车辆非法改装整顿工作。对于车辆非法改装严重的地区，由工商总局会同交通部、发展改革委、公安部、质检总局采取联合行动，在今年年内组织专项整治行动，进行重点打击。对严重的车辆非法改装企业要严厉处罚，公开曝光，以进一步规范车辆改装秩序和行为。同时，对所有的非法汽车改装企业要逐步予以取缔。

(三)逐步建立治超长效机制

12.加快立法步伐，实现依法治理。《公路保护条例》已列入2005年国务院立法计划，交通部、国务院法制办要做好起草工作，使超限超载治理工作尽快走上法制化轨道。

13.研究出台司法解释，追究严重超限超载车辆的刑事责任。力争出台相应的司法解释，按照《刑法》等有关规定，对于对桥梁和重要公路设施造成严重破坏的超限超载车辆，要依法追究肇事者的刑事责任。

14.实施和规范计重收费。结合部分地方计重收费试点工作，以华东区域为重点，在更大范围内开展收费公路车辆通行费计重收费工作。通过经济和价格手段，鼓励车辆合法装载运输。但对超过公路承载能力的货运车辆，可采取加重收取通行费的方式，切断运输业户超限超载运输的经济链条。同时，结合养路费和通行费征收方式等政策的调整，进一步调节超限超载的经济利益关系。

15.降低通行费标准，降低运输成本。从2005年1月1日起，各省、自治区、直辖市交通、物价部门要按照经国务院批准的《关于降低车辆通行费收费标准的意见》的要求，切实做好收费标准的降低调整工作，以降低运输成本，提高运输效益，提高多轴大型车辆在运输市场的竞争优势。

16.合理设置超限超载检测站点。各级交通主管部门要做好国省干线公路超限超载检测站点的规划和设置工作，加快超限超载检测站点规范化建设。在新建公路时，要结合国省干线公路超限超载检测站点布局规划，将检测站点作为公路附属设施的组成部分，实现与公路同步设计、同步建设、同步运营。对现有的公路，要根据检测站布局规划进行调整；站点数量不能满足工作需要的，要及时增设必要的固定和流动检测站点。对所设置的超限超载检测站点，其投资要纳入年度建设计划，交通部给予适当补助。同时，要加强管理，充实人员，建立完善的管理制度，使超限超载检测站点建设规范化、治超工作制度化。

17.加强对运输市场的监管力度。各级交通主管部门要严格按照《道路运输条例》的规定，加大对违法实施超限超载运输的道路运输经营者及为其违法行为提供便利条件的道路运输相关业务经营者的监管、处罚力度。

要进一步完善货运企业和营运驾驶员信誉档案。各省、自治区、直辖市交通主管部门和运输管理机构要根据2004年记录的超载超限违法信息，对于部分超限超载严重的货运企业和营运驾驶员，要依法予以严厉处罚。对于超限超载违法记录次数超过3次的营运驾驶员，要责令其参加不少于一周的货运法律法规、货物装载等基本知识的培训，并重新考试；对于有超限超载登记的营运货车超过总数5%的运输企业，要向社会公布，并责令其停业整顿。

对有擅自改变车箱长度或拦板高度等改装营运货车行为的道路运输经营者，应处以5000元以上2万元以下的罚款。

对擅自改装机动车辆的机动车维修经营者，要责令改正；有违法收入的，没收违法收入，并处违法收入2倍以上10倍以下的罚款；没有违法收入或违法收入不足1万元的，处2万元以上5万元以下的罚款；情节严重的，由原许可机关吊销其经营许可；构成犯罪的，依法追究刑事责任。

对允许超限超载车辆出站的道路运输站(场)，应处以1万元以上3万元以下的罚款。

(四)确保交通畅通和物资的正常运输

18.确保交通畅通。在治超工作中,各地公安、交通部门要密切关注公路交通流量情况,加强交通组织和疏导,坚持保畅优先的原则。对于货车流量特别大的路段,要配置动态称重设备,提前识别超限超载车辆,减轻检测站的工作量,减少治超工作对正常行驶车辆的干扰。一旦出现交通严重堵塞的情况,要坚持保畅优先的原则,对明显不超限超载的车辆,可先放行,减小检测范围,缩短拥堵时间,防止因治超而造成交通堵塞。

19.区别对待不同类型的车辆。各级公安、交通部门要继续按照《实施方案》,对重量不超的不可解体物品和冰箱、彩电、汽车等规则尺寸物品的运输车辆,以及危险货物运输车辆,要督促企业落实责任制,规范货物装载行为,切实把好车辆"出门关",在运输途中原则上不实施卸载措施。

对于目前配备非转向、重型可举升空气悬架系统的车型,如已经列入国家发展改革委《汽车生产企业及产品公告》,且符合《道路车辆外廓尺寸、轴荷及质量限值》国家标准(GB 1589—2004)要求的,各地交通、公安部门在路面执法时,暂以公告核定的质量参数为依照,认定车辆是否超限超载。如不符合《道路车辆外廓尺寸、轴荷及质量限值》国家标准(GB 1589—2004)要求的,由发展改革委结合公告发布予以更正。对发现实载车辆在行驶过程中未将悬架浮桥落地使用的,要予以处罚和纠正。

20.继续执行鲜活农产品运输的"三不"政策。各级公安、交通部门对于整车运输蔬菜等鲜活农产品的运输车辆,要继续坚持不扣车、不卸载、不罚款。但要将超限超载的违法信息通报给车辆注册地有关部门,由车辆注册地公安、交通部门按照有关法律法规和本要点的规定进行处罚。与此同时,还要加强源头管理,不允许超限超载的鲜活农产品运输车辆上路。

(五)加大治超宣传

21.继续加强治超宣传工作。要围绕治超长效机制、逐步严管重罚、大吨小标恢复、保障交通畅通等几个关键环节,加大对治超工作的宣传力度,取得社会各界和车主、驾驶员的理解与支持。一方面要进一步加强对治超保畅等工作正面典型事迹的宣传,始终保持正面的舆论导向;另一方面要通过舆论监督,减少和遏制治超过程中出现的不规范行为。

(六)其他工作

22.加强治超信息监测和收集,做好重要物资运输工作。对于治理期间群众反映的突出问题、运输价格变化情况、干线公路上的货车流量情况、煤粮油等国家重要物资的运输情况和价格波动情况等,要及时收集、分析、研究和解决,并定期向全国治理车辆超限超载工作领导小组报告。必要时及时启动应急预案,组织运力,保障物资运输和市场供应。

23.确保治超经费。各省、自治区、直辖市治超领导小组要按照本要点的要求调整治超工作计划,将治超工作经费(包括治超站点的日常工作经费)纳入年度正常预算,为治理工作和执法人员的工作、生活提供保障,确保治理工作顺利开展。

治理车辆超限超载是一项长期、艰苦、复杂的工作,也是对政府部门执政能力的考验。各地各有关部门一定要在党中央、国务院的坚强领导下,在各级党委、政府的组织、支持和协调下,依法严管,建立治超长效机制,为彻底根除超限超载运输,确保国家和人民生命财产安全继续做出贡献。

153.关于新建武广铁路客运专线与京珠高速公路交叉问题的复函

（2005年7月1日　交通部　交函公路〔2005〕180号）

湖南省交通厅：

你厅《关于新建武广铁路客运专线与京珠高速公路交叉问题的请示》（湘交基建字〔2005〕275号）收悉。经研究，现答复如下：

《中华人民共和国公路法》第五十六条规定："除公路防护、养护需要的以外，禁止在公路两侧的建筑控制区内修建建筑物和地面构筑物"；《中华人民共和国公路管理条例》第三十一条规定："在公路两侧修建永久性工程设施，其建筑物边缘与公路边沟外缘的间距为：国道不少于二十米"；《工程建设标准强制性条文》（公路工程部分）6.7.3条规定："公路工程用地范围内，不得修建非路用建筑物"，8.4.5条规定："公路、铁路相邻时，铁路用地界与高速公路、一级公路用地界相距不应小于10米"。你厅来函请示中提及：武汉至广州铁路客运专线设计方案与京珠高速公路多处交叉和并行，其中多处并行线段并行距离少于10米，部分桥墩直接设在互通立交的公路用地内。由此可见，该设计方案违反了上述法律、法规和国家强制性标准。

京珠高速公路已经投入运行，公路用地和建筑控制区亦已依法严格划定，为确保公路设施和交通运输安全，对穿（跨）越公路和占用公路的行为必须按照《中华人民共和国公路法》的有关规定执行，凡不符合法律法规规定和《工程建设标准强制性条文》（公路工程部分）的，一律不得擅自许可。请你厅认真贯彻国务院办公厅《关于保障铁路公路等交通运输设施安全的通知》（国办发明电〔2005〕15号）的有关要求，依法办理新建武广铁路客运专线与京珠高速公路交叉的有关问题。

特此函复。

154.关于加强治超站点管理　规范治超执法行为的通知

（2005年8月10日　交通部　交公路发〔2005〕351号）

各省、自治区、直辖市、新疆建设兵团交通厅（局、委），天津市市政工程局，上海市市政工程管理局：

今年以来，各级交通主管部门严格按照国务院办公厅《关于加强车辆超限超载治理工作的通知》（国办发〔2005〕30号，以下简称《通知》）精神，以及今年6月20日全国治超电视电话会议的有关要求，进一步加大治超工作力度，取得了明显成效。但近一段时间，一些治超站点出现管理松懈，少数执法人员行为不规范的情况，个别地方甚至出现与社会闲散人员内外勾结、收钱放车的严重违法违纪行为，如河南焦作温县黄河大桥治超检查站因执法人员集体违法被新闻媒体曝光，在社会上造成恶劣的影响。为深入贯彻落实《通知》精神，进一步加强对治超站点的管理，规范治超执法行为，确保全国治超工作的持续深入开展，现将有关问题通知如下：

一、加强领导，抓好执法队伍建设

目前全国治超工作已进入巩固成果、依法严管、重点突破、有效推进的新阶段。加强治超执法队伍管理，规范执法行为，真正把各项治超工作的政策和措施不折不扣地执行好、落实好，是当前治超工作的一项紧迫任务，也是决定全国治超工作成败的关键。各级交通主管部门一定要高度重视，采取切实有效措施，真正带好执法队伍，管好执法人员，特别是一线执法人员，严格规范执法行为。

（一）加强组织领导。各级交通主管部门要把加强执法队伍管理、规范执法行为作为一项重要工作，全面加强组织领导。特别是在研究部署治超工作时，要把执法队伍和执法行为的管理作为重点，提出具体的目标和任务，并分级细化，分解到每一个辖区、每一个实施单位、每一个责任人。各有关单位的主要领导要亲自负责，一级抓一级，层层签署责任状，层层抓监督落实，要让每一名执法人员、每一个单位的负责同志都要感到有动力，有压力，从而增强依法治超、规范治超的责任感。

（二）加强培训教育。随着治超工作的不断深入和治理难度的加大，各级交通主管部门要不断加强对执法人员特别是一线执法人员的培训教育工作，要经常性地组织路政、运政、养路费稽征等执法人员进行教育和培训，让广大执法人员真正吃透新的治理政策和措施，从而真正理解好、执行好、落实好。要加强法制教育、业务教育和职业教育，规范工作程序，完善责任制度，切实提高执法队伍的整体素质，不断增加一线治超执法人员的工作责任心和依法办事的自觉性。

（三）加强监督检查。各级交通主管部门要会同有关部门，加强对治超工作的监督检查。特别是对各基层治超责任单位和治超站点，要定期不定期地组织暗访检查和督察指导。要结合本地实际，制定专门的监督检查工作制度，要确保对每个治超站点每月开展至少一次的检查活动；建立上级领导与一线治超负责人定期谈话制度；对于经常出现问题或被新闻媒体曝光的地区和治超站点，要及时开展专项整顿，肃清队伍，严明纪律，举一反三，防微杜渐。要通过制度化的明查暗访和检查督导，进一步推动和指导各基层单位开展治超工作，规范执法行为，同时及时纠正一线执法人员在工作过程中出现的违法违纪行为，严肃查处相关的责任人。

二、依法严管，进一步规范治超执法行为

（一）坚持联合治超。各级交通主管部门要严格按照国办《通知》要求，充实一线执法人员，特别是要积极协调公安部门增加治超警力投入，并在当地政府的统一领导下，会同公安部门，统一标准，统一行动，联合对超限超载车辆进行集中整治。公路路政人员、运政执法人员、征费稽查人员要集中力量，依托经省级人民政府批准的治超站点，按照“以固定检测为主，辅以流动检测”的方式，共同构建超限超载监控网络，联合开展治超执法工作。

（二）严格执法程序。一是实施治超执法处罚工作，必须要求由2名以上的执法人员共同参加，并首先向当事人出示《行政执法证》，没有执法资格的，一律不得上岗执行治超执法工作；二是不得在同一路段实行双向拦车检查，开展治超执法工作；三是治超执法必须严格遵守《交通行政处罚程序规定》及其他国家有关程序规定，坚持以事实为依据，以法律为准绳，要严格按照规定制作《询问笔录》和《违法行为通知书》等法律文书，并将有关事项及时告知管理相对人。四是必须通过设置的称重设备对车辆进行科学检测，据此界定车辆是否超限超载，严禁凭经验和目测进行断定。

（三）规范罚款收费行为。对超限超载违法行为主体实施罚款和收费时，要严格使用省、自治区、直辖市财政部门统一制发的罚款和收费票据，不得使用省级以下财政部门的代收罚款收据或者其他代收罚款收据。要实现检测、开票、收款三分离。条件具备的地方，罚款要按照“罚缴分离”的原则，要求相对人到银行缴纳罚款，收费要严格执行“收支两条线”的规定。

（四）确保交通畅通。各地交通主管部门在治超工作中要继续坚持确保交通畅通优先的原则，一是在货车流量特别是超限超载车辆流量特别大的路段，要配置动态称重设备进行预检，凡预检显示车辆未超限超载的车辆，治超检测站可免检放行；二是凡是空载行驶的货车和客车，治超站点不得要求其进站检测；三是一旦出现交通严重堵塞的情况，对明显不超限超载的车辆，可先放行，减小检测范围，缩短拥堵时间，防止因治超而造成交通严重堵塞。

三、建章立制，切实加强治超站点的管理

各级交通主管部门要切实按照国办《通知》的要求，在构建全国超限超载车辆监控网络的同时，要立足长效治理的要求，逐步采取措施，加强和规范治超站点的管理。

（一）对现有治超站点进行全面清理。所有在公路上设置的超限超载检测站点必须经过省级人民政府的批准。未经批准的治超站点，要及时予以撤销合并。同时，要结合公路基础设施建设，经省级人民政府批准，设置一批布局合理、标准规范的超限超载检测站，逐步形成全国超限超载车辆监控网络，对超限超载车辆实行长期、有效的监控管理。

（二）逐步改善治超站点的条件。各级交通主管部门要积极向政府汇报，争取政府财政支持，加大资金投入，改善治超站点的执法工作和生活条件。特别是要确保治超站点的日常运营经费和人员工资补助，防止治超站点出现依靠罚款、收费来养站养人的现象。

（三）建立健全治超站点管理规章制度。各省级交通主管部门要加强对本行政辖区内治超站点的管理。要会同有关部门，结合本地实际情况，就治超站点的作业流程、人员配备和管理、岗位职责、行为规范、财务和票据管理、审计监督等分别制定统一的规章制度。对治超站点要实行站长负责制，同时要加强对站长的选拔和考核管理工作，本辖区内的治超站长要实行定期轮换制度，从而形成良好的治超站点运行机制。

（四）推进治超站点政务公开。各省级交通主管部门要结合治超监控网络建设，加快治超站点信息化进程，尽快在本省级辖区内的治超站点配备统一的治超信息管理系统，确保车辆检测、登记、处罚、执法文书等一线基础性工作信息资料全部实行计算机管理,自动化汇总报送,以减少人为干扰因素,实现治超工作政务公开。同时,各治超站点要公开举报电话,全面接受社会各界和人民群众的监督。

四、明确纪律,严格实行治超违法责任追究制度

(一)交通行政执法人员在治超执法工作中,要严格遵守以下"十条禁令":

一是严禁刁难、辱骂、殴打驾驶人员;二是严禁在治超工作时间饮酒;三是严禁伙同社会闲散人员通过收费带车放车或以其他约定形式擅自放行超限超载车辆;四是严禁接受与治超执法有关的吃请或馈赠;五是严禁对同一超限超载违法违章行为进行重复罚款;六是严禁利用职权参与或者让其亲属、朋友参与对超限超载车辆实施卸载的经济活动;七是严禁对超限超载车辆不卸载而只实施罚款和收取赔(补)偿费的行政处罚;八是严禁将超限超载车辆长时间扣留而不处理;九是严禁将罚款和收取的公路(补)偿费纳入小金库或者中饱私囊;十是严禁违法扣留运输车辆、车辆行驶证、道路运输证。

(二)对于治超工作中出现的违法乱纪治超站点和工作人员,各级交通主管部门要会同有关部门认真查处,严惩不怠,建立健全并严格执行治超违法责任追究制度。

1.对于违反规定,不认真执行《通知》以及国家其他有关治超工作的政策措施,或者对超限超载违法行为不制止、不作为的治超站点,要由其上一级主管部门追究治超站点主管单位领导的责任。

2.对聘用无执法资格人员上岗进行执法的,要立即解聘其所聘用的工作人员;对于交通系统工作人员无执法资格但上岗执法的,要调离执法岗位;对在治超工作中损害道路运输从业者合法权益的,依法给予行政处分,直至追究其相应的法律责任。

3.持有执法资格证的公路交通执法人员违反本通知规定"十条禁令",造成恶劣影响的,要一律取消行政执法资格,调离执法岗位,同时按照有关规定给予行政记过、党内警告等党纪政纪处分;情节严重的,还要予以辞退或开除公职;构成犯罪的,移交司法机关处理。

4.对于各地治超工作中出现的违法违纪案件,由各省、自治区、直辖市交通主管部门在本行政区域内予以通报,并报交通部备案;严重违法违纪或者影响大、性质恶劣的典型案件,交通部将会同有关部门将重点督办查处,公开曝光,并通报全国。

155.关于广东广韶高速公路赔偿案件有关问题的函

（2005年9月5日　交通部　厅函公路〔2005〕49号）

广东省交通厅：

你厅《关于广东广韶高速公路有限公司诉讼赔偿案件法律问题的请示》（粤交法〔2005〕525号）收悉。经研究，函复如下：

一、根据交通部行业标准《高速公路安全设施设计及施工技术规范》（JTJ 074—94）和国家强制性标准《工程建设标准强制性条文》（公路工程部分）的有关规定，对于高速公路，汽车专用一级公路，当中央分隔带宽度大于10米时，可不设中央分隔带护栏。这一措施也是世界各国特别是美国、欧盟等国家的通用做法。理论与实践表明，当车辆正常行驶时，超过10米宽的中央分隔带与一般中央分隔带宽度情况下设置的中央分隔带护栏在预防公路安全事故中的效果基本相同。

二、广东广韶高速公路已经验收合格并投入正常运营，事故发生路段中央分隔带宽度为10.5米，按照设计施工图没有设置中央分隔带护栏，符合交通部行业标准和国家强制性标准，公路的技术状况和使用功能完备，能够满足车辆在公路上行驶的安全要求。

附件：关于广东广韶高速公路有限公司诉讼赔偿案件法律问题的请示

关于广东广韶高速公路有限公司诉讼赔偿案法律问题的请示

（2005年8月26日　广东省交通厅　粤交法〔2005〕525号）

交通部：

2004年7月12日，广韶高速公路清远段发生一起3人死亡的交通事故，其后，事故死者亲属以广韶高速公路绿化隔离带没有设置安全隔离防护栏为由向广州市东山区法院起诉，一审法院认为广东广韶高速公路有限公司应承担瑕疵管理的责任，判决其赔偿30万元（详见广东省交通集团有限公司粤交集综〔2005〕910号文）。

本案一审的判决结果影响重大，结果二审法院维持原判，将对我国高速公路建设的国家标准的严肃性和法律效力产生严重冲击。根据交通部《高速公路安全设施设计及施工技术规范》第4.2.1条规定“当中央分隔带宽度大于10米时，可不设中央隔离带护栏”，我厅认为：根据上述规范，高速公路中央分隔带是否设置防撞护栏，应由设计部门按分隔带的宽度、交通量来确定。事故发生路段中央分隔带宽度为10.5米，设计施工图纸没有要求设置中央隔离带护栏，符合国家标准，建设施工过程中严格按照经批复同意的设计施工图纸进行建设，并已经验收合格投入营运。因此收费公路经营管理者无过错责任。

现特请示如下：发生事故的路段没有设置中央隔离带护栏，收费公路经营管理者是否有过错，或存在未尽管理义务之责？

以上请示，请予批复。

156.关于提高工作效率　规范超限运输审批许可行为的通知

（2005 年 9 月 28 日　交通部　厅公路字〔2005〕368 号）

各省、自治区、直辖市、新疆建设兵团交通厅(局、委)，天津市市政工程局，上海市市政工程管理局：

近来，一些企业和运输业户反映各地在办理大件运输以及其他确需行驶公路的超限运输许可手续时，许可行为不规范，效率较低，给企业正常生产经营以及国家重点工程项目建设带来一定影响。为进一步增强服务意识，提高工作效率，规范大件运输以及其他确需行驶公路的超限运输审批许可程序，现就有关问题通知如下：

一、高度重视并规范超限运输管理工作。各级交通主管部门和公路管理机构在加强车辆超限超载治理工作的同时，要高度重视确需行驶公路的超限运输许可管理工作，特别是大件运输的管理工作，要严格按照《超限运输车辆行驶公路管理规定》(交通部令 2000 年第 2 号以下简称 2 号部令)和《交通行政许可实施程序规定》(交通部令 2004 年第 10 号)的规定和程序办理许可手续，以确保公路及其附属设施安全，并采取措施，努力提高管理和服务水平。

二、提高超限运输许可管理工作效率。对于大件运输及其他确需行驶公路的超限运输承运人依照有关规定提出申请的，各有关交通主管部门和公路管理机构要尽快组织审查，并提出书面答复意见，最长不得超过 15 日。对于经计算核定确需对所经公路和桥梁等设施采取改造和加固措施的，要严格按规定与承运人签订有关协议，并依照协议对运输路线、桥涵等进行加固和改建，确保超限运输车辆安全行驶公路；对于不需要改造和加固的，要及时为承运人办理相关手续，确保承运人能够尽快开展运输。

三、要进一步树立和增强服务意识。一是在受理超限运输承运人的申请和为其办理相关手续时，要实行“首问负责制”，严禁互相推诿；二是要在行政许可机关的办公场所或政府网站上公示申请许可有关的内容、程序和要求，以方便相对人办理申请手续；三是条件具备的地方，应采取措施，允许超限运输承运人通过信函、电报、电传、传真、电子数据交换和电子邮件等方式提交申请，以进一步简化申请手续，强化服务意识；四是对国家特大重型运输相关企业和国家重点工程项目设备运输，要特事特办，主动联系，提供服务，共同做好运输保障工作。

157.关于做好治超检测站点规范化建设有关事项的通知

（2006年2月7日　交通部　交公路发〔2006〕46号）

各省、自治区交通厅，北京、重庆市交通委员会，天津市市政工程局，上海市市政工程管理局，新疆生产建设兵团交通局：

根据国务院办公厅《关于加强车辆超限超载治理工作的通知》的要求和全国治超工作领导小组关于进一步推进治超长效机制建设的工作安排，部于2005年开始，列出专项资金支持各省、自治区、直辖市的治超检测站点建设。目前，2005年治超站点建设调整计划已经下达，2006年计划也即将下达。为确保各省治超站点建设工作顺利开展，现将有关事项通知如下：

一、高度重视，做好站点建设组织保障工作

加强治超检测站点规范化建设，建立全国性超限超载车辆监控网络，是今年治超工作的重点任务之一，也是建立治超长效机制的重要基础性工作。各省、自治区、直辖市交通主管部门要高度重视，加强领导，主管领导要亲自负责，落实计划和资金，做好组织协调、监督落实等相关工作，做到领导重视、周密组织、资金到位、监管有力，确保治超检测站点规范化建设工作顺利实施。治超检测站点的具体建设实施工作，由各省级交通主管部门确定的具体职能部门与省级治超办负责。

二、严格程序，按照基本建设项目的要求组织建设

治超检测站点规范化建设是治超工作的重要组成部分，各级交通主管部门要把这项工作作为今年的一项重点工作来抓，认真做好项目前期工作和组织实施工作。一是要以本地区省级人民政府有关部门批复文件作为治超检测站点建设的立项依据，按照国家基本建设项目的有关规定，组织设计和施工，加强建设项目管理，所需设备要通过招标的方式进行采购；二是尽快落实地方配套资金，切实加强对建站资金的监督与管理，确保专款专用，严禁截留、挤占、挪用和超范围使用；三是认真履行行业管理职责，加强质量监督管理，确保治超检测站点项目建设质量；四是治超检测站点建设完工后，应通过竣工验收并办理相关移交手续后，方可交付使用。

三、统一要求，确保治超检测站点设置标准、规范

各地在组织治超检测站点建设时，应根据《公路超限超载检测站设计指南（试点工程版）》（附后，下称《设计指南》）和《全国治超信息系统数据交换标准（试行）》（附后，下称《交换标准》）的相关技术规定，统一要求，统一标准，确保硬件与软件同步建设，力争达到“站房标准化、设施永久化、运营制度化、装备精良化以及治超管理信息系统网络一体化、数据标准化、信息共享化、管理规范化”的要求。

在硬件建设方面，要按照《设计指南》的规定，统一站点设置要求、检测工房墙面颜色、站点标识和站牌设置形式，合理布设检测车道和检测工房，增设动态高速预检系统，科学设置站内站外标志、标线及其它安全设施，优化场区交通组织和工作流程，确保站点功能齐全，墙面颜色醒目，标识标牌统一，工作流程规范，交通组织优化。

在软件建设方面，要按照《交换标准》的技术要求，在完成基建投资的同时，在治超检测站点安装统一的治超管理软件和监控系统,建立治超信息管理系统,实现治超工作信息化、网络化和可视化。同时,还应建立省、地(市)级综合管理系统以及省级治超数据库。已经建成治超信息管理系统的,要按照《交换标准》规定的标准调整,统一平台、统一接口,便于全国治超数据互联共享。尚未开发和安装治超信息管理系统的省份,可引进有关省市已开发、使用较为成熟的治超信息管理系统,以减少重复开发造成的资源浪费和系统的不稳定性。

四、加强管理,确保治超检测站点正常运行

为确保治超检测站点建成后能够立即正常运行,各级交通主管部门要在开展站点建设的同时,根据《关于加强治超站点管理规范治超执法行为的通知》(交公路发[2005]351 号)的要求,认真研究解决站点的人员、日常运行费用等相关问题,特别是要着力建立健全治超检测站点规范化管理规章及工作制度,采取有效措施,加强监督管理,促使治超检测站点能够长期稳定、高效有序地运行,真正构建起全国治超监控网络,推动治超工作长效开展。

附件:1.公路超限超载检测站设计指南(略)

2.全国治超信息系统数据交换标准(略)

158.关于公布调整后的全国治理车辆超限超载工作领导小组、办公室成员及联络员名单的通知

（2006年2月24日　交通部　全国治超〔2006〕1号）

各省、自治区、直辖市治超工作领导小组：

为了进一步加强对全国治超工作的组织领导，经报请国务院同意，现决定增加国务院纠风办为全国治理车辆超限超载工作领导小组成员单位。同时根据实际情况，对全国治理车辆超限超载工作领导小组和办公室部分成员以及各部门联络员进行调整。现将调整后的名单公布如下：

一、全国治理车辆超限超载工作领导小组成员

组　长：李盛霖　　交通部部长

副组长：刘金国　　公安部副部长

欧新黔　　国家发展改革委副主任

冯正霖　　交通部副部长

刘玉亭　　国家工商总局副局长

成　员：蒲长城　　国家质检总局副局长

梁嘉琨　　国家安全监管总局副局长

郜风涛　　国务院法制办副主任

刘汉俊　　中央宣传部新闻局副局长

李仲华　　国务院纠风办地方组组长（正局级）

张剑飞　　交通部公路司司长

杨　钧　　公安部交管局局长

王富昌　　国家发改委产业司副司长

二、全国治理车辆超限超载工作领导小组办公室成员

主　任：冯正霖　　交通部副部长（兼）

副主任：张剑飞　　交通部公路司司长（兼）

杨　钧　　公安部交管局局长（兼）

王富昌　　国家发改委产业司副司长（兼）

成　员：韩　毅　　国家质检总局质量管理司副司长

苏　洁　　国家安全监管总局监管二司副司长

李国庆　　国家工商总局企业注册局副局长

丁　锋　　国务院法制办政法司副司长
白岩凌　　国务院纠风办地方组副组长(副局级)
王金彪　　公安部交管局副局长
王　娟　　中宣部新闻局新闻宣传处副处长

三、全国治理车辆超限超载工作领导小组各部门联络员

尚　炜　　公安部交管局巡警处处长
卢　希　　国家发展改革委产业司处长
汪立昕　　国家质检总局质量司产品处处长
赵瑞华　　国家安全监管总局监管二司处长
蒋　杰　　国家工商总局企业注册局处长
朱卫国　　国务院法制办政法司处长
王　娟　　中宣部新闻局新闻宣传处副处长
郭　虹　　国务院纠风办地方组正处员
吴春耕　　交通部公路司公路管理处副处长

特此通知。

159.关于印发2006年全国治超工作要点的通知

(2006年3月1日　交通部、公安部、国家发改委等九部委　交公路发〔2006〕76号)

2006年是“十一五”的开局之年,也是全国集中开展治超工作的第三年。为进一步贯彻落实国务院办公厅《关于加强车辆超限超载治理工作的通知》(国办发〔2005〕30号,以下简称“国办发30号文件”)精神,进一步巩固和扩大治理成果,加快治超长效机制建设,推进全国治超工作有序深入开展,经研究,全国治理车辆超限超载工作领导小组制定了《2006年全国治超工作要点》,现印发给你们,请结合本地实际,认真组织实施。

2006年全国治超工作要点

从2006年起，全国治超工作将由“巩固成果、依法严管、重点突破、有效推进”逐步转入“突出源头治理，强化执法力度，完善监控网络，建立长效机制”的新阶段。2006年全国治超工作的总体要求是：深入贯彻党的十六届五中全会精神，严格按照国务院办公厅《关于加强车辆超限超载治理工作的通知》的规定，从落实科学发展观、构建和谐社会的角度，继续加强治超工作，坚持规范行为、依法严管、标本兼治、立足源头、科学治超的方针，综合运用经济、行政、法律手段，加强领导，落实责任，确保治超工作各项措施落到实处，在巩固和扩大治理成果的基础上，逐步建立起完善的治超工作长效机制。工作要点如下：

一、继续加强对治超工作的组织领导

1.加强领导，进一步落实责任制度。各地区、各部门要继续坚持全国统一领导、地方政府负责、部门指导协调、各方联合行动的治理工作机制，明确职责，落实经费，强化督导检查，把治超工作列入年度工作重点，实行目标责任制和责任追究制，坚持治超工作机构不变、经费不减、力度更大。各省、自治区、直辖市治超办要充分发挥组织者、协调者和实施者的角色，积极策划、精心组织，认真做好组织与服务工作，确保治超工作深入推进。

2.加强沟通，进一步确保联动治理。各地区和各部门之间要进一步加强沟通与协作，确保部门联合、地区联动，进一步形成全国治超“一盘棋”的工作格局。特别是相邻的省、市、县(区)和治超检测站点之间，要建立联系机制，定期沟通协调，互通情况，密切配合，共同研究解决出现的问题。各省、自治区、直辖市治超机构要按照全国治超工作领导小组的统一要求，及时报送治超工作有关情况和信息。

3.强化监督，进一步规范执法行为。各地要对路面执法、车辆生产与改装、车辆牌证管理、道路运输市场管理等工作，加强明查暗访和监督检查，强化对各基层责任单位和治超站点的监管，及时查处一线执法人员在工作过程中出现的违法违纪行为，并实行严格的责任追究制。特别是在治超执法工作中，要继续执行治超“五不准”规定和“十条禁令”等有关纪律，坚持依法治超，切实规范行为。

4.深入宣传，进一步营造舆论氛围。各地要将宣传工作贯穿于治超工作的各个环节，特别是随着治超工作深入开展，要及时调整宣传重点，继续保持舆论声势，在坚持现有宣传方式的同时，还可通过制作专题片、举办成果展等活动，多角度、全方位地开展宣传工作。宣传内容要注重针对性，宣传方式要注重实效性，要集中展现各地治超工作中的典型经验、先进事迹和突出成效等。同时，还要加大对超限超载行为违法性的宣传和教育，对超限超载的典型案例进行曝光，消除超限超载惯性心理。

5.总结考核，及时进行表彰。全国治超办将制定治超工作总结考核办法，对各地三年集中治超工作进行阶段性总结和考核，同时对在治超工作中表现突出的单位和个人适时进行表彰。各地也可结合本地实际，制定相应的考核办法，建立激励机制，对本地治超工作及时进行总结、考核和表彰，形成有部署、有检查、有总结、有奖惩的良性运作机制。

二、依法治超，加强路面治超执法力度

6.坚持联合治超，加大依法严管的力度。各级交通、公安部门要继续实行路面联合治超执法，确保人员投入，坚持齐抓共管、协同作战，始终保持严格执法的态势，以巩固成果，防止反弹。在开展治超执法过程中，要继续按照交通部、公安部、发展改革委《关于进一步加强车辆超限超载治理工作的通知》(交公路发[2004]455号)的要求和超限超载认定标准，对发现的违法超限超载运输车辆，要按照《公路法》、《道路运输条例》、《道路交通安全法》及其实施条例的有关规定，严厉进行处罚，同时严格实施卸载，消除违法行为。对严重超限超载的违法运输车辆，应按照法律、法规的规定从重处罚。

7.禁止违法超限超载车辆行驶高速公路。各地可在高速公路的入口处设置相应的称重检测装置，对进入高速公路的货车进行检测，并结合高速公路收费站管理工作，凭检测单准许货车进入高速公路。凡经检测确定违法超限超载运输的车辆，一律禁止进入高速公路行驶。

8.突出重点，延伸治理范围。加大对超限超载重点监管车型违法违规运输行为的治理和处罚力度，有针对性地开展治超工作。全国治超办将根据各地上报的情况，分批公布超限超载重点监管车型，作为各地路面执法工作的重点。同时，假冒军队、武警车辆超限超载严重的地区，要积极协调军警部门组成联合工作组，开展专项整治活动，严厉打击利用假冒军警车辆进行超限超载运输以及偷逃国家相关税费等违法行为。

9.全面推进对超载车辆驾驶人实施交通违法行为累积记分制度。要研究制定具体操作办法，对违法超载运输驾驶人实行记分，大力推进异地交通违法记分信息的转递工作，对记分超过规定的驾驶人依法予以扣留驾驶证、组织学习和考试。

10.严厉打击暴力抗法行为，确保执法人员人身安全。各级公安机关要适当增加治超检测站点的警力，负责维护治超检测站点的交通、治安秩序，对容易出现聚众闯卡、拒不接受检查、强行冲卡、带车绕行的重点地区，要加强巡逻，加强应急处置管理。对阻碍执法管理、对执法人员实施人身侵犯、破坏治超站点设施的，要依照《治安管理处罚法》予以处罚；构成犯罪的，要依法追究其刑事责任。要切实采取有效措施，确保执法人员人身安全，创造良好的治超执法环境。

三、进一步加强和规范车辆生产、改装及牌证管理

11.彻底解决车辆“大吨小标”问题。对发展改革委2005年底前公布的在用“大吨小标”车型，各地公安机关交通管理部门要进一步加大工作力度，年内完成“大吨小标”车辆参数更正、行驶证换发工作。2006年，除两轴车、罐装车、改装车以及破产、被兼并企业生产的货车外，发展改革委不再公布“大吨小标”车辆参数更正表。对2005年4月1日后新生产的“大吨小标”车辆，要严格按照国办发30号文件规定，发展改革委要在公告中撤销相应的车型，车辆生产厂家库存的“大吨小标”车辆产品一律不得销售，已经销售的，要负责召回或履约接受退货，赔偿购车人的经济损失，并承担相应的法律责任。

12.继续打击非法改装车辆。工商部门要根据有关法律、法规的规定，尽快研究制定有关整顿车辆非法改装企业的管理措施及办法，继续开展专项活动，严厉整治非法改装车辆的单位和企业，逐步遏制和杜绝车辆非法改装行为，严把车辆改装关。同时，为彻底消除现有车辆存在的非法改装现象，从2006年起，各地工商、公安、发展改革、交通等部门可在治超检测站点联合开展打击非法改装车辆专项活动，配备必要的装备，对发现擅自改变车辆外廓尺寸、加拦板、加钢板以及载质量等技术参数明显不实的非法改装车辆，要强制车辆恢复原状。

13.规范车辆生产管理。发展改革委要严格按照国办发30号文件要求，进一步加强和规范公告管理，并对现有车型进行全面清理和整合，同时加强对汽车生产和改装企业的管理，严把车辆生产关。此外，还应尽快制定出台规范有关汽车生产及改装的管理措施和办法，从生产环节杜绝“大吨小标”以及不符合 GB1589—2004 和 GB7258—2004 国家标准的车辆。质检部门要进一步完善缺陷汽车召回制度，对于已经投入使用的存在危及人身、财产安全缺陷的车辆，要按照缺陷汽车召回制度的有关规定，责令汽车厂家召回。

14.加强车辆牌证管理。各级公安交通管理机关要认真贯彻国办发 30 号文件要求，在车辆注册登记环节要严格把关，对与《公告》公布车型技术参数不一致、不符合《机动车安全运行技术条件》（GB 7285—2004）、《道路车辆外廓尺寸、轴荷及质量限值》（GB 1589—2004）等国家标准要求的车辆，一律不予登记和核发车辆牌证，并将违法生产企业及车辆情况通报行业主管部门。

四、进一步加强源头监管

15.加强运输装载源头管理。各地交通主管部门要加强对重点货物运输集散地、货运站场等的监管，采取有力措施，确保超限超载车辆不出厂、不出站。对货主和站场故意放纵车辆超限超载的，要依照《道路运输条例》的有关规定予以严肃处理。对位于公路沿线的小煤场及以各种名义建立起来的货物分装场，也要继续加大整治力度，对为超限超载车辆提供货源的，要予以整顿或者关闭。2006 年，全国治超办将在装载源头管理成效突出的地区组织召开示范工作现场会，以进一步推动源头管理。

16.加强运输市场准入管理。对目前仍然“大吨小标”以及其他不符合 GB 1589—2004 的车辆，各级交通部门不得准许其进入运输市场。同时，交通部要有关部门分批发布《货运汽车及汽车列车推荐车型》，并出台配套的经济措施，引导货车向多轴化、大型化方向发展，推广厢式货运车辆。

17.健全货运经营企业和营运驾驶员的信誉档案管理。各治超检查站点要严格执行超限超载违法运输车辆及驾驶员的违法登记和信息抄报制度，确保违法超限超载运输车辆登记信息准确，并和执法机构共享。各级交通主管部门和运输管理机构要根据抄报的信息记录，对多次超限超载的货运企业和营运驾驶员，要定期公布黑名单，并依法予以严厉处罚；对超限超载违法记录次数超过 3 次的营运驾驶员，要责令其参加不少于一周的停业学习培训，并重新考试；对于有超限超载登记的营运货车超过总数 5% 的运输企业，要向社会予以公布，并责令其停业整顿。

五、加快治超长效机制建设

18.制定治超长效机制的有关意见。全国治超办将在深入研究的基础上，提出全国治超工作长效机制的相关意见，进一步明确各部门在治超工作中的职责，健全治超工作相关的规章制度，强化治超长效机制建设。各地也要针对治超工作过程中出现的新情况和新问题，及时总结、研究治超工作的基本经验和内在规律，逐步建立治超长效机制。

19.制定《公路保护条例》，完善治超法律法规体系。要加快《公路保护条例》的起草制定工作，促进全国治超工作的法制化、规范化进程。同时，各地也要结合本地实际，有针对性地制定和出台治超方面的法规、规定，建立多层次治超法律法规体系。

20.加快全国治超监控网络建设。以北京至山西大同市方向的公路通道及其沿线的治超检测站为试点，加快治超站点的规范化建设工作，力争 2006 年建成一批标识统一、设施完备、管理规范、信息共享的治超检测站点，真正建立起全国超限超载车辆监控网络，为长效治理工作奠定基础。同时，还要加强治超检测站点的管理，结合治超检测站点规范化建设，要在治超检测站点装备统一的治超信息管理系统和动态称重预检系统，提高治超检测工作的效率，在依法治超的同时，有效保障公路交通畅通。

21.从实际出发，开展收费公路计重收费工作。条件具备的地区可在实施货车计重收费试点工作的基础上，按照《关于收费公路试行计重收费的指导意见》的要求，在确保突出治理效果的前提下，开展收费公路计重收费，通过经济手段，消除超限超载车辆的非法利润。同时，要正确处理好计重收费与治超执法的关系，确保计重收费与治超执法工作互相促进，互动互补，通过经济和行政手段对超限超载车辆实施全路网监控。

22.进一步降低运输成本，保障物资运输。各地要坚决贯彻落实《关于降低车辆通行费收费标准的意见》的要求，采取有效措施，切实降低多轴大型货车的通行费收费标准和运输成本，进一步鼓励多轴大型运输车辆发展，优化道路运输结构，提高道路运输效能。同时按照国家统一部署，完善全国高效率鲜活农产品流通“绿色通道”网络建设，保障整车且合法装载的鲜活农产品运输车辆运输畅通。

160.关于进一步加强道路运输车辆改装管理工作的通知

（2006年4月13日　交通部　交公路发〔2006〕158号）

各省、自治区、直辖市、新疆生产建设兵团交通厅(局、委)：

为加强道路运输车辆技术管理，依法打击非法改装行为，根据《中华人民共和国道路运输条例》及《道路旅客运输及客运站管理规定》、《道路货物运输及站场管理规定》、《道路危险货物运输管理规定》等有关规定，现就进一步加强道路运输车辆改装管理工作通知如下：

一、依法认定非法改装道路运输车辆

非法改装道路运输车辆，是指未经有关部门批准，擅自改变已获得《道路运输证》车辆结构、构造或者特征的车辆。主要包括：

1.擅自改变车辆类型或用途。指擅自将客车改为货车、货车改为客车、普通货车改为专用货丰、专用货车改为普通货车、卧铺客车改为座位客车、座位客车改为卧铺客车。

2.擅自改变车辆颜色。指擅自将驾驶室和车身改为与原车辆不同的外观颜色。

3.擅自改变车辆主要总成部件。指擅自更换与原车型不一致的发动机、变速箱、前桥、后桥或者车架；擅自更换车辆车身或者罐车罐体；擅自改变车辆悬架形式(空气悬架、复合悬架、钢板弹簧式悬架等悬架形式之间的改变)。

对于小型、微型道路客运车辆加装前后防撞装置，道路货运车辆加装防风罩、水箱、工具箱、备胎架等，道路运输车辆增加车内装饰等，在不影响安全和识别号牌的情况下，可由道路运输经营者自行决定，交通主管部门和道路运输管理机构不得将其认定为非法改装道路运输车辆。

4. 擅自改变车辆外廓尺寸或者承载限值。指擅自加高、加宽、加长、拆除货厢拦板或者增加车辆外廓尺寸；擅自增加或者减少轮胎数量；擅自增加或者减少车轴数量；擅自增加客车座位或者卧铺铺位。

非法改装道路运输车辆，将破坏车辆本身的结构和性能，给车辆行驶带来安全隐患，同时会造成道路运输市场的不公平竞争，不利于道路运输市场健康协调发展，危害很大。各级交通主管部门和道路运输管理机构必须按照《中华人民共和国道路运输条例》及相关配套规章的规定，严格道路运输车辆改装管理，对擅自改装车辆的行为，要予以严厉打击。

二、坚决防止非法改装车辆进入道路运输市场

各级交通主管部门和道路运输管理机构必须严把道路运输车辆市场准入关。对非法改装等不符合技术标准的车辆，一律不得允许进入道路运输市场。对准许非法改装等不符合技术标准的车辆进入道路运输市场的单位和个人，要依法追究责任。

三、规范已取得《道路运输证》车辆的改装行为

已获得《道路运输证》的车辆确需改装的，道路运输经营者应当事先获得有关部门的批准，交由合法改装企业实施车辆改装作业。改装完毕后，道路运输经营者应当到有关部门办理车辆行驶证变更手续，并经车辆综合性能检测合格后，到交通主管部门和道路运输管理机构办理《道路运输证》变更手续。

四、规范对非法改装道路运输车辆的执法行为

各级交通主管部门和道路运输管理机构应当严格按照规定认定非法改装道路运输车辆，不得扩大认定范围。对允许或经批准改装的道路运输车辆，不得处罚。对经确认的非法改装道路运输车辆，应当严格按照《中华人民共和国道路运输条例》第七十一条第二款的规定，视情节轻重予以处罚。在执法过程中，应当坚持教育为主、处罚为辅的原则，以消除违法违章行为为目的，督促运输经营者采取措施恢复车辆原状。拒不改正的，发放《道路运输证》的道路运输管理机构应当按照有关规定，注销其《道路运输证》。

各级交通主管部门和道路运输管理机构在认定非法改装道路运输车辆时，应当承担举证责任。

五、实施非法改装道路运输车辆黑名单制度

各级交通主管部门和道路运输管理机构应当结合道路运输车辆年度审验和执法检查，完善非法改装道路运输车辆信息管理制度，定期向社会公布有关信息，并将非法改装较多的车型纳入重点监管车型，实施重点检查和管理。必要时向社会发布预警信息，督促相关车辆生产厂家直接设计生产符合道路运输市场需要的车型，引导道路运输经营业户直接选购符合道路运输车辆技术标准的车型。

六、建立部门间协调配合机制，严厉打击非法改装企业

各级交通主管部门和道路运输管理机构应当主动配合有关部门开展非法改装车辆专项整治活动，查处非法改装企业，并建立信息交换机制，对源头管理和执法检查中发现的非法改装企业信息，定期向公安、工商、发展改革等有关部门通报，力争从源头上消除非法改装道路运输车辆。

各级道路运输管理机构应当加强对机动车维修企业经营行为的监督检查，发现机动车维修企业存在非法改装等违法违规行为的，要严格按照《中华人民共和国道路运输条例》及《机动车维修管理规定》相关条款的规定予以处罚，并将有关情况作为机动车维修质量信誉考核的重要内容。

（五）通行费管理

161.关于发布《贷款修建高等级公路和大型公路桥梁、隧道收取车辆通行费规定》的通知

（1988年1月5日　交通部、财政部、国家物价局　交公路字〔1988〕28号）

近几年，随着商品经济的发展，公路现状不适应国民经济发展需要的矛盾日益突出，在国家投资有限的情况下，部分省（自治区、直辖市）相继出现了利用贷款、集资、外资等多渠道筹集资金建设公路、大桥和隧道，建成后，收取合理的通行费用以偿还贷款，对加快公路建设起到了积极作用。但由于全国尚无统一规定，各地自行确定的收费条件和收费标准又不尽相同，不利于今后全国的统一管理。为进一步调动社会各方面修桥筑路的积极性，加强宏观控制，统一收费条件和收费标准，根据一九八四年国务院第五十四次常务会议精神和《中华人民共和国公路管理条例》及国务院领导同志的指示，交通部于去年初拟定了《集资、贷款修建公路和大桥收取车辆通行费规定》（初稿）下发各省征求意见，并于六月份组织部分省的专家进行了讨论修订。现将《贷款修建高等级公路和大型公路桥梁、隧道收取车辆通行费规定》发给你们，请本着既要放开搞活、多形式多渠道筹集公路建设资金，又要防止乱设卡、乱收费的原则，结合本省（自治区、直辖市、计划单列市）的实际情况，认真贯彻执行。

贷款修建高等级公路和大型公路桥梁、隧道收取车辆通行费规定

第一条 为调动各方面修路建桥的积极性，促进公路交通事业的发展，适应经济建设的需要，特制定本规定。

第二条 凡利用贷款（包括需归还的集资，以下同）新建、改建（不包括局部改造）的高等级公路（即二级和二级以上的公路）或大型公路桥梁、隧道，需要偿还贷款并符合下列条件之一的工程项目，建成后由省级公路主管部门归口，报经省级人民政府批准，可对过往车辆收取通行费。

（一）桥梁三百米以上，隧道五百米以上。改渡为桥的，其收费条件可适当放宽到桥长的二百米。

（二）高速公路、里程在十公里以上的一级公路及里程在二十公里以上的二级公路。

第三条 收费公路建设项目应按基本建设程序实施管理，并事先报经批准。工程应符合《公路工程技术标准》，并增建相应的封闭设施和站卡，通过正式竣工验收后，方准收取通行费。

第四条 收费工作由省级公路管理部门统一管理，印制全省统一票证。票证上应标有"偿还贷款"字样。

第五条 应按桥梁、隧道、公路长度，还款额度，收费期限，交通量大小，车辆负担能力和便利通行等因素综合考虑，定出合适的收费标准。具体标准由省级公路主管部门会同省级财政部门、物价部门，按上述原则提出方案，报省级人民政府批准。

第六条 中外合资建设的公路项目，其收费管理，按批准的协议或合作条款办理。

第七条 除正在执行紧急任务的设有固定装置的消防车、医院救护车、公安部门的警备车外，对其它任何机动车均应一律收取通行费。

第八条 凡由国家投资、养路费投资、民工建勤、民办公助、以工代赈办法及个人和社会捐资修建的公路、桥梁、隧道，一律不得征收车辆通行费。

第九条 通行费由公路管理部门在银行按收费公路或公路构造物名称设立专户存储，其收支计划应报上级公路管理部门批准。

第十条 收取的通行费只许用于偿还贷款和收费公路、公路构造物的养护及收费机构、设施等正常开支，绝不允许挪作他用。贷款还清后即停止收费。个别项目有特殊情况须继续收费的，须报交通部、财政部核定。

第十一条 收费公路或公路构造物由公路管理部门养护、管理。其经费在收费期间由收取的"通行费"列支；收费结束后，由养路费支出。

第十二条 本规定自一九八八年二月一日起执行。各省、自治区、直辖市、公路主管部门可会同财政部门、物价部门根据本规定制定实施细则，报经省、自治区、直辖市人民政府批准后实施。

第十三条 本规定由交通部、财政部负责解释。

162.关于发布《关于在公路上设置通行费收费站(点)的规定》的通知

(1994年7月18日　交通部、国家计划委员会、财政部　交公路发〔1994〕686号)

各省、自治区、直辖市及计划单列市交通厅(局)、物价局、财政厅(局)、计委(计经委),天津市市政工程局,上海市市政工程管理局:

"贷款修路、收费还贷"是国家为加快公路建设作出的一项重要决策。1988年1月5日交通部、财政部、国家物价局以(88)交公路字28号文件联合发布了《贷款修建高等级公路和大型公路桥梁、隧道收取车辆通行费规定》。近年来,这一《规定》对我国公路、特别是高等级公路的建设与发展起到了重要作用。

但是,收费公路在发展过程中也出现了一些问题。主要表现在,收费站(点)设置审批管理不严,甚至失控,造成公路沿线设置的收费站(点)过多过密,严重影响车辆的正常运行,社会反映强烈。为此,我们在交通部、财政部、国家物价局(88)交公路字28号文件基础上,制定了《关于在公路上设置通行费收费站(点)的规定》。现予下发,请遵照执行。

关于在公路上设置通行费收费站(点)的规定

第一条 为加快公路交通事业发展,确保国家"贷款修路、收费还贷"政策得以长期、稳定、健康、规范地执行,防止乱设卡、乱收费、乱罚款,特制定本规定。

第二条 凡利用贷款(包括需偿还的集资和实行股份制经营,以下同)建成的公路(包括桥梁、隧道,以下同),并符合下列条件之一的工程项目,按交通部、财政部、国家物价局(88)交公路字28号文件规定的程序报批后,可设置站(点)收取车辆通行费:

(一)封闭(包括部分封闭)型的汽车专用公路。平原微丘区超过40km和山岭重丘区超过20km的一般二级公路。

(二)长度超过300m的公路桥梁。改渡为桥的,可适当放宽到桥长超过200m。长度超过500m的公路隧道。

上述公路收费的具体标准由省级物价部门会同财政部门制定。

收取车辆通费,应使用省级以上财政部门监制的专用收费票据。

拟定批准的收费公路项目,严禁先收费后修建。

第三条 公路收费站(点)的设置,由省级交通部门统一布局,为车辆创造良好的运行条件。实行"开放式"收费的公路,在同一条公路主线上,相邻收费站(点)的间距,平原微丘区不得小于40km,山岭重丘区不得小于20km。对采用"封闭式"收费的汽车专用公路,除两端出入口外,禁止在主线上设置收费站(点)。省际间交界处收费站(点)的设置,须由相邻两省的省级交通部门相互协调,联合设置,对通行车辆一次完成通行费的收缴和票证发放工作。

不准设立旨在实行内部票据监督的停车验票站(点)。

在国道上设置收费站(点),须报交通部备案,并向社会公布。

第四条 公路收费站(点)的设施应与该路的交通量大小相适应。交通量大的,提倡设置自动收费和检票系统,以减少停车交费时间,保证车辆顺利通行。

第五条 凡符合规定设立的公路通行费收费站(点),需醒目悬挂由省级交通部门统一制发的"收费站"标牌。标牌尺寸为60cm×40cm(长×宽)。

第六条 公路通行费收费站(点)的设置,必须做到审批机关公开、收费用途公开、收费标准公开、收费单位公开。收费人员要做到挂牌上岗、文明执勤、依法收费、礼貌服务、按章处罚,不断提高工作质量,自觉接受社会监督。

第七条 在经批准的收费公路上,对不按规定交纳公路通行费的车辆,收费站(点)稽查工作人员有权责令其停车,补交通行费,并视情节轻重处以不超过应交费额5倍以下的罚款。对违反治安管理条例的,应交由公安机关处理。

第八条 凡在本规定发布之日前,已按交通部、财政部、国家物价局〔88〕交公路字28号文件规定确定的车辆通行费收费站(点),由各省级交通部门按本规定进行调整规范,并于1995年6月底前与本规定接轨。因特殊情况,难于按期接轨的,报经省级人民政府批准,限期撤并。对不符合上述规定设置的收费站(点)由省级交通部门授权的公路路政管理机构予以查处和纠正。

第九条 本规定所述收费公路项目管理及其收费站(点)设置的有关规定,同样适用于中外合资、合作和外资独资建设或经营管理的收费公路。

第十条 本规定由交通部、国家计委、财政部负责解释。

本规定与交通部、财政部、国家物价局〔88〕交公路字28号文规定不符的,以本规定为准。

第十一条 本规定自发布之日起施行。

163.关于转让公路经营权有关问题的通知

（1994年7月20日　交通部　交财发〔1994〕710号）

各省、自治区、直辖市、计划单列市交通厅(局、委、办)，天津市、上海市政工程局：

为进一步加强公路路产管理，防止国有资产流失，规范有关转让公路经营权的行为，根据交通部《关于加强公路设施产权交易管理的紧急通知》(交财发〔1994〕539号)精神，经研究，现对转让公路经营权有关具体问题通知如下：

一、为筹建公路建设资金，加快公路建设发展速度，国家允许外商或国内非交通管理部门独资、合资建设和经营公路，对已建成的收费公路允许有偿将经营权转让给外商或国内非交通管理部门。

二、转让公路经营权的范围

1.经国家和省级人民政府授权的交通主管部门组织竣工验收投入使用的，并符合国家有关规定，经批准允许收费的汽车专用公路及其附属设施(一般二级公路除外)、特大型独立桥梁和隧道。

2.经省级人民政府或其授权部门批准经营的公路沿线土地，以及汽车专用公路服务区的餐饮、加油、维修、旅馆及商店等。

三、转让公路经营权的审批原则和程序

1.有关单位转让公路经营权时，必须依照国家有关规定进行公路路产评估，并以确认的评估值作为确定公路经营权转让期限和投资回收额的依据。严格禁止将公路经营权低价转让，也不准以赊销方式转让。

2.国道和有中央投入资金建设的公路，在进行路产评估前应按照国家有关规定向交通部申报评估立项；省道和地方投入资金建设的公路，在进行公路路产评估前应按规定向省级人民政府或授权部门申报评估立项。

3.公路路产的评估必须委托具有法定评估资格的评审机构进行。

4.路产经营权向外商转让，无论是部分转让还是全部转让，均应按照国家规定的外商投资企业审批权限的划分和审批程序，办理审批手续。路产经营权向国内非交通管理部门转让的，按中央和地方投入资金的不同渠道分别报交通部和省级人民政府或授权部门审批后方可进行。

5.转让经营权的期限一般在20年以内，最长不得超过30年。在转让经营期间，国家可按公路网建设的需要对其公路进行改扩建，所需资金的筹集及利益分配办法另行制定。

6.转让公路经营权取得的收入必须用于偿还所转让经营公路建设贷款和新的公路建设项目，任何单位都不得将转让经营权的收入挪用或用于发放工资、奖金等其他开支。

7.凡有中央投资的公路路产，其经营权转让取得的收入归中央所有或由交通部委托地方交通主管部门代部监管，并可继续用于该地区的公路建设。

四、对公路经营者的基本要求

1.除人力不可抗拒的自然灾害和重大交通事故外，经营者在经营期间应保障公路安全畅通。

2.经营者有责任保护路产路权,并依法制止各种侵占、损坏公路、公路用地及公路附属设施的行为。制止无效时,应及时报告交通主管部门进行处理。

3.经营者应认真贯彻执行国家有关公路管理的法律、法规和规章制度。经营期的公路路况不得低于签约时按公路养护技术标准评定的路况;经营期满后,经营者应负责将完整的公路、公路用地及公路附属设施交还交通主管部门,并应确保公路路况不低于签约时评定的标准。

以上请认真贯彻执行。

164.关于转发国务院法制局对威海市政府法制局关于军车缴纳通行费有关问题的复函

（1995年3月28日　交通部　公养字〔1995〕66号）

各省、市、自治区交通厅（局），天津市市政工程局，上海市市政工程管理局：

现将国务院法制局办公室《对威海市人民政府法制局〈关于对军用车辆缴纳通行费有关规定予以解释的请示〉的复函》（国法办函〔1995〕24号）转发给你们。有关军用车辆通行收费公路的问题，请按此函精神办理。

附一

对威海市人民政府法制局《关于对军用车辆缴纳通行费有关规定予以解释的请示》的复函

（1995年3月13日　国法办函〔1995〕24号）

山东省人民政府法制局：

你省威海市人民政府法制局《关于对军用车辆缴纳通行费有关规定予以解释的请示》（威政法字〔1995〕6号）收悉，经商国务院有关部门同意，现函复如下：

依照公路管理条例及其细则的规定，我国公路建设资金的主要来源包括国家投资、地方集资和贷款，凡利用贷款和需要偿还的集资修建的高等级公路和大型公路桥梁、隧道以及经省级人民政府批准收费的公路渡口；所有车辆通过时都要按规定缴纳通行费和过渡费（属国家规定免征的除外）。《国务院关于禁止在公路上乱设站卡乱罚款乱收费的通知》（国发〔1994〕41号）的有关规定，再次重申了公路管理条例及其细则关于可以收取通行费的公路、桥梁等范围的规定，同时进一步明确"贷款（集资）还清后要立即停止收费"。关于对军车征收通行费的问题，分别按下列两种不同情况处理：（一）依照《国务院、中央军委关于加强军民团结正确处理军民关系问题的通知》（国发〔1990〕52号）的规定，"不论国家投资还是地方集资修建的桥梁、隧道、公路，军用车辆均免费通行"。（二）依照经中央领导同志同意、由交通部于1989年发布的《关于用贷款修建的二级以上公路和大型公路桥梁、隧道对军车收取通行费的通知》的规定，凡利用贷款新建、改建的高等级公路或大型公路和桥梁、隧道，自1989年4月1日起，军车应缴纳通行费，但"对成建制的执行紧急军事任务、军事演习、抢险救灾、换防的军用车队可酌情免收通行费"。

你局对上述答复如无不同意见，请转告威海市人民政府法制局。

165.关于对外国驻穗领馆车辆使用收费路桥交费问题的复函

(1995 年 11 月 21 日　交通部　交函公路〔1995〕510 号)

广东省交通厅:

你厅《关于外国驻穗领馆车辆使用我省路桥交费问题的请示》(粤交计〔1995〕188 号)收悉。现函复如下:

"贷款修路、收费还贷"是国家为加快公路建设作出的一项重要决策,世界上许多国家也是这样做的。交通部、财政部、国家物价局发布的《关于贷款修建高等级公路和大型公路桥梁、隧道收取车辆通行费规定》(〔88〕交公路字 28 号)和交通部、财政部、国家计委发布的《关于在公路上设置通行费收费站(点)的规定》(〔94〕交公路发 686 号)中均未规定外国驻我国领馆车辆免收通行费。因此,凡是按以上两规定修建的收费路、桥、隧道,都应按规定收取通行费。

166.关于对湖南省启用公路规费缴讫专用标志有关问题的复函

(1996年9月6日　交通部　交函公路〔1996〕359号)

湖南省交通厅:

你厅《关于启用公路规费缴(免)讫专用标志有关问题的请示》(湖交财字〔1996〕第332号)收悉。我部认为湖南省人民政府决定启用“公路规费缴(免)讫专有牌”(湘政办发〔1996〕2号文件)是加强公路规费征收源泉管理的一项积极有效措施。

养路费等公路规费是国家规定的有车单位和个人必须向公路管理部门交纳的用于公路养护和建设的专项事业费。根据国务院《公路管理条例》(以下简称《条例》)的有关规定,1991年交通部、国家计委、财政部、国家物价局联合发布了《公路养路费征收管理规定》(以下简称《规定》)。各省根据《条例》和《规定》,结合本地的实际情况,相继制定了加强养路费等公路规费征收管理的地方性法规或政府规章,明确了公路征稽部门“按牌征费、报停交牌”的规定。但由于公安部门对机动车辆换发“九二式固封牌照”,使四部委《规定》中已明确的公路征稽部门在征收工作中长期使用且行之有效的“车辆因故停驶,应到当地征稽机构交存行驶执照和牌照,并办理停驶手续,从次月起停缴养路费”的办法,也就是你省湘政办发〔1996〕2号文件中所称:“凭牌行驶,报停摘牌,无牌不得行驶”的办法无法继续实行,给公路规费征稽带来严重困难,造成因无法分辩而使养路费等规费大量流失,费源管理日趋被动的局面。

对于你省人民政府为加强费源管理,保证公路规费及时、足额征缴,决定启用专用标志,即“公路规费缴(免)讫专用牌”一事,我部认为,地方人大和政府站在维护国家利益的高度上,针对公路征费对象流动性很大,车辆急剧增长等特点,而赋予公路征费部门等与现行法律和行政法规不相违背的执法手段和措施,是完全必要的。你省所发专用标志的基本性质是车辆是否缴纳规费的识别标志,不同于车辆号牌,不可能造成车辆牌照混乱,更不会扰乱车辆牌证执法管理的正常秩序。采取这一措施,是地方政府在换发“九二式固封牌”后,为防止国家规费继续大量流失,所采取的补救措施。

你厅应认真贯彻省政府的2号文件精神,做好公路规费专用牌的发放和管理工作,对工作过程中出现的问题,要及时向省政府汇报,争取政府的支持,确保发放工作顺利进行和公路规费的应征不漏。

167.公路经营权有偿转让管理办法

（1996年10月9日　交通部令〔1996〕第9号）

第一章　总　则

第一条　为加快公路建设步伐，开辟公路建设资金渠道，规范公路经营权有偿转让（简称转让，下同）行为，保护转、受让双方投资者的合法权益，按照国家现行的法律、法规及国家有关规定，特制定《公路经营权有偿转让管理办法》（简称《办法》，下同）。

第二条　本《办法》适用于全国各级交通主管部门组织建设和管理的公路（不含关系到“国家或区域政治、军事”的公路，下同）经营权的转让活动。

第三条　公路经营权转让，必须符合我国现行的产业政策和有利于我国公路网建设以及实现公路建设规划精神，并在遵守我国现行法律、法规及有关规定的前提条件下，本着适度发展和优先国内投资者的原则进行。

第四条　交通部负责全国公路经营权转让工作的监督管理。各省、自治区、直辖市人民政府交通厅（局、委、办）（简称“省级交通主管部门”，下同）负责管辖范围内公路经营权转让工作的监督管理。

第二章　公路经营权的界定

第五条　公路经营权是依托在公路实物资产上的无形资产，是指经省级以上人民政府批准，对已建成通车公路设施允许收取车辆通行费的收费权和由交通部门投资建成的公路沿线规定区域内服务设施的经营权。

第六条　转让公路经营权是由省级交通主管部门授权所属的公路经营公司（简称“转让方”，下同），将经批准的规定范围内的全部或部分公路经营权，在一定期限内转让给具有法人资格的境内、外单位经营的一种特许行为。

第三章　转让公路经营权的组织管理

第七条　对含有中央车辆购置附加费或中央财政性资金投资建成的公路及国道公路经营权的转让，由省级交通主管部门报交通部审批；全部由地方规费或地方财政性资金投资及自筹资金等建成的省道以下公路经营权的转让，由省级交通主管部门报省级人民政府审批，并负责办理向交通部报备事宜。

第八条　交通部负责由部批准公路经营权转让中所涉及到国务院有关部门的协调工作；省级交通主管部门负责由交通部和省级人民政府批准范围内的公路经营权转让中涉及到省内有关部门的协调工作。

第四章　公路经营权转让范围

第九条　公路经营权转让范围的具体内容为:40 公里四车道以上的公路路段及 500 米四车道以上独立的大型桥梁、隧道等公路设施车辆通行费的收费权和公路沿线规定区域内的饮食、加油、车辆维修、商店、广告等服务设施的经营权。

公路经营权中的车辆通行收费权和服务设施的经营权可整体转让,也可以只转让车辆通行收费权。

第十条　向外商转让含尚未还清使用国际金融组织贷款或外国政府贷款建成公路的经营权,应报原批准利用外资贷款的部门同意,并经对外"窗口"部门,商境外贷款机构认可后,方可按本《办法》办理公路经营权转让事宜。

第十一条　转让公路经营权中的车辆通行收费权,应坚持以投资预测回收期加上合理年限盈利期(合理年限盈利期一般不得超过投资预测回收期的 50%)为基准的原则,最多不得超过 30 年;转让公路经营权中的服务设施的经营权应按国家的有关规定办理。

第五章　公路经营权资产价值的评估

第十二条　转让含有中央车辆购置附加费或中央财政性资金投资建成的公路和国道公路的经营权,应按国务院《国有资产评估管理办法》,由转让方通过省级交通主管部门向交通部提出资产评估立项申请,由国家国有资产管理局批准立项并确认评估结果。

第十三条　转让全部由地方规费或地方财政性资金投资及自筹资金建成省道以下公路的经营权,应由转让方按国务院《国有资产评估管理办法》向省级国有资产管理局提出评估立项申请,由省级国有资产管理局批准立项并确认评估结果。

第十四条　承担公路经营权资产价值评估的单位,必须是取得经省级以上国有资产管理局(简称"国有资产管理部门",下同)认可资格的评估机构。鉴于公路经营权的特殊属性,转让方应对承担公路经营权评估的机构进行从业能力审查。必要时,由省级以上的交通主管部门指定评估机构。

第十五条　申请对公路经营权进行资产评估的报告,应由转让方提出。评估所发生的费用应由委托资产评估方承担。

第十六条　确定公路经营权资产的重置全价,应参照国际通用的评估方法,即:采用收益现值法与重置成本法相结合的方法进行。

第十七条　被转让经营权的公路竣工决算属商业秘密,不得向受让方透露。经国有资产管理部门确认的公路经营权资产的评估价值,应作为公路经营权转让成交价格作价的依据。转让公路经营权的实际成交价不得低于评估确认价值。

第六章　转让公路经营权的审批程序

第十八条　申报公路经营权转让时,应由转让方提供以下文件、资料及相关证明:

1. 转让公路经营权可行性研究报告;

2. 受让方从业实力的情况说明;

3. 转让、受让双方签订的公路经营权转让的协议书；

4. 经国有资产管理部门核准的公路经营权资产价值评估确认结果通知书；

5. 金融机构或会计师事务所等中介机构提供的受让方资金信用证明；

6. 受让方法人执照副本；

7. 其他相关文件、资料。

第十九条 转让方通过省级交通主管部门，对申报公路经营权转让所报材料进行审查后，按本《办法》第七条规定的审批权限，分别报交通部和省级人民政府审查批准。

第二十条 转让、受让双方应按照转让公路经营权的批准文件，签订转让公路经营权的合同，并将合同副本分别送交通部和省级人民政府备案。

第二十一条 转让公路经营权的受让方如系外商，在获得批准转让的文件后，还应按我国规定的外商投资企业审批权限和程序，在中华人民共和国境内设立外商投资企业。

第二十二条 未经批准，任何单位和部门不得转让公路经营权。

第七章 公路经营权收益的使用

第二十三条 转让方获得的转让公路经营权收入，首先用于偿还被转让公路经营权的公路建设贷款和开发新的公路建设项目。任何单位不得将转让公路经营权的收益用于与公路建设无关的其他项目。

第二十四条 鼓励受让方，将获得的公路经营权的收益，直接投资我国新的公路建设项目。

第二十五条 凡含有中央车辆购置附加费或中央财政性资金投资建成的公路转让经营权后，原中央投资及按投资额分得的收入，仍属中央的权益，由交通部委托相应的投资机构持有。经交通部同意继续用于该地区的公路建设，或由交通部统筹安排其他公路建设项目。

第八章 附 则

第二十六条 公路经营权转让以后，转让方在转让期内不得收回公路经营权；受让方不得以任何理由再将公路经营权转让给第三方。

第二十七条 未经省级以上人民政府批准，不得在被转让经营权的公路上，另行设置车辆通行费收费站。

第二十八条 受让方不得以任何理由收取正在执行紧急任务设有固定装置的消防车、医院救护车、公安部门的警备车、抢险救灾的运输车等车辆的通行费。

挂有中国人民解放军行车牌照车辆通行费的收取，按国家有关规定办理。

第二十九条 国家各级交通主管部门，有权监督和制止公路经营权转让期间各种侵占、损坏公路及其附属设施的行为。

第三十条 批准转让经营权的公路，其路政管理，由省级以下交通主管部门派出机构或者人员行使，所需经费由经营公路经营权的机构，按当地政府规定的标准支付。

第三十一条 受让方应按照交通部发布的有关公路养护规范和标准进行有效的养护，以保证公路设施处于良好的技术状态。经营期满后将完好的公路设施无偿交还转让方。

第三十二条 过去有关公路经营权转让的规定，凡与本《办法》不符的，按本《办法》执行。

第三十三条 本《办法》由交通部负责解释。

168.贷款修路、收费还贷审计办法

(1996年11月19日 交通部 交审计发〔1996〕996号)

第一章 总 则

第一条 为加强对贷款修路、收费还贷的审计监督,根据《审计法》和《交通行业内部审计工作规定》,制定本办法。

第二条 本办法所称贷款修路、收费还贷审计是指利用贷款、集资修建高等级公路(即二级和二级以上的公路,含大型公路桥梁、隧道项目,下同),并经省级人民政府批准,通过收取通行费偿还贷款、集资的全过程审计。

第三条 贷款修路、收费还贷审计实行统一领导,分级管理。

(一)国道主干线项目和国家、部重点公路工程项目的审计,由交通部和各省、自治区、直辖市交通厅(局)负责实施;

(二)其它公路工程项目的审计,由各省、自治区、直辖市交通厅(局)和市县交通局负责实施;

(三)上级审计机构负责指导、监督和检查下级审计机构的工作,下级审计机构应接受上级审计机构的指导、监督和检查。

第四条 贷款修路、收费还贷的审计,依照国家和各省、自治区、直辖市的有关政策、法规进行。

第二章 建设前期审计

第五条 审查拟建项目是否符合国家产业政策,是否符合交通建设规划和地区经济发展需要。

第六条 审查拟建项目有无可行性研究报告,对预期车辆通行量、通行费收取标准、投资回报率和回收期是否进行科学地论证,有无还本付息能力。

第七条 审查项目建议书、初步设计方案和投资计划等,是否经规定的机关立项批准;收费站(点)建设是否符合国家的有关规定;是否经过开工前审计。

第八条 审查拟建项目资金来源的构成是否合规、合法。资金来源总额与项目投资总额是否吻合,有无资金缺口;贷款或集资是否经规定的机关批准,是否符合国家规定的金融政策。

第三章 建设期审计

第九条 对执行基本建设程序的有关情况进行审计,主要内容:

(一)该公路项目是否符合国家规定的审批程序和手续,是否列入公路建设计划。

(二)贷款合同(协议)是否真实、有效,合同(协议)条款是否合理,贷款利率是否符合国家规定,建设资金是否落实到位。

(三)概预算的编制是否合规,设计内容是否完整、准确。

第十条 对建设资金使用情况进行审计,主要内容:

(一)建设资金的使用是否合规合法,有无借占、转移、挪用建设资金现象。

(二)各项支出是否真实,合规,有无挤占、虚列工程成本现象。

(三)工程价款结算是否符合工程进度和招投标协议,有无虚报投资完成额现象。

第十一条 对概预算的执行情况进行审计,主要内容:

(一)是否按照批准的概预算安排工程建设,有无擅自扩大建设规模和建设标准,以及搞计划外工程现象。

(二)收费站(点)建设是否符合设计要求,有无增设不符合国家规定的收费站(点)。

第十二条 对竣工决算进行审计,主要内容:

(一)竣工项目工程支出是否符合批准的投资计划及概、预算,分析投资节、超原因。

(二)交付使用财产是否真实、完整,移交手续是否齐全。

(三)会计决算是否按期报出,会计处理是否合规、合法。

(四)结余资金及材料、物资的处理是否合规。

第四章 通行费征收审计

第十三条 对通行费政策、规定的执行情况进行审计,主要内容:

(一)收费项目是否符合国家有关规定,是否报经省级人民政府批准。

(二)收费标准是否由当地省级物价、财政部门制订,收费标准、收费期限等是否符合还贷需要。

(三)收费期满已还清贷款、集资的公路项目,是否停止收费。(国家另有规定者除外)

(四)收费期满未还清贷款、集资且须继续收费的,是否报请原批准机关批准。

第十四条 对通行费征收、管理单位的内部控制制度进行评审,主要内容:

(一)是否建立完善的职责分工制度,开票、收款与记账三者是否实行职务分离,各有关部门在业务上是否互相制约。

(二)是否建立完善的财务管理制度、会计核算制度和票证管理制度。各项管理措施是否积极、有效,会计账册、报表、凭证等资料是否齐全、真实。

(三)是否建立完善的收费稽查制度。

(四)是否建立完善的内部审计监督制度。

第十五条 对收取通行费的票据进行审计,主要内容:

(一)票据是否经省级财政部门监制,是否使用全省统一票据,票据上是否标有"偿还贷款"字样,有无使用假票、废票等不合规票据收费现象。

(二)票据是否由专人、专库保管,其保管、领发制度是否健全,手续是否完善,日常保管是否安全、有效。

(三)票据是否按顺序连号使用,核销是否及时,是否符合规定手续,核销的票据票面收入与账面收入是否一致。

（四）票据是否及时盘点，票据账实、账卡、账表是否一致。

第十六条 对通行费征收管理情况进行审计，主要内容：

（一）收费工作是否由省级公路管理部门统一管理。

（二）有无乱收费、乱罚款现象，是否认真执行规定的收费范围、收费标准。

（三）通行费收入是否按规定设立专户存储，通行费收入（含利息收入）是否及时入账，是否按时、足额解缴，有无截留、隐瞒、转移收入现象。

（四）是否编制征收计划，实行收支两条线原则，有无坐支现象。

第五章 通行费使用审计

第十七条 审查通行费使用范围是否符合国家有关规定。

第十八条 审查通行费使用是否实行计划管理。还贷计划和经费计划的比例是否合规、合理，并报经上级主管部门批准；有无超计划支出或计划外项目支出的情况。

第十九条 审查通行费的开支标准是否符合规定，有无擅自提高开支标准、铺张浪费和滥发钱物的行为。

第二十条 审查有无挪用、挤占和虚列通行费支出等违纪行为。

第六章 审计程序

第二十一条 审计工作计划。各省、自治区、直辖市交通主管部门应根据审计机关和上级主管部门的审计工作计划，结合实际，编制本单位工作计划。

第二十二条 审计组。审计组成员应适应审计任务的需要，并在组长领导下分工负责。

第二十三条 审计实施方案。审计实施方案的内容包括：审计的依据、方式、内容及重点，审计的步骤、方法、进度安排和人员分工等。

第二十四条 审计通知书。实施审计前，应向被审计单位发送审计通知书。审计通知书的内容包括：审计的依据、内容、时间、范围和方式，要求被审计单位提供的资料和工作条件、审计组长及审计组成员名单等。

第二十五条 实施审计。

（一）向被审计单位阐明审计的目的和要求，听取汇报，了解和掌握被审计单位的有关情况。

（二）搜集被审计单位的有关管理制度和计划、财会等文件资料。

（三）查阅有关制度、文件和资料，并按照分工对会计凭证、会计账簿、会计报表及有关业务报表进行审查、核对，对财产物资和货币资金进行清查、盘点。对审计事项，认真做好审计工作记录，对查出的问题应调查取证。审计工作记录和取证材料应由被审计单位或有关责任人签字确认。

（四）审计组对审计工作记录和取证材料进行分类整理，编制审计工作底稿，根据有关规定，对审计事项进行初步评价，对查出的问题提出定性及处理的意见，为撰写审计报告提供依据和参考。

第二十六条 审计报告。审计终结，审计组应提出审计报告。审计报告的内容主要有：

（一）审计的依据、内容、范围和时间；

(二)被审计单位的基本情况;

(三)审计事项的有关事实;

(四)处理意见及所依据的法律、法规和行政规章制度;

(五)评价和建议等。

审计组应将审计报告送被审计单位征求意见,并要求被审计单位在限期内提出书面意见;被审计单位的书面意见连同审计报告一并报送派出审计组的单位领导审批。

第二十七条 审计意见书和审计决定。派出审计组的单位对审计报告进行研究,审定审计报告,并对审计事项作出评价,出具审计意见书,送达被审计单位和有关单位。审计意见书主要包括下列内容:

(一)审计的内容、范围和时间;

(二)审计认定的事实;

(三)对审计事项的评价及依据;

(四)改进建议。

对被审单位违反财经法规和贷款修路、收费还贷政策规定,需要依法给予处理、处罚的,在规定的职权范围内,还应作出审计决定,送达被审计单位和有关单位。审计决定主要包括下列内容:

(一)依据审计意见书所列被审单位违反国家规定的事实;

(二)作出的审计决定及所依据的法律、法规及规章制度;

(三)审计决定执行的期限。

被审计单位必须执行审计决定。

第二十八条 被审计单位对审计意见书和审计决定如有异议,可以向出具审计意见书和作出审计决定的单位负责人提出,该负责人应当及时处理。

第二十九条 审计档案管理。每项审计事项终结后,应按审计档案管理制度要求,对审计资料进行档案管理。

第七章　附　　则

第三十条 本办法由交通部负责解释。

第三十一条 本办法自1997年1月1日起施行。

169.关于重庆公路收费问题的答复意见

(1997年7月10日　交通部公路管理司)

国家计委收费管理司:

你司关于对重庆公路收费问题的答复意见收悉。对公路(包括公路桥梁和隧道)的收费问题,经研究,同意你委的三条答复意见。

但属城市管理的城市道路其收费问题不适用于《公路法》的规定。

附件一:对重庆市物价局请示收费公路收费的审批权限及纳税问题的答复意见

附件二:国家计委关于公路、桥梁、隧道收取车辆通行费有关问题的复函

附件一

对重庆市物价局请示收费公路收费的审批权限及纳税问题的答复意见

（1997年7月8日　国家计委收费管理司）

交通部公路司：

最近，重庆市物价局来函请示收费公路收费的审批权限及纳税问题。根据《公路法》的有关规定，我们提出了三点答复意见，拟同时抄全国执行。现将文稿传送去，请研究提出意见，于7月11日前函告我司。

联系电话:68582864

传真电话:68584549

联系人:吴晓宁

附件二

国家计委关于公路、桥梁、隧道收取车辆通行费有关问题的复函

(1997 年 10 月 31 日　国家计委　计价管〔1997〕2070 号)

重庆市物价局:

你局《关于公路、桥梁、隧道收取车辆通行费有关问题的请示》(重价〔1997〕129 号)收悉。现就有关问题函复如下。

一、关于公路、桥梁、隧道车辆通行费的性质问题

为加快公路建设,1988 年国家做出了“贷款修路、收费还贷”的公路建设经营重要决策。1988 年 1 月,交通部、原国家物价局、财政部发布了《贷款修建高等级公路和大型公路桥梁、隧道收取车辆通行费规定》(〔88〕交公路字 28 号)。该规定第十条明确车辆通行费的用途是:“收取的通行费只许用于偿还贷款和收费公路、公路构造物的养护及收费机构、设施等正常开支,绝不允许挪作他用”。

1994 年 7 月,交通部、国家计委、财政部又下发《关于在公路上设置通行费收费站(点)的规定》的通知(交公路发〔1994〕686 号),将收取车辆通行费的收费范围扩展到集资、实行股份制改造、中外合资、合作和外商独资建设或经营管理的公路。

1997 年 7 月 3 日,八届全国人大常委会第二十六次会议通过的《中华人民共和国公路法》第五十九条明确规定,以下三种情况可以依法收取车辆通行费:(一)由县级以上地方人民政府交通主管部门利用贷款或者向企业、个人集资建成的公路;(二)由国内外经济组织依法受让前项收费公路收费权的公路;(三)由国内外经济组织依法投资建成的公路。

从《公路法》有关条款、国家政策和历史情况看,车辆通行费起因于还贷,主要用于补偿扩大再生产的资金来源。从车辆通行费管理和公路建设经营环节看,国内外经济组织依法经批准经营公路时收取车辆通行费,属经营性收费行为,是公路运输价格的重要组成部分,而不属行政事业性收费。因此,车辆通行费不宜执行行政事业性收费管理。

二、关于车辆通行费专用收据和管理问题

根据《公路法》第六十二条、《国务院关于加强预算外资金管理的决定》(国发〔1996〕29 号)的有关规定,经商国家税务总局,当由国内外经济组织依法经批准经营公路时,公路车辆通行费应使用盖有税务机关监制章的全国统一新版普通发票。目前使用省级以上财政部门监制的专用收费票据的,应尽快过渡到使用税务机关监制的发票。

《公路法》第六十八条规定:“收费公路的具体管理办法,由国务院依照本法制定”。按照这一规定,我委正会同交通部制定管理办法。考虑到制定办法需要一个过程,故在国务院关于收费公路的具体管理办法颁布实施前,经商交通部公路主管部门同意,公路车辆通行费仍应由省级物价主管部门会同省级交通主管部门共同管理。

三、关于车辆通行费纳税问题

经商国家税务总局,在核定车辆通行费收费标准和年限时,应按规定计算营业税。

170.关于认真做好公路收费站点清理整顿的通知

(1999年1月7日　交通部　交公路发〔1999〕9号)

各省、市、自治区、交通厅(局)、上海市市政工程管理局、天津市市政工程局、计划单列市交通局(委):

为了加强和规范收费公路的管理,制止公路"三乱"现象,规范公路收费站点设置,促进公路事业持续健康发展,现将《关于清理整顿公路收费站(点)的实施方案(试行)》稿印发给你们,请按《试行》要求对公路收费站逐个进行清理。执行中有什么意见请报部。

关于清理整顿公路收费站(点)的实施方案(试行)

为加强收费公路的管理,制止公路"三乱"现象,规范公路收费站(点)设置,促进公路事业持续健康发展,根据《中华人民共和国公路法》(以下简称《公路法》)的有关规定,对公路收费站(点)制定如下清理整顿实施方案。

一、清理整顿的指导思想和原则

"贷款修路,收费还贷"是国家为加快公路建设发展作出的一项重要决策。这项政策实施以来,我国建设的高速公路,约50%的一、二级公路,三分之二的千米以上大桥和隧道基本上是使用国内外贷款建设的,较好地缓解了公路建设资金短缺的矛盾,加快了公路建设步伐。这些公路的建成,对促进我国公路交通事业的发展,提高路网整体水平,缓解交通拥挤状况起到了重要的作用。

但是,近几年收费公路在发展过程中出现了一些不容忽视的问题,一是收费站(点)设置,审批管理不严,有些失控,造成公路沿线收费站(点)过密,影响了车辆的正常行驶,公路使用者反应强烈;二是有的地方违背国家有关规定,出现了边修建边收费,未修建先收费的情况,严重影响了"贷款修路,收费还贷"政策的正确执行;三是转让公路收费权未能按规定程序审批,造成部分国有资产流失;四是费收管理、核算、使用等环节监管不力,致使"收费还贷"功能无法保障;五是收费机构设置庞大,以费养人现象普遍存在,造成收费成本过高,影响还贷能力。因此,清理、整顿收费公路项目和收费站(点)已势在必行。

(一)清理整顿的指导思想:按照建立社会主义市场经济体制的要求,转变政府职能,理顺费收关系,规范公路收费行为,制止公路"三乱"现象,促进公路事业发展。依法对收费公路和收费站(点)进行清理整顿。

(二)清理整顿的主要原则:一是规范收费公路站(点)管理,依法界定收费还贷公路和收费经营公路。收费还贷公路还清贷款即停止收费,逐步减少收费还贷公路设置的收费站(点);收费经营公路由公路经营公司依法收费经营,照章纳税;二是取消不合理,不合法收费站(点),调整不合理收费标准;三是建立健全收费公路站(点)设置管理制度,依法治路;四是重点对一般收费还贷公路站(点)进行清理整顿,并对收费公路总量进行控制。

二、收费公路和收费站(点)的设置条件

(一)收费还贷公路

收费还贷公路是指由县级以上地方人民政府交通主管部门使用贷款或集资建成的公路。其收费站(点)设置必须符合下列公路技术等级和规模之一,并经省级人民政府批准后方可设置。

1.一级公路新建连续里程20公里以上或改建连续里程40公里以上;

2.二级公路新建连续里程40公里以上或改建连续里程80公里以上;

3.独立桥梁、隧道长度超过500米。

(二)收费经营公路

收费经营公路是指由国内外经济组织依法投资建成的或有偿受让收费还贷公路收费权的公路。其收费站(点)设置必须符合下列公路技术等级和规模之一,并经省级人民政府批准后方可设置。

1.高速公路连续里程15公里以上；

2.一级公路连续里程60公里以上；

3.独立桥梁、隧道长度超过500米，四车道以上；

4.二车道独立桥梁、隧道长度超过1000米以上。

（三）收费站（点）设置的基本要求

收费公路站（点）设置应为车辆创造良好的通行条件，在同一条公路主线上，每个收费站（点）覆盖的收费距离不得小于40公里，相邻收费站（点）的间距不得小于40公里；同一条国道主线上，每个收费站覆盖的收费距离不得小于60公里，相邻收费站（点）的间距不得小于60公里；高速公路和基本具备控制出入的一级公路，除两端出入口外，不得在主线上设置收费站（点）；省际交界处收费站（点）应联合设置，对通行车辆一次完成通行费收缴和票证发放工作，不准设立旨在进行内部监督验票的检查站；对同一条收费经营公路，由多家经营公司分段经营时，应实行联合设站，联合收费，按比例分成。

三、清理整顿的主要内容

省级交通主管部门要会同财政、物价部门认真做好收费公路站（点）的清理整顿工作，并按有关规定对收费公路站（点）逐个进行清理整顿，有下列情况之一者的收费站（点），应坚决予以撤消。

（一）未经省级人民政府批准的收费公路项目；

（二）1994年8月31日前建成，但标准不符合1988年交通部、财政部、国家物价局发布的《贷款修建高等级公路和大型公路桥梁、隧道收取车辆通行费规定》（〔88〕交公路字28号）的收费项目；

（三）1998年底以前建成，但标准不符合1994年交通部、国家计委、财政部联合发布的《关于在公路上设置通行费收费站（点）的规定》（交公路发〔1994〕686号）的收费公路项目：

（四）对符合〔88〕交公路字28号和交公路发〔1994〕686号文件规定设置标准的收费公路站（点），年收费扣除养护、管理费用不足以支付贷款本息5%的收费站（点）。对未还清贷款，而有还款能力的，应按以上站（点）设置的标准和审批程序批准后，对收费站（点）予以合并；

（五）已还清贷款的收费公路项目；

（六）未使用贷款、集资款的收费公路项目；

（七）违反规定设立的收费公路项目；

（八）其他应该撤消的收费站（点）；

（九）对已转让公路收费权的收费经营公路的收费站（点）除进行调查登记外，其清理整顿办法另行制定。

以上收费还贷公路项目经清理整顿后，立即撤消或按规定标准撤并，对建设贷款（集资）余额，由交通主管部门筹集资金偿还。

四、实施步骤

（一）调查登记。1999年一季度，由省级交通主管部门负责对本辖区截止1998年12月31日已设立或拟设立的收费公路项目和设置的站（点）状况，进行全面调查，通过审计后按附表要求逐项进行登记，建立统计汇总资料，并将填好的附表于2月20日前报部。

（二）清理核定。1999年二季度，按照上述规定要求由省级交通主管部门对各收费公路站（点）逐一审查核定，按收费还贷公路和收费经营公路严格分类审定并提出撤消、合并、保留等意见,报省级人民政府批准。同时,提出全辖区收费还贷公路设置布局和收费站(点)总量控制指标,于 1999 年 6 月底前报部。

(三)组织验收。1999 年第三季度,按分级管理的原则进行验收发牌工作。由交通部对国道收费公路站(点)组织验收;由省级交通主管部门对省道以下收费公路站(点)组织验收。验收合格后,对收费公路站(点)分别核发统一制式的收费站牌,并建立收费公路站(点)数据库,纳入计算机管理。

(四)认真总结。第四季度由省级交通主管部门对清理整顿工作进行全面总结,并将清理整顿情况报部。

(五)在清理整顿期间,不得审批新的收费还贷公路的收费站(点)。

附表一

高速公路收费站点情况统计表

填报单位：

路线名称及编号	收费路段	收费站数（个）	收费人员数（人）	年平均日交通量（辆/日）	批准收费起止年限	贷款或投资金额（万元）	收费标准(元/车公里)				还贷余额（万元）	年收费额（万元）	年管理经费支出（万元）	经营性质	备注
							特大型车	大型车	中型车	小型车					

单位负责人：　　　　填报人：　　　　联系电话：　　　　填报日期：　　年　月　日

说明：1.本表填报范围为本辖区内不管利用何种投资形式建成的所有收费高速公路。

2.在收费路段栏内填起讫点桩号或起讫点名称。

3.在贷款或投资金额栏中，非经营性收费公路填写贷款金额，经营性收费公路填写转让或投资金额。

4.管理经费支出是指收费人员工资、收费站点事业经费支出及养护成本。

5.以其他车型或其他收费标准(元/吨，公里)计收通行费时，按实际情况填报并在备注栏中给予说明。

6.经营性质栏内填写经营性或非经营性，经营性收费公路是指由国内外经济组织依法投资建成的或有偿受让收费还贷公路收费权的公路，非经营性收费公路是指由县级以上地方人民政府交通主管部门使用贷款或集资建成的公路。

附表二

一般公路及其桥梁、隧道收费站点情况统计表

填报单位：

路线名称及编号	收费路段	公路里程(公里)	技术等级	桥、隧长(米)	站名	收费站数(个)	收费人员数(人)	年平均日交通量(辆/日)	批准收费起止年限	贷款或投资金额(万元)	收费标准(元/车公里)				还贷余额(万元)	年收费额(万元)	年管理经费支出(万元)	经营性质	备注
											特大型车	大型车	中型车	小型车					

单位负责人： 填报人： 联系电话： 填报日期： 年 月 日

说明：1.本表填报范围是本辖区内不管利用何种投资形式建成的所有一般收费公路、桥梁、隧道、一般收费公路是指除高速公路以外的收费公路。

2.每条收费公路除填报总计外，还应分站填报，一站多点各站点的年收费额全部填入该收费站的年收费额栏内，在备注栏中给予说明。

3.收费桥、隧道在收费路段栏内填起讫点中心桩号、桥隧长填写独立收费桥隧的长度。收费公路在收费路段栏内填起讫点桩号或起讫点名称。

4.在贷款或投资金额栏中，非经营性收费公路填写贷款金额，经营性经费公路填写转让或投资金额。

5.管理经费支出是指收费人员工资和收费站点事业经费支出及养护成本。

6.以其他车型或其他收费标准(元/吨、公里)计收通行费时，按实际情况填报并在备注栏中给予说明。

7.经营性质栏内填写经营性或非经营性。经营性收费公路是指由国内外经济组织依法投资建成的或有偿受让收费还贷公路收费权的公路。非经营性收费公路是指由县级以上地方人民政府交通主管部门使用贷款或集资建成的公路。

171.关于进一步认真做好公路收费站点清理整顿工作的通知

（1999年5月7日　交通部　公管理字〔1999〕77号）

各省、自治区、直辖市交通厅（局），上海市市政工程管理局，天津市市政工程局，计划单列市交通局（委）：

自1999年1月7日我部印发《关于认真做好公路收费站点清理整顿的通知》（交公路发〔1999〕9号）（以下简称《通知》）以来，存在以下问题：一是部分省市没有按《通知》和交通系统治理公路水路三乱暨清理整顿收费站点工作会议的要求向部填报收费站点；二是没有按《通知》要求准确填报收费站点情况统计表。为此，现将清理整顿公路收费站点工作有关事项通知如下：

一、公路收费站点必须按路线分站填报并予以汇总。

二、没有按照《通知》要求填报收费站点情况统计表的，希望有关单位领导同志严格按照《通知》要求，认真组织，尽快抽调精干人员，务必于5月15日之前将统计汇总资料传真或特快专递报交通部公路司（公路管理处）。

传真号码：010—65292747、65292763；

联系人：杨国峰、曹斌。

三、为掌握、了解全社会在公路上设置的收费站点情况，请你们对城建、林业、水利等其他部门设立的公路收费站点予以摸底、汇总。此类收费站点，如按部9号文件的要求填报确有困难，请至少填报收费站名称、里程、桥隧长和技术等级。

这项工作自今年一月开展以来，进展缓慢，请各单位采取有效措施，狠抓落实，使清理工作真正落到实处。

172.关于清理整顿有偿转让公路收费权工作的实施方案(试行)的通知

(1999年11月3日　交通部　交财发〔1999〕579号)

近年来,各地交通部门为拓宽公路(含公路桥梁、隧道,下同)建设资金渠道,加快公路建设步伐,通过有偿转让公路经营权(以下称公路收费权)的方式筹集了不少公路建设资金,这对盘活存量公路资产,缓解公路建设资金短缺矛盾,利用市场机制吸收社会资金和外资参与公路建设,提高路网整体水平,发挥了一定的积极作用。但是在有偿转让公路收费权的工作中,也存在审批部门混乱、未按规定程序审批、评估工作不规范等现象,有些问题还比较严重。这些问题造成了部分国有资产流失,助长了公路"三乱",社会反映强烈,必须进行清理整顿。为配合制止公路"三乱"工作,规范公路收费权转让行为,防止国有资产流失,根据《中华人民共和国公路法》(以下简称《公路法》)等法律、法规、规章,现对有偿转让公路收费权工作制定如下清理整顿实施方案:

一、清理整顿工作的指导思想和基本原则

(一)指导思想。按照建立社会主义市场经济体制的要求,加强对公路收费权转让工作的管理,依法规范公路收费权有偿转让行为,保护投资者的合法权益,切实维护国有资产权益,有利于公路事业健康发展。

(二)基本原则。

1.依法清理,分级负责。以《公路法》等相关的法律、法规、规章为依据,分级负责清理整顿工作。部负责工作的布置、协调和监督、检查,省级交通主管部门负责组织实施。

2.统一政策,妥善处理。按照全国统一的政策规定进行清理,对存在的问题分别情况,妥善处理。对达不到本《方案》规定的条件而停止经营的项目的善后工作,由原审批部门负责协调处理(包括转让金的处理)。

3.措施配套,规范管理。通过清理整顿,建立和完善有关法规和规章,使有偿转让公路收费权工作实现规范管理。

二、清理整顿的主要内容和具体措施

(一)清理整顿的范围

本方案公布前已建成的公路并已完成有偿转让公路收费权手续的项目。

(二)清理整顿的主要内容和措施:

1.转让公路收费权项目的技术等级和规模是否符合规定的条件。

(1)部1996年第9号令(以下简称9号令)之前的项目,原则上予以保留,清理整顿后尽可能符合规定的条件,并报部备案。

(2)9号令之后的项目,不符合9号令规定条件的要达到规定条件,逾期达不到规定条件的要停止经营。

2.是否按规定的程序和权限进行审批。

(1)地方审批的国道项目,9号令之前的,清理整顿后报部备案;9号令之后的,报部审批或补办手续。

(2)国道之外的其他公路项目,清理整顿后均应报部备案,其中市县审批的项目,9号令之前的报省备案,9号令之后的报省审批。

(3)擅自审批中外合资、合作和外商独资限上项目,以及将限上项目化整为零后擅自审批的,由原批准部门负责按国家有关规定处理。

(4)受让方经批准获得公路收费权后再行转让的,发生于9号令之前的不予追究;发生于9号令之后的,除将公路收费权质押后因出质人违约质权人按约定实现质权、收费公路项目经批准注入上市公司、以及受让方因发生不可抗力、破产不能继续履行公路收费权转让合同外,再转让行为与法不符,这次清理整顿时有权审批部门不得补办批准手续;已经做出的批准,应予撤消。

3.转让合同(协议)是否符合法律、法规规定。

若合同(协议)内容中含有承诺给受让方固定回报的,转让收费权年限不符合有关规定的,对受让方投资或贷款提供担保或抵押的,外方不承担汇率风险等问题的,由转让方与受让方谈判修改有关合同(协议)条款,在规定的期限内将谈判结果报省级交通主管部门。对于未按规定的程序和权限获得批准又逾期未改正上述问题的转让公路收费权项目,这次清理整顿时有权审批部门不予补办批准手续。

4.转让项目是否按规定程序评估,转让价是否低于规定的评估价。

(1)没有经过资产评估或评估机构不符合规定要求的项目,9号令之前的项目不再追究;之后的项目必须按规定由有资格的资产评估机构重新评估。评估结果,其中9号令之后的国道和有中央投资的公路项目报部审核,其他公路项目由省审核。

(2)评估的审批程序不符合规定要求的,9号令之前的项目不予追究;之后的国道和有中央投资的公路项目报部审核,其他公路项目报省审核。

(3)转让价低于规定的评估价的,受让方应予补足;对于未按规定的程序和权限获得批准、受让方又逾期未将受让价补足到规定的评估价的转让公路收费权项目,这次清理整顿时有权审批部门不予补办批准手续。

5.转让收入是否按规定用途使用。

(1)转让收入应按规定归还贷款、集资本息后,用于公路建设。若有挪作他用的,应限期追回并用于规定用途。

(2)转让收入中属于中央的权益数额应予明确,并将使用去向报部。

6.转让合同(协议)的执行情况。

对符合法律、法规的合同(协议)条款执行情况进行检查。如受让方至今未按合同(协议)规定的期限缴付转让金的,应按合同约定解除转让合同;未按合同规定的期限缴足转让金的,应按合同约定降低受让方所占的股比。合同对此未约定的,对于未按规定的程序和权限获得批准的转让公路收费权项目,这次清理整顿时有权审批部门不予补办批准手续。

三、清理整顿的工作要求

(一)提高认识。由于清理整顿转让公路收费权工作政策性强,涉及面广,难度大,各级交通部门必须高度重视此项工作,要从局部服从全局的政治高度看待此项工作,充分认识搞好这次清理整顿工作对今后利用转让公路收费权方式筹集公路建设资金的重要意义和作用、为促进公路事业的健康发展奠定基础。

(二)加强领导。各级交通部门要在各级人民政府的领导下,会同有关部门按照国家有关法律、法规、规章,实施清理整顿工作,并要成立清理整顿工作领导小组,抽调精干力量组成办事机构，主要领导同志要亲自挂帅，经常过问有关情况，对一些重大问题要亲自处理。特别是要做好善后处理工作，确保社会稳定。

（三）制定措施。各地交通部门要根据本方案的要求，结合本地的实际情况，制定切实可行的实施措施，建立清理整顿工作目标责任制，做到人员到位、措施到位、责任到位，对清理整顿工作要严格细致，对出现的问题要慎重处理，遇有重大问题要及时请示上报，确保清理整顿工作有序进行，按时完成。

（四）严肃认真。对在清理整顿工作中弄虚作假的，一经查出，要从严处理。

四、清理整顿工作的实施步骤

有偿转让公路收费权清理整顿工作原则上分为以下四个阶段：

1.调查核实阶段。

主要内容：由省级交通主管部门对辖区内的公路收费权有偿转让项目情况进行调查核实，并按照部的要求认真、如实填报调查表（报表格式附后），附上有关材料，于2000年3月15日前将调查表报部。

时间安排：2000年3月底前完成。

2.自查清理整顿阶段。

主要内容：由省级交通主管部门对辖区内的每一个公路收费权有偿转让项目，按照本方案要求的清理整顿内容认真复核清理，并按照本方案的原则和措施对有问题的项目进行整顿，该停止经营的停止经营，该补办手续的补办手续，该修改转让合同（协议）的修改合同（协议）。将自查清理整顿情况报省人民政府批准，并于2000年8月底前书面报部。

时间安排：2000年8月底前完成。

3.重点检查阶段。

主要内容：根据各单位的自查清理整顿情况，按照本方案确定的分级负责原则，由部组织力量对部分省（区、市）的清理整顿公路收费权转让工作进行重点检查。对工作不认真、自查情况不实、未按要求整顿的单位，部将严肃处理。

时间安排：2000年10月底前完成。

4.验收总结阶段。

主要内容：各单位要对辖区内的全部公路收费权转让项目进行验收和总结，并将验收情况和工作总结于2000年12月10日前书面报部。

时间安排：2000年12月底前完成。

173.关于发布《高速公路联网收费暂行技术要求》的通知

(2000 年 9 月 6 日　交通部　交公路发〔2000〕463 号)

各省、自治区、直辖市交通厅(局、委),上海市市政工程管理局,天津市市政工程局:

为了提高高速公路的使用效率和服务质量,规范全国高速公路联网收费设施的规划、设计、建设和运营管理,现发布《高速公路联网收费暂行技术要求》,自 2000 年 10 月 1 日起施行。

该要求由交通部负责解释。各地在执行中有何问题和意见,请及时函告我部(公路司),以便修订。

高速公路联网收费暂行技术要求

为提高高速公路的使用效率和服务质量，规范高速公路联网收费设施的规划、设计、建设和运营管理，根据《公路法》及有关技术标准，制定本暂行技术要求。

第一章　总　则

第一条　高速公路应首先实现省(自治区、直辖市)内联网收费，逐步实现省(自治区、直辖市)际间的联网，为全国联网收费电子货币化做好基础工作。

第二条　同一条收费高速公路由不同的交通主管部门组织修建或者由不同的公路经营企业投资建设或经营的，应当实行"统一收费、按比例分成"的管理方式。

第三条　各省(自治区、直辖市)在实施高速公路联网收费时，应按照"统一规划、一次设计、分期实施、逐步联网"的方针，在不断总结和积累高速公路联网收费经验的基础上，逐步扩大联网收费的规模与范围。

第四条　各省(自治区、直辖市)交通主管部门应结合本地实际，制定本省(自治区、直辖市)高速公路联网收费的总体规划；统一高速公路联网收费管理模式、系统技术标准和收费业务流程；制定高速公路联网收费的管理规章等。

第五条　联网收费项目的实施应按照国家规定的基本建设程序和有关规定进行。

第六条　高速公路联网收费应结合当地高速公路管理体制，设置收费结算中心，按照"准确、公正、高效"的要求，对各收费单位收取的通行费进行拆分和清算。

第七条　各省(自治区、直辖市)高速公路联网收费结算中心应预留预付卡(储值卡、记账卡)和电子不停车收费的结算功能，以防止和避免重复建设。

第二章　联网收费的一般规定

第八条　高速公路联网收费制式一般采用封闭式。收费站的设置应符合国家有关规定。

第九条　在全国统一的车型分类标准尚未实施之前，各省(自治区、直辖市)应首先确定本省区域内统一的车型分类标准。

第十条　联网收费区域内的收费结算中心应根据省级人民政府交通主管部门与物价主管部门批准的收费标准，统一制定费率表。

第十一条　收费方式一般采用人工半自动收费，即"人工收费、计算机管理、检测器校核"。电子不停车收费是收费技术的发展方向，有条件的省(自治区、直辖市)可逐步予以发展。

第十二条　人工半自动收费的付款方式在以现金为主的基础上，积极推行预付卡(储值卡和记账卡)、一卡通和一卡多用的付款方式，以减少现金收费比例，为用户提供方便。预付卡或电子标签卡(电子不停车收费用)的发行和使用应具备通用性。

第十三条　电子不停车收费技术中车辆自动识别系统所采用的专用短程通信频率推荐5.8GHz。电子标签宜采用可读写的"单片式"(可读写智能电子标签)或"两片式"(带IC卡接口的电子标签)。“两片式”电子不停车收费系统应与人工半自动收费系统兼容。

第十四条 当新建收费站预留有电子不停车收费车道时,匝道收费站的入、出口收费车道总数不得少于4条。主线收费站的入、出口收费车道总数不得少于6条。

第十五条 低速专用电子不停车收费车道的设计速度为:主线收费站60km/h;匝道收费站40km/h。高速自由流电子不停车设施的设计速度一般应大于160km/h(无收费车道)。

第十六条 同一联网收费区域内应采用相同类型和数据格式的通行券(卡)。一般条件下宜选择多次重复使用的非接触式IC卡、一次性使用的纸质磁性券或一次性使用的纸质二维条形码券。

第三章 联网收费的软、硬件平台及功能

第十七条 联网收费系统总体框架结构一般由收费结算中心和联网收费区域内各路段的收费系统两部分组成。

第十八条 联网收费计算机网络应按照先进性与实用性、可靠性与安全性以及经济性与可扩展性相结合的原则,必须采用开放式的体系结构,各层局域网应采用高速网络技术。

第十九条 各联网收费系统应对本网计算机IP地址作出规划,以避免发生IP地址冲突。IP地址使用10.0.0.0~10.255.255.255。

第二十条 联网收费系统网络必须采取切实可行的措施,以保证系统的可靠性和安全性。收费结算中心和路段收费中心局域网的服务器、电源、网络等,宜采用热备份工作方式;使用公共传输线路的网络出口应设置防火墙;收费数据的传输必须保证数据的完整性、准确性、真实性、可靠性和一致性,并对信息中敏感的数据单元采取特殊的加密措施。建立健全系统和网络安全规章制度,加强操作人员安全观念、法制观念教育。切实做好计算机防治病毒措施。

第二十一条 收费结算中心的基本功能是:制定和下传联网收费系统运行参数(费率表、时间同步、系统设置参数等);接收收费站、收费中心上传的所有原始收费数据并对通行费进行拆分和复核,与指定银行进行账目信息交换和通行费结算、账务分割;接收收费中心上传的收费统计等数据,联网收费系统操作、维修人员权限的设置与管理;通行券、票证的管理;数据库、系统维护、网络管理;汇总、统计、查询、打印收费、管理、交通量等报表;数据存储、备份和安全保护。可扩展的主要功能有:预付卡和电子不停车收费的管理;客户服务和抓拍图像的管理等。

第二十二条 各路段收费中心的基本功能是:接收和下传联网收费系统运行参数;准确可靠地收集管辖区内每一收费站上传的原始收费数据与资料;处理收集到的数据与资料,汇总、统计、查询、打印收费、管理、交通量等报表,并上传所有数据和文件给收费结算中心;通行券、票证的管理;联网收费系统中操作、维修人员权限的管理;数据库、系统维护、网络管理等;数据、资料的存储与备份和安全保护;抓拍图像的管理等。

第二十三条 收费站的基本功能是:轮询所有收费车道,实时采集收费车道每一条原始数据;对收费车道的运行状况实施实时检测与监视,具有故障自动检测功能;向收费中心/收费结算中心传输收费业务数据(收入、交通、管理);接收收费中心下传的系统运行参数并下传给收费车道;收费员录入班次的收费额;值班员录入欠(罚)款和银行缴款数据;通行券、票证的管理;抓拍图像的管理等。

第二十四条 收费车道的主要功能是:按车道操作流程正确工作,并将收费处理数据实时

上传收费站计算机系统;接收收费站下传的系统运行参数;对车道设备的管理与控制,具有设备状态自检功能;可降级使用,但不丢失数据;当通信中断时具有后备独立工作能力;为车辆通行提供控制信息;将各种违章报警信号实时传送到收费控制室。

第二十五条 联网收费系统中收费车道操作流程必须完全相同,对车型、车种的识别标准应一致。

第二十六条 联网收费系统采用的报表格式应符合交通部有关标准规范的规定。对强制性规定的报表格式不得自行修改。

第二十七条 对于收费过程中出现的一些突发事件和特殊的收费处理操作,应通过闭路电视监视系统进行观察和记录。收费广场和出口收费车道应设置摄像机。

第二十八条 联网收费应用软件的开发应符合国家软件开发标准的有关规定。

第二十九条 联网收费系统中,数据库格式、收费站服务器与车道控制器之间的信息交换方式及格式,应以书面材料形式提交收费结算中心和收费单位保存。

第三十条 为保证联网收费系统的可靠性和安全性,应同步建设专用通信系统。高速公路专用通信系统的规划、设计与实施,应满足联网收费系统的组网要求。高速公路收费站与省(自治区、直辖市)收费结算中心之间宜采用数据直传模式。当以高速公路专用通信网络作为数据传输主要通道时,公用通信网络可作为备份通道。

第四章 联网收费的结算模式

第三十一条 联网收费的结算,宜采用由收费结算中心统一管理收费数据,并按照各收费单位共同确定的原则进行统一拆分与清算。当采用收费中心(或收费站)进行拆分时,应由收费结算中心统一校核。

第三十二条 联网收费系统的结算模式有以下两种主要形式,各地可根据不同的高速公路建设投资主体和管理体制,因地制宜地予以选择:

(1)统收统分结算模式。即通行费统一收缴,定期按各收费单位投资、建设里程、交通量、养护费用等因素确定分配比例。

(2)按车辆实际行驶里程、各路段实际费率进行通行费计算并进行拆分。通行费的计算和拆分应以车辆的实际行驶路径为基础。

第三十三条 各省(自治区、直辖市)在选择高速公路互通立交型式时,应避免路径的二义性。路径识别的方法主要有:最短路径法、抽样调查法和路径标识法。各地可根据所选用的结算模式选择适宜的路径识别方法。

第五章 其 它

第三十四条 联网收费土建附属设施的设计和施工应符合有关交通行业标准和本暂行技术要求(见附件)的要求。

第三十五条 本暂行技术要求适用于新建或改建的收费高速公路项目。

174.关于印发《关于鼓励对国际标准集装箱运输车辆通行费实行优惠 促进公路集装箱运输业发展的意见》的通知

（2001年10月25日 交通部、国家发展计划委员会 交公路发〔2001〕601号）

各省（自治区、直辖市）交通厅（局、委、办）、计委、物价局：

为鼓励发展国际标准集装箱运输，推动道路运输结构调整，以适应我国经济发展的需要和加入WTO的要求，我们在充分调研论证，并广泛征求各地意见的基础上，研究制定了《关于鼓励对国际标准集装箱运输车辆通行费实行优惠促进公路集装箱运输业发展的意见》，现印发给你们，请结合本地实际情况贯彻实施。

关于鼓励对国际标准集装箱运输车辆通行费实行优惠促进公路集装箱运输业发展的意见

为鼓励发展国际标准集装箱运输(以下简称集装箱运输),推动道路运输结构调整,适应我国经济发展和加入 WTO 的需要,现就对集装箱运输车辆通行费实行优惠促进集装箱运输业发展提出以下意见:

一、集装箱运输是一种新型的运输方式,具有安全、高效、保质、快捷和节省等优点。鼓励和发展公路集装箱运输是实现我国公路交通运输现代化的必然趋势。改革开放以来,我国的集装箱运输业发展迅速,已成为世界集装箱运输的最大潜在市场,但当前我国公路集装箱运输在发展过程中也存在一些急需解决的问题,特别是收费公路对集装箱车辆通行费收费标准偏高,集装箱车辆通行费标准的定位没有有效地体现国家宏观调控、指导运输业结构调整的政策,因此,制定鼓励对集装箱运输车辆通行费优惠政策,对加快交通运输结构调整,提高现有公路特别是高速公路的使用效率,促进集装箱运输的发展,推进交通运输的现代化建设,具有积极的现实意义。

二、根据《公路法》有关规定,并考虑各地在收费公路及集装箱运输发展、车型分类、通行费标准核定等方面差异较大的实际情况,各省、自治区、直辖市可根据本《意见》精神,按照有利于减轻集装箱运输车辆通行费负担、促进集装箱运输和公路业发展、互惠互利的原则,研究制定本辖区内对集装箱运输车辆通行费实行优惠的具体方案,重点降低 40 英尺国际标准集装箱运输车辆通行费标准。鉴于通过调整车型分类来降低集装箱运输车辆通行费标准的办法简便易行,建议各地在研究具体方案时可优先采取此种方式。目前已经对集装箱运输车辆通行费实行优惠的省份,可结合本《意见》的精神,进一步研究降低集装箱运输车辆通行费的具体措施。

三、对集装箱运输车辆通行费实行优惠涉及面广,政策性强。为保证此项政策顺利实施,促进我国集装箱运输业发展,各省、自治区、直辖市对此要高度重视。各地可按照本《意见》要求,结合本地实际,于 2001 年 12 月 1 日前研究制定出对本辖区内集装箱运输车辆通行费优惠的具体方案,并公布实施,同时将有关文件抄报交通部、国家计委备案。此外,还要加强对此项工作的领导和协调,及时解决政策实施过程中存在的各种问题,真正把集装箱运输车辆通行费优惠政策落到实处。

175.关于收费公路收费期满后资产处置有关问题的复函

（2002年4月5日　交通部　厅公路字〔2002〕121号）

山东省交通厅：

你厅《关于对206国道烟台夹河北大桥收费期满后资产处置的请示》(鲁交体法〔2002〕11号)收悉。经研究,函复如下:

根据《中华人民共和国公路法》、《中华人民共和国公路管理条例》以及国家有关收费公路的文件规定,国家利用贷款、有偿集资或者采取中外合资、转让公路经营权等方式发展收费公路(含桥梁、隧道,下同),是国家在基础设施建设过程中的一种融资手段,并不改变公路及其附属设施的社会公益性和所有形式。对收费公路进行投资或进行经营的国内外经济组织享有的只是收费公路的用益物权,即在国家规定的收费期限内,有从车辆通行费中收益的权力,并非享有其资产所有权。因此,收费公路在收费期满后,必须停止收费,并由国家无偿收回,投资或经营的国内外经济组织无权对收费公路资产提出权利要求。

特此函复。

176.关于对《关于贯彻落实〈国办关于治理向机动车辆乱收费和整顿道路站点有关问题的通知〉的实施意见》(征求意见稿)的意见

(2002 年 6 月 5 日　交通部　厅公路字〔2002〕231 号)

国务院减负办:

你办转来的《关于贯彻落实 < 国办关于治理向机动车辆乱收费和整顿道路站点有关问题的通知 > 的实施意见》(征求意见稿)收悉。经研究,现将我们的意见函告如下:

一、建议此通知由国务院或者国务院办公厅颁(转)发,以便更好地贯彻落实。

二、考虑国家交通与车辆税费改革的出台时间没有确定,为确保交通规费征收工作的顺利开展和征收人员的稳定,不致产生负面社会影响,建议将第 3 页第二条第(三)项第 2 款的最后两句话合并,改为"为实施正常的路政管理和运输市场管理工作,确保公路养路费等国家规费的足额征收,交通部门在公路上设置的公路征费稽查站和开展必要的上路监督检查,要严格按照法律法规的规定进行"。

三、第 4 页第二条第(五)项,关于转让还贷性收费公路收费权所得收入的管理问题,建议改为:"转让还贷性收费公路收费权所得收入,要按照《公路法》及国家有关法规规定,全部上缴财政专户,实行收支两条线管理,并严格按规定全部用于公路建设"。

四、第 5 页第三条第 3 款,关于整顿道路站点实施阶段:

一是考虑到收费站点清理整顿工作的长期性、复杂性和艰巨性,如要求各省在半年时间内完成清理整顿工作难度很大。建议从实际出发,将第二阶段的时间适当延长。

二是由于对道路站点特别是公路收费站的管理是一个动态过程,逐步撤消旧站与不断创建新站同时并存,而且文件已要求各省对道路所有站点进行集中公告并报减负联席会议备案,如再由减负联席会议集中公告,一方面导致对道路站点进行两次集中公告,工作重复。另一方面也难以有足够的力量确保今后动态管理工作的及时性和与地方公告工作的良好衔接。因此,建议删除"国务院减轻企业负担部际联席会议将对全国的所有道路站点实行公告"一句。

五、第 7 页第四条第一项第二款,建议将"对于违反国办《通知》精神,情节恶劣典型案件,要予以曝光。"改为"对于违反规定且情节恶劣的典型案件,要予以曝光"。

177.关于对广东省要求试行车辆通行费年票制的意见

（2002年10月10日　交通部　交公便字〔2002〕241号）

国务院减负办：

你办转来的《广东省人民政府关于要求试行车辆通行费年票制有关问题的函》（粤府函〔2002〕352号）收悉。经研究，现将我们的建议意见函告如下：

广东省人民政府为减少收费站的数量、节省管理成本、加快收费还贷，提出了拟在收费站较集中、经济发展较快的珠江三角洲地区以地级市为单位试行车辆通行费"年票制"，除保留各市边界处设置的收费站点外，撤销各市范围内的其它收费站点。同时这种模式还将视情况逐步在全省推广。我们认为，广东省这一想法对于减少收费站点是一种可进一步探讨的措施，愿望良好，但还应充分考虑以下两方面因素。

一是试行车辆通行费"年票制"应制定具体的实施方案。实施方案既要符合《中华人民共和国公路法》以及国家有关收费公路管理的文件规定，又要明确收费站点设置的数量、收费标准的核定、收费期限的确定、不同地区及不同类型车辆缴费的差异情况、撤销站点处理意见等具体措施。

二是实行车辆通行费"年票制"要充分考虑到广大车主的公平负担问题，避免强制性要求所有的车主都必须交纳通行费年票，避免将所有的公路都变成收费公路，要充分尊重一些车主选择免费行驶普通公路的权力。

以上意见，供参考。

178.关于“转让政府还贷公路收费权收入”管理和使用的意见

（2002 年 12 月 3 日　交通部　交公便字〔2002〕324 号）

财政部综合司：

你司在贯彻国办 31 号文件及其《实施意见》的文件中，关于“转让政府还贷公路收费权收入”管理和使用的规定，专项征求我部意见，经过认真研究，根据《中华人民共和国公路法》及国办 31 号文件的《实施意见》的规定，意见如下：

建议将转让公路收费权收入使用规定“专项用于偿还政府还贷公路和城市道路建设贷款本息，以及政府还贷公路和城市道路建设，不得挪作他用。”修改为“专项用于偿还政府还贷公路和城市道路建设贷款本息，以及公路和城市道路建设，不得挪作他用”。

179.关于印发公路收费站点清理整顿指导意见的通知

(2003 年 1 月 10 日　交通部　交公路发〔2003〕10 号)

各省、自治区、直辖市交通厅(局),上海市政工程局,天津市政工程管理局,新疆生产建设兵团交通局:

为贯彻落实《国务院办公厅关于治理向机动车辆乱收费和整顿道路站点有关问题的通知》(国办发〔2002〕31 号)以及《国务院减轻企业负担部际联席会议关于贯彻落实 < 国务院办公厅关于治理向机动车辆乱收费和整顿道路站点有关问题的通知 > 的实施意见》(国减负〔2002〕11 号)精神,加强收费公路管理,规范收费站(点)设置,促进公路持续健康发展,根据国家有关法律和政策,部制定了公路收费站(点)清理整顿指导意见,现印发给你们,并就有关事项通知如下:

一、各省、自治区、直辖市交通主管部门要根据本指导意见要求,结合当地实际,制定具体的公路收费站(点)清理整顿实施方案,报省级人民政府批准后实施。

二、公路收费站(点)的清理整顿工作,要按照"政府领导、部门分工、联合行动"的原则组织开展。各地交通主管部门要在当地人民政府的领导下,加强与有关部门的配合,切实履行好行业管理职责,加大行业管理力度,采取有效措施,认真完成好清理整顿公路收费站(点)的各项工作任务。

三、公路收费站(点)清理整顿工作,要按照重点突破、全面推进的原则稳步开展,清理整顿工作要在 2003 年 6 月底前完成。

公路收费站点清理整顿指导意见

为加强收费公路管理，规范收费站（点）设置，促进公路事业持续健康发展，根据《公路法》、《国务院办公厅关于治理向机动车辆乱收费和整顿道路站点有关问题的通知》（国办发〔2002〕31号）以及《国务院减轻企业负担部际联席会议关于贯彻落实〈国务院办公厅关于治理向机动车辆乱收费和整顿道路站点有关问题的通知〉的实施意见》（国减负[2002]11号）的有关规定，现就公路收费站（点）清理整顿工作制定如下指导意见。

一、清理整顿的指导思想和原则

"贷款修路，收费还贷"是国家为加快公路建设而做出的一项重要决策。这项政策的实施，大大加快了我国公路建设的步伐。目前，我国所有的高速公路、约50%的一、二级公路和三分之二的千米以上大桥、隧道基本上是使用国内外贷款建设的，较好地缓解了公路建设资金短缺的矛盾，对于加快公路建设步伐，提高路网整体水平，缓解交通拥挤状况，促进公路交通事业发展起到了重要的作用。

但近几年来收费公路在发展过程中出现了一些问题，一是收费站（点）设置、审批管理不严，造成部分地区收费站（点）过多，收费标准过高，群众反应强烈；二是转让公路收费权未能按规定程序审批，违规、越权审批现象时有发生，造成部分经营收费公路的收费期限过长，增加社会负担；三是收费资金管理、核算、使用等环节监管不力，致使"收费还贷"功能无法保障。因此，清理整顿收费公路项目和收费站（点）已势在必行。

（一）清理整顿的指导思想：按照十六大精神和"三个代表"重要思想，以及完善社会主义市场经济体制的要求，加强收费公路的行业管理，规范收费行为，遏制公路"三乱"现象，提高公路通行效率，降低收费成本，减轻社会和人民群众负担，促进公路交通事业健康发展。

（二）清理整顿的主要原则：

——责任到人、集中突破原则。各地要成立公路收费站（点）清理整顿领导小组，明确主管领导，集中精力开展收费站（点）的清理整顿工作，同时建立责任制度，根据职责分工层层落实责任制。

——从严要求、与时俱进原则。要严格执行收费公路审批、管理的有关政策和文件，对不符合要求应撤销的收费站（点），态度要坚决，不徇私情，不走过场。用发展的办法解决前进中的问题，妥善解决各种矛盾和困难。

——尊重历史、区别对待原则。正视现实存在问题，坚持"老站老办法、新站新办法"，执行国家现行有效政策，保持政策的连续性和稳定性。

——促进发展、鼓励创新原则。开展收费站（点）清理整顿工作，要以促进收费公路健康发展为目的，不断改进管理方法，鼓励采取新技术、新措施，提高收费公路的使用效率。

二、清理整顿的范围与内容

（一）清理整顿的范围

截止2002年12月31日，各地在公路上已设置的公路（含桥梁、隧道，下同）收费站（点），均应纳入清理整顿的范围。具体包括:经省、自治区、直辖市人民政府批准的交通部门为归还贷款或有偿集资而设置的收费站(点),国内外经济组织在依法投资建成或者受让公路收费权的公路上设置的收费站(点)。

(二)清理整顿的政策界限

凡有下列情况之一的公路收费站(点),必须坚决予以撤销,并限期拆除相应的收费设施,保障公路完好畅通:

1.未经省、自治区、直辖市人民政府批准的收费站(点),或者虽经批准但擅自变更位置的收费站(点);

2.不属于利用国内外贷款或集资建设的公路收费站(点);

3.已偿还完贷款和集资款,或者经营期限届满的公路收费站(点);

4.将未利用国内外贷款或集资建设的公路与收费公路捆绑,违规增设的收费站(点);

5.虽属于贷款或集资建设的公路,但目前尚未建成即先收费的收费站(点);

6.不符合1994年交通部、国家计委、财政部联合发布的《关于在公路上设置通行费收费站(点)的规定》(交公路发〔1994〕686号,以下简称"三部委686号文")的公路收费站(点);

7.其他违反国家规定应当撤销的收费站(点)。

三、清理整顿的实施步骤

根据国务院规定,公路收费站(点)清理整顿工作由各省、自治区、直辖市人民政府组织开展,各地交通主管部门要在当地政府的领导下,加大行业管理力度,按照如下工作阶段,认真做好各项工作。

(一)清理登记阶段

2003年1月1日-3月31日,由各省、自治区、直辖市交通主管部门,对本辖区范围内的公路收费站(点)进行全面清理登记,并按附表及示例(附表一、二、三、四)的要求登记汇总。

(二)审查核定阶段

2003年4月1日至5月31日,由各省、自治区、直辖市交通主管部门分别会同同级财政、物价主管部门,对本辖区范围内已登记的公路收费站(点),逐一进行审查核定,按收费还贷、收费经营分别提出撤销或保留的建议意见,同时提出本辖区内收费公路总量控制指标,报省级人民政府批准,并分别报交通部和国务院减轻企业负担部际联席会议备案。

对经批准保留的公路收费站(点),其收费期限和车辆通行费收费标准由省、自治区、直辖市交通主管部门会同同级物价主管部门重新核定,并报省、自治区、直辖市人民政府批准。属于政府还贷收费公路的,收费标准重新核定时还应征求同级财政主管部门的意见。

经清理和重新批准后予以保留的收费站点,由省、自治区、直辖市人民政府集中向社会公示。

(三)组织验收阶段

2003年6月份,各省、自治区、直辖市交通主管部门会同有关部门对公路收费站(点)清理整顿工作情况进行检查验收和全面总结。对验收合格的公路收费站(点),由省、自治区、直辖市交通主管部门分别核发统一制式的收费站牌。交通部将会同有关部门对各省、自治区、直辖市的工作情况进行重点抽查。

清理整顿期间原则上应停止审批新的公路收费站(点)。

四、加强收费站(点)的管理

(一)严格审批

1.收费公路及其收费站(点)的审批必须严格执行《公路法》以及国家现行有关文件的规定。收费公路的建设要严格按照国家基本建设程序进行。收费站(点)的设置及其收费期限的确定,必须分别经省、自治区、直辖市交通主管部门会同同级财政、物价主管部门审核后,报省、自治区、直辖市人民政府批准,并报交通部备案。

2.经省、自治区、直辖市人民政府批准设置的收费公路车辆通行费标准,必须经省、自治区、直辖市交通主管部门会同同级物价主管部门审查批准,并报交通部备案。其中,属于政府还贷收费公路的,省、自治区、直辖市交通主管部门在会同同级物价主管部门审查批准前,还应当征求同级财政部门的意见。

3.严格收费权转让的审批程序。转让政府还贷收费公路中的国道收费权,必须经交通部批准;转让国道以外的其他政府还贷收费公路收费权,必须经省、自治区、直辖市人民政府批准,并报交通部备案。

4.公路收费站(点)的设置审批必须符合各省、自治区、直辖市人民政府批准的公路收费站(点)总量控制指标。

(二)加强收费管理

1.企业经营收费公路要成立公路经营公司,并按程序办理审批手续,签订相关的经营协议或合同文件,由公路经营公司在规定期限内,依法收费、照章纳税,并使用由省、自治区、直辖市税务部门统一印制的税务发票。

2.政府还贷收费公路的收费为政府行政事业性收费,使用省、自治区、直辖市财政主管部门统一印制的车辆通行费专用票据,收费部门还须向当地省、自治区、直辖市物价主管部门申请收费许可证。收费资金要实行收支两条线管理,除严格核定的正常养护管理支出外,主要用于偿还贷款本息。

3.对政府还贷收费公路及其设置的收费站(点),今后各省、自治区、直辖市人民政府交通主管部门要积极研究并逐步实行统一管理、统一贷款、统一还款制度,以降低收费公路的收费及管理成本,提高还贷能力。

(三)提高收费站点的通行效率

1.高速公路要按照部有关文件要求,尽快开展联网收费。东部地区各省、自治区、直辖市要力争在2005年底前实现高速公路联网收费,以减少高速公路主线收费站(点)数量,提高路网的整体运行效率。中、西部地区各省、自治区、直辖市也要制定联网收费工作方案,根据本地路网建设进程,逐步实施联网收费。

2.条件成熟的地区还要积极采用先进的技术手段,逐步采用不停车收费系统,以提高收费公路的通行能力,提高征收效率。

(四)健全收费站(点)管理制度

要建立、健全收费站(点)管理制度,并对其实行规范化管理。公路收费站(点)必须做到收费单位、批准文件、收费标准、收费期限和监督电话五公开,以接受社会的监督。要建立、健全收费站(点)财务管理制度,确保收费资金按照规定用途使用。

(五)加强收费队伍建设

对收费队伍要不断加强培训和教育，提高队伍综合素质。在公路上执行通行费征收的收费人员，必须着装整齐，持证上岗，文明服务，依法收费，按章处罚。

(六)加强收费公路的养护与维修

要加强收费公路的行业管理，做好养护、维护工作，确保设施完好和道路交通功能的发挥。凡未按规定进行养护、维护的，省级交通主管部门要采取暂停收费或者罚款的措施，责令有关单位和企业按照国家有关规定，做好收费公路的养护、维护工作。

认真贯彻执行“贷款修路，收费还贷”政策，事关公路交通事业的发展大局，各级交通主管部门要以贯彻落实党的十六大精神为契机，抓住机遇，顾全大局，在当地政府的领导下，与有关部门密切协调，真正做好公路收费站点清理整顿工作。

180.关于印发京沈高速公路联网收费协调会纪要的通知

(2003年3月12日　交通部　厅公路字〔2003〕77号)

北京市交通局、河北省交通厅、天津市市政工程局、辽宁省交通厅、交通部公路所:

2003年3月2日至4日,部公路司召集北京市交通局、河北省交通厅、天津市市政工程局、辽宁省交通厅、交通部公路所和京沈高速公路沿线各经营管理单位召开了京沈高速公路联网收费协调会,就京沈高速公路联网收费的方案和具体事项进行了研究、协调,达成了共识。经部领导同意,现将会议纪要印发给你们,请遵照执行。

京沈高速公路联网收费协调会纪要

（2003年3月4日）

2003年3月2日—4日，部公路司主持召开了京沈高速公路联网收费协调会，北京市交通局、河北省交通厅、天津市政工程局、辽宁省交通厅、交通部公路所和京沈高速公路沿线各经营管理单位的有关负责同志参加了会议(名单附后)。会议在认真听取部公路所关于京沈高速公路联网收费的方案介绍和实地考察后，按照“统一思想认识、解决一道难题、树立一个形象”的要求，对京沈高速公路联网收费实施方案进行了认真的研究和讨论，并就如何实施京沈高速公路联网收费的有关问题达成共识。现纪要如下：

一、与会代表一致认为，我国高速公路按照网络化建设的要求，已经取得了持续快速发展，但网络化管理远不能适应高速公路功能发挥的需要，为打破高速公路分割式管理的弊端，提高高速公路的管理水平和使用效率，实现高速公路网络化管理，今年部党组将京沈高速公路联网收费试点工作纳入部四个示范工程之一，这是推进全国高速公路管理上台阶、上水平的重要举措，是极为必要的，也是实践“三个代表”重要思想的具体体现。与会代表表示，要以贯彻落实2003年全国交通厅局长会议精神为契机，进一步提高对实施京沈高速公路联网收费试点工程重要性的认识，局部利益服从全局利益，眼前利益服从长远利益，认真、扎实地按照实施方案要求，做好具体工作，保证京沈高速公路联网收费试点工作顺利进行，确保年内有所突破。

二、关于京沈高速公路联网收费的方案问题

与会代表对部公路司建议的A、B、C三个联网收费方案进行了认真的分析和讨论，一致同意采用A方案，即保留香河、山海关2个主线站，撤销天津段宝坻主线站、宝山段的河北主线站和辽宁段的沈阳西主线收费站，合建山海关和万家主线收费站，一站两点，互代发卡。鉴于北京市正在研究车辆通行费收费方式改革，北京段的白鹿主线站作为临时站暂予保留，待北京市高速公路通行费收费方式改革或联网收费实施后，将其撤销。

关于联网收费后的通行费结算问题，会议一致同意，北京至山海关段组建联网收费结算中心进行拆账，辽宁段收费结算纳入辽宁省高速公路联网收费系统进行拆账。

三、关于唐山市西外环和唐津高速公路纳入京沈高速公路联网收费区域问题

考虑京沈高速公路联网收费与河北省省内高速公路联网收费的衔接问题，避免河北省因京沈高速公路联网收费而增设收费站，会议研究决定，将唐山市西外环和唐津高速公路一并纳入京沈高速公路联网收费区域。

四、关于车型分类标准问题

鉴于目前京沈高速公路联网区域内各路段车辆通行费车型分类标准不统一的实际情况，与会代表一致认为，统一车型分类标准是做好京沈高速公路联网收费的前提和关键。会议建议部在4月上旬前发布全国车辆通行费车型分类标准，京沈高速公路区域内各省市届时要积极协调本省市的计委、财政、物价等部门，按照部颁统一标准，力争在6月1日前完成各路段收费软件调试、收费标准调整工作。

五、关于联网收费结算中心问题

会议就京沈高速公路北京至山海关段(含唐山市西外环和唐津高速公路)联网收费结算中心(以下统称“结算中心”)的建设等具体问题达成以下共识:

一是设置地点:按照尽可能利用现有收费站房等设施、方便各路段的管理与协调、保持结算中心相对独立、公平、公正的原则,与会代表一致认为将结算中心设在原宝山段河北收费站(玉田)。

二是机构组建:为确保联网收费的顺利开展和公平、有序运行,会议研究决定,结算中心在组建过程中由部公路所牵头,北京、河北、天津、辽宁四省市各派技术人员参加,其中以河北和天津为主。结算中心在正式投入运行后,四省市可视实际需要再予协商调整。

三是运行管理费用:结算中心在日常运行过程中所产生的运行管理费用由各参与路段的所属单位,按拆分后的实际收费额的比例进行分摊。

六、关于车辆通行费票据问题

鉴于京沈高速公路北京至山海关段由多家单位管理的实际,会议研究决定,京沈高速公路在实施联网收费后,其车辆通行费票据继续使用各省市现用的票据,由各收费站(含匝道口)按属地原则向车主发放票据,其中有纳税行为的单位,应根据其实际所得收入自行向当地税务部门纳税。同时,会议建议部就高速公路联网收费车辆通行费票据及纳税等有关问题,及时与财政部、国家税务总局协调解决。

七、关于联网收费软件问题

与会代表一致认为,京沈高速公路联网收费实施过程中,要尽可能利用各路段原有收费软件。其中:与部编制的标准软件不统一的,采用加“中间件”技术处理;没有实施正式收费系统的路段,应按部颁标准软件进行安装。具体解决方案是:河北廊坊段和天津段采用部编制的标准软件,对原系统进行改造;河北宝山段和唐山市西外环、唐津高速公路则在原软件的基础上加“中间件”进行技术处理,统一平台,但需按部编制的标准软件的要求提供接口。

八、关于联网收费数据管理问题

结算中心投入运行后,所有的收费原始数据应首先传送到结算中心,由结算中心进行处理并据此精确拆账,各路段的收费分中心可以拥有一个与结算中心共享源数据的终端,并根据其需要和权限查询、核对收费原始数据。与此同时,会议还建议部公路所在京沈高速公路联网收费领导小组的领导下,与沿线各省市协商,牵头研究、制定与结算中心相关的管理、监督办法,逐步形成一套完整的高速公路联网收费结算中心管理制度。

九、关于联网收费的建设费用问题

鉴于各路段的收费系统已基本形成,与会代表建议,对于京沈高速公路联网收费结算中心的组建、联网收费相关标准的制定等公共部分的一次性投入建设费用,请部投资解决。对于各路段内因联网收费所产生的软、硬件改造和通讯设施更新等建设费用,由各路段所属单位自行承担。

十、关于联网收费的工作进度问题

会议决定京沈联网收费工作分三阶段进行,各路段相关单位应根据如下三阶段工作要求制定详细的工作进度和计划。

第一阶段:3 月 15 日前各单位参与结算中心的技术人员全部到位,并集中展开工作。

第二阶段:6 月 20 日前,按确定的方案,撤销、清除有关的主线收费站及其附属收费设施,完成收费车道、站、分中心的软件和硬件的改造,采用统一的预印刷通行券实现人工联网收费,完成结算中心的试运行工作。

第三阶段:10月20日前,完成IC卡等系统的统一和运行,实现全线联网。

十一、关于联网收费的组织机构问题

为确保京沈高速公路联网收费工作的顺利开展,建议成立京沈高速公路联网收费领导协调机构,由部批准后开始运行。

1.成立京沈高速公路联网收费领导小组。

组　长:冯正霖　交通部公路司司长

副组长:李彦武　交通部公路司副司长

成　员:李　华　交通部公路司公路管理处处长

姚震中　交通部公路所所长

张恭宪　辽宁省交通厅副厅长

杨国华　河北省交通厅党组成员、公路局局长

姜沿平　北京首发公司副总经理

王占英　天津市市政工程局副总会计师

2.成立京沈高速公路联网收费工作小组。

组　长:李　华　交通部公路司公路管理处处长

副组长:王笑京　交通部公路所副所长

成　员:吴春耕　交通部公路司公路管理处

李爱民　交通部公路所副总工

李　刚　交通部公路所交通工程室主任

李　丁　交通部公路所交通工程室副主任

屈朝斌　河北省交通厅公路局副局长

任冬至　北京首发公司运营部部长

李增斌　辽宁省高速公路管理局副局长

高伯翔　天津市公路建设发展公司总工

韩晓东　天津市天昂高速公路有限公司主管

戴国仲　京秦高速公路廊坊段管理处处长

刘孔杰　京秦高速公路宝山段管理处副处长

李金肖　京秦高速公路宝山段管理处副处长

金　刚　唐津高速公路河北段管理处副处长

张国品　唐山西外环高速公路管理处副处长

左海波　河北省交通通信局副局长

李肖峰　辽宁省高速公路管理局

3.成立联网收费结算中心筹备组(具体人员名单由部公路所与各路段所属单位根据实际需求协商确定)。

十二、会议认为,京沈高速公路联网收费试点工作的实施,时间紧,任务重,各有关单位在今年的工作中,要把京沈高速公路联网收费作为一项重点工作切实抓紧抓好,加强领导和协调,落实好相应资金,并根据工作实施方案的要求,倒排工作计划,以确保京沈高速公路联网收费试点工作的按期完成,为提高我国高速公路网络化管理水平做出贡献。

附件:京沈高速公路联网收费协调会议人员名单

京沈高速公路联网收费协调会议人员名单

2003年3月2日—4日

序号	姓名	单　位	职　务	备注
1	冯正霖	交通部公路司	司长	
2	李彦武	交通部公路司	副司长	
3	李　华	交通部公路司公路管理处	处长	
4	吴春耕	交通部公路司公路管理处	主任科员	
5	姚震中	交通部公路所	所长	
6	王笑京	交通部公路所	副所长	
7	李爱民	交通部公路所	副总工	
8	李　丁	交通部公路所交通工程室	副主任	
9	魏　武	交通部公路所	博士	
10	阎　炤	北京市交通局	副局长	
11	李　凌	北京市交通局计财处	处长	
12	姜沿平	北京首发公司	副总经理	
13	任冬至	北京首发公司运营管理部	部长	
14	卢尔燕	北京首发公司京沈分公司	总经理	
15	褚文杰	北京首发公司京沈分公司	副总经理	
16	王占英	天津市政工程局	副总会计师	
17	刘　博	天津市政工程局规费处	副处长	
18	高伯翔	天津公路建设发展公司	总工	
19	王建华	天津天昂公路有限公司	总工	
20	杨国华	河北省交通厅、公路局	厅党组成员/局长	
21	左海波	河北省交通通信管理局	副局长	
22	戴国仲	京秦高速廊坊管理处	处长	
23	刘孔杰	河北京秦高速公路管理处	副处长	
24	邓　伟	河北省公路局高管办	副主任	
25	金　刚	唐津高速公路河北管理处	副处长	
26	张国品	唐山西外环高速公路管理处	副处长	
27	张恭宪	辽宁省交通厅	副厅长	
28	杨永春	辽宁省交通厅高管局	局长	
29	张玉林	辽宁省交通厅高管局	副局长	
30	李增斌	辽宁省交通厅高管局	副局长	
31	刘　浩	辽宁省交通厅高管局收费处	处长	

181.关于发布《收费公路车辆通行费车型分类》的通知

（2003 年 4 月 23 日　交通部　交科教发〔2003〕143 号）

各有关单位：

交通行业标准 JT/T 489—2003《收费公路车辆通行费车型分类》业经审查通过，现予发布，自 2003 年 10 月 1 日起实施。该标准为推荐性标准，由人民交通出版社出版，并在《交通标准化》刊物上公告。

收费公路车辆通行费车型分类

1 范围

本标准规定了收费公路车辆通行费的车型分类。

本标准适用于行驶在收费公路上的所有车辆。

2 规范性引用文件

下列文件中的条款通过本标准的引用而成为本标准的条款。凡是注日期的引用文件，其随后所有的修改单(不包括勘误的内容)或修订版均不适用于本标准，然而，鼓励根据本标准达成协议的各方研究是否可适用这些文件的最新版本。凡是不注日期的引用文件，其最新版本适用于本标准。

GB/T 3730.1—2001 汽车和半挂车的术语和定义

3 术语和定义

GB/T 3730.1—2001 确定的“客车”和“货车”的术语和定义适用本标准。

4 分类依据

4.1 货车按照车辆出厂后国家有关行政主管部门核定的额定载质量(千克)进行分类。

4.2 客车按照车辆出厂后国家有关行政主管部门核定的座位数进行分类。

5 车型分类

5.1 收费公路车辆通行费车型分类见表1。

表1 收费公路车辆通行费车型分类

类别	车型及规格	
	客车	货车
第1类	≤7座	≤2t
第2类	8座~19座	2t~5t(含5t)
第3类	20座~39座	5t~10t(含10t)
第4类	≥40座	10t~15t(含15t) 20英尺集装箱车
第5类		>15t 40英尺集装箱车

5.2 当单车施曳另一辆挂车时，该组合车辆的车型按照高于主车一个类别的车型分类标准执行。

182.关于贯彻《收费公路车辆通行费车型分类》有关问题的通知

(2003年4月23日　交通部　交公路发〔2003〕151号)

各省、自治区、直辖市交通厅(局、委),天津市市政工程管理局,上海市市政工程局,各有关单位:

中华人民共和国交通行业标准《收费公路车辆通行费车型分类》(JT/T 489—2003)已以交科教发〔2003〕143号文件颁布,并于2003年10月1日起执行。为做好该标准的贯彻执行工作,现就有关事项及要求通知如下:

一、各省、自治区、直辖市交通主管部门应按照JT/T 489—2003标准的规定,对本辖区内的收费公路车型分类进行调整和统一,并会同财政、物价等部门按照调整后的车型分类标准重新核定本辖区的收费公路车辆通行费收费标准,并报部备案。

二、为确保北京至沈阳高速公路联网收费试点工作的按期完成,北京、天津、河北、辽宁省(市)交通主管部门请务必于6月1日前完成京沈高速公路联网收费区域内各路段车型分类和车辆通行费标准的调整工作。

三、根据部和原国家发展计划委员会《关于印发关于鼓励对国际标准集装箱运输车辆通行费实行优惠促进公路集装箱运输业发展的意见的通知》(交公路发〔2001〕601号),建议各地在调整车辆通行费收费标准时,将40英尺国际标准集装箱运输车辆的车型按照货车第4类考虑,以促进集装箱运输业的发展。

四、各地由于车型分类调整而需要重新核定收费标准时,其调整后的收费标准不得高于调整前的收费标准。严禁借机全面提高收费标准。

183.关于收费公路车辆通行费车型分类有关问题的复函

(2003 年 11 月 17 日　交通部　交函公路〔2003〕335 号)

广东省人民政府:

你省《关于收费公路车辆通行费车型分类有关问题的函》(粤府函〔2003〕303 号)收悉,经研究,现就有关问题函复如下:

一、为统一全国的车型分类标准,方便人民群众出行、交费,今年我部以交通行业标准的形式发布了《收费公路车辆通行费车型分类》(JT/T 489—2003),而且就如何贯彻执行这一标准的有关问题,我部与发展改革委先后发文提出了要求,请你省有关部门采取措施,贯彻落实两部委的文件精神,特别是对因车型分类调整而需要重新核定收费标准的,不得提高收费标准。

二、鉴于你省决定从 2003 年 1 月 1 日起全省高速公路车辆通行费车型已按照车辆轴数、轮数等物理参数进行分类的实际,为确保你省工作的连续性和稳定性,鼓励创新,同意你省按车辆轴数、轮数等物理参数对车辆通行费车型进行分类,先期予以试点,并将有关执行的情况报我部备案。同时,为从根本上解决当前存在的车辆严重超载、超限运输问题,确保公路及其设施完好和交通安全,建议你省在现有工作的基础上,从限制超载、鼓励车辆向多轴化发展的角度出发,对按车辆物理参数划分的车型分类的收费系数进行研究和完善。

特此函复。

184. 关于做好《收费公路管理条例》贯彻实施工作的通知

(2004 年 10 月 27 日　交通部　厅公路字〔2004〕400 号)

各省、自治区、直辖市、新疆生产建设兵团交通厅(局、委),上海市市政工程管理局,天津市市政工程局:

国务院第 417 号令公布了《收费公路管理条例》(以下简称《条例》),《条例》将于 2004 年 11 月 1 日起施行。为做好《条例》的贯彻实施工作,现将有关事项通知如下:

一、充分认识《收费公路管理条例》颁布实施的重要意义

《条例》是我国第一部规范收费公路管理的行政法规,为各级政府及交通主管部门加强收费公路的管理,解决人民群众普遍关注的收费站点过多、过密等问题,提供了法律依据。《条例》总结了近 20 年来我国收费公路发展的成功经验,有利于拓宽公路建设融资渠道、促进公路事业发展;规范了收费公路的经营管理行为,有利于提高公路管理水平、改善公路服务状况;充分体现了执政为民的宗旨,兼顾了社会公众的合理需求,有利于为广大群众出行提供安全、便捷、畅通的公路交通环境。这部法规的颁布实施,对于贯彻依法治国方略,规范我国收费公路建设、运营和管理,促进公路事业的健康持续发展,为经济社会发展和人民群众生产生活提供运输保障具有十分重要的意义。

各级交通主管部门的干部职工,一定要从实践"三个代表"重要思想的高度,充分认识《收费公路管理条例》颁布施行的重要意义,把思想认识和行政行为统一到《条例》的各项规定上来,积极推进依法行政。

二、认真做好《条例》的学习和培训工作

认真学习、全面贯彻、正确实施《条例》是当前交通工作的一项重要任务。各级交通主管部门和公路管理机构要结合本地区、本部门的实际情况,切实做好《条例》的学习和培训工作,把学习《条例》作为"四五"普法的重点,认真组织落实。要按照学用结合的原则,采取自学与集中培训相结合等灵活多样的方式,分期分批对干部、职工进行培训。要通过学习,全面理解和正确把握《条例》的基本原则和各项具体规定,保证在今年 11 月 1 日条例实施前,使从事收费公路管理的工作人员都能熟知和掌握条例的基本原则和主要内容;要通过学习,查找存在的问题和不足,切实转变管理理念和管理职能,不断改进管理方式,进一步规范公路收费行为。

三、广泛深入地开展宣传工作

收费公路与人民群众的生活、出行息息相关。《条例》不仅规定了政府管理部门的职责和义务,还明确了收费公路经营管理者和社会公众的权利和义务,是一部专业性、社会性很强的行政法规。各级交通主管部门和公路管理机构要充分利用电视、报刊、广播、互联网等各种舆论宣传工具,采取宣讲、解读、制作录像带和挂图等多种生动活泼的形式,广泛深入地进行宣传。宣传内容既要包括条例施行的重要意义,又要包括条例的具体规定。特别是涉及社会公众切身权益的内容,要进行重点宣传。通过宣传,为条例的贯彻实施营造良好的社会环境,使社会各界特别是收费公路经营管理者和公路使用者知法、懂法、守法,熟知自己的权利、责任和义务,有效维护自身合法权益。

四、抓紧做好现有收费公路管理规章的清理整顿工作

《条例》颁布实施前，部及各地制定了一系列涉及收费公路管理的规章及地方性法规，促进了收费公路的健康发展。《条例》根据收费公路事业发展的需要，确立和重新规范了一系列法律制度。各级交通主管部门要对不符合条例规定的文件抓紧清理，尽快修改或废止；对由地方人大和政府颁布的交通管理方面的地方性法规和政府规章，要积极主动地配合地方人大和政府抓紧清理，提出立、改、废的建议，使其与《条例》的规定保持一致。同时，部将抓紧研究制定有关配套实施的规章，逐步建立协调、完善的收费公路管理法规体系。

五、依法加强收费公路行业管理工作

《条例》对收费公路建设和收费站的设置、收费公路权益的转让和收费公路的经营管理等都作出了明确规定。各级交通主管部门和公路管理机构要按照《条例》的要求，依法履行收费公路的行业监管职能。

一是坚持“非收费公路为主，适当发展收费公路”的基本原则，严把收费公路建设和收费站点设置关，对新设收费站点要从严控制，凡不符合《条例》规定的，一律不准设站收费；对《条例》施行前设置的收费站点不符合现行规定条件的，要加大清理整顿力度，逐步予以规范。

二是加强对已有的合法收费公路的监管，彻底改变重审批、轻监督的现象。要依法督促收费公路经营管理者做好日常养护和管理工作，强化服务意识，努力提高收费公路的使用效率和管理水平，做到“以人为本，以车为本”，确保收费公路完好畅通。

三是结合本地区的实际情况，抓紧研究制定联网收费制度、统贷统还制度、收费公路信息公开和收费公路权益转让等制度措施，切实减少收费站点、降低运输成本。

四是按照《条例》的规定，严格界定政府还贷公路和经营性公路，实行分类管理，逐步理顺收费公路，特别是高速公路的管理体制。

五是以贯彻实施《条例》为契机，进一步加强公路执法队伍建设，规范收费行为，严厉打击公路“三乱”，促进收费公路健康、有序发展。

185.关于发布《交通部收费公路统计报表制度》的通知

(2004 年 5 月 28 日　交通部　交公路发〔2004〕260 号)

各省、自治区、直辖市交通厅(委),上海市市政工程管理局,天津市市政工程局:

为准确了解全国收费公路基本情况,加强收费公路管理,向社会和公众提供收费公路信息,做好服务工作,根据《公路法》、《统计法》等相关法规,部制定了《交通部收费公路统计报表制度》(以下简称《制度》),现印发给你们,请遵照执行。2002 年发布的《交通部公路统计报表制度》(交公路发〔2002〕210 号)中的相关内容同时废止。

2003 年的收费公路统计工作按照本制度执行,并请于 2004 年 7 月 30 日前按本制度的规定向部公路司报送有关数据。从 2004 年开始,部将根据各地上报的相关数据,向社会和公众提供上一年度全国收费公路信息,主要内容包括:路线名称、路线编号、收费路段、站名、收费站所在行政区划、收费站桩号、收费公路技术等级、管理或经营单位名称和收费标准等(指标的具体含义参见《制度》)。

请以实施本制度为契机,进一步完善收费公路的管理制度,全面、准确地掌握本辖区收费公路基本情况,切实做好收费公路的管理工作。

交通部收费公路统计报表制度

总 说 明

一、为准确了解全国收费公路基本情况,加强收费公路行业管理,做好公路收费站(点)的公众信息服务工作,特制定本制度。

二、本制度是在原《交通部公路统计报表制度》中交公路 32-1 表、交公路 32-2 表的基础上修订的,《交通部收费公路统计报表制度》已经国家统计局批准,审批文号为国统函〔2004〕61 号。

三、本制度总体要求如下:

1.收费公路统计报表为年报,调查截止日期为统计年度的 12 月 31 日,报部截止时间为次年的 2 月 28 日。

2.本制度由各省(自治区、直辖市)交通主管部门(含"统贷统还"、"年票制"、"燃油附加费"等情况征收车辆通行费的单位,请参见填报说明)组织实施,报部年报必须加盖填报单位公章,以及负责人、填报人签字及联系电话。上报时还须附带 EXCEL 格式明细表、汇总表、收费标准情况统计表,该电子数据必须与书面年报的数据保持一致,交通部公路司将以磁盘数据作为数据源进行全国汇总,以书面年报作为存档依据。

3.政府还贷性收费公路与经营性收费公路的填报要求相同。

4.对于跨省级行政区域经营收费公路的收费公路公司,应将涉及里程、收费站的相关数据报路段所在地省级交通主管部门;汇总型的相关数据,如还贷余额、各项支出费用等报公司注册地所在省级交通主管部门。

5.报部的文本文件,交公路 32 表应使用 A3 纸张,交公路 33、交公路 34 表应使用 A4 纸张。

6.严格按照本报表制度中规定的计量单位、数值精度填报。

7.本报表的统计范围、统计指标、数据格式等必须严格按照本制度中的规定执行。

四、有关单位和统计人员必须按照《统计法》及其实施细则的要求,如实填报。

五、本制度由交通部公路司负责解释。

报 表 目 录

表号	表 名	期别	报部日期
交公路 32 表	收费公路明细表	年报	2 月 28 日
交公路 33 表	收费公路基本情况汇总表	年报	2 月 28 日
交公路 34 表	收费公路收费标准情况统计表	年报	2 月 28 日

填 报 说 明

一、收费公路明细表(交公路 32 表)

(一)报表目的:反映本行政区域内本年度的收费公路明细情况。

(二)统计范围:本行政区内无论以何种方式建成的收费公路,包括桥梁和隧道,以及利用“统贷统还”、“年票制”、“燃油附加费”等情况征收车辆通行费的收费公路。但是,省级交通主管部门不负责行业管理的收费公路除外。

(三)填报说明:

1.本统计表用EXCEL格式填报,不能“合并单元格”。

2.本统计表按收费公路所属路线行政等级从高到低、路线编号从小到大顺序填报。

3.“路线名称”(列1)、“路线编号”(列2)按《公路路线标识规则》(917.1~917.2—2000)、《关于做好全国公路路线命名、编号及里程桩标识等工作的通知》(公普办字〔2000〕002号)及相关规定填报。路线名称后还应说明其地方名称。如北京市八达岭高速公路,其“路线名称”的准确填法为“丹拉线(八达岭高速)”;“路线编号”为“G025”。“路线编号”只填写一位字母码(G、S、X、Y、Z)加三位数字码。这两项指标为主关键字,单元格内数据不能为空,不能为非法字符。

4.国道收费路段的起点、止点桩号(列4、列6)应按照《关于下发全国国道桩号传递实施方案的通知》(交公路发〔2002〕340号)规定范围填报;其他公路的起点、止点桩号按照本省路网的桩号从小到大逐站填报。

5.收费路段的起点、止点名称(列3、列5)应填写县级行政区划名称加小地名。如“某县某地”。

6.序号(列7)为本省级行政区划范围内,同一条路线上该收费站的顺序号,序号应按路线起止方向从“1”开始顺序编排。该序号连同收费公路所在路线编号是标识收费站的重要依据。

7.站名(列8)为收费站亭上方所示收费站名称,可以简写。如“国道109张庄收费站”,可以简写为“张庄”。

8.收费站所在行政区划代码(列9)为本收费站所在的行政区划代码(GB/T 2260—1995,当地人身份证号码的前六位数字)。为六位阿拉伯数字组成,其中第一、二位表示省(自治区、直辖市);第三、四位表示省直辖市(地区、州、盟及国家直辖市所属市辖区和县的汇总码);第五、六位表示县(市辖区、地辖市、省直辖县级市、旗)。本指标是判断收费站所在位置的重要依据。如:收费站所在行政区划代码为130224,表示该收费站是某条公路在河北省(13)唐山市(02)滦南县(24)境内的收费站。

9.收费站类型(列11)只能填写“路”、“桥”、“隧”这三种形式,为主关键字,单元格数据不能为空。收费站为路桥、路隧的混合收费站时,不能组合填报,只填写为主的形式即可。如果以路为主,可在备注中注明该路中的桥梁情况。

如:某收费站为公路、桥梁一并审批而设立收费站,如果以路为主,收费站类型填写“路”,不填桥梁长度,可以在备注中注明某桥(长××米)与该路一并审批;如果以桥为主,收费站类型填写“桥”,应填报(公路)引线里程及等级。

10.收费公路所在地形(列12)填写收费公路所在的地形情况。如山岭重丘×级公路,填写“山岭”;平原微丘×级公路,填写“平原”。且只能填写这两种情况,为主关键字,单元格数据不能为空。

11.收费公路技术等级(列13)只能填写高速、一级、二级、三级、四级、等外六种情况,且不能组合填报。为主关键字,单元格数据不能为空。桥梁、隧道的技术等级填写其所在公路的技术等级,不能填写“特大型”、“特长”等。

当收费公路为混合技术等级时,应按技术等级将该路分开,按两行数据填报,除主关键字外,其余数字可以在收费站所在路段上反映。即,另一收费路段"有路无站"(收费站位置一栏为空)。

12.收费站位置类型(列 14)由收费站在收费公路上的位置确定,分主线收费站、匝道收费站两种情况,只能对应填写"主"或"匝"两种形式。"一站多点"中的"点"可以计为匝道单独填报(另起一行,只填写主关键字,其他可在主站行中反映)。本列数据为主关键字,除说明 11 中所列"有路无站"的情况外,单元格不能为空。本列数据是统计收费站数量的唯一依据,如收费公路上没有设立收费站,该栏应为空白。

13.收费方向(列 15)是指收费站是否在该收费公路上全幅设置。为主关键字,单元格数据不能为空。如果收费站全幅设置(不一定双向行驶车辆均交费),计为双向;如果收费站半幅设置,计为单向。

14.距下一个收费站距离(列 16)是指该收费站与该公路主线上的下一个收费站的间距;高速公路匝道间距可以不填。

15.收费公路性质(列 17)只能填报政府还贷性收费公路(简称"还贷")或经营性收费公路(简称"经营"),为主关键字,单元格数据不能为空。还贷性收费公路是指县级以上地方人民政府交通主管部门利用贷款或者向企业、个人有偿集资建设的公路(使用财政票据);经营性收费公路是指国内外经济组织投资建设或者依照公路法的规定受让政府还贷公路收费权的公路(使用税务票据)。

16.管理或经营单位名称(列 18)是指经营或管理该收费公路的具体单位,为主关键字,单元格不能为空。

17.管理或经营单位性质代码(列 19)填写该单位的编码,为主关键字,单元格不能为空。代码及相关规定如下:

单位代码	收费公路性质	解释	示例
11	政府还贷性收费公路	省级交通主管部门及直属单位(含条条管理的分局、段)	××省高管局(公路局)××管理(收费)处××省交通厅××公路管理处
12		地(市)级交通主管部门及直属单位	××省××市交通局(公路局、处)××管理(收费)处(所)
13		县级交通主管部门及直属单位	××省××县交通局(公路局)××管理(收费)处(所)
21	经营性收费公路	国有资产全资企业	××省高速公路(经营)公司 ××省××市公路(经营)公司
22		国有资产控股(参股)企业	××高速公路股份公司 ××省××公路经营公司(市交通局参股)
23		其他企业	××公司(私营、外资企业,无国有资产)

18.国有资产所占比例(列 20)是指国有资产占该收费公路总资产的百分比。其中政府还贷公路应填写 100,收费经营公路根据实际情况填写。交通部或国家财政投资部分,不论该资产由谁管理,均计为国有资产。

19.批准收费时间(列 21、22)应按照国家标准规定的日期格式填写,即均填写八位阿拉伯数字,其中前四位是年,中间两位是月,后两位是具体日期。不准出现××年××月等非法字符。如果具体结束日期没有明确的批准文件,请保留空白即可;如果批准收费日期为暂定×年,请按实际暂定收费期限填写。以上两种情况,均应在备注栏中进行说明。

20.收费及管理人员数(列25)、平均日交通量(列26)、年收费额,均应按收费站逐站填报。数值可以不保留小数位。其中收费及管理人员数为年底实际数。

21.投资总额(列27)、贷款金额(列28)、还贷余额(列29)、养护经费支出(列31)、其他费用支出(列32),均应以人民币万元为计量单位,以外币为计量单位的,应折算成人民币。有些收费公路是以管理或经营单位统一结算的,可以将其管理或经营的收费公路的这五项费用合并在某一收费站上填报。

其他费用支出(列32)是指除养护经费支出以外的其他所有支出,包括人员及事业费用、各种基金、税收等。

以上相关数据,可以不保留小数位。

(四)"统贷统还"、"年票制"、"燃油附加费"形式征收通行费的填报说明

1.关于"统贷统还"的填报说明

在"统贷统还"的情况下,有些公路是贷款修建的,但是没有设立收费站,或所有建设公路的贷款均统一办理,不能详细的将还贷余额列入每条收费公路。填报时,一是可将所有贷款金额、还贷余额一并填报于某一国道二级公路的还贷性收费公路中,并在备注栏中说明该收费公路贷款金额、还贷余额含多少统贷统还的贷款及余额,其他公路("统贷统还"方式建设)的还贷余额则可为空白;二是涉及收费公路的其他数据必须一一填报清楚。

2.关于"年票制"形式的填报说明

在"年票制"情况下,收费站所在公路不一定是收费公路,收费公路上也不一定设立收费站。填报时,可以通过收费公路不与收费站完全对应的办法,即"有路无站"或"有站无路"的方式予以解决。

一是如果收费站所在公路不是收费公路,则收费里程、桥隧长、投资总额、贷款金额、还贷余额可以为空白,涉及该公路及收费站的其他属性数据必须一一填报清楚,如路线编号、技术等级、收费人员、年收费额(目的是掌握该收费站的基本情况,如位置、编制、收费额等)等;二是如果收费公路上没有设立收费站,由于测算收费年限、标准时,这些公路都是基本依据,因此,这些收费公路(虽然表面形式为不收费)的相关数据必须一一填报清楚,如路线编号、技术等级、收费里程、经营性质等,由于该公路上没设收费站,因此,收费站位置类型、收费方向、收费人员等无法填报的数据均为空白(目的是掌握收费公路的基本情况,如技术等级、里程等);三是涉及资金数据(如:贷款余额、年票制收入等)的填报方法可以参照"统贷统还"的办法填报。

3.关于"燃油附加费"形式的填报说明

全国只有海南省以该方式征收车辆通行费,填报原则基本与"年票制"的填报原则相同(投资、贷款填入某一条公路,备注中进行简单说明),只是需将燃油附加费用于还贷部分填入某一条公路,并在备注中说明。这样,海南省收费公路基本情况能够完全反映在收费公路统计表中。

二、收费公路基本情况汇总表(交公路33表)

(一)报表目的:反映本行政区域内本年度的收费公路汇总的基本情况,同时验证收费公路明细表(交公路32表)是否按照相关要求填报。

(二)统计范围:本行政区内无论以何种方式建成的收费公路(含桥梁和隧道,以及"统贷统还"、"年票制"、"燃油附加费"等情况征收车辆通行费的收费公路)均应纳入统计范围。但是,

省级交通主管部门不负责行业管理的收费站除外,如:水利部门、城建部门等管理的收费站。

(三)填报说明:

1.本表为交公路 32 表的汇总,汇总数应与明细的合计数相对应。

2.桥梁、隧道的收费里程是交公路 32 表中收费桥隧及引线(与桥隧一并审批)的里程合计数。

3.收费高速公路总里程应与本年度本省高速公路总里程相等。

4.还贷余额应反映本行政区内所有含国有资产的收费公路的还贷余额,如收费还贷公路、国有资产全资、控股、参股企业经营的收费经营公路的还贷余额。

三、收费公路收费标准情况统计表(交公路 34 表)

(一)报表目的:反映本行政区域内收费公路的收费标准情况。

(二)统计范围:本行政区内无论何种方式建成的收费公路(含桥梁和隧道,以及"统贷统还"、"年票制"等情况征收车辆通行费的收费公路,但不含"燃油附加费"形式征收车辆通行费的收费公路)均应纳入统计范围。但是,省级交通主管部门不负责行业管理的收费站除外,如:水利部门、城建部门等管理的收费站。

(三)填报说明:

1.原则上应按照收费标准的批准文件填报。如果本辖区某一技术等级的收费标准折算成"元/公里"后均相同,或部分公路的收费标准相同,可以分车型按技术等级填报。

2.高速公路的收费标准必须折算成"元/公里",匝道收费站收费标准可以不填。

3.实施某标准的收费站填报方法为:该收费站所在的路线编号/该收费站在该公路上的序号(交公路 32 表的列 7)。

附件:××省收费公路收费标准情况统计表

××省收费公路收费标准情况统计表

填报单位:(公章)　　　　　　　　　　　　　　　　交公路 34 表

<table>
<tr><th>标准类型</th><th>车型划分标准</th><th>计费单位</th><th>金额</th><th>实施此标准的收费站
(路线编号/收费站序号)</th></tr>
<tr><td rowspan="7">收费标准一</td><td>小型:1 吨以下货车、10 座以下客车</td><td rowspan="7">元/车公里</td><td>0.35</td><td rowspan="7">全省所有高速公路</td></tr>
<tr><td>中型:1 吨至 7 吨货车、10 座至 28 座和 23 铺位以下客车</td><td>0.6</td></tr>
<tr><td>大型:7 吨至 14 吨货车、28 座至 50 座和 23 铺位以上客车</td><td>1.0</td></tr>
<tr><td>重型:14 吨至 20 吨货车、50 座以上客车和双层客车</td><td>1.5</td></tr>
<tr><td>特大型 1:20 吨至 30 吨货车</td><td>1.6</td></tr>
<tr><td>特大型 2:30 吨至 40 吨货</td><td>1.8</td></tr>
<tr><td>特大型 3:40 吨以上货车</td><td>2.0</td></tr>
<tr><td rowspan="7">收费标准二</td><td>小型:1 吨以下货车、10 座以下客车</td><td rowspan="7">元/辆次</td><td>10</td><td rowspan="7">G107/1、G107/2、G107/4、G107/5、G107/6、G107/7、G104/8、G104/9、G102/10、G102/11、G102/12、G102/13、G102/14、G106/15</td></tr>
<tr><td>中型:1 吨至 7 吨货车、10 座至 28 座客车</td><td>20</td></tr>
<tr><td>大型:7 吨至 14 吨货车、28 座以上客车</td><td>30</td></tr>
<tr><td>重型:14 吨至 20 吨货车</td><td>40</td></tr>
<tr><td>特大型 1:20 吨至 30 吨货车</td><td>50</td></tr>
<tr><td>特大型 2:30 吨至 40 吨货车</td><td>60</td></tr>
<tr><td>特大型 3:40 吨以上货车</td><td>70</td></tr>
<tr><td rowspan="7">收费标准三</td><td>小型:1 吨以下货车、10 座以下客车</td><td rowspan="4">元/车公里</td><td>0.30</td><td rowspan="4">全省除××、××(见标准二)收费站外的所有一级公路收费站</td></tr>
<tr><td>中型:1 吨至 7 吨货车、10 座至 28 座客车</td><td>0.45</td></tr>
<tr><td>大型:7 吨至 14 吨货车、28 座以上客车</td><td>0.60</td></tr>
<tr><td>重型:14 吨至 20 吨货车</td><td>0.90</td></tr>
<tr><td>特大型 1:20 吨至 30 吨货车</td><td rowspan="3">元/吨公里</td><td>0.05</td><td rowspan="3">全省除××、××收费站外的所有一级公路收费站</td></tr>
<tr><td>特大型 2:30 吨至 40 吨货车</td><td>0.06</td></tr>
<tr><td>特大型 3:40 吨以上货车</td><td>0.07</td></tr>
</table>

负责人:　　　×××　　　　填报人:×××　　　　联系电话:×××

186.关于印发《关于降低车辆通行费收费标准的意见》的通知

（2004 年 11 月 11 日　交通部、国家发改委　交公路发〔2004〕622 号）

各省、自治区、直辖市及计划单列市人民政府，新疆生产建设兵团：

现将报经国务院同意的《关于降低车辆通行费收费标准的意见》印发给你们，请结合本地实际，认真组织实施。

关于降低车辆通行费收费标准的意见

近年来，在国家“贷款修路、收费还贷”政策的引导和推动下，我国收费公路发展很快，有力地促进了经济和社会的发展。但是，收费公路在发展过程中也存在一些问题。尤其是各地对多轴大型车辆的收费普遍偏高，导致车辆“大吨小标”和超限超载运输日益严重，影响了道路运输的竞争力，使道路运输的效益难以得到充分发挥。按照交通部、发展改革委、公安部、质检总局、安全监管局、工商总局、法制办等七部委联合印发的《关于在全国开展车辆超限超载治理工作的实施方案》的要求，经国务院同意，现就降低车辆通行费收费标准提出以下意见：

一、调整收费标准的原则

调整车辆通行费收费标准，目的是规范公路收费行为，鼓励发展高效运力，降低运输成本，减轻企业负担，推动道路运输结构调整，缓解当前运输紧张状况，促进道路运输健康快速发展。调整通行费收费标准要与治理车辆超限超载结合起来，充分运用价格、法律、综合管理等手段，鼓励使用多轴大型运输车辆，依法增加运量，提高运输质量和效益；要让合法道路运输企业和运输业户真正得到实惠，同时充分考虑各地收费公路还贷的压力，兼顾广大经营性收费公路企业的利益；要把降低通行费收费标准与统一车辆通行费车型分类标准、合理设置不同车型之间的收费系数以及各地的实际情况结合起来，统筹考虑。

二、调整收费标准的措施

（一）对第5类货车（载重15吨以上，下同）收费标准的调整，以第3类货车（载重10吨及10吨以下，5吨以上，下同）现行收费标准的1.4倍为基准，低于或等于基准数的可不调整；高于基准数的在现行收费标准基础上降低30%，如调整后低于或等于基准数的，则按基准数收取。

（二）对第4类货车（载重15吨及15吨以下，10吨以上，下同）收费标准的调整，以第3类货车现行收费标准的1.2倍为基准，低于或等于基准数的可不调整；高于基准数的在现行收费标准基础上降低20%，如调整后低于或等于基准数的，则按基准数收取。

（三）2004年内已经降低第5类、第4类货车通行费收费标准、且降幅大于或等于上述幅度的地区，可不再降低收费标准。

（四）已经实施计重收费的路段，也要参照上述要求，同幅度降低大吨位货车的通行费收费标准。

（五）此次调整收费标准后，在全国集中治理车辆超限超载工作期间，各省、自治区、直辖市不得提高车辆通行费收费标准。

（六）在降低车辆通行费收费标准的同时，要继续加大对“大吨小标”车辆、非法改装车辆等的治理力度，切实做好车辆超限超载治理工作。

三、组织实施

各省、自治区、直辖市人民政府要认真做好宣传解释工作，按照本意见要求组织实施，加强督促检查，及时研究解决出现的问题。各地区交通、价格主管部门要抓紧研究制定适合本地区的具体实施方案，报省（自治区、直辖市）人民政府批准后，于2005年1月1日起实施。实施方案及落实情况要及时报交通部和发展改革委备案。

187.关于货车单机头等车辆通行费车型分类的复函

(2005 年 7 月 25 日　交通部　交函公路〔2005〕225 号)

北京市交通委员会:

你委《关于货车单机头通行高速公路车型分类的请示》(京交财文〔2005〕355 号)收悉。经研究,回复如下:

一、牵引车单机头行驶收费公路时,按《收费公路车辆通行费车型分类》(JT/T 489—2003)中第 2 类车型(2—5 吨)计量收费。

二、行驶收费公路的不能载客也不能载货的吊车等特种车辆。其车型的确定按车辆核定总质量折半后,再按《收费公路车辆通行费车型分类》(JT/T 489—2003)中所对应的车型计量收费。

此复。

188.关于收费公路收费年限有关问题的复函

（2005年8月15日　交通部　厅函公路〔2005〕42号）

广东省交通厅：

你厅《关于公布公路收费站收费年限有关问题的请示》（粤交财〔2005〕434号）收悉。经研究，现答复如下：

《中华人民共和国收费公路管理条例》第十四条规定：收费公路的收费期限，由省、自治区、直辖市人民政府审查批准。据此，关于你省公路收费站收费年限的核定及公布等有关问题，请你厅按照《条例》规定，报请省人民政府确定。

此复。

189.印发关于收费公路试行计重收费的指导意见的通知

（2005年10月26日　交通部　交公路发〔2005〕492号）

各省、自治区、直辖市交通厅(局),上海市政工程局,天津市政工程管理局:

为进一步完善车辆通行费计量方式,规范和指导试行计重收费工作,根据国家有关法律法规规定,我部在总结各地试点经验的基础上,制定了《关于收费公路试行计重收费的指导意见》。现印发你们,请决定试行计重收费的地区参照本指导意见制定、完善实施方案,周密部署,稳步推进计重收费工作。

关于收费公路试行计重收费的指导意见

根据《公路法》、《收费公路管理条例》、《国务院办公厅关于进一步加强车辆超限超载工作的通知》(国办发〔2005〕30号)、交通部等七部委《印发关于在全国开展车辆超限超载治理工作的实施方案的通知》(交公路发〔2004〕219号)以及八部委《关于印发2005年全国治超工作要点的通知》(交公路发〔2005〕89号)的有关规定和要求,为进一步完善车辆通行费的计量方式,降低合法运输车辆的运输成本,在总结各地实践经验的基础上,现就收费公路对载货类机动车(以下简称货车)试行计重收费提出如下指导意见。

一、指导思想和基本原则

长期以来,我国收费公路一直以车辆核定装载质量为依据,按照车型分类的方式收取车辆通行费。多年的实践证明,这种收费方式存在着一定的弊端:一是货车普遍"大吨小标",以偷逃国家规费;二是由于收费方式与车辆实际重量没有直接的关系,客观上形成运输车辆"超得越多赚得越多"的超限超载经济利益驱动;三是阶梯式车型分类收费,使得货车数量在1.99吨等局部区间的过于集中,造成货运车辆结构不合理;四是不能真正反映车辆对公路的占有和使用程度。为此,从2004年以来,江苏、安徽、河南、山东、青海、四川等省市,已经先后在部分收费公路上开展计重收费试点工作,并取得了初步成效。目前实施计重收费的范围正在快速扩大。但由于各地的做法与实施模式不尽统一,个别地方甚至借机变相提高收费标准,带来一些负面反响。因此,调整和完善现有车辆通行费的征收方式,制定统一的收费公路试行计重收费的指导意见,规范和指导各地的计重收费工作,是很有必要的,也势在必行。

(一)收费公路试行计重收费的指导思想:以科学发展观为指导,按照建立和完善社会主义市场经济体制的要求,对现有车辆通行费征收管理方式进行调整和完善,建立公平、合理、科学的车辆通行费征收方式,通过经济手段消除车辆超限超载运输的利益驱动,适当降低合法运输业户的运输成本,规范货运市场经济秩序,保护公路桥梁,保障交通安全畅通,促进交通事业健康发展。

(二)收费公路试行计重收费应遵循以下基本原则:

——公平合理原则。综合考虑车辆对公路的使用和破坏因素,对行驶收费公路的载货类机动车,按照实际测量的车货总质量收取车辆通行费,使车辆的通行费支出与其对公路的磨损程度成正比关系,真正体现"多用路者多交钱、少用路者少交钱"的要求,确保车辆在交纳通行费上的公平合理。

——鼓励运输业户合法装载原则。试行计重收费,要充分体现鼓励合法运输、打击超限超载运输的目的。确定计重收费的费率标准时,要保证守法的道路运输经营者的收费标准和运输成本适当降低,以保护其合法利益。

——不增加社会总体负担原则。试行计重收费不能以增收为目的,应确保实施计重收费后总体收费水平与现行收费水平基本持平,不得增加社会总体负担。

——引导发展原则。要通过车辆通行费征收方式的调整和优化,利用经济杠杆,对国家鼓励发展的推荐车型和多轴大型车辆给予适当的通行费优惠,用政策引导货运车辆发展,优化货运车辆结构。

——渐进试行、稳步推进原则。实施计重收费涉及面广,影响大,特别是涉及广大人民群众的经济利益,因此,计重收费的试行和推广必须要积极稳妥,循序渐进。要制订周密详实的实施方案,分阶段实施,逐步扩大实施范围,逐步加大收费调节系数,以确保政策调整的平稳过渡和社会的稳定。

二、实施范围

经省级人民政府同意的收费公路,方可对按照国家规定应当缴纳车辆通行费的所有载货类机动车试行计重收取车辆通行费。

三、主要措施及政策界限

(一)重新核定试行计重收费后新的车辆通行费基本费率。

1.试行计重收费将改变过去依据车辆核定装载质量和车型分类来收取车辆通行费的做法,并以实地测量的车货总重量为依据计重收取车辆通行费。车辆通行费的计量方式和计量单位都发生变化。因此,对于试行计重收费的省份,各省级交通主管部门要会同同级物价、财政部门,在原按车型分类费率标准的基础上,结合本地实情,重新确定试行计重收费的收费公路车辆通行费的基本费率标准,并报省级人民政府批准。

2.各省、自治区、直辖市在确定计重收费基本费率标准时,要符合以下原则和要求:

(1)确保本省级行政辖区内计重收费基本费率标准和单位的统一。高速公路和封闭式收费公路的基本费率标准以元/吨公里计;开放式收费公路的基本费率标准以元/吨车次计。

(2)确保按照新的费率标准试行计重收费后的初期,总收费额与原有收费水平持平,不出现大的波动。严禁借机提高收费标准。

(3)确保正常装载的合法运输车辆的通行费收费标准在原收费标准的基础上有所下降。

(4)确保空车、轻车的总体收费水平明显下降。

(5)对于车货总重超过20吨的合法装载的重车,要确定合理的收费系数,逐步降低其车辆通行费收费标准,以鼓励多轴大型车辆发展。

(6)对超过公路承载能力的运输车辆,要科学合理的确定收费系数,逐步提高车辆通行费收费标准,以体现其对过度使用公路的合理补偿。

(二)根据车辆车货总重合理计算确定车辆通行费收费标准(具体按照附件给出的公式计算确定车辆通行费)。

1.正常装载的合法运输车辆(以下简称"正常车辆")行驶试行计重收费的公路时,其车辆通行费收费标准可按如下要求计算确定:

——高速公路和其他封闭式收费公路:

以收费站实际测量确定的车货总重为依据,小于20吨(含20吨)的车辆,按基本费率计算确定车辆通行费收费标准;20吨至40吨(含40吨)的车辆,20吨及以下部分,其费率按基本费率计收,20吨以上的部分,其费率按基本费率线性递减到基本费率的50%计收;大于40吨的车辆,20吨及以下的部分,其费率按基本费率计收,20吨至40吨的部分,其费率按基本费率线性递减到基本费率的50%计收,超过40吨的部分按基本费率的50%计收。

——开放式收费公路:

以收费站实际测量确定的车货总重为依据,小于20吨(含20吨)的车辆按基本费率计算确定车辆通行费收费标准;20吨至40吨(含40吨)的车辆,20吨及以下部分,其费率按基本费率计收,20吨以上的部分,其费率按基本费率线性递减到基本费率的80%计收;大于40吨的车辆,20吨及以下的部分,其费率按基本费率计收,20吨至40吨的部分,其费率按基本费率的100%线性递减到基本费率的80%计收,超过40吨的部分,其费率按基本费率的80%计收。

2.超过公路承载能力的车辆行驶试行计重收费的公路时，其车辆通行费收费标准可按如下要求计算确定：

总轴重超过该车对应的公路承载能力认定标准30%以内(含30%)的车辆，暂按正常车辆的基本费率计重收取车辆通行费。

总轴重超过该车对应的公路承载能力认定标准30%—100%(含100%)的车辆，该车车货总重中符合公路承载能力认定标准的重量部分以及超出公路承载能力认定标准30%的重量部分，按正常车辆的基本费率收取车辆通行费；超过公路承载能力认定标准30%以上的重量部分，按基本费率的3倍线性递增至6倍计重收取车辆通行费。

总轴重超过该车对应的公路承载能力认定标准100%以上的车辆，该车车货总重中符合公路承载能力认定标准的重量部分以及超出公路承载能力认定标准30%的重量部分，按正常车辆的基本费率收取车辆通行费；超过公路承载能力认定标准30%—100%的部分重量，按基本费率的3倍线性递增至6倍计收通行费，超过公路承载能力认定标准100%以上的部分重量，按基本费率的6倍计重收取车辆通行费。

3.对于前款确定的3倍—6倍基本费率递增调节系数，6倍为最大基本费率调节系数值，为确保试行计重收费工作的平稳过渡，各省、自治区、直辖市可根据本地的实际情况，先确定一个小于6大于4的最大基本费率递增调节系数值，分步实施，逐步统一。即，在明确的过渡期内，先执行3倍至确定的最大基本费率递增调节系数值，待条件成熟后，过渡到3倍—6倍基本费率递增调节系数。

(三)统一并明确公路承载能力认定标准。

根据《公路法》以及国家有关法规规定，在公路上行驶的车辆的轴载质量应当符合公路工程技术标准及《道路车辆外廓尺寸、轴荷及质量限值》国家强制标准(GB 1589—2004，以下简称GB 1589国标)的要求。根据GB 1589国标的规定，在试行计重收费的公路上行驶的货车如超过如下认定标准，则被视为已超过公路的承载能力。

1.车辆的轴载重量(简称轴重)认定标准：

——单轴(每侧单轮胎)7吨；

——单轴(每侧双轮胎)10吨；

——并装双轴(每侧双轮胎)18吨(每少2个轮胎减4吨)；

——并装三轴(每侧双轮胎)24吨(每少2个轮胎减4吨)。

2.车辆的车货总重认定标准：

——三轮货车2吨；

——低速货车(四轮且最高设计车速小于70公里)4.5吨；

——二轴货车17吨；

——三轴货车25吨(由二轴汽车和一轴挂车组成的汽车列车为27吨)；

——四轴货车35吨(空气悬架、轴距≥1800mm为37吨)；

——五轴货车43吨；

——六轴及六轴以上货车49吨。

3.当车辆各轴对应的轴重认定标准之和与该车对应的车货总重认定标准不一致时，以二者之间的较小值者作为该车对应的公路承载能力认定标准。

试行计重收费的公路，以实地测量的车货总重作为收费的依据。同时，按照轴重与总重相结合的方式，根据实际测量的各轴轴重之和(即车辆的实际车货总重)，与该车对应的公路承载能力认定标准的比较情况，核定汽车是否超过公路承载能力。

（四）规范称重设备的安装，加强其使用管理。

1.对联网收费的高速公路和其他封闭式收费公路，称重设备应统一安装在收费站的出口车道上，并在安装称重设备的前方设置必要的车辆减速装置。

2.计重收费的称重设备应采用公开招标的方式集中采购，所选用的称重设备的质量和精度符合国家有关部门的规定。

3.在试行计重收费的过程中，要加强对称重设备使用情况的监督检查，按照有关规定定期对设备进行维护，以确保设备的正常运行。特别是要会同计量部门，对称重设备定期开展检测和校正活动，以保证称重设备的精度。

（五）加强试行计重收费公路的治超执法力度，正确处理计重收费与治超执法的关系。

开展治超执法是为保护公路而对行驶公路的超限超载车辆进行卸载、处罚和严厉打击，是法律授权的行政行为。试行计重收费则是对收费公路通行费收费方式的调整和完善，是政府授权的经济行为。试行计重收费、改变车辆通行费的收费方式和费率标准，能够降低合法运输车辆的收费标准，增大违法运输车辆的运输成本，通过经济和价格手段，消除超限超载运输的利益驱动，从而进一步鼓励守法运输，遏制超限超载运输行为。因此，各省、自治区、直辖市要正确处理好计重收费与治超执法的关系。

一方面，要确保计重收费与治超执法同时开展，相互促进。在收费公路试行计重收费的同时，要加大治超执法工作力度，对发现的超限超载违法车辆，要依法严管，坚持卸载、劝返并严厉处罚，遏制其行驶公路，以保护公路完好，保证交通畅通。绝不能因为试行计重收费而弱化治超执法工作，同时也不能因为治超执法而忽视研究计重收费工作的试行推广工作。

另一方面，要合理布局计重收费站点与治超检测站点，实现计重收费与治超执法互动互补。试行计重收费的省份要逐步建立治超长效机制，在试行计重收费的公路的省际交界间、重要入口处等源头位置，设置必要的治超检测站点，构建治超执法监控网络，对进入路网的超限超载车辆实行长期有效的监控和治理。同时，对于逃避执法检查，通过绕行、闯卡等手段擅自进入收费公路的车辆，通过提高收费的方式，进行经济调节，形成治超经济调节监控网络，从而实现从行政、经济两个方面对超限超载车辆进行双重监控。

（六）加强对试行计重收费公路的养护监管，明确公路经营企业的责任和义务。

收费公路试行计重收费后，县级以上各级交通主管部门要严格按照《公路法》、《收费公路管理条例》等法律法规的要求，做好通行费征收方式调整、改革和过渡工作，加强对收费公路的监管力度，特别是加强对公路养护质量的监督检查，督促公路经营企业依法履行好公路养护、水土保持、通行服务、保障畅通等职责。公路经营企业要自觉接受有关行政主管部门的监督检查，积极配合交通主管部门做好车辆通行费征收方式的调整与改革、路政管理和超限超载治理等公路保护管理工作。同时还应将提高违法车辆通行费收费标准所增加的车辆通行费收入主要投入公路养护与保护工作。

四、实施步骤

（一）加强组织领导，由政府牵头、协调交通、物价、财政、公安等有关部门，形成工作合力。实施计重收费涉及面广、情况复杂，必须按照“政府领导、部门分工、联合行动”的原则，加强组织领导，及时研究、协调和解决试行过程中出现的问题。

（二）制定实施意见并由省级人民政府颁布实施。为了保证计重收费试行工作能够积极、稳妥、有序地开展，各省级交通主管部门在正式试行计重工作之前，应当组织有关部门深入调研、论证，并在反复听取意见的基础上，参照本指导意见，制定符合本地区实际情况的实施意见，并报省级人民政府批准后组织实施。

（三）加强宣传教育，特别是做好事前宣传工作。试行计重收费工作直接涉及广大运输业户的利益、社会反响大。因此，在正式试行计重收费前，要高度重视并大力开展宣传工作。一是要制定系统的宣传计划，将宣传工作贯穿于试行计重收费工作的全过程；二是在正式启动计重收费前，要保证用1个月以上的时间集中开展宣传工作，要加强与新闻媒体的联系与沟通，通过开辟报纸专栏、组织专家访谈、系列报道等形式，向社会各界广泛宣传相关的政策措施，为试行计重收费工作营造良好的社会氛围；三是要深入源头宣传，强化路面宣传。要在计重收费公路的入口处、公路沿线、收费站口、服务区以及交通站（场）等地方，张贴公告、悬挂横幅、涂设标语、发放宣传资料，使广大运输业户能够了解、理解、接受、支持计重收费工作；四是要向社会公布咨询投诉电话，及时掌握有关信息，并为群众释惑解疑，协调解决试行工作中出现的有关问题。

（四）先试点后推开。实行计重收费是一项复杂的系统工程。在正式启动计重收费前，应先选择条件具备的收费站，安装、调试计重设备和计重收费软件，进行试运行或模拟运行一段时间。通过试运行和模拟运行，一方面加强对收费管理人员的业务技能培训，同时对所制定的计重收费实施方案、收费系数、费率标准以及安装的系统和设备进行检验和调试；另一方面也能够强化对过往司机的宣传教育，确保计重收费试行得以平稳、顺利推进。

（五）试行计重收费要区域联动、集中启动。一是已经联网收费的收费公路试行计重收费时，要力争联网区域内的所有收费公路同时实施和启动计重收费工作。二是结合治理公路“三乱”、治超、运输市场秩序整顿等专项整治工作，会同公安、物价、财政、纠风等有关部门集中启动计重收费工作。三是实施计重收费的省份要加强与周边省市有关部门的联系与沟通，争取实现区域内同一公路联动试行计重收费。跨省区域不能够联动的，也应当相互衔接，相互沟通，共同做好政策宣传、交通组织等工作。

（六）制定试行计重收费应急预案。要按照“保障畅通、确保稳定、逐步过渡、顺利推进”的原则，制定试行计重收费应急预案。一是在试行计重收费的同时，在一定时期内保留收费站原有收费系统，或者提前明确通行费征收的备用方案，一旦计重收费系统出现故障无法正常运行时，要及时启动原有收费系统或备用方案，以确保收费工作的有序开展；二是在试行计重收费的初期，要在收费站部署一定的公安、交通执法人员，一旦出现人为堵塞交通或者其他群体性突发事件，要立即启动预案，协助公路经营企业维持正常的交通秩序和收费秩序；三是试行计重收费的收费站，要建立向交通、公安部门信息报告机制，及时报告出现的有关突发性事件的有关信息，同时定期报告过往车辆的超限超载运输情况，并配合交通、公安部门开展的超限超载治理工作。

（七）分步实施，积极稳妥地做好相关的配套工作。各地在试行计重收费过程中，要充分考虑本地区实际情况，制订长期的、分阶段推进的工作方案，积极、稳妥、有序地开展收费公路试行计重收费工作，避免出现大起大落的不利局面。一是在计重收费试行范围上，各省、自治区、直辖市应先在高速公路上试行。待高速公路计重收费工作基本平稳后，再在其他收费公路上试行计重收费工作；二是在确定最大基本费率递增调节系数时，要充分考虑本地区超限超载运输车辆比例的实际，以及运输业户的心理承受能力，分阶段选用并逐步加大最大基本费率递增调节系数；三是进一步加大普通公路治超工作的执法力度，同时组织引导有关部门和村民群众在农村公路的入口等位置上设置必要的限宽、限高装置，防止大量超过公路承受能力的超限超载运输车辆绕行、破坏普通公路和农村公路。

附件

计重收费通行费计算公式模型

一、正常装载的合法运输车辆通行费计算公式

1.高速公路和其他封闭式收费公路:

$N = G_i \cdot k_1 M \cdot L$ (当 $G_i \leqslant 20$ 时)

$N = 20M \cdot L + k_1 M \cdot (G_i - 20) \cdot L$ (当 $G_i > 20$ 时)

2.开放式收费公路:

$N = G_i \cdot M \cdot k_1$ (当 $G_i \leqslant 20$ 时)

$N = 20M + k_1 M \cdot (G_i - 20)$ (当 $G_i > 20$ 时)

二、超过公路承载能力的车辆通行费计算公式

1.高速公路和其他封闭式收费公路

$N = G_i \cdot M \cdot L$ (当 $G_i/W \leqslant 1.3$ 时)

$N = 1.3W \cdot M \cdot L + (G_i - 1.3W) \cdot (1.5 + \frac{1}{2}k_3) M \cdot L$ (当 $1.3 < G_i/W \leqslant 2.0$ 时)

$N = 1.3W \cdot M \cdot L + (1.5 + \frac{1}{2}k_2) M \cdot 0.7W \cdot L + (G_i - 2W) \cdot k_2 M \cdot L$ (当 $G_i/W > 2.0$ 时)

2.开放式收费公路

$N = G_i \cdot M$ (当 $G_i/W \leqslant 1.3$ 时)

$N = 1.3W \cdot M + (G_i - 1.3W) \cdot (1.5 + \frac{1}{2}k_3) M$ (当 $1.3 < G_i/W \leqslant 2.0$ 时)

$N = 1.3W \cdot M + (1.5 + \frac{1}{2}k_2) M \cdot 0.7W + (G_i - 2W) \cdot k_2 M$ (当 $G_i/W > 2.0$ 时)

其中:G_i——车货实际总重(吨);

N——车辆应缴费额(元);

W——行驶车辆所对应的公路承载能力认定标准(吨),当车辆各轴对应的轴重认定标准之和与该车对应的车货总重认定标准不一致时,以二者之间的较小值者作为该车对应的公路承载能力认定标准;

M——各省确定的基本费率(高速公路或其他封闭式收费公路为元/吨公里,开放式公路为元/吨车次);

L——车辆在计重收费公路上行驶的实际计费里程(公里);

k_1——基本费率递减调节系数;对于高速公路和其他封闭式收费公路,k_1 取值如下:

若 $G_i \leqslant 20$, $k_1 = 1$;

若 $20 < G_i \leqslant 40$, $k_1 = 1.5 - G_i/40$;

若 $G_i > 40, k_1 = 0.5$

对于开放式收费公路，k_1 取值如下：

若 $G_i \leqslant 20, k_1 = 1$；

若 $20 < G_i \leqslant 40, k_1 = 1.2 - G_i/100$；

若 $G_i > 40, k_1 = 0.8$；

k_2——各省确定的超过公路承载能力的最大基本费率递增调节系数值，$3 < k_2 \leqslant 6$；

k_3——超过公路承载能力的收费调节系数；

$$k_3 = \frac{1}{7}\left[(60 - 13k_2) + \frac{10G_i(k_2 - 3)}{W}\right]$$

(六)其　他

190.关于印发《交通部关于加强公路绿化工作若干意见》的通知

(1988年5月11日　交通部　交公路字〔1988〕322号)

各省、自治区交通厅,北京市交通运输总公司,天津市政工程局,上海市政工程管理局,各计划单列市交通(公路)局:

为使全国公路绿化工作再取得新成绩,并为进一步加速国土绿化做出贡献,现将《交通部关于加强公路绿化工作若干意见》印发给你们,请结合当地实际情况认真贯彻执行。

附件:交通部关于加强公路绿化工作若干意见。

交通部关于加强公路绿化工作的若干意见

目前，全国公路绿化里程已达60%，干线公路绿化里程已达80%，在此基础上，为有一个新的突破，确保"七五"期末全国干线公路绿化任务的完成，现就加强公路绿化工作，提出如下具体意见：

一、提高对公路绿化工作的认识

公路绿化是国土绿化的重要组成部分。纵横交错的公路披上绿装后，对改善我国自然面貌，恢复生态平衡有着重要的作用。

公路绿化是公路建设中的一个内容。公路本身需要绿色植物的平衡和调节，尤其是公路的标准化、美化建设更离不开绿色植物的衬托。公路绿色植物能增加公路建筑艺术效果，丰富公路景观，使行路人得到美的享受。绿色植物还能给人以安详、和平之感，有利于行旅消除疲劳。

公路绿化还能巩固路基、保护路面、降低噪声、防治污染、维护公路的良好环境，是公路精神文明建设，物质文明建设的标志。高大乔木还能为国家建设、防洪抢险、抗震救灾提供用材。凡是绿化好的路段，都发挥了应有的效益，得到了国内外有识之士的称赞。

公路绿化是符合我国国情的。我国《公路管理条例》、《森林法》、《森林法实施细则》以及中央绿化委员会对公路绿化都有明确的要求。因此，必须把公路绿化作为各级公路管理部门的一项长期的经常性的工作来抓好。

二、公路绿化的新概念

公路绿化就是利用绿色的乔木、灌木及花、草合理覆盖公路两侧边坡、分隔带及沿线空地等一切可绿化的公路用地。公路两侧有天然生长的乔木、灌木或花、草，且覆盖较密，并通过适当修饰基本能达到保护路基、边坡的，不再人工植树，也可列为"自然绿化里程"予以统计。

为便于分析和统计公路绿化成果，要求从一九八八年度开始，一律按不可绿化里程、可绿化里程和已绿化里程(包括自然绿化里程)进行统计。

不可绿化里程：是指在公路用地范围内不能栽植或不能自然生长木本、草本绿色植物的路段。包括公路隧道、桥、涵及其两端各五米地段，石质路基及石方护坡路段，重盐碱路段，沙漠路段，山区石砬子路段，兼作堤坝路段，特别干旱地区的路段等。

可绿化里程：是指在公路用地范围内，能栽植和自然生长乔木、灌木或花、草的路段。

已绿化里程：是指按设计标准，栽植了乔木、灌木或花、草，成活率和保存率分别达到标准要求，生长正常，即为绿化达标里程。自然生长的乔木、灌木或花、草，覆盖度在0.6以上，均匀分布在路基边坡或公路用地，连续里程一公里以上，也列为已绿化里程。

三、公路绿化政策、原则及设计要求

公路绿化由公路管理部门统一规划，并负责总体设计和实施安排。公路绿化要贯彻执行"国家、集体、个人一齐上"、"乔、灌、花、草一齐上"、"栽植、移栽、播种一齐上"和"国造(公路)国有、集体造集体有、合造共有"的公路绿化政策；要克服"重栽植、轻管护"的倾向，认真做到"栽、管、护"有机结合。

公路绿化工程要与公路新、改建工程同规划、同设计、同施工、同验收。

公路绿化要从实际出发，本着“因地制宜，因路制宜，宜乔则乔，宜灌则灌，宜花、草则花、草”的原则进行设计。绿化施工要实行承包或建立有效的责任制，并严格按设计进行栽植和检查验收。

一条路的绿化是一个整体，要统一规划，分段设计、分段施工。人工造景要适应地形、气候、土质、公路横断面的变化。绿化也可以借景，充分利用公路两侧森林、竹林、果园、荔枝园、香蕉园等自然景观；两侧有整齐的水田路段，一般不搞乔木行列式种植，可适当栽植灌木，乔木作为陪衬；土质路堤、路堑坡面，应种花、草、藤本和小灌木；弯道外侧可利用乔木进行视线诱导性栽植，内侧只宜种不影响视距的低灌木或花、草；路肩上除草坪外，其它绿色植物一律不得种植；经常有台风危害的地方和路段，应尽量采取非高大乔木的绿化措施。

不同等级公路的绿化要求是：

高速公路的绿化，应以人工种植草皮和花卉为主，护栏内外种植绿篱或花草、灌木。路肩上和中间隔离带内不可栽植乔木。

汽车专用二级公路的绿化，应按线形走向采用“点、线、面”相结合。绿化的“点”要优美；“线”要整齐；“面”要壮观开阔。人工种植的绿色植物要强调透视性，保证行车安全。

一级路（混合交通）的绿化，可采取不同树种、高度、间隔分段组合，并注意结合利用大自然的景观。中间隔离带内，不种植乔木。

二级路（混合交通）的绿化，一般按乔、灌木结合进行种植，但要加大株间距离（乔木间距一般不小于6米）。有护坡道的二级路可种植乔木或花、灌木。

三、四级路的绿化，仍维持行列式的栽植，但要适当加大株间距离。

不同类型区的绿化成活率的要求是：

平原区公路绿化成活率90%为合格，95%以上为优良；

山区公路绿化成活率达85%为合格，90%以上为优良；

寒冷草原区及沙、碱、干旱区公路绿化，成活率达75%为合格，80%以上为优良。

公路绿化的保存率按《公路养护技术规范》的要求，栽植后二年进行检查，保存率达到80%为合格，90%以上为优良。

新植幼树及花、草，根据生长的需要，应适当进行浇水和管理，促其正常生长。

路树及花、草，要严防病虫害的发生，做到“防重于治”。发现病虫害后，应做到“治早、治小、治了”，不能泛滥成灾。

要定期给路树修枝整形，保持正常的冠幅，坚决防止把树冠剪成“腊杆形”。灌木及花、草，也要根据景观的需要，定期进行修饰和管理，增进路容路貌的美观。

为巩固公路绿化成果，要落实“三定一包”（定路段、定人员、定株数，一包到底）的管护责任制。要根据《森林法》、《公路管理条例》，依靠路政管理机构和当地政府，及时查处一切破坏路树及花草的不法行为。

四、路树的采伐更新

公路树木属于防护林体系，只有树木确实已进入衰老期，经请示批准后，才能进行路树的采伐更新。

路树的采伐要严格执行审批手续。干线公路树木的采伐，要经省公路管理部门审批和核发采伐证；县级公路树木的采伐，要经市（地）公路主管部门审批与核发采伐证；乡级公路树木的采伐，要经县级公路主管部门审批，核发采伐证，专用公路的采伐报县以上公路主管部门审批与核发采伐证。

路树的采伐证，由省公路管理部门统一印制与编号后下发。无证采伐路树即为乱砍滥伐，要受到法律的制裁。但属于非常时期，如战备、救灾、抢险搭桥保证通行的，可先行砍树，然后再按上述隶属关系补报备案。

公路改建或加宽需砍伐路树时，也要事先请示批准，领取采伐证后方可采伐路树。改建或拓宽公路工程与绿化工程设计要同步进行，并做到路成树就。

经批准采伐的路树，要由公路的养护、材料、财务部门共同负责检尺、作价、入库，完善有关手续。

路树采伐不准超过申请批准的数量。对未经批准超过采伐限量的，要依法处理。采伐路树要按批准的时间进行，超过限期，采伐证为无效。

路树采伐后，要限期进行人工更新。当年绿化成果按不同类型区的成活率标准进行检查验收，合格后记入公路绿化档案。

路上未成活的新植路树，车辆肇事、风害和水毁造成的倾倒木、折断木，受毒气、污水危害致死的树木，要及时清除和补植。

五、公路苗圃育苗及管理

苗圃是公路绿化所需苗木的主要基地。应根据公路绿化的需要，培育合格的苗木及花、草，为公路绿化服务。

苗圃的经营管理，可推行“承包责任制”。使苗圃有经营自主权和财产使用权，生产更多的苗木及花、草，满足公路绿化的需要。苗木自给有余时，可自行销售。

未建立苗圃的地方，应根据绿化需要和可能，积极建立路用苗圃。没条件建圃的，可与林业苗圃、林业专业队苗圃、专业户苗圃订立合同，生产公路绿化所需的苗木及花、草。采用外购苗木进行公路绿化的，应尽量就近购苗，以降低成本和减少因长途运输影响苗木的成活率。

苗圃育苗应以乡土树种为主，实行速生与慢生树种相结合，针叶与阔叶树相结合，乔、灌木与花、草相结合，以适应多方面的绿化需要，苗圃从外地调拨种子或苗木时，要严格进行检疫。

上路种植的苗木，应以大苗、壮苗为主。一般乔木类树苗胸径不低于三厘米，高度在二点五米以上；灌木树苗应为二年生以上，高度不低于五十厘米；花、草要在一年生以上。要求苗木健壮、根系完整、无病虫害、无机械损伤。用化肥突击催长的苗木，不宜用于公路绿化。

六、建立公路绿化档案

各地应按附表一、二、三的内容要求，建立公路绿化档案，并于一九八八年底前将汇总情况上报部(公路局)。

当年公路绿化完成的数量，要按附表四的内容要求详细统计，于每年年底前将汇总情况上报部(公路局)。

公路绿化的成果每五年进行一次实地清查。以线路为单位查清公路绿化增长、减少变化情况(清查方法及要求另定)。

为使公路绿化成果载入史册，各地可根据具体条件与可能，适当编印(公路绿化图集)，除上报外，各地相互间也可以进行交流。

七、公路绿化资金

新建和改建公路，应把公路绿化工程费纳入整个工程概预算内，由施工单位按设计要求同步完成绿化任务，并列为工程竣工验收的内容。如因季节原因暂时不能进行绿化施工，可由施工单位委托接养单位代为实施。施工单位负责提交绿化设计，拨付全部绿化费用。

原有公路的绿化经费，包括各种绿色植物的种植和补植、苗圃建设和育苗、委托育苗，道班院内外环境绿化，以及义务植树的苗木费等，由公路养路费中安排。路树采伐的木材属于公路绿化收入，应按规定交公路管理部门作为公路绿化专用基金再用于公路绿化工程，不准挪作它用。

八、加强对绿化工作的领导

搞好公路绿化关键在领导。根据中央领导的要求，要把绿化的责任放到各级政府和所在单位领导人肩上的指示，各级公路管理部门应明确一名领导干部负责。

各级公路部门要配备绿化技术干部，抓好经常性的绿化工作，并有计划的培训技术工人。重要干线在可能情况下，建立绿化专业队伍，以保持公路绿化的整齐美观。

为使公路绿化工作一年比一年好，各省、自治区、直辖市的公路部门，每年要组织进行一次检查评比，结果要向本地有关部门通报，并抄报交通部（公路局）。

公路绿化里程明细表(一)

省(市、自治区)　　　　　年　月　日　　　　　　　　　　　　　单位:公里

路线名称	总里程	已绿化里程	未绿化里程	不可绿化里程	注
总　计 国　道 ××××× …………… 省　道 ××××× …………… 县　道 乡　道 专　用					

说明:1.已绿化里程是指采用人工种值乔木、灌木和花草及利用野生绿色植物(要注明)覆盖公路(路段)的长度。

2.不可绿化里程指桥(涵)、护坡、隧道、重盐碱、石砬子等不能种植绿色植物的路段长度。

3.国、省道要分线路列出,县、乡、专用路不分线路细列(后面的表式同)。

机关领导(签字):　　　　　　　　填表人(签字):

公路乔木总量明细表(二)

省(市、自治区)　　　　　年　月　日　　　　　　　　　单位:万株、万立方米

线路名称	公路树木总量		6厘米以下		7~10		11~12		12厘米以上	
	总株数	总蓄积量	株数	蓄积	株数	蓄积	株数	蓄积	株数	蓄积
总　计 国　道 ××××× …………… 省　道 ××××× …………… 县　道 乡　道 专　用										

说明:1.树木蓄积量是指树体积数量的毛估值(包括代根、树干、肖头的材积)。

2.单株立木材可采用 $V = GHf$ 公式计算,V 是材积、G 是胸径断面积、H 是树高、f 是树木形数(一般针叶树是0.5,阔叶树是0.45)。

机关领导(签字):　　　　　　　　填表人(签字):

公路树木及花草明细表(三)

省(市、自治区)　　　　年　月　日　　　　单位:万株、万平方米、万立方米

路线名称	乔木			灌木		种草		种花	
	树种	株数	蓄积量	树种	株(墩)数	种类	数量	多年生	一年生
总　计									
国　道									
×××××									
……………									
省　道									
×××××									
……………									
县　道									
乡　道									
专　用									

说明:1.此表应包括利用野生绿色植物绿化路段的量,但要标明其数量。

2.乔、灌木均按多数种类填写。

机关领导(签字):　　　　　　填表人(签字):

当年公路绿化活动明细表(四)

省(市、自治区)　　　　年　月　日　　　　单位:米、公里、万株、平方米、立方米

路线名称	新增绿化数量								路树采伐			路树受害情况					
	乔木		灌木		草		花					砍伐破坏			虫(病)害		
	里程	株数	里程	株数	长度	面积	长度	株数	里程	株数	蓄积量	次数	株数	蓄积量	种类	里程	株数
总　计																	
国　道																	
×××××																	
……………																	
省　道																	
×××××																	
……………																	
县　道																	
乡　道																	
专　用																	

机关领导(签字):　　　　　　填表人(签字):

191.关于利用“以工代赈”解决灾区县乡公路水毁恢复工程资金的报告

(1991年8月13日　交通部　交工字〔1991〕560号)

国务院办公厅：

今年5月中旬以来，江苏、安徽、河南、北京、河北、内蒙古、黑龙江、浙江、江西、福建、湖北、湖南、海南、广西、四川、贵州、云南、西藏、陕西、甘肃、山东、吉林22个省、自治区、直辖市遭暴雨、台风袭击，洪涝灾害严重，公路基础设施遭受严重损毁。截至8月10日的不完全统计，共冲坏公路4万多km，其中路基路面全毁的9 317km(21 263 477m^3)，冲毁路面31 239km，(91 476 262m^2)，冲毁桥梁2 674座(52 538延米)，冲毁涵洞28 880道，发生塌方29 115 387m^3，冲毁道班房1 583幢(174 706m^2)，公路水毁直接经济损失达128 161万元。其中县乡公路损失为51 264万元。

灾情发生后，各级交通部门本着先干线，后一般，集中全力保干线。财政部和我部先后拨款6 360万元，用以帮助各省抢修干线公路。目前，在广大交通干部职工的努力下，干线公路已基本临时抢修通车，有力地支持了灾区的抗洪救灾、生产自救工作。由于县乡公路都是采取民办公助形式修建的，本身基础较差，尤其是近几年利用粮棉布及低价工业品，采用“以工代赈”形式修建的县乡公路，因资金所限，大多缺桥少涵，该做的防护工程没做，抗灾能力极低，今年特大洪水灾害，损毁极其严重，许多路段尚未修复通车。县乡公路的养护通常是利用“民工建勤”进行的。国家补助的水毁资金以及各省从养路费中安排的水毁修复经费用于抢修和恢复干线公路尚且不足，因此，县乡公路的修复资金尚无办法解决。各地交通部门纷纷专题向我部汇报，请求中央帮助解决资金问题。

据悉，国家将拿出部分资金，以“以工代赈”的方式帮助灾区修复水利等基础设施，开展生产自救，重建家园，这充分体现了我国社会主义制度的优越性。我部认为，灾区要恢复，交通需先行，只有修复县乡公路，才能更好地开展生产自救，重建家园工作，否则县乡公路不通，汽车、拖拉机走不了，进行水利等建设也有困难。因此，我部建议，国家在安排“以工代赈”中，应考虑县乡公路的受灾情况，安排一部分资金采取“以工代赈”修复县乡公路的水毁工程，为灾区的恢复生产，兴修水利，重建家园，创造一个良好的基础条件。

特此报告，请予考虑。

192. 关于印发《加强公路交通情况调查工作的若干意见》的通知

（1992年2月24日　交通部　交工发〔1992〕126号）

各省、自治区交通厅，北京市交通局，天津市市政工程局，上海市市政工程管理局，计划单列市交通（公路）局：

为进一步搞好公路交通情况调查，为公路建设的前期工作以及公路规划、设计、养护、管理等工作的决策提供及时有效的基础数据，现将我部《加强公路交通情况调查工作的若干意见》印发给你们，请结合各地实际情况认真贯彻执行。

加强公路交通情况调查工作的若干意见

公路交通情况调查工作(以下简称交调工作)自1980年正式开展以来,有了很大发展。目前,全国已有连续式观测站183个,间隙式观测站(点)11 262个,拥有各种观测手段和一定数量的检测和数据处理设备,直接和间接从事交调工作的人数已达36 000人,累计获取了上亿个观测数据,初步形成了一个较为完整的交调网络系统,为整个公路系统的规划、建设项目前期工作和后期评价、公路养护计划的编制,以及公路管理工作等提供了大量数据资料、使公路建设与管理工作逐步走上了科学决策的轨道。

交调工作是公路事业发展的重要基础工作,《中华人民共和国公路管理条例实施细则》和《公路养护技术规范》对此已有了明确规定。但是,仍有部分地方没有把交调工作作为一项长期的基础性工作来抓;有些单位的交调组织、工作经费、技术职称等还不落实;缺乏一个完整的交调工作规划和人员培训计划;观测方法、手段还有待改进;数据精度还需进一步提高;对已取得的数据有必要进行分析整理、拓宽数据和分析成果的应用范围。为此,现就进一步加强今后交调工作提出以下意见:

一、理顺关系,明确职责,健全交调组织

根据我部业务分工,交调工作目前归口部工程管理司领导,由部公路规划设计院具体负责组织实施。

(一)省(含自治区、直辖市)级公路主管部门主管本辖区的交调工作,省级公路管理机构负责制定交调工作规划和实施计划,并有一名领导同志分管交调工作,把它纳入日常工作范围。省级公路管理机构应配备两名以上的专职人员,其中至少有一名具有中级以上技术职称和相应的组织管理能力。

省级交调工作专职人员负责组织、检查全省的交通量调查、车速调查、比重调查和其他调查项目;结合公路规划、建设、养护管理及科研工作的需要做好各类典型调查;负责各类调查所得数据、资料的分析、整理、汇总、应用和上报工作。

(二)地、(市)级公路管理机构负责全地(市)的交调工作,并在公路养护部门配备1~2名专职技术干部。根据省交调工作计划、调查内容、观测项目、交通量大小,具体组织落实交调工作并抓好质量检查和资料的汇总、分析、上报工作。

(三)县(市)级公路管理机构原则上应在公路养护部门配备一名专职或兼职的技术干部具体负责交调工作,根据调查内容、观测站(点)的数量、要求,组织交调工作的实施,并负责原始资料的整理、汇总、上报工作。交通量特别少的县,这项工作如何进行,由各省、市、自治区公路管理部门酌情确定。

(四)连续式观测站应由公路养护部门具有一定文化知识的正式工人(包括合同制工人)负责观测。采用人工连续观测的站应按劳动部和交通部发布的中华人民共和国劳动和劳动安全行业标准LD-T:1-91(DY)《公路养护定员标准》配置观测人员,并须具备初中以上文化程度;采用自动仪器连续观测的站,待仪器使用情况稳定后,人员可酌减。

(五)间隙式观测站(点)应由正式观测工人或路段内养路道班中具有一定文化程度的养护工人在规定的观测日进行交通量观测。

(六)高速公路及收费公路的交调工作要统一纳入省级公路管理机构的交调工作规划,并认真做好观测站(点)的设置、观测资料的汇总、上报工作。

(七)根据交调项目的要求对观测人员进行适当的培训,从事常规调查的观测人员要保持相对稳定。

二、落实交调工作经费

交调工作经费要列入年度养路费支出计划,主要用于各项调查与观测,购置和更新观测仪器、数据处理设备,改善观测条件,技术培训,数据整理和资料的分析、整理、印制、上报,技术交流等

三、坚持交调质量检查制度

各级公路管理机构要建立和完善交调工作制度和各项检查考核标准。各级领导在检查养护工作情况时应将交调工作列为检查项目。专职或兼职交调人员要组织对连续式和间隙式观测站(点)的定期和不定期的检查考核,并不断完善检查、考核办法,确保交调数据、资料的准确度。

四、提高人员素质,加强培训工作

要把提高交调工作人员的素质作为一项长期任务来抓,各级公路管理机构都要制定交调工作人员的上岗标准和培训计划,力争从现在起在两年内使负责交调工作的专职管理人员从交通工程专业知识到微机应用都得到一次系统的学习,并通过各种培训使80%以上的省级交调专职人员在"八五"期末达到相当于大专文化水平;地(市)级交调专职人员达到中专以上文化水平,并注意做好在职的交调观测人员的业务培训工作,以满足交调工作不断向深度、广度发展的需要。

各级专职交调工程技术人员可按工程和经济技术系列进行专业技术职务的评定。观测工人按"交调观测工"工种定级。

五、逐步实现观测自动化和数据处理计算机化

要认真做好连续式观测站房和实现自动化观测的规划、建设工作。要根据连续式观测站的设置条件对现有的站进行一次针对性的检查,对不满足观测条件要求的,或观测数据不能代表所在路段交通分布情况的观测站,及时给予有效的调整。省级公路管理机构要根据具体情况制定出实现自动化观测的计划,在"八五"期间,对主要干线公路的重点观测站分期分批实现由自动化观测替代人工观测的目标;并在大交通量间隙式观测站(点)逐步使用、推广可移动式自动观测设备。

根据部运输经济信息系统的发展规划和建立三级公路数据库(网)的要求,要力争在"八五"期内实现在部、省两级建立公路交通情况调查计算机处理系统和80%以上的地(市)实现交调数据的计算机处理。

六、强化数据的综合分析与广泛应用工作

要充分利用交调工作已取得的数据,进一步做好数据的分析处理工作,每年应提出所辖范围的国、省道交通情况分析报告,满足公路规划、设计、科研、养护、管理等工作的使用要求;同时,要根据各地工作需要,有计划、有针对性地开展一些诸如公路通行能力等课题的研究,逐步扩大交调工作领域,拓展交调数据、资料的应用范围。

193.关于确保大中城市蔬菜运输“绿色通道”畅通的通知

（1995年9月12日　交通部　交体法发〔1995〕834号）

各省、自治区、直辖市交通厅(局、委、办),天津市市政工程局,上海市市政工程管理局:

党中央、国务院对搞好城市居民的“菜篮子”工作非常重视。城市居民的蔬菜供应影响到城市居民的日常生活,直接关系群众的切身利益。抓好“菜篮子”工作是各级人民政府和有关部门的重要责任。

为确保蔬菜运输“绿色通道”的畅通,进一步解决公路上乱设站、乱罚款、乱收费的问题,根据“交通部保障蔬菜运输‘绿色通道’畅通工作座谈会”提出的要求,现将有关问题通知如下:

一、各级交通部门要提高对确保蔬菜供应“绿色通道”畅通重要意义的认识。要从坚持全心全意为人民服务的宗旨的高度、坚持同党中央保持一致的高度、维护社会稳定的高度和树立交通部门的良好形象的高度,来认识做好这项工作的重要意义。要把这项工作作为一项政治任务和治理公路“三乱”的重要工作,切实抓出成效。要在交通系统普遍进行一次教育,使广大干部职工了解党中央、国务院的部署和我部的要求,并坚决贯彻执行。

二、各级交通部门要继续认真贯彻国务院国发〔1994〕41号文件精神,坚决遏制公路上的“三乱”行为;要对大中城市运菜车辆经过的收费站进行一次检查,对收费站的收费标准和项目进行清理。凡不符合国家有关规定的站点,要坚决撤除,不合理的收费要坚决停止。

三、各级交通部门要对水上设卡、收费项目再进行一次检查清理。对运输蔬菜的船舶,除了危及航行安全的,一律不得随意拦截和罚款,以保证水上蔬菜运输的畅通。

四、各级交通部门要强化源头管理,加强与蔬菜生产基地、批发市场、货主、承运单位的联系,主动办理有关手续。同时,要开展宣传工作,使承运单位和有关人员了解和遵守国家的各项规定,按章缴纳规费,按规定装载货物。

五、今后,对向大中城市运送蔬菜的车辆,除省级人民政府批准的收费站可以收费外,交通部门不再在公路上对向城市运送蔬菜的车辆进行检查、收费和罚款。发现有违反管理规定的运菜车辆,要先放行后处理。

对运管、稽征人员,要规范执法行为。

六、各级交通部门要加强蔬菜运输通道公路的建设、养护和管理,保证道路完好,保障蔬菜运输“绿色通道”的畅通。

七、各级交通部门及其工作人员,不准代替其他部门在公路上拦车、检查、收费和罚款,不准参与强制冲洗车辆的活动。

八、各级交通部门要加强组织领导和监督检查。保障蔬菜运输“绿色通道”的畅通,由各级交通部门的主要领导同志负责。要经常对辖区内的公路及水路进行检查,制定责任制,把责任落实到人。对不执行国务院国发〔1994〕41号文件、顶风搞“三乱”,阻碍蔬菜运输“绿色通道”畅通的单位和人员,要严格依法查处,对主管领导和当事人,要给予必要的处分。今后,发现哪个地区交通部门仍然发生“三乱”问题,部将扣减该省车辆购置附加费分成资金。

194.关于三峡工程公路、码头管理使用问题的批复

(1998年3月18日　交通部　交水发〔1998〕136号)

中国长江三峡工程总公司:

你公司《关于明确三峡工程公路、码头管理问题的函》(三峡建字[1997]第161号)收悉。经研究,批复如下:

一、《中华人民共和国公路法》(以下简称《公路法》)已于1997年7月3日通过。你公司引用《中华人民共和国公路管理条例实施细则》的部分内容已不太合适。

根据《公路法》第八条"县级以上地方人民政府交通主管部门主管本行政区域内的公路工作"、第十一条"专用公路是指由企业或者其他单位建设、养护、管理,专为或者主要为本企业或者本单位提供运输服务的道路"、第六十六条"由国内外经济组织投资建成经营的公路的养护工作,由各该公路经营企业负责"、"公路的绿化和公路用地范围内的水土保持工作,由各该公路经营企业负责"、"该公路路政管理的职责由县级以上地方人民政府交通主管部门或者公路管理机构的派出机构、人员行使"的规定,你公司作为一个企业,不能成立具有政府职能的交通管理部门,不能负责路政管理工作。目前你公司自建自养的三峡工程公路属"专用公路",可按《公路法》有关专用公路的规定使用管理。

二、关于三峡工程一号码头(重件码头)的管理和运行期限的问题,你公司可按《坝河口重件码头施工协调会议纪要》(三工建交通字〔1996〕第24号)办理。

关于二、三、四号码头对社会开放的问题,由于三峡坝区实行全封闭管理,对社会开放将涉及众多的社会船舶和社会车辆,给坝区陆域和坝区水域的管理带来新的问题。请你公司与交通部三峡办、长航局三峡办、长江三峡通航管理局等部门共同商定管理办法后施行,并将办法报部备案。

上述四个码头的行业管理由长江三峡通航管理局负责。我部交函水〔1997〕490号文与本批复有不一致之处,请按本批复办理。

附件:《坝河口重件码头施工协调会议纪要》

坝河口重件码头施工协调会议纪要

（1996年7月17日　中国长江三峡工程开发总公司
工程建设部　交通字〔1996〕第24字）

一九九六年七月十五日，在三峡总公司工程建设部会议室召开了坝河口重件码头施工协调会。参加会议的有：交通部三峡办，长航局三峡办，三峡航运指挥部，长委设计院，三峡总公司工程建设部。会上长委设计院介绍了坝河口重件码头设计的有关情况，与会代表针对重件码头的功能、码头淤积状态、码头管理、运行期限和如何及早实施以满足枢纽施工进度需要等问题进行了讨论，现纪要如下：

1.左岸修建重件码头是必要的：在整个三峡工程建设期内，左岸水轮发电机组及电气设备大件共491件，临时船闸、永久船闸、升船机金属结构及主要设备计540件，大坝及电站部分的金属结构与机械设备约1000件，合计共2000余件，最重件为水轮机转轮，重约490吨，尺寸为Φ10.5×5.8米，最长件为36米的永久船闸检修门、叠梁门及桥机大梁（另有12根40×5×2米的永久船闸上闸首桥机轨道梁），必须经左岸重件码头运到施工现场，是其它运输手段不可代替的。同时考虑到装卸效率等问题，坝河口重件码头选择了垂直起吊型式。

2.坝河口重件码头淤积问题：从引航道口门至乐天溪长江左岸为缓流淤积区。考虑到与陆域的联系和乐坝段护岸及鹰子嘴水厂等已建工程的位置，使重件码头只能在其上游选址。根据模型资料，港区淤积每年约为2—5万立方米，可同连接段航道一并清淤。

3.坝河口重件码头的功能及运行期限：坝河口重件码头主要是承担三峡工程施工期重大件的转运码头。三峡工程建成后，是否保留该码头再结合实际情况确定。考虑到码头后方已建成保税库，三峡工程施工期间，在不影响航运的前提下，将利用该码头装卸少量进口设备。

4.坝河口重件码头的管理问题：考虑到重件码头与下游引航道的关系，坝河口重件码头运行宜由航运部门管理以便与过坝船队（舶）统一调度，在研究重件码头的管理模式时应予充分考虑。

5.鉴于坝河口重件码头关系到明年大江截流，工期紧，会议要求三峡工程现场航运指挥部尽早签发水上施工许可证，以保证工程的正常施工。

195.关于保障海南至上海方向蔬菜运输绿色通道畅通的通知

（1998年10月7日　交通部、公安部、国务院纠风办　交公路发〔1998〕605号）

上海、江苏、浙江、安徽、福建、江西、广东、海南省（直辖市）人民政府：

“绿色通道”是保障大中城市蔬菜供应，丰富人民群众“菜篮子”的重要保证。1996年以来，交通部、公安部、国务院纠风办先后开通了山东寿光至北京、海南至北京两条蔬菜运输通道，极大地促进了两地的蔬菜生产，保障了沿线大中城市的市场需求，取得了良好的经济效益和社会效益。为进一步落实国务院领导同志关于抓好“菜篮子工程”的指示精神，交通部、公安部、国务院纠风办决定再开通海南至上海方向的蔬菜运输“绿色通道”，现将有关事宜通知如下：

一、沿线各省（直辖市）人民政府要对保障海南至上海蔬菜运输“绿色通道”畅通工作给予高度重视，切实加强领导，广泛宣传，加强监督检查。要把这项工作作为治理公路“三乱”，巩固成果，防止反弹的一项重要举措来抓。

二、沿线各省（直辖市）的交通、公安、纠风等有关部门要继续认真贯彻执行《公路法》和国务院《关于禁止在公路上乱设站卡乱罚款乱收费的通知》（国发〔1994〕41号文件）精神，进一步采取具体有效的措施，保障海南至上海蔬菜运输“绿色通道”的畅通。有关部门在工作中要密切配合，加强对上路执法人员进行职业道德和法制教育，做好各项组织和服务工作。

三、沿线各级交通部门要对海南至上海方向的车辆通行费收费站进行一次检查，收费标准应按规定向社会公开。凡不符合国家有关规定的站卡，要坚决撤除，不合理的收费要坚决停止。对海南至上海方向的运菜车辆，发现有违反管理规定的，要做好记录，先放行，将违章情况通报给车辆所在地管理部门进行处理。同时要加强公路及交通标志标线等安全设施的建设、养护和管理，保证道路完好。

琼州海峡轮渡运输管理部门，要加强车辆轮渡管理，提供优质服务。对运输蔬菜的车辆尽量优先安排过渡，严禁乱收费。

四、沿线各级公安机关要维护好治安和交通秩序，坚决打击“车匪路霸”，保障运输车辆的安全和道路畅通。公安交通管理部门要认真组织公路巡警加强对路面的治安和交通管理，及时疏导交通堵塞，处理交通事故，对运菜车辆，不得随意拦车检查和罚款。发现轻微交通违章的，纠正后放行。对严重违章和超载的，应责令其纠正，并根据规定处以罚款，记下车号和驾驶员姓名、单位，通知车辆所在地公安交通管理部门处理，不准扣车、扣证。对同一超载违章行为，当日不得给予两次以上（含两次）的罚款。

五、沿线各级纠风部门要把保障海南至上海方向蔬菜运输“绿色通道”畅通，作为当前治理公路“三乱”的重要工作认真抓好，积极做好协调和监督检查工作。

六、海南省有关部门要加强源头管理，按照规定做好蔬菜的卫生检疫，认真负责地组织好蔬菜运输车辆的配载、起运和过渡工作，坚决制止超载现象。严格抓好蔬菜运输“绿色通道”通行证的发放工作，加强对驾驶人员职业道德和遵守交通法规的教育。承担蔬菜运输任务的驾驶人员必须具备驾驶资格，持有蔬菜运输“绿色通道”通行证和公安、交通部门核发的有效证件，车辆牌证齐全，技术状态完好，各项税费交纳完结。

196.关于转发国家测绘局《关于加强地图审查工作的通知》的通知

(1999 年 9 月 22 日　交通部　厅文字〔1999〕55 号)

部内及部属各单位:

现将国家测绘局《关于加强地图审查工作的通知》(国测办字〔1999〕9 号)转发给你们,请遵照执行。

关于加强地图审查工作的通知

（1999年8月3日　国家测绘局　国测办字〔1999〕9号）

各省、自治区、直辖市人民政府办公厅，国务院各部委、各直属机构办公厅（室）：

近年来，我国公开出版、展示的地图及一些报刊、电视节目等社会宣传活动使用的地图和在因特网上发布的地图中，错绘我国界线、漏绘南海诸岛和重要岛屿的情况时有发生，在社会上造成了不良影响，不利于维护我国的权益。国庆五十周年在即，中国版图图形作为国家疆域的象征，将广泛用于国庆的各类庆祝和宣传活动中。为了确保中国疆域版图的准确性和严肃性，避免发生错绘，有必要进一步加强对中国版图展示前的审查工作。现就有关问题通知如下：

一、凡在图书、报刊、杂志、电影、电视、标牌、广告、橱窗、展览、文艺演出布景、纪念宣传品、国庆庆典的宣传影像和组合图形、彩车中使用的中国地图图形以及公开出版发行的电子光盘中的中国地图图形，必须严格按照中国地图出版社最新出版的中华人民共和国地图绘制。中国地图出版社要及时向有关方面提供各类中国地图示意图。

二、凡以上述各种形式使用中国地图图形，在展示之前必须履行送审程序，将图形的样图或小样一式两份正式送审。中央及在京单位制作的各种中国地图图形样图送国家测绘局审核；各省、自治区、直辖市有关部门、单位制作的中国地图图形样图按规定报所在地的省级测绘主管部门审核，地方测绘行政主管部门审查有困难的转报国家测绘局审核；历史地图、世界地图等由国家测绘局送外交部审核。

三、为保证国庆各项庆祝与宣传活动所用中国地图的审核工作顺利进行，各省、自治区、直辖市测绘主管部门要安排专门人员受理有关审核业务，努力做到即送即审。

四、在因特网上使用的中国地图，以中国地图出版社网页上的地图为准，中国地图出版社网址为 http://www.chinamap.com.cn。各部门、各单位凡上网使用和发布中国地图也必须严格按照本通知第“二”项规定送审。

关于进一步加强地图审查工作的通知

（1999年9月22日　国家测绘局　国测法字〔1999〕14号）

国务院有关部委：

为防止国庆期间各项宣传活动所使用的中国地图出现错绘漏绘的情况，国家测绘局发出了《关于加强地图审查工作的通知》（国测办字〔1999〕9号）。《通知》发出后得到国务院各部委的重视。最近，国家测绘局及各省测绘主管部门陆续收到了一些单位的送审图件并及时审查，对地图中存在的问题进行了修改。9月17、19日，我局会同建国50周年成就展筹委会对“光辉的历程—中华人民共和国建国50周年成就展”中展示的中国地图进行了检查。经检查，地图送审情况总的还是好的，如许多单位及时按《通知》要求送审，并按审核意见对地图图形进行了修改，其展示的中国版图图形是符合要求的，他们是：国务院法制办公室、人事部、国家民族事业委员会、民航总局、中国气象局、教育部、新闻出版署、交通部、国家煤炭局、科技部、国家林业局、铁道部等部门。但也有十几个部、局和总公司没有做到按规定送审，展示的地图图形存在一些原则性问题。这些单位制作的中国地图图形展品，普遍存在错绘国界线、漏绘钓鱼岛、赤尾屿等重要岛屿和南海诸岛等问题，个别单位随意改变中国版图图形。为此，我局会同成就展筹委会已向有关参展单位提出要求，对有问题的中国地图进行修改，对个别存在严重问题的地图进行撤换。

地图是反映国家意志和主权立场的特殊信息载体，直接关系到国家的权益问题。绘制中国版图，与制作国旗、国徽一样具有严肃性。对地图的编制和审批问题，国务院曾发布了行政法规和法令，外交部、国家测绘局也曾几次发文强调。为此，请各部门按《通知》要求进一步做好地图送审工作。

197.关于印发实现所有公路基本无三乱实施方案及量化考核评分标准的通知

(2000 年 9 月 22 日　交通部、公安部、国务院纠风办　交公路发〔2000〕501 号)

各省、自治区、直辖市交通厅(局、委)、公安厅(局)、纠正行业不正之风办公室:

根据交通部、公安部、国务院纠风办(以下简称"两部一办")《关于印发实现所有公路基本无"三乱"考核办法的通知》(国纠办发〔1999〕8 号)要求,两部一办共同研究制定了《实现所有公路基本无"三乱"实施方案》和《实现所有公路基本无"三乱"量化考核评分标准》,现印发给你们,并就有关问题通知如下:

一、实现所有公路基本无"三乱",是治理公路"三乱"的既定目标,是巩固治理公路"三乱"成果,防止反弹、扩大战果、上新台阶的重要举措,直接关系到促进改革开放、经济发展和维护社会稳定的大局。各地区和有关部门要认真学习贯彻江泽民总书记关于"三个代表"的重要思想,讲政治,顾大局,充分认识开展这项工作的必要性、重要性、长期性和艰巨性,加强领导,通力协作,齐抓共管,形成合力,积极为实现所有公路基本无"三乱"创建良好的条件,努力把这项工作抓紧抓好抓出成效。

二、各省、自治区、直辖市人民政府及有关部门要继续认真贯彻落实《国务院关于禁止在公路上乱设站卡乱罚款乱收费的通知》(国发〔1994〕41 号)和国家现行法律、法规等一系列治理公路"三乱"的文件精神,·以实现所有公路基本无"三乱"为契机,努力把治理公路"三乱"工作推向新的阶段。要坚持开展以明查暗访为主要形式的监督检查,切实做到宣传教育不间断、明查暗访不间断、督促指导不间断。对本辖区内的公路"三乱"易发地区、多发路段要进行重点监控和帮促。对于发生严重公路"三乱"问题的地区,要按照两部一办有关规定,坚决摘掉该地区国、省道基本无"三乱"的牌子,公开通报,重点整治,并执行责任追究制度,从严处理直接当事人,对性质严重的公路"三乱"事件还应追究其上级领导的责任。

三、为实现所有公路基本无"三乱",各地要根据本通知的要求,结合本地实际情况,制定具体工作计划,采取自下而上,逐级达标的方法,集中力量、集中时间进行自查自纠自评,抓紧做好实现所有公路基本无"三乱"争创达标的各项准备工作。一是要确保自查自纠到位。要根据本地区的工作安排,及时组织自检自查自评活动,发现问题,及时整改,打好基础,创造条件;二是确保申报工作及时。要根据两部一办的总体部署,及时按规定内容提交申请报告;三是确保舆论宣传深入扎实。各地要加大宣传力度,多方式、多角度、多层次地进行宣传教育,在全社会营造强大的声势。

四、实现全国所有公路基本无"三乱"时间紧、任务重,要求高。今年是活动的第一年,一定要开好头,打好基础,对于申报第一批实现所有公路基本无"三乱"的省(区、市),要尽快按照要求,于 11 月底前分别向两部一办提交申请报告,两部一办将会同建设部、国家林业局进行严格考核。

附件:一、实现所有公路基本无"三乱"实施方案

二、实现所有公路基本无"三乱"量化考核评分标准

三、省、自治区、直辖市实现所有公路基本无"三乱"申请表

附件一

实现所有公路基本无“三乱”实施方案

一、总体目标

从2000年起,力争用3年的时间实现全国所有公路基本无“三乱”的目标。

二、实施原则

按照国务院《关于禁止在公路乱设站卡乱罚款乱收费的通知》(国发〔1994〕41号)和交通部、公安部、国务院纠风办(以下简称“两部一办”)《关于印发实现所有公路基本无“三乱”考核办法的通知》(国纠办发〔1999〕8号)的要求,本着“实事求是,从严要求”的原则,分阶段对申请达标的省份,成熟一个,考核一个。考核合格后,分期分批公布名单。

三、实施程序

对于申报实现所有公路基本无“三乱”的省、自治区、直辖市的考核验收工作,由交通部、公安部、国务院纠风办会同建设部、国家林业局共同进行。

考核的程序为:各省、自治区、直辖市首先对本辖区内治理公路“三乱”情况进行检查验收,并公布本辖区内实现所有公路基本无“三乱”的地市名单,在全部地市均已实现所有公路基本无“三乱”考核标准的基础上,由省级人民政府向两部一办提出申请报告(附件三),并按要求准备好相关资料;两部一办会同建设部、国家林业局等有关单位按照量化考核评分标准(附件二)的要求对申请省份进行检查验收和量化考核;经考核合格的各省、自治区、直辖市,由两部一办、建设部和国家林业局的主管领导共同研究同意后,向社会公布。

四、工作安排

两部一办将分五批公布实现所有公路基本无“三乱”的各省份名单,具体安排如下:

1.第一批(2000年)

公布达标各省、自治区、直辖市名单的时间定于2000年12月底以前,各申请省份应于11月底前向两部一办提交申请报告。

2.第二批(2001年上半年)

公布达标省份名单的时间定于2001年6月底以前,各申请省份应于2001年3月底前向两部一办提交申请报告。

3.第三批(2001年下半年)

公布达标省份名单的时间定于2001年12月底以前,各申请省份应于2001年8月底前向两部一办提交申请报告。

4.第四批(2002年上半年)

公布达标省份名单的时间定于2002年6月底以前,各申请省份应于2002年3月底前向两部一办提交申请报告。

5.第五批(2002年下半年)

公布达标省份名单的时间定于2002年12月底以前,各申请省份应于2002年8月底前向两部一办提交申请报告。

附件二

实现所有公路基本无“三乱”量化考核评分标准

说　　明

一、为规范实现所有公路基本无“三乱”检查、验收和考核的工作程序,增强工作效能,提高管理水平,根据国务院国发〔1994〕41 号文件、国纠办发〔1999〕8 号文件以及有关规定,制定本量化考核评分标准。

二、本评分标准是全国实现所有公路基本无“三乱”考核验收的基本标准,是上级部门考核各地治理公路“三乱”及是否达到所有公路基本无“三乱”。的基本依据。

三、本评分标准包括外业检查和内业检查两个方面共五项检查考核内容。外业检查包括现场查访、公路站点、群众反映三个方面;内业检查包括内业检查、自检自查两个方面。

四、本评分标准总分为 100 分,评定成绩时,各项检查内容按照实际检查的权值计算,扣分项最多扣至 0 分。获 85 分以上且满足表一第七项列出的 4 项否定条件的单位为实现所有公路基本无“三乱”达标单位。

实现所有公路基本无“三乱”综合评定表

表一

序号	项目	评定规则	100分制得分值	折算后得分值
一	现场查访	根据表二的评定情况核定(该项共计30分)		
二	公路站点	根据表三的评定情况核定(该项共计25分)		
三	群众反映	根据表四的评定情况核定(该项共计25分)		
四	内业检查	根据表五的评定情况核定(该项共计10分)		
五	自检自查	根据各省份的自检报告和情况进行宏观评定(该项共计10分)		
六	综合评定	(合计100分)		
七	等级评定	评定规则: 一、综合评定值在85分以上,符合实现所有公路基本无“三乱”考核标准。 二、有在检查中有下列现象之一的,则不能评为实现所有公路基本无“三乱”省份; 1.有多家上路情况1次以上的; 2.发生严重公路“三乱”问题并在社会上造成不良影响的; 3.公路收费站点的间距不符合国家有关要求的; 4.公路收费站点的收费(经营)期限不明确的。		

公路“三乱”现场登记表

表二

<table>
<tr><th>序号</th><th colspan="2">记 录 内 容</th><th>扣分</th></tr>
<tr><td></td><td colspan="2">时间：　　地点：</td><td></td></tr>
<tr><td></td><td colspan="2">时间：　　地点：</td><td></td></tr>
<tr><td></td><td colspan="2">时间：　　地点：</td><td></td></tr>
<tr><td></td><td colspan="2">时间：　　地点：</td><td></td></tr>
<tr><td>评分规则</td><td>1.如在路上遇到以下现象，均应记录，且每件次扣 3 分，严重的可视情多扣：
一是能上路的部门超范围拦车、罚款和收费现象；
二是除三家之外的其它部门上路搞“三乱”现象；
三是强行洗车行为；
四是其它公路“三乱”行为。
2.综合得分 = 100 − 各项扣分合计。</td><td>综合得分</td><td></td></tr>
</table>

调查单位：　　　　调查人：　　　　调查时间：　　　年　月　日

公路站点检查情况汇总表

表三

序号	检查站点数(个)		其中(个数)				综合得分评定
			优	良	中	差	
一	交通部门站点						
二	林业部门站点						
三	其它部门站点						
四	合计						

综合得分评定方法：

按加权平均值进行计算，优的权值为1，良的权值为0.9，中的权值为0.8，差的权值为0.7。

计算公式为：

得分 = {(优数×1+良数×0.9+中数×0.8+差数×0.7)/站点总数}×100

调查单位：　　　　调查人：　　　　调查时间：　　　　年　月　日

公路站(点)现场调查表

第　页　共　页　　　　　　　　　　　　　　　　　　　　　　　　表三-1

<table>
<tr><td>站点名称</td><td></td><td>所在路线及位置</td><td></td></tr>
<tr><td>设站性质</td><td colspan="3">交通(收费　稽查)　公安(　)林业(　)其它(　)</td></tr>
<tr><td>站点隶属单位</td><td colspan="3"></td></tr>
<tr><td colspan="2">批准机关(单位)</td><td colspan="2"></td></tr>
<tr><td colspan="2">批准依据(文号)</td><td colspan="2"></td></tr>
<tr><td colspan="2">收费标准依据(文号)</td><td colspan="2"></td></tr>
<tr><td colspan="2">设站(收费、经营)期限</td><td colspan="2"></td></tr>
<tr><td colspan="2">年收费总额</td><td></td><td>万元</td></tr>
<tr><td rowspan="2">收费罚款标准</td><td colspan="3">收费、罚款标准:</td></tr>
<tr><td colspan="3">标准是否合理:</td></tr>
<tr><td>工作人员总数</td><td>人</td><td>其中持证上岗人员</td><td>人</td></tr>
<tr><td colspan="2">工作人员服务态度</td><td colspan="2">良好(　)　一般(　)　差(　)</td></tr>
<tr><td colspan="2">检查目的(收费用途)</td><td colspan="2"></td></tr>
<tr><td colspan="2">是否有越权检查(搭车收费)</td><td colspan="2">有(　)　　　无(　)</td></tr>
<tr><td colspan="2">是否有超范围或地点进行拦车、罚款或收费现象</td><td colspan="2">有(　)　　　无(　)</td></tr>
<tr><td colspan="2">是否公开监督举报电话</td><td colspan="2">有(　)　　　无(　)</td></tr>
<tr><td colspan="2" rowspan="2">票据使用管理情况</td><td colspan="2">票据是否全省统一规范:</td></tr>
<tr><td colspan="2">有无票据存根填写不规范现象:</td></tr>
<tr><td colspan="2">有无严重“三乱”现象及其它情况调查</td><td colspan="2"></td></tr>
<tr><td>综合评定</td><td colspan="2">按照国家的有关文件规定,该站点评定等级为</td><td>优(　)　良(　)
中(　)　差(　)</td></tr>
</table>

调查单位:　　　　　　调查人:　　　　　　调查时间:　　　　　年　月　日

群众满意率采访调查登记表

第　页　共　页　　　　　　　　　　　　　　　　　　　　　　　　表四

<table>
<tr><th rowspan="2">序号</th><th rowspan="2">调查
时间</th><th rowspan="2">调查
地点</th><th rowspan="2">调查采
访对象</th><th colspan="3">执法服务态度</th><th rowspan="2">反映的
问题</th><th rowspan="2">群众
满意率
%</th><th rowspan="2">得分</th></tr>
<tr><th>交通人员</th><th>交警人员</th><th>林业人员</th></tr>
<tr><td></td><td></td><td></td><td></td><td></td><td></td><td></td><td></td><td></td><td></td></tr>
<tr><td></td><td></td><td></td><td></td><td></td><td></td><td></td><td></td><td></td><td></td></tr>
<tr><td></td><td></td><td></td><td></td><td></td><td></td><td></td><td></td><td></td><td></td></tr>
<tr><td></td><td></td><td></td><td></td><td></td><td></td><td></td><td></td><td></td><td></td></tr>
<tr><td></td><td></td><td></td><td></td><td></td><td></td><td></td><td></td><td></td><td></td></tr>
<tr><td></td><td></td><td></td><td></td><td></td><td></td><td></td><td></td><td></td><td></td></tr>
<tr><td></td><td></td><td></td><td></td><td></td><td></td><td></td><td></td><td></td><td></td></tr>
<tr><td></td><td></td><td></td><td></td><td></td><td></td><td></td><td></td><td></td><td></td></tr>
<tr><td>评定方法</td><td colspan="6">调查对象要求每省不得少于 50 个，综合得分值为各调查对象得分的算术平均值。
得分栏计算：得分 = 满意率 × 100 – 态度和反映扣分合计。
扣分计算：执法服务态度差的扣 2 分，反映有重大公路“三乱”问题的，每件扣 1 分。
综合得分值：为所有调查对象得分值的平均值。</td><td>综合得
分　值</td><td colspan="2"></td></tr>
</table>

调查单位：　　　　　　　　调查人：　　　　　　　调查时间：　　　　年　月　日

内业检查评定表

表五

<table>
<tr><th>项目</th><th>评定要求</th><th>调查内容</th><th>扣分</th></tr>
<tr><td rowspan="3">上路自检
自查情况</td><td>年内厅级领导带队上路明查暗访检查的累计次数:
≥6 时,为优,加 1 分
4—6(含 4)时,为良,不扣分;
2—4(含 2)时,为中,扣 1 分;
<2 时,为差,扣 2 分。</td><td>年内上路检查次数:__次
其中:厅级以上领导带队的共__次</td><td></td></tr>
<tr><td rowspan="2">覆盖率在 80% 以下,扣 1 分,以后每降 10%,增扣 2 分。</td><td>检查公路累计里程__公里</td><td rowspan="2"></td></tr>
<tr><td>覆盖全省公路总里程:__%</td></tr>
<tr><td rowspan="6">信访工作
三乱查处
情况</td><td rowspan="4">对群众来信来访反映和上级部门转(督)办的“三乱”问题查处率:
≥90%,为优,加 1 分;
70—90%,为良,不扣分;
60—70%,为中,扣 1 分;
<60%,为差,每降 10% 增加 1 分。</td><td>年收到群众举报:__件</td><td rowspan="4"></td></tr>
<tr><td>调查处理有结果占:__%</td></tr>
<tr><td>上级部门转(督)办:__件</td></tr>
<tr><td>已查处并反馈的占:__%</td></tr>
<tr><td rowspan="2">年内被国家级新闻媒介公开曝光的重大问题,每件次扣 5 分;
尚未处理的,每件次加扣 2 分。</td><td>被国家级新闻媒介公开曝光的重大问题:__件次</td><td rowspan="2"></td></tr>
<tr><td>其中尚未查处结案的:__件</td></tr>
<tr><td colspan="2">评定方法:
按 100 分计,最后的综合得分值为 100 减去各项扣分值合计。</td><td>综合得分值</td><td></td></tr>
</table>

调查单位:　　　　调查人:　　　　调查时间:　　　　年　月　日

附件三

____省、自治区、直辖市实现所有公路基本无“三乱”申请表

<table>
<tr><td>一</td><td colspan="4">本辖区内的有关基本数据</td></tr>
<tr><td>1-1</td><td colspan="2">辖区总面积：　　万平方公里</td><td colspan="2">辖区总人口　　万</td></tr>
<tr><td rowspan="5">1-2
公路
情况</td><td colspan="4">公路通车总里程：　　公里</td></tr>
<tr><td rowspan="4">其中</td><td>国道：　　公里</td><td>省道：　　公里</td><td>县乡道：　　公里</td></tr>
<tr><td colspan="3">高速公路：　　公里</td></tr>
<tr><td colspan="3">文明样板路：　　公里</td></tr>
<tr><td colspan="3">绿色通道：　　公里</td></tr>
<tr><td rowspan="5">1-3
站点
情况</td><td colspan="4">本辖区内在公路上设置的站(点)总数目：　　个</td></tr>
<tr><td rowspan="4">其中</td><td colspan="3">交通部门：　　个</td></tr>
<tr><td colspan="3">公安部门：　　个</td></tr>
<tr><td colspan="3">林业部门：　　个</td></tr>
<tr><td colspan="3">其它部门：　　个</td></tr>
<tr><td>二</td><td colspan="4">申请报告(附后)</td></tr>
<tr><td>说明</td><td colspan="4">文字申请报告应随文附后,要求文字精炼,简明扼要,并包括以下几方面内容:
1.本辖区内治理公路“三乱”主要工作及现状;
2.本辖区内公路“三乱”易发路段以及所采取的措施;
3.本辖区内发生的省级以上媒介曝光的公路“三乱”问题或重大案件的查处情况;
4.近两年来组织的公路“三乱”明查暗访情况;
5.实现所有公路基本无“三乱”本辖区的自检情况;
6.本辖区公布本辖区内实现所有公路基本无“三乱”地、市、州名单情况;
7.本辖区内所有站卡名称与相邻站卡距离、站卡收费还贷审计情况、是否确定收费年限。</td></tr>
<tr><td>三</td><td colspan="4">本辖区的公路站点明细表(附后)</td></tr>
<tr><td></td><td colspan="4">按照附表的格式及要求填写</td></tr>
<tr><td>四</td><td colspan="4">群众对本辖区内公路“三乱”治理情况的满意率：　　%</td></tr>
<tr><td>五</td><td colspan="4">本辖区省级人民政府领导意见</td></tr>
<tr><td></td><td colspan="4">(签字、盖章)
年　月　日</td></tr>
<tr><td>六</td><td colspan="4">两部一办检查考核情况及意见</td></tr>
<tr><td>考核
结果</td><td colspan="4">量化考核的综合得分为:__________分
(达到　达不到)两部一办关于实现所有公路基本无“三乱”的标准。</td></tr>
<tr><td>领导
意见</td><td colspan="2">(交通部)</td><td>(公安部)</td><td>(国务院纠风办)</td></tr>
</table>

(本表一式八份)

附表

____省、自治区、直辖市公路站点明细表

第　页共　页

站点名称	所在位置	主管单位	站点性质	设站时间	设站期限	批站文号	站内人数
一、交通部门在公路上设立的站点(共　　个)							
……							
二、公安部门在公路上设立的流动站点(共　　个)							
……							
三、林业部门在公路上设立的站点(共　　个)							
……							
四、其它部门在公路上设立的站点(共　　个)							
……							

198.关于下发全国国道桩号传递实施方案的通知

(2002 年 7 月 29 日　交通部　交公路发〔2002〕340 号)

各省(自治区、直辖市)交通厅(局、委)、上海市市政工程管理局、天津市市政工程局、新疆生产建设兵团交通局：

公路桩号系统是公路管理信息化的基础,也是沿线技术属性定位的重要依据。根据第二次全国公路普查的结果,并结合各地国道里程碑埋设的实际情况,我部制定了《全国国道桩号传递实施方案》(未含港、澳、台资料)。现将实施方案发给你们,请遵照执行。以后各地在上报国道的资料时,凡涉及具体位置,请以此桩号系统为准,并保持与公路数据库资料相一致。

由于该方案综合考虑了各地里程碑埋设的实际情况,并尽可能减少重新埋设的工作量及保证公路普查资料的有效性,因此,部分国道须在省际交界处设置断链。对此,当各省完成国道建设和改造的阶段性任务,且路线基本不变时,可逐步分条理顺国道桩号系统,逐步取消国道的断链。全线重新埋设里程碑时,相关省份要加强协调,并做好新旧桩号系统的技术属性数据对应工作,以适应公路管理信息化工作的需要。

附件:一、全国国道桩号传递实施方案

　　　二、关于断链问题的技术处理方法的说明

附件一

全国国道桩号传递实施方案

路线编号	路线名称	序号	起点桩号	终点桩号	终点桩号需设置的断链值	统计里程
G101	北京－承德－沈阳线				－18.333	869.255
	北京市	1	0	125	－1.52	123.48
	河北省	2	125	354.156	－16.813	212.343
	辽宁省	3	354.156	887.588		533.432
G102	北京－山海关－沈阳－长春－哈尔滨线				13.29	1316.656
	北京市	1	0	31.85		31.85
	河北省	2	31.85	67.592	0.364	36.106
	天津市	3	67.592	96.82	－0.344	28.884
	河北省	4	96.82	313.826	9.578	226.584
	辽宁省	5	313.826	935.473	0.938	622.585
	吉林省	6	935.473	1231	2.754	298.281
	黑龙江	7	1231	1303.366		72.366
G103	北京－天津－塘沽线				0.81	166.392
	北京市	1	0	50.4		50.4
	河北省	2	50.4	53.46	0.81	3.87
	天津市	3	53.46	165.582		112.122
G104	北京－南京－杭州－福州线				－12.87	2327.005
	北京市	1	0	47.14		47.14
	河北省	2	47.14	66.846		19.706
	天津市	3	66.846	73.37		6.524
	河北省	4	73.37	78.285	－2.502	2.413
	天津市	5	78.285	178.87	0.16	100.745
	河北省	6	178.87	327.011		148.141
	山东省	7	327.011	735.726	9.17	417.885
	江苏省	8	735.726	881.434	－4.682	141.026
	安徽省	9	881.434	1090.7	3.116	212.382
	江苏省	10	1090.7	1310	－9.35	209.95

续上表

路线编号	路线名称	序号	起点桩号	终点桩号	终点桩号需设置的断链值	统计里程
	浙江省	11	1310	2010	-8.782	691.218
	福建省	12	2010	2339.875		329.875
G105	北京-南昌-广州-珠海线				-50.742	2647.218
	北京市	1	0	47.14		47.14
	河北省	2	47.14	66.846		19.706
	天津市	3	66.846	73.37		6.524
	河北省	4	73.37	78.285	-2.502	2.413
	天津市	5	78.285	178.87	0.16	100.745
	河北省	6	178.87	327.011		148.141
	山东省	7	327.011	728.414		401.403
	河南省	8	728.414	777	14.788	63.374
	安徽省	9	777	1469.385	-64.136	628.249
	湖北省	10	1469.385	1534.371	1.108	66.094
	江西省	11	1534.371	2307	-0.16	772.469
	广东省	12	2307	2697.96		390.96
G106	北京-兰考-黄冈-广州线				-35.648	2444.896
	北京市	1	0	44.6		44.6
	河北省	2	44.6	433.702		389.102
	山东省	3	433.702	444.468		10.766
	河北省	4	444.468	445.668		1.2
	山东省	5	445.668	448.493		2.825
	河北省	6	448.493	479.199		30.706
	河南省	7	479.199	570.148		90.949
	山东省	8	570.148	626.352		56.204
	河南省	9	626.352	864.667		238.315
	安徽省	10	864.667	865.169		0.502
	河南省	11	865.169	865.967		0.798
	安徽省	12	865.967	872.318		6.351
	河南省	13	872.318	1072.718	-38.376	162.024
	湖北省	15	1072.718	1551.954	3.575	482.811
	湖南省	16	1551.954	2151	-0.847	598.199

续上表

路线编号	路线名称	序号	起点桩号	终点桩号	终点桩号需设置的断链值	统计里程
	广东省	17	2151	2480.544		329.544
G107	北京－郑州－武汉－广州－深圳线				－29.578	2520.089
	北京市	1	0	48.3	－0.1	48.2
	河北省	2	48.3	523.364		475.064
	河南省	3	523.364	1082.736	－0.104	559.268
	湖北省	4	1082.736	1417.048	0.204	334.516
	湖南省	5	1417.048	1963.077		587.427
	广东省	6	1963.077	1982.339		19.262
	湖南省	7	1982.339	2050	－29.578	38.083
	广东省	8	2050	2508.269		458.269
G108	北京－太原－西安－成都－昆明线				－73.64	3289.89
	北京市	1	0	139.5	－0.05	139.45
	河北省	2	139.5	287	3.446	150.946
	山西省	3	287	1037.461	－3.396	747.065
	陕西省	4	1037.461	1820	－35.37	747.169
	四川省	5	1820	3107	－38.27	1248.73
	云南省	6	3107	3363.53		256.53
G109	北京－银川－兰州－西宁－拉萨线				－31.144	3848.547
	北京市	1	0	119.24	－0.09	119.15
	河北省	2	119.24	316.336	－8.003	189.093
	山西省	3	316.336	542.067	8.093	233.824
	内蒙古	4	542.067	1132.500	－6.689	583.744
	宁夏	5	1132.5	1471.01	2.071	340.581
	甘肃省	6	1471.01	1844.046	－26.526	346.51
	青海省	7	1844.046	3333.817		1489.771
	西藏	8	3333.817	3879.691		545.874
G110	北京－呼和浩特－银川				0	1252.294
	北京市	1	0	98.52		98.52
	河北省	2	98.52	273.705		175.185
	内蒙古省	3	273.705	1110.880		837.175
	宁夏	4	1110.880	1252.294		141.414

续上表

路线编号	路线名称	序号	起点桩号	终点桩号	终点桩号需设置的断链值	统计里程
G111	北京－通辽－乌兰浩特－加格达奇线				0	1978.275
	北京市	1	0	166.87		166.87
	河北省	2	166.87	415.703		248.833
	内蒙古	3	415.703	1949.165		1533.462
	黑龙江	4	1949.165	1978.275		29.11
G111D	京加线复线				0	539.448
	内蒙古	1	1248.601	1284.59		35.989
	黑龙江	2	1284.59	1678.049		393.459
	内蒙古	3	1679.049	1751.549		73.5
	内蒙古	4	1751.549	1788.049		36.5
G112	北京环线 宣化－唐山(北) 宁河－涞源(南)				－5.767	1096.708
	天津市	1	0	30.8	－5.767	25.033
	河北省	2	30.8	1102.475		1071.675
G201	鹤岗－牡丹江－大连线				－48.977	1761.987
	黑龙江	1	0	624.1	14.485	638.585
	吉林省	2	624.1	1183.452	－63.462	495.89
	辽宁省	3	1183.452	1810.964		627.512
G202	黑河－哈尔滨－吉林－沈阳－大连线				－13.018	1760.002
	黑龙江	1	0	682	－0.705	681.295
	吉林省	2	682	1111.924	－12.313	417.611
	辽宁省	3	1111.924	1773.02		661.096
G203	明水－扶余－沈阳线				20.962	729.366
	黑龙江	1	0	217.4	18	235.4
	吉林省	2	217.4	506.42	2.926	291.946
	内蒙古省	3	506.42	549.17	0.036	42.786
	辽宁省	4	549.17	708.404		159.234
G204	烟台－连云港－上海线				－28.64	970.66
	山东省	1	0	403.292	－15.015	388.277
	江苏省	2	403.292	974	－13.625	557.083
	上海市	3	974	999.3		25.3

续上表

路线编号	路线名称	序号	起点桩号	终点桩号	终点桩号需设置的断链值	统计里程
G205	山海关－淄博－南京－屯溪－深圳线				－92.499	2913.231
	河北省	1	0	190.66	－13.108	177.552
	天津市	2	190.66	357	－1.08	165.26
	河北省	3	357	454.733		97.733
	山东省	4	454.733	951.577	－15.696	481.148
	江苏省	5	951.577	1166.963		215.386
	安徽省	6	1166.963	1196.963	－0.092	29.908
	江苏省	7	1196.963	1316	－12.452	106.585
	安徽省	8	1316	1684	2.348	370.348
	浙江省	9	1684	1885	－16.374	184.626
	福建省	10	1885	2556	－36.045	634.955
	广东省	11	2556	3005.73		449.73
G206	烟台－徐州－合肥－景德镇－汕头线				7.884	2352.489
	山东省	1	0	661.578	－3.151	658.427
	江苏省	2	661.578	726.53	1.382	66.334
	安徽省	3	726.53	1341.7	17.098	632.268
	江西省	4	1341.7	2087	－7.445	737.855
	广东省	5	2087	2344.605		257.605
G207	锡林浩特－张家口－襄樊－常德－梧州－海安线				－126.2	3547.9
	内蒙古	1	0	306.992	－0.134	306.858
	河北省	2	306.992	886.601	－18.623	560.986
	山西省	3	886.601	1329.456		442.855
	河南省	4	1329.456	1842.417	－92.159	420.802
	湖北省	5	1842.417	2186.059	－1.143	342.499
	湖南省	6	2186.059	2978.306	－1.647	790.6
	广西	7	2978.306	3331	－12.494	340.2
	广东省	8	3331	3674.1		343.1
G208	二连浩特－集宁－太原－长治线				0	1009.129
	内蒙古	1	0	448.62		448.62
	山西省	2	448.62	1009.129		560.509

续上表

路线编号	路线名称	序号	起点桩号	终点桩号	终点桩号需设置的断链值	统计里程
G209	呼和浩特－三门峡－柳州－北海线				－8,344	3349.156
	内蒙古	1	0	184	－2.235	181.765
	山西省	2	184	950.749		766.749
	河南省	3	950.749	1251	－6.304	293.947
	湖北省	4	1251	2060.436	8.539	817.975
	湖南省	5	2060.436	2739.352	－8.344	670.572
	广西	6	2739.352	3357.5		618.148
G210	包头－西安－重庆－贵州－南宁线				7.455	3018.403
	内蒙古	1	0	198.9	0.1	199
	陕西省	2	198.9	1385	15.039	1201.139
	四川省	3	1385	1743.3	－7.684	350.616
	重庆市	4	1743.300	2004.481		261.181
	贵州省	5	2004.481	2631.281		626.8
	广西	6	2631.281	3010.948		379.667
G211	银川－西安线				－1.467	644.413
	宁夏	1	0	173	－1.467	171.533
	甘肃省	2	173	485.71		312.71
	陕西省	3	485.71	645.88		160.17
G212	兰州－广元－重庆线				6.684	1278.276
	甘肃省	1	0	704.15	1.389	705.539
	四川省	2	704.15	1151.566	5.295	452.711
	重庆市	3	1151.566	1271.592		120.026
G213	兰州－成都－昆明－景洪－磨憨线				2.769	2850.929
	甘肃省	1	0	431.307	2.769	434.076
	四川省	2	431.307	1387.325		956.018
	云南省	3	1387.325	2848.16		1460.835
G214	西宁－昌都－景洪线				0	3283.658
	青海省	1	0	1084.248		1084.248
	西藏	2	1084.248	1868.106		783.858
	云南省	3	1868.106	3283.658		1415.552

续上表

路线编号	路 线 名 称	序号	起点桩号	终点桩号	终点桩号需设置的断链值	统计里程
G215	红柳园－敦煌－格尔木线				1.009	655.779
	甘肃省	1	0	254	1.009	255.009
	青海省	2	254	654.77		400.77
G216	阿勒泰－乌鲁木齐－巴仑台线				0	873.668
	新疆	1	0	873.668		873.668
G217	阿勒泰－独山子－库车线				0	1089.442
	新疆	1	0	1089.442		1089.442
G218	清水河－伊宁－库尔勒－若羌线				0	1125
	新疆	1	0	1125		1125
G219	叶城－狮泉河－拉孜线				0	2177.896
	新疆	1	0	686.506		686.506
	西藏		686.506	2177.896		1491.39
G220	东营－济南－郑州线				0	618.056
	山东省	1	0	474.187		474.187
	河南省	2	474.187	618.056		143.869
G221	同江－哈尔滨线				0	641.349
	黑龙江	1	0	641.349		641.349
G222	伊春－哈尔滨线				0	332.322
	黑龙江	1	0	332.322		332.322
G223	海口－榆林(东)线				0	319.192
	海南省	1	0	319.192		319.192
G224	海口－榆林(中)线				0	296
	海南省	1	0	296		296
G225	海口－榆林(西)线				0	425.736
	海南省	1	0	425.736		425.736
G227	西宁－张掖线				－0.245	337.568
	青海省	1	0	244.8	－0.245	244.555
	甘肃省	2	244.8	337.813		93.013
G301	绥芬河－哈尔滨－满洲里线				0	1578.541
	黑龙江	1	0	959.416		959.416
	内蒙古	2	959.416	1578.541		619.125

续上表

路线编号	路线名称	序号	起点桩号	终点桩号	终点桩号需设置的断链值	统计里程
G302	珲春－图们－吉林－长春－乌兰浩特线				0	1007.395
	吉林省	1	0	975.575		975.575
	内蒙古	2	975.575	1007.395		31.82
G303	集安－四平－通辽－锡林浩特线				0	1220.091
	吉林省	1	0	323.1		323.1
	辽宁省	2	323.1	341.84		18.74
	吉林省	3	341.84	390.912		49.072
	辽宁省	4	390.912	451.489		60.577
	吉林省	5	451.489	493.869		42.38
	内蒙古	6	493.869	1200.091		726.222
G304	丹东－通辽－霍林河线				0	873.688
	辽宁省	1	0	450.355		450.355
	内蒙古	2	450.355	873.688		423.333
G305	庄河－营口－敖汉旗－林东线				0	783.671
	辽宁省	1	0	451.537		451.537
	内蒙古	2	451.537	783.671		322.134
G306	绥中－克什克腾线				0	517.198
	辽宁省	1	0	170.096		170.09
	内蒙古	2	170.096	517.198		347.108
G307	黄骅－石家庄－太原－银川线					1331.966
	河北省	1	0	389.374	－11.987	377.387
	山西省	2	389.374	789	－2.588	397.038
	陕西省	3	789	1171		382
	宁夏	4	1171	1346.541		175.541
G308	青岛－济南－石家庄线				0.249	651.016
	山东省	1	0	474.7	0.249	474.949
	河北省	2	474.7	650.767		176.067
G309	荣城－济南－宜川－兰州线				－21.278	2280.102
	山东省	1	0	720.53	－10.234	710.296
	河北省	2	720.53	906.503	－2.39	183.583
	山西省	3	906.503	1311.195		404.692

续上表

路线编号	路线名称	序号	起点桩号	终点桩号	终点桩号需设置的断链值	统计里程
	陕西省	4	1311.195	1543	－8.834	222.971
	甘肃省	5	1543	1765		222
	宁夏	6	1765	1977.4	0.18	212.58
	甘肃省	7	1977.4	2301.38		323.98
G310	连云港－除州－郑州－西安－天水线				0	1453.132
	江苏省	1	0	108.267		108.267
	山东省	2	108.267	133.18	0.635	25.548
	江苏省	3	133.18	264.002	－0.635	130.187
	安徽省	4	264.002	341.224		77.222
	河南省	5	341.224	990.268		649.044
	陕西省	6	990.268	1327.45		337.182
	甘肃省	7	1327.45	1453.132		125.682
G311	徐州－许昌－西峡线				0	735.681
	江苏省	1	0	20.649		20.649
	安徽省	2	20.649	74.749		54.1
	河南省	3	74.749	135.214		60.465
	安徽省	4	135.214	171.455		36.241
	河南省	5	171.455	735.681		564.226
G312	上海－南京－合肥－西安－兰州－乌鲁木齐－霍尔果斯线				－152.615	4672.369
	上海市	1	0	36	0.049	36.049
	江苏省	2	36	376.897	－14.438	326.459
	安徽省	3	376.897	638	－0.705	260.398
	河南省	4	638	878.869		240.869
	湖北省	5	878.869	897.319		18.45
	河南省	6	897.319	1243	－27.58	318.101
	陕西省	8	1243	1681	－3.104	434.896
	甘肃省	10	1681	1832.857	－23.36	128.497
	宁夏	11	1832.857	1909.38	－7.73	68.793
	甘肃省	12	1909.38	3394	－75.747	1408.873
	新疆	13	3394	4824.984		1430.984

续上表

路线编号	路线名称	序号	起点桩号	终点桩号	终点桩号需设置的断链值	统计里程
G314	乌鲁木齐－喀什－红旗拉甫线				0	1880.444
	新疆	1	0	1880.444		1880.444
G315	西宁－若羌－喀什线				－8.61	3015.791
	青海省	1	0	1281	－8.61	1272.39
	新疆	2	1281	3024.401		1743.401
G316	福州－南昌－武汉－兰州线				－126.071	2822.055
	福建省	1	0	486.4	－82.83	403.57
	江西省	2	486.4	898	－2.068	409.532
	湖北省	3	898	1715.029		817.029
	陕西省	4	1715.029	2379	－41.173	622.798
	甘肃省	5	2379	2948.126		569.126
G317	成都－昌都－那曲线				0	2038.268
	四川省	1	0	971.868		971.868
	西藏	2	971.868	2038.268		1066.4
G318	上海－武汉－成都－拉萨－聂拉木线				－48.884	5350.026
	上海市	1	0	67		67
	江苏省	2	67	119	0.26	52.26
	浙江省	3	119	219.657	－2.663	97.994
	安徽省	4	219.657	688.697	14.302	483.342
	湖北省	5	688.697	1784.4	－32.996	1062.707
	重庆市	6	1784.4	1986.2	－0.935	200.865
	四川省	7	1986.2	3359	－26.852	1345.948
	西藏	8	3359	5398.91		2039.91
G319	厦门－长沙－重庆－成都线				－56.297	2671.841
	福建省	1	0	380	－0.481	379.519
	江西省	2	380	1063.264	0.481	683.745
	湖南省	3	1063.264	1793.255	－56.297	673.694
	重庆市	6	1793.255	2525.424	－0.566	731.603
	四川省	7	2525.424	2728.704		203.28
G320	上海－南昌－昆明－畹町－瑞丽线				0	3527.165
	上海市	1	0	86		86

续上表

路线编号	路线名称	序号	起点桩号	终点桩号	终点桩号需设置的断链值	统计里程
	浙江省	2	86	497.153	-0.499	410.654
	江西省	3	497.153	1093.829	0.499	597.175
	湖南省	4	1093.829	1730.113		636.284
	贵州省	5	1730.113	2495.373		765.26
	云南省	6	2495.373	3527.165		1031.792
G321	广州-桂林-贵阳-成都线				-66.651	2041.154
	广东省	1	0	278.256	-30.256	248
	广西	2	278.256	857.582		579.326
	贵州省	3	857.582	861.773	0.019	4.21
	广西	4	861.773	870.026		8.253
	贵州省	5	870.026	1624.000	-36.414	717.56
	四川省	6	1624	2107.805		483.805
G322	衡阳-桂林-南宁-凭祥-友谊关线				0.225	1030.276
	湖南省	1	0	205.18	0.225	205.405
	广西	2	205.18	1030.051		824.871
G323	瑞金-韶关-柳州-临沧线				-23.062	2819.579
	江西省	1	0	239	-3.98	235.02
	广东省	2	239	651.9	-17.198	395.702
	广西	3	651.9	1603.68	-1.884	949.896
	云南省	4	1603.68	2842.641		1238.961
G324	福州-广州-南宁-昆明线				-40.885	2500.516
	福建省	1	0	470	-0.38	469.62
	广东省	2	470	1288.126	-40.505	777.621
	广西	3	1288.126	2119.277		831.151
	贵州省	4	2119.277	2374.700		143.7
	云南省	5	2262.977	2541.401		278.424
G325	广东-湛江-南宁线				-39.45	782.281
	广东省	1	0	554.8	-39.45	515.35
	广西	2	554.8	821.731		266.931
G326	秀山-毕节-个旧-河口线				-1.802	1509.958
	重庆市	1	0	32	-0.62	31.38

续上表

路线编号	路 线 名 称	序号	起点桩号	终点桩号	终点桩号需设置的断链值	统计里程
	贵州省	2	32	66		34
	重庆市	3	66.000	76.738		10.738
	贵州省	4	76.738	867.4	-1.182	789.48
	云南省	5	867.4	1511.76		644.36
G327	连云港－济宁－荷泽线				0	439.402
	江苏省	1	0	56.882		56.882
	山东省	2	56.882	439.402		382.52
G328	南京－扬州－南通线				0	222.762
	江苏省	1	0	222.762		222.762
G329	杭州－宁波－沈家门线				0	284.256
	浙江省	1	0	284.256		284.256
G330	温州－寿昌线				0	371.005
	浙江省	1	0	371.005		371.005

附件二

关于断链问题的技术处理方法的说明

1.长链的技术处理方法

在公路数据库中,长链点K*** . ***后桩号表示为K*** . ***(长链点)+K(***.***,长链的实际里程数)。

如G104山东、江苏交界处长链9.17公里(如不进行桩号处理山东实际终点桩号将与江苏桩号重复9.17公里)。由于江苏已经在起点处埋设了735.726公里的界点,而山东的实际终点桩号为744.896公里。因此只能设定山东的终点桩号为K735.726(江苏起点桩号),于是在山东实际里程K735.726处开始设置长链,共9.17公里,这样,山东江苏交界处山东段的桩号应表示为K735.726+K9.17,而不能直接表示为K744+896。可用图表示如下:

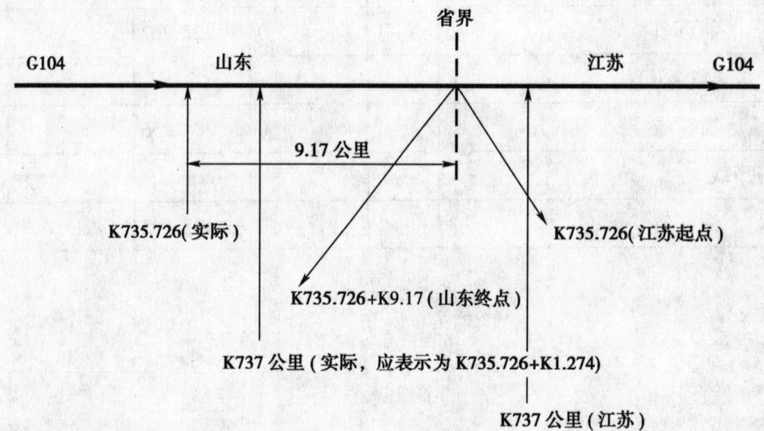

在实际埋设时,应在长链点处设置标志说明,以服务社会并满足养护管理工作需要。

2.短链技术处理方法

由于公路发生短链时只是产生前省小桩号和后省大桩号重合的问题,因此时里程碑埋设不产生影响,只需在短链点设置标志说明并在数据库中填写短链表即可,以准确统计路线里程。

199.关于进一步做好治理公路“三乱”工作的通知

(2002年9月25日　交通部　交公路发〔2002〕450号)

各省、自治区、直辖市、新疆建设兵团交通厅(局、委),上海市市政工程管理局、天津市市政工程局:

今年全国治理公路“三乱”工作,在党中央、国务院的领导下,在各有关部门的密切配合下,目前已有12个省(区、市)实现了所有公路基本无“三乱”,取得了一定的成绩。但近一段时间以来,个别地方出现了一些典型“三乱”案件,群众举报也逐渐增多。主要表现在:允许上路部门内部多家上路,超范围执法;收费站过多过密,收费标准过高;在超载、超限检查中部门标准不一,以罚代管,重复处罚;特别是执法人员素质不高、行为不规范等。以上情况引起党中央、国务院领导同志的高度关注,并做出一系列批示。为落实领导批示精神,巩固治理成果,严防反弹,以实际行动为十六大的胜利召开创造良好的环境,现就进一步做好治理公路“三乱”工作提出如下要求:

一、提高认识,加强领导。公路“三乱”加重企业负担,加重农民负担,扰乱经济秩序,影响党和政府的声誉,广大群众深恶痛绝。各级交通主管部门要从维持社会稳定的大局出发,充分认识公路“三乱”的危害性、治理成果的脆弱性以及治理工作的长期性和艰巨性。特别是在当前一段时期,各级交通主管部门要增强紧迫感和责任感,全面贯彻“三个代表”重要思想,把“三个代表”要求贯彻到交通行业管理工作实践中去,加强领导,改进作风,贴近实际,贴近群众,把治理公路“三乱”工作作为维护社会稳定需要解决的问题,作为得人心、暖人心、稳人心的头等大事,抓紧抓实抓好。

二、突出重点,严格要求。各级交通主管部门要本着实事求是的态度,高度重视人民群众反映突出的问题,认真调查分析,抓住典型案件,抓住主要矛盾,采取有力措施,严格要求,严格管理。

各级交通行政执法人员要严格按照法律、法规的规定开展行政执法工作,不得超范围执法,不得随意在公路上拦车检查、收费和罚款。各省(区、市)交通厅(局、委)要对在同一时间、同一路段上的路政、征稽、运政等执法队伍的执法工作统筹兼顾、合理安排;条件成熟的地方应积极探索系统内部联合执法的管理模式,实现一个窗口对外,避免出现同一路段多家交通部门上路的现象。

各级交通主管部门要严格按照《国务院办公厅关于治理向机动车辆乱收费和整顿道路站点有关问题的通知》(国办发〔2002〕31号)精神,全面清理整顿公路收费站点。坚决撤销已还清贷款、收费期满、收费站间距不符合规定等不合法的收费站点;对保留的收费站点重新办理审批手续,重新核定收费期限和收费标准,收费标准偏高的要坚决降下来。各省(区、市)要积极推进高速公路联网收费,实施政府还贷收费公路的统一管理和“统贷统还”制度,撤并一批收费站点,减少收费站的数量。东部省份要力争在3—5年内实现省内高速公路联网收费。

三、注重源头,依法行政。各级交通主管部门在治理公路“三乱”工作中要坚持纠建并举,综合治理,特别是要加强源头管理,从源头上探索解决问题的办法。

路政执法人员在超限运输管理工作中，要严格执行交通部2号令、交公路发〔2000〕123号文件和交公路发〔2001〕591号文件的要求，按照“源头封阻、综合治理、联合执法、卸载放行”的原则，在经省级人民政府批准的检测站内开展检查工作，坚持科学检测，卸货放行。严禁凭经验和目测检查，严禁以罚代纠、收费放行。交通规费征稽人员上路检查要严格按照部有关规定执行，同时加强与公安车管部门协作，在车辆年审环节加大对规费缴纳情况的稽查力度，减少路面稽查工作。运政管理人员不得上路对车辆超载、超限实施检查和处罚，要把执法地点放在汽车站场、货物集散地等场所。

各级地方交通主管部门开展各项行业管理工作，要严格按照国家的有关法律、法规及规章的要求进行，凡地方法规与国家法律、法规不一致的，应立即停止执行，坚决推进依法行政。交通行政执法、执收人员要树立“以人为本、以车为本”的观念，提高服务意识、坚持秉公执法，文明执法。执行公务时，要佩戴标志，持证上岗。实施行政处罚时，要实行执法公示，严格执行“收支两条线”。

四、加强监督，明确责任。各级交通主管部门要全面落实治理工作责任制，实行“一把手负责制”和“一票否决制”，通过层层签订责任状，建立严格的责任追究制度。各地要定期不定期组织公路“三乱”监督检查。近期，各省（区、市）要组织有效的公路“三乱”暗访活动，主要领导要亲自带队，对发现的公路“三乱”案件，必须认真调查，有一件查一件，有一件处理一件，对当事人要给予纪律处分，并按照《党风廉政责任制》的规定，追究其上级领导责任。对于发生严重公路“三乱”行为的省（区、市），部将会同公安部、国务院纠风办按照有关规定，摘掉其基本无“三乱”的牌子。各地要始终保持对公路“三乱”的高压态势，坚持遏制公路“三乱”反弹，为国家经济建设创造良好的社会环境。

200.关于印发《交通统计工作管理规定》的通知

（2002 年 12 月 4 日　交通部　交规划发〔2002〕586 号）

各省、自治区、直辖市、计划单列市交通厅(局、委)，新疆生产建设兵团交通局，天津、上海市市政工程局，各有关单位：

为加强交通统计工作管理，根据《中华人民共和国统计法》及其实施细则和国家有关统计工作规定，结合交通统计工作实际，制定了《交通统计工作管理规定》。现印发给你们，请认真贯彻执行。

交通统计工作管理规定

第一章　总　　则

第一条　为加强交通统计工作，保障统计资料的准确性和及时性，根据《中华人民共和国统计法》（以下简称《统计法》）及其实施细则和国家有关统计工作规定，结合交通统计工作实际，制定本规定。

第二条　本规定适用于交通行政主管部门、具有行政管理职能的事业单位、经授权代主管部门行使统计职能的企（事）业单位和社会团体的统计工作，以及上述部门（单位）与其他部门（单位）联合组织开展的公路、水路交通行业统计工作。

第三条　交通统计工作应按照国家的法律、法规和政策，运用各种统计方法和手段，开展统计调查、统计分析，提供统计资料和统计咨询意见，实行统计监督。

第四条　各级交通行政主管部门的统计机构是交通统计工作的主管单位，统一管理本部门及其管辖范围内的各职能机构的统计工作。

第五条　交通部门各单位应根据统计工作任务需要，建立统计机构，配备专职或兼职统计人员，行使本单位交通统计职能。其统计业务接受交通行政主管部门和同级地方人民政府统计机构的指导，并按国家有关规定报送和提供统计资料。

第六条　交通部门各机关、社会团体、企事业单位等统计调查对象必须依照《统计法》和本规定，如实提供统计资料，不得虚报、瞒报、拒报、迟报，不得伪造、篡改。

第七条　交通统计工作应建立健全统计制度。严格执行统计调查项目管理制度，统计资料审核和报送制度、保密管理制度、公布制度、档案管理制度，统计数据质量监控和评估制度，实行考核和奖惩制度。

第八条　交通统计机构和统计人员实行工作责任制，依照《统计法》和统计制度的规定，独立行使统计调查、统计报告、统计监督等职权，确保统计资料准确，及时完成统计任务，提高工作质量和效率，保守国家秘密。

第九条　交通统计工作应加强统计方法和统计技术的研究，推广和应用科学的统计调查、分析预测等方法，采用现代信息技术，提高统计工作现代化水平。

第二章　交通统计调查

第十条　交通统计调查系交通行政主管部门搜集公路、水路交通行业基本情况，用于管理目的的各类统计调查，包括以数字形式、文字形式或混合形式；以表格、问卷、电讯（电报、电话、传真等）、磁盘磁带、网络通讯（网络表格、电子邮件等）等为介质的普查、经常性调查、一次性调查、试点调查等。

第十一条　交通行政主管部门统计机构统一组织、管理和协调交通部门各职能机构的统计调查活动，制订交通统计调查总体方案，配合政府统计机构的交通统计调查管理工作，执行统计调查项目管理制度。

第十二条 交通统计调查实行项目审批备案制度，按经批准的统计调查计划和调查方案组织实施。

(一)统计调查计划和调查方案由交通行政主管部门统计机构组织编制。

(二)交通统计调查项目的立项必须有充分的理由、明确的目的和资料使用范围。重大调查项目必须经过研究论证和试点，必须有完备的论证材料和试点材料。

(三)各级交通行政主管部门的统计调查项目，由其统计机构拟订，各职能机构和具有交通行政管理职能的事业单位、经授权代主管部门行使统计职能的企(事)业单位和社会团体，在交通行政主管部门统计机构指导下可拟订与职能范围相对应的统计调查项目。

(四)交通部门各单位开展交通统计调查活动必须经交通行政主管部门统计机构审核，报同级人民政府统计机构办理审批备案手续。调查对象涉及交通系统以外单位的交通统计调查项目，必须办理审批手续；调查对象属于交通系统内部单位的交通统计调查项目，办理备案手续。

(五)交通统计调查项目申请审批或备案时，需向交通行政主管部门统计机构发出申请审核函，并附包括总说明、报表目录、基层表式、综合表式、统计标准和分类目录、指标解释、逻辑关系及抽样方案(针对抽样调查)等内容的统计调查方案，应明确表述调查目的、调查对象、统计范围、调查方法、调查频率、填报要求、报送渠道、时间要求等。新建立的调查项目应附背景材料，重大调查项目应有研究论证材料和试点报告。

交通统计调查项目的统计标准和分类必须严格执行国家标准和交通行业标准，报表表式要规范，指标解释和文字说明要准确，计算方法要科学合理。

(六)经批准或备案的交通统计调查项目，须在报表的右上角标明法定标识，包括：表号、制表机关、批准机关或备案机构、批准文号或备案文号、有效期限。

第十三条 交通统计调查应避免重复、交叉，能够通过有关记录取得所需资料的，不得另行统计调查。统计指标重复数量不得超过指标总数的30%。

第十四条 交通行政主管部门统计机构负责统一办理交通统计调查项目的审核、审批及备案手续。在正式收到统计调查项目申请及有关资料后，20个工作日内完成审核及向人民政府统计机构的审批备案申请手续；在收到同意实施统计调查项目的复函后，20个工作日内将布置调查的正式文件、调查方案和调查表式报人民政府统计机构备案。

第十五条 有特殊时效性要求的交通统计调查项目，按照特事特办的原则，由交通行政主管部门统计机构商同级人民政府统计机构同意后，先行实施，并补办有关手续。

第十六条 交通部门各职能机构拟定的内容专一、分类至细、频率固定的交通统计调查项目，由交通行政主管部门统计机构商同级人民政府统计机构同意后，自行审批，并将审批结果报同级人民政府统计机构备案。

第十七条 交通统计调查项目实行有效期管理制度。

经批准的年度调查及调查周期不超过一年的定期调查，有效期为两年；普查、一次性调查、调查周期超过一年的定期调查，有效期到该次调查的资料上报结束时止。

经备案的定期调查的有效期为三年；一次性调查的有效期到该次调查的资料上报结束时止。

有特殊要求的调查项目的有效期，由项目制订单位提出申请，经交通行政主管部门统计机构审核后，报同级人民政府统计机构审批。

有效期自同级人民政府统计机构复函的日期起算。

第十八条 超过有效期的交通统计调查项目，一律自动废止；如需继续执行，应提前办理审批或备案手续。在有效期内调查方案发生变化的，应重新办理审批或备案手续。

第三章 交通统计资料的管理与公布

第十九条 交通部门各单位应健全统计资料的审核制度，加强对统计数据质量的监控和评估，保障统计资料的准确性、完整性和及时性。提供的统计资料应由单位领导或统计负责人审核、签署并加盖公章。

第二十条 交通部门各职能机构需向上级业务领导机关和同级人民政府统计机构报送和提供统计资料的，需经交通行政主管部门统计机构审核，并组织报送和提供。

第二十一条 根据国家有关保密规定，确定统计资料密级，严格执行统计资料保密管理规定，保守国家秘密；对统计调查中知悉的调查对象的商业秘密，负有保密义务。

第二十二条 遵守国家档案管理的规定，健全交通统计资料档案制度。建立原始资料、台账、报表、磁盘等统计资料档案，加强其保管、调用和移交的管理。数据处理部门不得擅自对外提供储存的基本统计数据。

第二十三条 任何人对统计人员依照统计法规和统计制度提供的交通统计资料，不得随意修改；如果发现统计数据计算或者来源有错误，应当提出，由统计机构和统计人员核实订正。

第二十四条 需使用交通统计资料的，必须以交通行政主管部门统计机构核定的为准。

第二十五条 建立健全统计资料公布制度。交通行政主管部门组织统计调查取得的统计资料，由其统计机构统一公布；与政府统计机构统计调查取得的统计数据有交叉的，经与政府统计机构协商后，由交通行政主管部门统计机构予以公布。交通部门各职能机构组织实施统计调查取得的统计汇总资料，须及时向交通行政主管部门统计机构提供，经审核后，由统计机构归口公布。

第二十六条 各级交通行政主管部门统计机构应做好统计信息咨询服务工作，要利用公开的交通统计信息为社会公众服务，在《统计法》和统计制度规定之外提供统计信息咨询，可按国家有关规定实行有偿服务；但不得从事以营利为目的的统计信息咨询服务活动。

第四章 统计机构和统计人员

第二十七条 各级交通行政主管部门统计机构是交通统计工作的归口单位，执行本部门交通综合统计的职能，履行下列主要职责：

（一）组织指导、综合协调本部门各职能机构的统计工作，共同完成国家统计调查和交通统计调查任务，执行统计法规和统计制度，监督检查统计法规和统计制度的实施。

（二）统一制订和组织实施交通统计工作规划、统计调查计划和统计调查方案，制订交通统计指标体系和统计标准，部署和检查统计工作，进行统计分析和预测。

（三）负责搜集、审定、管理、出版、公布交通基本统计资料，编印统计资料汇编，发布交通统计公报，为有关职能机构提供必要的综合统计资料。

（四）组织开展交通统计科学研究和交通统计信息化系统建设。

(五)会同人事教育机构,指导和定期组织交通部门的统计教育和业务培训;对统计人员进行考核评比和奖励。

第二十八条 交通部门各单位应当根据国家规定和工作需要设置统计专业技术职务。

第二十九条 交通部门各单位要保持统计人员的相对稳定。具有统计专业技术职务的人员的调动,应当征求人员所属统计机构或统计负责人的意见;其中,具有中级以上统计专业技术职务人员的调动,应当征得上级统计机构的同意。

第五章 奖励和惩罚

第三十条 交通部门各单位应当依照国家规定,对有下列表现之一的统计人员或者集体,给予奖励。

(一)对改革和完善交通统计制度、统计方法做出重要贡献的;

(二)在统计工作中运用和推广现代信息技术方面取得显著效果的;

(三)在进行统计分析、统计预测和统计监督方面有所创新、取得重要成绩的;

(四)在完成规定的统计调查任务,保障统计资料的准确性、及时性方面,做出显著成绩的;

(五)在统计教育、统计专业培训和统计科学研究等方面,做出重要贡献的;

(六)坚持实事求是、依法办事,揭发检举统计违法行为、同违反统计法规和统计制度的行为作斗争表现突出的。

第三十一条 有下列违法行为之一,由交通行政主管部门统计机构责令改正,并予以通报批评;情节较重但尚未构成犯罪的,应当由有关单位和监察机关根据国家有关规定对责任人给予行政处分。

(一)虚报、瞒报、拒报、屡次迟报、伪造、篡改统计资料的;

(二)在接受统计检查时,阻挠、抗拒统计检查,拒绝提供情况、提供虚假情况或者转移、隐匿、毁弃原始统计记录、统计台账、统计报表以及与统计有关的其他资料的;

(三)违反《统计法》规定,未经批准,自行编制和滥发统计调查报表的;

(四)违反《统计法》有关统计资料管理发布规定和保密规定,私自发布统计资料,造成泄密的;

(五)利用职权授意、强制统计人员弄虚作假,刁难、打击、报复统计人员或者举报人员,包庇、袒护统计违法行为的。

第六章 附 则

第三十二条 本规定自2003年1月1日起发布施行。

201.关于印发《关于加强公路数据库建设与管理工作的若干意见》的通知

(2003年6月11日　交通部　交公路发〔2003〕228号)

各省、自治区、直辖市交通厅(委),上海市市政工程管理局、天津市市政工程局,新疆生产建设兵团交通局:

现将部《关于加强公路数据库建设与管理工作的若干意见》印发给你们,请认真贯彻执行。各省级交通主管部门可结合本地实际,研究制定本辖区公路数据库建设的规划和具体的实施意见,并报部(公路司)备案。

附件:一、公路数据库总体结构图

二、公路数据库数据更新管理暂行规定

关于加强公路数据库建设与管理工作的若干意见

建国以来，尤其是二十世纪八十年代以来，我国公路建设事业发展迅猛。到2002年年底，全国公路通车里程已经达到176.5万公里，居世界第3位；高速公路通车里程达到了2.5万公里，位居世界第2位。一个干支衔接、布局合理、连接城乡的全国公路交通网络已初步形成。从新世纪开始，按照党的十六大的部署要求，我国将进入全面建设小康社会的新的发展阶段。全面建设小康社会，公路交通还要实现新的跨越式发展，特别是随着社会的不断发展，生活水平的不断提高，人民群众对出行条件、服务水平的要求也将越来越高，这些都对公路管理工作提出了新的、更高的要求。如何利用现代科学技术，充分发挥现有路网的运行效率，提高其服务水平，已成为全国各级公路交通部门需要认真研究解决的重要课题。建设公路数据库，提高公路管理信息化水平，正是适应这种发展要求的一项重要手段和措施。为统一和规范全国公路数据库的建设和管理工作，加快公路管理信息化进程，避免重复建设，特提出如下意见：

一、建立公路数据库的重要意义

（一）建立公路数据库是实现公路交通跨越式发展的需要

公路交通是国民经济的基础产业，也是促进社会发展和提高人民生活水平的基础条件。公路交通的发展与人民群众的生产、生活密切相关。采用现代通信和计算机技术，尽快建立规范实用的公路数据库，利用信息化加强现有路网的养护和管理，充分发挥已有路网的整体功能，提高其服务水平，适应国民经济发展要求，满足人民群众生产、生活和出行的需要，既是公路交通实现跨越式发展的根本保证，也是贯彻落实党中央、国务院提出的"以信息化带动工业化，实现社会生产跨越式发展"战略目标的重要措施。

（二）建立公路数据库是提高公路管理和服务水平的需要

公路数据库是公路管理与现代科技相结合的产物，发达国家从上世纪六十年代开始公路数据库系统的建设工作，现在已全面建立了功能适用、技术先进、标准统一的公路数据库系统，并在管理工作中发挥了巨大的作用。我国从二十世纪八十年代开始进行公路数据库的研究和开发工作，至今已历时十余年。但由于种种原因，一直未能建立起统一规范的部、省、地三级公路数据库系统，更未建立起规范高效的数据传输体系，严重影响了公路管理工作的信息化进程，已远远落后于发达国家。此外，作为国家公共资源库的一部分，公路数据库也是为社会提供服务的有效工具。因此，借鉴发达国家经验，利用现代化信息技术，加快公路数据库的建设步伐，是提高我国公路管理和服务水平的需要。

（三）建立公路数据库是适应国家财税体制改革的客观需要

实施交通和车辆税费改革，是进一步深化和完善财税体制改革的重要内容。这项改革实施后，我国公路建设、养护和管理资金的筹措渠道、管理方式将发生重大改变。传统的管理手段和决策方式已无法适应改革的需要。同时，这项改革也对各级公路管理部门的管理水平、工作效率、投资依据、决策方式等提出了更高、更新的要求。如何适应这项改革，关键是提高管理水平和决策科学化水平。而公路数据库正是实现公路管理信息化、决策科学化的有效工具。因此，充分利用现代信息技术，结合公路管理业务，尽快建立公路数据库，是提高公路管理水平,实现决策科学化的需要。

二、实施原则

公路管理信息化建设是一项庞大的系统工程,涉及面宽、业务性强,特别是需要其他方面的专业知识和技术作支撑。为此,各级公路交通部门要按照“统筹规划,统一标准,分级负责,注重实效,分步实施,不断完善”的原则,有领导、有组织、有计划地做好公路数据库的建设工作,以避免信息资源不能共享,标准不一致,系统相互独立等问题。

(一)统筹规划、统一标准、分级负责

公路数据库建设要按照“规划自上而下,实施自下而上”的工作思路,由部结合交通信息化建设的要求,编制全国公路数据库的总体规划和实施步骤,制定并提出全国统一的公路数据库建设所需的技术标准和规范。各省级公路交通主管部门应根据部的总体规划,实施步骤,结合本省的实际,在充分研究、科学论证的基础上,提出本辖区公路数据库建设的规划和具体的实施意见,按照“分级负责、自下而上”进行建设的原则和要求,理清工作思路,明确工作步骤,认真做好本辖区公路数据库建设的前期准备工作。要充分利用已有技术成果,对信息资源进行整合,避免各自为政、重复开发等问题,最大限度地降低公路数据库的建设成本,切忌盲目、仓促上马。

(二)注重实效,分步实施,不断完善

采用统一的标准规范进行公路数据库建设,既是实现数据顺利交换的基础,又是公路数据库建设能否取得成功的前提。为此,各级公路交通部门在公路数据库建设过程中,必须严格按照部制定的公路数据库建设技术标准、规范,以及数据格式,自下而上、扎实有序地认真做好本辖区公路数据库的建设工作:要以业务需求分析为基础,牢固树立为生产服务,为决策服务,为社会服务的指导思想,使公路数据库真正成为公路管理工作的有效工具。要注重实效,在应用中不断改进、更新、完善,以应用促发展。

三、总体目标与结构

(一)总体目标

我国公路数据库建设和应用的总体目标是:基本建成技术先进、功能适用的基于 GIS 技术的部、省、地三级公路数据库系统;三级公路数据库间初步实现网络互联,数据共享;以公路数据库为基础的各类应用系统基本开发完成,使公路管理信息化、决策科学化程度明显提高。

(二)总体结构

我国公路数据库的总体结构可分为:数据库、数据库管理及应用工具、各类专题应用系统三大部分。其中数据库部分包括:公路属性数据库、空间地理信息数据库等;数据库管理及应用工具部分主要包括:体系结构管理、数据管理、基础应用工具等;各类专题系统是以公路数据库为平台的业务应用管理系统,如:建设项目管理系统、路面管理系统、桥梁管理系统、公路统计管理系统、公路电子地图系统等。公路数据库三大组成部分之间的关系见附件一。

四、实施步骤与相关要求

按照“先简后繁、分步实施”的原则,结合我国公路信息化工作的实际情况,当前公路数据库的建设可按以下四个步骤组织实施:

(一)建立部、省、地三级公路属性数据库

2003 年,各省份交通主管部门应在第二次全国公路路况普查的基础上,按照“自下而上”的原则,尽快完成公路属性数据库的建设工作。已完成的,要进一步的完善提高。

(二)建立公路地理信息系统

2004—2005 年,采用 GIS 技术对全国公路网空间数据进行编辑和加工,实现路网大地坐标与公路里程桩系统的一一对应,完成空间地理信息库与公路属性数据库的整合,为路网管理和数据分析提供可视工作平台。

(三)建立部、省、地三级公路数据库的互联网络

2006 年,结合交通行业信息网络建设工作,采用网络技术,实现部、省、地三级公路数据库的网络传输和即时更新。

(四)各类专题应用系统的开发与挂接

以公路数据库为基础的各类专题应用系统是实现公路管理信息化、决策科学化的重要工具。因此,公路属性数据库和空间数据库基本建成后,各省公路交通主管部门应当根据业务管理的需要,组织力量,利用公路数据库中的数据,适时开发先进、实用的各类专题应用系统,最大限度地发挥公路数据库的功能和作用。

(五)相关技术要求

公路数据库的硬件配制必须满足系统正常运行的实际需要,并可适当超前。软件开发平台必须使用标准规范的关系数据库基础平台,数据库应用程序应做到结构合理、功能适用,易于不同系统的数据交换,以及后期的维护与升级,确保公路数据库的科学性、先进性和适用性。

五、明确职责,完善制度,加强公路数据库的应用和管理

(一)健全公路数据库的日常管理单位

公路数据库的建设和管理工作是一项长期性的工作,必须要有固定的管理单位,才能确保公路数据库的正常运行。因此,省级公路交通主管部门要加强对本辖区内省、地两级公路数据库建设和管理工作的组织和领导。要对目前分散管理的状况进行整合,确定本辖区公路数据库的日常管理单位,并明确其职责。同时,要将其所需经费纳入公路养护管理支出计划,以确保数据库的正常运转。

(二)加强人才培训,建立健全管理制度

人才是实现公路信息化建设的基础,只有公路系统广大技术人员共同参与,才能实现公路数据信息的采集、传输与共享。因此,各省级公路交通主管部门和公路数据库日常管理单位要切实做好广大技术人员公路信息化知识,特别是公路数据库管理人员的培训工作,保证数据的实效性和准确性,以提高公路系统公路管理信息化水平。同时,必须建立健全各项管理工作制度,包括:岗位责任制度、安全保密制度、数据更新维护制度等,做到工作职责明确、管理制度健全,确保公路数据库的安全运行。

(三)认真做好公路数据库的数据更新和上报工作

公路数据库的日常管理应根据部制定的有关规定,对数据库的数据进行及时调整和更新,以保证数据库信息的准确性和全面性。同时,要根据上级交通主管部门的要求,及时上报公路数据信息。数据更新和上报的具体频率应按附件二的规定执行。

(四)加强公路数据库的推广应用工作

公路数据库是科学决策和提高管理水平的重要手段。为此,各级公路交通主管部门应切实重视和加强公路数据库的推广应用工作。今后,编制公路建设、养护计划、制定行业政策时应当充分利用数据库的信息以及各类专题应用系统的评价结果,以提高工作效率和决策水平。同时,要利用数据库资源,逐步建立方便实用的公众信息服务系统,为社会公众提供详实可靠的路网信息,提高公路行业的服务水平。

新世纪,特别是新世纪的前十年,是我国公路事业走向现代化的关键时期。建立公路数据库是实现公路管理现代化的一项基础性工作,这项工作涉及面广,实施难度大,技术要求高,同时还需要一定的资金投入。为此,各级公路交通部门要统一思想,提高认识,按照部的统一要求和部署,精心组织,密切配合,扎实工作,开拓进取,切实做好公路数据库的建设工作。同时,要根据实际情况,结合现代信息技术的发展趋势,对公路数据库进行不断完善和提高,为加快实现我国公路管理信息化而努力奋斗。

附件一

公路数据库总体结构图

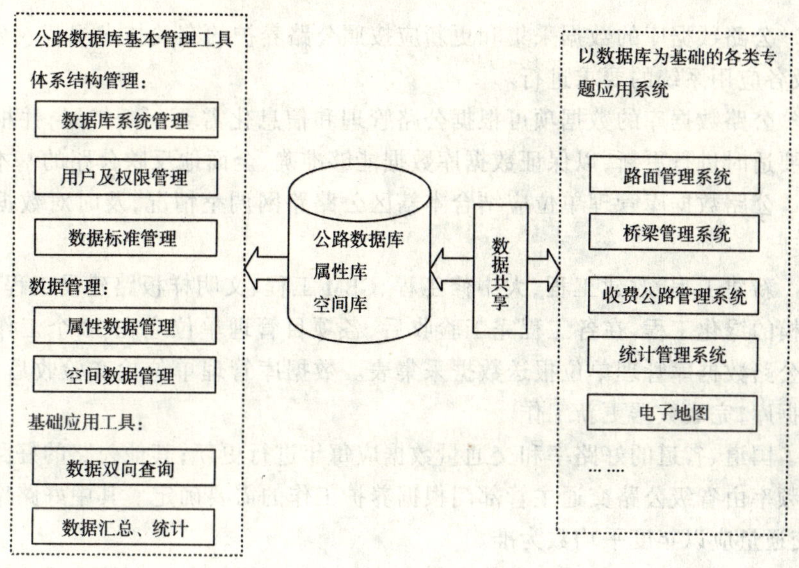

注:1.公路数据库基本管理工具的作用主要是实现公路数据库的数据维护、管理服务。如批量数据修改、更新数据录入、属性代码转换等。同时,还有提供数据查询、统计和汇总等基本功能。

2.以公路数据库为基础的各类专题应用系统是业务管理信息化的重要工具,其评价和分析结果是编制公路建养计划、实施行业管理、提供信息服务等工作的依据。这些应用系统的开发应当以公路数据库的属性数据为平台,最大限度地应用基础数据。

附件二

公路数据库数据更新管理暂行规定

第一条 公路数据库的数据采集和更新应按照公路养护的有关技术规范、《公路工程数据采集规范》及各应用系统的要求进行。

第二条 公路数据库的数据项可根据公路管理和信息化需要不断扩展,并根据养护与管理工作的需要适时进行更新,以保证数据库数据能够准确、全面地反映公路的基本技术状况。

第三条 公路数据库管理单位应结合本辖区公路路网调整情况,及时对数据库的数据进行调整和更新。

第四条 新建工程、改建工程、大中修工程、GBM 工程、文明样板路建设工程、危桥改造工程和较大规模的绿化工程,在各工程完工验收后,各项目管理单位应在 30 个工作日内向本辖区(地市级)公路数据库管理单位报送数据采集表。数据库管理单位检查验收后,应当及时将数据录入数据库,完成数据更新工作。

第五条 国道、省道的好路率和交通量数据应每年进行更新;其他公路的好路率和交通量数据的更新频率由省级公路交通主管部门根据养护工作的需要确定。其中好路率应以年底到达数为准,交通量应以年度平均数为准。

第六条 路面现状数据的更新频率应结合路面养护、数据库、路面管理系统的有关技术规范和公路技术等级按下表确定。

路面现状数据更新频率

<table>
<tr><th rowspan="2">公路等级</th><th colspan="4">评价指标</th></tr>
<tr><th>破损</th><th>平整度</th><th>强度</th><th>抗滑</th></tr>
<tr><td>高速、一级公路</td><td>每 3 个月 1 次</td><td>每年 1 次</td><td colspan="2">每 2 年 1 次</td></tr>
<tr><td>二级公路</td><td colspan="2">每年 1 次</td><td colspan="2">每 3 年 1 次</td></tr>
<tr><td>三四级公路</td><td>每年 1 次</td><td>每 2 年 1 次</td><td colspan="2">每 5 年 1 次</td></tr>
</table>

第七条 桥梁、隧道动态数据的更新频率应按照桥梁、隧道养护、数据库及桥梁管理系统的有关技术规范的规定和要求。对于行驶超限运输车辆(总重超过规定的大件设备运输)的桥梁,运输结束后,应及时组织人员对桥梁进行检测并更新数据。

第八条 防护工程、沿线设施、绿化等动态数据的更新,每年进行一次。

第九条 第五、六、七、八条所规定的数据更新周期为最低要求,有条件的地区及技术状况较差的项目,应根据养护工作的实际情况缩短更新周期。

第十条 全国公路数据库未实现联网之前,暂实行年度上报与汇总制度。

第十一条 每年 1 月 31 日前,地市级公路数据库管理单位应完成汇总并上报省级公路数据库管理单位。

每年 2 月 20 日前,省级公路数据库管理单位应完成全省汇总并上报交通部(公路司)。

每年 2 月底前,省级数据库管理单位应根据公路数据库有关数据情况,向省级交通主管部门和公路管理机构上报路况分析报告,并报备交通部(公路司)。

第十二条 全国公路数据库逐步联网之后,部、省、地三级公路数据库的数据应当实现同步更新。

202.关于进一步保障蔬菜运输绿色通道畅通的通知

(2003 年 7 月 28 日　交通部　交公路发[2003]315 号)

“绿色通道”是保障大中城市蔬菜供应,丰富人民群众“菜篮子”的重要保证。确保蔬菜运输“绿色通道”的畅通,是近几年来治理公路“三乱”工作的重要任务之一。1995 年以来,交通部、公安部、国务院纠风办先后开通了山东寿光至北京、海南至北京、海南至上海、山东寿光至哈尔滨等 4 条蔬菜运输“绿色通道”。“绿色通道”的开通,对于丰富城市居民的菜篮子,增加农民收入,促进农村产业调整和经济发展,密切党和群众的关系起到了重要作用,取得了良好的经济效益和社会效益。但近一段时期以来,在“绿色通道”的部分路段上,由于个别执法人员未能严格执行治理超载超限工作的有关规定,乱扣车、乱罚款的现象时有发生,部分地区收费站点过多,影响“绿色通道”的畅通,群众的举报明显增加,引起了国务院领导的高度重视。为巩固治理公路“三乱”的成果,进一步保障蔬菜运输“绿色通道”的畅通,现就有关问题通知如下:

一、巩固治理成果,严防“三乱”反弹

“绿色通道”沿线各级政府和有关部门要从实践“三个代表”重要思想,促进经济发展、维护社会稳定的大局出发,充分认识治理工作面临的严峻形势和“三乱”反弹所造成的严重危害性,牢固树立长期抓、反复抓、抓反复的思想,以强烈的责任感和紧迫感,把确保“绿色通道”畅通始终作为治理公路“三乱”工作的一项重要任务常抓不懈。要继续贯彻执行《国务院关于禁止在公路上乱设站卡乱罚款乱收费的通知》(国发[1994]41 号文件),严禁任何部门和单位违反规定上路设站、收费和罚款,严禁下达收费、罚款指标。“两部一办”将继续保持治理公路“三乱”的工作力度,不定期地组织对重点地区和重点路段的明查暗访,对出现严重公路“三乱”问题的地方,不但要严肃处理,还要摘掉其基本无“三乱”的牌子,以确保“绿色通道”的畅通,巩固来之不易的治理成果。

二、重申“绿色通道”的政策要求,严格规范执法行为

1.沿线各级交通部门要严格按照《国务院办公厅关于治理向机动车辆乱收费和整顿道路站点有关问题的通知》精神及其实施意见的要求,认真做好公路收费站的清理整顿工作,坚决撤销不符合国家有关规定的站卡,降低过高的收费标准,取消不合理的收费。对于通过收费站的运输蔬菜等鲜活物品的车辆,要优先安排通行,有条件的收费站可开辟绿色通道专用收费道口,以确保收费道口的畅通;对于运菜车辆,除省级人民政府批准的收费站可以收取车辆通行费外,交通部门在公路上一律不得检查和罚款。要加强“绿色通道”公路的养护管理,提高路况和服务水平,确保“绿色通道”畅通。

2.沿线各级公安部门要维护好治安和交通秩序,坚决打击“车匪路霸”,保障运输车辆的安全和道路畅通。对于运输蔬菜等鲜活物品的车辆,不得随意拦车检查和罚款。发现轻微交通违章的,应依法纠正后放行;对严重违章和严重超载的,应责令其立即纠正,并根据法律、法规处以罚款,记下车号和驾驶员的姓名和单位,通知车辆所在地公安交通管理部门处理,不准扣车、扣证,更不得指令运菜车辆到停车场滞留。对同一超载违章行为,当日不得给予两次(含两次)以上罚款。

3.沿线各级纠风部门要认真履行好自己职责，积极做好协调和督促检查工作。把保障蔬菜运输绿色通道的畅通作为当前治理公路“三乱”工作的重要内容认真抓好。要加大监督检查的力度，特别是对节、假日前后运输高峰期以及“三乱”多发路段，要采取强硬措施重点监控。对顶风违纪搞“三乱”的，要发现一起严查一起，对当事人该处分的处分，该追究领导责任的追究领导责任，该曝光的要公开曝光。

三、狠抓源头治理，建立“绿色通道”属地责任制

海南和山东寿光等蔬菜装车地的各级政府及有关部门要履行好“绿色通道”属地责任制。加强对运菜车辆超载问题的综合治理，对现有运菜车辆进行全面检查，核实轴载质量并重新进行标记，制定严格的管理措施，加强“绿色通道” 的源头管理，认真负责地组织好蔬菜运输车辆的配载、起运和过渡工作。公安交通管理部门要与蔬菜销售、运输部门签订按规定装载的责任书，把住车辆装载关。要在蔬菜集散地就近加强值勤检查，确保超载车辆不出省、不出市、不出运菜车站。

沿线各级政府和有关部门要严格执行《关于保障海南省蔬菜运输绿色通道畅通的通知》(交体法[1996]934号)的有关要求和本通知的规定，加强对上路执法人员的职业道德教育和法制教育，采取有效措施，确保“绿色通道”的畅通。

203.关于印发《交通部统计信息工作程序》的通知

（2004年3月10日　交通部　交规划发〔2004〕106号）

各省、自治区、直辖市、计划单列市、新疆生产建设兵团交通厅（局、委），部属各单位，部内各单位：

为加强对交通统计信息工作的指导，规范交通部内统计信息工作流程，部根据《中华人民共和国统计法》和《交通统计工作管理规定》，制定了《交通部统计信息工作程序》，现予印发。

交通部统计信息工作程序

为规范交通部内统计信息工作流程，结合《交通统计工作管理规定》有关内容，特制定《交通部统计信息工作程序》。

交通部统计信息工作主体为部统计机构（现为综合规划司）和部各有关职能机构，包括具有行政管理职能的事业单位、经授权代部行使统计职能的企（事）业单位和社会团体（含部内有关职能司局及海事局、救捞局、通信中心、长江航务管理局和船东协会等）。

单项统计工作的全过程包括以下四个阶段：统计设计、统计调查、统计整理和统计服务。对应以上工作阶段，交通部统计信息工作主要涉及交通统计调查项目的设计与管理、交通统计调查项目的组织实施、统计数据处理、统计资料上报、统计信息发布及统计资料发放等工作。其中统计数据处理工作在本工作程序中不作细述。

一、交通统计调查项目设计与管理

1.根据国家统计调查任务、公路水路交通行业宏观管理以及部各职能机构业务工作需要，部统计机构统一归口制定部统计调查总体方案和调查计划，归口管理各职能机构新增和修订的统计调查项目的审核工作。部各职能机构在统计机构指导下可以拟定与职能范围相对应的统计调查项目。

2.对于新增和修订的统计调查项目，根据《交通统计工作管理规定》的要求和程序，由职能机构向部统计机构提出立项申请，由部统计机构统一办理报国家统计局的审批和备案手续。待国家统计局复函后，由部统计机构答复申请单位。

3.对于有特殊时效性要求的交通统计调查项目，由部统计机构与国家统计局协商，可先行实施调查再补办有关手续。

4.部统计机构定期公布交通部统计调查项目清单。

二、交通统计调查项目的组织实施

部统计机构和部各职能机构是各项交通统计调查项目的组织实施机构。部各职能机构在组织实施统计调查项目过程中，应接受国家统计局和部统计机构的指导和检查。

1.交通统计调查项目的组织实施机构应先期组织专家研究制定科学可行的统计调查技术方案和周密的组织实施方案。在报请审批和备案获得批准后，对承担统计调查任务的下级职能机构进行工作布置和人员培训。

2.重大统计调查项目应进行试点调查，并在此基础上修改完善方案，组织正式调查。

3.在实施过程中跟踪检查执行情况，发现问题应提出相应解决方案。

4.建立和完善交通统计调查项目的数据质量控制和评估制度。

5.及时将统计调查成果整理成统计资料，按照有关规定和要求上报、管理和发布统计资料和统计信息。

三、统计资料上报、统计信息发布及统计资料发放

部统计机构归口上报统计资料和发布统计信息。

1.根据国家有关统计制度要求需向国家统计局等国家综合部门报送的统计资料，由部统计机构审核并组织报送。

2.根据交通统计调查的数据资料整理的数据表格、统计图、统计分析文字,无论以纸介质媒体还是以广播、电视、互联网等媒体公开发布,均为交通统计信息发布活动。

(1)全面、综合反映交通行业发展情况的年度统计信息,一律以部统计机构为主组织编写,经统计机构和部领导审核后,以交通部名义发布。我部与国家统计局及其他部委联合组织统计调查取得的统计信息,应与其他部门协商后发布。部各职能机构单独组织实施的统计调查,如向社会公开发布有关的统计信息,需会签部统计机构后报部领导批准。定期发布的统计信息须纳入定期交通统计信息发布计划。

(2)定期交通统计信息发布计划以《交通部统计信息发布日历》(见附表)的形式公布。具体步骤是:部统计机构于每年年底前征求各职能机构发布统计信息的意见,拟定下一年《交通部统计信息发布日历》,在每年初予以公布,以方便社会各方面查询。

(3)交通统计调查组织实施机构应本着"谁发布,谁负责"的原则,按照《交通部统计信息发布日历》规定的时间,及时做好信息发布工作,并对信息的可靠性负责。

3、部各职能机构进行统计调查所取得的统计资料可向系统内单位提供。统计资料的提供和管理,可参照部统计机构的统计资料管理办法执行。

交通统计信息工作程序框图

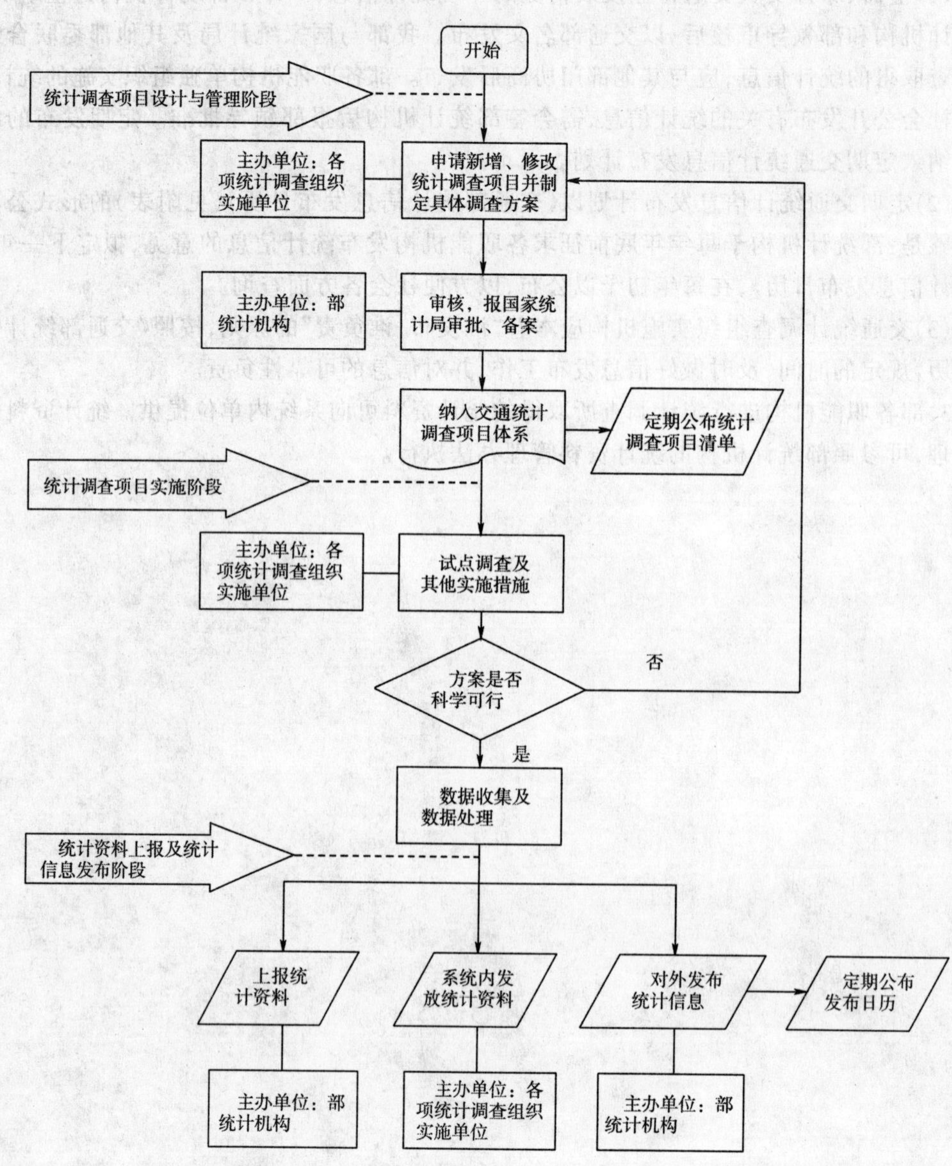

附表

交通部统计信息发布日历

（　　年）

发布信息内容	负责单位	一月	二月	三月	四月	五月	六月	七月	八月	九月	十月	十一月	十二月

204.关于在高速公路主干道设立检查站点有关问题的函

（2004 年 9 月 23 日　交通部　交函公路〔2004〕392 号）

湖南省交通厅：

你厅《关于在高速公路主干道设立检查站点有关问题的请示》(湘交运管字〔2004〕609 号)收悉。经商国务院纠风办、公安部，现复函如下：

一、《国务院关于禁止在公路上乱设站卡乱罚款乱收费的通知》(国发〔1994〕41 号)明确规定：公安部门可以在公路上设置检查站，交通部门可以在必要的公路路口、桥头、渡口、隧道口设置车辆通行费收费站或公路征费稽查站，林业部门可以在通过林区的公路上设置木材检查站。除上述部门以外，其他任何部门、单位、组织和个人，不得在公路上设置任何形式的检查站、收费站，也不得在公路上拦截车辆进行检查、罚款、收费。与此同时，根据《动物防疫法》和《国务院办公厅关于治理向机动车辆乱收费和整顿道路站点有关问题的通知》(国办发〔2002〕31 号)的规定，当发生重大动物疫情时，经省、自治区、直辖市人民政府批准，可以在公路上设立临时性的动物防疫监督检查站，执行监督检查任务。而且临时动物防疫监督检查站要尽可能结合现有的公路收费站或检查站点进行设置，疫情解除后，必须立即撤除。

二、关于高速公路设站和检查问题，《道路交通安全法》第六十九条明确规定，任何单位、个人不得在高速公路上拦截检查行驶的车辆，公安机关的人民警察依法执行紧急公务除外。《公路法》规定，公路监督检查人员可以依法在公路、建筑控制区、车辆停放场所等进行监督检查。《收费公路管理条例》规定，高速公路以及其他封闭式的收费公路，除两端出入口外，不得在主线上设置收费站。但是，省、自治区、直辖市之间确需设置收费站的除外。因此，根据国家有关法律法规的规定，除上述情况以外，其他任何单位、个人不得在高速公路和其他封闭式公路的主线上拦车检查和设置各种类型的收费站、检查站，以确保高速公路的快速畅通以及交通安全。

三、按照《国务院关于禁止在公路上乱设站卡乱罚款乱收费的通知》(国发〔1994〕41 号)规定，在公路上设置的各类检查站点必须严格依法履行职责，执行任务。不得在职责、任务范围以外，从事不符合国家规定的活动。同时，根据《收费公路管理条例》和国家有关法律法规的规定，除服务区以外，未经批准，其他任何单位或者个人不得在高速公路和其他封闭式公路上从事餐饮、住宿、汽车维修等经营性业务，不得以任何形式非法干预收费公路的经营管理，侵犯公路经营管理者的合法权益。

附件：关于在高速公路主干道设立检查站点有关问题的请示(湘交运管字〔2004〕609 号)

关于在高速公路主干道设立检查站点有关问题的请示

（2004年9月23日　湖南省交通厅　湘交运管字〔2004〕609号）

交通部：

近年来，我省一些行政执法部门纷纷在省内高速公路主要是省际交界处的主干道上设立业务检查站点，如林检站、动检站、植检站等，还有其他行政执法部门正在申请要求建立检查站点。这些检查站点的设立，对高速公路的管理和运营环境产生了不良影响。主要表现在：

1.各部门相继在高速公路设立站点，开设道口。有的检查站拆除封闭设施宽达数百米，设立通往高速公路外的通道，而且两检查站之间相距不足500米，破坏了高速公路的封闭、统一管理，带来管理上的混乱。

2.这些检查站点除进行一些简单的业务检查外，把主要精力放在经营活动上，以追求盈利为目的开展餐饮、住宿、修理经营业务等，引起无序竞争。特别是有的检查人员上路拦车检查，带来了安全隐患。司乘人员和车主意见很大，反响强烈。

3.检查站点过多（目前仅京珠高速公路湖南段已批准六个检查站），而且都设在主干道上，各自为政，利益驱使，容易诱发新的公路"三乱"现象。

我厅认为，高速公路主干道上不能设立检查站点，在特殊情况下经政府批准只能设立必要的事关全局的临时检查站点。湖南省政府主要领导对此事非常重视，明确表示赞同我厅意见。据我厅了解，全国其他少数地方的高速公路主干线上设立的同类检查站点，也不同程度存在上述问题。如不统一规范，势必给高速公路管理带来严重后患。因此，我厅恳请交通部明确规定在高速公路主干道上不能设立各类业务检查站点，如必须设立也只能设在匝道或收费站点以外，以维护高速公路的安全畅通。

妥否，请批示。

205.关于发布交通部公路统计报表制度的通知

（2004年10月18日　交通部　交公路发〔2004〕582号）

各省、自治区、直辖市、新疆生产建设兵团、各计划单列市交通厅（局、委），上海市市政工程管理局，天津市市政工程局：

2004年，部颁布了修订后的《公路工程技术标准》（JTG B01—2003，以下简称《技术标准》），并于2004年3月1日起施行。为适应《技术标准》的修订，进一步做好公路统计工作，更好地满足公路管理决策和公众信息服务工作的需要，现将修改后的《交通部公路统计报表制度》（经国家统计局审批和备案）印发给你们，请遵照执行。2002年发布的《交通部公路统计报表制度》同时废止。

为保证统计报表质量和汇总速度，请各地使用部开发的《公路信息资源管理系统》软件生成报部资料。

交通部公路统计报表制度

总　说　明

一、为准确和全面了解全国公路基本情况，满足各级政府及交通主管部门制定行业政策和发展规划的需要，加强公路行业管理和公众出行信息服务工作，根据《统计法》、《公路法》及有关规定，制定本制度。

二、本制度经国家统计局备案，备案文号为国统办函　　号。

三、本制度总体要求如下：

1.统计季报报部截止日期为季末15日；统计年报调查截止日期为统计年度的12月31日，报部截止日期为次年的1月31日。

2.本制度由省(区、市)、新疆生产建设兵团、计划单列市公路管理机构组织实施，报部年报必须加盖填报单位公章，以及填报单位统计负责人、具体填表人签字。上报时还须附带统计软件生成的数据上报磁盘，该数据必须与书面年报的数据保持一致，交通部公路司将以磁盘数据作为数据源进行全国汇总，以书面年报作为存档依据。

3.严格按照本报表制度中规定的计量单位、数值精度填报，"里程"类数据保留三位小数，"延米"类数据保留两位小数。

4.本报表的统计范围、统计指标除本制度中有特殊规定以外，均按交通部发《公路主要统计指标及计算方法规定》(交规划发[2002]6号)、《公路工程技术标准》(JTG B01—2003)执行。

四、为便于工作联系，在报送年报时，应同时填报各单位联系方式登记表。

五、有关单位和统计人员必须按照《统计法》及其实施细则的要求，如实填报和审核各项统计数字。

六、本制度由交通部公路司负责解释。

各单位联系方式登记表

填报单位：

项　目	姓　名	职　务	电　话	传　真	备　注
单位负责人					
计划负责人					
养护负责人					
路政负责人					
计划处(科)					
养护处(科)					
路政处(科)					
水毁值班					
单位值班				填写本单位 24小时传真号码	
高速公路通阻情况					

注：联系地址____省____市____________________邮编__________

报表目录

表 号	表 名	期 别	报部日期
交行统 1-1 表	公路里程年底到达数(一)(按技术等级分)	年报	1月31日
交行统 1-2 表	公路里程年底到达数(二)(按路面类型分)	年报	1月31日
交行统 2-1 表	公路桥梁年底到达数(按使用年限分)	年报	1月31日
交行统 2-2 表	公路桥梁、渡口年底到达数(按跨径分)	年报	1月31日
交行统 3 表	公路隧道年底到达数	年报	1月31日
交行统 5 表	公路密度及通达情况统计表	年报	1月31日
交公路 21 表	公路路线基本情况明细表(国道、省道)	年报	1月31日
交公路 22 表	公路路线汇总情况明细表(县道、乡道、专用公路)	年报	1月31日
交公路 23 表	高速公路服务信息表	年报	1月31日
交公路 24 表	特大型桥梁明细表	年报	1月31日
交公路 25 表	危险桥梁明细表	年报	1月31日
交公路 26 表	特长隧道、长隧道明细表	年报	1月31日
交公路 27 表	公路水毁损失情况统计表	年报	1月31日
交公路 28 表	公路标志、标线情况统计表	年报	1月31日
交公路 29 表	公路绿化统计表	年报	1月31日
交公路 30-1 表	公路养护质量统计表(一)(普通公路)	季报	季末15日
交公路 30-2 表	公路养护质量统计表(二)(高速公路)	季报	季末15日
交公路 31-1 表	公路养护情况统计表(一)(养护里程)	年报	1月31日
交公路 31-2 表	公路养护情况统计表(二)(养护工程)	年报	1月31日
交公路 35-1 表	公路管养机构及职工统计表(一)(干线公路管养单位)	年报	1月31日
交公路 35-1 表	公路管养机构及职工统计表(二)(非干线公路管养单位)	年报	1月31日
交公路 36 表	公路养护机具统计表	年报	1月31日

填报说明

一、公路基本情况统计(交行统1~3表)

1.报表目的:反映本年度的公路里程、桥梁、隧道、渡口等主要公路指标的年底到达数。

2.公路里程统计范围:凡达到交通部《公路工程技术标准》规定的技术等级的公路,均统计为公路里程,包括大、中城市的郊区公路,以及公路通过城镇街道的里程数和公路桥梁长度、隧道长度、渡口宽度以及分期修建的公路已验收交付使用的里程。二〇〇〇年公路普查时,确定的未达到或未能全部达到国家公路技术标准的等外路,以及国道、省道、县道、乡道、专用公路中新增的人工修建的、路基宽度在4.5米以上的等外路里程也纳入公路里程统计范围。

3.填报说明:

(1)公路里程=等级公路里程+等外公路里程

=有铺装路面里程+简易铺装路面里程+未铺装路面里程

=国道+省道+县道+乡道+专用公路

渡口宽度:江、河渡口宽度计算为里程,海渡口不计入公路里程统计范围。

(2)本年底到达数=上年年底到达数+本年新建数+本年改建变更数。

(3)行政等级:公路按其在公路路网中的地位分为国道、省道、县道、乡道和专用公路,其中国道主干线是指国道网规划中的"五纵七横"及其七条支线。

(4)技术等级:《公路工程技术标准》(JTG B01—2003)在确定公路技术等级时,更多的结合了设计时速、交通量、车道数等多种因素,相关技术指标也进行了修订。因此,原技术等级不一定符合目前技术标准的规定。为避免增加过多的工作量,按照原技术标准建设的公路,其技术等级仍然认定为新标准规定的技术等级,不再进行调整。

(5)旧路改建变更:指上年列入统计年报的路线,经过改造提高后的增减变化的数值。凡提高技术等级的路段,必须按《公路工程技术标准》验收,改造后的路段不应有等外公路。变更情况,增加用正号(+),减少用负号(-)表示。

(6)路面类型:《公路工程技术标准》(JTG B01—2003)不再提及路面等级,而是根据国际惯例直接按路面铺装材料进行分类,因此,应按新技术标准规定的分类进行统计,调整情况如下:

①有铺装路面:即原高级路面。但要将沥青混凝土路面和水泥混凝土路面分别填报,其中水泥混凝土路面为原高级路面里程中的水泥路面里程,沥青混凝土路面为原高级路面里程减去水泥路面里程。

②简易铺装路面:即原次高级路面,包括沥青贯入式、沥青碎石、沥青表面处治路面。

③未铺装路面:即原中级路面、低级路面和无路面,包括级配碎(砾)石路面、泥结碎(砾)石路面、水结碎石路面、填隙碎石路面及其他粒料路面。

(7)公路桥梁=永久性+半永久性+临时性=特大桥+大桥+中桥+小桥;桥梁长度是指"桥梁全长",具体规定为:有桥台的桥梁应为两岸桥台侧墙或八字墙尾端间的距离;无桥台的桥梁应为桥面长度。

《公路工程技术标准》(JTG B01—2003)将特大桥、大桥划分标准进行了调整,新建桥梁的统计必须按新标准执行。原有桥梁的调整问题,各地应根据各自实际情况逐步按新标准进行调整。为保持数据的连贯性,对于历史库中的数据(上年底基数),应保持原数据不变,只按改建变更其特大桥、大桥类型。

桥梁、涵洞按跨径分类标准如下表：

桥涵分类	多孔跨径总长 L(m)	单孔跨径 L_K(m)
特大桥	$L>1000$	$L_K>150$
大桥	$100\leqslant L\leqslant 1000$	$40\leqslant L_K\leqslant 150$
中桥	$30<L<100$	$20\leqslant L_K<40$
小桥	$8\leqslant L\leqslant 30$	$5\leqslant L_K<20$
涵洞	—	$L_K<5$

注：①单孔跨径系指标准跨径。

②梁式桥、板式桥的多孔跨径总长为多孔标准跨径的总长；拱式桥为两岸桥台内起拱线间的距离；其他形式桥梁的桥面系车道长度。

③管涵及箱涵不论管径或跨径大小、孔数多少，均称为涵洞。

④标准跨径：梁式桥、板式桥以两桥墩中线间距离或桥墩中线与台背前缘间距为准；涵洞以净跨径为准。

(8)公路隧道＝特长隧道＋长隧道＋中隧道＋短隧道。

《公路工程技术标准》(JTG B01—2003)对中隧道、短隧道的划分进行了调整，其他指标保持不变。隧道分类的调整问题参照桥梁进行。

隧道按长度分类标准如下表：

隧道分类	特长隧道	长隧道	中隧道	短隧道
隧道长度 L(m)	$L>3000$	$3000\geqslant L>1000$	$1000\geqslant L>500$	$L\leqslant 500$

(9)互通式立交桥：上下各层公路之间用匝道或其他方式连通的立体交叉，其桥梁的长度以路线前进方向主线上的桥梁长度为准进行统计。

二、公路密度及通达情况统计表(交行统5表)

1.本表目的：反映公路密度及乡(镇)、行政村公路通达情况。

2.填报说明：

(1)公路密度：指一定区域内公路总里程与该区域国土面积或人口之比，计算公式为：

公路密度(按国土面积计算)＝公路里程数(公里)/国土面积(百平方公里)

公路密度(按人口计算)＝公路里程数(公里)/人口数(万人)

人口数以国家公布上年末人口数为准。

(2)通公路情况：

公路通达：包括因村道而通达的乡镇和行政村。

通公路的乡(镇)：公路通达乡(镇)政府所在地的乡(镇)。

通公路的村：公路通达或穿越该村所在地的行政村。

通未铺装路面情况：是指通公路的乡镇、行政村中，公路路面类型为未铺装路面的乡镇、行政村数量。

通公路的乡镇、行政村数量＝通有铺装路面(高级)数量＋通简易铺装路面(次高级)＋通未铺装路面情况。各地在进行统计时，可以按通公路的路面类型分别进行统计。

乡镇数和行政村数原则上与去年数变化不大，变化较大的数据，必须进行认真核实。

(3)区划名称要求省级单位填写到地、市级，地、市级单位填写到县级。

三、公路路线基本情况明细表(交公路21表)

1.本表目的：反映全国国道、省道公路明细信息，基本满足部行业管理和对社会发布出行信息的需要。

2.填表范围:所有纳入行政等级为国道、省道的公路。

3.填报说明:

(1)本表按公路所属路线行政等级从高到低、路线编号从小到大顺序填报。

(2)本表应按公路的技术等级、路面类型、行车道数、是否为重复路段、是否为城管路段、是否为断头路段、是否为断链以及大中城市出口分线分段进行填报。

(3)"路线名称"、"路线编号"按《公路路线标识规则》(917.1~917.2—2000)、《关于做好全国路线命名、编号及里程桩标识等工作的通知》(公普办字[2000]002号)及相关规定填报。路线名称还应填写地方名称。如:G210标准名称为"包南线",陕西部分路段地方名称为"西万公路";G320标准名称为"沪瑞线",安徽省部分路段地方名称为"合宁路";北京市八达岭高速公路,其"路线名称"及"地方名称"准确填写法应为"丹拉线"和"八达岭高速";"路线编号"为"G025"。"路线编号"只填写一位字母码(G、S、X、Y、Z)加三位数字码。

(4)所在行政区划代码填写到县级。

(5)国道路段的起点、止点桩号应按照《关于下发全国国道桩号传递实施方案的通知》(交公路发[2002]340号)规定范围填报;其他公路的起点、止点桩号按照本省路网的桩号从小到大填报。

(6)路段的起点、止点名称应填写县级行政区划名称加小地名,如"某县某地"。

(7)国道、省道的里程及相关数据应与交行统1表保持一致。

(8)断链类型:填写"长链"或"短链"。

4.分离式路段、重复路段、断链的填报说明

(1)分离式路段的填报方法

分离式路段的路线代码按主路的路线代码采集。下行路段数据按照单独路线采集相关数据,路线代码中的G、S、X、Y分别用H、T、J、N替代,其他的采集要求与主路相同。

(2)重复路段的填写方法

"重复路线代码"是指此段路所重复的路线编号,仅填写重复的路线中等级最高的路线编号。

(3)断链的填写方法

断链是公路路线局部改线或分段测量等原因造成的桩号不连接的现象。断链在填写的时候作为单独路线采集相关数据,路线的编号采用"四位路线编号+D+三位识别码"的方式填报,如G101在63公里处有一断链,断链值为3,正确的填法应为:"路线编号"记录为G101D001,"路段起点桩号"记录为63,"路段起点名称"记录为断链桩号处的地名,"里程"记录为3,"断链类型"记录为长断,其他技术属性信息按此路段的实际情况填写;如果为短链,仅需填写"路线编号"、"路段起点桩号"、"路段起点名称"、"里程"、"断链类型"几项即可,其他技术属性信息不填。

四、公路路线汇总情况明细表(交公路22表)

1.本表目的:反映各地县道、乡道和专用公路基本情况。

2.填表范围:所有纳入统计年报的行政等级为县道、乡道和专用公路的公路。

3.填报说明:

(1)本表按公路所属路线行政等级从高到低、路线编号从小到大顺序填报。

(2)本表按路线分条进行填报,即一条路线一行。

(3)本表内相关统计数据应与交行统1表保持一致。

(4)有条件的省份可以按照交公路21表的表式及要求填报县道、乡道和专用公路的基本情况。

五、高速公路服务信息表(交公路23表)

1.本表目的:反映全国高速公路服务情况,基本满足部行业管理和对社会发布出行信息的需要。

2.填报范围:所有已建成通车高速公路的服务信息情况。

3.填报说明:

(1)本表按公路所属路线行政等级从高到低、路线编号从小到大顺序填报。

(2)“路线编号”、“路线标准名称”按《公路路线标识规则》(917.1~917.2—2000)、《关于做好全国路线命名、编号及里程桩标识等工作的通知》(公普办字[2000]002号)及相关规定填报。“路线地方名称”填写地方上常用的名称,如:G035标准名称应为“青银线”,河北部分路段地方名称应为“石太高速”,山西部分路段地方名称为“太旧高速”。

(3)所在行政区划代码填写到县级。

(4)管理、经营单位:指高速公路的管理养护单位或经营企业名称,是具有独立法人资格的管理经营单位。

(5)服务设施类型:填写“出口”、“入口”、“出入口”或“服务区”。

(6)桩号:填写高速公路上的实际标识里程。

(7)服务区位置:填写“* *(地名)—* *(地名)方向”或“双向”。地名的要求如下:

国道主干线填写高速公路通达的两个省会级城市或省会级城市与地市级城市名称。如:“京沈高速”的服务区位置填写“北京—沈阳方向”或“沈阳—北京方向”;“沈大高速”的服务区位置填写“沈阳—大连方向”或“大连—沈阳方向”;

其他高速公路可参照国道主干线执行,但所填地名原则上应至少填至地市级,对于没有途经两个地市的高速公路,应填写知名度较高的两个地名。如浙江省“金丽温高速”的服务位置填写“杭州—温州方向”或“温州—杭州方向”;河北省“唐港高速”的服务区填写“唐山—唐山港方向”或“唐山港—唐山方向”。

(8)服务内容:填写住宿、加油、汽车修理或餐饮,也可选择多项。

六、特大型桥梁、危险桥梁、特长隧道及长隧道明细表(交公路24、25、26表)

1.本表目的:反映所有特大型桥梁、危险桥梁、特长及长隧道的基本情况。

2.填报范围:本行政区域内所有特大型桥梁、危险桥梁、特长隧道及长隧道。

3.填报说明:

(1)本行政区域内所有特大型桥梁、危险桥梁、特长隧道及长隧道应逐座填报,表中合计数应与交行统2表~3表中的相关指标栏内的合计数字相一致。

(2)桥梁所跨地物:公路桥梁所跨地物的名称,其中所跨地物为河流的,应填写具体的河流名称。

(3)荷载等级:新建桥梁按新标准执行,原有的桥梁维持原标准。

(4)危险桥梁应为按照《公路桥涵养护技术规范》(JTG H11—2004)相关规定进行评定。

七、公路水毁损失情况统计表(交公路27表)

1.本表目的:反映公路及公路构造物等的水毁情况和因水毁造成的损失情况。

2.填报范围:各地公路部门列养的公路,含国、省、县、乡公路,及公路交通部门管养的专用公路。

3.填报说明：

(1)水毁数量是指当年水毁发生以来至报告期的水毁累计数。

(2)水毁损失的金额系指被毁构造物的现值,不包括修复时提高标准以及临时修的便桥、便道费用。

(3)水毁数量中的“/”前后内容应按照项目的计量单位填写。

(4)“国道、省道中断条数的明细”的填写方式为“路线编号/中断处数、路线编号/中断处数……”,且合计与汇总数保持一致。如国道、省道公路中断次数为“10处/3条”,明细数可填写为“G101/2、G320/4、S109/4”,其中10处=2+4+4、3条中断的公路为G101、G320、S109。

(5)平时水毁报表也应按本表式填报并附断交公路的详细情况说明。

八、公路标志、标线情况统计表(交公路28表)

1.本表目的:反映公路标志的设置情况及公路标线划设情况。

2.填报范围:各地公路部门所管养的国、省、县、乡公路及代管的专用公路,包括县乡公路管理处、高速公路公司、经营企业所管养的公路。

3.填报说明：

“公路标志设置情况”,“公路标线划设情况”中的“齐全”是指符合国标GB5768标准的路段。

九、公路绿化情况统计表(交公路29表)

1.本表目的:反映已绿化情况及当年公路绿化工程、更新采伐情况及资金投入情况。

2.填表范围:各地公路部门所管养的国、省、县、乡公路及代管的专用公路,包括县乡公路管理处、高速公路公司、经营企业所管养的公路。

3.填报说明：

(1)可绿化里程是指在公路用地范围内,能栽植和自然生长乔木、灌木或花草的路段。

(2)已绿化里程是指截止本年底按设计标准栽植了乔木、灌木或花草,成活率和保存率分别达到标准要求,生长正常的路段。

(3)已绿化里程=乔木里程+花灌木里程+草坪里程(花灌木含绿篱)。

(4)对于同时栽植了乔木、花灌木的路段,以主要植树品种进行统计。

(5)本表中的公路总里程、可绿化里程、已绿化里程的合计数,要与交行统1-2表中相关栏内数据一致。

十、公路养护质量统计表(交公路30-1、30-2表)

1.本表目的:主要反映公路养护质量和路况情况。

2.填报范围:各地公路部门及其他公路管养部门(县乡公路管理处、高速公路公司、经营企业等)养护的公路里程。

3.填报说明：

(1)交公路35-1表填报“普通公路”情况,即不含高速情况;交公路35-2表填报“高速公路”情况。

(2)列养里程:指经常性、季节性养护的公路里程。

(3)全部养护里程应按月检查评定,养护总里程≥实际评定里程。

(4)因水毁断道月末仍未通车的按差等路填列,并予注明。

(5)正在大修和改建的路段不参加评定。

(6)计算关系：

好路率(%) = {优等路里程 + 良等路里程(km)}/实际评定的养护里程(km) × 100%

养护质量综合值 = (优等路里程 × 100% + 良等路里程 × 80% + 次等路里程 × 50% + 差等路里程 × 20%)/实际评定的养护里程

(7)高速公路养护质量评定按照《高速公路养护质量检评方法(试行)》(交公路发〔2002〕572 号)进行。

(8)高速公路养护质量根据 MQI(高速公路养护质量指数)的计算结果分为优、良、中、次、差 5 个等级。具体情况如下:

高速公路养护质量标准

评价等级	优	良	中	次	差
MQI	≥90	≥80, <90	≥70, <80	≥60, <70	<60

(9)次差路率(ROP)计算公式为:

ROP = 100 × (次等路里程 + 差等路里程)/检测里程 × 100%。

十一、公路养护情况统计表(交公路 31-1 表)

1.本表目的:反映各地公路管理、养护情况。

2.填报范围:各地公路部门及其他公路管养部门,包括县乡公路管理处、高速公路公司、经营企业等所管养的公路里程。

3.填报说明:

养路费养护里程:用汽车养路费养护的公路里程。

通行费养护里程:用通行费养护的公路里程。

其他养护里程:除养路费和通行费养护里程以外的养护里程。包括民工建勤养护里程,拖拉机等小型机车养路费及地方财政养护的公路里程等。

养护里程 = 国道养护 + 省道养护 + 县道养护 + 乡道养护 + 专用公路养护里程
= 养路费养护里程 + 通行费养护里程 + 其他养护里程
= 经常性养护 + 季节性养护

本表养护里程合计数应与交行统 1-2 表中相关栏内合计数一致。

十二、公路养护情况统计表(交公路 31-2 表)

1.本表目的:反映本年公路养护工程的完成和各项工程的资金投入情况。

2.填报范围:各地公路交通部门所管养的公路。

3.填报说明:

(1)新建工程项目和高速公路改建项目(如由原 4 车道改建为 6 或 8 车道),应按固定资产投资渠道统计填报,不属本表填报范围。

(2)公路养护工程总投资 = 小修保养投资 + 中修工程投资 + 大修工程投资 + 改建工程投资。

(3)小修保养:对公路及沿线设施经常进行维护保养和修补轻微损坏部分的作业。

(4)中修工程:对公路及沿线设施的一般损坏进行修理加固,更换或局部改善,以恢复公路原有技术状况的工程。

(5)大修工程:对公路及沿线设施的较大损坏进行周期性的综合修理,以全面恢复到原技术标准的工程。

(6)改建工程:对公路及沿线设施进行改造,以局部或全面提高技术等级的工程项目。具体定量指标参照《公路养护工程管理办法》(交公路发〔2001〕327 号)。

(7)本年投资中的养路费数应与本辖区养路费用于公路养护的决算数保持一致。

十三、公路管理养护机构及职工统计表(交公路35表)

1.本表目的:反映公路管理机构及养护工区(站、道班)人员情况,以及公路经营企业数量。

2.填报范围:各地公路管理机构、交通主管部门下设的负责地方公路养护的机构及公路经营企业。

3.填报说明:

(1)行政区划名称要求填写到地、市级。

(2)养护工区(站、道班)填写交通主管部门、公路管理机构或地方政府负责管理的数量。

(3)养护企业填写养护运行机制改革后,按照《公司法》等相关法律成立的,具有独立法人资格的养护企业数量。

(4)收费公路经营企业是指经营性收费公路企业的个数。包括:外商独资、中外合资、转让经营权和企业利用国内外贷款修建的公路,收费票据是税务票据。

(5)"公路管理机构"是指省、地市级、县级公路局(处、段),即负责养护和管理国道、省道及部分重要县乡公路的管理机构;"交通主管部门下设机构"是指地市级、县级交通局下设的,负责地方公路养护的管理机构,地市级、县级交通局不设地方公路养护管理机构的,栏目不填。

省交通厅,地市、县交通局机关的人员不纳入统计范围。

(6)管理人员是指公路管理机构(部门)中的行政管理人员和技术管理人员;工程技术管理人员包含于技术管理人员中,是指具有公路专业的技术职称的人员。

(7)养护企业、收费公路经营企业中的人员不纳入公路职工统计。

十四、公路养路机具统计表(交公路40表)

1.本表目的:反映养路机械的拥有量。

2.填报范围:各地公路部门及其他公路管养部门(县乡公路管理处、高速公路公司、经营企业等)的公路养护机械拥有量。

公路密度及通达情况统计表

表　　号：交行统5表
制表机关：交通部
批准机关：国家统计局
批准文号：国统函〔2004〕61号
有效期截至：2007年10月

填报单位：　　　　　　　　年

行政区划名称	编号	公路密度		乡(镇)通达情况					行政村通达情况				
		以国土面积计算	以人口计算	乡镇总数	通公路数	通公路所占比重	通未铺装路面数	通未铺装路面所占比重	行政村总数	通公路数	通公路所占比重	通未铺装路面数	通未铺装路面所占比重
		公里/百平方公里	公里/万人	个	个	%	个	%	个	个	%	个	%
甲	乙	1	2	3	4	5	6	7	8	9	10	11	12

单位负责人：　　　统计负责人：　　　填报人：　　　填报日期：

206.关于印发全国高效率鲜活农产品流通“绿色通道”建设实施方案的通知

（2005年1月13日　交通部、公安部、农业部等七部委　交公路发〔2005〕20号）

各省、自治区、直辖市交通厅、公安厅、农业厅、商务主管部门、发展改革委、物价局、经委（经贸委）、财政厅、纠风办：

为了贯彻落实中共中央、国务院《关于促进农民增加收入若干政策的意见》，根据国务院的要求，交通部、公安部、农业部、国家发展改革委、财政部、国务院纠风办联合制定了《全国高效率鲜活农产品流通“绿色通道”建设实施方案》，现印发给你们，请结合本地实际，认真组织实施。

全国高效率鲜活农产品流通“绿色通道”建设实施方案

建立顺畅、便捷的鲜活农产品流通网络对促进农产品流通和农民增收具有重要意义。从1995年起，全国先后建成了山东寿光至北京、海南至北京、海南至上海、山东寿光至哈尔滨等四条蔬菜运输“绿色通道”，穿越全国18个省(市、区)，总里程达到1.1万公里。除此之外，一些省(市)也相继建立了具有区域特点的鲜活农产品公路运输“绿色通道”。这些“绿色通道”的开通，对提高农产品流通效率、促进农民增收起到了积极作用，为农村经济的发展注入了新的生机和活力。为了贯彻落实中共中央、国务院《关于促进农民增加收入若干政策的意见》，在全国建立高效率的鲜活农产品流通“绿色通道”，支持鲜活农产品运销，为农民增收创造条件，制定本实施方案。

一、建立全国鲜活农产品流通“绿色通道”的指导思想和原则

(一)指导思想

以“三个代表”重要思想为指导，树立和落实以人为本和全面、协调、可持续的发展观，统筹城乡发展，积极支持鲜活农产品合法运输，以快捷、顺畅、低成本的流通促进农村经济发展和农民增收。至2005年底，基本建成全国鲜活农产品流通“五纵二横”的“绿色通道”网络，提高鲜活农产品的运输效率。

(二)工作原则

1.合理布局，完善网络。以现有国道网为基础，对全国鲜活农产品流通“绿色通道”进行合理布局，构建连接全国主要产销区的“绿色通道”网络，实现鲜活农产品全程顺畅流通，充分发挥市场在资源配置中的基础性作用。

2.突出重点，稳步推进。根据《公路法》、《道路交通安全法》、《收费公路管理条例》等法律法规的有关规定，以提高鲜活农产品跨区域流通效率为重点，完善各项配套政策，精心组织，积极稳妥地推进全国鲜活农产品流通“绿色通道”建设工作，切实改善鲜活农产品流通环境。

二、建立全国鲜活农产品流通“绿色通道”的主要内容

(一)构建全国鲜活农产品主要产销区之间“绿色通道”网络

以现有国道网为基础，结合主要鲜活农产品的流量和流向，在全国建立布局为“五纵二横”的“绿色通道”网络。

具体走向和控制点如下：

附：“五纵二横”鲜活农产品“绿色通道”网布局表

(二)统一界定鲜活农产品的范围

“绿色通道”网络内运输的鲜活农产品是指新鲜蔬菜、水果，鲜活水产品，活的畜禽，新鲜的肉、蛋、奶。

不属于鲜活农产品范围，不适用全国“绿色通道”运输政策的产品包括：畜禽、水产品、瓜果、蔬菜、肉、蛋、奶等的深加工产品及花、草、苗木、粮食等。

(三)制定切实措施，确保“绿色通道”通畅

1.加强公路养护，确保网络畅通。对于国家规定的“绿色通道”，各级公路管理机构要切实

加强管理，做好公路养护工作，保证路面质量，提高通行效率。

2.规范路面执法行为，保证鲜活农产品的及时运销。绿色通道上整车运输鲜活农产品的车辆，必须自觉遵守《公路法》、《道路交通安全法》、《道路交通安全法实施条例》、《道路运输管理条例》、《收费公路管理条例》等有关法律法规的规定。各地公安、交通部门在路面执勤执法中，对整车运输鲜活农产品的车辆没有违反道路通行规则的交通违法行为的，不得随意拦车检查；有超限超载等违法行为的，公安、交通部门要严格按相关规定及时予以处理，不得长时间滞留车辆；对有超速行驶等其他严重危及交通安全行为的，公安部门要按照简易程序规定当场处罚，及时放行。

3.继续加大"绿色通道"网络内公路收费站点的清理整顿力度。各级交通部门要严格按照《收费公路管理条例》和《国务院办公厅关于治理向机动车辆乱收费和整顿道路站点有关问题的通知(国办发(2002)31号)》的要求，加大对公路收费站的清理整顿工作力度，坚决撤销不符合国家规定的站卡，接受社会监督。

4.为整车并合法装载运输鲜活农产品的车辆提供便利。在国家规定的"绿色通道"上，各省级人民政府根据《收费公路管理条例》的规定，可对整车并合法装载运输鲜活农产品的车辆予以降低或免收通行费，并将通行费的收费标准向社会公示，不得实行省内外差别政策，具体办法由省级人民政府制定。有条件的收费站要开辟"绿色通道"专用道口，以确保畅通。非整车或违法装载的鲜活农产品运输车辆不得通过专用道口，一经发现，要予以严肃查处。

5.加快农村公路网建设，为鲜活农产品运销提供基础性支持。通过完善农村公路网络，增加农村公路的通达性和通畅性，为鲜活农产品的运销提供基础性条件，实现农产品生产基地和产地批发市场的快速连接，加快鲜活农产品的流通。

6.加强源头管理，确保鲜活农产品运输业户守法经营。各级道路运输管理机构要深入主要农产品的主产区、集散地，在当地政府领导下，对主要农产品种类、销往地区、运输路线和长期从事鲜活农产品运输的业户情况进行调查摸底，登记造册，建立信誉档案。要加强对农户、车主和装载配货单位以及承运驾驶人员的教育，增强农户和承运驾驶人员的守法意识，杜绝超载、超限和其他违规运输行为，确保鲜活农产品运输车辆合理装载和运输业户守法经营。

7.采取综合措施，促进鲜活农产品顺畅流通。培育和发展规模化、大型化的鲜活农产品交易批发市场，逐步建成覆盖全国、具有保障食品卫生质量、符合环保要求的鲜活农产品销售网络体系。以鲜活农产品生产基地、批发市场为依托，加快农业信息化建设。通过网络、媒体、公告牌等形式及时为农民提供鲜活农产品的市场供需信息，以市场为导向对农民生产的农产品品种和规模进行合理指导，保证产品适销对路。

8.引导和培育规模化的鲜活农产品流通中介组织。利用中介组织积极开拓市场，促进营销，并为农户提供技术、品种、供需信息服务。逐步实现农业生产的规模化和集约化，提高农业生产的组织化程度。建立健全鲜活农产品质量安全检验检测体系，加强对产地批发市场的鲜活农产品源头卫生检疫和有害物残留检测，杜绝不符合食品卫生安全标准的鲜活农产品进入绿色通道。加强对鲜活农产品市场流通体系的监管，构建合理的流通市场机制和结构，对鲜活农产品营销企业和营销户进行合理引导和管理，为鲜活农产品流通创造健康的流通环境。

三、组织实施

(一)时间安排

建立全国鲜活农产品流通"绿色通道"工作从2005年开始，具体分为两个工作阶段。

1.准备阶段(2005年3月31日前)

对“绿色通道”建设工作进行调查摸底。各省(区、市)交通、公安、农业、商务、发展改革(经贸)、价格、财政、纠风等部门要依据各自职责,在省级人民政府的统一领导下,根据实际情况,研究制订本地区“绿色通道”建设方案。

2.组织实施阶段(2005 年 4 月至 12 月)

广泛宣传,积极推进全国“绿色通道”建设工作,认真抓好各项措施的具体落实。交通部、公安部、农业部、商务部、发展改革委、财政部、国务院纠风办七部门联合成立全国鲜活农产品“绿色通道”工作小组,负责全国鲜活农产品流通“绿色通道”建设的组织和协调工作。各省(区、市)要在省级人民政府的统一领导下,建立相应的协调工作机制,负责本省(区、市)所辖“绿色通道”的组织实施工作。至 2005 年底,基本建成“五纵二横”的“绿色通道”网络,并组织进行检查验收。

(二)职责分工

1.交通部、公安部和国务院纠风办根据政策实施要求,以保证鲜活农产品运输通道的便捷、高效、通畅为主要目的,结合治理公路“三乱”工作,加强对路面执法的有效监督,保证“绿色通道”网络的通畅。

2.交通部会同发展改革委、财政部,继续加快农村公路建设,为鲜活农产品的运销提供基础性条件,实现农产品生产基地和产地批发市场的快速连接,加快鲜活农产品的流通。

3.各省(区、市)的交通、公安、农业、商务、发展改革(经贸)、价格、财政、纠风等相关部门在省级人民政府的统一领导下,制定本辖区的实施方案,并按照各自的职能抓好各项政策的具体落实。

(三)监督检查

1.交通部、公安部、农业部、商务部、发展改革委、财政部、国务院纠风办等部门按照各自的职能,对政策执行情况进行跟踪和监督,保证各项政策落到实处。

2.各省(区、市)交通、公安、农业、商务、发展改革(经贸)、价格、财政、纠风等部门在省级人民政府的统一领导下,按各自的职能负责监督本地区建设鲜活农产品流通“绿色通道”各项政策的贯彻和执行情况,制止和查处各种影响“绿色通道”畅通的行为。

附:全国鲜活农产品“绿色通道”布局图(略)

附表

“五纵二横”鲜活农产品“绿色通道”网布局表

五纵：

路线	里程 km	主控点	涉及国道
银川—昆明	2700	银川—成都—昆明	G109/G213
呼和浩特—南宁	3000	呼和浩特—西安—重庆—贵阳—南宁	G209/G307/G210
北京—海口 长沙—南宁连接线	4345	北京—石家庄—郑州—武汉—长沙—广州—海口；长沙—南宁	G107/G325/G207/G322
哈尔滨—海口 天津—北京连接线	5500	哈尔滨—长春—沈阳—天津—济南—合肥—南昌—广州—海口；天津—北京	G102/G205/G309/G104/G206/G320/G105/G325/G207/GL03
上海—海口 鹰潭—常山连接线	2500	上海—梅州—深圳—广州—海口	G320/G205/G325/G207
合计	18045	—	—

二横：

路线	里程 km	主控点	涉及国道
连云港—乌鲁木齐 西宁—兰州连接线	4140	连云港—徐州—郑州—西安—兰州—乌鲁木齐； 西宁—兰州	G310/G312
上海—拉萨	4800	上海—南京—合肥—安庆—武汉—成都—拉萨	G312/G206/G318
合计	8940	—	—

（注：全国鲜活农产品“绿色通道”布局图附后）

在“绿色通道”线路上逐步设置样式统一的标识标志（样式见下图），方便鲜活农产品运输车辆选择出行。

绿色通道
银川—昆明

（注：标识牌为绿底白字，形状为长方形，尺寸参照《道路交通标志和标线》（GB 5768—1999）中关于指路标志的规定执行。）

207.关于开展全国鲜活农产品流通“绿色通道”示范通道建设工作的通知

(2005年9月7日　交通部　交公路发〔2005〕407号)

今年1月,我部会同公安部、国务院纠风办等7部门联合下发了《全国高效率鲜活农产品流通‘绿色通道’建设实施方案》。为推进全国鲜活农产品流通绿色通道建设工作,加快全国“五纵二横绿色通道”网络建设的进程,经7部门共同研究,决定将“五纵二横绿色通道”网络中的第四纵“哈尔滨—海口线”作为部级示范通道组织实施,以此带动和促进全国“绿色通道”建设。为进一步做好示范通道的组织实施工作,现将有关事宜通知如下:

一、示范通道的线路

“哈尔滨—海口线”途经黑龙江、吉林、辽宁、河北、天津、山东、江苏、安徽、江西、广东、海南等11个省(市),涉及G102、205、309、104、206、320、105、325、207等9条国道,全长约5500公里。示范通道为两条路线同步建设(具体走向见附件),一是以原普通国道为主线路(简称“原国道线路”);二是以高速公路为主线路(简称“高速线路”)。各地在确定线路时,应充分考虑鲜活农产品运输车辆的实际需求,体现示范通道“快捷、顺畅”的建设原则。

二、示范通道的建设时间

(一)动员和部署(8月下旬)。统一思想,明确和部署示范通道建设任务。各地研究制订具体的实施方案。

(二)组织和实施(9月上旬至10月中旬)。各地在前一阶段工作的基础上,按要求组织、落实示范通道建设的各项工作。其间,我部将会同有关部门适时对示范通道的建设情况进行督查,确保按时完成建设任务。

(三)验收和开通(10月下旬)。我部将会同有关部门对示范通道建设工作进行抽查和验收,并举办开通仪式。

三、示范通道的建设要求

(一)加强养护,保障畅通。各级交通主管部门要按照文明样板路的标准,做好通道管护工作,做到路况良好、路容整齐、标志明显、绿化美化,保障行车畅通。同时,积极创造条件,为鲜活农产品运输车辆通行提供优质服务。

(二)规范执法,杜绝“三乱”。绿色通道上整车运输鲜活农产品的车辆,必须自觉遵守《公路法》、《道路交通安全法》、《道路交通安全法实施条例》、《道路运输管理条例》、《收费公路管理条例》等有关法律法规的规定。交通部门在公路管理执法中,要切实贯彻优先通行的政策。要按照两部一办关于治理公路“三乱”工作的各项要求,严格规范执法人员行为,杜绝公路“三乱”现象。对运输鲜活农产品的车辆没有明显违反法规的,不得随意拦车检查。

(三)统一标识,方便使用。示范通道沿线的省际、公路名称发生变化,以及沿线主要出入口或交叉口处设置样式统一的“绿色通道”标识标志(样式见下图)。

公路收费站要设置明显的“绿色通道”指示标志,引导鲜活农产品车辆通行指定车道。

(四)公开政策,便利通行。在示范通道沿线的醒目位置设置公示牌。公示内容包括:鲜活农产品的种类、地方政府出台的“绿色通道”优惠政策、规范执法的规定、咨询与举报电话等。示范通道线路上对鲜活农产品运输车辆的通行费优惠政策由沿线省级人民政府根据《收费公路管理条例》的有关规定制定。

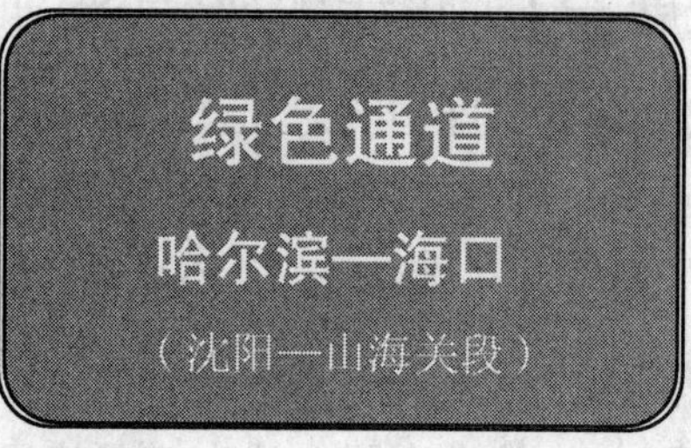

（注：标识牌为绿底白字，形状为长方形，尺寸参照《道路交通标志和标线》（GB 5768—1999）中关于指路标志的规定执行。）

（五）消除省内外车辆的政策差别。对不同省（市、区）运送鲜活农产品的车辆应同等享受通行费减免政策，在“五纵二横绿色通道”网络上不得实行省内外差别政策。享受鲜活农产品运输“绿色通道”政策的货运车辆在经过公路收费站（点）时必须按指定车道通过，并积极配合公路收费站（点）做好运输产品的核验工作。对鲜活农产品运输车辆，全国不发放统一的通行（标识）证，各地已发放的通行（标识）证只在本辖区有效。凡拒绝通过指定车道，或拒不接受核查的车辆，不得享受“绿色通道”优惠政策。对假冒鲜活农产品运输车辆骗取优惠政策的，一经发现，要依据有关法律、法规给予严肃处理。

（六）加大宣传和教育力度。一是要通过电视、广播、报刊等媒体宣传及悬挂标语、横幅，张贴海报、制作版报等形式进行宣传。在各乡镇、村屯，公路、桥梁、渡口、隧道收费站，以及水果、蔬菜、畜禽产品、水产品集贸市场、果园的显著位置张贴海报，宣传“绿色通道”的各项政策措施，使鲜活农产品运输“绿色通道”建设工作家喻户晓。二是按照开通“绿色通道”的要求，对执法人员进行一次再教育，进一步提高上路执法人员的业务综合素质和为民的服务意识，为鲜活农产品运输创造便利条件。三是加强对运送鲜活农产品车辆的源头管理。主动与货主单位、承运单位和批发市场建立联系，向承运单位和人员宣传有关政策规定，使他们自觉遵守交通法规，依法装载、合法运营。对于违规装运、超载运输的车辆，要采取措施在源头纠正。

（七）加强对超限超载车辆的管理。运送鲜活农产品的车辆，应当合法装载。有超限超载违法行为的鲜活农产品运输车辆，不应享受通行费优惠政策。各级交通主管部门在执法过程中，发现鲜活农产品车辆超限超载的，要记录驾驶人、车辆和违法行为等情况，教育或者警告后尽快放行，不得滞留车辆、卸载和罚款。记录的交通违法行为等信息，由省级交通主管部门汇总。对属于本省（自治区、直辖市）的车辆和驾驶人，在30日内通知车辆登记所在地或始发地交通主管部门依法处罚，并将违章记录载入车辆档案；对属于外省（自治区、直辖市）的车辆和驾驶人，在40日内集中转递到所属省级交通主管部门，由车辆登记所在地交通部门依法处罚和教育，并将违章记录载入车辆档案。对于超限超载违法记录次数超过3次的营运驾驶员，有关道路运输管理机构要责令其参加不少于一周的货运法律法规、货物装载等基本知识的培训，并给予考核。

开通鲜活农产品运输“绿色通道”，对于搞活鲜活农产品流通，促进农业发展、农民增收、农村稳定具有十分重要的意义。各级交通主管部门必须高度重视，要把开通鲜活农产品运输“绿色通道”作为实践“三个代表”重要思想、坚持执政为民的具体行动，切实抓紧抓好。要加强督促检查,对不认真贯彻执行“绿色通道”有关政策的单位和个人,要严肃批评;对拒不贯彻执行的,要严肃查处。对开通鲜活农产品运输“绿色通道”工作中出现的问题,要本着及时、有效的原则妥善处理,以确保鲜活农产品运输“绿色通道”顺畅。

附

哈尔滨—海口线示范通道的线路走向

1.原国道线路走向:从黑龙江省哈尔滨市出发,沿国道102,经过吉林省长春市、辽宁省沈阳市,到达河北省秦皇岛市,后转国道205,经过天津到达山东省滨洲市庆云县,至滨洲市转省道803到达淄博市,再转国道309到达山东省济南市,后转国道104经枣庄市到达江苏省徐州市,转国道206经过安徽省合肥、安庆,到达江西鹰潭,后转国道320到达江西南昌,再转国道105,到达广州市,后转国道325,到达广东湛江,转国道207,到达海安,跨琼州海峡到达海口。

2.高速线路走向:从哈尔滨出发,沿G010(长哈高速),经双城、德惠,进入吉林,沿G010到达吉林长春、四平,进入辽宁,经铁岭,到达沈阳,转G025(京沈高速),到达河北秦皇岛,经过抚宁、卢龙、唐山,在唐津市转G025A(津唐高速),到达天津,转国道205,经过黄骅、庆云、滨州,后转滨博高速到达淄博,再转G035(济青高速),到达济南北绕城高速,后转G020(京福线),经山东泰安、枣庄、江苏徐州、安徽宿州、蚌埠、合肥,到达安庆,在怀宁转入国道206,经江西景德镇,到达江西鹰潭,后转G065(沪瑞线),到达江西南昌,在新余昌傅出口,转入赣粤高速公路,经江西吉安、赣州,在龙南转入国道105,经连平、新丰、从化到达广州,后转入G010(同三线),经佛山、江门、阳江、茂名,到达湛江,后转国道207,到达海安,跨琼州海峡到达海口。

208.关于开通"哈尔滨至海口"鲜活农产品流通"绿色通道"的公告

（2005 年 11 月 1 日　交通部　部公告〔2005〕第 15 号）

为支持农业发展，切实改善鲜活农产品的流通环境，促进农民增收，在全国构建高效率、低成本的鲜活农产品运输网络，根据交通部、公安部、农业部、商务部、国家发展和改革委员会、财政部、国务院纠风办等七部门《全国高效率鲜活农产品流通"绿色通道"建设实施方案》和交通部《关于开展全国鲜活农产品流通"绿色通道"示范通道建设工作的通知》要求，在沿线各省级人民政府的统一领导下，在各有关部门的支持配合下，全长 5500 公里的"哈尔滨至海口"鲜活农产品流通"绿色通道"按期建成，并于 2005 年 11 月 5 日起全线开通。现公告如下：

一、通道路线走向

按照路网功能和技术等级构成"哈尔滨至海口"鲜活农产品流通"绿色通道"由两条路线(含部分重复路段)组成。

(一)国省道路线走向：

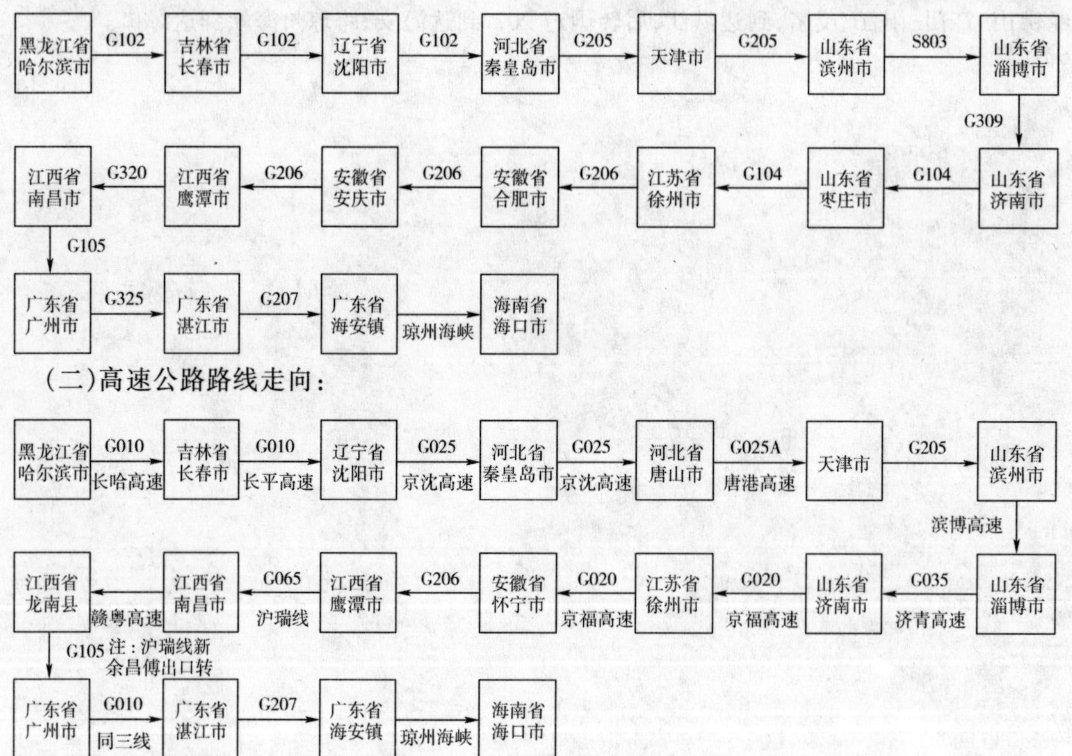

(二)高速公路路线走向：

二、适用于"绿色通道"运输政策的鲜活农产品为：新鲜蔬菜、新鲜水果、鲜活水产品、活的畜禽和新鲜的肉、蛋、奶。

三、整车运输鲜活农产品的车辆在“绿色通道”上行驶时，各级交通主管部门应按以下规定给予通行便利：

(一)认真执行沿线省级人民政府为鲜活农产品运输制定的通行费收费标准，不得实行省内外差别政策。

(二)确保收费站开辟的“绿色通道”专用道口安全、畅通，切实提高通行效率。

(三)规范路面执法行为。对于没有违反《公路法》、《道路运输管理条例》、《收费公路管理条例》等法律法规的整车运输鲜活农产品的车辆，交通行政执法人员不得随意拦车检查；对有超限超载等违法行为的，交通行政执法人员要严格按有关规定及时予以处理，不得长时间滞留车辆。

四、鲜活农产品运输车辆的驾驶人员，应自觉遵守公路交通法律法规，不得超限超载或违法运输。当公路收费站(点)监督检查人员对其运输货物进行核验时，应给予积极配合，不得阻挠或拒绝。

五、未通过专用道口，拒不接受核查，或超限超载运输鲜活农产品的车辆，不享受鲜活农产品运输的有关政策规定；非整车或违法装载鲜活农产品运输车辆不得通过专用道口，一经发现，应按有关规定给予严肃查处。

特此公告。

209.关于进一步完善“五纵二横”鲜活农产品流通绿色通道网络实现省际互通的通知

(2006年7月17日　交通部、公安部等七部委　交公路发〔2006〕373号)

2005年以来,各地交通、公安、纠风、农业、商务、发展改革、价格、经贸、财政等部门在当地党委、政府的统一领导下,认真贯彻落实国务院七部委《全国高效率鲜活农产品流通‘绿色通道’建设实施方案》(交公路发[2005]20号,以下简称《方案》),按期建成了全国“五纵二横”鲜活农产品流通绿色通道网络。今年1月,党中央、国务院印发了《关于推进社会主义新农村建设的若干意见》,明确要求“2006年要完善全国鲜活农产品‘绿色通道’网络,实现省际互通”。为贯彻落实中央一号文件精神,进一步做好全国鲜活农产品流通绿色通道网络建设工作,现将有关要求通知如下:

一、充分认识建立和完善全国鲜活农产品流通“绿色通道”网络的重要意义

在全国建立顺畅、便捷、低成本的鲜活农产品流通网络,实现省际互通,对于提高农产品流通效率、促进农民增收和发展现代农业具有重要作用。进一步完善全国鲜活农产品流通“绿色通道”网络,实现省际互通,是党中央、国务院确定的推进社会主义新农村建设的重要举措之一,各地交通、公安、纠风、农业、商务、发展改革、价格、经贸、财政部门要从推进社会主义新农村建设的战略高度,深刻认识建立和完善全国鲜活农产品流通“绿色通道”网络的重要意义,增强责任感和使命感,把这项工作组织好、实施好、落实好。

二、加快推进高速公路“绿色通道”线路建设,提高网络运行效率

高速公路作为公路运输的主通道,在运输能力、通行速度和安全性方面具有突出优势。为提高“绿色通道”网络的运行效率,各地交通、公安、纠风、农业、商务、发展改革、价格、经贸、财政部门,要在确保“五纵二横”绿色通道网络正常运行的基础上,进一步加大工作力度,力争在今年年底前,将与“五纵二横”绿色通道线路平行的已建成高速公路纳入网络。线路的具体走向见附件。

三、加强维护管理,保证网络畅通

各级交通主管部门要继续加强现有通道网络的日常养护管理,及时修复路面病害,做到路况良好、路容整齐、标志明显、绿化美化、安全畅通。要加强通道网络的交通管理,特别是对施工、易堵路段,要加大疏导力度,方便车辆通行,减少交通延误。要通过完善“绿色通道”建设的工作机制,落实工作措施,把“绿色通道”建设成为路况良好、通行有序、安全高效、依法运输的安全路、文明路。对超限违法行为车辆和驾驶人,要将有关信息及时转递给有关部门,对于属于本省(区、市)的车辆和驾驶人,转递时限不得超过30日;对于属于外省(区、市)的车辆和驾驶人,转递时限不得超过40日。对于超限超载违法记录次数超过3次的营运驾驶员,所在地道路运输管理机构要责令其参加不少于一周的货运法规、货物装载等基本知识的培训,并给予考核。

四、加强交通安全管理,依法查处违法行为,确保鲜活农产品运输车辆的通行安全

各地要把维护鲜活农产品运输车辆的交通安全,作为“绿色通道”建设的一项重要工作,完善“五纵二横”绿色通道标志、标线等交通安全设施,确保交通安全。各地交通、公安等部门要高度重视“绿色通道”恶劣天气的交通安全工作,建立、完善恶劣天气预警机制,及时发现和掌握天气、公路通行条件等情况。要按照雾天能见度和冰雪路面的实际通行条件，规范工作程序，实行限速、限车型通行、间断放行、封闭道路等分级交通管制办法，提高恶劣天气下公路的疏堵保畅能力，确保“绿色通道”交通安全。

各级公安部门要按照《交通警察道路执勤执法工作规范》的规定，规范民警执法行为，严格查处超速、客车超员等严重危及交通安全的违法行为，依法处罚、依法记分。要严厉打击“车匪路霸”等违法犯罪行为，维护“绿色通道”良好的交通秩序。

五、确保线路连续，消除政策差别，实现省际互通

各地要加强与相邻省份的沟通和协调，保证省际间通道线路互通，不得出现断续现象。在通道沿线的省际交界和公路名称发生变化处以及沿线主要出入口或交叉口处，要设置样式统一的“绿色通道”标识标志，以方便驾驶人员识认。

同时，要切实消除对过境车辆的政策差别。在国家规定的“五纵二横”全国绿色通道网络线路上，对不同省（市、区）运送鲜活农产品的车辆应当坚持同等对待，享受同样的通行费政策优惠，不得实行省内外差别政策。目前省内外政策差别尚未消除的省份，今年年底前必须调整到位，实现省际互通。

六、严厉打击伪造和假冒“绿色通道”通行证的行为

近年来，使用伪造“绿色通道”通行证或假冒鲜活农产品运输车辆现象十分严重，给绿色通道政策带来了极大的负面影响。为此，各地要严格按照七部委联合发布的《方案》的要求，统一政策，对鲜活农产品运输车辆，全国从未发放统一的“绿色通道”通行证，各地目前制发的“绿色通道”通行证要取消。凡享受鲜活农产品运输“绿色通道”政策的货运车辆，不以“绿色通道”通行证作为鲜活农产品运输车辆的证明，必须凭装载货物或货单享受优惠政策，并按指定车道通过收费站，同时积极配合公路收费站（点）做好运输产品的核验工作。凡明显违法装载、拒绝通过指定车道，或拒不接受查验的车辆，不享受“绿色通道”优惠政策。对于使用伪造“绿色通道”通行证的，执法人员要当场收缴。

七、广泛宣传教育，加强源头管理

广泛开展保障“绿色通道”畅通的宣传和教育工作。各地要通过电视、电台、报刊、杂志，或发放宣传单、设置公告牌等方式，加强对广大群众和驾驶人员进行政策法规方面的宣传和教育，做到家喻户晓，人人皆知，努力营造良好的“绿色通道”建设氛围。特别是要让驾驶人员知道，只有合法运输业户才能享受“绿色通道”的便利畅通和优良服务，超限超载等违法运输业户不仅不能享受优惠政策，而且将受到严厉处罚。

各级公安、交通、农业、商务等部门要按职责分工，加强对鲜活农产品运输源头管理。在蔬菜生产基地、批发市场、货运集散地，要主动与货主单位、承运单位和批发市场建立联系，向承运单位和人员宣传有关政策规定，使他们自觉遵守交通法规，依法装载、合法运营。同时，要加强路面执法人员的教育和培训，进一步提高上路执法人员的政治素质和业务水平，提高他们执法为民的服务意识，保证“绿色通道”有关政策落到实处。

八、强化监督管理，建立长效机制

各级公安、交通和纠风部门，要坚持组织明察暗访活动，发现问题及时解决。有条件的省份可从社会上聘请义务监督员，接受社会监督、舆论监督。对司机、车主的投诉和社会反映的“三乱”问题，要及时调查核实，依法处理。对不执行“绿色通道”政策，妨碍鲜活农产品流通“绿色通道”畅通的单位和人员，要严格依法查处，并要追究直接领导的责任。

附件：全国“五纵二横”绿色通道网络路线走向

全国“五纵二横”绿色通道网络路线走向

一纵:银川—昆明“绿色通道”路线走向

1.普通公路路线走向:

2.高速公路路线走向:

二纵:呼和浩特－南宁“绿色通道”路线走向

1.普通公路路线走向:

2.高速路线走向:

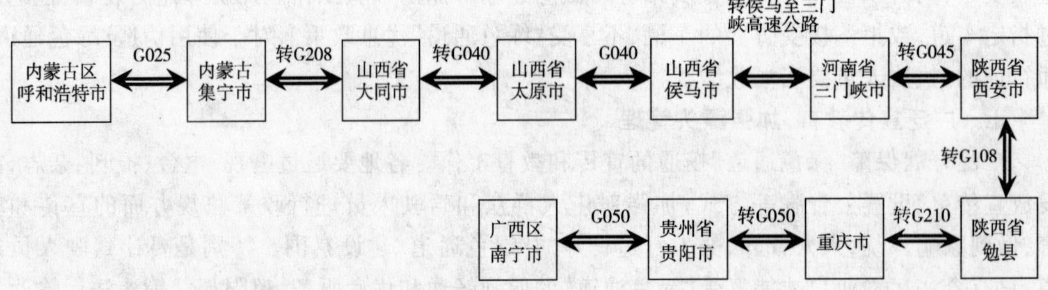

三纵:北京－海口“绿色通道”路线走向

1.普通公路路线走向:

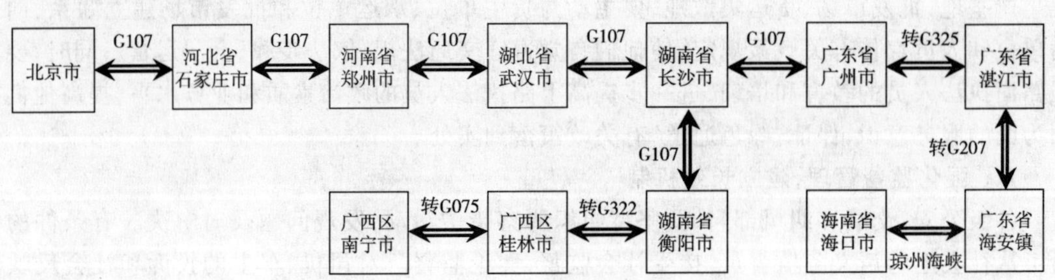

2.高速公路路线走向:

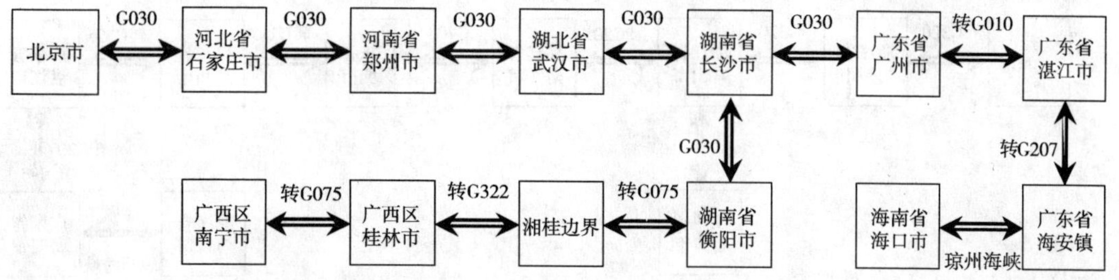

四纵：哈尔滨－海口"绿色通道"路线走向

1.普通公路路线走向：

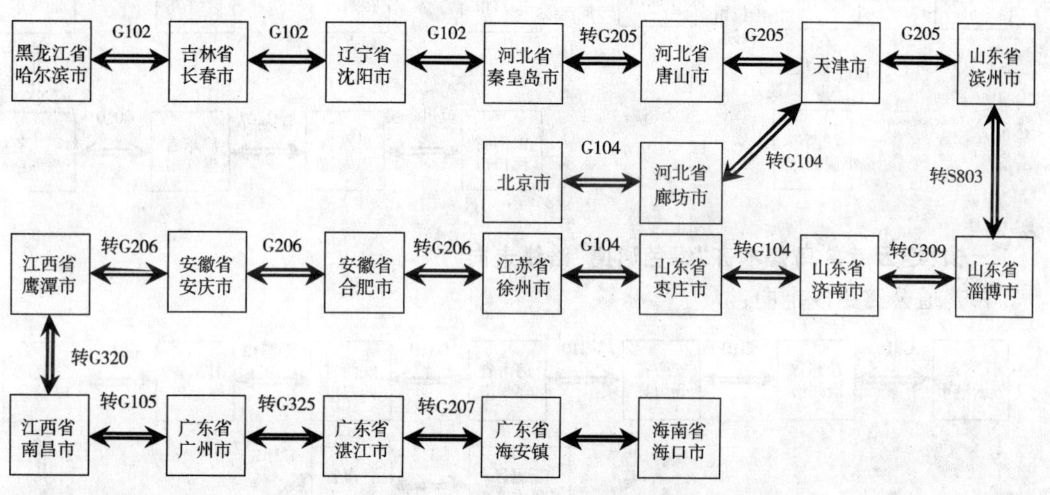

2.高速公路路线走向：

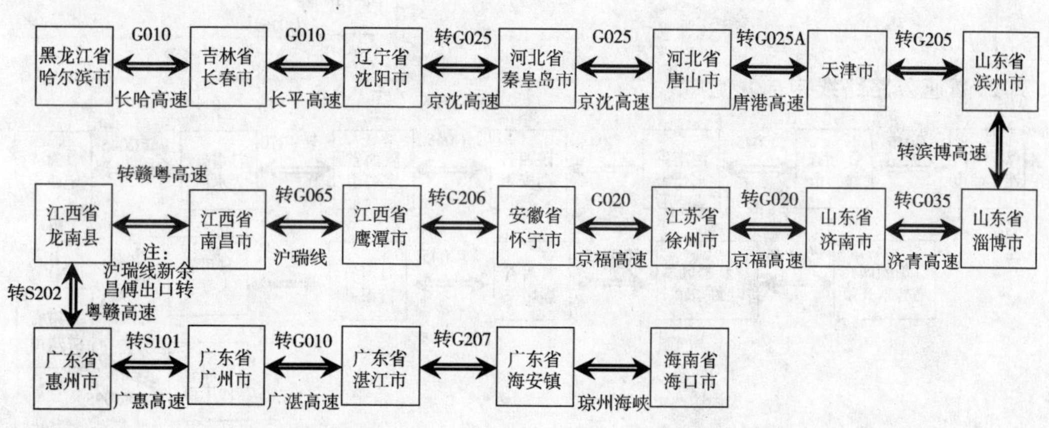

五纵：上海－海口"绿色通道"路线走向

1.普通公路路线走向：

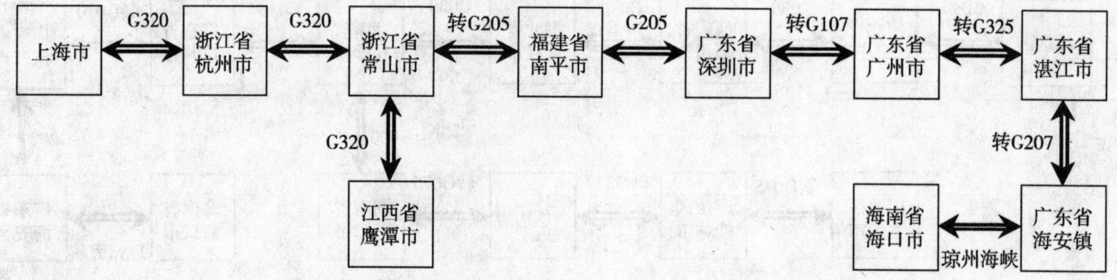

2.高速公路路线走向：

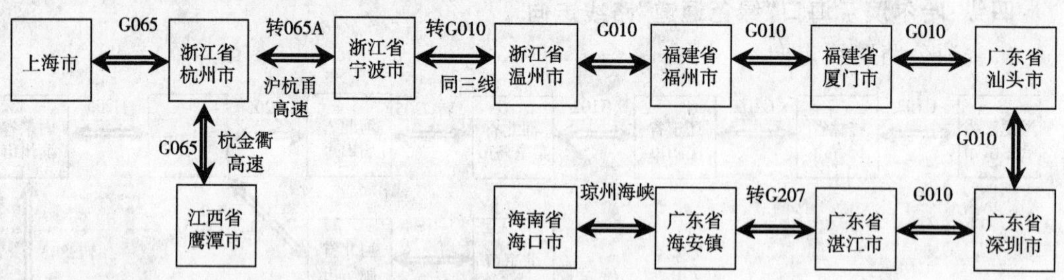

一横：连云港－乌鲁木齐"绿色通道"路线走向

1.普通公路路线走向：

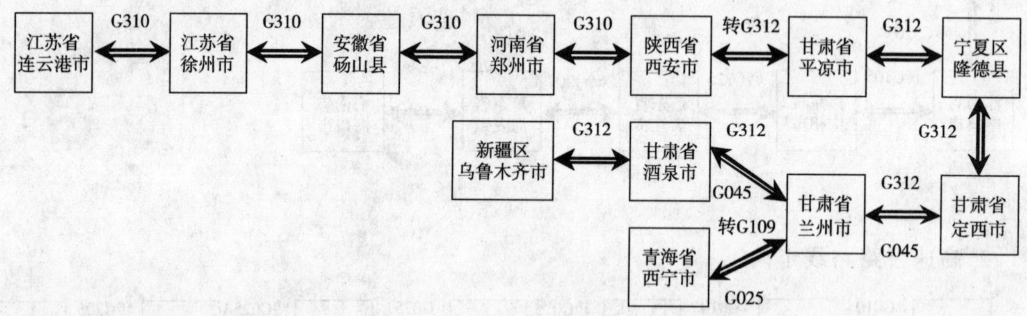

2.高速公路路线走向：

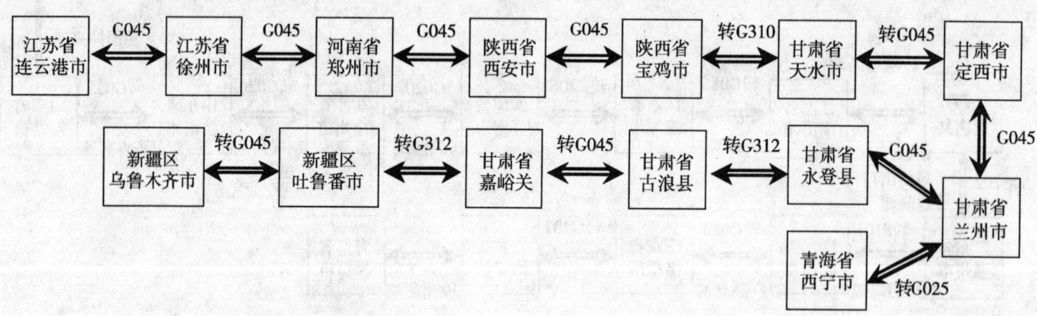

二横：上海－拉萨"绿色通道"路线走向

1.普通公路路线走向：

2.高速公路路线走向：

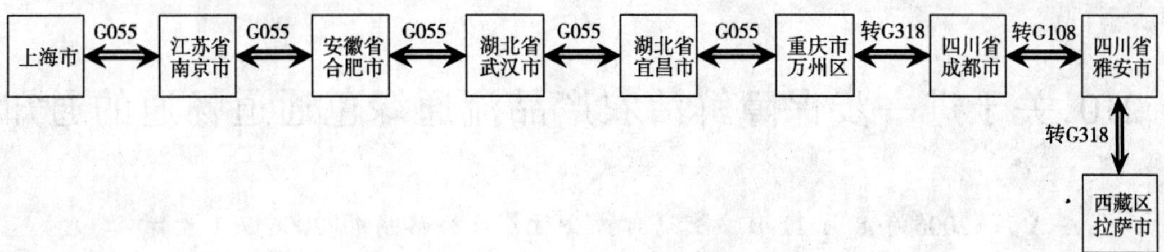

上海市
G055
江苏省
南京市
G055
安徽省
合肥市
G055
湖北省
武汉市
G055
湖北省
宜昌市
G055
重庆市
万州区
转G318
四川省
成都市
转G108
四川省
雅安市
转G318
西藏区
拉萨市

210.关于进一步保障鲜活农产品流通绿色通道畅通的通知

(2006年8月11日　交通部办公厅　厅公路明电〔2006〕701号)

各省、自治区、直辖市交通厅(委),上海市政工程管理局,天津市政工程局:

目前,瓜果蔬菜等鲜活农产品运输正处于高峰季节,全力保障绿色通道网络畅通,支持鲜活农产品运销,是当前交通部门的一项重要任务。为进一步保障全国鲜活农产品流通绿色通道畅通,现将有关事项通知如下:

一、认真贯彻落实七部委373号文件要求,进一步做好绿色通道网络建设工作。

绿色通道网络建设是党中央、国务院确定的推进社会主义新农村建设的重要举措之一。今年中央一号文件明确要求"2006年要完善全国鲜活农产品'绿色通道'网络,实现省际互通"。为贯彻落实中央一号文件精神,交通部、公安部、农业部、商务部、国家发展和改革委员会、财政部、国务院纠风办等七部委于7月25日印发了《关于进一步完善"五纵二横"鲜活农产品流通绿色通道网络实现省际互通的通知》(交公路发[2006]373号)。各地交通部门要深刻认识进一步完善全国鲜活农产品流通'绿色通道'网络的重要意义,主动与相关部门沟通协调,进一步做好全国鲜活农产品流通绿色通道网络的建设工作,把《通知》中规定的完善绿色通道网络、消除政策差别、提高服务质量等政策措施落到实处,为鲜活农产品快捷、安全运输提供有力的支持和保障。

二、密切关注鲜活农产品运输情况,提前做好运输保障的准备工作

各地交通部门要关注瓜果蔬菜生产基地、批发市场、货运集散地的鲜活农产品运销情况,及时掌握鲜活农产品的运输需求。一旦出现运输困难、运力紧张情况,要及时组织运力,安排好运输线路,为鲜活农产品生产经营单位提供便利。

三、加强维护管理,全力保障绿色通道畅通

各级交通主管部门要加强公路的养护管理,保证路面质量,提高通行效率。尤其是要高度重视恶劣天气下的绿色通道保畅工作,当发生水毁等灾害导致公路损毁、交通中断时,要组织人员及时抢通,难以立即抢通的,要修筑便道,或制定绕行方案,确保鲜活农产品及时、安全运输。

为及时掌握各地绿色通道运行情况,各省级交通主管部门要将通道建设情况、通行费减免情况、《通知》落实情况等信息于9月底前报部。

部公路司联系电话:(010)65292746

三、相关部委规章、文件

211.关于涉及农民负担部分收费项目修改意见的通知

(1993 年 9 月 24 日　国家计委、财政部、农业部　计物价〔1993〕1744 号)

各省、自治区、直辖市物价局(委员会)、财政厅(局)、农牧渔业厅(局)、农委、农工部:

根据中共中央办公厅、国务院办公厅《关于涉及农民负担项目审核处理意见的通知》(中办发〔1993〕10 号)的要求,经研究,现将涉及农民负担需要修改的九个收费项目文件的具体修改意见通知如下:

一、婚姻登记费。将原国家物价局、财政部《关于发布民政系统行政事业性收费项目及标准的通知》(〔1992〕价费字 249 号)中第二条修改为:"二、各级民政部门办理国内婚姻登记可收取婚姻证书费。婚姻证书(结婚、夫妻关系证明书)收费标准:精装本每对九元,简装本每对二元,公民可自愿选择。离婚、解除夫妻关系证明书的收费标准由省级物价部门会同同级财政部门按不高于婚姻登记证书收费标准的原则核定。证书均由民政部监制,省级民政厅(局)印制。"

二、公路养路费。在交通部、国家计划委员会、财政部、原国家物价局发布的《公路养路费征收管理规定》(〔91〕交工字 714 号)第三章第十条第(三)项后,增加第(四)项:"(四)对农用拖拉机减征 20%~50%"。

三、土地管理费(或称征地管理费)。将原国家物价局、财政部《关于发布土地管理系统部分收费项目与标准的通知》(〔1992〕价费字 579 号)附件(《征地管理费暂行办法》)第十一条全条内容取消,原第十二至十四条依序改为第十一至十三条。

四、公路运输管理费。对交通部、财政部发布的《公路运输管理费征收和使用规定》(86 交公路字 633 号)作如下补充规定:对乡村从事营业性运输的农用拖拉机和农用汽车,征收公路运输管理费以现行营运收入 1%的标准核减 30%,即最多不得超过营运收入的 0.7%,并取消层层上解部分。

五、集市贸易市场管理费。将原国家物价局、财政部《关于发布工部行政管理系统行政事业性收费项目和标准的通知》(〔1992〕价费字 414 号)附件四(《城乡集贸市场管理费收费标准及其收入使用范围的规定》)第二条改为"二、工业品、大牲畜的市场管理费收费标准最高不得超过成交额的 1%;其他商品最高不得超过成交额的 2%;在乡镇及乡镇以下集市上从事农副产品经营的个体工商户缴纳市场管理费,执行工业品、大牲畜的市场管理费标准。

交易手续费和市场设施租赁费由各省、自治区、直辖市物价部门制定具体标准"。

第四条增加一款:"农民进市场经营自产自销农副产品,免交市场管理费"。

六、个体工商户管理费。对原国家物价局、财政部〔1992〕价费字 414 号文附件五(《个体工商户管理费收费标准及其收入使用范围的规定》)作如下补充规定:"一、对边远贫困地区从事个体经营的,免收个体工商户管理费;二、对在乡镇及乡镇以下从事购销、劳务活动的个体工商户,分别按营业额的 0.5%和劳务收入的 1%收取个体工商户管理费;三、取消国家工商行政管理局从地方集中 1%的个体工商户管理费。"

七、个体工商户登记费。对原国家物价局、财政部〔1992〕价费字 414 号文附件二(《个体工商户注册登记费收费标准及其收入使用范围的规定》)作如下补充规定:"一、乡以下的农村居民申请从事个体经营的,开业登记及以后每四年重新登记均收费十八元;二,对于边远贫困地区从事个体经营的,暂不发照,不收个体工商户注册登记费。"

八、无线电管理费。对原国家物价局、财政部《关于发布中央管理的无线电管理系统行政副业性收费项目及标准的通知》(〔1992〕价费字177号)附件(《无线电管理收费暂行规定》)修订如下:将第六条增加一项,作为第(五)项:"农民集资办电视差转台。";第七条增加一款,作为第二款:"渔民用于渔业生产的电台的频率占用费,经省、自治区、直辖市物价、财政和农民负担监督管理部门会同同级无线电管理委员会审核后报省级人民政府批准,可减交或免交。";取消第九条。原第十至十四条依序改为第九至十三条。

九、计划外生育费。对国家计划生育委员会、财政部、原国家物价局发布的《计划外生育费管理办法》(国计生财字〔1992〕86号)作如下修改:

第二章第六条改为:"征收标准:由省级计划生育委员会根据省、自治区、直辖市的《计划生育条例》等有关规定和当地经济状况提出意见,经省级物价、财政和农民负担监督管理部门审核后报同级人民政府批准。"

第四章第十四条取消,原《办法》第十五至二十三条依序改为第十四至二十二条。

第五章原第十九条改为第十八条后内容改为:"各级审计部门依法对计划外生育费进行审计,县(市、区)级计划生育委员会要会同物价、财政、农民负担监督管理部门对计划外生育费的征收、使用和管理情况,每年至少进行一次检查,省和地(市)级计划生育委员会、物价、财政、农民负担监督管理部门每年要组织抽查。"

第六章原第二十二条改为第二十一条后,内容改为:"省、自治区、直辖市计划生育委员会会同物价、财政、农民负担监督管理部门制定实施细则,并报国家计划生育委员会、国家计划委员会、财政部、农业部备案。"

上述收费项目涉及的文件,除修改部分按本通知执行外,其它部分仍按原规定继续执行。

212.关于印发实现国道、省道基本无“三乱”考核标准的通知

(1996年6月5日　交通部、公安部、国务院纠风办　国纠办发〔1996〕7号)

各省、自治区、直辖市交通厅(局)、公安厅(局)、纠风办:

为确保今年国道、省道基本无“三乱”总目标的实现,便于对各省(区、市)治理公路“三乱”工作进行监督检查,量化考核,根据国务院(1994)41号文件等有关规定,制定以下考核标准:

一、未经省、自治区、直辖市政府批准的收费站、检查站撤除率达到100%。经批准设置的收费站、检查站符合国家规定条件。

二、本省(区、市)除交通、公安、林业部门以外,没有其他任何部门、单位在公路上设站、检查、罚款、收费的,偶发上路查车收费、罚款事件,及时得到查处。

三、在本省(区、市)范围内,各级政府及有关部门没有向上路的执收执罚单位和人员下达收费、罚款指标的。

四、各省、自治区、直辖市对发现的交通(收费和稽征)、公安(交警)、林业(木材检查)上路执法人员的乱收费、乱检查、乱罚款问题,查处率达到100%。

五、公路上和城市入口处无强制拦车清洗行为。

六、各省、自治区、直辖市通过对运输企业和驾驶人员的问卷调查,对本考核标准前五项表示满意和比较满意的要达到70%以上。

各省、自治区、直辖市可参照上述标准,结合本地实际,制定具体考核标准和实施办法。

213.关于公布第一批实现国道、省道基本无“三乱”省(区、市)名单的通报

(交通部、公安部、国务院纠风办　国纠办发〔1996〕15号)

各省、自治区、直辖市人民政府,国务院各部委、各直属机构:

根据党中央、国务院关于深入反腐败、纠正部门和行业不正之风的总体部署,专项治理在公路上乱设卡、乱收费、乱罚款工作,去年在全国范围内大抓了一年,今年继续作为纠风工作的重点紧抓不放,政策上不开口子,工作上力度加大,取得了新的进展和成效。为进一步推动治理工作的深入开展,经国务院领导同意,现将当前治理公路“三乱”工作和公布第一批实现国道、省道基本无“三乱”省(区、市)名单等有关情况通报如下:

一、关于当前治理公路“三乱”形势的基本估价

通过去年以来锲而不舍地重点治理,国道、省道主要干线的“三乱”现象已在全国范围内得到有效遏制。从各地自查和交通部、公安部、国务院纠风办(以下简称“两部一办”)及林业部、建设部检查了解的情况来看,一致反映这两年是治理公路“三乱”抓得最紧、最实在、效果最为明显的两年。今年的情况比去年好,近几个月的情况比年初好。主要体现在:国道、省道比较畅通,未经省、自治区、直辖市政府批准的固定站卡已全部撤除,据此20个省(区、市)的不完全统计,1995年1月至1996年8月底,全国共撤除各类站卡7298个,占治理前站卡总量的半数以上;经省、自治区、直辖市政府批准的站卡,绝大多数比较规范,较好地做到了批设机关、收费依据、标准、票据和监督电话五公开;多家上路问题受到有效遏制;下达收费罚款指标的政府和部门行为基本解决;交通、公安、林业三个部门允许上路人员的执收执罚款行为进一步规范,乱收费、乱罚款现象大大减少;全国汽车清洗站经过清理整顿,由1995年的381个减少到97个,在公路上和城市入口处强制拦车清洗行为已基本杜绝;重视群众的反映和举报,偶发公路“三乱”事件得到及时查处。以上治理成果已得到广大人民群众,特别是运输企业和驾驶人员的初步认可,据24个省(区、市)的民意调查,对治理公路“三乱”的效果表示满意和基本满意的,均达到75%以上。

治理公路“三乱”取得目前这样一个效果来之不易,是上上下下、方方面面共同努力的结果。首先是党中央、国务院把治理公路“三乱”纳入反腐纠风的总体部署,上升到顾大局、讲政治的高度;第二是国务院领导重视,亲自动员部署,听汇报,批案件,督促指导,一直抓得很紧;第三是广大人民群众的关心和支持,各级交通、公安、林业、建设部门和纠风办的通力合作,以及新闻舆论部门的密切配合;第四是各地党委、政府确实把治理公路“三乱”摆在重要位置,做了大量艰苦的工作。各地普遍建立健全了治理工作责任制。有些省的省委书记、省长亲自动员部署,上路检查。绝大多数地区的政府主管领导、纪委书记和交通、公安、林业、建设等部门负责同志多次带队明查暗访,对顶风搞公路“三乱”的问题快查严办,发现一起处理一起。据不完全统计,今年以来,各地共查处公路“三乱”问题2264件,处理2697人。特别是近几个月来,各地在领导的重视程度、明察暗访的密度、查处问题的力度和治理工作的声势上,可以说是这些年来治理公路“三乱”的最好时期。

治理公路“三乱”形势虽好，但不容盲目乐观。总体来看，目前工作的工作基础还比较脆弱，利益驱动等深层次问题远没有得到解决，反弹的潜在隐患依然存在。从检查情况来看，工作发展不平衡，公路“三乱”问题仍时有发生。有的地方存在违反国发[1994]41号文件规定，擅开口子的行为；有些经批准设置的收费站、检查站，不符合国家规定条件，存在过多过密问题；就多数地方而言，国道、省道比较畅通了，县乡道上的“三乱”问题还比较多；路面上的乱收费不多了，路下的收费负担仍比较重。同时一些从公路上撤下来的部门要求重新上路的呼声增多。说明统一思想认识的问题还没有完全解决。因此，各地、各部门 对治理公路“三乱”的艰巨性、复杂性和长期性必须有充分的思想准备，决不能有丝毫懈怠。

二、分批公布实现国道、省道基本无“三乱”省(区、市)名单的实施意见

按照党中央、国务院的部署和要求，今年要在全国范围内实现国道、省道基本无“三乱”的治理目标、任务重，难度大，是一场攻坚性的硬仗。分批公布名单的举措，就是为确保治理目标实现而提出来的。为将这一举措落到实处，“两部一办”会同林业部、建设部，制定下发了六条考核标准，组织力量对绝大多数地区进行了明察暗访和督促检查。各地对此都十分重视，普遍结合各自的实际，制定了具体实施细则和办法，为提前达到六条标准，真抓实干，采取了不少硬招实招，做了大量工作，有些地区还层层签订了责任状。实践证明，采取这一举措是得当的，有效的，促使各地的治理工作既有压力，又增添了新的动力，对于今年全国治理公路“三乱”总目标的实现起了很大的推动作用。

现在，按原定计划分批公布名单的时机和条件已经成熟。鉴于全国公路发展很不平衡，各地治理公路“三乱”的原有基础和实际情况不同，在每批名单的确定上，要以国发〔1994〕41号文件和“两部一办”会同林业部、建设部颁发的六条标准为基本依据，坚持实事求是，重视社会和群众的反映，不搞繁琐的打分式的评比，而采取根据各地自查与“两部一办”及林业部、建设部下去检查、平时了解掌握的情况、近期群众的反映意见进行综合评价的方法进行，力求比较全面、客观地反映去年以来连续治理的工作和效果。为有利于推动治理公路“三乱”工作的深入开展，有利于继续保持压力，巩固成果，防止反弹，经“两部一办”和林业部、建设部反复协商，认真研究，共同认定，并报经国务领导同意，确定春节前分三批公布名单。北京、天津、上海、辽宁、吉林、黑龙江、江苏、福建、山东、河南、海南、西藏、宁夏等十三个省(区、市)作为第一批实现了国道、省道基本无“三乱”的省份，现予以公布。

需要特别说明和提出的是，上了第一批名单的省(区、市)，不等于在治理工作中没有问题；没有进入第一批名单的省份，也不等于治理工作没有取得明显成效。公布名单，目的在于推动工作。不论上没上第一批名单，都要继续巩固和扩大已有成果，千万不能麻痹松劲。如果出现反弹，特别是出现擅开口子、批准多家上路及下达收费罚款指标的政府和部门行为；发生重大恶性案件，或连续发生典型公路“三乱”问题；群众关于公路“三乱”问题的举报增多，对治理工作的满意率明显下降；批设站卡过多过密又没有积极调整撤并的态度和行动的，即使上了名单，还要撤下来，并公之于众，再进行重点整治。

三、今后几个月治理公路“三乱”须进一步做好的几项工作

1.巩固已有成果，继续狠抓落实，防止反弹。根据以往元旦、春节期间是公路“三乱”多发期的特点，将今年的治理年度推延至春节。各地区和相关部门思想不能松，力度不能减，措施不能软，要进一步加强领导，加强经常性的督促检查，严肃查处顶风违纪的公路“三乱”行为，继续保持治理工作的强劲势头，特别是要狠抓薄弱环节的落实和存在问题的限期整改，确保年度治理总目标的实现。“两部一办”会同林业部、建设部将继续组织力量，到一些地区进行明察暗访和督促检查，根据治理工作的进展情况，将适时公布第二批、第三批实现国道、省道基本无“三乱”的省(区)名单。

2.交通、公安、林业部门，要充分发挥自己的职能作用，严格管理和规范各自执法人员的行为，健全和落实有关规章制度，强化制约利益驱动的监督机制和激励机制，常抓不懈，带头做到基本无“三乱”。

3. 严格执行国务院〔1994〕41 号文件规定，政策上坚决不开口子。除交通、公安、林业三家外，其他任何部门都不准以任何理由在公路上设立站卡、查车收费和罚款。已擅开口子，批设了不符合国发〔1994〕41 号文件规定的站卡的，要采取果断措施，坚决予以纠正。今后如再发生擅开口子的政府和部门行为，要作为顶风违纪，追究当地和单位领导的责任，从严处理。

4.按照国务院领导的要求，在保证山东到北京绿色通道畅通的基础上，年底前再打通海南到北京的南菜北运绿色通道，有关地区和部门要予以重视和积极配合。

214.关于外国籍和台、港、澳地区车辆在我境内行驶公路养路费征收标准的通知

(1997年1月10日　国家计委、财政部、交通部　计价费〔1997〕55号)

各省、自治区、直辖市及计划单列市物价局(委员会)、财政厅(局)、交通厅(局):

为进一步扩大对外开放,促进国际经济交流与合作,根据国民待遇原则,经研究决定,对外国籍和台、港、澳地区车辆在我境内行驶的公路养路费按省级以上人民政府认定的双边协议征收,没有协议的按与在我驻地或最先入境地中国籍车辆相同的养路费标准征收。同时,取消交通部、国家计委、财政部、原国家物价局联合颁布的《公路养路费征收管理规定》(〔91〕交工字714号)第十三条关于征收双倍公路养路费和第十四条收取可汇兑的外币或外汇兑换券的规定。

本通知自1997年1月1日起执行。

215.关于养路费铁路建设基金等13项政府性基金(收费)免征企业所得税的通知

(1997年3月24日　财政部、国家税务总局　财税字〔1997〕33号)

各省、自治区、直辖市、计划单列市财政厅(局)、国家税务局、地方税务局:

为贯彻落实《国务院关于加强预算外资金管理的决定》国发(〔1996〕29号)文件精神,根据财政部、国家税务总局《关于企业收取和交纳的各种价内外基金(资金、附加)和收费征免企业所得税等几个政策问题的通知》(财税字〔1997〕22号)的规定,对纳入财政预算管理的养路费、车辆购置附加费、铁路建设基金、电力建设基金、三峡工程建设基金、新菜地开发基金、公路建设基金、民航机场管理建设费等13项政府性基金(收费)免征企业所得税。

本通知自1996年1月1日起施行。

216.关于印发公路“三乱”出现反弹、取消国道省道基本无“三乱”地区资格检查标准的通知

（1997年6月2日　交通部、公安部、国务院纠风办　国纠办发〔1997〕12号）

各省、自治区、直辖市交通厅（局）、公安厅（局）、纠风办：

为贯彻落实国务院关于今年治理公路“三乱”工作要继续坚持以国发〔1994〕41号文件为基本依据，“巩固成果，防止反弹，反弹摘牌，重点整治”的要求，经国务院领导同意，特就“反弹摘牌”问题制定以下检查标准：

一、违反规定擅开口子，批准交通、公安、林业部门以外的部门和单位在公路上设站、检查、罚款、收费；恢复设置已撤销的不符合国家规定的收费站、检查站；交通、公安、林业部门发生违反规定设置收费站、检查站问题。

二、在所辖范围内，出现了违反规定向上路执收执罚单位和人员下达收费、罚款指标的政府或部门行为。

三、接连发生典型公路“三乱”问题和案件；出现被中央主要新闻单位曝光并查证属实，在全国造成恶劣影响的严重公路“三乱”事件。

四、在公路上和城市入口处连续发生强制拦车清洗行为。

五、群众对公路“三乱”问题举报急剧增多，整改不力；对受理和发现的公路“三乱”问题查处不认真、纠正不及时。

六、通过对运输企业和驾驶人员的问卷调查，对治理公路“三乱”工作不满意率超过30%。

哪个地、市、县出现上述情况之一，先由其所在省（自治区、直辖市）宣布取消其国道、省道基本无“三乱”地区的资格，并予以公布，促其重点整治；情况特别严重者，由交通部、公安部、国务院纠风办报经国务院领导同意后，取消其所在省、自治区、直辖市国道、省道基本无“三乱”的资格。

217.关于在全国范围内大力开展绿色通道工程建设的通知

（1998年1月27日　全国绿化委、林业部、交通部、铁道部　全绿字〔1998〕1号）

各省、自治区、直辖市绿化委员会、林业厅（局）、交通厅（局），天津市政工程局，上海市政工程管理局，各铁路局、广铁（集团）公司，各有关部门绿化委员会，中国人民解放军绿化委员会，中国人民武装警察部队绿化委员会：

公路、铁路、江河沿线绿化是国土绿化的重要组成部分。搞好公路、铁路、江河沿线绿化，对于构建和完善我国总体绿化格局，改善和优化社会生产生活环境，实现祖国山川秀美，促进国民经济发展，具有重大而深远的意义。改革开放以来，我国公路、铁路和江河沿线的绿化取得了长足进步，但发展不平衡，绿化的空间和潜力还很大。

当前，正值世纪之交，党和国家高度重视生态环境建设。党的十五大作出了改善生态环境的战略部署，江泽民总书记、李鹏总理对生态环境建设作出了重要批示，这是面向新世纪生态环境建设的动员令。抓住当前机遇，深入组织发动群众，把我国公路、铁路、江河沿线绿化从总体上大大向前推进一步，已是摆在我们面前的一项十分重要的任务。为此，全国绿化委员会、林业部、交通部、铁道部决定，从1998年开始，在全国范围内，以公路、铁路和江河沿线绿化为主要内容，掀起绿色通道工程建设高潮。力争用3～5年时间，构建起我国国土绿化的新格局。现提出如下要求：

一、加强宣传，提高认识。建设绿色通道工程，是我国从总体上构建以重点林业生态工程为骨架，以城镇、村屯绿化为依托，以公路、铁路、江河沿线绿化为网络的国土绿化大格局的战略需要，是贯彻落实十五大精神和江泽民总书记、李鹏总理关于生态环境建设重要批示，推进“两个文明”建设的一项重大举措。实施绿色通道工程，既能使公路、铁路、江河得到保护，沿线环境得到优化，又能发挥纽带作用，促进整个城乡绿化美化向纵深发展。纵横交错、遍布祖国大地的公路、铁路、江河绿化，并以此带动整个城乡绿化美化，将使我国国土绿化发生质的变化，祖国山川更加秀美。各地各部门要深刻认识绿色通道工程建设的重大意义，充分利用各种宣传媒体，广泛深入宣传发动，在全社会尽快形成一个建设绿色通道工程的舆论高潮，做到家喻户晓，人人皆知，动员全社会各方面力量，积极投入工程建设。

二、从实际出发，制订好建设规划。绿色通道工程建设，就是以公路、铁路、江河为主线，国道、省道、县道、乡道统一规划，路基（堤面）绿化和两侧造林绿化统一布局，沿线的城镇、乡村绿化美化统一推进，乔、灌、花、草结合，绿化、美化、香化结合，生态、社会、经济效益结合，努力实现通道沿线林木连线（岭）成网（片），花果飘香，空气清新，环境优美，力争使每一条绿色通道都建成绿化线、风景线、致富线。根据这一总体目标，各地要从实际出发，因地制宜，分类指导，依据线路等级，确定不同建设档次和标准。主要干线经过的平原地区，要在沿线两侧一定范围内，在现有平原绿化的基础上，按照高标准平原绿化的要求，建骨架、配网格、调结构，建成高标准平原绿化示范区；丘岗浅山区在沿线一定范围内，在不造成水土流失的前提下，以丘岗开发为重点，建立一批各具特色、规模不等的果园、茶园、桑园、竹园、药园以及速生丰产用材林等高效林业基地，形成一条经济林果带；山区要在道路、河流迎面坡可视范围内，采取以封为主，封、改、造并举,抓好造林灭荒,提高林分质量。路堤坡面按照有关部门的规定,宜林则林,宜草则草,保护路基、堤面,实现绿化美化;沿线车站、港口,要因地制宜,突出特色,绿化美化,为旅客创造一个舒适的候乘环境。有条件的路站、港口,还可建设一批精品工程。沿线经过的城镇和乡村,要大力植树造林,养花种草,努力为城乡居民创造一个良好的生产、生活环境,促进社会主义精神文明建设。绿色通道工程的规划,要处理好土地利用的关系,搞好与现有造林绿化规划的衔接,严格执行公路、铁路、水利设施保护管理的有关技术规定。

各省规划的主要指标,于1998年6月前报全国绿化委员会办公室,并分类报有关部门。

三、多渠道筹集资金,加大投入力度。要坚持全社会办林业、全民搞绿化的方针,实行国家、部门、集体、个人一起上,多渠道、多层次、多形式筹措工程建设资金,走有中国特色造林绿化的路子。沿线农村地区的绿化美化,要按有关规定,用好、用活农村劳动义务工和积累工,广泛动员和组织农民群众增加对工程建设的投入,充分发挥他们在工程建设中的主体作用。各级绿化委员会,要把绿色通道工程作为开展全民义务植树的主战场,在沿线相对集中地安排好义务植树基地。林业、交通、铁道等部门,要按照各自辖区的任务,安排相应的建设资金用于工程建设。新建、改建、扩建的道路、水利设施等工程建设的绿化,应同步规划,同步实施,同步验收。地方各级政府要把本辖区的绿色通道工程作为当地重点生态建设项目,在投入上予以重点支持。在工程建设区内的重点林业生态工程建设、农业综合开发、以工代赈、扶贫开发、水土保持等工程项目,应优先安排一定份额用于"绿色通道"工程建设。有条件的地方,还可利用信贷、外资、捐助等形式加快工程建设。

四、抓好种苗基础，提高科技含量。种苗是绿化工程建设的物质基础。各地要根据工程建设规划确定的任务，超前做好种苗准备，保证工程建设需要。当前，要尽快组织力量，对近两年可供绿化的苗木（包括树苗、草皮、花卉等）进行一次调查摸底，及时做好留床苗木的培育和管护工作，确保近期绿化苗木的需要。要充分发挥国有苗圃的优势，加大科技含量，提高种苗质量。要特别注意培育大苗、壮苗和珍贵绿化树种、风景树种苗木。要积极推广应用先进适用技术和科学管理方式，动员和组织科技人员深入工程建设第一线，广泛开展技术下乡、技术服务活动。要抓好多形式、多层次的技术培训，提高施工管理队伍素质，保证工程建设的质量。

五、加强领导,狠抓落实。绿色通道工程建设是一项跨部门、跨行业、跨区域的系统工程,群众性和社会性很强,因此,必须纳入各级政府的重要议事日程,加强领导,精心组织,确保工程顺利实施。要实行工程建设领导目标责任制,层层签订责任状,建立严格的检查奖惩制度。各有关部门要按照职责分工和规划安排,积极主动做好工作。各级绿化委员会要在同级政府的统一领导下,牵头搞好规划编制、组织协调和督促检查工作。各级林业部门要搞好行业指导,在规划设计、种苗供应、技术咨询等方面搞好服务。交通、铁道、水利等部门按照规划要求,要积极搞好辖区内各自的绿化工程建设。当地所有机关、单位、厂矿企业、驻守部队等,都要为本地绿色通道工程建设做出贡献。各级领导要带头抓好示范样板,以点带面,并适时督促检查,评比表彰,全面推进绿色通道工程建设。

各地接此通知后,要立即行动起来,认真研究,狠抓落实。要把绿色通道工程建设作为本地的生态建设重点,纳入工作计划,统筹安排,认真实施。京九铁路沿线各省、市在全面规划部署本地绿色通道工程建设的同时,要把"京九绿色长廊"工程作为"龙头"工程,加大力度,全面推进,为全国绿色通道工程建设树立榜样,做出贡献。

218.关于公路、桥梁、隧道收取车辆通行费有关问题的复函

（1998 年 2 月 21 日　国家计委　财综字〔1998〕7 号）

重庆市财政局：

你局报来的《关于公路、桥梁、隧道收取车辆通行费有关问题的紧急请示》（渝财预外〔1997〕113 号）收悉。经研究，现将有关意见函复如下：

一、关于公路、桥梁、隧道收取车辆通行费的管理问题，国务院和有关主管部门都作过规定。1994 年《国务院关于禁止在公路上乱设站卡乱罚款乱收费的通知》（国发〔1994〕41 号）第五条规定："凡利用贷款（包括需归还的集资）新建、改建（不包括局部改造）的高等级公路、桥梁、大型隧道，经省、自治区、直辖市人民政府批准后，可以对过往车辆收取通行费，但是贷款（集资）还清后要立即停止收费"，第九条规定："收取通行费和实施罚款处罚的工作人员，必须严格执行有关的法律、法规。严禁地方各级人民政府及其有关部门下达收费、罚款指标。收费、罚款票据应由省、自治区、直辖市人民政府财政部门统一制发或监制"。同时，《交通部、国家计委、财政部关于发布 <关于在公路上设置通行费收费站（点）的规定> 的通知》（交公路发〔1994〕686 号）第二条也明确规定："公路收费的具体标准由省级物价部门会同财政部门制定"，"收取车辆通行费，应使用省级以上财政部门监制的专用收费票据"。根据上述规定，近年来，各地对收取车辆通行费进行了认真清理，通过省级政府批准设立了收费项目，由省级物价、财政部门制定了收费标准，并统一使用省级财政部门印制的收费票据。

对于目前公路收费中出现的一些新问题，有关部门正在研究，以后如确实需要在某些方面调整现行管理办法，有关主管部门协商后会共同制定下发新的管理办法，涉及国务院文件规定的事项还要请示国务院批准。在现行办法没有调整之前，应按国务院有关文件以及交通部、国家计委、财政部共同制定的现行有关规定办理。

二、关于车辆通行费的营业税政策，应按财政部、国家税务总局下发的有关文件执行。

特此函复。

219.关于规范公路客货运附加费增加公路建设资金的通知

（1998 年 6 月 17 日　国家计委、财政部、交通部　计价管〔1998〕1104 号）

各省、自治区、直辖市物价局（委员会），财政厅（局），交通厅（局、办公室）：

为贯彻中共中央、国务院中发〔1998〕3 号文件关于加快公路基础设施建设的精神，经国务院批准，决定在清理整顿现行地方公路客货运输环节征收并用于公路建设方面各种收费的基础上，统一规范公路客货运附加费，同时适当提高公路客运附加费征收标准，以切实增加公路建设有效投入。现将有关事项通知如下：

一、清理整顿现行地方公路客货运附加费

各省、自治区、直辖市物价、财政、交通主管部门要立即对本省（区、市）范围内各级政府及其所属部门自行设立的在公路运输环节征收的各种公路建设附加性质的收费进行清理整顿，省（自治区、直辖市）以下各级政府及有关部门设立的收费项目一律取消。

二、规范公路客货运附加费的征收范围和标准

各省、自治区、直辖市人民政府及有关部门已批准在公路运输环节征收的公路建设附加性质的收费，要统一规范为公路客货运附加费。已开征公路客运附加费的省份，征收标准可在现行基础上每人公里提高 0.01 元；尚未开征公路客运附加费的省份可以开征，但征收标准要从严掌握；提高标准增收的资金，全额用于公路建设。公路货运附加费征收标准维持现行水平不变，不得提高标准；未开征公路货运附加费的省份，一律不得在本通知下发后开征。公路客货运附加费的征收对象为旅客和货主，由车主代收代缴。除行政机关、军队、各国驻华使领馆和企事业单位及个人不从事取酬运输的车辆外，其他从事公路客货运输的车辆一律征收公路客货运附加费。公路客货运附加费可按车辆完成的旅客周转量和货运周转量征收，也可按车辆座位、吨位折算定额征收。具体征收管理办法由各省、自治区、直辖市人民政府具体制定，并送国家发展计划委员会、财政部、交通部备案。各级交通主管部门要加强对公路客货运附加费的征管和稽查，努力提高实收率。对违反规定随意减免公路客货运附加费的责任人要从严查处。

三、加强公路客货运附加费的使用管理

各级财政、交通主管部门要加强对公路客货运附加费使用的监管。公路客货运附加费作为公路建设基金，要按照《国务院关于加强预算外资金管理的决定》（国发〔1996〕29 号）的规定，统一纳入财政预算管理，全额用于公路建设，并按照财政部《关于养路费及公路建设基金纳入财政预算管理的通知》（财工字〔1996〕300 号）规定执行。严禁征收单位坐收坐支；不准用公路客货运附加费修建楼堂馆所；不准用公路客货运附加费弥补征管单位经营亏损。各级交通主管部门要严格控制各项开支，精简人员，杜绝浪费，严禁挪用，确保公路建设资金的投入。

本通知从 1998 年 7 月 1 日起执行。对执行中出现的问题，请及时报告国家发展计划委员会、财政部和交通部。客货运附加费在执行中如遇国家政策调整，从其规定。

220.关于贯彻执行行业标准《道路作业交通安全标志》的通知

(1999 年 2 月 12 日　公安部　公交管〔1999〕38 号)

各省、自治区、直辖市公安厅、局交通管理局、处：

中华人民共和国公共安全行业标准《道路作业交通安全标志》(GA182—1998)已经公安部批准发布，于 1999 年 1 月 1 日起实施。该标准对在道路上进行交通管理、路政管理和工程施工、环卫清洁、道路养护、设施维修、绿化等活动的作业人员的着装要求、作业车辆的安全要求、作业现场及其附近安全设施与标志的种类和设置要求作了规定，对于减少道路作业中的交通事故和交通拥挤堵塞将起到积极作用。各地公安交通管理部门要切实加强该标准的宣传贯彻工作，主动与有关部门联系和协调，督促其严格遵守该标准。同时，要加强交警系统自身安全防护工作，建立和完善有关工作制度、机制，尽快为民警配备交通管理和防护器材，强化训练，不断提高自我保护意识和能力，减少在执勤和处理交通事故过程中的人身伤亡。今后，凡未按标准在道路上作业发生交通事故的，应当承担相应的交通事故责任和法律责任。

各地如需《道路作业交通安全标志》标准文本，可直接与中国标准出版社联系购买。

附：中华人民共和国公共安全行业标准　道路作业交通安全标志

中华人民共和国公共安全行业标准

道路作业交通安全标志

（1998年8月24日　公安部发布）

1　范围

本标准规定了道路作业人员的着装要求，作业车辆的安全要求，作业现场及其附近安全设施与标志的种类和设置要求。

本标准适用于高速公路、公路、城市道路以及矿区、港区、林区、场（厂）区道路上的作业活动。

2　引用标准

下列标准所包含的条文，通过在本标准中引用而构成为本标准的条文。本标准出版时，所示版本均为有效。所有标准都会被修订，使用本标准的各方应探讨使用下列标准最新版本的可能性。

GB 2893—82 安全色

GB 5768—86 道路交通标志和标线

GB 6527.2—86 安全色使用导则

3　定义

本标准采用下列定义。

3.1　道路作业 road work

在道路上进行的交通管理、路政管理、工程施工、环卫清洁、道路养护、设施维修、绿化等活动。

3.2　作业人员 work personnel

在道路上依法进行道路作业的人员。

3.3　作业车辆 work vehicle

作业人员在道路上进行作业时使用的车辆。

3.4　道路作业警示灯 road beacon

设置在作业路段周围以告示道路使用者注意交通安全的灯光装置。

3.5　作业现场 work spot

进行道路作业的区域。

3.6　作业区 work area

为保障道路作业现场的交通安全而用路栏、锥形交通路标等围起来的区域。

4　作业人员服装

4.1　作业人员在道路上进行流动作业时，白天应当穿着安全服或戴好安全帽；夜间必须同时穿着安全服并戴好安全帽。在道路上进行定点作业时，夜间必须穿着安全服。

4.2　安全服与安全帽的颜色应当符合 GB2893 和 GB6527.2 的规定，并应当具备反光或部分反光性能。

4.3　安全服反光部分最小宽度不应小于5cm。

5　作业车辆

5.1　专用作业车辆应当装饰明显的安全标志，喷涂符合GB2893和GB6527.2的反光油漆，或粘贴规定颜色的工程级以上的反光膜并保持表面清洁。

5.2　作业车辆必须配置作业标志灯——黄色闪光警示灯。作业标志灯置于作业车辆顶部，夜间或遇雨、雪、雾天施工时必须开启。开启时每分钟闪烁不低于60次、不高于90次，并且自各个方向至少100m以外清晰可见。

5.3　作业车辆停放时应当停放在作业区内，或经施工方案明确的其他允许停放车辆的场所，并按规定设立临时标志。

6　道路作业的安全要求

6.1　除流动作业外，进行道路作业必须在作业现场划出作业区，制定交通组织方案，设置相应的标志与设施，以确保作业期间的交通安全。

6.1.1　在道路上进行不划定作业区的流动作业时，可以在路段上设置可移动的作业标志。

6.1.2　在道路上进行定点作业，白天不超过2h、夜间不超过1h即可完工的，在有现场交通指挥人员指挥交通的情况下，只要作业区设置了完善的安全设施(即白天设置了锥形交通路标或路栏，夜间设置了锥形交通路标或路栏及道路作业警示灯)，可以不设标志牌，但高速公路除外。

6.2　用于道路作业工具、材料必须放置在作业区内或其他不影响正常交通的场所。

7　道路作业的标志与设施

7.1　标志与设施的种类

7.1.1　本标准规定的标志与设施是最基本的种类，具体作业时可以根据需要增加标志与设施的种类、但增加的标志与设施必须是法定的。

7.1.2　标志有：作业标志、窄路标志、限速标志、解除限速标志、距离辅助标志；

设施有：导向标、路栏、锥形交通路标、道路作业警示灯。

其中除道路作业警示灯外，其他标志与设施及其形式与制作要求按GB5768的规定执行。

7.2　标志与设施的设置

7.2.1　本标准规定的标志与设施的数量是道路作业的最低要求，具体作业时可根据需要增加标志与设施的总量。

7.2.2　标志与设施的设置应当符合GB5768的规定，

7.2.2.1　作业标志(参见GB5768图33)

设置在作业区前某距离处，具体见表1。

7.2.2.2　距离辅助标志(参见GB5768图161)

安装在作业标志下面。

7.2.2.3　窄路标志(参见GB5768图14、图15、图16)

设置在作业区前某距离处，具体见表1。

7.2.2.4　限制速度标志(参见GB5768图65)

设置在作业区前某距离处，具体见表1。

标志设置位置 表1

道路类别 \ 距离，m	1000	500	200	100	50	20
高速公路	▲●	▲●★	△	▲●★		
城市快速路 汽车专用路			▲●		▲●★△	
其他道路					▲●★	△
注：▲—作业标志；●—速度限制标志；★—窄路标志；△—锥形交通路标。						

7.2.2.5　解除速度限制标志(参见GB5768图66)

设置在作业区后某距离处，具体见表2。

解除速度限制标志的设置位置 表2

道路类别 \ 距离，m	50	100	200	300
高速公路		○	○	○
城市快速路 汽车专用路	○			
其他道路	○			
注：○—解除限速标志。				

7.2.2.6　导向标(参见GB5768图174)

设置在作业区两端。

7.2.2.7　路栏(参见GB5768图171、图172)

设置在作业现场两端或周围，侧面距离作业现场0.5～1.5m，两端距离见表3。

设施的设置位置 表3

道路类别 \ 距离，m	30～50	10～30	5～10	3～5
高速公路	□	△		
城市快速路 汽车专用路		□	△	
其他道路			□	△
注：□—路栏；△—锥形交通路标。				

7.2.2.8　锥形交通路标(参见GB5768图173)

设置在作业现场周围，自作业区前某距离处沿斜线放置至作业区侧面，具体见表1。侧面距离作业场1～3m，作业现场后方沿45°角放置。锥形交通路标的间距见表3。

7.2.2.9　道路作业警示灯

夜间作业应当设置道路作业警示灯，道路作业警示灯设置在作业区周围的锥形交通路标处，必须能反映作业区的轮廓。设置高度离地面1.5m，不低于1.0m。

道路作业警示灯遇雨、雪、雾天时应当开启，在其他气候条件下至少应自傍晚前开启，且能发出至少150m以外清晰可见的连续、闪烁或旋转的红光。

221.关于印发实现所有公路基本无“三乱”考核办法的通知

(1999 年 11 月 1 日　国务院纠风办、交通部、公安部　国纠办发〔1999〕8 号)

各省、自治区、直辖市交通厅(局)、公安厅(局)、纠正行业不正之风办公室：

治理公路“三乱”工作,从 1995 年作为全国纠风专项治理的一项重要任务提出以来,经过连续几年的集中整治,各省、自治区、直辖市已实现了国道、省道基本无“三乱”,有效地保证了主要干线公路和蔬菜运输“绿色通道”的畅通。为加大从国道、省道向县乡道路延伸的治理力度,力争用三年的时间,实现所有公路基本无“三乱”的新目标,根据《国务院关于禁止在公路上乱设站卡乱罚款乱收费的通知》(国发〔1994〕41 号)等有关规定,特制定以下考核办法：

一、实现所有公路基本无“三乱”督促检查和量化考核,原则上按照交通部、公安部、国务院纠风办《关于实现国道、省道基本无“三乱”考核标准》(国纠办发〔1996〕7 号)执行,同时还应达到以下要求：

1.经省、自治区、直辖市人民政府批准设置的检查站、收费站,必须公布设站的批准证件、工作范围、主管部门和监督电话;收费站还应同时公布收费单位、收费标准和收费期限;各检查站、收费站的工作人员必须持有省级人民政府核发或省政府授权部门核发的有效证件,证件上应有持证人的姓名、照片、工作单位、证件号码和工作地点,持证人没有超越工作范围和工作地点拦车检查、罚款、收费的行为。

2.按照国务院有关规定,对本辖区内的公路收费站点进行了彻底地清理整顿,及时撤销了不符合规定和已还清贷款的收费站点,调整了不合理的收费标准,严格执行了新建公路收费站点的设置标准和条件。

3.本辖区连续两年没有出现因发生严重公路“三乱”问题而被取消公路基本无“三乱”资格的地市县。

二、实现所有公路基本无“三乱”,坚持实事求是、从严要求的原则。各省、自治区、直辖市应从所辖地市县逐级抓起,分期分批地公布实现所有公路基本无“三乱”的地方名单,扎扎实实地向前推进。在经认真自查,确认本省(区、市)已具备所有公路基本无“三乱”条件的基础上,先由省级人民政府向交通部、公安部和国务院纠风办提出申请报告,经“两部一办”会同建设部、国家林业局组织检查认定、并报经国务院领导同意后,再由“两部一办”向社会公布。

三、实现所有公路基本无“三乱”,是一项艰巨复杂的工作。各省、自治区、直辖市应根据新的目标要求和本办法,结合实际,制定具体实施细则。

附件:关于实现国道、省道基本无“三乱”考核标准

关于实现国道、省道基本无"三乱"考核标准

一、未经省、自治区、直辖市政府批准的收费站、检查站撤除率达到100%。经批准设置的收费站、检查站符合国家规定条件。

二、本省(区、市)除交通、公安、林业部门以外,没有其他任何部门、单位在公路上设站、检查、罚款、收费的,偶发上路查车收费、罚款事件,及时得到查处。

三、在本省(区、市)范围内,各级政府及有关部门没有向上路的执收执罚单位和人员下达收费、罚款指标的。

四、各省、自治区、直辖市对发现的交通(收费和稽征)、公安(交警)、林业(木材检查)上路执法人员的乱收费、乱检查、乱罚款问题,查处率达到100%。

五、公路上和城市人口处无强制拦车清洗行为。

六、各省、自治区、直辖市通过对运输企业和驾驶人员的问卷调查,对本考核前五项表示满意和比较满意的要达到70%以上。

222.关于禁止对政府投资建设和偿还完贷款的公路、桥梁、隧道收取车辆通行费的通知

(1999年11月29日　国家计委、国务院纠风办　计价检〔1999〕2109号)

各省、自治区、直辖市及计划单列市、副省级省会城市人民政府:

今年上半年,国家计委和交通部组织开展了全国交通收费专项检查。在检查中发现,一些地方政府和有关部门以缩短还贷期限或便于车辆分流的名义,对由政府投资建设或者偿还完贷款的公路、桥梁、隧道收取通行费,有的还对改革开放前甚至解放前建成的收取车辆通行费,加重了企业和群众的负担,社会反映十分强烈。为坚决制止乱收费,整顿收费秩序,现将有关事项通知如下:

一、严格执行国家规定,坚决做到令行禁止。对于贷款、集资建设的公路、桥梁、隧道,收取车辆通行费要严格按照《公路法》、《国务院关于禁止在公路上乱设站卡乱罚款乱收费的通知》(国发〔1994〕41号)及《交通部、国家计委、财政部关于发布〈关于在公路上设置通行费收费站(点)的规定〉的通知》(交公路发〔1994〕686号)的有关规定执行。在市区内建设的桥梁、隧道收取车辆通行费必须严格按照《城市道路管理条例》规定的条件执行。严禁对政府投资建设的公路、桥梁、隧道收取车辆通行费,也不得以捆绑的方式变相收费,即不得将贷款、集资建设的公路、桥梁、隧道收费平摊到政府投资建设的公路、桥梁和隧道;严禁对已偿还完贷款的公路、桥梁和隧道收取车辆通行费;收费还贷期满的公路、桥梁、隧道应及时拆除收费站,停止收取车辆通行费;严禁在还贷期满转让经营权(收费权)继续收费;严禁对收费还贷的公路、桥梁、隧道收取预算外调控资金等。对符合收取车辆通行费条件,经批准收费的,要实行明码标价,公开收费标准、收费时限,接受群众和社会的监督。要坚持量力而行和勤俭办事的原则,用好"贷款修路,收费还贷"政策。

二、限期改正,加强公路、桥梁、隧道收费的监督检查。各地应立即组织力量,对公路、桥梁、隧道收费中存在的问题进行认真清理检查,已对政府投资建设的公路、桥梁、隧道收取车辆通行费的,违反规定擅自设站收费的,已偿还完贷款仍继续收费以及未将收费用于还贷而挪作他用的行为,要在今年12月底之前纠正,并区别情况给予经济处罚。同时,将纠正处理情况报国家计委、国务院纠风办。届时,国家计委、国务院纠风办将对各地清理整顿情况进行检查验收,对有令不行,有禁不止的地区和单位,将直接予以查处,除没收违法收入外,还要处以罚款并通过新闻媒体公开曝光;对于性质恶劣,情节严重的,要追究有关领导和直接责任人员的行政责任。

223.关于进一步加强铁路无人看守道口监护管理工作的通知

（2001年3月26日　国家经贸委、铁道部、交通部、公安部　国经贸运行〔2001〕291号）

各省、自治区、直辖市、计划单列市及新疆生产建设兵团经贸委（经委、交委），交通厅（局），公安厅（局），各铁路局（广铁集团）：

自1995年8月国家经贸委等七部门联合发布《铁路无人看守道口监护管理规定》（国经贸运〔1995〕466号）（以下简称《管理规定》）以来，在各有关省区市政府的关心和重视下，铁路无人看守道口的安全管理工作不断取得进展，道口监护数量逐年扩大，道口监护设施逐步改善，京哈、京广、京沪、陇海四大干线道口平交改立交进度明显加快，道口交通事故大幅度下降。据统计，1999年全国铁路道口发生的交通事故件数、伤亡人数和损坏机动车辆数，比1998年分别下降了24.2%、37%和24.7%，2000年又比1999年有所下降，为近20年以来的最好水平。

几年来的实践说明，《管理规定》的实施，有力地促进了无人看守道口的监护管理工作，对确保道口的安全畅通发挥了积极作用。但是，随着经济的持续发展，通过铁路道口的机动车数量迅猛增加，客货列车运行密度逐年加大，特别是旅客列车运行速度不断提高，少数地区贯彻《管理规定》不力，致使铁路道口事故仍时有发生。2000年，无人看守道口发生的交通事故占铁路道口事故总数的94.7%；全年全国铁路共发生11起重大道口交通事故，其中9起发生在无人看守道口，9起事故中有7起为机动车与旅客列车相撞。这些事故的发生，给人民生命财产造成重大损失。

为进一步加强对铁路无人看守道口的监护管理，现就有关事项通知如下：

一、进一步提高对铁路道口监护管理工作重要性的认识

近一个时期以来，江泽民总书记就安全生产工作多次批示，国务院也就加强安全生产工作发出紧急通知，各地有关部门一定要从讲政治、保稳定、促发展的大局出发，以对国家、对人民高度负责的态度，提高认识，按照《管理规定》的要求，积极协助铁路部门加强对无人看守道口的监护管理，完善各项管理制度。

二、进一步加强铁路道口通行安全的宣传和法制教育工作

各地要充分利用广播、电视、报纸等新闻媒介，宣传铁路道口安全的有关法规知识和安全常识，增强全民道口交通安全意识和遵章守纪、维护铁路道口安全的自觉性。要将大中型客车司乘人员、个体营运司机和拖拉机驾驶员作为宣传教育的重点，有计划地组织他们学习道口安全知识，教育机动车驾驶员遵守道口安全管理规定。火车司机通过道口前必须加强瞭望、鸣笛示警（地方明文规定禁止鸣笛的除外）。铁路公安和地方公安部门要加强合作，加大执法力度，按照各自的职责，维护好道口交通秩序，坚决禁止违章穿越铁路道口的行为，严厉打击破坏道口设施的违法活动，对违反道口安全管理规定的要依法严肃处理，在全社会营造遵守铁路道口通行规定和维护道口安全的良好氛围。

三、抓紧做好铁路无人看守道口监护经费的落实工作

关于铁路与公路交叉的无人看守道口的监护经费问题，各地经贸委要会同有关部门按照国务院的有关规定和现有渠道，认真做好经费的落实工作。铁路部门在用电、通信及其他方面也要提供方便。

四、尽快消除铁路道口存在的严重安全事故隐患

近几年，随着道路建设的发展和铁路的全面提速，非法道口、人行过道以及铁路道口与道路不同宽，已成为影响铁路运输安全的重要隐患。对这类问题，各地有关部门与铁路部门要协商解决。要加强铁路沿线治安综合治理，加强日常检查，坚决拆除非法道口，逐步拆并过密道口和人行过道，打击破坏铁路道口设备和沿线护栏的行为。对暂时无法实现平交改立交的道口，特别是对列车提速段及道路朝道口方向为下坡的道口，铁路部门可根据需要设置道口防护设施，并加强日常检查。

五、加快更换、完善铁路道口道路交通标志和标线

1999 年 6 月 1 日起开始实施的道路交通标志和标线国家标准（GB 5768—1999），对铁路道口警告标志、禁令标志、标线作了较大改动，有关部门要相互协商，按国家标准的要求尽快做好更换和完善工作。同时还要加大宣传力度，使每个机动车驾驶员了解这些标志、标线的含义，按章行车。公安部门在对机动车驾驶人员进行道路交通规章考试项目中，要增加通过铁路道口安全要求的内容。

六、严格执行道口设置标准

1999 年 7 月 1 日实施的《铁路线路设计规范》明确在新建、改建铁路时，设置立交和有人看守道口的条件。铁路部门要认真执行。对营业线铁路无人看守道口，铁路部门要会同各地经贸委，参照新建、改建铁路有人看守道口设置标准，进行一次交通流量调查。对车流量大，符合有人看守道口设置条件，且短期内又改不了立交的无人看守道口，铁路部门应安排计划，逐步改为有人看守道口。

七、各地有关部门要支持配合铁路部门做好列车提速工作

铁路新一轮提速是实施西部大开发战略的需要，也是铁路适应市场化发展的需要，对促进国民经济和地方经济的发展具有重要意义。各地有关部门要积极配合铁路部门做好铁路无人看守道口的监护、检查和管理工作，大力支持铁路部门加快铁路道口平交改立交工作的步伐，以确保铁路提速工作的顺利进行。

八、各地经贸委要继续做好综合协调工作

铁路无人看守道口的监护管理是一项综合性的工作，涉及部门较多，需要各有关部门加强协作，形成合力。各地经贸委要会同交通、公安等部门与铁路部门，按照各自在道口安全管理方面的职责，各司其职，密切配合，共同做好无人看守道口的监护管理工作，确保铁路道口安全畅通。

224.关于严格控制新建加油站问题的通知

(2001年6月5日 国家经贸委、建设部、工商总局 国经贸贸易〔2001〕543号)

各省、自治区、直辖市、计划单列市经贸委(经委)、建设厅(规划局、委)、工商行政管理局,新疆生产建设兵团经贸委,重庆市商委,中国石油天然气集团公司、中国石油化工集团公司:

按照《国务院办公厅转发国家经贸委等部门关于清理整顿小炼油厂和规范原油成品油流通秩序意见的通知》(国办发〔1999〕38号)精神,1999年以来,各地经贸委及有关部门对加油站进行了一次全面的清理整顿,加油站乱批滥建、盲目发展的状况得到了遏制。但由于利益驱动、市场监管不严等原因,一些地区加油站盲目建设、无序发展的问题依然比较突出,不仅影响巩固清理整顿成果,而且影响石油石化行业的改革和发展。为适应石油石化行业深化改革的需要,发挥中国石油天然气集团公司、中国石油化工集团公司(以下简称石油集团、石化集团)上下游一体化、产销一体化、内外贸一体化的优势,巩固清理整顿成果,进一步规范成品油流通秩序,经国务院同意,现就严格控制新建加油站问题通知如下:

一、自本通知下发之日起,各地区新批准建设的加油站统一由石油集团、石化集团负责建设。其他企业、单位和个人不得新建加油站。外商投资高速公路加油站,按照《指导外商投资方向暂行规定》和《外商投资产业指导目录》执行。

二、石油集团、石化集团要按照城市规划和公路建设规划的要求,制定本企业加油站发展规划,经省级经贸委批准后按照基本建设审批程序办理新建加油站有关手续。通过加油站的新建和改造,推进成品油集中配送和连锁经营,完善成品油零售网络,保证社会供应。

三、省级经贸委要严格按照国家经贸委等部门《关于清理整顿成品油流通企业和规范成品油市场秩序的实施意见》(国经贸贸易〔1999〕637号)规定的条件和程序及本地区加油站建设规划的要求对石油集团、石化集团新建加油站进行审批,引导和协调石油集团、石化集团平等参与加油站新建工作,促进有序竞争。工商行政管理部门要对石油集团、石化集团新建加油站依法登记注册,加强监督管理。

四、各地新建汽车加气站,按照本通知新建加油站的规定办理。凡未按照本通知规定新建加油站、加气站,任何部门不得批准建设,城市规划部门不得发放规划许可证件,工商行政管理部门不得为其办理登记注册,石油集团、石化集团所属企业不得对其供油。本通知下发后,对违反规定批准建设加油站的单位和个人,将予以通报并追究责任。本通知执行中的情况和问题要及时报国家经贸委。

225.关于在生产及使用环节治理整顿载货类汽车产品的通知

(2001年8月10日　国家经贸委、公安部　国经贸产业〔2001〕808号)

各省、自治区、直辖市、计划单列市及新疆生产建设兵团经贸委(经委)、公安厅(局):

为贯彻国务院关于整顿和规范市场经济秩序的决定,进一步加大治理载货类汽车(包括载重汽车、自卸车、牵引车、罐式车、全挂车、半挂车和四轮农用运输车及有关底盘)严重超载违章行为的工作力度,国家经贸委和公安部决定,在生产和使用环节对载货类汽车进行治理整顿。现将有关事项通知如下:

一、企业要严格按照国家有关规定、技术标准和设计规则组织生产

国家经贸委《车辆生产企业及产品公告》(以下简称《公告》)及原国家机械工业局《全国汽车、民用改装车和摩托车生产企业及产品目录》和《农用运输车生产企业及其产品目录》(以下统称《目录》)内的载货类汽车生产和改装企业以及全挂车生产企业,必须严格按照国家已颁布的有关规定、技术标准和设计规则组织生产,同时产品要符合《整顿载货类汽车产品有关限值要求》的规定(见附件)。

二、严格把关,防止不符合规定的载货类汽车产品流入市场

列入《公告》的车辆产品,国家经贸委将实施生产一致性考核制度,考核的有关规定另行通知。对不符合《整顿载货类汽车产品有关限值要求》规定的载货类汽车产品,国家经贸委不予列入《公告》。

公安交通管理部门对申请办理注册登记的载货类汽车,要按照《整顿载货类汽车产品有关限值要求》进行核对,不符合规定的,不得办理注册登记手续。

三、对《目录》内的载货类汽车产品进行清理,从源头上杜绝违规产品的生产

载货类汽车生产和改装企业要自查自纠,将大吨小标等违规产品及更正参数(包括:车型、技术参数,缺强制性检测项目的按规定补齐)列入更正对照表,报国家经贸委,经国家经贸委审核确认后,通知公安交通管理部门备案,并在《公告》中发布。对生产违规产品的企业,一经查处,即取消其生产资格。

《目录》内现有的载货类汽车产品逐步向《公告》过渡,从2001年11月1日起,《目录》公布的载货类汽车产品型号作废,公安交通管理部门不再依据《目录》办理载货类汽车的注册登记。

四、积极稳妥地解决在用载货类汽车大吨小标等违规问题

在用载货类汽车产品大吨小标等问题,用户主动要求更改标定载质量的,可向公安交通管理部门提出申请,公安交通管理部门依据国家经贸委提供的更正对照表办理变更登记。

尚未销售的大吨小标载货类汽车,由企业自行回收处理。

五、推行车辆识别代码(VIN)的管理规则

为加强对违章、违规汽车的清理整顿,打击车辆走私、非法拼装、假冒行为,控制其他涉车犯罪活动,加快与国际通行做法接轨,企业申报产品的型号中自定义代号部分要按照车辆识别代号(VIN)规则编制。

附件:整顿载货类汽车产品有关限值要求

整顿载货类汽车产品有关限值要求

一、载质量利用系数

栏板式载货类汽车、自卸车和栏板式农用运输车的载质量利用系数必须符合下列限值：

GB/T 15089 总质量 M （千克）	N_1		N_2		N_3
	$M \leqslant 3500$		$3500 < M \leqslant 12000$		$M > 12000$
整备质量 m(千克)	$m \leqslant 1100$	$m > 1100$	$m \leqslant 3500$	$m > 3500$	
载质量利用系数 *	—	≥0.65 （不含长头轻型客货两用车） 自卸车(纵向) ≥0.55	≥0.75 自卸车(纵向) ≥0.65	≥0.85 自卸车(纵向) ≥0.75	≥1

$$* \text{载质量利用系数} = \frac{\text{最大允许装载质量(含额定乘员质量)(千克)}}{\text{整备质量(千克)}}$$

二、罐式汽车的总容量限值应按下列公式计算(式中取汽油的密度为 700 千克/立方米)

$$\text{总容量(立方米)} \leqslant \frac{\text{设计载质量(千克)}}{700\text{(千克/立方米)}} \times 1.05$$

三、全挂车　半挂车的允许最大总质量、最大装载质量，整备质量应当符合 GB 6420—86《货运挂车系列型普》的规定。

四、货箱栏板高度

栏板式载货汽车、栏板式半挂车和栏板式全挂车的货箱栏板高度大于 0.6 米时，高度限值应按下列公式计算(式中取煤的比容 900 千克/立方米)：

$$\text{货箱栏板高度(米)} = \frac{\text{设计载质量(千克)}}{900 \times \text{货箱内部长度(米)} \times \text{货箱内部宽度(米)}} + 0.1$$

226.关于军队移交的保障性企业使用军车号牌车辆改挂地方车辆号牌工作有关问题的通知

(2002年2月6日　全国联席办、公安部、交通部、国家税务总局、总后勤部　国联席办〔2002〕1号)

各省、自治区、直辖市军队保障性企业交接工作部门联席会议办公室,各大军区、军委各总部、各军兵种保障性企业和农场调整改革领导小组办公室:

全国军队保障性企业交接工作部门联席会议办公室、公安部、交通部、国家税务总局、总后勤部《关于做好军队移交的保障性企业使用军车号牌车辆改挂地方车辆号牌工作的通知》(国联席办〔2001〕6号)下发后,有关移交企业和部门正在按要求组织上报汇总车辆改挂有关资料。鉴于有些企业移交后工商变更登记尚需时日,为保证车辆号牌改挂工作的顺利进行,经商有关部门同意,现就有关问题通知如下:

填写《车辆改挂审批表》"申请单位"一栏时,已办理工商变更登记的企业,按新的企业名称填写;尚未办理工商变更登记且有第二厂名的企业,可按第二厂名填写,没有第二厂名的,按原车属单位填写。表中"申请单位申请理由"一栏单位印章要与申请单位名称一致。

请各单位抓紧这项工作,务必于2002年3月15日以前,将《军队移交的保障性企业使用军车号牌车辆改挂地方车辆号牌汇总表》和《车辆改挂审批表》上报全军调改办。

227.关于公布第二批实现所有公路基本无“三乱”省(区、市)名单的通报

(2002年6月28日　交通部、公安部、国务院纠风办　国纠办发〔2002〕7号)

各省、自治区、直辖市人民政府,国务院各部委、直属机构:

根据国务院领导同志关于今年治理公路“三乱”工作决不能放松,要有更多的省(区、市)实现全部公路基本无“三乱”的指示精神,按照交通部、公安部、国务院纠风办《关于实现所有公路基本无“三乱”实施方案》和2002年全国纠风工作实施意见的要求,今年以来,各地区和有关部门继续把治理公路“三乱”作为纠风工作的重要任务,加大治理力度,积极向实现所有公路基本无“三乱”目标推进。最近,交通部、公安部、国务院纠风办(以下简称“两部一办”)会同国家林业局、建设部派出4个检查组,对部分已申报实现所有公路基本无“三乱”的省(区、市)进行了明查暗访。为了使治理公路“三乱”工作不断深入,以更明显的成效迎接党的十六大召开,现将当前治理公路“三乱”工作和公布第二批实现所有公路基本无“三乱”省(区、市)名单的有关情况通报如下:

一、全国治理公路“三乱”工作继续保持从严治理的态势

去年底“两部一办”公布第一批实现所有公路基本无“三乱”省(市)名单以来,各地按照全国统一部署,结合实际,加强了明查暗访和解决薄弱环节的力度,进一步落实治理工作责任制,保证了公路干线的畅通,特别在元旦、春节期间没有发生公路“三乱”反弹。第一批实现所有公路基本无“三乱”目标的省(市),自我加压,确保本地区治理公路“三乱”工作不下滑,继续保持抓落实、防反弹的好势头,在巩固原有成果的基础上,不断取得新进展。北京市结合树立良好的首都形象,在减少站卡数量上下功夫,计划用两年的时间,将现有的50个站卡减少至12个,并采取措施,规范执法行为,方便来往车辆。上海市结合精神文明创建活动,加强对站点的规范化管理,不断提高执法人员文明执法、热情服务的意识。江苏省抓检查、抓查处、抓曝光的力度未减,尤其对重点地区(路段)、重点部门,加大了明查暗访力度。海南省把治理公路“三乱”工作作为本省经济发展的一项重要工作,围绕确保“绿色通道”畅通,积极从源头上做好工作。

辽宁、吉林、黑龙江、安徽、山东等省,以“两部一办”检查验收为契机,针对检查中发现的问题,认真研究,采取有力措施,迅速整改。同时开展逐条路、逐个站拉网式检查,对公路“三乱”多发期和重点路段进行了重点监控。其他省(区、市)也都检查对照找不足,针对薄弱环节,制定相应措施,建立健全治理工作责任制,并坚持标本兼治,在巩固和扩大治理成果上取得了新的进展。

二、天津、内蒙古、辽宁、吉林、黑龙江、安徽、山东、甘肃等8省(区、市),已实现了所有公路基本无“三乱”

依据“两部一办”关于《实现所有公路基本无“三乱”实施方案及量化考核评比标准》,“两部一办”会同国家林业局、建设部组成联合检查组对上述地区进行了以暗访为主的检查,从检查情况看,这8个省(区、市)治理公路“三乱”工作没有放松,抓得实,成效突出,群众反映好。主要有以下几个特点:一是把治理公路“三乱”工作作为促进当地改革、发

展、稳定和改善经济环境的大事来抓，主要领导亲自过问，不但听汇报，而且带队明查暗访，将实现所有公路基本无“三乱”的新目标分解到各责任部门，签订目标责任书，形成一级抓一级，层层抓落实的格局。二是加强监督检查，继续保持治理公路“三乱”的高压态势。有的省（市）建立专职纠察队伍，对本地各类公路开展经常化的督促检查；有的聘请社会各阶层义务监督员，及时收集公路“三乱”的各种信息，积极有效地接受广大人民群众的监督。三是抓舆论宣传，营造了治理公路“三乱”、保证公路畅通的氛围。有的地方领导发表广播电视讲话，在公路沿线张贴标语，散发材料，并在干线公路上制作固定宣传牌；有的将治理公路“三乱”政策汇编成册，发到上路人员手中，做到治理公路“三乱”的政策规定人人皆知。四是狠抓管理，规范执法行为，提高执法人员整体素质。针对本地上路执法人员存在的问题，采取培训班、以会代训和典型案例分析等形式进行教育，提高上路执法人员的素质和执法水平。对现有检查站，按照标准化、制度化、规范化的要求，实行“三统一两公开一监督”，并普遍建立健全了各项管理制度和文明服务标准。

根据以上情况，经“两部一办”和国家林业局、建设部研究确定，天津、内蒙古、辽宁、吉林、黑龙江、安徽、山东、甘肃等8省(区、市)，符合实现所有公路基本无“三乱”的考核标准，已实现所有公路基本无“三乱”，现予以公布。

三、当前和今后一个时期治理公路“三乱”工作的要求

经过各地区和有关部门多年的共同努力，治理公路“三乱”工作取得了明显的成效。道路比较畅通了，设站收费、罚款的行为比较规范了，在公路上乱收、乱罚等违规现象明显减少了，公路上的“三乱”问题得到了有效遏制，并且得到了各级领导的充分肯定和全社会的一致认可。但去年以来，由于一些地方领导重视不够，工作有所松懈，个别路段又出现了一些“三乱”问题，如一些部门和单位违规上路设站收费、罚款；收费站过密、收费标准过高、收费期限过长等不合理现象仍较为突出；一些允许上路设站、收费的部门也出现了内部多家上路以及少数执法人员执法行为不规范等问题。这些问题已经引起社会的广泛关注，影响治理公路“三乱”成果的巩固和拓展。为此，现对继续做好治理公路“三乱”工作提出以下要求：

1.各地区和有关部门要将治理公路“三乱”工作放到全面落实“三个代表”的高度来认识。要充分认识治理公路“三乱”工作的重要性和紧迫性，克服厌倦和松懈情绪，切实把做好辖区内实现所有公路基本无“三乱”工作摆到重要议事日程。已经实现所有公路基本无“三乱”的省(区、市)要清醒地看到，目前所取得的成果还很脆弱，一些体制、机制上的深层次问题还远没有解决，稍一放松，就会反弹。当前，经济发展和公路建设迅速发展的形势对道路畅通、安全、高效和治理工作提出了更高的要求，要适应这种需要，在探索深化治理、实行规范化执法和服务上下功夫，为优化经济发展环境服好务，也为全国治理工作提供经验。这次没有进入名单的省(区、市)，特别是交通干线多、车流量大、治理难度也比较大的地区，要认真分析本地区存在的问题及原因，切实加大治理工作力度，争取早日实现所有公路基本无“三乱”的目标。目前还没有申报的省(区、市)，要切实将实现所有公路基本无“三乱”目标摆上重要议事日程，在原有治理工作的基础上，再加一把劲。

2.治理公路“三乱”工作要继续坚持谁主管、谁负责的原则，各地区和有关部门要对本地区、本部门的治理工作负总责，要将这项工作纳入党风廉政建设责任制，狠抓责任制的落实。工作中要注意条块结合，明确治理责任，相互配合，加强督促检查和具体指导。交通、公安、林业等部门要认真履行职责，看好自己的门，管好自己的人，重点解决好内部多家上路、执法不规范等问题。

3.各地区和有关部门在治理工作中要严格按照《国务院关于禁止在公路上乱设站卡乱罚款乱收费的通知》(国发[1994] 41 号文件)的要求,在政策上严格把关,未经国务院批准,任何部门和单位都不准上路设站、收费和罚款,不得以任何名义下达收费、罚款指标。经国务院批准允许临时上路的部门,要在站点设置、上路人员、执法行为等方面从严把关,明确责任,严格规矩,预定任务完成后及时撤站。

4.抓典型、抓查处、抓曝光,保持治理工作的力度。治理公路“三乱”工作虽然取得了很大成绩,但离广大人民群众的要求还有差距。各地区和有关责任部门绝不能有任何的懈怠,要继续加强对公路“三乱”问题多发时期以及重点地区、重点路段的监督和检查,坚决查处并纠正违规上路、执法不规范以及乱罚款等“三乱”行为,对那些顶风违纪搞“三乱”的人和事要发现一起,严肃查处一起,不仅要处理当事人,还要追究地方、部门和单位领导的责任,典型案件还要公开曝光。对出现公路“三乱”严重反弹的地区要坚决“摘牌”并责令其限期整改。“两部一办”将根据群众举报,对一些易发生问题的地区,尤其是已实现了所有公路基本无“三乱”的省(区、市),加大监控和明查暗访的力度,发现哪个地区发生公路“三乱”问题,就责成所在省(区、市)对该地区直接“摘牌”,限期整改,并向社会公布。

228.关于公布第三批实现所有公路基本无“三乱”省(区、市)名单的通报

(2002年11月22日　交通部、公安部、国务院纠风办　国纠办发〔2002〕9号)

各省、自治区、直辖市人民政府,国务院各部委、各直属机构:

今年,国务院领导同志对治理公路“三乱”工作提出了巩固和扩大已有成果,保持压力,常抓不懈,力争有更多的省(区、市)实现所有公路基本无“三乱”的总体要求。各地区和有关部门按照这一要求,继续把治理公路“三乱”作为纠风工作的重要任务,针对出现的新情况、新问题,采取有力措施,加大治理力度。最近,交通部、公安部、国务院纠风办(以下简称“两部一办”)会同国家林业局、建设部对部分省(区、市)进行了检查,现将检查情况和第三批实现所有公路基本无“三乱”省(区、市)名单通报如下:

一、治理公路“三乱”工作继续稳步推进

从去年年底以来,“两部一办”已分两批公布了12个实现所有公路基本无“三乱”的省(区、市)名单。今年上半年“两部一办”又会同国家林业局和建设部,先后对10多个省(区、市)进行了明察暗访,从实地检查和群众反映的情况看,各地治理公路“三乱”工作没有放松。已经实现所有公路基本无“三乱”的地区,普遍开展了回头看,做到了思想不松、力度不减。不少省(区、市)的党政领导同志不仅亲自听汇报、批案件,还带队上路检查。一些地方针对公路“三乱”反弹性强的特点,强化监督机制,有的在收费站公布了公路“三乱”监督电话;有的在公路上设置醒目标牌,向社会作出此段公路无“三乱”的承诺;还有的在司机中聘请监督员,定期到运输企业听取意见。今年“五一”和“十一”期间,不少地区针对车流量大的路段,进行了各种形式的大检查,对个别公路“三乱”问题,从快从严进行了查处,使治理成果得到了巩固。在前两批检查验收工作中没有进入名单的省(区、市),进一步认真学习了党中央、国务院有关治理公路“三乱”的文件,不断提高对治理公路“三乱”工作重要性的认识,正视存在的问题,针对薄弱环节,制定相应措施,认真进行整改,在治理工作上取得了新的进展。

二、河北、江西、湖北、陕西、新疆等5省(区),已实现了所有公路基本无“三乱”

依据“两部一办”关于《实现所有公路基本无“三乱”实施方案及量化考核评比标准》,“两部一办”会同国家林业局、建设部组成联合检查组对河北、江西、湖北、陕西、新疆等地进行了以暗访为主的检查。从检查情况看,这5个省(区)治理公路“三乱”工作的主要特点是,将治理公路“三乱”作为优化当地经济发展环境的重要内容,采取切实有效的措施,突出重点、锲而不舍地开展治理工作,取得了明显成效。河北、湖北、陕西由于地理位置和公路发展状况等原因,治理公路“三乱”的任务比较繁重,但三个省政府的领导高度重视,亲自动员部署,带队明察暗访,批办典型案件;层层建立责任制,逐级狠抓落实;对发现的公路“三乱”问题能够快查快办,不护短,不手软。河北省撤消了不符合规定的7个检查站,对发现的公路“三乱”问题查处率达100%,并召开了全省治理公路“三乱”现场会,公开处理3起公路“三乱”案件,起到了以儆效尤的作用。湖北省撤消了15个公路收费站和69个治安临时检查站。陕西省对全省公路执法人员进行了岗位培训,对收费站点进行了规范化、标准化管理。江西省在保持压力、不开口子上

下功夫，从省到乡镇，层层把治理工作任务落实到部门、单位和个人。新疆维吾尔自治区把治理公路“三乱”工作与实施西部大开发战略紧密结合，撤消了到期的站卡，确保了公路网的畅通。

根据以上情况，经“两部一办”和国家林业局、建设部研究确定，河北、江西、湖北、陕西、新疆等5省(区)，符合所有公路基本无“三乱”的考核标准，已实现所有公路基本无“三乱”，现予以公布。

三、今后一段时间治理公路“三乱”工作的要求

自1995年在全国集中治理公路“三乱”以来，经过全国各地和有关部门的共同努力，治理工作逐年深入，得到了人民群众的认可。公路上特别是国、省道上的“三乱”现象明显减少，多家违规上路的情况基本得到解决，上路执收执罚部门和人员的行为得到了规范，基本保证了公路的畅通。公路“三乱”现象已从普遍转为个别，从集中转为分散，从公开转为隐蔽。但由于引发公路“三乱”的深层次问题并没有解决，治理工作的形势仍然不容乐观。近一段时间，反映公路“三乱”问题的群众来信有较大幅度上升，问题主要有：对严重超限、超载的车辆收费放行，以罚代纠，重复罚款、收费；一些允许上路设站、收费的部门出现了内部多家上路以及少数执法人员执法行为不规范等问题，个别地方还存在烟草、工商等部门违规上路查车的现象。针对上述问题，为抓好今后一段时间治理公路“三乱”工作，现提出以下要求：

(一)各地区、各部门要认真学习贯彻党的十六大精神，站在落实“三个代表”重要思想，讲政治、顾大局、保稳定、促发展的高度，继续提高对治理公路“三乱”工作重要性、艰巨性的认识，正确处理好局部和全局、部门和整体的关系，自觉纠正本地区、本部门存在的不符合国家规定的行为和做法。各治理公路“三乱”的相关部门，要树立坚持不懈，一抓到底的思想和决心，以高度负责的态度，认真履行好各自的职责，继续加大治理力度，在巩固成果、防止反弹、深化治理上下大功夫，把公路“三乱”现象遏制在最低限度。

(二)针对公路“三乱”反弹性强的特点，牢固树立长抓不懈的思想。治理公路“三乱”工作虽然取得了明显成效，但由于引发公路“三乱”的深层次问题没有根本解决，因此虽经多年治理但基础仍然脆弱，反弹的可能性随时存在。目前，我们采取分批公布实现所有公路基本无“三乱”的地区名单，目的在于巩固成果，推动治理工作深入开展。上了名单的地区决不能有一劳永逸的思想和任何麻痹松懈情绪。能不能巩固成果，保持所有公路基本无“三乱”，并始终得到广大人民群众的认可，是对这些省(区、市)的长期考验。这些地区要进一步加强领导，保持治理工作力度，确保不出现公路“三乱”反弹。没有上名单的地区要看到差距与不足，加倍努力，争取早日实现所有公路基本无“三乱”。

(三)交通、公安、林业各部门要充分发挥自己的职能作用，从自身抓起，看好自己的门，管好自己的人，严格规范上路人员的执收执罚行为，当前重点要抓好已有制度和规定的落实，认真纠正内部“多家上路”、超范围执法和执法不规范以及在治理超限、超载工作中存在的其他问题。各级政府纠风办要继续履行好组织协调职能，按照“谁主管、谁负责”的原则，健全工作机制，将治理任务落到实处。

(四)强化监督检查，严查顶风违纪的公路“三乱”问题。治理工作仅有部署没有监督检查，就会流于形式，做表面文章。各地区、各部门要结合实际，建立健全监督机制，掌握治理工作的各个环节，对重点单位、重点地区、重点路段、重点问题，进行全方位监督，确保不出现公路“三乱”问题。对不听招呼，继续搞公路“三乱”的单位和人员，要严肃查处，同时，注重探索源头治理的方法，要结合治理工作中碰到的新情况、新问题，进行认真的调查研究，尽快总结探索出依法治乱的好方法。

(五)治理工作坚持“挂牌”、“摘牌”一起抓,实现所有公路基本无“三乱”的省(区、市)名单不搞“终身制”。元旦、春节即将来临,这段时间是公路运输的高峰时期,也是公路“三乱”现象的易发期和多发期。在此期间,能否巩固和深化已有的治理成果,给人民群众交出一份满意的答卷,是对各地、各部门治理工作的一次严峻考验。各地区、各部门要克服厌战和自满情绪,对治理工作再进行回头看,使反复抓、抓反复落实到行动中,对辖区内出现的严重公路“三乱”问题,不仅要严肃处理,还要摘掉发生问题的市、县所有公路基本无“三乱”的牌子。“两部一办”将会同国家林业局、建设部,对群众反映较多的地区和路段,进行重点监控,开展经常化检查,对于反弹严重的地区,坚决摘掉该地区所有公路基本无“三乱”的牌子,责成其限期整改,并向全国通报。

229.关于统一车型分类后合理调整车辆通行费工作的通知

(2003年6月11日　国家发改委　发改价格〔2003〕518号)

各省、自治区、直辖市计委、物价局:

为规范全国机动车车型分类,解决各省、自治区、直辖市由于车型分类不统一带来的车辆通行费标准差异大、车主反映强烈等问题,并为收费公路联网收费创造条件,交通部于2003年4月23日发布了《收费公路车辆通行费车型分类》(交通行业标准JT/T 489—2003)。为配合车型分类调整,做好车辆通行费标准重新核定工作,现就有关问题通知如下:

一、根据《公路法》有关规定,收费公路车辆通行费收费标准,由各省、自治区、直辖市交通主管部门会同同级价格主管部门制定和调整。各地价格、交通部门要按照上述规定,严格审批程序,切实履行职责,保证车型分类和车辆通行费标准调整工作的顺利进行。

二、为减轻车主和社会负担,各地在调整车型分类过程中需要重新核定车辆通行费标准的,应按照车主和社会总体负担不增加的原则从严掌握。调整后的车辆通行费标准不得高于调整前的标准,已经偿还完贷款和按照合同经营期满的收费公路,要及时停止收费。严禁借调整车型分类之机,提高车辆通行费标准,延长收费年限,增加车主和社会负担。调整后的车辆通行费标准和年限要通过新闻媒体对外公布,接受广大车主和社会监督。

三、各级价格主管部门要加强对收费公路车辆通行费政策执行情况的监督检查,对于违反本通知规定,借调整车型分类之机,擅自提高车辆通行费标准,延长收费年限的,要按照《价格法》和《价格违法行为行政处罚规定》坚决查处;对越权审批的,由上一级价格、交通部门责令改正。

四、鉴于近期全国一些地区发生了"非典"疫情,并已对运输业产生了不利影响,为避免车型分类和车辆通行费调整可能带来的负面影响,维护社会稳定,各地要结合本地情况,选择好车型分类和通行费调整政策的具体出台时间。如果认为有必要,经报请省(区、市)政府同意后,可适当推迟出台时间。

230.关于进一步加强地铁安全管理工作的意见

（2003年9月26日　建设部、公安部等九部委　建质〔2003〕177号）

各省、自治区、直辖市人民政府，国务院各部委、各直属机构：

当前，我国正处于城镇化进程快速发展时期，城市人口快速增长，交通压力日趋加大，一些特大型城市交通拥挤、堵塞的矛盾非常突出。发展地铁等城市轨道交通（以下简称地铁）对缓解特大型城市公共交通压力，促进城市经济和社会健康发展都具有重要的作用。但是，由于我国地铁发展历史较短、经验不足，在建设和运营管理中存在着一些不容忽视的问题和不安全隐患：相关技术标准不够完善，依法建设、运营和管理的水平不高；早期建设并投入运营的地铁系统建设标准较低，系统配置不完善，设备老化、失修失养严重；地铁安全物防和技防设施不全、手段落后，保卫力量配备不足，应对突发事件能力亟待提高。

党中央和国务院领导同志对地铁安全工作非常重视，要求进一步加强地铁的安全工作。为落实党中央和国务院领导同志的指示精神，预防重、特大事故的发生，确保人民生命财产安全，针对当前地铁的安全形势，结合我国地铁工作的总体要求，经国务院原则同意，现就进一步加强地铁安全工作提出以下意见：

一、提高认识，高度重视地铁安全工作

地铁深埋地下，环境封闭，人员密集，通风疏散受到极大限制，一旦发生意外事故，伤亡损失往往非常严重。一些国家城市地铁重大事故时有发生，近年来，又成为人为破坏与恐怖袭击的主要目标之一。地铁安全工作的特殊性与脆弱性日益突出。做好地铁安全工作，关系到人民生命财产安全，关系到经济发展和社会稳定，是一件功在当代、荫及子孙的大事。

国务院各有关部门，要高度重视地铁安全工作，加强对地方地铁建设、技改和运营安全工作的指导协调与监督。各有关省、市人民政府要充分认识地铁安全工作的特殊性、复杂性和重要性，牢固树立“安全第一、预防为主”和“安全责任重于泰山”的思想，将维护地铁安全、保障安全运营作为人民政府的重要职责，列入重要议事日程，作为一项长期的工作任务切实抓好。要落实责任，健全制度，把地铁规划、设计、施工、运营的安全工作落在实处，并采取有效措施全面提高地铁从业人员和广大乘客的安全意识，防范地铁事故，确保人民生命财产安全，维护社会稳定。

二、加快法规建设，完善标准体系

建立健全地铁安全管理的法规和标准体系，把地铁的建设、运营和管理纳入法制化与规范化轨道，是地铁安全工作的基础。

国务院有关部门应抓紧制定有关地铁安全管理的部门规章和制度，以实现地铁安全管理有法可依。有关省、市人民政府要认真总结国内外地铁建设和运营的安全管理工作经验，针对本地地铁安全管理存在的主要问题，抓紧制定和完善地方法规，明确地铁规划、设计、施工、监理、运营单位的安全职责，依法规范乘客行为，保护地铁安全设施，确保地铁系统安全运行。

国务院有关部门要根据我国地铁发展的实际情况，尽快建立健全地铁的规划、设计、建设、设备制造、运营管理等技术政策、法规和标准体系。当前要尽快制定颁布地铁安全通则和消防、安检、监控、疏散等安全设施的建设标准,明确安全设施的设置要求。有关省、市要依照国家有关政策、法规、标准,因地制宜地制定地铁建设、运营等安全管理的地方标准,并加强对安全管理技术标准实施情况的监督管理,从源头上消除事故隐患。各地铁运营单位要制定和完善企业标准,认真贯彻执行安全运行的各项措施。

三、切实加强地铁规划、设计和建设管理

地铁建设项目投资大、周期长、技术复杂,质量要求高,安全工作具有特殊性,必须严格按照基本建设程序和工程建设标准规范进行规划、设计和建设。

拟建地铁的城市,必须依据城市总体规划和城市综合交通规划编制城市轨道交通规划,科学合理地选择轨道交通模式,搞好地铁规划用地控制,预留安全便捷的换乘条件及足够的疏散能力,为地铁安全设施建设创造条件。

地铁项目可行性研究报告的编制,应当选择有资格的单位,按照批准的地铁项目建议书和预可行性研究报告进行。地铁建设项目的可行性研究报告应当符合国家规定的内容和深度要求,并应当编制安全篇,进行建设项目安全预评价;其选线、主要技术经济指标和总体建设方案,必须满足地铁安全管理的需要。

初步设计是地铁项目建设中落实安全防范要求的重要环节,必须按照工程建设标准的强制性条文进行设计,对涉及行车和乘客安全、防火防灾、人员疏散、事故救援、防灾报警等设计内容,应当严格执行相关标准规范。建设部要会同有关部门加强对地铁建设项目初步设计审查的指导和监督。地铁项目的施工图设计,必须由具备相应设计资质的单位按照批准的初步设计进行。对于包括涉及安全问题在内的重大设计变更,建设单位必须报原初步设计审批部门备案。施工图设计文件应按建设部的有关规定进行审查。

地铁项目的设备采购,要严格按照设计文件规定的技术指标和性能要求进行采购。对涉及安全的设备,必须选用安全、可靠、成熟的产品。不得降低质量标准要求,采购不合格产品。

地铁工程的施工,应当严格按照设计文件保质保量。施工单位必须严格执行地铁施工验收标准,进行结构施工,对影响周边建筑物与气、水、通讯管线安全的情况要预先进行充分考虑、研究,对可能影响结构稳定性和施工安全的重要施工工艺和专项施工方案要组织专家论证、审查。监理单位在施工中要加强与设计、施工单位的协调,要按照合同的约定和规范,加强对施工质量等方面的监督,加强对隐蔽工程和安全设施施工质量的检查。

建设单位必须及时、足额拨付安全设施建设和设备购置费,保证安全设施按标准、高质量同步建成投入使用。要严格执行建设标准,决不能因资金短缺而减少对工程项目中安全设施的投入。

各级建设行政主管部门要加强对地铁建设项目的监督,从项目立项到项目竣工验收,实行全过程跟踪监督。对不符合有关法律、法规和强制性标准,对消防、防灾、报警、监控等安全设施未与主体工程同时设计、同时施工、同时投入使用或不能满足安全要求的地铁建设项目,不得进行竣工验收,投入运行。

四、切实加强地铁运营企业的安全管理

地铁运营企业对地铁安全运营负有直接的责任。要切实加强地铁安全生产管理,建立健全企业安全生产责任制、安全操作规程、特种设备管理、安全生产培训、安全生产检查和突发事件处理等规章制度。要加强对地铁运行重点岗位从业人员及各类操作维修人员的业务技能和安全教育培训,实行持证上岗制度。要明确各级领导和每个岗位、每个职工的安全生产责任,形成职责清晰、层次分明、衔接紧密、覆盖全面的安全生产责任制体系,把安全生产责任制落实到企业的每一个工作岗位和每一个人。对有关规章制度的落实定期检查,对突发事件的处理要定期演练,确保规章制度和责任制的落实。要加强对车辆、设备,特别是安全防护系统的火灾报警、自动灭火、环控通风、应急照明、安全疏散等消防、安检、监控设施的维护和保养,确保其完好有效。要配备足够的安全管理人员负责日常的安全检查工作,加强对车站、列车的安全巡查,做到早发现、早处置,及时排除隐患。

各级政府主管部门要切实加强对地铁安全运营的监督检查,督促地铁运营企业加强安全管理。建设部要尽快制定《地铁运营安全评价标准和办法》,明确车辆、供电、线路、通信信号、机电设备、防灾报警系统及其他自动化系统等关键设施的安全考核指标及考核办法。有关城市人民政府要依据地铁运营安全评价标准和办法,定期对已投入运营的地铁系统进行安全评估,及时查找隐患,督促运营单位及时进行整改。要建立科学合理的公共财政保障机制及车辆设备折旧标准,并监督地铁运营企业按规定足额提取建筑、车辆、设备等折旧费用,确保地铁系统安全设施及车辆设备的更新改造、安全技术科研等需要的资金投入。中央和地方财政要对此予以支持。

公安机关要加强对重点人员和危险物品的查控堵截,配置必要的排爆、侦毒器材设备,提高防范处置爆炸、投毒等破坏活动的能力。

五、建立应急处置机制,制定突发事件处置预案

要建立处理突发事件的领导系统和应急处置机制。有关城市人民政府要建立由市主要领导负责,各有关部门参加,统一指挥、分工协作的应急处置机制。各职能部门要切实担负起自身的职责和任务,并加强部门间的协作与配合,提高协同处理突发事件的能力。

要抓紧制定突发事件处置的应急预案。有关城市人民政府要组织各有关职能部门及地铁运营企业,针对本地地铁安全工作的薄弱环节,兼顾自然灾害、人为破坏和其他突发事件等多方面因素,突出重点,提出处置地铁灾害的应急预案和保障措施。特别要把人员紧急疏散、现场应急处置和跨区域增援的预案作为重点,认真细化完善,提高应急预案的可操作性和时效性。要定期组织应急预案的演练,保证应急预案的每项措施都能落实到具体的岗位和工作环节。要建立健全信息反馈制度,完善报告程序,疏通信息传送渠道,切实确保故障、事故或突发事件等信息反馈及时准确。

要确保应急处置所需的装备和器材到位。有关城市人民政府要组织有关部门认真研究制定应急处置所需的装备器材标准,明确种类、性能、质量、数量等要求,并安排专项资金投入,切实保证面临紧急突发事件时,应急处置所需的装备和器材完好有效。

要建立一支地铁专业应急处置力量。以建设、公安、安全监管、卫生、环保等部门为依托,抓紧应急处置力量的建设,配备精良装备,进行严格训练,一旦发生重大事故或突发事件,迅速启动应急处置预案,做到统一指挥,快速到位,妥善处理,迅速提供有效救援。

要根据我国地铁安全工作的实际需要,跟踪当前国际先进的安全防范技术和装备的发展趋势,依靠国内科研生产力量,研究开发安全防范的新技术和新设施,必要时也可以引进国外先进的技术和装备,提高我国地铁物防与技防的能力和水平。

六、广泛开展安全宣传教育,提高全民安全防范意识

加强地铁安全知识的宣传教育,提高全民的安全防范意识,是做好地铁安全工作的重要措施。各级人民政府要组织有关部门及地铁运营单位加强地铁安全知识的宣传力度,依据地铁等交通管理的法规编制地铁安全知识宣传材料,利用广播、电视、报刊等进行广泛的社会宣传,普及地铁安全乘车和自救知识,规范乘客乘车行为。要保持车站、车厢内、疏散通道、平交道口等处的安全警示标志和疏散标志明显、清晰，使广大乘客能够熟悉和掌握紧急状态下的疏散方法和自我救援知识，提高乘客的安全意识和自我防范能力。

地铁运营单位要对员工进行深入广泛的安全教育及职业道德教育，强化安全意识和爱岗敬业精神，加强业务技能培训，提高综合素质。要定期针对突发事件的各种不同情况进行演习，重点演练救援和协助乘客逃生，提高地铁运营管理人员紧急应变能力和处置初起灾害能力。

七、加强领导，落实地铁安全责任制

地铁安全工作主要由城市人民政府负责，省级人民政府统一管理本行政区域内的地铁安全工作，国务院有关部门负责对全国地铁安全工作进行指导和监督。城市人民政府要组织建设、公安、安全监管等部门加强对地铁安全的监督检查，要建立健全地铁安全工作的责任保证体系，明确牵头部门和其他相关部门的职责分工和具体责任人，做到统一领导、分工负责、各司其职、各负其责。有关省、市的安全监管部门要在当地政府的统一领导下，根据《安全生产法》和国务院的有关规定，组织建设、公安、监察等有关部门，加强对地铁行业重、特大事故的调查处理和责任追究工作。

各地铁建设和运营单位要依照《安全生产法》等法律法规的规定，制定和完善安全生产责任制和地铁安全管理的规章制度，并报当地建设、公安、安全监管部门备案。要认真落实安全生产责任制，对地铁建设和运营单位不能进行有效维护，带病运营造成重、特大事故的，要追究有关单位和责任人的责任。

231.关于印发《预防道路交通事故“五整顿”“三加强”实施意见》的通知

（2004 年 4 月 30 日　公安部、国家发改委、交通部、农业部　公通字〔2004〕33 号）

各省、自治区、直辖市公安厅(局)、发展和改革委(计委)、交通厅(局)、农业(农机)厅(局)、安全生产监督管理局：

4 月 15 日，周永康国务委员主持召开了全国道路交通安全工作部际联席会议第一次会议。会议审议通过了《预防道路交通事故“五整顿”“三加强”实施意见》，现印发给你们，请结合本地实际，认真贯彻落实。

预防道路交通事故“五整顿”“三加强”实施意见

（2004年4月30日）

预防和减少道路交通事故，保障国家财产和人民群众生命财产安全，是贯彻落实“三个代表”重要思想，坚持以人为本、实现执政为民的具体体现，是改进社会管理、推进经济社会协调发展的一个重要方面。各级人民政府及各有关部门要以求真务实的精神和作风，全面贯彻落实国务院“9.5”、“1.15”电视电话会议精神，坚持从源头抓起，综合治理，把“五整顿”“三加强”作为本地区、本部门当前和今后一个时期预防道路交通事故工作的主要内容，逐项、逐级分解并落实到省、市、县政府及地方各有关部门，形成进一步改善道路交通安全状况的合力，坚决遏制群死群伤特大道路交通事故上升的势头，为实现道路交通事故从高发到基本遏制直至逐年下降的目标奠定良好的工作基础。

一、公安部负责组织驾驶员队伍整顿工作

（一）公安部门解决驾驶员考试把关不严、违规办理驾驶证问题

1.清理整顿车管所考试员队伍，对考试员一律重新考试，实行资格认证。

（1）5月底前，公安部门统一组织对考试员的培训考试，考试合格的，颁发《机动车驾驶员考试员证书》。

（2）聘请驾校优秀教练员和运输企业安全员担任考试员。年底前，地市公安部门聘请的考试员数量不少于考试员总数的20%。申请从事考试员工作，应当经地市公安部门评审合格后，参加省级公安部门组织的统一考试。

2.完善驾驶员考试机制，加强监督制约。

（1）对驾龄在3年以下的驾驶员发生交通死亡事故的，对车管所的考试、发证情况进行责任倒查。

（2）使用计算机随机安排考试员，在考场公开考试员名单，组织考试员异地交叉考试；组织考试监督小组，对驾驶员考试质量进行抽查；有条件的地方可建立双考官制度。

（3）理论考试、场地驾驶考试、道路驾驶考试3个科目的考试成绩单实行学员和考试员双签名制度，并存入驾驶员档案。对驾驶员档案考试成绩单不全，或者考试成绩单没有签名的，不得核发驾驶证。

（4）制定《驾驶员考试工作规范》，规范考试员考试行为，严密考试程序，明确考试员责任。

3.严密考试程序，保证考试质量。

（1）在受理环节要严格确认考试申请人资格，做到“三不受理”，即：不见申请人身份证明原件不受理，未经医院体检合格不受理，申请人情况与所提供的资料不一致不受理。属异地申请驾驶证的，必须进行网上核对。

（2）全国统一驾驶员登记核心软件，6月底前完成软件开发。各地要对现行的驾驶员登记软件修改完善，一是受理、考试、制证环节全部应用计算机控制程序，实行技术保障与业务管理分离；二是通过计算机程序设计，限制考试间隔时间，使不按规定办理的无法打印驾驶证；三是

计算机程序必须有台账功能，记录申请受理、科目考试、驾驶证核发等全过程；四是驾驶证信息必须进入全国信息查询系统，工作库信息发生变化的，24 小时内必须更新查询系统的信息。

(3)提高考试难度，保证考试质量。强化路考比重，对大型客车、大型货车增加实际道路考试内容，有条件的地方对小型客车也要增加实际道路考试。

(4)严格考试纪律，规范考场秩序。严禁教练员等其他人员在场外指导。发现考场秩序混乱的，要中止考试，进行整顿；有替考、教练员场外指导等舞弊行为的，一律取消考试人的考试资格，建议交通部门对所在驾校进行整顿，并对有关责任人进行处理。

(5)年底前，地市公安部门的驾驶理论考试实行计算机无纸化考试，场地驾驶考试实行桩考仪考试。在此基础上，大力推广计算机路考系统，由计算机自动生成并记录考试成绩。

(6)农业(农机)部门要比照汽车驾驶员的考试办法，严格对拖拉机驾驶员考试、发证和年审工作，会同公安部门完善考试和管理办法，严把考试关，提高考试质量，严格驾驶证核发制度，完善监督管理机制。建立考试员认证制度，实行持证上岗。

4.对大货、大客车驾驶员的考试、发证和交通违章情况进行一次集中清理。

要集中清理驾驶员档案，检查考试是否符合规定的程序，驾驶证信息是否进入全国驾驶员信息查询系统，发生重大交通事故后处理是否到位，违章记满 12 分后是否重新考试。对违反法定程序办理的驾驶证要收回、注销，并追究经办人员和主管领导的责任。驾驶员违章记分信息要及时传递到车管所，车管所对违章记分满 12 分的驾驶员进行重新考试。

通过对驾驶员考试工作的整顿，年内要彻底解决违规办理驾驶证问题；3 年以下驾龄的驾驶员交通死亡事故下降 5%。

(二)交通、公安部门建立驾驶员培训和考试环节的衔接机制，加强监督制约

5.交通部门应当核实驾校培训记录，包括培训学时、教练员签名和驾校准考意见等。学员在申请考试时，需提供该驾校培训记录，存入驾驶员档案。

6.公安部门定期对驾驶员考试情况进行分析，对驾校培训的质量进行评价。对驾校培训中存在严重质量问题，以及发现弄虚作假、买卖驾驶证等问题的，建议交通部门对驾校进行整顿，对有关责任人进行处理。

7.公安部门应定期向交通部门通报驾校的考试合格率以及驾龄在 3 年以内驾驶员的交通事故、违章情况。交通部门要据此设立驾校培训质量排行榜，并定期向社会公布。对一年内连续两次排名最后的驾校，应进行整顿，并通报公安部门暂停受理考试。驾校也要根据学员对教练员教学水平的评议和经手培训驾驶员的事故、违章情况，设立教练员培训质量排行榜。

(三)交通、农业(农机)、公安部门清理整顿驾校

8.交通部、农业部部署开展对驾驶员培训学校的清理整顿。在 7 月 1 日前，完成对所有驾校的资格审查，对符合规定的纳入资格管理；对不符合规定的坚决撤销培训资格，并向社会公告。

9.制定全国统一的驾校准入条件和等级划分标准，对符合培训资格的驾驶员培训学校，颁发《机动车驾驶员培训许可证》。对没有交通、农业(农机)部门授予培训资格的驾驶员培训学校，公安、农业(农机)部门不予受理考试。

10.制定教练员资格标准，严把教练员从业资格关。对符合条件的，由省级交通、农业(农机)部门颁发机动车驾驶培训教练员证件，并向公安部门备案。对不符合条件的，坚决清理出教练员队伍。

11.制定颁布全国统一的教学大纲，加强驾校教学管理，督促驾校严格落实教学培训要求。

12.调整驾校培训内容,改进培训方法。在培训中增加交通安全教育内容。通过播放事故现场录像、发放宣传手册、交通警察讲课、请肇事司机谈体会等方式,提高学员的安全意识。同时,要调整培训课程,增加实际道路培训。

13.交通、农业(农机)部门对驾校培训情况开展定期检查和不定期抽查。对存在不按规定的学时、内容进行培训,降低培训标准,以及教练员教学质量低等问题的驾校,要进行整顿。整顿期间公安、农业(农机)部门暂停受理考试申请。

14.公安、交通、农业(农机)部门等行政管理部门不得举办或者参与举办驾校。

通过整顿,年内驾校经营行为进一步规范;教学培训规定得到落实;教练员教学质量进一步提高;3年以下驾龄的驾驶员交通事故明显减少。

(四)保险、公安部门实行保险费率浮动制度

15.保险部门针对保险车辆类型、使用性质及其在保险年度内交通违章和交通事故发生频率等状况,实行机动车保险费率浮动制度,有效遏制交通违章和交通事故的发生。公安部门与保险部门定期交换驾驶员交通违章、交通事故和机动车理赔等信息。

二、公安部负责组织路面行车秩序整顿工作

(一)完善交通标志、标线和信号灯等设施,为整顿路面行车秩序提供良好道路环境

16.交通、公安、建设等部门要全面排查城市道路和公路上交通标志、标线和信号灯的设置情况。公路交通标志、标线和信号灯等设置情况的排查完善工作由交通部门牵头,公安部门参加。城市道路交通标志、标线和信号灯等设置情况的排查完善工作由公安部门牵头,建设部门参加。对道路中心线、车道线、禁止和指示等标志、标线缺失的,以及显示的管理信息不明确、不合理的,要制定限期完善、调整的计划,并明确今年内完成的具体任务,为机动车驾驶员提供明确的道路交通管理信息,为规范行车秩序创造良好通行环境。各地排查完善的计划和年内完成情况要由牵头部门汇总并分别报交通部、公安部、建设部备案。

(二)重点治理超速驾驶行为,减少超速导致的死亡事故

17.要根据道路交通事故统计分析,明确因超速驾驶导致死亡事故突出的道路,确定省、市、县治理的重点路段,制订通过治理超速减少交通死亡事故的具体目标。

18.交通、公安、建设部门结合道路标志、标线和信号灯等设置情况的排查工作,按照各自职责,完善重点路段及急弯、陡坡、村庄、学校和交叉路口等地点的限速标志。在城市没有信号灯管理的路口,设置让行标志,施划让行标线。在国道、省道干线交叉路口的支路进入主路处,逐步设置停车让行或减速让行标志、减速带等设施。年内完成情况分别报交通部、公安部、建设部备案。

19.公安部门按照东部地区每辆巡逻执勤车一台、中部地区每个中队一台、西部地区每个大队至少一台的标准,装备测速仪。上述装备要在今年底到位。

主要国道、省道上,按照东部地区每个县际交界处、中部地区每个地市际交界处、西部地区每个省际交界处的标准,逐步安装自动监测超速违章的公路电子监控设备。上述设备要在2005年底安装到位。

交通流量大的国道、省道、高速公路上的交警大、中队,要逐步装备查处超速驾驶行为的车载移动设备。

对装备有困难的,省、地(市)公安部门要负责协调解决。

20.公安部门要针对超速驾驶行为发生的规律和特点,有针对性地采取加大巡逻密度、设立固定监测执勤点等措施,有效查纠和遏制超速驾驶行为。要对基层交警队及民警治理超速

工作建立严格的责任制和考核制度。要通过制作发放超速驾驶行为导致危害后果的宣传材料、设置事故车辆实物展示等方式广泛宣传超速驾驶的危害性。

(三)坚决制止农用车、拖拉机违章载人,减少农民群死群伤交通事故

21.公安部门要组织开展专项整顿行动,严格查处农用车、拖拉机违章载人行为。要有针对性地调整基层交警队的勤务部署,在重点乡镇组建公路巡警中队,充实警力,配备急需装备,协调乡镇政府参与交通安全整治,加强对农村公路的管控。

22.农业(农机)部门要在年底前对拖拉机及其驾驶员进行一次集中清理整顿。对制动、转向和操纵机构有严重隐患的拖拉机,要坚决制止其上路行驶,达到报废标准的要强制报废;对拖拉机驾驶员要组织进行一次交通法规的学习和考试,对多次违章载人的驾驶员进行安全教育和驾驶考试。对发生的违章载人群死群伤事故,要通过倒查追究有关部门和人员的责任。清理整顿情况向部际联席会议报告。

23.公安、农业(农机)部门要加强信息沟通,互相通报拖拉机交通事故、驾驶员违章和拖拉机、驾驶证登记信息及保有量情况。有条件的地方两部门间可实行联网,提高工作效率。

(四)严禁客运车辆超员,预防客运车辆事故

24.公安部门要加强路面检查力度,严格查处客运车辆超员行为;对严重超员行驶的,要严格依法处罚,依法扣留机动车至违法状态消除。

25.交通部门要严格客运班线管理,对途经三级以下(含三级)山区公路达不到夜间安全通行条件路段的夜间客运班线不予审批,并监督客运企业落实客运班车夜间运行的规定。

(五)有效治理严重扰乱行车秩序的交通违章行为

26.公安部门要组织开展针对突出严重交通违章行为的治理整顿,并确定阶段性治理目标。对疲劳驾驶、无证驾驶、酒后驾驶、强行超车、逆向行驶、不遵守交通信号行驶和高速公路上违章停车、超车及变更车道不开转向灯等严重扰乱行车秩序的重点违章行为,要加大查处力度。开展清理无牌无证车辆工作,入村入户对机动车辆登记造册。如果这几项违章行为减少5%,预计可减少1700人死亡。

(六)交通、公安、发展改革、质检等部门按照国务院统一部署,从汽车生产准入、生产监管、发牌发证、运输市场准入和管理,综合治理货车超载,减少超载导致的道路损坏和交通事故

27.在全国道路交通安全工作部际联席会议领导下,成立由交通部牵头,公安部、发展改革委、质检总局、安全监管局、工商总局、法制办等部门参加的全国治理超载工作领导小组,制定实施方案。

28.发展改革委负责对汽车产品《公告》进行一次清理,逐一审查货车产品,清除“大吨小标”车辆。对在用的“大吨小标”车辆技术参数进行更正,公布正确参数和更正范围,监督汽车生产企业落实。组织实施《道路汽车外廓尺寸、总质量与轴荷限值》国家标准。

29.公安部门在办理新车登记时,严格按照汽车产品《公告》和国家有关技术标准办理牌证,对,对不符合规定的,不予办理。对已经使用的“大吨小标”汽车,按照发展改革委提供的正确的汽车技术参数,重新核定吨位,更正核定载质量。年内解决重点车型和重点地区在用车“大吨小标”更正问题。

30.交通部门按照重新核定的吨位收取养路费和有关税费,对重新核定前的税费不再补缴。要完善货运市场准入管理,加大运输市场的宏观调控力度。进一步明确相应从业条件,规范运输市场准入制度,规范运输经营行为;加强行业自律管理监督,避免恶性竞争,监督运输企业落实安全责任制;建立超限超载行为通报、公示和登记制度。

31.交通、公安部门要各司其职,加强协作与配合,共同对车辆超限超载进行治理。交通部门要按照《公路法》的规定,配备称重设备,对超限车辆进行检测、卸载和处罚,同时加强货物装载源头管理。公安部门要按照《道路交通安全法》的规定,对超载车辆依法扣留至违法状态消除,对驾驶员和运输单位主管人员予以处罚。交通、公安部门在治理超限超载工作中要明确政策,统一超限超载车辆的认定标准,不得罚款放行、重复处罚,同时要抓住治理重点,稳步推进治理工作。

(七)保障"绿色通道"畅通,确保大中城市副食品供应

32.各地政府和交通、公安部门要落实保障"绿色通道"畅通的各项规定和措施,加强蔬菜、水果、蛋禽、水产等农副产品集散地和市场的装载运输管理。适时组织明察暗访,掌握"绿色通道"沿途基本情况,及时解决存在的问题。

(八)加强剧毒、爆炸危险化学品运输安全管理,预防和减少危险化学品运输事故

33.国家安全生产监督管理局牵头负责,公安部、交通部等11个部门参加,联合制定《深化危险化学品安全整治方案》,部署在全国开展为期两年的危险化学品专项整治工作。

34.安全监管部门要建立泄漏事故现场施救联动机制,加强对危险化学品生产、经营企业的安全监督。

35.公安部门要重点加强对剧毒、爆炸危险化学品购买、运输证件审批工作,划定禁行区域,采取抽查方法,加大路面查处力度。配备民警防护装备。

36.交通部门要从严管理从事危险化学品运输的企业、车辆和从业人员。对存在事故隐患的运输企业要限期整改,对运输剧毒、爆炸危险化学品的汽车要限定车型、限装数量和明确外观标识,对运输危险化学品发生超载、超速驾驶和违规操作的车辆驾驶员及操作人员,要依法取消从业资格。

(九)加强高速公路管理,预防恶劣气候天气交通事故,确保车辆安全通行

37.高速公路经营管理单位要加强对公路运行状况的监控,及时掌握路面交通情况,并通过设置可变信息显示屏等方式向驾驶员提供前方公路交通情况和控制速度、保持车距等诱导指示信息,保证紧急电话齐全有效。在监控中心要设置交警值班岗位,提供必要工作条件,提高预警和处置能力。

38.高速公路经营管理单位要加强与气象部门的联系与合作,加大气象监测工作的投入,及时掌握高速公路能见度等气象信息。遇雾、雪、雨等恶劣天气,及时向驾驶员发布道路恶劣气候情况,向公安部门和公路主管部门提供预警信息,并配合公安部门实施交通管制。要制定和实施高速公路冰雪气候工作方案,在降雪地区配备除雪设备、溶雪剂,及时消除事故隐患。

39.遇自然灾害、恶劣天气或发生重大交通事故,严重影响高速公路安全通行时,公安部门要及时发现、及时出警、及时依法实行交通管制,确保交通安全。

(十)卫生、公安部门完善交通事故紧急抢救机制

40.卫生、公安部门要建立省、市、县三级交通事故紧急抢救联动机制。市、县卫生部门都要指定有条件、服务好的医院作为专门救治医院。完善交通事故急救通讯系统,建立110(122)报警服务台与120急救电话之间交通事故信息相互通报和反馈制度,实现公安机关与医疗急救单位同步联动机制,最大限度地缩短抢救伤员时间,减少伤员死亡。公安部门要加强对驾驶员、交通警察等人员的紧急救护培训。全国的交通事故伤员救治率提高20%,可救治5万名交通事故伤员,减少2500人死亡。

三、交通部负责组织交通运输企业整顿工作

(一)交通部门加强对交通运输行业的安全监督和管理

41.要严把运输经营者市场准入关,营运车辆技术状况安全关,营运驾驶员从业资格关,加强对汽车客运站的安全监督。研究完善运输企业股份制,实现公司化经营。研究对运输企业实行安全评估及安全认证,指导运输企业、客运站场建立健全安全生产新机制,落实运输企业安全责任,提高道路运输行业安全生产的规范化水平。

(二)交通、公安、安全监管部门加强对运输企业及其驾驶员的交通安全监督

42.公安部门要将运输企业驾驶员严重交通违章、重特大交通事故情况通报交通、安全监管部门及运输企业,并定期公布发生交通事故、违章多的企业名单。公安部建立机动车驾驶员交通违章、事故信息公共媒体信息发布平台,交通部门规定企业在聘用客车驾驶员时应当查询该驾驶员交通事故和违章记录。

(三)交通、公安部门建立客运交通安全群众监督制度

43.交通部门应向社会公布监督电话,通过监督电话、安全监督卡等方式请乘客对驾驶员行车中遵守交通法规情况进行监督。公安部门通过乘客了解驾驶员途中遵守安全法规情况,发现驾驶员违章,要通报批评所属客运公司,对多次违章的驾驶员,要责成所在单位进行处理。

(四)发展改革、公安、交通、安全监管部门鼓励运输企业采用先进技术,加强对驾驶员的动态管理

44.发展改革委、公安部、交通部、安全监管局研究推广使用符合国家标准的汽车行驶记录仪,选择部分车型在部分省市开展汽车行驶记录仪安装使用的试点工作。鼓励运输企业使用GPS等先进技术装备,实现对运输企业驾驶员的动态监督和管理。

四、发展改革委负责组织机动车生产、改装企业整顿工作

(一)发展改革和质检部门加强对机动车生产企业的监督和管理

45.公安与发展改革、质检部门要建立违规生产车辆信息监督机制。发展改革部门对公安部门通报的违规企业及产品,在核实甄别后要从车辆产品公告中撤销。今年年底前实现车辆产品公告内无违规车型。

46.发展改革委严密车辆产品公告审查制度,加强事前审查,严把车辆生产准入关。建立产品审查工作规范和责任倒查制度;加强车辆产品审查专业队伍建设,确保审查质量和公正性。

47.质检部门要根据《道路交通安全法》的规定,加强对机动车生产企业的监督检查。对生产和销售不符合国家安全技术标准车辆的企业,要依据国家法律予以查处。

48.发展改革部门加强机动车出厂合格证管理,查处买卖、伪造国产车整车出厂合格证等违法行为。全国统一国产整车出厂合格证式样、内容,增加防伪措施。

(二)商务、工商、质检、发展改革、公安等部门清理整顿车辆非法改装企业和报废车辆回收拆解企业

49.按照商务部等9部委联合部署的汽车市场专项整治工作,由商务部牵头,会同工商、质检、发展改革、公安等部门排查非法改装企业,向社会发布通告,部署开展整顿工作。对不按规定解体报废车的回收企业依法进行处罚。

(三)公安、农业(农机)部门解决车辆检验、报废把关不严,为不符合规定车辆上牌问题

50.严把机动车检验关。

(1)严密车辆检验程序。全国实施《机动车安全检验项目和方法》行业标准,统一车辆的检

验项目、程序、方法。

(2)清理检验员队伍。对全国车管所负责检验的民警和检测站的检验员重新培训、重新考试,不合格的不能上岗。

(3)加强对检测站的监督。年底前,要实现车管所与检测站联网,对上线检测车辆信息实时录入和监督,一律由计算机打印检测车辆检测报告。对存在只收费不检车、弄虚作假、出具虚假检测报告等问题的检测站,建议质检部门停止其检测业务,并限期整改;整改后发生违规问题的,撤销其检测资格。

(4)强化对重点车型的检验。对大客、大货车档案进行全面清理,排查长期不参加检验的车辆。通过清理,今年内,大客车检验率达到100%,大货车检验率达到95%以上。省级公安部门要对每一个地市公安部门车管所的检验率逐一核查,并对已检验过的大客、大货车按5%的比例进行抽检。

(5)农业(农机)部门要严格按照国家标准《机动车安全运行技术条件》(GB7258)和《农业机械运行安全技术条件(GB16151)》对上道路行驶的拖拉机进行检验,严禁对不符合国家标准的拖拉机发放牌证。

51.严格车辆报废制度,严密程序,强化解体。

(1)加强对报废车辆管理。公安部门要定期核查机动车查询库中的机动车状态信息,对达到报废标准的车辆,要在计算机登记程序中锁定,禁止转籍,并定期向社会公告。

(2)加大强制报废的力度。对达到报废标准后一年不申请注销登记的车辆,注销档案和牌证。对申请延缓报废的车辆,在一个检验周期内连续3次检验不合格的,立即注销车辆档案和牌证,强制报废。

(3)强化监督解体的力度。对报废的大型客、货车及其他营运车辆,应当在公安部门的监督下解体。

(4)与报废汽车回收主管部门建立信息交换制度,定期对回收解体车辆信息与报废注销牌证车辆信息进行比对。

52.结合交通事故的处理和分析,查检车辆牌证、检验和报废管理中存在的问题。凡交通死亡事故中涉及车辆管理问题的,事故处理部门要及时书面通报车管部门,由车管部门进行倒查。

五、交通部负责组织危险路段整顿工作

(一)加大投入和整治改造力度,为行车安全提供设施保障

53.各级政府及交通部门要根据交通部组织实施的“公路安全保障工程”的总体安排,结合公路危险路段排查情况,综合运用交通工程措施,对国道、省道干线公路上急弯、陡坡、长下坡和高边坡等危险路段进行整治,提高行车安全水平。今年的工作重点是:在做好210国道示范工程的基础上,对全国国道、省道干线公路上危险路段进行整治。特别是要结合文明样板路创建工作抓好319、202、105、109四条国道的实施工作。同时,加大对农村公路临水、临崖及急弯、陡坡等危险路段的整治改造力度。对路堤、边坡高度6米以上和陡坡、急弯等危险路段,逐步安装波形防撞护栏,改善公路的安全状况。对一时难以治理的,要采取增设防护墙(栏)和安全提示标志等应急措施。交通部会同公安部、安全监管局研究修订公路危险路段的认定和治理标准。

54.各级交通部门在当地政府的领导下,加强与公安、安全监管部门的协作与配合,对拟确定的危险路段要广泛听取公安、安全监管部门的意见,加大整治力度,同时要定期通报危险路

段整治工作的进展情况。对一些重点的危险路段还要向社会公告，并加大督办力度。

(二)从源头上治理事故隐患

55.在新建、改建和扩建公路时，交通安全设施要与道路建设主体工程，同时设计、同时施工、同时投入使用，对交通安全设施达不到相关标准的，不得进行竣工验收和通车运行，进一步改善道路交通安全状况。

2002年、2003年全国危险路段的整治率分别为59.8%和78.5%，分别减少交通死亡4000人和6000人。2004年要提高治理率，力争通过整治，减少交通死亡5000人。

为保障上述五项整顿措施落实到位，各地区、各部门要加强以下三个方面工作：

一、加强责任制

(一)地方各级政府特别是县市政府要切实履行起维护道路交通安全的责任

56.建立并实行政府牵头、部门联动的道路交通安全工作机制。抓紧制定今后三年预防、减少道路交通事故的具体工作规划，并明确每年的工作任务和重点。今年把农村公路的交通安全和客车、农用车、拖拉机的管理作为工作重点。

57.贯彻道路交通安全的政策、法规，定期研究、布置、督促、检查本地区的道路交通安全工作，制定预防特大道路交通事故的措施，制定并组织实施本地区特大道路交通事故应急处理及救援预案。

58.统筹研究城乡公共交通发展规划，加快研究扶持农村客运发展的政策措施，制定乡村客车标准，推广使用适合农村实际的安全、经济、实用型客车，保证农民出行安全。

59.对存在的道路交通事故隐患，要调查研究，加大投入，及时整改。

60.不得自行规定生产和销售不符合国家车辆产品公告的车辆，不得强令公安部门为不符合国家规定的车辆办理牌证。

61.对本辖区内发生的特大道路交通事故负有监督和管理责任的责任人，依照有关规定给予行政处分；构成犯罪的，依法追究刑事责任。

(二)地方各级政府要建立道路交通安全工作专报制度

62.各省(自治区、直辖市)人民政府定期向国务院报告道路交通安全工作情况，由全国道路交通安全工作部际联席会议对各省(自治区、直辖市)人民政府的报告做出评价，督促地方政府全面落实国务院关于道路交通安全工作的各项要求。

各省(自治区、直辖市)人民政府于每个季度结束后的10个工作日内，要向国务院报告本地交通安全情况，包括工作情况、安全形势、存在问题、改进意见以及下步工作安排等；每年1月15日前要专报上一年工作情况。

市、县人民政府也要定期向省级人民政府报告道路交通安全工作情况。

(三)有关地方政府要落实特大道路交通事故检查制度

63.发生一次死亡30人以上特大道路交通事故的省级人民政府，要在事故发生后30个工作日内，向国务院作出书面检查报告；一年内发生3次一次死亡10人以上特大道路交通事故的省级人民政府，要在第3起事故发生后30个工作日内，向国务院作出书面检查报告。由全国道路交通安全工作部际联席会议(或联络员工作组)对省级政府上报的检查进行审查。经审查不符合国务院要求的，请事故发生地省级政府分管领导到京向国务院领导作出检查，有关情况要通报全国。

发生一次死亡5人以上特大道路交通事故的县、市人民政府，要向省级人民政府作出书面检查报告。

(四)安全监管、公安、交通部门要研究制定责任追究和行政处罚的相关规定

64.对发生的一次死亡10人以上特大道路交通事故,从地方到中央实行责任倒查制度。

65.根据《安全生产法》、《道路交通安全法》等法律、法规,对发生超员、超载等严重交通违章行为,构成重大事故隐患和发生重、特大道路交通事故的运输企业及其负责人进行责任追究及行政处罚。

二、加强宣传教育

各级政府及公安、交通、农业(农机)、司法、教育、宣传等部门要采取多种形式,加强道路交通安全的宣传教育,使道路交通安全宣传进企业、进机关、进学校,尤其要进村、进户,提高广大车主、业主、驾驶员和群众的遵纪守法意识和文明交通素质。

66.将《道路交通安全法》列入普法教育计划。将交通安全宣传列入全国“安全生产月”、“安全生产万里行”和“世界卫生日”活动的内容。

67.充分利用各种媒体,做好《道路交通安全法》的宣传,向广大群众广泛、深入宣传道路交通安全的知识。加强新闻媒体对道路交通安全的舆论监督。

68.深入开展“交通安全村”、“交通安全社区”、“交通安全学校”、“农机安全村”的创建活动。

69.动员和组织各方面的力量,采取组建义务宣传队、布展交通事故案例、放映宣传教育片等多种形式,大力加强农村地区的交通安全宣传。

70.汇编印发重特大道路交通事故案例,教育到每个管理部门、每个运输企业、每个从业人员,教育到群众特别是农户和中小学生。

三、加强执法检查

(一)切实加强督促检查

71.各级政府要认真贯彻落实《安全生产法》、《道路交通安全法》和国务院关于加强安全生产的一系列指示,加强对各执法部门和职能部门的检查,确保各项措施落实到每一个单位、每一个岗位和每一个责任人,不断提高执法、管理的质量和效率,真正做到执政为民、执法为民。

(二)建立健全监督制约机制,加大对执法的监督力度

72.各级政府要督促各执法和职能管理部门建立执法和管理质量考评体系,把考评结果与领导任免、单位奖惩挂钩。要在驾驶员和运输企业建立社会执法监督员制度,与相关行业或单位建立执法信息反馈制度。要加强社会监督,公布举报电话,受理群众举报投诉,并及时调查核实,反馈查处结果。加强执法部门的内部监督,加强明察暗访,及时发现、纠正和处理执法和管理中出现的问题。

(三)严肃查处违法违纪行为

73.各级人民政府要组织监察等部门加强对本级人民政府有关执法管理部门和下级人民政府的监督检查,发现违法违纪问题,要一查到底,从严处理。同时,要按照“事故原因不查清不放过,事故责任者得不到处理不放过,整改措施不落实不放过,教训不吸取不放过”的原则,督促有关单位认真整改。通过剖析典型案件,举一反三,进一步规范执法和管理行为。

232.关于公布第四批实现所有公路基本无“三乱”省(区、市)名单的通报

(2004年6月9日　交通部、公安部、国务院纠风办　国纠办发〔2004〕9号)

各省、自治区、直辖市人民政府,国务院各部委、直属机构:

按照党中央、国务院关于治理公路“三乱”的总体部署,各级人民政府及有关部门在全社会的大力支持下,连续多年对公路“三乱”问题开展专项治理,不断取得新的明显成效。继1997年全国31个省(区、市)全部实现国道、省道基本无“三乱”后,北京、辽宁、上海、海南、甘肃等17个省(区、市)于2002年11月实现了所有公路基本无“三乱”的更高目标,并先后成功开通了4条“绿色通道”,专项治理工作始终保持持续健康、不断向纵深发展的良好态势,公路“三乱”现象得到了有效遏制。特别是去年以来,各地区、各部门以党的十六大精神为指导,进一步巩固和深化治理公路“三乱”工作成果。实践证明,治理公路“三乱”工作,在服务经济建设、维护群众利益、促进反腐倡廉工作方面,发挥了重要的不可替代的作用。对此,各级党委、政府给予充分肯定,人民群众的满意度不断提升。

根据河南、湖南、广西、重庆、西藏、青海等6省(区、市)人民政府提出对本地所有公路实现基本无“三乱”情况进行检查验收的申请,交通部、公安部、国务院纠风办(以下简称“两部一办”)会同建设部、国家林业局组成联合检查组,以暗访为主,分别对上述省(区、市)治理公路“三乱”情况进行了检查。从检查的情况看,这6个省(区、市)治理公路“三乱”工作的主要特点,一是领导重视,责任落实,建立健全了治理工作机制。这些地方都把治理公路“三乱”作为落实“三个代表”重要思想,改善投资环境、促进经济发展、维护社会稳定、服务人民群众的重要任务,主要领导亲自过问,采取分片包干、层层签订责任状等形式,落实治理工作责任,形成了条块结合、齐抓共管的工作格局。湖南省政府在去年初与各市(州)和省直部门的“一把手”签订了确保本地区、本部门无公路“三乱”责任状,并成立专门机构负责治理工作;河南省政府领导亲自动员部署并建立了治理公路“三乱”工作联席会议制度。二是态度坚决,整改到位,认真解决存在的问题。这些地方对上级指出的或者在工作中自行发现的公路“三乱”问题及其苗头,均能认真负责地进行查纠和整改。湖南省共查处公路、水路“三乱”案件97起,撤除各类站卡40个,追究党纪政纪责任129人;重庆市共拆除79个公路收费站和验票点;广西、青海两省(区)对“两部一办”指出的问题全部落实了整改措施。三是广泛宣传,强化监督,始终保持治理工作的声势。河南、湖南、广西、重庆、青海等地政府和有关部门采取多种形式,广泛宣传治理公路“三乱”工作,动员社会各界积极参与,形成了浓厚的治乱氛围。同时,当地政府和有关部门的领导亲自带队,对公路“三乱”问题不间断地开展明察暗访,始终保持治理公路“三乱”的高压态势。去年以来重庆市政府组织的专门检查就达10余次;青海省组织了7次大规模检查;河南省专门组建了治理公路“三乱”督察队,会同新闻单位在全省开展了“治理公路‘三乱’中原万里行”活动,有力地推动了治理工作的深入开展。四是加强教育,完善制度,注重从源头上解决公路“三乱”问题。各地政府和交通、公安等部门进一步加强对上路执法人员的思想教育,组织开展岗位培训,树立和表彰先进典型,执法人员的素质有所提高。同时,各地针对容易滋生公路“三乱”问题的重点部位和薄弱环节,建立健全了执法程序、执法监督、政务公开、群众评议

和执法纪律、领导责任追究等方面的规章制度，规范了执法行为，提高了执法水平，有效地遏制了随意执法、粗暴执法、乱收滥罚等现象的发生。

根据检查情况，对照《实现所有公路基本无“三乱”实施方案及量化考核评比标准》，经“两部一办”和建设部、国家林业局研究认定，河南、湖南、广西、重庆、西藏、青海等6省（区、市），符合所有公路基本无“三乱”考核标准，已实现所有公路基本无“三乱”，现予以公布。

截至目前，已有23个省（区、市）实现了所有公路基本无“三乱”，标志着治理公路“三乱”工作又取得了新的进展，发展态势是好的。我们在充分肯定治理公路“三乱”工作取得的成绩的同时，还应清醒地看到治理工作的长期性、艰巨性和复杂性，要看到执法不规范、以罚代纠、罚款放行、非执法主体上路执法、违规设立站卡和下达罚款指标等问题在一些地方还时有发生，特别是引发公路“三乱”的不少深层次问题还没有从根本上解决，有效预防和解决公路“三乱”的体制机制制度还不够健全，巩固和深化治理成果的任务还很艰巨，局部地区出现反弹的可能性依然存在。为此，已被宣布实现所有公路基本无“三乱”的地方，切不可产生盲目乐观和麻痹松懈情绪，要把巩固和深化治理成果作为一项长期任务坚持不懈地抓下去，切实防止反弹；尚未实现所有公路基本无“三乱”的8个省（区、市），要提高认识，改进工作，抓紧解决存在的突出问题，早日实现所有公路基本无“三乱”的目标。

各地区、各部门都要把治理公路“三乱”工作作为实践“三个代表”重要思想和立党为公、执政为民要求，服务改革、发展、稳定大局，推进党风廉政建设和反腐败斗争的一件大事，切实抓紧抓好，抓出成效。一要加强领导，落实责任，进一步健全治理公路“三乱”的领导体制和工作机制。各级政府及有关部门的领导班子都要重视治理公路“三乱”工作，按照“谁主管谁负责”的原则，逐级落实责任制。实行严格的责任考核和责任追究。对那些因领导不力、导致公路“三乱”问题长期得不到有效解决，或者发生重大恶性案件的，要严肃追究有关领导的责任。二要立足教育、着眼防范，筑牢防止公路“三乱”的思想基础。重点抓好“三个代表”重要思想教育、法制纪律教育和职业道德教育，加强执法技能训练，努力提高执法队伍的政治和业务素质。三要广泛宣传、强化监督、从严执纪，始终保持治理工作的强大声势。坚持专项检查与经常性检查相结合、上级检查与自查自纠相结合、明察与暗访相结合，狠抓各项治理措施的落实。对于违纪违法案件，要坚决查处，决不手软。要着力解决人民群众反映强烈的突出问题，特别是要规范治理车辆超载超限行为，解决多头执法和只收费罚款、不纠正违章的问题。继续开展创建文明样板路、平安大道活动，确保“绿色通道”畅通。四要依靠制度、创新体制，不断加大从源头上治理公路“三乱”的力度。进一步治理向机动车辆乱收费和清理整顿道路收费站（点），坚决撤销已还清贷款、收费期满、收费站间距不符合规定等不合法的收费站点；对新修公路设置收费站（点）从严控制、规范管理。积极推行高速公路联网收费。探索公路收费统贷统还制度和在上路部门内部试行综合执法。建立治理公路“三乱”动态管理机制，落实公路“三乱”反弹“摘牌”办法。要认真分析研究产生公路“三乱”的深层次原因，从深化交通管理体制、执法部门经费保障机制、执法监督机制和完善运营市场机制等方面，积极探索预防和治理公路“三乱”问题的根本方法和措施。总之，要从政治和全局的高度，重视并不断加强和改进治理公路“三乱”的工作，在始终保持专项治理力度的同时，立足建设，深化改革，强化治本，加强教育，健全制度，强化监督，不断取得治理公路“三乱”工作新的更大成效，为经济发展和社会稳定创造良好的环境。

233.关于采伐公路护路林执行法律法规有关问题的复函

（2004年5月18日　国家林业局　林策发〔2004〕85号）

四川省林业厅：

你厅《关于公路改建采伐行道树有关问题的请示》（川林[2004]56号）收悉。经研究，现根据有关规定答复如下：

一、根据森林法实施条例第三十一条的规定，林木采伐许可证由国务院林业主管部门规定式样，省、自治区、直辖市人民政府林业主管部门印制。违反以上规定制定或者印制的林木采伐许可证，不具有法律效力，不得作为采伐林木的合法凭证。

二、因公路改建需要采伐行道树，不属于公路护路林的更新采伐管理范围，应当由林业主管部门核发林木采伐许可证。

三、依法制定的年森林采伐限额，包括公路护路林采伐限额。依法批准采伐公路护路林，应当严格执行采伐限额管理的有关规定。

特此函复。

234.关于做好治理车辆超限超载有关工作的通知

(2004年6月2日　公安部　公交管〔2004〕96号)

各省、自治区、直辖市公安厅、局交通管理局、处：

为贯彻落实全国治理车辆超限超载工作电视电话会议精神，充分发挥公安交通管理部门职能作用，切实做好治理车辆超限超载工作，根据交通部、发展改革委、公安部、质检总局、安全监管局、工商总局、国务院法制办联合印发的《关于在全国开展车辆超限超载治理工作的实施方案》(交公路发[2004]219号，以下简称《实施方案》)的部署和要求，现就公安交通管理部门治理车辆超限超载工作提出以下要求：

一、在各级政府的领导下，充分发挥职能作用，加强与各有关部门的协作配合。

各级公安交通管理部门在治理车辆超限超载工作中，要坚持"政府领导、各方努力、多策并举、综合治理"的指导思想，紧紧依靠地方政府的领导，加强与交通、发展改革等部门协作与配合，建立和完善相关工作机制和制度。要在地方政府领导下，针对集中治理初期有可能发生部分货运车辆停驶，带来煤炭、钢材、建筑材料、蔬菜等副食品供应紧张和价格波动等问题，制定应急预案。要主动了解分析社会各界特别是货运企业对治超工作的各种反映，提高敏感性，及时发现停运、堵路等事件的苗头，采取针对性措施，确保社会稳定。要会同交通部门，建立并规范查处超限超载、卸载的岗位设置和具体操作流程。要重点维护治理超限超载场地及周边道路的交通、治安秩序，加强巡逻和指挥疏导，防止出现严重交通拥堵。

二、加强宣传工作，创造良好的舆论氛围

各级公安交通管理部门要充分利用广播电台、电视台、报纸、互联网等媒体，大力宣传《道路交通安全法》及其配套法规对车辆装载和处罚的有关规定，宣传超限超载对交通安全、运输市场秩序和对公路桥梁损害等危害，宣传全国开展治理工作的部署和政策，为治理工作创造良好的舆论氛围。要在国、省道主干线以及高速公路出入口、服务区设置宣传展板，展出因超限超载造成重特大交通事故案例，发放宣传单，张贴警示性宣传标语。要结合对运输企业的整顿，配合交通部门深入运输企业、工矿企业以及煤炭、钢铁、建材等物资生产销售单位，通报将要采取的措施，宣传有关规定。

三、认真做好在用"大吨小标"车辆载质量的更正工作

各级公安交通管理部门要按照国家发改委公布的"大吨小标"车型及范围，认真核对本辖区已登记的机动车，属于应恢复质量参数的"大吨小标"车辆，要向社会和车主告知办理更正所需的手续，通过多种方式通知车主到车管所办理更正，在受理车主的更正申请时，要根据国家发改委公布的《载货类汽车质量参数调整更正表》中的技术参数，更正载质量，免费换发行驶证，在登记证书上签注更正事项。对没有非法改装行为、只需更改行驶证载质量数据的车辆，应当在一个工作日内办结。对非法改装的，应当责令其自行纠正，待纠正后在一个工作日内办结。如机动车档案中收存合格证的，还应当对合格证进行更正。更正后车辆的总质量不得超过《实施方案》第三部分第三条第2项规定的总质量限值。对不主动申请更正的，要在年检时责令恢复，强制更正。各地要为车主恢复车辆载质量参数提供方便，车管所要设置专门窗口受理申请，提高工作效率，减少群众往返。有条件的，可设立咨询电话，方便群众咨询。

对于国家发改委公布的《载货类汽车质量参数调整更正表》中遗漏的“大吨小标”车型，各级公安交通管理部门要及时将该车的车辆型号、生产企业名称、总质量、整备质量、核定载质量和出厂时间报我局。

四、严格规范执勤执法行为

各级公安交通管理部门要严格按照《道路交通安全法》及其配套法规、规章的规定以及《实施方案》的部署，准确把握相关政策，规范治理超限超载执法工作。要明确各个阶段工作重点，区别对待不同类型的车辆。一是在6月份和7月20日之前，对总重不超过20吨的超限超载车辆，暂不卸载、不处罚；对能够按照规定卸载的超限超载车辆，要以教育为主，暂不处罚。二是对运输蔬菜瓜果等鲜活农产品、油气等化学危险品、不可解体物品和冰箱等贵重易损物品的运输车辆，不予卸载，警告并登记后将违法情况通报车辆登记地公安、交通管理部门。三是对非法改装车辆，由车管部门在年检中纠正。四是对同一超限超载违法行为，交通部门已经处罚的，公安交通管理部门不再处罚。五是严格禁止对超限超载车辆只罚款、不消除违法状态的行为。

五、加强区域协作，强化检查督导和路面管控

相邻省、自治区、直辖市公安交通管理部门之间要加强相互协调、配合，及时通报发现的问题，必要时可召开联席会议协调解决。各级公安交通管理部门的领导要深入一线进行指导检查，及时发现和解决治理工作中出现的问题。要重点加强对国省道、城郊结合部以及高速公路出入口的路面控制，确保超限超载车辆不出省、不出市、不出县。要高度重视民警的安全防护工作，合理安排使用警力，在工作任务繁重、情况复杂的地方，要向所属公安机关报告，抽调其他警种的警力给予支援。

六、做好信息统计上报工作

集中治理期间，各级公安交通管理部门要认真做好治理超载信息统计上报工作。6月20日之前，各交警总队要将本地“大吨小标”车辆保有量、已经更正“大吨小标”车辆数和宣传工作情况汇总上报；6月20日至8月20日，要将更正“大吨小标”车辆、出动警力、查处和纠正超载车辆等工作数字，于每周五下午15时之前上报我局。8月20日至集中治理结束，要将更正“大吨小标”车辆，出动警力、查处和纠正超载车辆等工作数字，于每月30日之前上报我局。集中治理结束，各交警总队要提交治理超载工作总结报告。对于集中治理期间出现的超载车辆聚众堵塞公路、集体闯卡、围攻执法人员等事件，要严格按照既有的重大交通信息报告制度，逐级上报。

235.关于保障蔬菜水果等主要农产品道路运输安全畅通有关工作的通知

（2004年7月1日　公安部、交通部　公传发〔2004〕184号）

各省、自治区、直辖市公安厅、局，交通厅（局、委），新疆生产建设兵团公安局：

蔬菜、水果等农产品与广大城乡人民群众日常生活密切相关，保障上述主要农产品道路运输的安全与畅通，对于保障城乡日常生活物资供应，维护社会稳定具有十分重要的意义。为切实保障主要农产品道路运输安全与畅通，现就有关要求通知如下：

一、牢固树立执法为民思想，增强服务意识。各地公安、交通部门要从践行“三个代表”重要思想的高度，增强执法为民意识和服务意识，认真学习和落实党中央、国务院一系列有关保障主要农产品运输的有关规定精神，把保障主要农产品运输安全与畅通当作为农业生产服务和为城乡人民群众生活服务的一项重要任务抓实抓好，坚决防止在治理车辆超限超载工作中随意拦截和处罚运输主要农产品车辆，影响主要农产品的运输安全与畅通。

二、改进执勤执法方式，规范路面管理。各地公安、交通部门在路面执勤执法中，对运输主要农产品的车辆没有明显交通违法行为的，不得随意拦车检查；对有超限超载违法行为的，要记录驾驶人、车辆和违法行为等情况，教育或者警告后尽快放行，不得滞留车辆、卸载和罚款，记录的交通违法行为等信息，由省级公安、交通部门汇总。对属于本省（自治区、直辖市）的车辆和驾驶人，在30日内通知车辆登记所在地或始发地公安、交通部门依法处罚；对属于外省（自治区、直辖市）的车辆和驾驶人，在40日内集中转递到所属省级公安、交通部门，由车辆登记所在地公安、交通部门依法处罚和教育；对有超速行驶等其他严重危及交通安全违法行为的，要按照简易程序规定当场处罚，及时放行。各地（市）级公安、交通部门收到转递的交通违法信息后，要依法予以处罚和教育，并定期向省级公安、交通部门反馈有关处理情况。

三、加强主要农产品装载源头管理。各地公安、交通部门要深入主要农产品的主产区、集散地，在当地政府领导下，对主要农产品种类、销往地区、运输路线和长期从事主要农产品运输的承运车主和驾驶人的情况进行调查摸底，登记造册，切实加强装载源头的管控，努力从源头上解决超限超载问题。要对农户、车主和装载配货单位、承运驾驶人每月进行一次登门教育，增强农户和承运驾驶人的守法意识，减少源头超限超载，尽量避免在路面处罚。

四、不断加大宣传力度。各地公安、交通部门要通过电视台、电台、报纸等新闻媒体，广泛宣传国家有关保障主要农产品运输安全畅通的政策，做到家喻户晓，人人皆知。同时，要印制宣传材料，在公路收费站口、服务区、货运场站、主要农产品生产基地和批发市场，向车主、货主、司机、农户和农产品经销商免费发放。

五、加强执法检查，加大监督力度。各级公安、交通部门要会同纪检、监察和纠风部门，加强和完善对保障主要农产品运输安全和畅通工作的执勤执法监督机制，进一步健全规章制度。公安、交通部门要密切配合，定期或不定期地进行明察暗访。对检查发现的随意拦截、乱扣乱罚问题，要给予批评教育，及时纠正，问题严重的，要予以党纪和政纪处分。

236.关于加强公路施工管理　确保交通畅通的紧急通知

（2004年9月16日　公安部、交通部　公传发〔2004〕2844号）

各省、自治区、直辖市公安厅、局，交通厅（委），天津市市政工程局、上海市市政工程管理局（请公安厅、局转交通部门）：

近期，河北、山西、内蒙古、河南等省、自治区相继出现因公路施工、交通组织不力导致的严重交通堵塞，给交通运输和广大人民群众的生产生活带来了严重影响。为进一步加强公路施工路段的交通管理，有效预防和减少公路交通堵塞，按照《公路法》、《道路交通安全法》等法律法规的规定，现就有关要求通知如下：

一、立即开展一次公路施工路段排查整顿。公路施工管理直接影响道路交通安全和畅通。各地公安机关、交通主管部门要从9月20日起，联合开展一次公路施工路段排查摸底，重点调查核实公路施工手续是否完备，交通组织措施是否具体，施工路段交通标志是否完善。对施工前未经交通主管部门或公路管理机构批准、影响交通安全且未征得公安交通管理部门同意或缺乏有效交通组织、影响道路畅通的，要视情分别给予停工或限期整改的处理。对占用半幅道路或封闭道路施工，距离在2公里以上、工期在30天以上的，必须明确绕行路线；对无法绕行的，要责成施工单位修建能够满足通行的施工便道。今后，公路管理机构接到公路施工申请后，对影响交通安全的应按照《道路交通安全法》的规定，征求公安交通管理部门的意见。公安交通管理部门接到征求意见后，应当及时到现场了解情况，检查交通组织措施和准备情况，并会同公路管理机构、施工单位研究加强施工期间道路交通安全畅通的措施；对交通组织措施完善、可以有效控制和减少交通影响的，要书面答复公路管理机构同意。

二、提前做好各项准备工作，减少公路施工对交通的影响。各地公安交通管理部门、公路管理机构应在施工前10天，在新闻媒体上联合发布通告。对省道（不含高速公路）施工的，应当在省级新闻媒体上发布；对国道和高速公路施工的，应当在国家级新闻媒体上发布，并报交通部、公安部备案。对省（自治区、直辖市）、市（地）交界处（省级50公里以内、地市级30公里以内）的公路施工，还应提前书面通报相邻地方公安交通管理部门、公路管理机构。各地要科学分析施工路段交通状况，提前制定交通组织方案和应急疏导预案。要完善分流线路的交通基础设施以及安全设施。对省（自治区、直辖市）、市（地）交界处的公路施工，要主动与相邻地方建立跨区联合疏堵预案，确定跨地域的分流线路，互通信息，协作配合；共同确保施工路段交通畅通。

三、加强施工现场的交通组织和交通安全管理。各地公安交通管理部门要加大对施工路段的巡逻管理力度，依法查处强行超车、争道抢行、不按规定停车等容易引发堵塞的交通违法行为。要密切注意交通动态，及时掌握交通信息，做到早发现、早处置、早报告。要加强施工路段及绕行路线的交通指挥和管控，快速处理交通事故和交通违法。各地交通主管部门和公路管理机构要切实加大监督检查力度，对施工现场管理混乱的施工单位要采取有效措施责令改正；施工现场占用半幅道路、需要交替通行的，施工单位要指定专门人员24小时不间断负责疏导、指挥过往车辆，或者设置移动式的红绿灯，指挥车辆轮流、交替通行。施工单位在公路施工作业时要严格按照《公路养护安全作业规程》(JTGH 30—2004)的规定,切实做好施工现场的组织管理工作。要在施工路段两端,设置明显的施工标志、警示标志;需要车辆绕行的,还应在绕行路口提前设置提示牌和绕行路线示意图。有条件的地方,要在施工路段配备必要的夜间照明设施。施工人员要着统一的安全标志服,作业车辆、机械应涂有规定的标志颜色,行驶和作业时均应开启黄色示警灯,悬挂警示标志。公安交通管理部门、公路管理机构还要与清障抢险公司(或队)建立联动机制,及时清理故障车辆和事故现场,维护良好的公路通行秩序和环境。

四、明确责任,建立和完善公路交通堵塞报告制度。各地交警支队支队长、交警大队大队长和交通局(或公路局)局长是处置本辖区道路交通堵塞的第一责任人。发生车辆堵塞1小时或排队2公里左右的公路交通堵塞,县市交警大队大队长、交通局(或公路局)局长要立即赶赴现场,迅速组织疏导堵塞,尽快恢复交通,并报告上级部门和本级政府;发生车辆堵塞2小时或排队5公里以内的交通堵塞,县市公安交通管理、交通(或公路)部门无法及时疏通的,地市交警支队支队长、交通局(或公路局)局长要赶赴现场督导指挥,协调周边地区增派人力物力,并及时报告上级部门和本级政府,通报新闻单位。对于车辆堵塞3小时或排队5公里以上的交通堵塞,经地市公安交通管理部门、交通(或公路)部门疏导无法缓解的,省级公安交通管理部门、交通(或公路)部门要立即组织由主管领导带队的工作组,赶赴现场督导指挥,并启动跨区联合疏堵预案。

五、全力以赴,互相配合,及时解决已发生的公路交通堵塞问题。对目前交通堵塞突出的国道、高速公路,省、市两级公安交通管理和交通(或公路)管理部门要采取一切有效措施,抓紧时间恢复道路畅通。对严重影响交通畅通的施工路段,要立即整改,直至施工路段具备完善的交通组织措施、不再引发交通堵塞。河北、山西、内蒙古3省、自治区公安厅、交通厅要在9月底之前集中解决110国道、307国道和309国道的交通堵塞问题。

各地接此通知后请尽快传达到基层各单位,并认真贯彻执行,有关情况及时报两部。

237.关于对三轮汽车免收有关收费等问题的通知

(2004年9月20日　财政部、国家发改委、交通部　财综〔2004〕67号)

各省、自治区、直辖市财政厅(局)、发展改革委、物价局、交通厅(局、委):

目前,涉及三轮汽车(原三轮农用运输车,包括从事农业生产和营业性运输的三轮汽车,下同)的各种收费过多过滥,影响了农民从事农业生产的积极性。为鼓励农业生产现代化,促进农业生产发展,切实减轻农民负担,经商农业部,现就三轮汽车免收有关收费等问题通知如下:

一、从2005年1月1日起,对三轮汽车免予收取公路客货运附加费、公路运输管理费,对从事田间作业和非营业运输的三轮汽车免予收取公路养路费。其中:对农民使用三轮汽车免收公路运输管理费,按照《财政部、国家发展改革委关于全国性及中央部门涉及农民负担的行政事业性收费项目审核处理意见的通知》(财综[2003]89号)规定从2004年1月1日起执行。财政部、国家发展改革委(含原国家计委、原国家物价局)以及省、自治区、直辖市财政、价格主管部门过去发布的有关文件规定与上述政策不一致的,一律以本通知规定为准。

二、凡不属于法律法规规定或未经国务院和省、自治区、直辖市人民政府及其财政、价格主管部门批准的行政事业性收费项目,以及不属于法律、行政法规规定或未经国务院和财政部批准的政府性基金项目,均属于乱收费,三轮汽车用户可以拒绝缴纳,并向财政、价格主管部门举报。各地要结合减轻农民负担专项检查工作,坚决纠正和查处涉及三轮汽车的乱收费行为。

三、有关部门和单位在对三轮汽车实施行政事业性收费时,应严格按照规定到指定的价格主管部门办理《收费许可证》,并使用省、自治区、直辖市财政部门统一印制的票据。同时,应在收费场所公示涉及三轮汽车的收费项目、收费标准、收费依据和举报电话等内容,自觉接受社会监督。

四、各地区和有关部门要认真落实本通知规定,并将落实情况以书面形式于2005年2月1日报财政部、国家发展改革委和交通部。

238.关于东风汽车公司等企业违规调整车辆质量参数及处理的通报

（2005 年 1 月 18 日　国家发改委　发改办产业〔2005〕120 号）

各省、自治区、直辖市、计划单列市及新疆生产建设兵团发展改革委（计委）、经贸委（经委）：

按照交通部、公安部、国家发展改革委、质检总局、安全监管局、工商总局、法制办联合制定的《关于在全国开展车辆超限载治理工作的实施方案》的工作部署，我委发布了《公告》（2004 年第 31 号），对在用"大吨小标"载货汽车质量参数更改工作进行了安排，明确了更正质量参数的有关规定。多数生产企业按照要求，对"大吨小标"载货汽车的质量参数进行了更正，恢复原车辆设计的质量参数。但是，也有少数企业不重视恢复"大吨小标"车辆质量参数工作，未将车辆的质量参数恢复到原设计参数，而是无原则的迎合部分用户不合理的要求，将部分车型的质量参数调大，成为"小吨大标"车辆，东风汽车公司将 89 个车型的质量参数大标，安徽江淮汽车股份有限公司将 88 个车型的质量参数大标，对此情况众多用户反映十分强烈，严重干扰了市场秩序，造成不良社会影响。

为加强车辆生产企业及产品管理，进一步规范生产企业的行为，促进汽车行业健康发展，依据《国家发展和改革委员会公告》（2004 年第 31 号）、原国家经贸委《关于车辆生产企业及产品目录管理改革有关问题的通知》（国经贸产业［2001］471 号）、《关于进一步加强公告管理和注册登记有关事项的通知》（国经贸产业［2002］768 号）的规定，对东风汽车公司、安徽江淮汽车股份有限公司的违规行为予以通报批评，并作出如下处理决定：撤销上述两企业在《车辆生产企业及产品公告》（以下简称《公告》）中的所有违规车型；在 2005 年一季度内两企业申报的载货类汽车新产品实施公示 2 个月，经公示确认没有违规情况的产品才能列入《公告》；上述两公司内部要对有关责任人员进行处理。

各地发展改革委（计委）、经贸委（经委）要以此为鉴，加强对本地区车辆生产企业及产品的管理力度，整顿和规范汽车市场秩序；车辆生产企业也要加强内部管理，制定和完善工作程序，按照国家安全、环保、节能等标准和规定设计、生产车辆，规范销售行为。

239.关于公布第五批实现所有公路基本无“三乱”省(区)名单的通报

(2005年2月6日　交通部、公安部、国务院纠风办　国纠办发〔2005〕1号)

各省、自治区、直辖市人民政府,国务院各部委、各直属机构:

去年以来,各省(区、市)政府及相关部门认真贯彻落实全国纠风工作会议和治理公路“三乱”工作座谈会的部署,积极采取有效措施,认真抓好各项治理工作任务的落实。交通部、公安部、国务院纠风办(以下简称“两部一办”)、建设部、国家林业局等部门各负其责、协调配合、严格落实责任制,不断加大督促检查的力度,及时解决个别地区的严重公路“三乱”问题,始终保持了治理工作的高压态势;同时积极推进源头治理,努力实现所有公路基本无“三乱”的目标,使专项治理工作不断向纵深发展,取得了新的成效。为进一步推动治理工作的深入开展,加大从源头上预防和解决公路“三乱”问题的力度,现将公布第五批实现所有公路基本无“三乱”省(区)名单及下一步治理工作等有关情况通报如下:

一、浙江、福建、四川、贵州、宁夏5省(区)经过努力实现了所有公路基本无“三乱”

继1997年全国31个省(区、市)全部实现国道、省道基本无“三乱”后,“两部一办”于1999年部署在全国开展实现所有公路基本无“三乱”活动。几年来,已有23个省(区、市)分四批先后实现了所有公路基本无“三乱”的目标。

根据浙江、福建、四川、贵州、宁夏5省(区)政府的申请,“两部一办”会同国家林业局组成联合检查组,于2004年11月23日至12月12日,以“暗访为主,明查为辅”的方式,对上述省(区)进行了检查验收。从检查的情况看,这5个省(区)的治理公路“三乱”工作取得了明显成效。其主要特点:一是领导重视,机构健全。各地把治理公路“三乱”作为改善地区投资环境、减轻群众负担的一项重要工作来抓,主要领导亲自过问,分管领导负总责,层层签定责任状。浙江省政府强化了由分管副省长负责的工作机制,各市和县(市、区)也完善了责任分解,做到“一级抓一级、层层抓落实”。福建省每年召开专题会议对治理公路“三乱”工作进行全面部署,逐级落实责任制。二是加强教育,完善制度,注重探索从源头上解决公路“三乱”的措施。各地政府和交通、公安等部门进一步强化思想教育和业务培训,提高上路执法人员的依法行政观念。浙江省在全省范围内开展对公路执法部门的民主评议活动,制定并实施《浙江省车辆通行费收费站设置和收费行为规范》、《浙江省公安交巡警警务言行规范》等制度,使收费站、稽查站的内部管理和交警人员的执法行为进一步得到了规范。四川省完善了治理公路“三乱”案件举报制度、督办制度和通报制度,交通、公安、林业、畜牧等部门积极建立执法行为规范化工程评价体系,逐步形成治理公路“三乱”的长效机制。三是加强监督检查,保持高压态势。各地政府对群众举报及发现的公路“三乱”问题,坚决进行查处,并加大责任追究力度,严肃处理责任人。宁夏回族自治区自2000年以来,共组织明察暗访1679次,5189人(次)上路检查。浙江省纠风办2004年处理公路“三乱”投诉1000余件(次),通过对有关责任人的严肃处理,有力地推动了治理工作的深入开展。四是态度坚决,整改到位。5省(区)近期采取了更为坚决的措施,对各自存在的问题认真进行整改。贵州省撤销了原经省政府批准设在省际间的9个临时烟草检查站;浙江省政府坚决撤除了间距过小的鄞奉收费站奉化收费点和苍南灵龙公路收费站龙港大桥收费点;福建省对山岭重丘区的“一站多点”问题制定了调整撤并的方案,第一批先行撤销了邵武市寺前分站等4个收费点。宁夏、四川等省(区)规范了临时性动物防疫检查站的审批和设置程序。

根据检查情况,依照“两部一办”《实现所有公路基本无“三乱”量化考核评分标准》,经治理公路“三乱”协调会议认真研究认定,并报经国务院领导同意,浙江、福建、四川、贵州、宁夏5省(区),已实现所有公路基本无“三乱”的目标,现予以公布。

二、当前公路“三乱”仍然存在一些不容忽视的问题,必须引起各地和有关部门的高度重视

经过10年坚持不懈的集中治理,治理公路“三乱”工作取得了显著成绩。截至目前,全国已有28个省(区、市)实现了所有公路基本无“三乱”,为保证公路安全畅通,促进经济社会全面发展,起到了十分重要的促进作用。对这一治理成果,人民群众是基本认可的。但是,由于产生公路“三乱”的源头性问题尚未完全解决等原因,公路“三乱”仍存在一些突出问题,个别地区甚至出现反弹现象,必须引起各级政府和有关部门的高度重视。

去年9、10月间,国务院纠风办对河北、山西、内蒙、河南、陕西、湖南、湖北等7省(区)进行暗访,发现了一些公路“三乱”问题,在对第五批实现所有公路基本无“三乱”省(区)检查验收时也发现了类似现象。一是政府和有关部门违规或越权批设站点。有的省(区)政府将只有在发生重特大疫情时才能设立的临时性动物、植物防疫检查站批准为长期固定检查站,个别地区的农牧部门越权审批动物防疫检查站,有的还在站内开展其它经营项目。二是公路通行费收费站偏多、一站多点。近年来,各地继续对各类公路站点进行清理、撤并,仅2002年以来,已累计撤并道路收费站点836个、各种检查站和非法站点1988个。但一些省(区)的公路通行费收费站总量仍然偏多,有的地方还存在站间距不符合国家规定以及一站多点等问题。三是执法行为不规范。有的地方的执法部门变相下达收费罚款指标,导致公安交警乱罚款;有的地方交通路政、运政人员违规上路拦车;个别执法人员收费罚款使用过期票据或不给票据;有的交管协勤人员、收费站工作人员不按规定佩带协勤证或上岗证;不少治理超限超载检测站没有做到交通、公安部门共同组织实施,不称重即认定超载、罚款放行、重复罚款等问题在一些地方时有发生。

对于近期检查中发现的问题,“两部一办”适时召开了暗访情况通报会。有关省(区)政府及相关部门高度重视,立即核查,严肃处理,坚决整改。河北、内蒙古、湖南3省(区)按照治理公路“三乱”协调会议的建议,分别取消了张家口市、乌兰察布市、岳阳市的国道、省道基本无“三乱”地区资格,限期整改并向社会公布;对涉及的69名责任人及负有直接责任的领导分别给予党纪政纪处分及组织处理;同时,针对存在问题举一反三,分析原因,强化措施,健全制度。河北省政府已决定2005年重新将治理公路“三乱”工作列为纠风专项治理的重点工作,并发出紧急通知,重申有关规定,坚决遏制公路“三乱”反弹势头。

上述问题不仅在被检查的地区存在,其他地区也不同程度地存在。出现问题的地区要加大治理力度,尽快纠正和整改,其他地区同样要引起警惕。实现所有公路基本无“三乱”来之不易,巩固住成果更难。事实证明,治理公路“三乱”必须警钟长鸣,紧抓不放。政策上稍一放松,思想上稍一麻痹,工作上稍一懈怠,就会发生问题,甚至出现反弹,多年的治理成果就可能前功尽弃,就会失信于民。

三、加大从源头上治理公路“三乱”的力度,建立惩治和预防公路“三乱”的长效工作机制

年初召开的中央纪委第五次全会对继续做好治理公路“三乱”工作进行了部署，强调要加强从源头上预防和治理公路“三乱”，这是对治理工作提出的新的更高的要求。为贯彻落实五次全会精神，进一步巩固和扩大已有的治理成果，严防公路“三乱”出现反弹，逐步实现治理工作的动态管理，对下一步治理工作提出以下要求：

（一）重申《国务院关于禁止在公路上乱设站卡乱罚款乱收费的通知》［国发(1994]41号）的规定，除公安、交通、林业部门外，未经国务院批准，任何部门和单位都不准上路设站、收费和罚款，不得以任何名义下达收费、罚款指标。在发生重大或特大疫情，确需设立临时性的动植物防疫监督检查站时，应由省(区、市)政府按照有关规定，严格审批，并对站点的位置、人员、执法权限、监督管理等作出明确规定，疫情解除后，必须及时撤站。

（二）认真贯彻落实《行政许可法》和《建立健全教育、制度、监督并重的惩治和预防腐败体系实施纲要》，建立健全各项规章制度，积极探索从源头治理公路“三乱”的措施和途径。要进一步明确和完善在公路上执法的政策规定，合法上路部门要依据有关法律法规，对本部门哪些单位和人员可以上路，及其执法权限、范围和行为规范作出具体规定，切实解决部门内部多头上路执法、以罚代纠、以罚代管等问题。要依法依规继续对各类公路站点进行清理整顿，加强对公路通行费收费站的监督管理，撤销不符合规定的收费站点，进一步减少普通收费公路上的站点数量。在治理超限超载过程中，要从有利于规范执法行为、有利于队伍廉政建设和有利于巩固治理成果的角度，研究制定预防“三乱”行为的规章制度，防止在利益驱动下，出现新的不正之风和腐败行为。

（三）要继续落实治理公路“三乱”工作责任制，加强监督检查，保持“反弹摘牌”的压力。目前，引发公路“三乱”的深层次问题尚未从根本上解决，从源头上预防和解决公路“三乱”的政策和措施仍在探索之中，巩固治理成果的任务还很艰巨。特别是春节将至，从部分地区反映的情况看，个别地方已经出现了反弹的苗头。因此，治理工作必须继续保持“两部一办”工作格局，坚持做到思想不松、责任不变、力度不减。已经实现所有公路基本无“三乱”的地方，切忌盲目乐观和麻痹松懈。各地区要针对各自存在的问题和薄弱环节，采取切实有效的措施，加大监督检查力度；建立公路“三乱”快速反应机制，及时发现问题，坚决予以纠正；对重点地区和重点路段，要盯住不放，加强监控。各责任部门要认真履行职责，对所属单位要提出明确要求，看好自己的门，管好自己的人，确保本地区本部门不出现严重的公路“三乱”问题。对发生顶风违纪、情节严重的公路“三乱”问题的地方和单位，不仅要处理有关责任人，追究领导责任，而且要取消所在县(市)、地(市)，直至省一级的所有公路或国道、省道基本无“三乱”资格。同时，要认真开展调查研究，积极探索从体制、机制、制度上预防和治理公路“三乱”的具体措施，逐步建立起治理公路“三乱”的长效机制。

240.关于发布2004年全国性及中央部门和单位行政事业性收费项目目录的通知

(2005年3月4日　财政部、国家发改委　财综〔2005〕6号)

各省、自治区、直辖市财政厅(局)、发展改革委、物价局,新疆生产建设兵团财务局,国务院各部委、各直属机构,党中央有关部门、各中央管理企业:

根据法律、行政法规规定,以及2004年国务院和财政部、国家发展改革委批准设立、调整、取消行政事业性收费项目的情况,我们在《2003年全国性及中央部门和单位行政事业性收费项目目录》的基础上,编制了《2004年全国性及中央部门和单位行政事业性收费项目目录》(见附件,以下简称《收费目录》)。现将有关事项通知如下:

一、《收费目录》中的行政事业性收费项目包括法律、行政法规规定,经国务院或财政部和国家发展改革委批准,截止到2004年12月31日的全国性及中央部门和单位的行政事业性收费项目,其具体征收范围、征收标准及资金管理方式等,应分别按照《收费目录》中注明的文件依据执行。其中,加▲的项目为涉及企业负担的行政事业性收费项目。

二、2004年12月31日以前全国性及中央部门和单位的行政事业性收费项目,一律以《收费目录》为准;凡未列入《收费目录》以及《收费目录》所列文件依据中未规定的行政事业性收费项目,公民、法人和其他社会组织可以拒绝支付。2005年1月1日以后,全国性及中央部门和单位新增或调整的行政事业性收费项目,按照法律、行政法规、国务院或财政部和国家发展改革委的有关规定执行;各省、自治区、直辖市新增或调整的行政事业性收费项目,按照省、自治区、直辖市地方性法规规定,省、自治区、直辖市人民政府及其所属财政、价格主管部门规定执行。

三、各省、自治区、直辖市财政部门应当会同价格主管部门,在本通知规定《收费目录》的基础上,统一按照《收费目录》格式,编制本行政区域内截止到2004年12月31日的行政事业性收费项目目录,包括法律、行政法规规定,经国务院或财政部和国家发展改革委批准,省、自治区、直辖市地方性法规规定,省、自治区、直辖市人民政府及其所属财政、价格主管部门批准的行政事业性收费项目。同时,在目录中注明哪些行政事业性收费项目涉及企业负担,在本省(自治区、直辖市)范围内公布,并于2005年4月1日前报财政部、国家发展改革委备案(用EXCEL汇总,报软盘或通过电子邮件传送)。

附件:2004年全国性及中央部门和单位行政事业性收费项目目录

2004年全国性及中央部门和单位行政事业性收费项目目录

序号	部门	收费项目	管理方式	收费及资金管理文件依据
一	公安			
		1.外国人签证费	缴入中央和地方国库	价费字〔1992〕240号,(94)财预字第37号,公通字〔2000〕99号,计价格〔2003〕392号
		2.外国人证件费		价费字〔1992〕240号,(94)财预字第37号,公通字〔2000〕99号
		(1)准予停留章	缴入地方国库	
		(2)居留许可	缴入中央和地方国库	财综〔2004〕60号,发改价格〔2004〕2230号
		(3)永久居留申请	缴入中央和地方国库	财综〔2004〕32号,发改价格〔2004〕1267号
		(4)永久居留证	缴入中央国库	财综〔2004〕32号,发改价格〔2004〕1267号
		(5)出入境证	缴入中央和地方国库	
		(6)旅行证(含延期)	缴入地方国库	
		(7)准迁证	缴入地方国库	
		3.公民出入境证件费		价费字〔1992〕240号,价费字〔1993〕164号,(94)财预字第37号,公通字〔2000〕99号
		(1)护照(含加页、核定、加注、延期)	缴入中央和地方国库	计价格〔2000〕293号
		(2)入出境通行证	缴入中央和地方国库	
		(3)往来(含前往)港澳通行证(含签注)	缴入中央和地方国库	计价格〔2002〕1097号
		(4)台湾居民往来大陆通行证(含签注)	缴入中央和地方国库	价费字〔1993〕164号,计价格〔2001〕1835号,发改价格〔2004〕334号
		(5)台湾同胞定居证	缴入地方国库	价费字〔1993〕164号,发改价格〔2004〕2839号
		(6)华侨回国定居证	缴入地方国库	价费字〔1993〕164号,发改价格〔2004〕2839号
		(7)大陆居民往来台湾通行证(含签注)	缴入中央和地方国库	价费字〔1993〕164号,计价格〔2001〕1835号
		4.中国国籍申请手续费(含证书费)	缴入中央国库	价费字〔1992〕240号,(94)财预字第37号
	▲	5.边防检查证件工本费	缴入中央国库	价费字〔1992〕240号,(94)财预字第37号
		(1)登陆证(含船员、台湾居民)		财综〔2002〕44号,计价格〔2002〕2883号
		(2)船员住宿证		
		(3)登轮证		
		(4)停留许可证		

续上表

序号	部门	收费项目	管理方式	收费及资金管理文件依据
		(5)对台劳务人员登轮作业证		财综〔2002〕44号，计价格〔2002〕2883号
		(6)搭靠外轮许可证		
		(7)机动车辆入出境查验卡		
	▲	6.口岸以外边防检查监护费	缴入中央国库	价费字〔1992〕240号，(94)财预字第37号，计价格〔2001〕523号
	▲	7.往来港澳小型船舶查验簿收费	缴入中央国库	价费字〔1992〕240号，(94)财预字第37号
	▲	8.出海船舶、船民证件费	缴入中央国库	价费字〔1992〕240号，(94)财预字第37号，计价格〔2000〕932号
		(1)出海船舶户口簿		
		(2)出海船舶边防登记簿		
		(3)出海船民证(含临时)		
		(4)合资船船员登陆证		
		(5)合资船船员登轮证		
		9.户籍管理证件工本费	缴入地方国库	价费字〔1992〕240号，(94)财预字第37号
		(1)户口簿		
		(2)户口迁移证件		
		(3)暂住证卡		计价格〔2002〕633号
		10.居民身份证工本费(含加急费)	缴入地方国库	《居民身份证法》，价费字〔1992〕240号，计价格〔1995〕873号，计价格〔1997〕1485号，(94)财预字第37号，发改价格〔2003〕2322号，财综〔2004〕8号
	▲	11.机动车辆号牌工本费	缴入地方国库	价费字〔1992〕240号，(94)财预字第37号，计价格〔1994〕783号，发改价格〔2004〕2831号，《道路交通安全法》
		(1)号牌(含临时)		
		(2)号牌专用固封装置		
		(3)号牌架		
	▲	12.机动车辆行驶证工本费(含临时)	缴入地方国库	价费字〔1992〕240号，(94)财预字第37号，计价格〔1994〕783号，发改价格〔2004〕2831号，《道路交通安全法》
	▲	13.机动车辆安全检验费	缴入地方国库	价费字〔1992〕240号，(94)财预字第37号，发改价格〔2004〕2831号，《道路交通安全法》

续上表

序号	部门	收费项目	管理方式	收费及资金管理文件依据
	▲	14.机动车登记证书工本费	缴入地方国库	财综〔2001〕67号,计价格〔2001〕1979号,发改价格〔2004〕2831号,《道路交通安全法》
	▲	15.机动车抵押登记费	缴入地方国库	财综〔2001〕67号,计价格〔2001〕1979号
	▲	16.驾驶证工本费	缴入地方国库	价费字〔1992〕240号,(94)财预字第37号,发改价格〔2004〕2831号,《道路交通安全法》
	▲	17.驾驶许可考试费	缴入地方国库	价费字〔1992〕240号,(94)财预字第37号,发改价格〔2004〕2831号,《道路交通安全法》
	▲	18.特种行业许可证工本费	缴入地方国库	计价格〔1994〕916号,计价格〔1999〕1707号
二	外交			
	▲	19.护照费	缴入中央国库	
		(1)护照		价费字〔1992〕198号,计价格〔1999〕466号,财预〔2000〕127号
		(2)护照加急		价费字〔1992〕198号,计价格〔1999〕466号,财预〔2003〕470号
	▲	20.认证费	缴入中央国库	
		(1)认证		价费字〔1992〕198号,计价格〔1999〕466号,财预〔2000〕127号
		(2)认证加急		价费字〔1992〕198号,计价格〔1999〕466号,财预〔2003〕470号
	▲	21.签证费		
		(1)驻外使馆为外国公民办理签证	缴入中央国库	价费字〔1992〕198号,财预〔2000〕127号
		(2)代办外国签证(限于国家机关)	缴入中央和地方财政专户	价费字〔1992〕198号,计价格〔1999〕466号
		(3)代办外国签证加急(限于国家机关)	缴入中央和地方财政专户	价费字〔1992〕198号,计价格〔1999〕466号
		(4)代填外国签证申请表(限于国家机关)	缴入中央和地方财政专户	价费字〔1992〕198号,计价格〔1999〕466号
	▲	22.驻外使领馆公证翻译费	缴入中央国库	价费字〔1992〕198号,财预〔2003〕470号
	▲	23.代发电报收费证翻译费	缴入中央国库	财综字〔1997〕123号,计价费〔1997〕1687号,财预〔2003〕470号
三	发展改革			

续上表

序号	部门	收费项目	管理方式	收费及资金管理文件依据
	▲	24.农业化学物质产品行政保护费	缴入中央国库	财综字〔2000〕30号,计价格〔2000〕967号,财预〔2002〕584号,财综〔2004〕18号,发改价格〔2004〕2839号
		25.证书工本费		
		(1)收费许可证	缴入中央和地方国库	财综字〔1999〕106号,财预〔2002〕584号,财综〔2003〕32号
	▲	(2)煤炭生产许可证	缴入中央国库	《煤炭法》,财预〔2002〕584号,财综〔2003〕84号
	▲	26.非刑事案件财物价格鉴定费	缴入中央和地方国库	财综〔2004〕56号
四	商务			
	▲	27.证书工本费	缴入中央国库	
		(1)进出口货物许可证		价费字〔1992〕401号,(94)财预字第37号
		(2)装船证		价费字〔1992〕401号,(94)财预字第37号
		(3)手工制品证书		价费字〔1992〕401号,(94)财预字第37号
		(4)纺织品原产地证明书		价费字〔1992〕401号,(94)财预字第37号
		(5)外商投资企业批准证书		价费字〔1992〕401号,(94)财预字第37号
		(6)外派劳务(研修生)培训合格证		财综字〔1998〕13号,计价费〔1998〕710号,财预〔2000〕127号
五	人事			
		28.人才流动中心收费	缴入中央和地方国库	价费字〔1992〕253号,财预〔2003〕470号
		(1)保存人事关系及档案		
		(2)协调调出调入争议		
		29.考试考务费		
		(1)专业技术人员计算机能力考试	缴入中央和地方国库	计价格〔2001〕1969号,财预〔2002〕584号
		(2)价格鉴证师执业资格考虑	缴入中央和地方国库	财综字〔2000〕27号,财预〔2002〕584号,发改价格〔2004〕1108号
		(3)注册城市规划师资格考试	缴入中央和地方国库	财综字〔2000〕27号,财预〔2002〕584号,计价格〔2000〕546号
		(4)质量专业技术人员职业资格考试	缴入中央和地方国库	计价格〔2001〕1969号,财预〔2002〕584号
		(5)职称外语等级考试	缴入中央和地方国库	财预〔2002〕584号,发改价格〔2004〕1108号
		(6)经济专业技术资格考试	缴入中央和地方国库	财预〔2002〕584号,发改价格〔2004〕1108号

续上表

序号	部门	收费项目	管理方式	收费及资金管理文件依据
		(7)执业药师、执业中药师资格考试	缴入中央和地方国库	财预〔2002〕584号，发改价格〔2004〕1108号
		(8)监理工程师、造价工程师资格考试	缴入中央和地方国库	财预〔2002〕584号，发改价格〔2004〕1108号
		(9)资产评估师资格考试	缴入中央和地方国库	财预〔2002〕584号，发改价格〔2004〕1108号
		(10)企业法律顾问资格考试	缴入中央和地方国库	财预〔2002〕584号，发改价格〔2004〕1108号
		(11)注册税务师资格考试	缴入中央和地方国库	财预〔2002〕584号，发改价格〔2004〕1108号
		(12)国际商务师资格考试	缴入中央和地方国库	财预〔2002〕584号，发改价格〔2004〕1108号
		(13)初级、中级出版专业技术人员职业资格考试	缴入中央和地方国库	计价格〔2002〕1698号，财预〔2002〕584号
		(14)注册咨询工程师(投资)执业资格考试	缴入中央和地方国库	计价格〔2002〕1698号，财预〔2002〕584号
		(15)土地登记代理人职业资格考试	缴入中央和地方国库	发改价格〔2004〕1108号
		30.证书工本费	缴入中央和地方国库	
		(1)职称外语等级考试合格证书		计价格〔2000〕546号，财预〔2002〕584号
		(2)专业技术资格证书		计价费〔1998〕1060号，财预〔2002〕584号，发改价格〔2004〕1108号
		(3)专业技术人员计算机能力考试合格证书		计价格〔2001〕1969号，财预〔2002〕584号
		(4)质量专业技术人员职业资格考试合格证书		计价格〔2001〕1969号，财预〔2002〕584号
六	林业			
	▲	31.野生动植物进出口管理费	缴入中央国库	价费字〔1992〕196号，计价格〔2000〕1004号，财综字〔2000〕75号，财预〔2000〕127号
	▲	32.森林植物检疫费	缴入地方国库	价费字〔1992〕196号，财预〔2000〕127号，《植物检疫条例》
	▲	33.绿化费	缴入地方国库	价费字〔1992〕196号，财预〔2000〕127号
	▲	34.陆生野生动物资源保护管理费	缴入中央和地方国库	林护字〔1992〕72号，计价格〔1999〕1707号，计价费〔1997〕2500号，财预〔2000〕127号，计价格〔2002〕599号，《野生动物保护法》

续上表

序号	部门	收费项目	管理方式	收费及资金管理文件依据
	▲	35.林权勘测费	缴入中央和地方国库	财综〔2001〕43号,计价格〔2001〕1998号
	▲	36.林地补偿费	缴入中央和地方财政专户	价费字〔1992〕196号,《森林法》
	▲	37.植物新品种保护权收费	缴入中央国库	财综字〔1998〕160号,计价格〔1999〕290号,财预〔2000〕127号,计价格〔2002〕1023号,《植物新品种保护条例》
	▲	38.证书工本费		
		(1)林木了生产许可证	缴入地方国库	《种子法》,财预〔2002〕584号,计价格〔2002〕2672号
		(2)林木种子经营许可证	缴入中央和地方国库	《种子法》,财预〔2002〕584号,计价格〔2002〕2672号
		(3)林权证	缴入中央和地方国库	《土地承包法》,财综〔2001〕43号,计价格〔2001〕1998号
七	农业			
	▲	39.植物新品种保护权收费	缴入中央国库	《植物新品种保护条例》,财综字〔1998〕160号,计价格〔1999〕290号,财预〔2000〕127号,计价格〔2002〕634号
	▲	40.国内植物检疫费	缴入中央和地方国库	价费字〔1992〕452号,财预〔2002〕584号,《植物检疫条例》
	▲	41.畜禽及畜禽产品防疫检疫费	缴入中央和地方国库	《动物防疫法》,价费字〔1992〕452号,财预〔2002〕584号
	▲	42.水生野生动物资源保护费	缴入中央和地方国库	财综字〔1999〕102号,计价格〔2000〕393号,财预〔2002〕584号,《野生动物保护法》
	▲	43.农药登记费	缴入中央和地方国库	价费字〔1992〕452号,计价格〔2001〕523号,财预〔2000〕127号
	▲	44.农药实验费	缴入中央财政专户	价费字〔1992〕452号
	▲	45.新兽药审批费	缴入中央和地方国库	价费字〔1992〕452号,财预〔2000〕127号,《兽药管理条例》
	▲	46.进口兽药注册登记审批、发证收费	缴入中央国库	价费字〔1992〕452号,财预〔2002〕584号,《兽药管理条例》
	▲	47.《进口兽药许可证》审批费	缴入中央国库	价费字〔1992〕452号,财预〔2002〕584号,《兽药管理条例》
	▲	48.饲料添加剂登记注册费	缴入中央国库	价费字〔1992〕452号,计价费〔1997〕41号,财预〔2002〕584号

续上表

序号	部门	收费项目	管理方式	收费及资金管理文件依据
	▲	49.《兽药典》、《兽药规范》和兽药专业标准收载品种生产审批费	缴入中央和地方国库	价费字〔1992〕452号，计价费〔1997〕41号，财预〔2002〕584号，《兽药管理条例》
	▲	50.已生产兽药品种注册登记费	缴入中央和地方国库	价费字〔1992〕452号，计价费〔1997〕41号，财预〔2002〕584号，《兽药管理条例》
	▲	51.检验检测费		
		(1)新饲料添加剂质量复核检验	缴入中央财政专户	价费字〔1992〕452号
		(2)进口饲料添加剂质量复核检验	缴入中央财政专户	价费字〔1992〕452号
		(3)饲料及饲料添加剂委托检验	缴入中央财政专户	价费字〔1992〕452号
		(4)进口兽药质量标准复核检验	缴入中央财政专户	价费字〔1992〕452号，《兽药管理条例》
		(5)进口兽药检验	缴入中央财政专户	价费字〔1992〕452号，《兽药管理条例》
		(6)出口兽药检验	缴入中央和地方财政专户	价费字〔1992〕452号，《兽药管理条例》
		(7)新兽药质量复核检验	缴入中央和地方财政专户	价费字〔1992〕452号，《兽药管理条例》
		(8)兽药委托检验	缴入中央和地方财政专户	价费字〔1992〕452号，《兽药管理条例》
		(9)农作物委托检验	缴入地方财政专户	价费字〔1992〕452号
		(10)农机产品测试检验	缴入中央和地方财政专户	价费字〔1992〕452号
		(11)农业转基因生物检测	缴入中央国库	财综〔2002〕64号，计价格〔2003〕131号
	▲	52.农机监理费(含"九二"式拖拉机牌证费)	缴入地方国库	价费字〔1992〕452号，计价格〔1995〕225号(94)财预字第37号，发改价格〔2004〕2831号，《道路交通安全法》
		(1)拖拉机号牌(含号牌架、固封装置)		
		(2)拖拉机行驶证(含临时)		
		(3)登记证		
		(4)驾驶证		
		(5)安全检验		
		(6)驾驶许可考试		

续上表

序号	部门	收费项目	管理方式	收费及资金管理文件依据
	▲	53.农机服务费	缴入地方财政专户	计价格〔1994〕400号
	▲	54.渔业资源增殖保护费	缴入中央和地方国库	《渔业法》,价费字〔1992〕452号,财预〔2000〕127号
	▲	55.渔业船舶登记或变更登记费	缴入中央和地方国库	价费字〔1992〕452号,计价费〔1997〕1148号,财预〔2002〕584号
		(1)国籍证书		
		(2)登记证书		
	▲	56.海事调解费	缴入中央和地方财政专户	价费字〔1992〕452号
	▲	57.渔业船舶和船用产品检验费	缴入中央和地方财政专户	价费字〔1992〕452号,计价格〔2000〕559号
		58.人力资源开发中心人事档案使用费	缴入中央财政专户	财综字〔1999〕127号,计价格〔1999〕2197号
		59.人力资源开发中心人事档案保管费	缴入中央财政专户	财综字〔1999〕127号,计价格〔1999〕2197号
		60.人力资源开发中心培训费	缴入中央财政专户	财综字〔1999〕127号,计价格〔1999〕2197号
		61.农科院研究生院研究生培养费	缴入中央财政专户	计办价格〔2000〕1017号
		62.考试考务费		
		(1)海洋渔业船舶船员考试	缴入中央和地方国库	价费字〔1992〕452号,计价格〔2001〕523号,财预〔2002〕584号
		(2)人力资源开发中心专业技术资格考试	缴入中央财政专户	财综字〔1999〕127号,计价格〔1999〕2197号
		(3)人力资源开发中心工人技术等级考核或职业技能鉴定	缴入中央财政专户	财综字〔1999〕127号,计价格〔1999〕2197号
	▲	63.证书工本费	缴入地方国库	
		(1)种子生产许可证		《种子法》,价费字〔1992〕452号,财预〔2002〕584号
		(2)种子经营许可证		《种子法》,价费字〔1992〕452号,财预〔2002〕584号
		(3)兽药生产许可证		价费字〔1992〕452号,财预〔2002〕584号
		(4)兽药经营许可证		价费字〔1992〕452号,财预〔2002〕584号
	▲	64.农业转基因生物安全评价费	缴入中央国库	财综〔2002〕64号,发改价格〔2003〕131号
八	卫生			
		65.护士注册费	缴入中央和地方国库	(94)财综字第121号,计价格〔1995〕98号

续上表

序号	部门	收费项目	管理方式	收费及资金管理文件依据
		66.执业医师注册费（含执业医师证书费）	缴入中央和地方国库	财综字〔1999〕176号，计价格〔1999〕2267号，计办价格〔2001〕616号，财预〔2002〕584号
	▲	67.消毒药械审批费	缴入中央和地方国库	价费字〔1992〕314号，财预〔2000〕127号
	▲	68.化妆品审批费	缴入中央和地方国库	价费字〔1992〕314号，财预〔2000〕127号
	▲	69.新资源食品申请审评费	缴入中央和地方国库	价费字〔1992〕314号，财预〔2000〕127号
	▲	70.卫生监测费	缴入地方国库	价费字〔1992〕314号，财预〔2000〕127号，财预〔2003〕470号
	▲	71.卫生质量检验费	缴入地方国库	价费字〔1992〕314号，财预〔2000〕127号，财预〔2003〕470号
	▲	72.预防性体检费	缴入地方国库	价费字〔1992〕314号，财预〔2000〕127号，财预〔2003〕470号
	▲	73.预防接种劳务费	缴入地方国库	价费字〔1992〕314号，财预〔2000〕127号，财预〔2003〕470号
	▲	74.委托性卫生防疫服务费	缴入地方国库	价费字〔1992〕314号，财预〔2000〕127号，财预〔2003〕470号
	▲	75.疫情处理费	缴入地方国库	价费字〔1992〕314号，财预〔2000〕127号，财预〔2003〕470号
	▲	76.医疗事故鉴定费	缴入中央和地方国库	价费字〔1992〕314号，财预〔2003〕470号，财综〔2003〕27号，发改价格〔2003〕501号
		77.考试考务费	缴入中央和地方国库	
		(1)卫生专业技术资格考试		计价格〔2001〕2043号，财预〔2002〕584号
		(2)医师资格考试		财综字〔1999〕176号，财预〔2002〕584号
		(3)医学博士外语考试		财综〔2003〕79号，发改价格〔2004〕58号
		78.证书工本费		
	▲	(1)卫生许可证	缴入地方国库	价费字〔1992〕314号
		(2)出生医学证明	缴入中央和地方国库	财综字〔1996〕28号，计价费〔1996〕1222号，财综〔2001〕73号
		(3)母婴保健技术服务许可及考核合格证	缴入中央和地方国库	财综字〔1996〕28号，计价费〔1996〕1222号，财综〔2001〕73号，国务院令第308号
		(4)医师资格证书	缴入中央和地方国库	财综字〔1999〕176号，计价格〔1999〕2267号，计办价格〔2001〕616号，财预〔2002〕584号
九	民政			
		79.婚姻登记证书工本费	缴入地方国库	价费字〔1992〕249号，(94)财预字第37号，计价格〔2001〕523号，《婚姻登记条例》

续上表

序号	部门	收费项目	管理方式	收费及资金管理文件依据
		80.收养登记费	缴入地方国库	价费字〔1992〕349号,(94)财预字第37号,计价格〔2001〕523号,《收养法》
		81.社团登记费·	缴入中央和地方国库	价费字〔1992〕249号,(94)财预字第37号,计价费〔1996〕1602号,发改价格〔2003〕851号,《社团登记条例》
		82.民办非企业单位登记费(含证书费)	缴入中央和地方国库	财综字〔1999〕119号,计价格〔1999〕2115号,财预〔2000〕127号
		83.殡葬收费	缴入地方财政专户	价费字〔1992〕249号
		84.学费	缴入中央和地方国库	财综〔2004〕4号
		85.委托培养费	缴入中央国库	财综〔2004〕4号
		86.住宿费	缴入中央国库	财综〔2004〕4号
十	文化			
		87.摄影师预备资格考试费	缴入中央和地方国库	计办价格〔2001〕925号,财预〔2003〕470号
十一	科技			
	▲	88.大型精密仪器协作共用费	缴入中央和地方财政专户	价费字〔1992〕258号
十二	教育			
		89.义务教育杂费	缴入中央和地方财政专户	《义务教育法》,教财〔1996〕101号,教财〔2003〕4号,教财〔2004〕7号
		90.义务教育借读费	缴入中央和地方财政专户	教财〔1996〕101号,教财〔2003〕4号
		91.普通高中学费	缴入中央和地方财政专户	教财〔1996〕101号,教财〔2003〕4号
		92.普通高中住宿费	缴入中央和地方财政专户	教财〔1996〕101号,教材〔2003〕4号
		93.中等职业学校学费	缴入中央和地方财政专户	教财〔1996〕101号,教财〔2004〕4号
		94.中等职业学校住宿费	缴入中央和地方财政专户	教财〔1996〕101号,教财〔2003〕4号
		95.高等学校学费	缴入中央和地方财政专户	教财〔1996〕101号,教财〔2003〕4号,计价格〔2002〕838号,计价格〔2002〕665号
		96.高等学校住宿费	缴入中央和地方财政专户	教财〔1996〕101号,教财〔2003〕4号
		97.高等学校委托培养费	缴入中央和地方财政专户	教财〔1996〕101号,教财〔2003〕4号
		98.函大、电大、夜大及短训班培训费	缴入中央和地方财政专户	价费字〔1992〕367号
		99.学历及文凭认证费	缴入中央财政专户	价费字〔1992〕367号

续上表

序号	部门	收费项目	管理方式	收费及资金管理文件依据
	▲	100.中小学阅读图书评审费	缴入中央国库	财综〔2001〕79号,计价格〔2002〕732号,财预〔2003〕470号
		101.公派出国留学人员报名费及评审费	缴入中央国库	财综字〔1996〕120号,计价格〔2002〕7号,财预〔2003〕470号
		102.学位与研究生教育评估费	缴入中央国库	财综字〔1995〕16号,计价格〔2000〕545号,财预〔2003〕470号
		103.考试考务费	缴入中央和地方财政专户	
		(1)高等教育自学考试		价费字〔1992〕367号,发改价格〔2003〕2161号
		(2)商务管理和金融管理专业自学考试		财综〔1999〕110号,发改价格〔2003〕2161号
		(3)高校保送生综合能力考试		财综〔1999〕110号,发改价格〔2003〕2161号
		(4)全国公共英语等级考试		财综〔1999〕110号,发改价格〔2003〕2161号
		(5)剑桥少儿英语考试		财综〔1999〕110号,发改价格〔2003〕2161号
		(6)全国计算机应用技术证书考试		财综〔1999〕110号,发改价格〔2003〕2161号
		(7)在职人员攻读专业学位考试		计价格〔2001〕1226号,发改价格〔2004〕2839号
		(8)高考(含成人高考)		价费字〔1992〕367号,发改价格〔2003〕2161号
		(9)研究生招生考试		教财〔1992〕42号,财综字〔1995〕16号,发改价格〔2003〕2161号
		(10)大学英语四、六级考试		价费字〔1992〕367号
		(11)电大视听生考试和高等教育学历文凭考试		发改价格〔2003〕2161号
		(12)CIT模块报告考核		发改价格〔2003〕2161号
		(13)CIT资格审核		发改价格〔2003〕2161号
		(14)全国外语水平考试		发改价格〔2003〕2161号
		(15)专科起点本科入学考试		发改价格〔2003〕2161号
		(16)成人高等职教考试		发改价格〔2003〕2161号
		(17)计算机等级考试		发改价格〔2003〕2161号

续上表

序号	部门	收费项目	管理方式	收费及资金管理文件依据
		(18)同等学历人员申请硕士学位水平全国统一考试		计价格〔2000〕545号
		104.证书工本费		
		(1)教师资格证书	缴入中央国库	财综字〔1997〕150号,计价格〔2002〕666号,财预〔2003〕470号
		(2)学位证书	缴入中央国库	财综字〔1999〕32号,计价费〔1999〕1075号,财预〔2003〕470号
		(3)高等学历文凭	缴入中央和地方财政专户	发改价格〔2003〕2161号
		(4)外语、计算机等级考试证书	缴入中央和地方财政专户	发改价格〔2003〕2161号
		105.教师资格认定费	缴入中央和地方国库	财综〔2002〕4号,计价格〔2002〕666号
		106.普通话水平测试费	缴入中央和地方国库	财综〔2003〕53号,发改价格〔2003〕2160号
		107.国家普通话水平等级证书工本费	缴入中央国库	财综〔2003〕53号,发改价格〔2003〕2160号
十三	人口和计划生育			
		108.社会抚养费	缴入地方国库	国计生财字〔1992〕86号,财规〔2000〕29号,财预〔2000〕127号,国务院令第357号
十四	体育			
		109.外国团体来华登山注册费	缴入中央和地方财政专户	价费字〔1992〕207号,财综〔2004〕7号
		110.兴奋剂检测费	缴入中央财政专户	价费字〔1992〕207号
		111.运动员或运动团体注册费	缴入中央国库	财综〔2001〕39号,计价格〔2002〕2632号,财预〔2003〕470号
		112.俱乐部运动员转会手续费	缴入中央国库	财综〔2001〕39号,计价格〔2002〕2632号,财预〔2003〕470号
		113.段位考评认定费	缴入中央和地方国库	财综〔2001〕39号,计价格〔2002〕2632号,财预〔2003〕470号,财综〔2004〕28号
		114.车手等级认定费	缴入中央财政专户	财综〔2001〕39号,计价格〔2002〕2632号
		115.比赛报名费	缴入中央国库	财综〔2001〕39号,计价格〔2002〕2632号,财预〔2003〕470号

续上表

序号	部门	收费项目	管理方式	收费及资金管理文件依据
		116.体育特殊专业招生考务费	缴入中央财政专户	计价格〔2000〕1553 号
十五	国管局			
		117.会计从业资格考试费	缴入中央国库	财综字〔1999〕4 号,计价格〔1999〕465 号,计价格〔2002〕1575 号,财预〔2002〕584 号
		118.会计从业资格证书工本费	缴入中央国库	财综字〔1999〕4 号,计价格〔1999〕465 号,计价格〔2002〕1575 号,财预〔2002〕584 号
		119.工人技术等级鉴定考核费	缴入中央国库	发改价格〔2003〕1447 号
十六	旅游			
	▲	120.入境签证费	缴入地方国库	价费字〔1992〕132 号,(94)财预字第 37 号
	▲	121.星级标牌工本费(含星级证书费)	缴入中央国库	价费字〔1992〕132 号,财预〔2003〕470 号
	▲	122.导游证 IC 卡工本费	缴入中央国库	财综〔2002〕32 号,计价格〔2002〕1421 号,发改价格〔2004〕2839 号
十七	水利			
	▲	123.水资源费	缴入地方国库	《水法》,价费字〔1992〕181 号,(94)财预字第 37 号
	▲	124.河道采砂管理费	缴入中央和地方国库	价费字〔1992〕181 号,(94)财预字第 37 号,《河道管理条例》
	▲	125.河道工程修建维护管理费	缴入地方国库	价费字〔1992〕181 号,(94)财预字第 37 号,《河道管理条例》,财预〔2000〕127 号
	▲	126.取水许可证费	缴入中央和地方国库	国务院令第 119 号,计价格〔1994〕634 号
	▲	127.占用农业灌溉水源及设施补偿费	缴入中央和地方国库	水政资〔1995〕457 号
	▲	128.水土流失防治费	缴入地方国库	《水土保持法》,财预〔2002〕584 号
	▲	129.水土保持设施补偿费	缴入地方国库	《水土保持法》,财预〔2002〕584 号
	▲	130.水利建设工程质量监督费	缴入中央和地方国库	计司收费函〔1996〕2 号,财预〔2003〕470 号
	▲	131.长江河道砂石资源费	缴入中央和地方国库	国务院令第 320 号,财综〔2003〕69 号,发改价格〔2003〕2356 号
十八	司法			
	▲	132.外国律师事务所办事处申请手续费	缴入中央国库	国务院令第 338 号,价费字〔1992〕618 号,财综〔2003〕29 号
	▲	133.外国律师事务所办事处年检费	缴入中央国库	国务院令第 338 号,价费字〔1992〕618 号,财综〔2003〕29 号

续上表

序号	部门	收费项目	管理方式	收费及资金管理文件依据
	▲	134.公证费(限于行政机关)	缴入中央和地方国库	计价费〔1997〕285号,计价费〔1998〕814号,财预〔2003〕470号
		135.司法考试考务费	缴入中央和地方财政专户	财综〔2002〕6号,计价格〔2002〕154号
		136.证书工本费		
	▲	(1)涉外、涉港澳台公证书	缴入中央财政专户	财综〔2000〕2号,计价格〔2001〕1541号,计价格〔2002〕1347号
		(2)法律职业资格证书	缴入中央国库	财综〔2002〕60号,计价格〔2002〕2436号
十九	外专局			
		137.外国专家证工本费	缴入中央国库	财综〔2002〕18号,发改价格〔2003〕2163号,财预〔2003〕470号
	▲	138.出国培训备选人员外语考试教材工本费	缴入中央国库	财综〔2002〕83号,财预〔2003〕470号
	▲	139.出国培训备选人员外语考务费、考试费	缴入中央和地方国库	财综〔2002〕83号,财预〔2003〕470号,发改价格〔2004〕672号
二十	统计			
		140.统计专业职称资格报名考试费	缴入中央和地方国库	计价格〔2002〕964号,财预〔2002〕584号
	▲	141.统计人员岗位培训费	缴入中央和地方财政专户	财规〔2000〕45号
二十一	食品药品监督			
	▲	142.进口药品注册审批费	缴入中央国库	计价格〔1995〕340号,财综字〔1999〕5号,财预〔2000〕127号,《药品管理法》及条例
	▲	143.GMP认证费	缴入中央和地方国库	价费字〔1992〕534号,财预〔2000〕127号,计价格〔2001〕904号,财综〔2003〕83号,发改价格〔2004〕59号
	▲	144.GSP认证费	缴入地方国库	财综〔2003〕83号,发改价格〔2004〕59号
	▲	145.已生产药品登记费	缴入地方国库	计价格〔1995〕340号,财综字〔1999〕5号,财预〔2002〕584号,《药品管理法》及条例
	▲	146.药品行政保护费	缴入中央国库	价费字〔1993〕143号,《药品行政保护条例》及细则
	▲	147.生产药典、标准品种审批费	缴入地方国库	价费字〔1992〕314号,财预〔2000〕127号,《药品管理法》及条例

续上表

序号	部门	收费项目	管理方式	收费及资金管理文件依据
	▲	148.中药品种保护费	缴入中央和地方国库	价费字〔1993〕178号,财综字〔1999〕5号,财预〔2000〕127号,《中药保护条例》
	▲	149.新药审批费	缴入中央和地方国库	计价格〔1995〕340号,财综字〔1999〕5号,计价格〔1995〕340号,财预〔2000〕127号,《药品管理法》及条例
	▲	150.新药开发评审费	缴入中央国库	价费字〔1992〕534号,财预〔2003〕470号
	▲	151.药品检验费	缴入中央和地方财政专户	计价格〔1995〕340号,发改价格〔2003〕213号,《药品管理法》及条例
	▲	152.医疗器械、制药机械检验费	缴入地方财政专户	价费字〔1992〕534号
	▲	153.医疗器械生产准许证审查费	缴入中央和地方国库	价费字〔1992〕534号,财预〔2000〕127号
	▲	154.医疗器械产品注册费	缴入中央和地方国库	价费字〔1992〕534号,财预〔2002〕127号,财综字〔2000〕15号
	▲	155.新资源食品(保健品)申请审评费	缴入中央国库	价费字〔1992〕314号,财综〔2003〕93号
	▲	156.许可证收费		
		(1)麻醉药品进出口许可证	缴入中央国库	价费字〔1992〕314号,财预〔2002〕584号
		(2)精神药物进出口许可证	缴入中央国库	价费字〔1992〕314号,财预〔2002〕584号
		(3)药品生产企业许可证	缴入地方国库	计价格〔1995〕340号,财综字〔1999〕5号,财预〔2002〕584号
		(4)药品经营企业许可证	缴入地方国库	计价格〔1995〕340号,财综字〔1999〕5号,财预〔2002〕584号
		(5)制剂许可证	缴入地方国库	计价格〔1995〕340号,财综字〔1999〕5号,财预〔2002〕584号
二十二	知识产权			
	▲	157.专利收费	缴入中央国库	计价格〔1994〕971号,财预〔2002〕127号,计价格〔2000〕2441号,计价格〔2002〕185号,发改价格〔2004〕452号,《专利法》及细则
		158.专利代理人资格考试报名考务费	缴入中央国库	价费字〔1992〕332号,财预〔2002〕584号
	▲	159.集成电路布图设计保护收费	缴入中央国库	财综〔2002〕79号,发改价格〔2003〕85号,国务院令第300号
		(1)布图设计登记		

续上表

序号	部门	收费项目	管理方式	收费及资金管理文件依据
		(2)布图设计登记复审请求		
		(3)著录事项变更手续		
		(4)延长期限请求		
		(5)恢复布图设计登记权利请求		
		(6)非自愿许可使用布图设计请求		
		(7)非自愿许可使用布图设计支付报酬裁决		
二十三	保密			
	▲	160.保密证表包装材料费	缴入中央和地方国库	国保〔1991〕48号,财预〔2003〕470号
二十四	环保			
	▲	161.进口废物环境保护审查登记费	缴入中央国库	财综〔2001〕15号,计价格〔1999〕467号
	▲	162.核安全技术审评费	缴入中央国库	财综〔2001〕21号,财综〔2003〕87号,发改价格〔2003〕2352号
	▲	163.排污收费	缴入中央和地方国库	财综〔2003〕38号,国务院令第369号,四部委令第31号
		(1)污水排污		
		(2)废气排污		
		(3)固体废物及危险废物排污		
		(4)噪声排污		
	▲	164.化学品进口登记费	缴入中央国库	计价格〔1994〕702号,财预〔2002〕9号
	▲	165.城市放射性废物送贮费	缴入地方国库	价费字〔1992〕178号,财预〔2002〕584号
	▲	166.环境监测服务费	缴入中央和地方国库	价费字〔1992〕178号,财预〔2002〕9号
二十五	海洋			
	▲	167.海洋废弃物收费	缴入中央国库	《海环法》,价费字〔1992〕434号,财预〔2002〕584号
		(1)倾倒(含证书)		
		(2)海洋废弃物检测		
		168.海洋工程污染水排污费	缴入中央国库	财综〔2003〕2号,四部委令第31号

续上表

序号	部门	收费项目	管理方式	收费及资金管理文件依据
二十六	测绘			
	▲	169. 测绘成果成图资料收费	缴入中央和地方国库	价费字〔1992〕176号
	▲	170. 测绘产品质量监督检验费	缴入中央和地方国库	价费字〔1992〕176号
	▲	171. 测绘仪器检测收费	缴入中央和地方国库	价费字〔1992〕176号
二十七	税务			
	▲	172. 证书工本费	缴入中央和地方国库	
		(1)税务登记证		价费字〔1992〕111号,(94)财预字第37号
		(2)税务发票		价费字〔1992〕111号,(94)财预字第37号
二十八	工商			
		173. 集贸市场管理费	缴入地方国库	价费字〔1992〕414号,价费字〔1999〕1707号,财预〔2000〕127号,《城乡集贸管理办法》
		174. 个体工商户管理费	缴入地方国库	《城乡个体工商户条例》,价费字〔1992〕414号,价费字〔1999〕1707号,财预〔2000〕127号
	▲	175. 企业注册登记费	缴入中央和地方国库	《公司登记条例》,《企业法人登记条例》,价费字〔1992〕414号,(94)财预字第37号,计价格〔1999〕1707号,发改价格〔2004〕2839号
		(1)开业注册登记		
		(2)变更登记		
		(3)年度检验		
		(4)补(换)证明及领取执照副本		
		176. 个体工商户注册登记费	缴入中央和地方国库	价费字〔1992〕414号,(94)财预字第37号,《城乡个体工商户条例》
		(1)开业登记		
		(2)变更登记		
		(3)补(换)发营业执照		
		(4)营业执照副本		
	▲	177. 广告经营单位注册登记费	缴入中央和地方国库	价费字〔1992〕414号,(94)财预字第37号,《企业法人登记条例》
	▲	178. 商标注册收费	缴入中央国库	价费字〔1992〕414号,(94)财预字第37号,财综字〔1995〕88号,计价格〔1995〕2404号,《商标法》
		(1)受理商标注册		
		(2)补发商标注册证		
		(3)受理转让注册商标		

续上表

序号	部门	收费项目	管理方式	收费及资金管理文件依据
		(4)受理商标续展注册		
		(5)受理续展注册迟延		
		(6)受理商标评审		
		(7)受理立体商标注册		财综〔2004〕11号
		(8)受理颜色组合商标注册		财综〔2004〕11号
		(9)商标评审延期		
		(10)商标变更		
		(11)出具商标证明		
		(12)受理集体商标注册		
		(13)受理证明商标注册		
		(14)商标异议		
		(15)撤销商标		
		(16)受理驰名商标认定		
		(17)商标使用许可合同备案		
	▲	179.经济合同示范文本工本费	缴入中央和地方国库	价费字〔1992〕414号,财预〔2002〕9号
二十九	质检			
	▲	180.产品质量监督检验收费		《产品质量监督试行办法》
		(1)产品质量监督检验(含核发工业产品生产许可证的产品质量检验)	缴入中央和地方财政专户	价费字〔1992〕496号,发改价格〔2003〕1793号,《产品质量监督试行办法》
		(2)客运索道运营审查检验和定期检验	缴入中央和地方国库	财综〔2001〕10号,财预〔2003〕470号
		(3)压力管道安装审查检验和定期检验	缴入中央和地方国库	财综〔2001〕10号,财预〔2003〕470号
		(4)压力管道元件制造审查检验	缴入中央和地方国库	财综〔2001〕10号,财预〔2003〕470号
		(5)特种劳动防护用品检验	缴入中央和地方国库	价费字〔1992〕268号,财预〔2003〕470号
		(6)一般劳动防护用品检验	缴入中央和地方国库	价费字〔1992〕268号,财预〔2003〕470号

续上表

序号	部门	收费项目	管理方式	收费及资金管理文件依据
		(7)棉花监督检验	缴入中央和地方国库	技监局监发〔1990〕182号,财预〔2003〕470号
		(8)锅炉、压力容器检验	缴入中央和地方国库	价费字〔1992〕268号,财预〔2003〕470号
	▲	181.考试考务费		
		(1)棉花质量检验师执业资格考试	缴入中央国库	财综〔2001〕32号,财预〔2002〕584号,发改价格〔2003〕378号
		(2)珠宝玉石质量检验师执业资格考试报名	缴入中央国库	计价格〔2002〕1346号
	▲	182.工业产品生产许可证收费(含审查费、公告费)	缴入中央国库	价费字〔1992〕127号,价费字〔1992〕268号,价费字〔1992〕317号,价费字〔1993〕135号,计物价〔1993〕2182号,计价格〔1994〕238号,计价格〔1994〕507号,计价格〔1995〕99号,计价格〔1995〕339号,计价格〔1995〕1029号,计价格〔1999〕1707号,(94)财预字第37号,财预〔2000〕127号,财综〔2002〕19号,发改价格〔2003〕1793号,《工业产品生产许可证条例》
	▲	183.计量收费		技监局法发〔1991〕323号,价费字〔1992〕532号,财综〔2001〕72号,财预〔2002〕584号,《计量法》及实施细则
		(1)国际法制计量组织计量器具型式批准	缴入中央国库	
		(2)国际法制计量组织计量器具定型鉴定	缴入中央国库	
		(3)进口计量器具正式型式批准	缴入中央国库	
		(4)进口计量器具临时型式批准	缴入中央国库	
		(5)进口计量器具定型鉴定	缴入中央国库	
		(6)计量标准考核	缴入中央和地方国库	
		(7)计量授权考核	缴入中央和地方国库	
		(8)社会公用计量标准证书	缴入中央和地方国库	
		(9)标准物质定级证书	缴入中央和地方国库	
		(10)计量考评员、计量检定员考核	缴入中央和地方国库	
		(11)计量考评员证书、计量检定员证书	缴入中央和地方国库	

续上表

序号	部门	收费项目	管理方式	收费及资金管理文件依据
		(12)计量标准考核证书	缴入中央和地方国库	
		(13)计量授权证书	缴入中央和地方国库	
		(14)制造和修理计量器具许可证证书	缴入中央和地方国库	
		(15)制造计量器具许可证	缴入中央和地方国库	
		(16)修理计量器具许可证	缴入中央和地方国库	
		(17)国内计量器具新产品型式批准证书	缴入中央和地方国库	
		(18)国内计量器具新产品定型鉴定和样机试验	缴入中央和地方国库	
		(19)国内计量器具新产品标准物质定级鉴定审查	缴入中央和地方国库	
		(20)计量认证合格证书	缴入中央和地方国库	
		(21)计量认证	缴入中央和地方国库	
		(22)计量检定	缴入中央和地方国库	技监局法发〔1991〕323号,价费字〔1992〕532号,计价格〔2002〕1512号,发改价格〔2004〕1687号
	▲	184.统一代码标识证书收费	缴入中央和地方国库	财预〔2002〕584号,财综〔2003〕66号,发改价格〔2003〕82号
	▲	185.出入境检验检疫收费	缴入中央国库	发改价格〔2003〕2357号,《商检法》等法律
		(1)货物及运输工具检验检疫	缴入中央国库	
		(2)货物及运输工具鉴定业务	缴入中央国库	
		(3)法定预防接种、监测体检	缴入中央国库	
		(4)安全监测及特殊检验项目	缴入中央国库	
		(5)考核注册、签发证(单)、查验审核	缴入中央国库	
		(6)其他	缴入中央国库	

续上表

序号	部门	收费项目	管理方式	收费及资金管理文件依据
	▲	186.实验室检验项目、鉴定收费	缴入中央国库	发改价格〔2003〕2357号,《商检法》等法律
		(1)动植物实验室检验项目		
		(2)商品定型试验		
		(3)农副土产食品类实验室检验项目		
		(4)畜产品类实验室检验项目		
		(5)化工、金属材料、矿产品类实验室检验项目		
		(6)纺织品类实验室检验项目		
		(7)轻工类实验室检验项目		
		(8)电器类实验室检验项目		
		(9)机械产品实验室检验项目		
		(10)包装类实验室检验项目		
		(11)其他鉴定业务		
	▲	187.检疫处理等业务收费(限于出入境检验检疫机构收取	缴入中央国库	发改价格〔2003〕2357号,《商检法》等法律
		(1)检疫处理		
		(2)非法定预防接种、监测体检		
		(3)动物免疫接种		
	▲	188.滞纳金	缴入中央国库	发改价格〔2003〕2357号,《商检法》等法律
三十	民航			
	▲	189.民用航空器国籍登记费	缴入中央国库	《民用航空器国籍登记条例》,财综〔2002〕54号,发改价格〔2004〕90号
	▲	190.民用航空器权利登记费	缴入中央国库	《民用航空器权利登记条例》,财综〔2002〕54号,发改价格〔2004〕90号
	▲	191.执照工本费	缴入中央国库	财综〔2002〕54号,发改价格〔2004〕90号

续上表

序号	部门	收费项目	管理方式	收费及资金管理文件依据
	▲	192.航空业务权补偿费	缴入中央国库	财综〔2002〕54号,发改价格〔2004〕90号
	▲	193.适航审查费	缴入中央国库	财综〔2002〕54号,发改价格〔2004〕90号,《适航管理条例》
三十一	烟草			
	▲	194.烟草制品及原辅材料检验费	缴入地方国库	价费字〔1992〕187号,财预〔2003〕470号
三十二	海关			
	▲	195.海关监管手续费	缴入中央国库	价费字〔1992〕293号,计价格〔1999〕1707号,(94)财预字第37号
		(1)海关监管区域外货物监管		
		(2)行李物品监管		
	▲	196.证书工本费	缴入中央国库	
		(1)货物进出口证书		价费字〔1992〕293号,(94)财预字第37号
		(2)单证		价费字〔1990〕228号,价费字〔1992〕293号,(94)财预字第37号
	▲	197.施封锁成本费	缴入中央国库	价费字〔1992〕293号,(94)财预字第37号,计价费〔1997〕84号
	▲	198.进口货物滞报金	缴入中央国库	价费字〔1992〕293号,(94)财预字第37号
	▲	199.知识产权海关保护备案费	缴入中央国库	财综字〔1996〕68号,计价费〔1996〕1594号,计价格〔1999〕1707号,国务院令第395号
	▲	200.ATA单证册调整费	缴入中央国库	财综字〔1996〕68号,计价费〔1996〕1594号
	▲	201.报关员培训考试发证费	缴入中央国库	价费字〔1992〕293号,财预〔2002〕9号
	▲	202.货物行李物品保管费	缴入中央国库	价费字〔1992〕293号,计价费〔1997〕84号,计价格〔1999〕1707号,财预〔2002〕9号
三十三	审计			
		203.考试考务费	缴入中央和地方国库	
		(1)审计专业技术资格考试		计价格〔2002〕97号,财预〔2002〕584号
		(2)国际注册内部审计师考试		财综字〔1999〕144号,计价格〔2000〕323号,计价格〔2002〕1941号,财预〔2002〕584号
三十四	出版			
	▲	204.出版物条形码胶片费	缴入中央国库	财综字〔1999〕128号,计价格〔2000〕221号,财预〔2003〕470号

续上表

序号	部门	收费项目	管理方式	收费及资金管理文件依据
	▲	205.印刷产品质量委托检验费	缴入中央和地方国库	计价格〔1995〕2284号,财预〔2003〕470号
	▲	206.计算机软件著作权登记费	缴入中央国库	价费字〔1992〕112号,财综〔2004〕80号,财预〔2003〕470号,发改价格〔2004〕2839号,发改价格〔2004〕3004号,国务院令第339号
	▲	207.新闻出版岗位培训费	缴入中央国库	财综〔2004〕81号,发改价格〔2004〕3005号
三十五	法院			
	▲	208.诉讼费	缴入中央和地方国库	《民事诉讼法》,《行政诉讼法》,财文字〔1996〕4号,财预〔2002〕9号,财行〔2003〕275号
三十六	国土资源			
	▲	209.石油(天然气)勘查、开采登记费(包括证书费)	缴入中央国库	价费字〔1992〕184号,财预〔2000〕127号
	▲	210.矿产资源补偿费	缴入中央和地方国库	国务院第150号令
	▲	211.矿产资源勘查登记费	缴入中央和地方国库	价费字〔1992〕251号
	▲	212.采矿登记收费	缴入中央和地方国库	价费字〔1992〕251号
	▲	213.土地复垦费	缴入地方国库	《土地管理法》
	▲	214.土地闲置费	缴入地方国库	《土地管理法》,财预〔2002〕584号
	▲	215.土地登记费	缴入地方国库	国土(籍)字〔1990〕93号,财预〔2000〕127号
	▲	216.征(土)地管理费	缴入地方国库	价费字〔1992〕597号,计价格〔2001〕585号
	▲	217.耕地开垦费	缴入地方国库	《土地管理法》,财预〔2002〕584号
	▲	218.地质成果资料费	缴入地方国库	价费字〔1992〕251号,财预〔2003〕470号
三十七	铁道			
	▲	219.考试考务费	缴入中央国库	
		(1)铁道行业职业技能鉴定考试		计价格〔2002〕435号,财预〔2003〕470号
		(2)会计从业资格考试		计价格〔2002〕1575号
	▲	220.会计从业资格证书工本费	缴入中央国库	计价格〔2002〕1575号
	▲	221.铁路工程质量监督费	缴入中央国库	价费字〔1993〕149号,计价格〔2001〕585号,财综〔2004〕69号

续上表

序号	部门	收费项目	管理方式	收费及资金管理文件依据
三十八	劳动保障			
	▲	222.劳动合同鉴证费	缴入地方财政专户	价费字〔1992〕268号,计价格〔2001〕585号
	▲	223.劳动争议仲裁费	缴入地方财政专户	价费字〔1992〕268号
	▲	224.证书工本费		
		(1)职业资格证书	缴入中央和地方国库	价费字〔1992〕268号,(94)财预字第37号,计价格〔1999〕406号
		(2)外国人就业证	缴入中央和地方国库	价费字〔1992〕268号,(94)财预字第37号,财综〔2003〕86号
		(3)台港澳人员就业证	缴入中央国库	计价格〔1994〕812号,财综〔2003〕86号
		225.职业技能资格鉴定(考核)费	缴入中央和地方国库	财综函〔2001〕4号
三十九	安全生产			
	▲	226.职业、矿山安全卫生检验费	缴入地方国库	价费字〔1992〕268号,财预〔2002〕584号
四十	保监会			
	▲	227.保险业务监管费	缴入中央国库	
	▲	228.考试考务费	缴入中央国库	
		(1)精算师资格考试		财规〔2000〕37号,计价格〔2000〕2313号,财预〔2002〕584号
		(2)保险中介人资格考试		财规〔2000〕37号,计价格〔2000〕2313号,财预〔2002〕584号
		229.证书工本费	缴入中央国库	
		(1)保险代理从业人员基本资格证书		财规〔2000〕37号,计价格〔2000〕2313号,财预〔2002〕584号
		(2)保险经纪从业人员基本资格证书		财规〔2000〕37号,计价格〔2000〕2313号,财预〔2002〕584号
		(3)保险公估从业人员基本资格证书		财规〔2000〕37号,计价格〔2000〕2313号,财预〔2002〕584号
四十一	财政			
		230.证书工本费		
		(1)收费票据	缴入中央和地方国库	计价费〔1998〕374号,计价格〔2001〕604号,财预〔2002〕584号
		(2)珠算证书	缴入中央和地方国库	计价格〔1999〕837号,财预〔2002〕584号
		(3)注册会计师全科合格证	缴入中央和地方国库	计价格〔2001〕527号

续上表

序号	部门	收费项目	管理方式	收费及资金管理文件依据
		(4)会计从业资格证书	缴入地方国库	计价格〔2002〕1575 号
		231.考试考务费		
		(1)注册会计师报名考试	缴入中央和地方国库	计价格〔2001〕527 号,财预〔2002〕584 号
		(2)会计专业技术资格考试	缴入中央和地方国库	计价格〔2000〕1567 号,财预〔2002〕584 号
		(3)会计从业资格考试	缴入地方国库	计价格〔2002〕1575 号
		(4)珠宝评估专业考试	缴入中央国库	发改价格〔2004〕1746 号
四十二	档案			
	▲	232.档案收费	缴入中央和地方国库	价费字〔1992〕130 号,财预〔2003〕470 号
	▲	233.科学技术档案信息资源收费	缴入中央和地方国库	价费字〔1992〕130 号,财预〔2003〕470 号
四十三	港澳办			
	▲	234.往来香港澳门通行证工本费及签注费	缴入中央和国库	财综〔2004〕14 号
	▲	235.派驻香港澳门身份证工本费	缴入中央国库	财综〔2004〕14 号
四十四	建设			
	▲	236.城市房屋拆迁管理费	缴入地方国库	价费字〔1993〕13 号,(94)财预字第 37 号,计价格〔2001〕585 号
	▲	237.房屋所有权登记费	缴入地方国库	(94)财预字第 37 号,计价格〔2002〕595 号
	▲	238.城市房屋安全鉴定费	缴入地方国库	价费字〔1992〕179 号,财预〔2000〕127 号
	▲	239.城市排水设施有偿使用费	缴入地方国库	价费字〔1993〕181 号,财预〔2000〕127 号
	▲	240.工程定额测定费	缴入中央和地方国库	价费字〔1993〕26 号,财预〔2000〕127 号,计价格〔2001〕585 号
	▲	241.城市污水处理费(限于事业单位)	缴入地方财政专户	财综字〔1997〕111 号,国发〔2000〕36 号,计价格〔1999〕1192 号,计价格〔2002〕515 号
	▲	242.城市道路占用挖掘费	缴入地方国库	建城〔1993〕410 号,《城市道路管理条例》,财预〔2003〕470 号
	▲	243.白蚁防治费	缴入地方国库	价费字〔1992〕179 号,财预〔2002〕584 号
	▲	244.建设工程质量监督费	缴入中央和地方国库	价费字〔1993〕149 号,计价格〔2001〕585 号,财预〔2003〕470
	▲	245.证书工本费		

续上表

序号	部门	收费项目	管理方式	收费及资金管理文件依据
		(1)中华人民共和国注册土木(岩木)工程师注册证书	缴入中央国库	计价格〔2002〕2546号
		(2)注册土木(岩土)工程师执业印章	缴入中央国库	计价格〔2002〕2546号
		246.考试考务费		
		(1)注册土木(岩土)工程师执业资格考试报名	缴入地方国库	计价格〔2002〕2546号
		(2)房地产经纪人执业资格考试报告	缴入地方国库	计价格〔2002〕2546号
		(3)注册土木(岩土)工程师执业资格考试	缴入中央和地方国库	计价格〔2002〕2546号
		(4)房地产经纪人执业资格考试	缴入中央和地方国库	计价格〔2002〕2546号
		(5)注册建造师执业资格考试	缴入中央和地方国库	发改价格〔2004〕2389号
		247.人力资源开发中心收费	缴入中央国库	财综〔2002〕68号,财预〔2003〕470号
		(1)保存人事关系档案		
		(2)协调调入调出争议		
四十五	交通			
	▲	248.公路养路费	缴入地方国库	《公路法》,交工字〔1991〕714号,国发〔1996〕29号
	▲	249.长江干线航道养护费	缴入中央国库	国函〔1987〕24号,交工字〔1991〕474号,财预〔2003〕470号
	▲	250.内河航道养护费	缴入地方国库	交工发〔1992〕672号,财预〔2003〕470号
	▲	251.公路运输管理费	缴入地方国库	交公字〔1986〕633号,计价费〔1997〕2500号,财预〔2003〕470号
	▲	252.水路运输管理费	缴入地方国库	交运字〔1990〕500号,交运字〔1990〕136号,计价费〔1997〕2500号,财预〔2003〕470号,《水路运输条例》
	▲	253.车辆通行费(限于政府还贷)	缴入地方财政专户	交公路发〔1994〕686号,《收费公路条例》
	▲	254.船舶港务费	缴入中央和地方财政专户	价费字〔1992〕191号,交财发〔1997〕93号
	▲	255.船舶登记费	缴入中央和地方国库	价费字〔1992〕191号,交财发〔1997〕93号,财预〔2003〕470号,《海上交通安全法》

续上表

序号	部门	收费项目	管理方式	收费及资金管理文件依据
	▲	256.船舶证明签证费	缴入中央和地方国库	价费字〔1992〕191号，交财发〔1997〕93号，财预〔2003〕470号，《海上交通安全法》
	▲	257.船舶申请安全检查复查费	缴入中央和地方国库	价费字〔1992〕191号，交财发〔1997〕93号，财预〔2003〕470号，《海上交通安全法》
	▲	258.油污水化验费	缴入中央和地方国库	价费字〔1992〕191号，财预〔2003〕470号
	▲	259.海事调解费	缴入中央和地方国库	价费字〔1992〕191号，财预〔2003〕470号，发改价格〔2004〕2839号
	▲	260.浮油回收费	缴入中央和地方国库	价费字〔1992〕191号，财预〔2003〕470号
	▲	261.海岸电台无线电电报电话费(含船舶电信业务岸台费	缴入中央和地方国库	价费字〔1992〕191号，财预〔2003〕470号，交财发〔1993〕379号，财综〔2004〕62号
	▲	262.船舶及船用产品设施检验费	缴入中央和地方财政专户	价费字〔1992〕191号，财综〔2003〕81号
	▲	263.特种船舶和水上水下工程护航费	缴入中央和地方国库	价费字〔1992〕191号，财预〔2003〕470号，发改价格〔2004〕2839号
	▲	264.航海专业培养费	缴入中央和地方财政专户	价费字〔1993〕114号
	▲	265.证书工本费	缴入中央和地方国库	
		(1)海员证(含加急		计价格〔2001〕2717号，财预〔2003〕470号
		(2)船员适任证书(含海船及内河船舶)		计价格〔2001〕523号，计价格〔2001〕2717号，财预〔2003〕470号
		(3)船员专业训练合格发证		计价格〔2001〕523号，计价格〔2001〕2717号，财预〔2003〕470号
		(4)船员特殊培训合格证书		计价格〔2001〕2717号，财预〔2003〕470号
		(5)船员服务簿		计价格〔2001〕2717号，财预〔2003〕470号
		266.考试考务费	缴入中央和地方国库	计价格〔2001〕2717号，财预〔2003〕470号
		(1)引航员考试		
		(2)磁罗经校正员考试		
		(3)验船师考试		
		(4)船员适任证书考试(含海船及内河船员)		
四十六	贸促会			
	▲	267.证书工本费	缴入中央财政专户	
		(1)货物原产地证明书		价费字〔1992〕236号，发改价格〔2004〕2839号
		(2)不可抗拒力证明书		价费字〔1992〕236号
	▲	268.认证费	缴入中央财政专户	价费字〔1992〕236号

续上表

序号	部门	收费项目	管理方式	收费及资金管理文件依据
		(1)商品注册认证		
		(2)对外经济贸易文件认证		计价格〔1999〕1165号
		(3)对外经济贸易单位认证		
	▲	269.仲裁费	缴入中央财政专户	价费字〔1992〕236号
		(1)对外经济贸易仲裁		
		(2)海事仲裁		
	▲	270.涉外(台)经济贸易争议调解费	缴入中央财政专户	价费字〔1992〕236号
	▲	271.ATA单证册收费	缴入中央财政专户	财综字〔1995〕162号,计价费〔1996〕378号
四十七	信息产业			
	▲	272.电子工程概预算人员培训费	缴入中央国库	发改价格〔2004〕36号
	▲	273.卫星转发器信道费	缴入中央国库	邮部联〔1991〕736号
	▲	274.无线电频率占用费	缴入中央和地方国库	计价费〔1998〕218号,计价格〔2002〕605号,发改价格〔2004〕1945号,《电信条例》
	▲	275.无线电设备检测费	缴入中央和地方国库	计价费〔1998〕218号
	▲	276.证书工本费	缴入中央国库	财综〔2002〕37号,发改价格〔2003〕477号
		(1)电信设备进网许可证		
		(2)进网许可标志		
		277.考试考务费	缴入中央和地方国库	
		(1)电子行业特有工种职业技能鉴定考试		发改价格〔2004〕425号
		(2)计算机软件专业技术资格和水平考试		发改价格〔2003〕2148号
	▲	278.电信网码号资源占用费	缴入中央国库	信部联清〔2004〕517号,《电信条例》
四十八	证监会	(含协会)		
	▲	279.证券市场监管费	缴入中央国库	财综字〔1995〕146号,财预〔2002〕584号,财库〔2002〕46号,计价格〔2003〕60号
		(1)证券交易监管		
		(2)机构监管		

续上表

序号	部门	收费项目	管理方式	收费及资金管理文件依据
	▲	280.期货市场监管费	缴入中央国库	财综字〔1995〕146 号,财预〔2002〕584 号,财库〔2002〕46 号,计价格〔2003〕60 号
		281.证券、期货从业人员资格报名考试费	缴入中央国库	财综字〔1999〕143 号,计价格〔2000〕1371 号,财库〔2002〕46 号,财预〔2002〕584 号,财综〔2004〕91 号
		282.证券、期货从业人员资格证书工本费	缴入中央国库	财综字〔1999〕143 号,计价格〔2000〕1371 号,财库〔2002〕46 号,财预〔2002〕584 号,财综〔2004〕91 号
四十九	宗教			
	▲	283.清真食品认证费	缴入中央国库	财综字〔2000〕60 号,计价格〔2000〕1174 号,财预〔2002〕584 号
五十	人防办			
	▲	284.防空地下室易地建设费	缴入中央和地方国库	中发〔2001〕9 号,财预〔2002〕584 号
五十一	仲裁委			
	▲	285.仲裁收费	缴入中央和地方财政专户	国办发〔1995〕44 号
		(1)案件受理		
		(2)案件处理		
五十二	中直管理局	(含团中央)		
	▲	286.明传电报收费	缴入中央国库	(94)财综字第 135 号,计价格〔1995〕31 号,财预〔2002〕584 号
		287.工人培训考核费	缴入中央国库	财综〔2001〕92 号,财预〔2003〕470 号
	▲	288.机要交通文件(物件)传递费	缴入中央国库	财综〔2002〕46 号,计价格〔2003〕35 号
		289.会计从业资格考试费	缴入中央国库	计价格〔2002〕1575 号,财预〔2002〕584 号
		290.会计从业资格证书工本费	缴入中央国库	计价格〔2002〕1575 号,财预〔2002〕584 号
		291.培训费	缴入中央国库	财综〔2003〕64 号,发改价格〔2004〕52 号
		292.住宿费	缴入中央国库	财综〔2003〕64 号,发改价格〔2004〕52 号
		293.学费	缴入中央国库	财综〔2003〕64 号,发改价格〔2004〕52 号
五十三	中编办			
		294.事业单位登记费	缴入中央和地方国库	财综字〔1999〕192 号,计价格〔2000〕433 号
五十四	中央党校			
		295.函授学院办学收费	缴入中央财政专户	计办价格〔2000〕906 号

序号	部门	收费项目	管理方式	收费及资金管理文件依据
		296.委托培养在职研究生学费	缴入中央财政专户	发改价格〔2003〕1011号
		297.短期培训进修费	缴入中央财政专户	发改价格〔2003〕1011号
		298.教材费	缴入中央财政专户	发改价格〔2003〕1011号
五十五	监察			
		299.培训费	缴入中央国库	财综〔2003〕43号,发改价格〔2004〕138号
		300.住宿费	缴入中央国库	财综〔2003〕43号,发改价格〔2004〕138号
		301.资料工本费	缴入中央国库	财综〔2003〕43号,发改价格〔2004〕138号
五十六	电监会			
	▲	302.电力监管费	缴入中央国库	财综〔2003〕90号
五十七	银监会			
	▲	303.机构监管费	缴入中央国库	财综〔2004〕35号,财综〔2004〕61号,发改价格〔2004〕1663号
	▲	304.业务监管费	缴入中央国库	财综〔2004〕35号,财综〔2004〕61号,发改价格〔2004〕1663号
五十八	外文局			
		305.翻译专业资格(水平)考试考务费	缴入中央和地方国库	发改价格〔2004〕1086号

注:1.加▲号的项目为涉及企业负担的项目,未加▲符号的项目为不涉及企业负担的项目。

2.按照《财政部、国家发展改革委关于同意将代办外国领事认证费等五项行政事业性收费转为经营服务性收费的复函》规定,国家机关以外的单位收取的代办外国领事认证费、领事认证代办加急费、代办外国签证费、代办外国签证加急费和代填外国签证申请表费自2003年7月1日起转为经营服务性收费,有关收费项目适用于除外交部以外的其他国家机关。

3.边境管理区通行证工本费等103项行政审批收费项目,按照《财政部、国家发展改革委关于公布取消103项行政审批等收费项目的通知》(财综〔2004〕87号)执行。

4.按照《财政部、国家发展改革委关于同意将水文专业有偿服务费转为经营服务性收费的复函》(财综〔2004〕84号)规定,水文专业有偿服务费自2005年1月1日起转为经营服务性收费。

5.人防办的防空地下室易地建设费含国家机关人防办、中直机关人防办代收的部分。

241.关于印发《关于2005年治理公路“三乱”工作的实施意见》的通知

（2005年4月27日　国务院纠风办、交通部、公安部　国纠办发〔2005〕5号）

各省、自治区、直辖市人民政府纠正行业不正之风办公室、交通厅(局、委)、公安厅(局)：

现将《关于2005年治理公路“三乱”工作的实施意见》印发给你们，请结合实际，认真贯彻执行。

关于2005年治理公路"三乱"工作的实施意见

为贯彻落实中央纪委第五次全会和国务院第三次廉政工作会议精神以及全国纠风工作会议的部署和要求,进一步加大从源头上预防和治理公路"三乱"工作力度,巩固治理成果,推动治理工作深入开展,现对2005年治理公路"三乱"工作提出以下实施意见:

一、指导思想

2005年的治理公路"三乱"工作要坚持以邓小平理论和"三个代表"重要思想为指导,认真贯彻落实《行政许可法》和《建立健全教育、制度、监督并重的惩治和预防腐败体系实施纲要》,坚持标本兼治、综合治理、惩防并举、注重预防的方针,依法纠风治乱,在继续保持治理工作高压态势的同时,深化改革,抓紧建立健全治理公路"三乱"长效机制,认真研究解决产生公路"三乱"的深层次原因,规范执法行为,保障公路畅通,切实纠正损害群众利益的不正之风。

二、工作任务和目标

2005年治理工作的主要任务是:通过完善法规制度、加强对执法人员的教育和培训、建立健全全国监督网络和查处问题的快速反应机制、加大监督检查力度等措施,着重解决一些地方收费站(点)过多过密和收费标准过高的问题,进一步规范上路人员的执法行为,严格动物、植物防疫监督检查站的审批和设置,逐步把治理公路"三乱"工作纳入日常监管轨道,实行动态管理。

(一)继续清理整顿道路收费站(点),加大撤除违规及不良站(点)的力度。贯彻落实《收费公路管理条例》,继续对收费站(点)进行清理整顿,坚决撤除不符合规定的站(点)和不良站(点),重点解决一些地区收费站(点)过多过密和收费标准过高的问题。要以法律法规为依据,严格控制新设站点的审批;通过推行高速公路联网收费、统贷统还等制度及加强对收费站的审计,撤销违规及不良收费站(点);严格规范公路收费权转让,防止已被撤销或已达到收费年限的站点通过转让或变更继续收费。

(二)建立健全规章制度,进一步规范和约束上路人员的执法行为。各地区各部门要进一步建立健全规章制度,完善预防和治理公路"三乱"工作的各项规定,加强对上路执法人员的监督和管理,把治理工作逐步纳入法制化轨道。交通部门要依据有关法律法规,制定和完善相关制度,进一步明确一线交通行政执法人员的执法权限、范围、程序和行为规范,以避免和解决多头上路执法及执法扰民等问题。公安部门要加强对交警的教育和培训,提高队伍的整体素质,严格落实各项规定及要求;对违规执法等问题较多的地区和路段,实行挂牌督办,切实规范执法行为。林业部门要在规范和监督木材检查站的执法行为上下功夫,健全内部监督、层级监督和社会监督的监督体系,狠抓依法行政和文明执法。在治理超限超载过程中,有关部门要从有利于规范执法行为、有利于加强队伍建设和有利于巩固治理成果的角度,进一步采取措施,实现依法治超、科学治超,避免在治超工作中出现新的公路"三乱"行为。

(三)严格规范动物、植物防疫监督检查站的审批和设置。交通部、公安部、国务院纠风办(以下简称"两部一办")和农业部、国家林业局等协调会议成员单位要依据有关法律法规尽快制发规范性文件,对临时性动物、植物防疫监督检查站的审批、设置、站点性质和职责、执法资格及监管等有关事项作出具体规定,各地区要认真贯彻执行;上述规定制发前,各省(区、市)人民政府要依据现行法律法规及国务院有关文件规定，严格把关，防止“三乱”行为的发生。

（四）深入开展创建文明样板路、平安大道、文明执法示范路（站）和全国高效率鲜活农产品流通“绿色通道”等活动。继续在全国开展创建文明样板路、平安大道、文明执法示范路、木材检查站建设管理示范站等活动，并按照国务院的统一部署，建立“五纵二横”的全国高效率鲜活农产品流通“绿色通道”网络。相关省（区、市）要积极参与各项创建活动，坚决完成“绿色通道”建设工作，确保公路畅通，维护人民群众，特别是农民、运输企业和广大司机的切身利益。继续做好实现所有公路基本无“三乱”目标的工作，加大督导力度，力争全国31个省（区、市）早日全部实现所有公路基本无“三乱”。

（五）构建全国监督网络和快速反应机制。各地区要建立查处公路“三乱”问题的快速反应机制和监督网络，做到出现公路“三乱”行为能够及时发现，发现问题后能够速查快办，该处理的问题得到严肃处理，相关人员依纪依法受到责任追究，实现对治理工作的动态管理。“两部一办”将聘请信息员、监督员，进一步拓宽监督渠道，完善举报制度，逐步形成全国性的公路“三乱”监督网络。

（六）加强调查研究和分析，积极探索源头预防和治理的途径和措施。各级交通、公安、林业、农业、建设和纠风等部门在下大力气遏制公路“三乱”行为的同时，要深入实际，切实加强调查研究，把探索从源头上预防和治理公路“三乱”作为贯穿全年的一项重要任务来抓，认真分析公路“三乱”产生的深层次原因，提出从源头上解决站点过多过密、规范执法行为等预防和治理公路“三乱”具体问题的措施和办法。

三、工作措施和要求

（一）提高认识，加强领导。各地区各部门要从落实科学发展观，构建社会主义和谐社会的高度，充分认识治理公路“三乱”工作是解决发生在老百姓身边的、损害群众切身利益问题的一项重要工作，是确保公路运输畅通、促进经济发展的必然要求；充分认识治理公路“三乱”的长期性、艰巨性和复杂性以及治理工作的重要性，克服厌倦、松懈和自满情绪；继续坚持“两部一办”的治理工作格局，切实加强领导，做到思想不松、责任不变、力度不减；进一步明确治理任务和目标，细化任务分解，按照“谁主管谁负责”和“管行业必须管行风”的原则，各负其责，相关部门紧密配合，严格落实工作责任制，确保治理工作取得新的明显成效。

（二）认真落实有关法律和政策规定，严格依法行政。各地区各部门要认真贯彻《行政许可法》、《道路交通安全法》、《收费公路管理条例》等法律和政策规定，严格依法办事。在站点设置上，要统筹规划，合理设置，依法审批，严格控制。对新设车辆通行费收费站要严格把关；对动物、植物防疫监督检查站的审批和设置要从严控制；要制定对执法人员特别是一线执法队伍的长期培训计划，进一步提高执法人员依法依规行政的素质和能力，加强公路行政执法队伍建设，严肃执法工作纪律，严禁越权上路检查和重复收费罚款。交通部门要加强对路政和运政执法队伍的建设和整顿，规范路面执法行为；抓紧制定与《公路法》和《收费公路管理条例》等相适应和配套的，关于收费站的审批、设置、撤销、转让、收费期限和审计、监管等具体规定。公安部门要进一步完善和落实执法执勤规范，深入开展执法为民教育，推进公安交通管理正规化建设。林业部门要严格执行国务院《罚款决定和罚款收缴分离实施办法》等规定，不得以任何形式给木材检查站下达罚没指标；坚决杜绝把检查人员工资、福利和奖金与罚没收入挂钩。各有权上路执法部门务必做到执法、处罚有依据，执法、处罚不违规，不断提高执法工作的规范化水平。

（三）加大治理工作宣传力度。各地区各部门要加大治理公路“三乱”有关政策规定的宣传力度，通过新闻媒体、发放宣传资料等，使治理工作深入人心，更充分地依靠广大人民群众，强化对治理工作的监督，宣传工作要以树正面典型为主，大力弘扬严格依法执纪、执法为民的先进典型，推动建立良好的职业道德风范；同时，对问题严重的反面典型要及时曝光，以儆效尤。各级纠风部门要适时将治理公路“三乱”工作与民主评议政风行风工作相结合，通过社会各界的广泛参与，引起相关部门对治理工作的重视，把治理工作同有关部门的执法和管理工作有机结合起来，切实加强部门的政风行风建设。

(四)加强监督检查，继续保持治理工作高压态势。各地区各部门要严格执行《国务院关于禁止在公路上乱设站卡乱罚款乱收费的通知》(国发[1994]41 号文件)，重申有关政策规定，坚决不开口子。继续加大明察暗访力度，对重点地区、重点路段，特别是对“绿色通道”、“平安大道”、“文明样板路”、“交通文明执法示范路”进行不定期抽查，确保畅通；对已承诺撤除站点的落实情况要进行跟踪检查；要严肃查处、曝光典型案件，严格处理有关责任人，依纪依法追究有关领导的责任，推动治理工作深入开展。“两部一办”将尽快制定下发公路“三乱”出现反弹，取消所有公路基本无“三乱”资格的暂行规定，进一步规范治理工作，继续保持公路“三乱”反弹摘牌的高压态势，防止公路“三乱”出现反弹。

242.关于做好铁路与道路平交道口警示标志移交工作的通知

（2005年5月10日　铁道部、交通部、公安部　铁办函〔2005〕347号）

各省、自治区、直辖市交通厅(委)、公安厅(局)、地方铁路局，天津市市政工程局，上海市市政工程管理局，各铁路局、青藏铁路公司，各合资铁路公司，地方铁路协会：

长期以来，按照《铁路道口管理暂行规定》，部分道路与铁路交叉的平交道口（以下简称"铁路平交道口"）交通标志由铁路产权单位代为设置、维修。2004年12月27日公布的《铁路运输安全保护条例》对铁路与道路平交道口安全设施的设置工作做了调整，规定："铁路与道路平交道口的警示灯、安全防护设施由铁路运输企业设置、维护；警示标志、铁路平交道口路段标线由铁路道口所在地的道路管理部门设置、维护"。为贯彻落实《道路交通安全法》、《道路交通安全法实施条例》和《铁路运输安全保护条例》，切实维护铁路平交道口的交通安全，现就铁路平交道口警示标志移交工作提出如下要求。

一、严格执行《铁路运输安全保护条例》，做好铁路平交道口标志、标线设置管理工作

（一）从2005年4月1日起，新增的铁路平交道口，其警示灯、安全防护设施由铁路运输企业设置和维护；其警示标志和路段标线由铁路平交道口所在地的道路管理部门（其中平交道口所在地的道路属城市道路的，由公安机关交通管理部门负责；属城市道路以外由交通部门建设和管理的公路，由其所管辖的公路管理部门负责，下同）设置和维护。

（二）对于现有的铁路与道路平交道口，其警示标志（《道路交通标志和标线》GB 5768—1999规定的警33、警34、禁40，下同）原由铁路道口所在地道路管理部门设置的，仍然由道路管理部门负责维护管理；原由铁路道口所在地铁路产权单位代为设置的，应按照本通知的要求，移交铁路道口所在地道路管理部门维护管理。

（三）为确保铁路、道路交通安全和铁路道口警示标志管理工作的连续性，原由铁路产权单位代为设置、维修的铁路道口警示标志在尚未办理移交手续之前，仍然由铁路产权单位暂时维护管理，避免铁路道口警示标志管理工作因移交而出现失管失控。

二、移交工作的具体实施方案

（一）组织领导。铁路道口警示标志移交工作由铁道部、交通部和公安部共同监督指导，具体移交工作由各铁路局，广州铁路(集团)公司、青藏铁路公司(简称各铁路局)、省级交通主管部门和省级公安机关交通管理部门负责。各铁路局与各省级交通主管部门和省级公安交通管理部门负责建立联系、协调机制，下设专门办公室，共同组织实施。

（二）移交原则。铁路道口警示标志移交工作要本着以下原则进行：一是现状移交、现状接管；二是资产无偿移交，不得收取任何费用；三是监管职责与资产产权同步移交。

（三）移交范围。原由铁路产权单位(含合资、地方铁路)代为设置、维修的铁路道口警示标志。

（四）移交步骤。移交工作分三个阶段进行。

第一阶段：调查摸底，整理资料。各铁路局要对其辖区内(含授权安全监管的合资、地方铁路）的铁路平交道口进行全面调查摸底和汇总，并就平交道口的类型（包括有人看守和无人看守）、具体位置、警示标志设置和资产情况，整理相关资料，形成正式的移交文件。

第二阶段：协商部署。各铁路局要会同各省级交通主管部门、公安机关交通管理部门按照本通知的要求，共同对需要移交的铁路道口标志等有关资料进行确认和审核，同时协商明确移交工作的具体要求和时间进度，对本省内的移交工作进行部署。

第三阶段：正式移交。待上述工作完成之后，由各铁路局与各省级交通主管部门、各设区市公安机关交通管理部门共同签署移交协议书，铁路局同时应将有关资料正式移交省级交通主管部门、设区市公安机关交通管理部门。自移交协议书签署之日起，原由铁路产权单位代为设置、维修的铁路道口警示标志，正式移交所在地交通主管部门和公安机关交通管理部门管理。各级交通主管部门和公安机关交通管理部门要将接管的铁路道口警示标志纳入日常管理范围，并建立、完善有关档案。

（五）原由非铁路运输企业管理的铁路，产权单位代为设置的道口警示标志，其移交工作由其主管部门按照上述实施要求组织移交。

（六）时间要求。各地移交工作应于 2005 年 7 月 1 日前完成。各地铁路、交通、公安部门要分别向铁道部、交通部、公安部报告移交工作情况。

做好铁路平交道口警示标志和路段标志移交工作，是一项涉及广大人民群众生命、财产安全，以及维护铁路交通运输安全的重要工作，各地铁路、交通、公安部门要从大局出发，高度重视，精心组织，主动协调，密切配合，确保移交工作的顺利完成。

243.关于进一步做好秸秆禁烧和综合利用工作的通知

(2005年5月10日　环保总局、农业部、财政部、铁道部、交通部、民航总局　环办〔2005〕52号)

各省、自治区、直辖市人民政府办公厅:

自1999年国家环保总局、农业部、财政部、铁道部、交通部和中国民航总局印发《秸秆禁烧和综合利用管理办法》以来,各级人民政府加强领导,落实责任,疏堵结合,秸秆禁烧和综合利用工作取得较好成效。全国大部分地区秸秆焚烧现象得到了有效控制。河北、河南、四川等省部分地区实现了秸秆全面禁烧,全国秸杆综合利用率达60%以上。但近两年来,部分地区的监管工作有所松懈,秸秆焚烧现象出现了严重反弹,影响了交通运行,造成严重的环境污染。为进一步做好秸秆禁烧和综合利用工作,现就有关事项通知如下:

一、要从维护人民群众健康安全的高度来认识秸秆禁烧工作的重要性

据2004年国家卫星遥感监测数据表明,我国主要农区(包括河北、河南、山西、山东、安徽、江苏、陕西省)夏季共监测到61个市、208个县的火点数2481个,禁烧区内共有火点数910个,其中河北、河南、陕西省禁烧区内火点数比2003年同期有所减少,江苏、安徽省秸秆焚烧现象严重。秋季共监测到62个市、144个县的火点数697个,禁烧区内火点数286个,其中山东省秸秆焚烧现象较为严重。农作物秸秆禁烧和综合利用工作事关大气环境质量、交通安全和广大农民的利益,引起了党中央、国务院领导的高度关注。各级人民政府及有关部门应以对人民群众高度负责的责任感和使命感,从落实科学发展观,提高农业资源利用效率和环境质量,保障人民群众健康安全的高度,充分认识秸秆禁烧和综合利用工作的重要性,采取有效措施,进一步做好秸秆禁烧和综合利用工作。

二、各级政府要把秸秆禁烧和综合利用工作纳入目标管理,做到监管到位,责任到人。各地必须认真贯彻落实《大气污染防治法》和《秸秆禁烧和综合利用管理办法》,把秸秆禁烧和综合利用工作摆上重要议事日程。各级政府要依法对本辖区的环境质量负责,坚持"疏"、"堵"结合、以"疏"为主的方针,建立秸秆禁烧和综合利用工作目标管理责任制,把责任具体落实到市、县和乡镇人民政府。加强监督管理,强化责任追究。

三、做好服务,引导综合利用技术的推广应用

秸秆综合利用是解决秸秆出路问题的根本措施,应不断研究、开发、推广秸秆综合利用技术,因地制宜地引导农民开展并推广秸秆机械化还田技术、秸秆青贮、氨化、堆沤、快速腐熟、加工、保护性耕作、能源转化利用等综合利用技术。制定优惠政策和奖励机制,鼓励、支持农民及社会力量积极主动开发、利用秸秆资源。同时,利用各种宣传手段,为秸秆禁烧和综合利用工作创造一个良好的社会舆论环境,使秸秆禁烧和综合利用真正变成农民的自觉行动。

四、各部门加强协管,建立长效监管机制

各有关部门要将秸秆禁烧和综合利用工作作为每年的日常工作,密切协作,齐抓共管。环保部门要切实履行执法监督职责,加大督查力度;农业部门要抓紧秸秆综合利用技术的应用推广工作,尽快解决剩余秸秆出路问题;财政部门要鼓励、支持秸秆综合利用产业发展;交通、铁道、民航部门要积极配合,参与禁烧执法监督检查和宣传教育普及工作。

禁烧期间，各地要强化秸秆禁烧现场执法检查，集中力量确保机场、铁路、高速公路等重点交通干线的安全和高压输电线路的正常运行，确保大气环境质量，对焚烧秸秆的行为要坚决依法查处。今年国家环保总局、农业部、财政部、铁道部、交通部、民航总局将组成联合检查组，对重点地区秸秆禁烧工作进行督查，情况上报国务院并予以通报。同时，将继续利用卫星遥感监测秸秆焚烧情况，并通过中央新闻媒体向社会公布。

244.关于公路经营企业车辆通行费收入营业税政策的通知

(2005 年 5 月 11 日　财政部、国家税务总局　财税〔2005〕77 号)

各省、自治区、直辖市、计划单列市财政厅(局)、地方税务局、新疆生产建设兵团财务局:

为了促进我国高速公路建设的发展,经国务院批准,现将有关营业税政策通知如下:

自 2005 年 6 月 1 日起,对公路经营企业收取的高速公路车辆通行费收入统一减按 3% 的税率征收营业税。

245.关于加强载货类汽车管理有关事项的通知

（2005年7月4日　国家发改委　发改产业〔2005〕1212号）

各省、自治区、直辖市、计划单列市及新疆生产建设兵团发展改革委（计委）、经贸委（经委），有关中央企业：

为了贯彻《国务院办公厅关于加强车辆超限超载治理工作的通知》（国办发[2005]30号，以下简称《通知》）精神，我委在前一阶段治理整顿“大吨小标”车辆产品，恢复“大吨小标”车辆设计质量参数工作的基础上，进一步加强载货类汽车生产、经营管理，妥善解决在用“大吨小标”车辆恢复质量参数工作中的问题，打击违规生产、改装行为，营造公平、公正的竞争环境，促进我国汽车工业健康发展。现将有关事项通知如下：

一、加强组织领导，强化监督管理

各省、自治区、直辖市、计划单列市及新疆生产建设兵团发展改革委（计委）、经贸委（经委）车辆生产企业及产品主管部门和有关中央管理企业（以下统称主管部门），要坚决贯彻国务院《通知》精神，充分认识治理超限超载工作的重要性和紧迫性，重视车辆生产企业及产品管理工作，切实加强对车辆生产企业的监管，督促生产企业按照国家法律法规、国家标准及有关规定生产、销售车辆产品；要重视群众反映的情况，对于群众和用户来信、来电反映的问题，要认真进行调查研究，及时答复处理；要建立责任制，明确负责此项工作的处室，对于违规生产销售“大吨小标”车辆产品的企业，要责令其立即停止“大吨小标”车辆生产并限期整改，有关情况要报送我委。

二、严格执行有关规定和标准，打击违规销售行为

我委发布的《车辆生产企业及产品公告》（以下简称《公告》）是国家对车辆生产企业及产品的行政许可，企业销售的车辆产品必须是《公告》公布的产品，必须与《公告》公布的技术参数相一致，否则为违规产品；产品生产地址也必须与《公告》公布的地址相一致，否则为违规拼装。各生产企业要增强依法生产、经营的意识，遵守国家法律法规及有关规定，加强管理，建立责任制。坚决杜绝未经国家许可的和不符合国家标准及有关规定的产品流入市场。

《公告》撤销的车辆产品，自撤销之日起，即不作为公安机关交通管理部门注册登记的依据，生产企业应收回自行处理，不得再进入市场。

对于载货类汽车产品，要严格执行CB1589—2004《道路车辆外廓尺寸、轴荷及质量限值》、CB 7258—2004《机动车运行安全技术条件》等国家标准及治理整顿“大吨小标”车辆的有关规定。罐式运输车辆还需符合国家关于罐式运输车辆的安全技术要求、警示标志等有关规定。各生产企业要对其《公告》内的载货类汽车产品进行全面清理，并将清理结果向国家发展改革委报告，对不符合国家标准及规定的产品，将从《公告》中撤销。

对于销售违规车辆产品的企业，我委将视违规情况，予以严肃处理，直至撤销生产资格。各生产企业要严格执行《通知》的有关规定，经确认销售“大吨小标”车辆产品的企业，应召回违规车辆，同时承担相应的法律责任和经济责任。

三、高度重视群众反映情况，妥善解决用户实际问题

在用“大吨小标”车辆产品恢复设计质量参数工作涉及到广大用户的切身利益，近期一些群众集中反映在用“大吨小标”车辆质量参数更正中的问题。各主管部门要从维护广大人民群众的根本利益出发，要积极稳妥地处理好群众反映的问题。各生产企业的领导要高度重视在用“大吨小标”车辆产品更正质量参数工作中出现的问题，生产企业应指定专人负责处理用户反映的问题以及主管部门转来的群众来信，向社会公布接待电话，对用户提出的问题，企业要认真研究，符合治理整顿“大吨小标”车辆有关规定而更正的质量参数，应向用户解释、答复；属于企业申报更正质量参数有错误的车型或未申报更正质量参数的“大吨小标”车型，企业应妥善给予解决。确需通过我委《公告》更正质量参数解决上述问题的生产企业，应对工作中的错误作出深刻检查，对相关责任人进行处理，企业还要承担用户因更正质量参数所发生的费用。按照国务院办公厅《通知》的规定，更正“大吨小标”质量参数工作到今年年底结束。

为加强工作联系，各地方主管部门和生产企业将负责单位及联系人员名单及电话（见附件）报送我委产业政策司（联系电话：010—68535586；传真电话：010—68535587）。

附件：车辆生产企业及产品管理、“大吨小标”车辆恢复质量参数工作联系人员名单

车辆生产企业及产品管理、“大吨小标”车辆恢复质量参数工作联系人员名单

单位名称：

负责处室/部门	
处室/部门负责人	
电话	
联系人	
联系人电话/手机	
传真电话	

注:主管部门可不盖章。

(单位盖章)

填报日期：　　　年　月　日

246.关于贯彻《铁路运输安全保护条例》，加强铁路桥梁(涵洞)、线路安全保护工作的通知

(2005年7月25日　铁道部、交通部、公安部、建设部　铁办〔2005〕134号)

各省(自治区、直辖市、新疆生产建设兵团)交通厅(局)、公安厅(局)、建设厅(建委)，各铁路局，青藏铁路公司：

为了促进国民经济发展，保障铁路安全畅通，国务院于2004年12月27日颁布了《铁路运输安全保护条例》(以下简称《条例》)，并于2005年4月1日起施行。《条例》实施以来，各地连续发生了多起危及跨道路铁路桥梁安全的事故，造成严重的经济损失和社会负面影响。为贯彻落实《条例》，有效防止事故发生，确保铁路、道路行车安全，各级铁路、交通、公安、建设行政主管部门要共同做好以下工作：

一、根据《条例》第二十五条规定，为保护铁路桥梁不受机动车辆的撞击，下穿铁路桥梁、涵洞的道路，其净空不足5m的，应当按照《道路交通标志标线》(GB 5768—1999)标准的相关要求设置限高、限行及禁令标志，并设置限高防护架。

公安机关交通管理部门或道(公)路管理部门负责确定每座跨线铁路桥梁(含涵洞)的限高、限行、前方提示标志的种类、数量和埋设位置，并按《条例》规定负责其管理和维护。本次设置标志所需成本费用由铁路运输企业承担。

限高防护架由铁路运输企业按"铁路限高防护架通用图"的要求设置并负责维护。限高防护架的设置位置不能影响其他相临道路的正常通行，设置宽度不得小于道路路面的实际宽度，距桥梁边缘的距离应满足铁路安全保护区距离的规定(因条件限制无法满足规定距离要求时可酌情调整)。

二、根据《条例》第二十六条规定，铁路线路安全保护区内道路以及路堑上道路，或上跨铁路的道路桥梁应设置防止车辆及其他物体坠入铁路线的安全防护设施。防护设施的形式、技术规格等应当符合有关公路技术标准、规范的规定，防护设施的安装设置应确保铁路、道(公)路路基和桥梁的安全，其位置不应影响道(公)路和铁路养护及正常运营。本次设置防护设施所需费用由铁路运输企业一次性支付，防护设施建成后，按《条例》规定，由道路管理或道路经营企业负责管理和维护。

三、铁路部门、各级公安、公路、建设管理部门要紧密配合，共同做好此项工作。

247.关于深入开展车辆非法改装整顿工作的通知

（2006 年 4 月 29 日　国家工商管理总局　办字〔2006〕28 号）

各省、自治区、直辖市工商行政管理局：

2004 年 6 月，国家工商总局办公厅下发了《关于在全国开展车辆非法改装问题整顿工作的通知》（办字〔2004〕第 53 号），对开展车辆非法改装问题整顿工作进行了部署。到去年底，全国工商行政管理机关共出动执法人员 14 万多人次，检查车辆改装企业 8.6 万家，查处违法案件 2000 余起，取缔非法改装企业 728 家，有效地打击了车辆非法改装行为。但各地整顿工作开展还不够平衡，与“基本杜绝非法改装”的目标要求还有一定的差距。根据国务院办公厅《关于加强车辆超限超载治理工作的通知》（国办发〔2005〕30 号）和全国治理车辆超限超载工作领导小组《2006 年全国治超工作要点》的要求，国家工商总局决定在全国继续深入开展车辆非法改装整顿工作。现就有关问题通知如下：

一、各地工商行政管理机关要以建立案件回查制度为重点，进一步加大整顿工作的力度。一是要建立对查办终结的案件实行定期回查和记录制度，防止违法行为死灰复燃，巩固整顿成果。二是要根据国务院办公厅《关于加强车辆超限超载治理工作的通知》的有关要求，会同有关部门采取联合执法行动，对本地区登记在册的车辆改装企业进行一次认真检查，依法规范车辆改装行为。三是要根据《2006 年全国治超工作要点》和当地治超工作领导小组的统一部署，积极参加治超站点联合打击车辆非法改装专项行动，深挖案件线索，坚决查处取缔未经登记的车辆非法改装单位和窝点。四是要加强与当地治超工作领导小组成员单位的协调配合，建立健全车辆非法改装信息通报和案件协查移送机制，进一步增强监管合力。

二、各地工商行政管理机关要正确适用法律法规，增强办案的准确性和权威性。对未取得营业执照擅自从事车辆改装的，依据《无照经营查处取缔办法》进行查处；对已取得营业执照擅自改装未经国家机动车产品主管部门许可改装的车辆的，以及销售擅自改装的车辆的，依据《道路交通安全法》进行查处；对已取得营业执照的企业改装经国家机动车产品主管部门许可改装的车型，不执行机动车国家安全技术标准或者不严格进行机动车成品质量检验，致使质量不合格的机动车出厂销售的，依据《道路交通安全法》的规定，移交质量技术监督部门进行查处。

三、各地工商行政管理机关要进一步加大整顿工作的宣传力度。对依法查处取缔的非法车辆改装单位要在当地主流媒体上公开曝光，为整顿工作的深入开展创造良好的舆论氛围。

四、各级工商行政管理机关要切实加强对整顿工作的领导，并做好情况上报工作。一是要明确整顿工作的分管领导和工作机构，落实工作责任。省级工商行政管理机关的分管领导、工作机构及其联系方式要报总局备案（总局的工作机构及其联系方式见附件一）。二是要加强整顿情况的请示报告。需总局明确或协调的问题要及时请示，重要情况和重大案件要及时报告。各地工作机构、贯彻部署情况要在 2006 年 6 月 10 日前报总局，全年的工作总结要在 2007 年 1 月 15 日前报总局。工作总结应附《车辆非法改装整顿工作情况表》（见附件二）。总局将在《工商行政管理网》上公布报送情况。

五、各级工商行政管理机关要在开展车辆非法改装整顿工作的过程中，积极研究专项整顿工作的特点和规律，探索与经济户口、属地和企业信用分类等现行企业监管制度的结合，不断完善创新监管手段，实现各专项整治工作和日常监管工作的有机结合。

为督促各地整顿工作切实、深入开展，总局将适时组织检查，并将检查情况进行通报。

附件：1.《国家工商总局车辆非法改装整顿工作机构及联系方式》

2.《车辆非法改装整顿工作情况表》

附件 1

国家工商总局车辆非法改装整顿工作机构及联系方式

项　目	姓　名	电　话	手　机
工作机构分管负责人	李国庆	010－68028431	
工作机构联系人	蒋杰	010－88652401	13611310200
工作机构联系人	陈欣欣	010－88652427	13601081823
工作机构	企业注册局	传真:010－68028458	电子邮箱:qyjjdc@saic.gov.cn

注:请各省级工商局上报本局分管领导和工作机构时参照本表的内容和格式;并同时报送书式文本和电子文本。

附件 2

车辆非法改装整顿工作情况表

填报单位：　　　　　　　　　　填报人：　　　　　　　　　　填报时间：　年　月　日

项目	单位	当年数量	专项整顿以来数量
参加治超站点联合执法	人次		
会同有关部门采取执法行动	次		
检查经营户	户		
查办案件	件		
查获改装汽车	辆		
查获改装摩托车	辆		
取缔无照经营户	户		
查处超范围经营户	户		
吊销营业执照	户		
罚没金额	万元		
案件回查	件次		
向其他行政机关移送线索	件		
向司法机关移送案件	件		
登记在册的车辆生产(改装)企业	户		

注：请在报送书面材料的同时通过电子邮件或工商行政管理网(网址：http//172.16.1.11)报送电子文本。

248.关于疏通集中上市瓜果蔬菜销售渠道的通知

（2006年8月14日　商务部、公安部、建设部、交通部、工商总局　商运发〔2006〕430号）

各省、自治区、直辖市、计划单列市及新疆生产建设兵团商务主管部门、公安厅(局)、建设厅(委、局)、交通厅(局)、工商局：

最近，各地区瓜果蔬菜等农产品集中上市，市场供求形势基本稳定。但是，一些地区存在进城难、销售渠道不畅通等问题，引起瓜果蔬菜积压和滞销，严重影响农业生产和农民增收，引起国务院领导同志的关注和重视。为疏通农产品销售渠道，现就有关事项紧急通知如下：

一、提高认识，统一思想

农产品顺畅、便捷、低成本流通，事关农民利益和社会主义新农村建设，对于增加农民收入、实现城乡协调发展具有重要意义。地方各级商务、公安、建设、交通和工商部门要充分认识这项工作的重大意义，采取切实有效措施，为农民销售瓜果蔬菜等集中上市农产品创造方便条件。

二、清理违规关卡，维护交通秩序，推进绿色通道建设

全面清理非法收费站点和限制农产品流通的关卡，未经省级人民政府批准，任何部门不得擅自设卡；不得随意拦车检查。对运送鲜活农产品车辆的超载违法行为，要严格按照相关规定及时处理，不得长时间滞留车辆。要建立和完善恶劣天气预警应急机制，维护农产品运输的良好秩序和交通安全。

交通部门要会同有关部门，进一步完善“绿色通道”建设的政策措施，继续落实鲜活农产品运输车辆通行费减免优惠政策，真正实现省际互通。

各地、各部门要密切配合，合理规划瓜果蔬菜运输车辆进城线路，提供通行便利，为农民进城销售鲜活农产品创造条件。

三、增设城市销售网点，拓宽流通渠道

商务、建设等部门要本着方便购买、便于销售的原则，在城区合理规划瓜果蔬菜批发和零售场地，并在集中上市期间在大型社区、交通便利地带等区域依法增设临时销售网点，允许农民直销。

四、分工负责，狠抓落实

地方各级商务、公安、建设、交通和工商部门要把瓜果蔬菜等鲜活农产品流通作为近一个时期的工作重点，按照部门职责分工，精心组织、周密安排，迅速开展工作。要组织相关人员加强工作检查，与农民建立沟通机制，随时听取农民的意见和要求，及时帮助解决瓜果蔬菜季节性集中上市带来的一系列困难和问题。

特此通知。

四、2006 年 11 ~ 12 月份文件

249.国务院办公厅关于在燃油税正式实施前切实加强和规范公路养路费征收管理工作的通知

(2006年12月22日　国务院办公厅　国办发〔2006〕103号)

各省、自治区、直辖市人民政府,国务院各部委、各直属机构:

公路养路费是公路建设和养护的主要资金来源。为深化和完善财税体制改革,从源头上遏制乱收费,鼓励节约能源,以及建立稳定的公路发展资金渠道,国家在1999年进行了交通与车辆税费改革。1999年10月修订的《中华人民共和国公路法》规定,国家采用依法征税的办法筹集公路养护资金,具体实施办法和步骤由国务院规定。随后,《国务院批转财政部、国家计委等部门 < 交通和车辆税费改革实施方案 > 的通知》(国发〔2000〕34号)明确指出,先行出台车辆购置税,考虑到国际市场原油价格较高,为稳定国内油品市场,燃油税的出台时间将根据国际市场原油价格变动情况,由国务院另行通知。同时要求,在燃油税正式实施前,要继续做好公路养路费等规费的征收管理工作,确保足额征缴。

几年来,有关部门一直密切关注国际国内市场油价变动情况,不断修改完善燃油税实施方案,进一步落实改革配套措施,积极为实施燃油税改革创造条件。交通部门认真贯彻《中华人民共和国公路法》和国务院的要求,在燃油税实施前,积极做好公路养路费的征收管理工作,财政、发展改革、公安等部门以及地方各级人民政府大力支持协助,广大车主密切配合,养路费征收管理工作取得了显著成绩。但也要看到,目前在养路费征收管理工作中还存在一些问题,主要是:少数车主对征收养路费的法律法规和政策存有模糊认识,逃缴、漏缴养路费;为争抢费源,部分地区随意降低征收标准,吸引外地车辆改挂本地牌照;征收环境亟待改善,暴力抗费事件时有发生等,造成国家规费大量流失,不利于公路建设和养护的顺利进行。目前,国际油价仍在波动,实施燃油税改革的时机还需进一步观察。因此,在燃油税正式实施前,各地区、各有关部门要按规定继续做好养路费的征收管理工作,保障公路建设和养护的资金需求。经国务院同意,现就在燃油税正式实施前进一步加强和规范公路养路费征收管理工作通知如下:

一、提高思想认识,继续做好养路费征收管理工作

(一)高度重视做好养路费征收管理工作。近几年来,我国公路事业迅速发展,公路总量和客货运量不断增加,养护任务日益繁重,建设、养护所需资金快速增长。在燃油税出台前,加强和规范养路费征收管理工作,是保障公路建设顺利进行、提高公路养护质量的迫切需要。同时,建立良好的养路费征收秩序,可以为完善燃油税实施方案,顺利出台燃油税创造有利条件。各地区、各有关部门要提高认识,加强组织领导,依法做好养路费的征收管理工作,确保养路费及时、足额、有序征收。要加强养路费资金使用的管理和监督,确保专款专用。加快公路养护运行机制改革,降低人员经费支出,提高养路费使用效益。

(二)养路费征收管理要坚持地方政府统一领导、交通部门具体负责、各有关部门密切配合的工作机制。地方各级人民政府要及时采取有效措施解决存在的矛盾和问题,积极为养路费征收管理创造良好的条件。公安、财政、税务、工商、物价、农机、宣传等有关部门要支持和协助交通部门做好养路费征收稽查工作。

(三)增强车主的自觉缴费意识。要加大宣传工作力度,通过多种形式广泛宣传征收养路费的意义,使广大车主充分认识养路费的性质、用途和作用,充分了解养路费征收管理的有关法律法规和政策,澄清模糊认识,增强自觉缴费意识。

二、完善征收管理政策,建立规范有序的征收秩序

(一)规范养路费征收标准。目前,机动车流动性越来越强,活动范围越来越广,保持地区间养路费征收水平的基本均衡有利于规范养路费征收秩序。各地区必须严格按照国家规定的核定办法、程序及权限制订和调整养路费征收标准,即根据运输企业平均营运收入额的12%-15%进行测算,具体征收标准由省、自治区、直辖市交通部门提出,经同级价格、财政部门审核后报省级人民政府批准并向社会公布后执行,同时报发展改革委、财政部、交通部备案。各地要牢固树立全局观念,严禁随意降低或提高养路费征收标准。对故意降低养路费征收标准吸引外地车辆挂靠,破坏正常征收秩序的,要坚决予以制止和纠正,并严肃追究相关单位和人员的责任。对少数已经擅自降低征收标准的地区,要于2007年3月底前予以纠正。

(二)明确征收对象和减免政策。机动车(含入境的境外机动车)均要按规定缴纳养路费,其所有人是缴费义务人。未按规定缴纳养路费的车辆,不得上路行驶。交通部门所属的养路费征稽机构要严格按照规定征收养路费。对符合条件的车辆继续实施养路费减征或免征政策。对原享受减征、免征优惠,现因改革改制、实行承包经营等原因已成为以赢利为主要目的的车辆,不得减征或免征养路费。对经交通部核准的从事道路运输经营的推荐车型以及国家鼓励使用的运输车辆和三轮汽车,可适当减免养路费。各地要及时调整和完善养路费减免的具体政策,并按程序和权限报批,交通部等有关部门要加强指导和检查。

(三)实行属地征收。养路费由车辆的车籍所在地征稽机构负责征收。外国及港、澳、台地区车辆入境行驶的,其养路费由入关地征稽机构负责征收,其中有双边协议的按双边协议执行。主要在外省、自治区、直辖市施工作业或运营、留驻(以下简称调驻)并超过三个自然月的车辆,应在调驻地缴纳养路费。调驻地征稽机构要将车辆缴费情况及时通报车籍所在地征稽机构,避免重复缴费。征稽机构不得到本辖区以外的地区征收养路费。

(四)统一缴费时间。机动车自进行车籍登记之日起按规定缴纳养路费。养路费按月缴纳,也可以预缴。缴费义务人应在每月10日前缴纳当月养路费。对未按期缴纳的,除全额追缴外,还要依法收取滞纳金和罚款,滞纳金按原缴纳标准减半收取,即每逾期一日,加收应缴养路费额的千分之五。

(五)加强票据管理。养路费缴(免)费凭证是缴费行车凭证,必须随车携带。养路费缴(免)费凭证遗失或损毁的,在登报声明作废后,可向缴费地征稽机构申请办理遗失或损毁证明。对印制和使用假冒养路费票证以及采用套牌等手段逃缴养路费的,交通部门要会同财政、公安等部门进行查处。

(六)逐步完善养路费征收计量方式。要对养路费征收计量方式有关问题深入研究,提出科学、合理、公平的计量方式及核定原则,进一步完善有关制度,推进养路费征收的规范化和科学化。

三、加大征收管理力度,确保及时足额征收

(一)开展整治车辆外挂专项行动。针对当前车辆外挂日益严重的状况,交通、公安、工商、税务等有关部门要联合开展外挂车辆专项整治活动,纠正车辆外挂行为,确保车辆的车籍地、车主的户籍地和养路费缴纳地“三地”一致。各地区、各有关部门要结合当地实际,做好相关服务工作，为外挂车辆转回提供便利条件。交通部门要牵头开展车辆外挂情况调查工作，督促外挂车辆转回实际车主的户籍地登记。工商部门要加强对道路运输企业和个体业户的登记监管，取缔无证经营，对违反工商行政管理法规介绍、拉拢、吸纳车辆外挂的组织和个人要依法查处。

（二）严厉打击各种拖欠、逃缴养路费行为。任何单位和个人不得拒绝履行缴费义务，不得妨碍、阻挠交通部门依法进行的养路费征收稽查工作。对拖欠、漏缴、逃缴的养路费，交通部门要依法追缴，对恶意拖欠，数额较大，情节严重，影响恶劣的，依法移送司法机关处理。

（三）强化源头管理。征稽机构要建立健全车辆缴费档案，通过媒体公告、信函、电话等方式，提醒或督促车主缴费。对已报废或毁损灭失的机动车，车主要及时申请注销或核销；对因被盗抢、被行政或司法扣押、发生交通事故等原因而停驶的机动车，车主要及时向征稽机构申报，从征稽机构核准的次月起停缴养路费。

四、改进征收方式，提高服务水平

（一）积极采用先进的征稽手段。要加快推广省（区、市）内联网征费和银行代征业务，方便车主就近快速缴费。要尽快开展养路费征收稽查全国联网系统的开发与应用，为加强养路费征收监管、开展跨地区行驶车辆的养路费电子稽查、方便车主查询缴费情况提供支持。征稽人员在实施稽查时，应严格按照规定进行，并尽量采用电子稽查等不停车稽查方式。

（二）营造良好的征收环境。要提高养路费征收管理工作的公开性和透明度，争取全社会的理解支持。养路费征稽机构应公开征收依据、征收标准和业务流程，公开咨询和投诉电话、通信地址及电子邮箱，自觉接受社会监督。同时，要增加缴费服务网点，积极采取上门征收、邮寄养路费票证、电子支付等便民利民措施，不断提高征收工作的服务水平。

250.关于进一步规范收费公路管理工作的通知

(2006年11月27日　交通部办公厅　交公路发〔2006〕654号)

各省、自治区、直辖市、新疆建设兵团交通厅(局、委),天津市市政工程局,上海市市政工程管理局:

为贯彻落实建设创新型交通行业工作会议精神以及《国务院办公厅关于转发发展改革委等部门关于加强固定资产投资调控从严控制新开项目意见的通知》(国办发〔2006〕44号)的要求,根据《收费公路管理条例》(国务院第417号令,以下简称《条例》)的有关规定,现就规范和加强收费公路管理等有关问题通知如下:

一、加强收费公路建设项目的审批管理

(一)各地要严格按照《条例》的规定,按照"以非收费公路为主,适当发展收费公路"的原则,加大各级政府对公路建设的财政投入力度,同时各省级交通主管部门还要研究本地的收费公路总量控制指标,控制收费公路建设规模,特别是要严格控制二级收费公路的规模。

(二)各地要从严控制收费公路建设项目审批。新立项的收费公路建设项目,必须在国家和本省级人民政府批准的公路发展规划之内,必须符合《条例》第十八条规定的技术等级和里程规模要求。东部地区要严格落实《条例》要求,一律不得批准二级收费公路建设项目。自本通知发布之日起,中、西部地区要从严控制二级收费公路新增建设项目审批,特别是对于在现有二级公路上进行路面改造、大中修等工程项目,一律不得批准设立为收费公路建设项目,其改造维修费用应按规定在养护工程费中列支。

(三)对于拟建的收费公路建设项目,各级交通主管部门要严格按照《条例》以及国家相关法律、法规的规定,严格执行项目立项、初步设计等审批手续和项目核准、备案等程序。对于不符合建设立项条件、未履行完相关审批程序、没有取得土地审查和环境影响评价许可的收费公路建设项目,一律不得开工建设。部将会同有关部门,对各地收费公路建设项目审核管理工作加强监督检查,对执行不力的地区将予以通报批评。

(四)对于目前在建的收费公路建设项目,各省、自治区、直辖市要严格按照《条例》以及本通知的要求,开展自查,进行全面清理。凡不符合国家规定的收费公路建设项目,要认真进行整改。

二、进一步规范收费站点的设置与管理

(一)在对收费公路建设项目严格审批的同时,各地还要加强对公路收费站点设置的审批把关,合理规划与统一布局收费站,严格控制本辖区内公路收费站点的数量。批准设立的公路收费站必须符合《条例》第十二条的间距规定要求。高速公路以及其他封闭式的收费公路,除两端出入口以及必要的省际之间外,一律不得批准在主线上设置收费站。其他收费公路同一主线上与相邻收费站间距少于50公里的收费站,也不予批准设立。

(二)自本通知发布之日起,中、西部地区要严格控制增设新的二级公路收费站点。对于符合规定的新增二级收费公路也应按以下原则设置收费站点:政府还贷公路要按照《公路法》和《条例》的有关规定实施"统贷统还"管理,要充分利用现有的收费站点,合理布局,进行撤并或调整，努力做到保持总量不增并持续减少；经营性公路要严格按照项目的规模和经营特点，本着既保护投资者的合法权益，又考虑路网运行完整性和效率的原则，按规定从严控制收费站点的设置。

（三）对于《条例》正式颁布实施之前已经建成通车并投入运行的收费公路，其收费站点必须经过省级人民政府批准，收费站间距达不到《条例》规定标准的，各地应逐步进行调整，直至满足《条例》规定要求或撤并相关的收费站。

（四）收费站的设置要符合车辆安全、快速通行的要求。除因车道分离、省际间联合设置以及地形等因素确需将收费站设成分离式外，其他实行开放式收费的收费站，均应设置为一站一址，一次性完成车辆通行费的收缴和票证发放工作。同时，一律不得设立专门的停车验票站（点）。

（五）收费站设置应规范统一。应在收费站悬挂由省级交通主管部门统一制发的"收费站"标牌。同时，应在收费站进站的醒目位置统一设置公示牌，向社会公示站点名称、收费单位、审批机关、收费标准、收费起讫时间、举报电话等相关信息。

三、严格界定政府还贷收费公路和经营性收费公路

（一）县级以上地方人民政府交通主管部门以政府财政性资金投入并利用贷款或者向企业、个人有偿集资建设的收费公路，为政府还贷公路。政府还贷公路的建设和管理由县级以上人民政府交通主管部门依法设立的不以营利为目的的法人组织负责。省级人民政府交通主管部门对本行政区域内的政府还贷公路可以实行"统一管理、统一贷款、统一还款"的模式进行管理。

（二）国内外经济组织投资建设或者依法受让政府还贷公路收费权的公路，为经营性公路。经营性公路由依法成立的公路企业法人依据相关法律、法规和规章履行建设、经营和管理职责，并接受国务院交通主管部门和省级人民政府交通主管部门的监督检查。

（三）任何单位不得以任何方式非法设立经营性公路或人为改变政府还贷公路性质。对未依法转让收费权，将政府还贷公路按经营性收费公路进行建设管理的，要进行清理和属性复位。

（四）在国家新的《收费公路权益转让办法》颁布实施之前，暂停政府还贷公路收费权益转让。国家新的转让办法出台后，收费公路收费权益转让要严格按照国家新的规定执行。

四、依法对收费公路实施监管

（一）收费公路是重要的公益性基础设施，省级交通主管部门要根据《条例》规定，依法加强对收费公路的监督检查力度。必须建立健全收费公路监督检查制度，积极研究收费公路养护预备金或质量保证金制度，定期向收费公路经营管理者下达收费公路养护质量和服务水平指标，严格依法督促收费公路经营管理者履行公路养护、绿化和公路用地范围内的水土保持义务，并可将其纳入年度考核的范围，确保收费公路的服务水平和公路使用者的合法权益。

（二）收费公路经营管理者应按照国家法律法规的规定，进一步规范通行费征收、公路养护、设施维护、交通服务等经营管理行为，严格履行法定义务。要按照国家规定的标准和规范做好收费公路及其设施的养护工作，为通行车辆及人员提供优质服务。同时自觉接受政府交通主管部门的行业监管，按要求及时提供路况、收费、交通流量、养护和管理情况等有关信息资料。

（三）严格政府还贷收费公路车辆通行费支出管理，加强资金使用监管，严禁违反规定乱支挪用。政府还贷公路的通行费收入，应当存入财政专户，严格实行收支两条线管理。要按照计划、预算和规定用途专款专用，除必要的管理、养护费用从财政部门批准的车辆通行费预算中列支外，其余部分必须全部用于偿还贷款和有偿集资款。各级交通主管部门要加强对收费站收支情况的监管力度，严格资金使用的审批程序，定期公开收支使用情况，提高透明度。严禁将通行费挪作他用，严禁将资金转交非财务机构管理，严禁帐外设帐、私设小金库和公款私存，严禁将通行费收入用于非公路行业的计划外投资以及各种形式的高消费。各级交通主管部门要结合收费公路审计工作，加强监督检查，对于违反上述规定的，要严肃处理。同时，对经营性公路车辆通行费的收支情况也要进行实施过程监管。

（四）对违反《条例》规定，未履行养护、绿化和水土保持义务或养护质量、服务水平达不到规定要求的收费公路经营管理者，各省级交通主管部门应根据《条例》第五十、五十四、五十五条的规定，予以处罚。

（五）对违反《条例》规定，未依法转让收费权，将政府还贷公路按经营性公路进行建设管理的，应根据《条例》第四十七条的规定，予以处罚。

251.关于印发《关于集中清理违规减免特权车人情车车辆通行费的实施方案》的通知

（2006年12月8日　交通部办公厅　交公路发〔2006〕691号）

各省、自治区、直辖市、计划单列市交通厅（局、委），天津市市政工程局、上海市市政工程管理局：

为贯彻落实国务院领导的重要批示精神，根据《收费公路管理条例》的有关规定，部制定了《关于集中清理违规减免特权车人情车车辆通行费的实施方案》。现印发你们，请结合本地实际，认真组织实施。

关于集中清理违规减免特权车人情车车辆通行费的实施方案

（交通部）

近年来，各地区、各有关部门严格按照《收费公路管理条例》的规定，认真做好收费公路车辆通行费的征收管理工作。尤其是各级地方政府领导以身作则，带头主动交纳车辆通行费，为依法足额征收车辆通行费创造了良好的社会环境，有力促进了我国交通事业的健康发展。但最近一段时期，特别是国家审计署在今年收费公路审计调查中发现，有些地方擅自扩大范围，违规减免"特权车"和"人情车"车辆通行费，少数地方还以减免通行费作为交易，谋取小团体利益，严重扰乱收费秩序。为严肃法纪，根据国务院领导同志的批示要求，按照《收费公路管理条例》的规定，部决定在全国范围内集中开展违规减免"特权车"、"人情车"车辆通行费的专项清理整顿工作，以进一步规范收费公路车辆通行费收费秩序，维护公众利益和社会公平。

一、指导思想与工作目标

以《公路法》和《收费公路管理条例》为依据，在各级人民政府的统一领导下，按照"政府统一领导、部门依法监管、单位全面负责、群众积极参与"的总体要求，坚持重点清理和分类整顿相结合，专项清理与建立长效机制相结合，认真组织各地区、各有关部门，对收费公路车辆通行费减免情况进行全面检查和清理，力争从 2007 年 2 月 1 日起全面杜绝"特权车"、"人情车"违规减免通行费现象，真正做到依法、规范征收公路车辆通行费。

二、工作任务与重点

（一）各省、自治区、直辖市交通主管部门要严格按照《公路法》、《收费公路管理条例》以及交通部和省级人民政府有关文件的规定，逐项列出依法享受收费公路车辆通行费减免车辆的范围，在报经省级人民政府同意后，统一印制明细表，分发各收费站，作为收费工作人员执行车辆通行费减免政策的操作依据。凡是在公布明细表范围之外的车辆行驶收费公路时，均应按规定交纳车辆通行费。

（二）集中查处各地违规减免"特权车"、"人情车"车辆通行费的行为，全面清理并集中收缴各地方交通部门及收费管理单位违规发放的车辆通行费"免费卡"、"减缴卡"、"公务卡"、"零折优惠卡"等。

（三）坚决纠正个别地方收费公路车辆通行费管理机构以收费减免作为交易谋取小团体利益等违纪行为。情节严重、违反党纪国法的，要按照国家有关规定，严肃追究有关人员应承担的责任。

（四）辽宁、吉林、黑龙江、江苏、安徽、山东、河南、湖北、广东、重庆、陕西等省（市）除全面进行清理整顿外，对审计调查中所反映的问题，要逐一调查核实，认真纠正。

（五）加强对收费公路一线工作人员的教育和管理。各地要结合治理商业贿赂工作的开展，在收费公路管理机构和收费站中认真开展专题教育活动，提高一线工作人员的依法征费、严守职责的责任意识，规范收费行为，自觉抵制各种违规减免通行费的行为。

三、工作要求与保障措施

(一)在全国集中开展清理违规减免"特权车"、"人情车"车辆通行费工作,是贯彻"三个代表"重要思想、落实科学发展观、构建社会主义和谐社会的具体体现,是规范收费公路管理,保障交通事业又好又快发展的重要举措。各省级交通主管部门要根据部的统一部署,认真贯彻落实国务院领导同志的重要批示,在省级人民政府的领导下,制定具体的实施方案,明确责任,落实任务和工作目标,确保清理工作抓出成效。

(二)各级交通主管部门要首先对系统内部违规减免通行费的车辆进行清理和纠正。同时,要积极会同纪检监察、宣传等部门,做好全面清理整顿工作,把各项措施落到实处。

(三)清理工作中要加大宣传力度,坚持政务公开。要通过电视、报纸等新闻媒介,广泛宣传国家收费公路有关政策和车辆通行费减免范围,确保国家政策家喻户晓,促进公路收费阳光操作。要通过宣传和舆论引导,营造自觉按章交费的社会氛围。同时,对拒不纠正、仍然违规减免、或拒绝缴纳车辆通行费的"特权车"、"人情车",也要借助媒体公开曝光,予以查处。

(四)加强领导,加大监督检查力度。开展集中清理违规减免"特权车"、"人情车"车辆通行费工作,涉及面广,政策性强,各级交通主管部门要高度重视,加强领导,组织专门力量,认真开展清理工作,及时研究、协调工作出现的问题。对于清理工作中难以解决的实际困难,要及时向政府报告。同时,加大监督检查的工作力度,要以收费站为重点,组织开展专项检查和督导工作,狠抓各项措施的落实。

四、工作步骤与时间安排

清理工作分三个阶段进行:

(一)调查摸底和动员部署阶段(2006 年 12 月)。各省、自治区、直辖市交通主管部门要对本地区的"特权车"、"人情车"违规减免车辆通行费的情况进行一次全面的排查摸底,特别是对审计调查中提出的问题进行核实,要按照附件的格式要求进行总结、汇总。在调查摸底的基础上,各地还要按照本方案制定具体实施方案,并于 2006 年 12 月 30 日前报部备案。

(二)组织实施阶段(2007 年 1 月)。各级交通主管部门会同有关部门按照本方案和各地制定的具体实施方案,积极开展清理工作。各省、自治区、直辖市交通主管部门要会同有关部门加强监督检查,对本地的工作情况进行抽查。部也将对各地清理情况开展重点检查。

(三)总结阶段(2007 年 2 月)。各省、自治区、直辖市交通主管部门要对清理工作认真总结,并将有关情况汇总报部。部将在分析、总结各地情况的基础上,将清理工作情况向全国通报,并报国务院。

附件

“特权车”、“人情车”减免车辆通行费情况调查表

填报单位(盖章)：　　　　　　　　　　　　　　　　填表时间：

类 别	减免车辆的范围明细	估计车辆数(辆)	批准依据	发放各种免费卡(张)	年均减免费额(万元)	占应收费额比例	03—05年累计减免费额(万元)	占同期费额比例	备注
	累计								
收费公路管理条例规定的									
国务院及部委规定的									
省级人民政府行文规定的									
市县政府行文规定的									
擅自违规减免的									
其他临时性减免的									

填表人：　　　　　　　　　　　　　　　　联系电话